모두에게
실질적
자유를

모두에게 실질적 자유를

기본소득에 대한 철학적 옹호

1판1쇄 | 2016년 7월 4일

지은이 | 필리페 판 파레이스
옮긴이 | 조현진

펴낸이 | 정민용
편집장 | 안중철
편집 | 최미정, 윤상훈, 이진실

펴낸 곳 | 후마니타스(주)
등록 | 2002년 2월 19일 제300-2003-108호
주소 | 서울 마포구 양화로 6길 19(서교동) 3층
전화 | 편집_02.739.9929/9930 영업_02.722.9960 팩스_0505.333.9960

홈페이지 | www.humanitasbook.co.kr
페이스북 | facebook.com/humanitasbook
트위터 | @humanitasbook
이메일 | humanitasbooks@gmail.com

인쇄 | 천일_031.955.8083 제본 | 일진_031.908.1407

값 25,000원

ISBN 978-89-6437-251-7 93300

이 도서의 국립중앙도서관 출판시도서목록(CIP)은 e-CIP 홈페이지(http://www.nl.go.kr/ecip)에서
이용하실 수 있습니다(CIP제어번호: CIP2016015540).

모두에게 실질적 자유를

기본소득에 대한 철학적 옹호

Real Freedom for All

후마니타스

| 차례 |

한국어판 서문 11
머리말 15
서문 21

1장 | 자본주의, 사회주의, 자유

0. 들어가기 25
1. 자본주의 대 사회주의 30
2. 자유 사회로서의 순수 사회주의 34
3. 자유 사회로서 순수 자본주의 40
4. 개인의 주권 대 집단의 주권 47
5. 무엇에 대한 자유인가? 의무, 자율성, 잠재적인 욕망 50
6. 무엇으로부터의 자유인가? 강제의 두 개념 54
7. 형식적 자유 대 실질적 자유 57
8. 실질적 자유지상주의 62

2장 | 지속 가능한 최고의 기본소득

0. 들어가기 71
1. 급진적 제안 76

2. 무조건성과 실질적 자유 80

3. 지속 가능성 86

4. 현금인가 현물인가? 91

5. 초기 부존 자산의 지급인가, 정기적인 분할지급인가? 97

6. 실질적 자유의 측정 기준은 무엇인가? 102

7. 경쟁가격, 기회비용, 선망부재 107

8. 체제들을 가로질러 실질적 자유를 비교하기 112

부록 117

3장 | 비우월적 다양성

0. 들어가기 119

1. 확장된 경매 125

2. 핍쇼장에서 일하기, 광장에서 연애하기 129

3. 무지의 베일 뒤의 보험 132

4. 드워킨에 대한 네 가지 반론 137

5. 애커먼 주장의 일반화 144

6. 충분하지 않은 재분배? 153

7. 대안 전략 157

8. 너무 많은 재분배? 163

부록 1 167 | 부록 2 171 | 부록 3 174

4장 | 자산으로서의 일자리

0. 들어가기 179

1. 일에 미친 사람-게으른 사람 문제 186

2. 롤스 대 드워킨 192

3. 우리의 유산이 증가될 수 있는가? 204

4. 비왈라스적인 세계에서의 평등한 부존 자산 210

5. 일자리 나누기, 매수, 일자리 부족의 제거 215

6. 일자리 경매로부터 소득세로 223

7. 일관성이 없는 제안? 동등하지 않은 재능에 수반된 고용 지대 232

8. 미끄러운 경사면? 노동할 권리로부터 결혼할 권리로 241

　부록 251

5장 | 착취 대 실질적 자유

0. 들어가기 255

1. 누군가의 노동으로부터 이익을 끌어내기 261

2. 권력, 증여, 무임승차 267

3. 로크적인 착취 278

4. 만든 자가 임자라는 원리 285

5. 루터적 착취 290

6. 노력에 따라 각자에게 302

7. 뢰머적인 착취 317

8. 자산에 기반을 둔 불평등 330

6장 | 자본주의의 정당화?

0. 들어가기 343

1. 최적의 자본주의 대 최적의 사회주의 353

2. 자본주의적 선호의 형성 359

3. 시장의 실패와 불필요한 활동 366

4. 위기 372

5. 실업 예비군 384

6. 창조적 파괴 390

7. 인민주권 399

8. 펭귄 섬을 벗어나기 408

옮긴이 해제 419

옮긴이 후기 458

후주 460

참고문헌 524

찾아보기 543

| 일러두기 |

1. 한글 전용을 원칙으로 했다. 고유명사의 우리말 표기는 국립국어원의 외래어 표기법을 따랐다.
   그러나 관행적으로 굳어진 표기는 그대로 사용했으며, 필요한 경우 원어를 병기했다.

2. 독자의 이해를 돕기 위한 옮긴이의 첨언은, 본문에서는 [ ] 안에 표기를 했고, 긴 설명을 요하는 경우는
   ● 표시와 함께 본문 아래에 넣었다. 인용문 등에서 저자의 첨언인 경우에는 [_저자]라 표시했다.

3. 이 책을 번역하는 과정에서 참고한 일본어 판본의 서지 사항은 다음과 같다.
   『ベーシック・インカムの哲学: すべての人にリアルな自由を』, 後藤玲子・齊藤拓 訳, 東京: 勁草書房, 2009.

4. 저자가 인용하는 내용 가운데 국역본이 있는 경우, 가급적 국역본을 참고하고 쪽수를 병기했다. 다만,
   번역은 맥락에 맞춰 별도의 표시 없이 수정했다.

5. 단행본·정기간행물에는 겹낫표(『 』)를, 논문에는 큰따옴표(" ")를 사용했다.

슈에게

'무조건적 기본소득'이라는 발상을 중심으로 1986년 탄생한 국제 네트워크인 기본소득지구네트워크BIEN * 가 2년마다 여는 정기 회의가 아시아에서 처음으로 2016년 7월 서울에서 개최될 예정이다. 이런 시점에서 무조건적 기본소득의 철학적 기반을 확고히 하려고 썼던『모두에게 실질적 자유를』의 한국어판 서문을 쓰게 된 것은 무척 기쁜 일이다.

옥스퍼드 대학 출판부가 이 책의 초판을 출간한 지 20년이 지났다. 하지만 나는 여전히 21세기 좌파가 자유보다 평등을 우선시하는 함정에

● 기본소득지구네트워크(BIEN, Basic Income Earth Network)는 1986년에 기본소득유럽네트워크
(BIEN, Basic Income Europe Network)로 출발해, 2004년 유럽에서 전 지구로 범위를 확장했다. 이
에 대해서는, 기본소득한국네트워크 홈페이지(basicincomekorea.org) 네트워크 소개 항목 참조.

빠지지 않고 자유에 최상의 중요성을 부여하는 급진적 관점을 정식화해야 할 매우 중요한 시점에 있다고 확신한다. 그 자유는 형식적 자유formal freedom가 아니라 실질적 자유real freedom이며, 어떤 것을 할 수 있는 순전한 권리가 아니라 그것들을 할 수 있는 역량capacity이다. 또한 그 자유는 부와 권력이 있는 자를 위한 자유가 아니라 **모두**를 위한 실질적 자유여야 한다.

20년이 지난 지금도 나는 여전히, 실질적 자유의 공정한 분배를 위해서는, 그리고 사람들이 자신이 영위하고 싶은 삶을 선택할 수 있는 능력의 공정한 분배를 위해서는, 자산 조사나 근로조건을 부과하지 않고 사회 각 구성원에게 현금으로 주어지는 무조건적 기본소득이 도입되어야 한다고 확신한다. 무조건적 기본소득은 타인의 노동의 결실을 다른 사람들에게 이전하는 것이 아니다. 그것은 자연환경, 기술 진보, 자본축적으로 인해, 그리고 각 개인들의 삶의 상황으로 인해, 우리에게 불평등하게 부여된 편익의 일부를 좀 더 공정하게 공유하는 것이다.

내가 『모두에게 실질적 자유를』을 썼던 당시와 마찬가지로, 나는 여전히 국가의 분배 임무가 현금 소득을 분배하는 것으로 축소되지 않는다고 믿는다. 적절한 교육과 의료 서비스, 그리고 도시의 공적 공간 역시 중요하다고 생각한다. 특히 도시의 공적 공간은 내가 초판을 쓴 당시보다 훨씬 강조하고 싶은 부분이다. [여기서 도시의 공적 공간은] 지속 가능하게 이동할 수 있는 공간으로서보다는 쾌적하게 머무를 수 있는 공간을 주로 말한다. 한편 지금 생각해 보면 [그 책에서 했던 것과] 조금 다르게 정식화하고자 하는 몇 가지가 있다. 하나는 정의를 실질적 자유[의 축차적 최소극대화]로 보는 관점이 장애인에 대한 공정한 처우의 문제를 어떻게 다루어야 하는가에 대해서다. 『모두에게 실질적 자유를』에서 나는 무조건적 기본소득의 지속 가능한 극대화에 '비우월적 다양성'이라는 제약 조건을 부과했다. [비우월적 다양성 조건에 따른] 무조건적 기본소득의 일부는 보편적 교육과 의료보험의 형태로 제공될 수 있다. 나는 이제 이런 제약 조건을 더 이상 고수하지 않으려고 한다. 그 대신 나는 다음의 사유 실험으로 [독자들을] 초대하려고 한다. 우리가 지금 우리 자신이 어떤 특정한 장애로 고통을 겪게 될지 모른다고 가정하는 무지의 베일 뒤에 있다면, 그런 장애를 겪는 사람들에게 수당이나 여타의 지원을 제공하는 보험제도를 구축하기 위해 우리는 지속 가능한 최고의 기본소득 가운데 얼마의 금액을 할애할 것인가.

이런 전환은 [기본소득의] 철학적 체계를 더 정교하고 일관성 있게 만들 것이지만, 기본소득의 제도적 함의가 크게 달라지지는 않을 것이다. 특히 그것이 적당한 수준의 무조건적 현금 기본소득을 옹호하는 근간을 흔들지는 않을 것이다. 이 책『모두에게 실질적 자유를』이 이 같은 방향의 추구 다음 단계에 무엇이 있을지 말하지는 않는다. 어떤 일반적 대답이 거기에 존재하지 않기 때문에 그것이 현명한 처사라고 본다. 각 국가들이 진정한 기본소득의 실행에 얼마나 근접해 있는가 보면, 각 국가의 상황은 사실상 매우 다양하다. 많은 국가들이 이미 일반적인 자산 심사에 기반을 둔 최저 소득 제도를 가지고 있다. 일부 국가는 보편적인 기본소득에 가까운 제도를 어린이들 그리고/또는 노인을 위해 시행한다. 더욱이, 각 국가들은 그 사회구조가 제공하는 기회들, 조세 이전 시스템tax-and-transfer system의 문제들, 정치적 세력과 사회적 세력 간 균형 상태의 수준, 여론의 현재 분위기 등이 매우 다양하다. 따라서 더 나은 발전을 위해 두루 적용 할 수 있는 하나의 처방전은 존재할 수 없다.

그렇다고 미래에 대한 전망을 뚜렷이 하는 것의 중요성을 저평가해서는 안 된다. 전망에 대한 좌표는 무엇이 진보인지 가늠할 수 있게 하며 투쟁이 일어나고 투쟁이 강화되는 기회를 우리가 포착할 수 있게 한다. 그리고 투쟁이 방어적 목표 이상의 것을 갖도록 한다. '사회주의'가 상승세에 있을 때, 즉 유럽과 북미 국가들이 시장 대신 국가의 역할을 크게 강화하고 있을 때, 신자유주의의 지적 시조 가운데 한 명인 프리드리히 하이에크는 다음과 같이 썼다. "진정한 자유주의가 사회주의자들의 성공에서 배워야 하는 주요한 교훈은 유토피아주의자가 되려는 그들의 용기이다. 그것이 사회주의자가 지식인의 지지를 얻고 여론에 영향력을 미칠 수 있게 했으며, 이들은 그렇게 함으로써 가능성이 희박해 보였던 것들을 가능한 것으로 나날이 만들어 가는 중이다"("The Intellectuals and Socialism," 1949). 하이에크가 [자유주의자들에게] 요청한 것, 즉 그가 명료히 하고자 한 것은 바로 자유주의적 유토피아이다. 그것은 결국 오랫동안 정치적으로 불가능하다고 선언된 신자유주의적 정책을 오늘날 일상의 현실이 되게 했다.

신자유주의적 세계, 하이에크가 창조에 일조한 그 세계에 대항하는 급진적 대안을 제대로 제시하기 위해 우리는 하이에크의 조언에 귀 기울일 필요가 있다. 우리는 지적 우위를 긴급히 회복할 필요가 있다. 이를 위해서는 근시안적 저항을 넘어서는 담대한 비전을 분명히 하고, 신뢰가 떨어진 사회주의나 사회민주주의를 얼기설기 이어 붙이려고 하지 않아야 한다. 또한 유토피아 사회주의자들의 해방적 열망에 활력을 불어넣으며, 우리 시대의 도전에 대해 힘 있게, 매력적으로, 자유에 우호적인reed-om-friendly 방식으로, 동원력을 갖고 반응할 필요가 있다. 이것이 바로 이 책이 기여하고 싶은 공동체적 과제이자, 세계적 과제다.

P.V.P.

이 책의 작업은 1977년 비가 내리던 봄날에 시작되었다. 당시 나는 빌레 펠트 대학에서 걸어 다닐 정도 떨어진 초목이 우거진 작은 코뮌[스위스, 벨기에 등에서 의회의 지원을 받아 시장이 다스리는 최소 자치행정구로 읍,면 자치단 체도 포함한다]에 살고 있었다. 당시 내가 탐구하고 있던 질문은 우리가 살 고 있는 자본주의사회가 가지고 있는 근본적 문제가 정확히 무엇인가라 는 것이었다. 나는 『자본』을 꼼꼼히 읽는 것부터 시작했고, 내가 버클리 를 거쳐 옥스퍼드로 갔을 즈음, 내 연구는 자본주의경제의 과거 및 현재 의 폐단을 비판적으로 검토하는 쪽으로 확장되었다. 내가 1980년 벨기 에로 돌아왔을 무렵, 나는 착취론에 대한 존 뢰머의 새로운 접근을 발견 하고 흥분을 감추지 못했다. 이 [새로운 접근과의 만남]은 나의 비판적 검토 의 영역을 자본주의에 대한 윤리적 비판을 포괄하는 방향으로 확장하게 했다. 1985년쯤 [연구의] 성과를 『자본주의의 문제는 (있다면) 무엇인가?』

*What (If Anything) is Wrong With Capitalism*라는 제목으로 정리했다. 하지만 나는 그것을 앞으로 완성될 책의 초고 정도로 간주하고 있었는데, 실제로 당시 나는 그 책의 마지막 두 장에 대해서는 극히 예비적인 형태의 버전만을 갖고 있었다.

세 개의 지적인 발전이 이 책을 빨리 완성하지 못하게 공모했다. 나는 이들 노선을 따라가며 생각을 발전시켰고, 그 결과 이 책은 현재와 같은 예기치 않은 구성과 성격을 갖게 되었다. 첫 번째, 나는 소위 신자유주의적 사고, 무엇보다도 자본주의에 대한 자유지상주의적 옹호를 진지하게 취급할 필요가 있다는 데에 확신을 갖게 되었다. 좌파가 방어적이기만 한 투쟁을 넘어서기 위해 절실히 필요로 하는 이데올로기적 대담성, 그것을 다시 획득할 수 있다는 희망을 가지려면 그런 접근이 반드시 필요하다. 두 번째로, 서유럽에서 실업과 싸우기 위한 급진적 전략을 고찰한 결과, 나는 하나의 단순한 발상 — 여기서 기본소득이라고 부른 것 — 을 생각해 냈다. 나중에 알게 된 것이지만 그 발상은 다른 논자들에 의해 이미 다양한 명칭으로 논의되고 또한 옹호되고 있었다. 처음에는 약간 회의적이었지만, 나는 점차 기본소득이 중요하고, 또한 자본주의의 정당성에 문제를 제기하는 데 있어서 아주 적절하다는 데에 확신을 갖게 되었다. 마지막으로, 나는 내가 처음부터 정의justice의 개념을 명확히 했다면 그 책이 훨씬 잘 조직되었을 것임을 납득하게 되었다. 처음에는 분명하지 않았지만 나는 점차 정의론의 접근을 수용하게 되었다. 그렇게 하는 과정에서, 나는 자유주의적 정의론을 불안정하게 만드는 몇 가지 난점들에 직면했고, 이것은 예상했던 것 이상으로 내가 자유주의적 정의론을 깊이 파고들게 했다.

이 길고도 구불구불한 길을 따라가는 과정에서, 디딤돌이 될 수 있는 몇 가지 작업들이 별개의 출판물로 출간되었다. 그중 가장 최근 출판물은 이 책 2장에서 4장까지(일부)의 초기 버전들이다. "기본소득 자본주의"

Basic income and Capitalism [*Ethics* 102/3, 1992], "비우월적 다양성으로서의 동등한 부존 자산"Equal Endowment as Undominated Diversity [*Recherches économiques de Louvain*, 56/3-4, 1990], "왜 [일하는 사람들이 온종일] 파도타기만 즐기는 사람을 먹여 살려야 하는가: 무조건적 기본소득에 대한 자유주의적인 옹호"Why Surfers Should be Fed: The Liberal Case for an Unconditional Basic Income [*Philosophy and Public Affairs*, 20/2, 1991] 등이 그것들이다. 논문에 포함된 내용을 이 책에 사용하도록 허락해 준 출판사와 편집자들에게 큰 고마움을 표하고 싶다. 덧붙여,『정의로운 사회는 무엇인가?』*Qu'est qu'une société juste?*(Paris: Le Seuil, 1991)와『재활용되는 마르크스주의』*Marxism Recycled* (Cambridge: Cambridge University Press, 1993) 각각의 핵심을 이루는 영미 정치철학과 마르크스주의 사회사상에 대한 비판적 탐구는 이 책을 준비하는 데 있어 — 비록 조금은 환영받지 못한 이탈이었지만 — 귀중한 재료가 되었다.

이런 여정에서 많은 분들에게 빚을 졌다. 요하네스 베르거와 앤드류 글린은 나의 첫걸음을 인도해 주었다. 이 책의 작업은 맨체스터 대학 (1983), 암스테르담 대학(1985), 위스콘신 대학(1990), 플로렌스의 유러피언 대학 연구소(1990~91)에서 보낸 예외적일 만큼 생산적이었던 그 기간들의 덕이 크다. 유러피언 대학 연구소는 내가 이 책의 최종 초고를 작성한 곳이기도 하다. 이들 대학에서 작업할 수 있도록 도움을 준 이언 스티드먼과 힐렐 슈타이너, 로베르트 판 데르 페인, 퍼시 레닝, 에릭 라이트와 스티븐 룩스에게 감사를 표한다. 그러나 이 책의 대부분 작업은 루뱅-라-뇌브[루뱅 대학이 위치한 대학 도시]에서 이루어졌다. 나는 벨기에 국립연구기금의 연구비 지원을 받아, 루뱅 대학 경제학과의 우호적이고 활기찬 분위기에서 초벌 원고의 대부분을 작성했다. 플로렌스에서 신설된 후버 경제·사회 윤리학 강좌의 강좌장 자리로 돌아온 후에, 나는 남는 시간 모두를 원고의 완성도를 높이는 데 꼭 필요했던 수많은 수정 작업을 진행하고, 이 책의 전반적 취지 및 이 책에서 가장 부족하다고 느끼는 부분에 관해 사고를 더 발전시키는 데 썼다. 내가 이런 환경을 누릴 수 있도록 해준 모든 사람들에게 감사를 표한다. 내가 기여한 것보다 내가 그들로부터 얻은 혜택이 훨씬 크다. 특히 후버 강좌의 담당 비서로 있는 아닉크 다베이어에게 깊은 감사를 전하고 싶다. 그는 ─ 옥스퍼드 대학 출판부의 유능한 편집자들과 마찬가지로 ─ 마지막 단계까지 내 작업을 효율적으로 도왔다.

또 내가 1981년에 나중에 '9월 그룹'the September Group * 으로 알려진 그 모임에 참여하지 않았더라면 이 책은 어떤 형태가 되었을지 상상할 수도 없다. 급진 좌파가 추구하는 가치에 대한 열정적 헌신과 강고한 지적 엄격성을 결합하려는 그 그룹의 야심, 연례 모음에서 받은 엄청난 자극, 이 책 대부분 장의 초기 원고를 비판적으로 면밀히 검토해 준 그들의 수고, 이 모든 것들이 이 책의 구성과 내용 모두에 깊이 영향을 미쳤다.

9월 그룹의 현재 멤버 모두(프라납 바르단, 새뮤얼 보울스, 로버트 브레너, 제럴드 코헨, 존 뢰머, 힐렐 슈타이너, 로베르트 판 데르 페인과 에릭 올린 라이트)와 두 명의 이전 멤버(욘 엘스터와 애덤 셰보르스키)에게 내가 그들의 작업에서 배운 것, 그리고 나에 대한 그들의 논평에서 배운 것 양자 모두에 대해 큰 감사를 표한다.

또한 이 책의 장들의 초기 버전에 대한 리처드 아네슨, 크리스티안 안스페르거, 존 베이커, 웬디 칼린, 이언 카터, 앤드류 글린, 앙드레 고르, 슈 제임스, 예룬 크네이프, 안톤 라이스트, 데이비드 밀러, 제라르 롤랑,

---

● 1981년 9월, 런던에서 마르크스주의를 분석적 방법에 입각해 토론하기 위해 모인 그룹을 가리킨다. 이 그룹의 핵심 구성원으로는 제럴드 코헨, 에릭 올린 라이트, 존 뢰머, 필리페 판 파레이스, 욘 엘스터 등이 있다.

이언 스티드먼, 그리고 세 명의 익명의 독자가 작성해 준 유익한 논평문에서 도움을 얻었다. 초기 원고를 발표한 암스테르담, 안트베르펜, 바르셀로나, 베이징, 베를린, 브리스톨, 브뤼셀, 캠브리지(매사추세츠), 캔터베리, 시카고, 데이비스, 플로렌스, 제네바, 겐트, 루뱅, 리에주, 런던, 루뱅-라-뇌브, 매디슨, 마드리드, 몬테비데오, 몬트리올, 뉴욕, 파리, 피사, 플리오스, 시에나, 데살로니카에서 청중들이 구두로 전달한 자극이 되는 반응들 역시 이 책의 작업에 도움이 되었다. 브라이언 베리, 에릭 쇼케르트, 수전 스트레인지에게 특별한 감사를 전하고 싶다. 이들은 적어도 한 번 이상 꼼꼼한 토론자의 역할을 해주었다. 여러 세대에 걸친 경제학과의 내 석사과정 학생들에게도 감사를 표한다. 이들은 이 책에 실린 여러 장章을 완성해 가는 상이한 단계와 관련되어 있다. 이 모든 논평들 가운데 일부는 나의 이론적 정식화를 더욱 명료하게 만들었다. 일부는 내 주장에서 중요한 전환을 이끌어 냈다. 또 다른 일부는 나에게 여전히 해결되지 않은 난제로 남아 있다. 내가, 혹은 나보다 더 지식이 많고 더 창의적인 누군가가 언젠가 그 난제를 다시 검토해야 할 것이다. 하지만 나는 그들 모두에게서 배운 바가 있으며, 논평의 수고를 해주신 모든 분들께 더할 나위 없는 감사를 드린다.

마지막으로, 레베카, 요나단, 벤야민, 사라는 우리 집에서 '그 책'이라고 줄여서 부를 만큼 긴 출간 준비 여정의 어느 시점에 태어났다(약간 당황스럽게도 나는 이 기간을 통해서 다른 세 권의 책을 따로 쓰고 예기치 않게 출판도 했다). 그들 각각은 내가 작업을 할 수 있도록 조용히 해야 한다는 것을 어느 정도 이해해 주었고, 가끔은 완성하려면 아직 멀었느냐고 정중하게 물어보기도 했다. 그들 가운데 어느 누구도 이 책이 완성되었다는 사실을 애석해 하지 않으리라 확신한다. 그들의 엄마 역시 마찬가지로 생각할 것이라는 데에는 더 큰 확신이 있다.

긴 이론적 책을 쓰는 외로운 집필 작업을 하면서 큰 가정을 운영하는 일을 같이 (과연 공정하게?) 분담하는 것 ― 그 외에도 몇 가지 다른 일들 ― 은 결코 쉽지 않았다. 불가능하다고 느꼈던 때가 사실 한두 번이 아니다. 결국 이것을 가능하게 한 것은 부분적으로는 나의 가족이 나에게 주문한 요구를 내가 완고히 저항했기 때문이고, 또한 비할 데 없이 엄청난 만큼, 이루 셀 수 없는 갖가지 방식으로, 지구상의 어느 누구에게 보다도 더 슈에게 빚지고 있기 때문이다.

하나, 우리가 살고 있는 자본주의사회는 용납할 수 없는 불평등으로 가득 차 있다. 둘, 자유는 최고로 중요한 것이다. 이 책은 저 둘을 강하게 확신하는 사람이 쓴 것이다. 또한 이 책은 저 두 가지 확신을 공유하는 사람을 주로 겨냥하고 있다. 이 책에서 가장 중심이 되는 과제 가운데 하나는 자유지상주의자의 도전libertarian challenge, 즉 저 두 확신들이 상호 배타적이라거나, 혹은 자유를 진정으로 추구한다면 오늘날 세계에서 일어나고 있는 대다수의 불평등을 인정해야 한다는 주장에 대한 적절한 대답을 제시하는 것이다.

● 여기서, '자유지상주의자의 도전'은 자기 소유권으로부터 사적 소유권의 불가침성을 주장하는 로버트 노직과 같은 자유지상주의자의 도전을 의미한다고 볼 수 있다.

1장에서 나는 순수한 자본주의 — 혹은 순수한 사회주의 — 가 자유 사회의 이상을 잘 구현할 가능성이 크다는 주장을 면밀히 검토함으로써 자유지상주의자의 이 같은 도전에 정면으로 대응할 것이다. 이를 통해, 나는 이 이상에 대한 가장 정당한 해석이라고 내가 믿는 것, 곧 실질적 자유지상주의real libertarianism 혹은 모두를 위한 실질적 자유real-freedom-for-all를 상술할 것이다.

2장에서 나는 현재의 조건에서 이 이상을 가장 잘 구현해 주는 정치 체제는, 모든 이의 형식적 자유가 보호되어야 한다는 전제하에, 지속 가 능한 최고의 무조건적인 소득을 제공할 수 있고 또한 실제로 이를 제공 하는 정치체제라고 주장할 것이다. 언뜻 보면 이 주장을 지지하는 일단 의 논증은 매우 명료해 보인다. 그러나 실질적 자유지상주의의 이상과 무조건적 소득 제도 사이에 밀접한 연관이 있다는 위의 주장은 강력한 반대에 노출되어 있다. 나는 2장에서 4장까지 이런 반론들을 논박하며 나의 논의를 정립해 나가려고 한다.

더욱이 이런 밀접한 연관이 지지될 수 있다고 하더라도, 이런 주장을 통해서는 무조건적 소득의 수준을 지속적으로 극대화하는 정치체제를 정당화하는 데 여전히 실패할 수 있다. 왜냐하면 모두를 위한 실질적 자 유는 자본주의에 대한 윤리적 비판의 가장 중요한 요소인 착취에 대한 비판을 적절하게 해명하지 못하기 때문에 사회정의관으로 수용할 수 없 다는 반론이 가능하기 때문이다. 5장에서는 이런 반론 유형의 가장 두드 러진 변형태들을 제시하고 또한 이들을 논박하고자 한다.

실질적 자유지상주의를 통해 정의로운 사회에 대한 적절한 입장이 제 시되고, 생계를 유지할 수 있는 지속 가능한 최고 수준의 무조건적인 소 득의 도입이 정당화된다면, 이로부터 자본주의와 사회주의 가운데 하나 를 택해야 한다는 결론이 따라 나오는가? 현재 통용되는 상식은 자본주 의가 경제적 효율성이 훨씬 크다는 강한 추정을 하게 한다. 그럼에도 사회주의는 실질적 자유지상주의에 근거해 옹호될 수 있는가? 이것이 마지막 장의 주제다. 마지막 장에서는 오늘날의 세계에서 진보적 희망과 활동을 위해 필요하다고 여겨지는 주요한 지적 방침들의 윤곽을 그리면서 논의를 끝맺을 것이다.

나는 이 여섯 개의 장이 복잡하지만 명료하고 일관성 있는 하나의 논증을 구성하기 바란다. [독자들이] 글의 전개를 좀 더 쉽게 따라갈 수 있도록, 각 장은 그 장의 내용을 간략하게 요약한 도입부로 시작된다. 나는 이 도입부 각각을 대화 형식으로 서술했다. 이는 2천5백 년이나 되었지만 철학을 서술하는 데 여전히 놀랄 만큼 적절한 그 스타일과의 연속성을 상징적으로 표현하기 위한 것만은 아니다. 또 나머지 텍스트보다 어느 정도 덜 딱딱하고 덜 난해하게 보이게 하기 위한 것만도 아니다. 대화 형식은 또한 아카데미 안팎의 현실 혹은 가상의 토론 상대자들이 지속적으로 촉발하고 고무했던 주장들을 제시하기에 매우 자연스러운 방식이다. 정치철학에 대한 이런 식의 서술 방식이 가진 이점은 커다란 민주적 토론장의 한 구석에서 이루어지는 대화를 형식화해서 설명하는 데 있다.[1]

이 대화의 최종 결과물은 구분되는 몇 가지 측면에서 서술할 수 있다. 그것은 이론과 현실 양면에서 최근 힘든 시절을 거친 좌파적 자본주의 비판에 대한 우호적이지만 관대하지는 않은 평가로 이루어져 있다. 그것은, 나 자신뿐만 아니라 독자들에게, 지난 20년 동안 경제이론과 정치철학 사이에서 이루어진 교배의 결과로 지속적으로 발전해 온 자본주의의 정당성에 대한 논증과 반대 논증의 복잡한 그물망을 제시하고 정리하려는 시도이기도 하다. 그것은 또한 기술적으로 정교화되어 있으면서 생태적으로는 위협받는 사회의 맥락에서 자유와 평등의 결합이라는 이상이 함축하는 바를 상술하려고 한다. 무엇보다, 애초에 의도한 것은 아니지만, 이 대화의 최종 결과물은 급진적 개혁 — 무조건적 기본소득의 도입 — 에 대한 가장 일관되고 체계적이며 윤리적인 옹호론인, 무조건적 기본소득의 도입을 위한 이론적 입지를 마련해 준다. 나는 현대 유럽의 경제적·정치적 맥락에서 무조건적 기본소득의 도입이 단순한 추상적 가능성을 훨씬 뛰어넘는 것이라고 본다. 즉 이 책은 기본소득에 대한 논의를 한 단계 더 진전시킴으로써 '유럽적 모델'을 구하기 위해 긴급히 필요한 핵심 요소를 담고 있다.

| 1장 |

자본주의, 사회주의, 자유

들어가기

△__ 유럽 공산주의는 붕괴되었습니다. 신자유주의는 절정기를 거치고, 깊은 흔적을 남긴 채 사라졌습니다. 자본주의와 사회주의 사이의 오래된 논쟁은 결코 이전과 같은 것일 수 없습니다. 사회주의를 옹호하는 주장은 너무나 쇠약해져서 그것에 신경을 쓸 가치가 없지 않나요?

∅__ 우리의 첫 번째 과제는 오해를 피하기 위해 자본주의와 사회주의를 정의하는 것입니다. 나는 자본주의와 사회주의를 사회의 생산수단 대부분이 사적으로 소유되느냐 아니면 공적으로 소유되느냐에 따라 구별하자고 평범하게 제안합니다. 그리고 사회주의와 자본주의 모두에서 사람들이 타인이나 사회에 의해 소유되지 않으며, 어떤 의미에서 사람들이 그들 자신을 소유할 것을 요구한다고 명문화하기 때문에 나는 노예제 및 집단주의와 그 둘을 구분합니다(1장 1절).

△__ 당신은 공산주의 이후와 신자유주의 이후의 세계에서 자본주의와 사회주의의 상대적 장점을 평가하는 준거가 되는 이상이 자유로운 사회, 혹은 아마도 최대한 자유로운 사회의 이상이라는 점을 논의의 출발점으로 삼고 있습니다. 이는 곧바로 자본주의에 대한 정당화로 귀결되리라는 게 명백하지 않나요?

∅__ 그렇지 않습니다. 먼저 상당수의 사람들은, 그 구성원 모두가 각자의 운명을 개척할 자유를 최대한 향유하는 사회로 이해되는 자유 사회는 논리상 민주주의적 사회주의를 지향하는 사회일 수밖에 없다고 주장해 왔습니다. 제가 보기에 이 논증은 자유와 권력을 혼동할 때만 호소력을 가지며, 따라서 자유 사회를 그런 식으로 상정하는 것은 하나의 이상으로서는 전혀 타당해 보이지 않습니다(1장 2절). 그러나 몇몇 사람들이 이와 같은 주장을 했기 때문에 당신이 제시한 결론이 당연한 것으로 간주될 수 없다는 점은 충분히 지적할 수 있습니다.

△__ 현대의 자유지상주의가 자본주의를 옹호하는 논리의 핵심에는 대칭적 논증symmetrical argument이 있습니다. 그것은 위와 같은 혼동에 의존하지 않으며 직관적으로 볼 때도 꽤 매력적입니다.

∅__ 대칭적 논증 역시, 앞의 논증과 다르기는 하지만 치명적인 혼동에 기대고 있다는 것을 발견하게 되면 호소력을 잃을 것입니다. 자유지상주의자들은 자유 사회의 이상을 일관된 문구로 정식화하려면 일관된 사적 소유권 체제가 결정적인 역할을 하지 않을 수 없다는 점을 설득력 있게 논증합니다. 그러나 이로부터 순수한 자본주의는 말할 것도 없고 오직 자본주의만이 정의로울 수 있다는 결론은 결코 따라 나오지 않습니다. 왜냐하면 그런 권리들의 체계가 자유지상주의자들이 찬성하는 '순수하게 역사적인' 권리들의 체계˚와 무관하게 발생할 수 있는 수많은 방식들이 존재하기 때문입니다. 또

한 자유지상주의자들이 이해하는 대로(1장 3절) 소유권에 대한 충분한 존중과 완벽하게 일치하는 매우 억압적인 사태를 어렵지 않게 상상할 수 있습니다. 달리 표현하자면, 자유지상주의자들은 형식적 자유의 중요성을 올바르게 강조하지만, 형식적 자유는 옹호할 만한 자유 사회의 이상 안에 반드시 포함되어야 하는 실질적 자유를 포괄하지 못합니다. 일단 '모두를 위한 실질적 자유'가 진짜로 중요한 것이라는 점을 우리가 충분히 깨닫는다면, 자본주의인가 사회주의인가라는 논의는 매우 다른 각도에서 나타나게 됩니다.

Δ__ 형식적 자유는 실질적 자유와 정확히 어떤 차이가 있나요?

∅__ 분명히 해야 할 첫 번째 사항은 형식적 자유와 실질적 자유 모두 개인적 자유의 측면이라는 것입니다. 즉 집단적 자유 — 정치체의 수준에서 전형적으로 나타나는 — 는 단지 도구적으로만 두 자유와 관련되어 있으며, 이 집단적 자유의 행사에 대한 개인적인 참여 역시 그렇습니다(1장 4절).

Δ__ 이는 실질적 자유조차 순전히 소극적 자유라는 걸 의미하나요?

∅__ 만약 '실질적 자유'가 정치적 참여, 이른바 '고대인의 자유'와 대비된다면, 그것은 확실히 '소극적 자유'('소극적 자유'라는 표현이 제가 별로 사용하고 싶지 않은 애매한 표현이긴 하지만 말입니다)입니다. '실질적 자유'는 도덕적 의무나 자율적으로 선택한 선호가 명하는 바를 행하는 자유라기보다는 오히려 '하고 싶어 할 수도 있는 것이라면 무엇이든' 할 자유라는 의미에서 그렇게 부를 수 있습니다.

Δ__ 그렇다면 [형식적 자유와 실질적 자유의] 차이는 어디에 있나요?

● 노직의 개념이다. 분배 정의를 고려할 때 현 시점에서의 분배의 결과만을 고려하는 접근(종국 상태 원리)과 달리 그런 분배가 어떻게 이루어졌는가를 역사적으로 추적하는 접근을 말한다.

∅＿ 자유가 무엇으로부터의 자유인가라는 질문, 혹은 정의定義의 문제로, 자유를 제한하는 장애 요인이 무엇인가라는 질문에 주목하자마자 차이점이 나타납니다. 형식적 자유는, 그녀 자신의 소유권을 포함해 한 인격체의 권리에 대한 침해(의 위협으)로 넓게 이해되는, 강제에 의해서만 제한될 수 있습니다(1장 6절). 그러나 실질적 자유는, 한 인격체에게 허용되거나 혹은 한 인격체가 할 수 있는 행위에 한계를 설정하는 것에 의해 더 폭 넓게 제한될 수 있습니다. 예를 들어, 한 인간의 구매력과 한 인간의 유전적 구성은 모두 실질적 자유와 직접 관련되어 있습니다. 다시 말해, 형식적 자유와 다르게, 실질적 자유는 하고 싶어 할 수도 있는 것이라면 무엇이든 할 권리를 가지는 문제일 뿐만 아니라, 그것을 하기 위한 수단을 가지는 문제이기도 합니다(1장 7절).

△＿ 그럼 당신이 정당하다고 보는 이상에 따르자면, 자유 사회는 자신이 하고 싶어 할 수도 있는 것을 할 권리와 그것을 할 수단 모두를 소유한 사회겠군요?

∅＿ 완전히 그런 건 아닙니다. 자유 사회는 먼저 그 구성원들 모두가 형식적으로 자유로운 사회입니다. 즉 그 사회에서는 각인의 자기 소유권을 포함한 제반 소유권이 잘 강제되는 재산권 구조가 존재합니다. 두 번째로 자유 사회는, 하고 싶어 할 수도 있는 것을 하기 위한 수단에 대한 접근권인 기회가 최소극대화maximin(보다 현학적으로 표현하면 축차적인 최소극대화leximin*)의 방식으로 분배되는 사회입니다.

● '렉시민'(leximin)은 '서열적 혹은 순차적'을 뜻하는 '렉시코그라피칼'(lexicographical)과 '최소극대화'를 뜻하는 '맥시민'(maximin)이 결합된 말이다. 판 파레이스는 롤스와 다르게 기회의 축차적 최소극대화를 말한다. 판 파레이스가 말하는 기회의 축차적 최소극대화는 기회의 최소극대화 원칙을 최소

즉 그 사회에서 어떤 사람들은 다른 사람들보다 더 많은 기회를 가질 수 있지만, 그러나 오직 그들이 더 많은 자원을 갖게 됨으로써 더 적은 자원을 가진 이들 일부의 기회를 축소하지 않는 한에서만 그렇게 할 수 있습니다. 다시 말해, 모든 이의 형식적 자유가 존중되어야 한다는 요구에 따라, 최소의 기회를 가진 사람들에게 가능한 한 최대한의 실질적 기회를 제공하도록 제도가 설계되어야 합니다(1장 8절). 이것은 표준적인 자유지상주의자들이 제안한 것보다 훨씬 더 그럴듯하고 매력적인 자유 사회의 이상을 제공한다고 저는 믿습니다.

△__ 당신은 자유 사회가 또한 정의로운 사회라고 주장하고 있는 건가요?

∅__ 네 그렇습니다. 이 입장으로 인해 저는 실질적 자유지상주의자, 즉 모두를 위한 실질적 자유가 사회정의를 위한 모든 것이라는 주장을 믿는 사람이 되었습니다. 당황한 것처럼 보이는군요. 의심스러워하는 것은 당연합니다. 이 모두는 매우 추상적인 논의였습니다. 그래서 우리는 이제 실질적 자유지상주의의 제도적인 함축들을 살펴보아야 합니다.

———

수혜자층부터 순차적으로 적용해 가는 것을 의미한다. 이에 대해서는 1장 8절을 참고하라.

1. 자본주의 대 사회주의

자유는 최고로 중요한 것이다. 우리 — 혹은 어쨌든 우리 가운데 대다수 — 는 우리 사회가 자유로운 사회이기를 원한다. 그러나 그런 사회가 자본주의사회일 수 있으며 심지어 자본주의사회여야 하는가? 아니면 그런 사회가 사회주의사회일 수 있으며 심지어 사회주의사회여야 하는가? 이 물음들에 대한 대답은 자유의 이상에 대한 타당한 해석이 무엇인가에 결정적으로 달려 있다. 그러나 이 물음들에 대한 대답은 또한 자본주의와 사회주의가 어떻게 정의되는가에 달려 있다. 이 장의 대부분은 좀 더 중요한 쟁점인 전자에 할애된다. 그러나 이 절에서 나는 자본주의와 사회주의에 대한 명시적인 정의를 내릴 것이다. 이 정의를 통해 나는 친자본주의적 입장이나 친사회주의적인 입장에 기대 입증해야 할 것을 가정하는 오류를 범하지 않고, 사회주의와 자본주의 모두에 정당성을 입증할 최상의 기회를 제공함으로써 어설픈 논의와 오해를 최소화하려고 한다.

일반적인 관행에 따라, 이 책에서 **자본주의**는 사회의 (비인적) 자본과 (물질적) 생산수단의 소유권이 사적인가 아니면 공적인가라는 면에서 사회주의와 대비된다. 사적 소유권은, 개인 자격의 개개의 사람들에 의한 소유권, 혹은 그런 사람들의 자발적인 결사체의 소유권임을 의미한다. 공적인 소유권은, 국가 수준이든 국가보다 하위의 수준이든, 정치적 공동체 혹은 그 대표에 의한 소유권이다. 소유권 개념이 적어도 어떤 규칙에 의해서도 제한되지 않으며 모두가 접근할 수 있는 권리로 단순하게 정의되는 **공유권**common ownership을 포괄하도록 확장된다면, 사적 소유권과 공적 소유권이라는 두 범주만으로는 소유권 개념 전체를 망라하지 못한다는 점에 먼저 주목하자. 그러나 누군가 후자[공유권]의 경우를 공동으로 소유된 자산이라 부르기보다 소유자가 없는 자산이라고 부르길 선호한다면, 사적 소유권과 공적 소유권이라는 두 범주만으로 소유권 개념 전체를 망라할 수 있다.[1] 게다가 '사적' 소유권과 '공적' 소유권의 구분은 개인 소유권과 집단 소유권의 구분과 일치하지 않는다는 점에 주목하자. 주주들이 공동으로 기업을 소유하거나 노동자들이 협동조합을 소유할 때처럼, 사적인 소유권이 집단적 소유권이 되는 것이 전적으로 가능하다. 또한 그럴 가능성은 거의 없지만, 단 한 사람의 시민만 어떤 정치 공간에 남아 있다면, 공적 소유권이 개인의 소유권이 되는 것을 상상할 수도 있다.

생산수단의 사적 소유권과 공적 소유권의 문제는 명백히 범위의 정도 문제, 다시 말해 사회의 자본이 두 체제regime 각각에 의해 통제되는 비율의 문제다. 그것은 또한 깊이의 정도 문제이기도 하다. 다시 말해, 두 체제가 사회의 자본 각각의 특정한 구성 요소에 얼마나 적용되는지에 따른 정도의 문제이기도 하다. 예를 들어, 사적 자본을 사용해 얻어 낸 결과물이 과세 대상이 된다거나, 창출된 이윤을 재투자해야 할 책무가 있다거나, 공해 방지 장치를 설치해야 한다거나, 인종과 성을 차별하지 않고 사람들을 고용할 의무가 존재한다면, 혹은 생산수단을 가동하는 노동자들에 의해서만 생산수단이 소유될 수 있다면, 사적 소유권의 깊이는 감소될 것이다. 이와 대칭적으로, 만약 공적 자본이 상당 기간 동안 사적인 개인이나 집단에 대부될 수 있다면, 또는 공적 자본을 사용해서 생긴 이윤의 일부가 그런 개인이나 집단에 의해 전유될 수 있다면, 공적 소유권의 깊이는 감소할 것이다. 나는 모든 생산수단에 대한 완전한 사적 소유권이 존재하는 한에서만 순수 자본주의경제에 대해 말할 것이다. 또 나는 모든 생산수단에 대한 완전한 공적 소유권이 존재하는 한에서만 순수 사회주의경제에 대해 말할 것이다. 보다 넓고 보다 느슨하게, 나는 생산수단 대부분이 본질적으로 사적으로 소유되는 한에서만 자본주의에 대해 말할 것이고, 생산수단 대부분이 본질적으로 공적으로 소유되는 한에서만 사회주의에 대해 말할 것이다. 물론 이는 상당한 크기의 중간 영역을

허용하지만, 그런 중간 영역의 존재는 이 단계에서 우리의 논의를 곤란하게 하지는 않는다.[2]

그러나 자본의 사적 소유권은 자본주의에 대한 우리의 정의에 포함될 필요가 있는 유일한 특징이 아니다. 프롤레타리아의 '이중의 자유'에 대한 마르크스의 유명한 구절에 걸맞게, 나는 순수 자본주의에서는 각 인격체가 자기 자신을 완전하게 소유한다[3]고 추가적으로 약정할 것이다. 자본주의는, 동물이나 생명이 없는 대상들처럼, 이 사람이 다른 사람에 의해 소유되거나 팔리는 걸 허용하지 않는다는 점에서 노예제와 다르다. 이와 유사하게 나는 순수 사회주의를 완전한 자기 소유권을 요구하는 체제로 정의할 것이다.[4] 내가 집단주의 사회라고 부르고자 하는 것과 다르게, 사회주의사회는 그 사회의 인적 자본을 소유하지 않으며 단지 그 물질적 조건만을 소유한다. 생산수단의 소유권과 마찬가지로, 자기 소유권은 정도의 문제다. 그 범위는 한 사회의 구성원이 자기 소유권을 얼마나 많은 비율로 향유하는가에 따라 달라진다. 반면 자기 소유권의 깊이는 각 인격체에게 무엇을 하는 것이 허락되어 있는가에 따라 변한다. 예를 들어, 수감된 사람이나 징집된 사람이 많을수록, 그들의 수감 기간이나 복무연한이 길수록, 자기 소유권의 범위는 줄어든다. 또 시민이 운동을 할 자유가 더 많이 제한될수록, 혹은 성행위에 대한 입법이 억압적일수록, 자기 소유권의 깊이는 줄어든다. 나는 한 사회의 '대부분의' 구성원들이 '근본적으로' 그들 자신을 소유한다면, 그 체제를 노예제(그리고 집단주의)가 아니라 자본주의(그리고 사회주의)라고 말할 것이다. 여기서도 중간 지대가 존재하지만, 이 단계에서는 우리의 논의에 장애가 되지 않는다.

이런 약정적 정의들을 상세히 논의할 필요는 없다. 이하의 절에 제시된 그런 정의들의 용법을 통해 그것들이 적절하게 선택되었는지의 여부를 알 수 있을 것이다. 나는 앞서 제안된 자본주의의 정의에 관해 한마디

논평만을 해두고자 한다. 이 정의하에서, 사회의 자본의 모든 부분은 ①
그것을 운영하는 개인에 의해 소유될 수 있거나(자영업) 혹은 ② 그것을
공동으로 운영하는operate 노동자들의 집단에 의해 소유될 수 있다(노동자
소유). 혹은 ③ 그것을 운영하는 사람과 구분되는 개인들이나 집단들에
의해 소유될 수 있다(임금노동). 사적인 자본 소유권의 이 세 가지 형태 가
운데 어느 것이 지배적이거나 배타적으로 현존한다고 하더라도, 그것은
자본주의, 심지어 순수 자본주의에 대한 우리의 정의와 완전히 양립 가
능하다. 만일 어떤 형태의 사적인 자본 소유권의 지배나 배타적 현존이
사적 소유자가 자본을 가지고 할 수 있는 것에 대한 제도적인 제한의 결
과가 아니라면 말이다. 그런 지배의 체계적인 경향 — 예를 들어, 임금노
동의 체계적인 지배 경향 — 은 따라서 자본주의를 논의할 때 매우 중요
한 것이 된다. 어떤 체제가 체계적으로 소유하는 경향이 있는 어떤 특징
때문에 그 체제는 비난 받을 수도 있다. 비록 그런 특징이 그 체제의 정
의로부터 논리적으로 반드시 따라 나오는 것이 아니라고˙ 하더라도 말이
다. 다른 한편, 어떤 특정 형태의 사적 소유권이 지배적이게 된 것이 어
떤 제도적 제약의 결과라면, 우리는 자본주의와 사회주의 사이에 존재하
는 중간 영역에 들어선 것일 수도 있다. 예를 들어, 모든 생산수단이 그
것을 운영하는 노동자 혹은 노동자들의 집단에 의해 소유되는 **협동조합**
cooperative 경제에서, 자본이 여전히 사적인 소유권인 개인이나 집단에
의해 '근본적으로' 소유되고 있는지 물을 수 있다. 이런 사적 소유권 경
제를, 위 정의에 따라, 여전히 자본주의경제라고 부를 수 있을지의 여부
는 논란이 될 수 있다. 그러나 현재의 목적을 위해 중요한 것은 순수 자
본주의가 그런 제한을 수반하지 않으며, 그렇기에 자유 사회의 이상을
구현하라는 선험적인 요구를 [충족시키는] 훨씬 더 전도유망한 후보처럼
보인다는 점이다. 그러나 자유 사회는 무엇인가?

2. 자유 사회로서의 순수 사회주의

자본주의와 사회주의를 정의하는 문제에서 자유 사회의 성격을 규정하는 문제로 논점을 전환한 만큼, 내 목표는 더 이상 애매하지 않은 간편한 용어를 제시하는 것이 아니다. [오히려] 자유가 최고로 가치 있는 것이라고 말하거나, 혹은 우리가 추구할 만한 가치가 있다고 여기는 어떤 이상 ideal을 기술하기 위해 자유 사회라는 개념을 사용할 때, 우리가 염두에 두거나 혹은 염두에 두어야만 하는 것을 나는 명료화하고 싶다. 그러므로 [이 절의] 과제는 일상적으로 '자유 사회'라 간편히 부를 수 있는 것을 확인하는 것이 아니라, 만약 '자유 사회'가 윤리적으로 호소력 있는 목표를 나타내야 한다면, 어떻게 그것이 정의되어야 하는지 규정하는 것이다. 나는 자유 사회의 특징들을 완전히 제시하기보다는 오히려 자유 사회가 자본주의적일 수밖에 없다거나, 어쩌면 더 놀랍게, 사회주의적일 수밖에 없다는 걸 입증하고, 이를 통해 그 문제를 선험적인 근거 위에서 처리하기 위해 제시되어 왔던 다수의 논증들을 검토하면서 자유 사회의 요소들이 점차 드러나도록 할 것이다.

사회주의에 대한 선험적 옹호론을 검토하는 것으로 논의를 시작해 보자. 유망한 출발점은, 최대한으로 자유로운 사회가 최대한으로 민주적인 사회, 곧 모든 것이 집단적 의사 결정에 의해 좌우되고, 그 구성원들 각자에게 동등한 의사 결정력을 부여하는 사회로 파악될 수 있다는 제안이다. 만약 이 제안이 적절하다면, 철저하게 민주적인 형태의 집단주의나, 사람과 자본 모두에 대한 철저히 민주적인 형태의 공적 소유 체제는 자유 사회의 이상을 최대한 표현한 것일 가능성이 높을 것이다. 그러나 이 것은 적절한 제안일 수 없다. 그 이유를 이해하기 위해서는, 다음의 두 상황을 성찰하는 것으로 충분하다. 상황 A에서, 우리 모두는 자신의 코를 긁을지 말지를 혼자 힘으로 결정할 수 있다. 상황 B에서 우리는 완전히 민주적인 방식으로 코를 긁는 게 허용될 수 있는지의 여부를 함께 결정한다. 코의 크기가 사람마다 다른 것이 문제될 것이 없다고 (그럴듯하게) 가정한다면, 두 경우 모두에서 각각의 사람이 의사 결정 과정에서 행사하는 영향력은 동일하다고 말할 수 있다. 그러나 확실히 자신의 코를 긁을 (혹은 긁지 않을) 자유는 동일하지 않다. 우리들 각자는 상황 A에서는 이 자유를 누린다. 그러나 상황 B에서는 그런 자유가 존재하지 않는다. 상황 B에서 긁는 행위는 집단적 승인의 대상이다. 이를 부인하는 것[상황 B에서 코를 긁을 자유가 존재하지 않는다는 것을 부인하는 것]은 어떤 사람의 자유와 그녀의 권력, 다시 말해 의사 결정 과정에 그녀가 행사하는 영향력을 뒤섞는 것이다. 사람들이 동등하게 혹은 최대한 자유로울 것을 요구하는 것과 그들에게 평등한 권력이나 최대한의 권력이 주어져야 한다고 요구하는 것은 같은 것이 아니다. 물론 민주주의는 어쨌든 중요하다. 심지어 민주주의는 자유 사회를 실현하기 위해 경험적으로 필요한 조건으로 판명될 수도 있다.[5] 그러나 코 긁는 행위와 관련된 사례가 분명히 보여 주듯이, (최대한으로) 민주적인 사회는 정의상 (최대한으로) 자유로운 사람들의 사회와 일치한다고 말할 수 없다.[6]

위의 사례는 하나의 제안[최대한으로 자유로운 사회가 최대한으로 민주적인 사회라는 제안]에 대한 거부를 정당화하는 것 이상의 역할을 한다. 위의 사례는 또 다른 점, 다시 말해 자유로운 사람들의 사회란 그 구성원들 각자에게 자기 자신에게 일어날 것이나, 일어나지 않을 것을 결정하도록 맡기는 사회라는 점을 적시한다. 아무리 민주적이라고 하더라도, 만약 그 사회가 그 구성원들 각자에게 **자기 소유권**과 유사한 어떤 것을 인정하지 않는다면, 그 사회는 자유롭다고 할 수 없다. 정치철학의 창시자를 포함해 수많은 정치철학자들이 개인은 그 자신을 소유하지 **못하며**, 사회나 국가가 그들에 대한 소유권을 가진다고 분명히 주장해 왔다.[7] 자기 소유권은 오래된 관념이 아니다. 그것은 근대적인 발상이며 논쟁의 여지가 있는 발상이다.[8] 그러나 만약 누군가가 자기 소유권을 공격하고 싶다면, 자유 이외의 근거를 가지고 그렇게 해야 한다. 자유로운 사회를 간절히 원하는 사람이라면, 위에서 개괄적으로 소개되었고(1장 1절), 이후에(1장 8절) 더 명료화될, 자기 소유권이 각자에게 승인되어야 한다는 걸 요구하지 않을 수 없다.[9]

앞서(1장 1절) 제시한 우리의 정의에 따라, 노예제와 집단주의 모두 자유 사회와 양립 가능하지 않다는 결론이 즉각 따라 나온다. 그러나 아직까지는 자본주의사회나 사회주의사회가 자유 사회가 되는 걸 방해하는 것은 등장하지 않았다. 하지만 순수 사회주의조차 자기 소유권과 모순되지 않는다는 주장은 적어도 두 가지 근거에서 도전받을 수 있다. 먼저, 순수 사회주의는 사람들이 임금노동을 하도록 허용하지 않는다. 순수 사회주의는 자영업을 기반으로 혹은 스스로 소비하기 위해 생산 활동에 참여하는 것조차 허락하지 않는다. 순수 사회주의는 모든 생산수단에 대한 완전한 공적 소유를 요구한다. 이는 오직 소비재만이 사적으로 소유될수 있으며, 그리하여 구두를 닦는 자영업자조차 자신의 손님에게 서비스를 제공하기 위해 자신의 솔을 생산수단으로 사용할 수 없음을 의미한다. 비록 이것이 사실이긴 하지만, 이제까지 이야기되어 온 이유 때문에 순수 사회주의가 잠재적인 자유 사회의 후보 자격을 박탈당할 수는 없다. 순수 사회주의에 대한 정의로부터 따라 나오는 제한은 외부 대상들의 처리와 관련된 제한 — 그것들이 생산수단으로 사용될 수 없다 — 이지, 자기 자신과 관련된 제한이 아니기 때문이다.[10]

두 번째로, 생산수단의 공적 소유권은 노동 배분을 위한 권위주의적인 절차를 필요로 하며,[11] 따라서 직업 선택과 관련된 자기 소유권을 체계적으로 침해한다는 반론이 있을 수 있다.[12] 이런 반론[의 옹호자들]은 사회주의가 소득을 균등화한다는 가정 및 균등한 소득은 자기 소유권과 충돌할 수밖에 없다는 추측에 의지해 자신들의 반론을 졸속으로 입증하려고 한다. 후자[균등한 소득이 자기 소유권과 충돌한다는 주장]가 사회주의에 대한 정의로부터 도출되는 분석적 진리가 아니라 추측이라는 점은 강조할 가치가 있다. 여기서 이해되는 자기 소유권은 재능에 대한 차등적 보상의 부재와 모순되지 않을 만큼 약한 개념이며, 따라서 심지어 순수한 평등과 개념적으로 양립될 수 있다. 그러므로 그 주장[균등한 소득이 자기 소유권과 충돌한다는 주장]은, 만약 누군가가 수용 가능한 수준의 배분 효율성을 달성하길 원한다면, 자기 소유권이나 균등한 소득 가운데 어느 하나만을 택할 수 있다는 사실적 주장으로 이해되어야 한다.[13] 그러나 비록 이 주장이 모든 상황에서 사실에 맞는 것으로 판명된다고 하더라도, 최소한의 효율성을 가진 사회주의가 자기 소유권을 침해한다는 결론은 결코 따라 나오지 않는다. 생산수단에 대한 공적인 소유는 소득분배의 특정한 패턴을 필연적으로 함축하지 않으며, 그렇기 때문에 자유에 기반해 평등주의를 공격하는 논증은 그 자체로 자유에 기반해 사회주의를 반대하는 논증이 아니다. 자본에 대한 공적 소유권 때문에 노동 배분을 책임지는 기관이 효율적 배분을 달성하기 위한 유인으로, 필요한 경우, 임금격차를 사용하지 못하게 되는 것은 아니다. 모종의 노동시장 메커니즘이 자본에 대한 공적 소유권, 노동자의 자기 소유권, 그리고 합당한 수준의 배분 효율성을 조화시킬 수 없다고 가정할 명백한 이유는 없다.[14]

이 주장에서 누군가 좀 더 나아가 모두의 자유에 대한 전적인 관심이 순수 사회주의의 선택으로 이어져야 한다고 주장할 수 있는가? [그 누군가는 다음과 같이 주장할 것이다.] 어쨌든 최대한으로 자유로운 사람들로 이루어진 사회는 자신에게 일어나는 것을 결정할 자격을 그들 각자에게 부여하기만 하는 사회가 아니다. 왜냐하면 자기 자신의 힘만을 사용해 할 수 있는 것은, 설령 있다고 해도, 거의 없기 때문이다. 최대한으로 자유로운 사람들의 사회는 그들 각자에게 외부 대상들에 대한 최대한의 접근 기회 역시 제공해야 한다. 각 개인에게 의사 결정 과정에 동등한 영향력이 주어지는 동시에 모든 외부 대상이 공적으로 소유되지 않는다면, 그런 최대한의 접근이 어떻게 모든 사람에게 보장될 수 있겠는가? 이 견해에 따르면, 자유 사회는 완전한 자기 소유권과, 생산수단을 포함한 외부 세계에 대한 완전히 민주적인 공적 소유권이 결합된 사회다. 그러므로 자유 사회는 순수하게 사회주의적이어야 한다.[15]

이 논증은 집단주의를 우리가 거부하도록 이끌었던 논증과, 비록 구분되기는 하지만, 매우 유사한 이유로 실패한다. 우리 자신을 제외하고 우리 주변 세계에 있는 모든 것을 소유한 정치 공동체의 승인 없이는 설교나 시위는 말할 것도 없고 숨 쉴 수도 없고 먹을 수도 없으며 움직일 수도 없다면, 과연 우리들 각자가 어떻게 자유롭다고 말할 수 있겠는가?[16] 사람들에 대한 의사 결정력의 재분배와 마찬가지로, 외부 사물들에 대한 의사 결정력의 재분배는 자유의 견지에서 볼 때 제로섬의 사안이 아니다. 우리들 각자가 치마를 입을 자유나 혹은 채식주의자 카페를 개업할 자유는, 우리들 각자가 스스로 결정할 권리를 가지느냐, 아니면 집단적 결정에 따라 문제를 해결하느냐의 여부에 따라, 다른 것이 된다.● 그러므로 자유 사회에서는 자기 자신에 대한 사적 소유권뿐만 아니라 외부 대상에 대한 사적 소유권 역시 요구된다.

자유에 근거해 사회주의를 옹호하는 이런 선험적 논증을 구출할 길을 생각할 수 있을까? 첫 번째 가능성은, [순수 사회주의사회에서는] 공적 소유권 때문에 외부 대상들을 다수의 동의에 따라 사용해야 한다는 가정에 도전하는 것이다. 즉 공적으로 소유되는 자산을 사용하는 데 있어 개인에게 상당한 자율성을 남겨 둘 수 있다는 것이다. 그러나 이런 방법으로

● 외부 대상에 대한 소유권을 공동체나 집단에게만 인정할 경우 개인의 자기 소유권 내지 자유가 결국 침해된다는 주장이다.

는 난점에서 벗어나지 못할 것이다. 먼저 그런 자율성이 순수 사회주의 제도에서는 강제되지 않으며, 이때 순수 사회주의에 대한 옹호는, 적절한 개인의 자선 행위가 도래할 것이라 주장하며 순수 자본주의와 무산자들에 대한 관심[배려]의 문제를 화해시키려는 시도만큼이나 무의미할 것이다. 그렇지 않고, 그런 자율성이 공적으로 소유되는 외부 대상(가령 집이나 토지에 대한 장기 임대)에 대한 사적인 권리(완전한 소유권을 결여하고 있는)의 형태로 제도에 의해 법규화될 수 있지만, 그럴 경우 우리는 이미 순수 사회주의로부터 이탈한다. 게다가 이렇게 창설된 순수하지 않은 형태의 사회주의가, 모두에게 외부 대상에 대한 최대한의 접근 기회를 보장하는 그 어떤 형태의 자본주의보다 선험적으로 더 낫다고 [가정]할 이유를 찾기 어렵다.

두 번째 가능성은, 재산이 공동으로 소유될 때는 할 수 있지만, 그것이 좀 더 작은 단위의 사적 소유물로 바뀐다면 할 수 없게 되는 것이 존재한다는 점을 지적하는 것이다. 만약 뒤뜰의 정원이 공동으로 소유되는 큰 잔디밭이 된다면, 우리는 이웃들이 못 보는 그곳에서 일광욕을 할 자유를 상실할 수도 있지만, 축구 경기장으로 그곳을 사용할 자유를 얻을 수도 있을 것이다. 그러므로 사유재산하에서만, 하고 싶어 할 수도 있는 것을 할 우리의 자유가 명백히 확장되는 것은 아니며, 따라서 완전한 공적 소유권은 반론자들의 주장처럼 단호하게 거부될 수 없다. 물론 이에 대해 사적 소유권자들이, 만장일치로, 그들이 가진 자원을 어떤 공동의 목적을 위해 결합시키고, 이를 통해 공적-소유 체제가 집단적 결정을 통해 달성하려는 바를 자발적인 협력을 통해 달성할 수 있다는 반론을 생각해 볼 수도 있다. 그러나 이런 반론은 불공정한 것이다. 왜냐하면 공적 소유권하에서, 집단적 결정이 만장일치로 이루어질 필요는 없기 때문이다. 더 적은 다수로 [이와 같은 의사 결정이 이루어지는 데] 충분하다면, 축구에 반감을 가진 몇몇 이웃들의 **사실상의 거부권** 행사 때문에 뒤뜰 정원을 축구 경기장으로 사용할 수 없는 경우처럼, 사적 소유권에서는 이용 가능하지 않았을 상황에서 공적 소유권으로 인해 이용 가능한 대안들이 존재한다. 그러나 두 번째 구출 전략[재산이 공동으로 소유될 때는 할 수 있지만, 그것이 좀 더 작은 단위의 사적 소유물로 바뀐다면 할 수 없게 되는 것이 존재함을 보여 주는 전략]을 무산시키기 위해 이런 반론이 반드시 필요한 것은 아니다. 두 번째 전략이 근거하고 있는 주장의 역도 참이라는 점을 지적하는 것으로 충분하다. 즉 어떤 의사 결정 규칙을 채택하든, 공적 소유 체제 아래서는 할 수 없지만 사적 소유 체제 아래서는 할 수 있는 것들이 존재한다. 예를 들어, 주변 시선에 노출되지 않은 채로 일광욕을 하기 위해 자신의 뒤뜰 정원을 그대로 두는 것은 단순 다수결주의를 채택하는 공적 소유권에 의해 불가능하게 될 수도 있다. 반면 뒤뜰 정원의 반을 작은 축구 경기장으로 변경하는 것이 만장일치주의의 공적 소유권에 의해 불가능하게 될 수도 있다.[17]

따라서 어떤 전략도 자유 사회가 순수하게 사회주의적이어야 한다는 선험적 주장을 구출하지 못한다. 나는 어떤 다른 전략이 소기의 목적을 달성할 수 있을 것이라 믿지 않기 때문에, 이제 반대 입장으로 시선을 돌려, 자유 사회가 자본주의적이어야 하며 실로 순수 자본주의사회여야 한다는 자유지상주의자의 열렬한 선동적 주장을 검토하려고 한다.

3. 자유 사회로서 순수 자본주의

자유지상주의자에게 자유 사회는 — 첫 번째 근사치로 — 그 구성원들 모두에게 "그들이 바라는 대로 자신들의 삶을 관리하는 것이 허락되는"[18] 사회다. 그러나 이는 만족스럽지 못한 정식화다. 왜냐하면 그녀가 바라는 대로 삶을 관리함으로써 또 다른 사람이 그렇게 하는 걸 손쉽게 방해할 수도 있기 때문이다. 그러므로 자유지상주의 입장과 일관되게 자유 사회를 정식화하려면, 서로 다른 사람들의 바람들wishes 사이에 예정된 조화의 부재를 다루기 위해 재산권을 참조할 필요가 있다. 그리하여 자유 사회는, 좀 더 신중하게, 그 구성원들 모두가 정당하게 소유한 것을 가지고 그들이 하고 싶어 하는 것을 할 수 있는 사회로 규정되어야 한다. 그러나 이것은 여전히 충분하지 않다. 만약 추가된 부분이 더 상술되지 않는다면, 자유 사회는 집단주의 및 노예제와 모순되지 않을 것이기 때문이다. 이제까지 요구된 것은 재산권이 정의되고 강제되어야 한다는 것이다. 이는 분명 자유 사회를 위한 필요조건이다. 예정된 조화와 재산권 양자가 부재할 때 사회는 어떻게 될 것인가? 맹목적인 힘이 누가 누구를 그리고 무엇을 통제할지 결정하게 될 것이다. 바람들이 충돌할 경우 가장 강한 자들의 바람이 가장 약한 자의 바람보다 우세하게 됨으로써 그것들이 '조정'될 것이다. 확실히 이런 사회는 자유 사회, 곧 그들이 강하든 약하든 상관없이, 모두가 자신들이 바라는 대로 자신들의 삶을 자유롭게 관리하는 사회가 아니다. 그런 사회가 이루어지려면, 비록 충분하진 않다고 하더라도, 효과적인 제재 제도와 재산권에 대한 법적 혹은 관습적인 틀이 필요하다. 이런 이유로 자유지상주의자들이 올바로 주장하듯이 재산 없는 자유란 존재할 수 없다.

다른 한편, 집단주의와 노예제가 노골적으로 보여 주듯이, 자유 없는 재산이 존재할 수 있다. 그러므로 자유지상주의자들은 자유 사회에 대한 위의 규정을 다음과 같이 좀 더 상술할 것을 요구한다. "그 구성원들 모두가 그들 스스로 그리고 그들이 정당하게 소유한 모든 외부 대상을 가지고 하고 싶어 하는 것을 할 수 있는 사회." 그러나 이런 확장된 정의조차도 여전히, 자유 사회가 순수하게 자본주의적일 수밖에 없다는 주장을 지지하기에는 부족하다. 만약 연관된 재산권 제도가 제대로 정의되고 존중된다면, 자본주의 혹은 사회주의의 어떤 변종이든 위의 정의를 만족시킬 것이다. 만약 자유지상주의자들이 자본주의에 대한 선험적 정당화를 제안하고 싶다면, 그들은 훨씬 더 구체적으로, 자유 사회를 그 구성원들 모두가 이전에는 소유되지 않았던 대상들에 대한 최초의 무제한적인 사적 전유에서 유래하는 자발적 거래의 부단한 연쇄를 통해 그들이 소유한 모든 외부 대상을 가지고 그들 스스로 하고자 하는 것을 할 수 있는 사회로 규정해야 한다.[19] 이런 구체적 서술 아래서, 자유지상주의자들은 자유 사회 안의 모든 생산수단이 무제한적인 사적 소유물로 존재해야 할 뿐만 아니라 그런 것으로 남아 있어야 한다는 것, 다시 말해 오직 순수 자본주의만이 자유지상주의의 이상과 양립 가능하다는 것을 보여 주는 데 어려움을 겪지 않을 것처럼 보인다.

자유 사회에 대한 가장 일반적인 첫 번째 규정으로부터 가장 제한적인 세 번째 규정으로 이동하면서, 자유 사회 안에서 소유 재산holdings의 분배가 약한 의미의 권리자격 원리의 지배를 받아야 한다는 요구로부터 훨씬 더 강한 의미의 권리자격 원리의 지배를 받아야 한다는 요구로 이동했다는 점에 주목하라.[20] 더 약한 의미의 권리자격 원리Entitlement principle in the weaker sense는 분배와 관련한 목표를 달성하기 위해 재산권을 설계하는 것과 완벽하게 양립 가능하다. 분배와 관련한 목표를 달성하기 위한 재산권의 설계는 무제한적인 재산권의 침해를 통한 **사후적 방식만이** 아니라, 재산권에 대한 제한적인 정의를 통해 **사전적 방식으로** 효과적으로 추구될 수 있다. 예를 들어, 누군가가 '소유한' 땅의 일부를 생산수단으로 사용하는 것을 금지하거나, 고용된 노동자들이 작업할 공간으로 사용하는 걸 금지하는 것은 이런 의미의 권리자격 원리와 완전히 양립 가능하다. 땅의 일부에 대해 우리가 가지는 재산권이 이런 식으로 그것을 사용할 권리를 포함할 필요는 없다. 다른 한편 더 강한 의미의 권리자격 원리는 이런 종류의 설계를 배제한다. 왜냐하면 이때 재산권의 구조는 더 이상 어떤 목적, 이를테면 자유 사회라는 목표를 실현하기 위해 따라야 하는 통제 요인이 아니라 자유 사회의 이상에 의해 존중될 수 있는 매개 요인으로 간주되기 때문이다.[21] 자유지상주의자의 순수 자본주의에 대한 선험적 정당화의 강도는 이 더 강한 의미의 권리자격 원리가 얼마나 개연성이 있느냐에 달려 있다.

위에서 상술했듯이, 자유지상주의자가 호소하는 강한 권리자격 원리는 원초적 전유 문제에 대한 만족할 만한 해답, 다시 말해, 이전에 소유되지 않은 외부 대상들에 대한 정당한 전유를 옹호할 수 있는 상세한 기준을 명확히 요구한다. 그러나 이런 기준의 선택은 자의적일 수밖에 없지 않은가? 모든 자유지상주의자들은 로크의 주장(1690, bk.ii, §25), 즉 "대지가 자연적으로 낳은 모든 과실과 그것을 먹는 짐승들은 인류에 공동으로 속한다"는 주장에 기꺼이 동의할지도 모른다. 그러나 이런 로크의 주장은 단지 자연 자원을 누구나 차지할 수 있다는 걸 의미하는가?(Kirzner 1978), 아니면 자연 자원을 전유한 결과 어느 누구도 사정이 더 나빠져서는 안 된다는 단서에 따라 자연 자원이 사적인 전유에 열려 있다는 의미인가?(Nozick 1974), 아니면 모든 비전유자들이 공정한 몫을 얻어야 한다는 원리에 따라 자연 자원이 사적인 전유를 위해 이용될 수 있다는 의미인가(Brody 1983), 그것도 아니면 심지어 자연 자원이 모두에 의해 평등하게 소유된다는 의미인가?(Steiner 1981). 이 명제들 가운데 어떤 것이 옳은 것으로 간주되느냐에 따라 사유재산권은 절대적이거나 더 포괄적이거나 덜 포괄적인 조세제도에 의해 제한을 받는 것으로 판명될 것이다. 그러므로 이런 명제들 가운데 첫 번째 것[이스라엘 커즈너의 해석]을 지지하는 결정적인 논증이 부재할 때는 순수 자본주의에 대한 자유지상주의적인 정당화는 매우 불안정한 토대 위에 있게 된다.

그러나 이제까지 진술된 논증이 (덜 순수한) 자본주의에 대한 자유지상주의자의 옹호론을 위협하지는 않는다는 점에 주목하자. 위에서 열거된 정당한 원초적 전유에 대한 네 가지 해석 가운데 어느 것에 의해서든 정당화되는 체제는 여전히 자본주의 체제다. 이제 하나의 해석을 덧붙이자. 만약 지구가 실제로 '인류에 공동으로 속해 있다'면, 모든 생산된 생산수단을 포함해, 자연 자원을 통해 사람들이 만들어 낼 수 있는 것에 대해서뿐만 아니라 모든 자연 자원에 대해 공적 소유가 존재해야 한다.[22] 이때 우리는 순수 사회주의와 관련해서 위에서 논의했던(1장 2절) 세계의 공적 소유권으로 되돌아간다. 이 해석은, 앞에서 그랬던 것처럼, 자유 사회에 대한 우리의 직관적 개념과 명백히 조화되지 않기 때문에 아마도 거부될 수 있을 것이다. 그러나 자유 사회에 대한 우리의 직관적 개념과 조화되지 않기 때문에 세계의 공적 소유권을 거부하는 것은 자유지상주의적인 관점에서 정당한 근거가 아니다. 왜냐하면 자유 사회에 대한 우리의 직관적 개념에 호소하는 것은 재산권의 구조를 그와 연관된 귀결들을 통해 판단하는 것이기 때문이다. 만약 강한 의미의 권리자격론을 고수하고 싶다면, 다른 기준이 아니라 원초적 전유의 기준을 선택하기 위한, [재산권 구조의] 귀결들과 독립적인 이유를 발견해야 한다. 이것에 실패할 때, 지구의 구성 요소에 대한 사적 소유권을, 그것을 먼저 접수하는 데 관심이 있거나 용케 먼저 접수한 사람에 의한 소유로 해석하는 것이 자의적이라거나 그럴듯하지 않다고 말할 수 없는 것처럼, 지구의 '공유권'을 모두에 의한 공동소유권으로 해석하는 것 역시 자의적이라거나 그럴듯하지 않다고 말할 수 없다. 이때 순수 사회주의에 대한 강한 권리자격론적 정당화는 순수 자본주의에 대한 강한 권리자격론적 정당화만큼 강하면서 또한 그만큼 약하다고 할 수 있다.

자의적이지 않은 원초적 전유의 기준을 자유지상주의자가 발견하기 어렵다는 것은 매우 심각한 문제다. 그러나 이것은 자유지상주의적인 접근의 핵심에 있는 근본적인 결함의 한 반영일 뿐이다. 이 결함을 가장 단순한 형식으로 포착하기 위해, 위에서 제시된 자유지상주의적인 자유 사회의 묘사와 완벽하게 일치하는 여하한 이유들로, 거주자들 중 한 사람에 의해 하나의 섬이 소유되는 일이 일어났다고 상상해 보자. 만약 그 섬을 떠나는 일이 어렵거나 떠나는 데 매우 많은 비용이 든다면, 그 소유자는 다른 거주자들에게 그녀가 원하는 어떤 조건이든 부과할 수 있다. 만약 그들이 생계를 꾸려 나가는 걸 허락 받아야 한다면, 그들은 혹독하게 장시간 노동을 해야 할 수도 있고, 그들의 종교를 포기하거나 새빨간 속옷을 입어야 할 수도 있다. 자유지상주의적인 설명에 기초할 때, 이런 사회는 여전히 자유로울 것이다.[23] 다른 한편 자유 사회의 이상에 대한 직관적으로 타당한 해석에 기초할 때, 이것은 명백히 넌센스다. 소위 자유지상주의와 자유에 대한 진지한 관심에 함축되어 있다고 우리가 느끼는 것 사이에 이런 균열이 발생하는 원인은 무엇일까?

추측해 볼 수 있는 하나의 답 — 그리고 동시에 이 균열로 인해 나타난 위험을 해소하기 위한 하나의 시도 — 은 자유지상주의자들이 제시하는 최대한으로 자유로운 사회를, 모두가 가능한 한 자유로운 사회가 아니라, 개인적 자유의 총량이 극대화되는 사회로 해석하는 것이다. [이 경우] 사유재산의 정도는 자유지상주의의 이상에 대한 이런 이해에 결정적으로 중요하지만 사유재산의 분배는 그렇지 않다. 그러나 만약 이런 이해가 맞다면, 자유지상주의자가 사람들의 자기 소유권을 부여하는 데 신경을 쓸 이유는 없을 것이다. [이런 사회에서는] 자기 자신에 대한 완전한 사적 소유권으로 충분할 것이다. 그러나 만약 다수의 사람들의 노예 상태가 자유지상주의자에게 혐오스러운 것이라면, 그 섬의 소유자 이야기의 경우에도 그럴 것임에 틀림없다. 어느 경우에서나, '사람들이 원하는 대로 그들의 삶을 관리하는 것이 허락된다'는 주장은 대부분의 사람들에게 거짓이 된다. 만약 분배에 대한 고려가 한 사례[다수의 사람들의 노예 상태]와 관련된다면, 그것은 다른 사례와도 관련되는 것이 틀림없다. 자유지상주의자는, 그 섬의 소유자의 전제적인 통치에 대한 자신의 지지를 의미 있는 것이 되게 하기 위해, 총계적인 자유 개념에 일관되게 호소할 수 없다.

　균열의 진짜 뿌리는 다른 곳에 있다. 자유 사회에 대한 일관된 개념을 산출해 내는 과정에서 자유지상주의자들은, 눈에 띌 정도로, 재산권에 핵심적인 역할을 부여하게 되었다. 그러나 그렇게 한 결과, 그들은 거의 눈에 띄지 않게 **도덕화된 자유관**이라는 잘못된 길로 들어섰다. 이런 입장에 따르면, 나의 자유는 오직 나의 권리가 침해될 때만 제한된다. 이로부터, 예를 들어, 내가 죄를 지어 감옥에 갇혀 있거나, 나의 타고난 재능이 발휘되지 못해 굶는 처지에 있을 때도 나는 자유롭다는 결론이 따라 나온다. 좀 더 일반적으로 말해, 이런 도덕화된 자유관은 (그 어떤 사회적 제도에 우선해 '자연적으로' 주어진 것으로 아무튼 가정되는) '올바른' 재산권 구조를 완벽하게 집행하는 것이 모두를 위한 총량적 자유 — 왜냐하면 이때 사람들이 정당하게 소유한 것을 가지고 그들이 원하는 어떤 것이든 하는 것이 모두에게 허용되기 때문이다 — 임을 함축하지 자유와 부자유의 특정한 배분을 함축하지 않는다. 자유와 부자유의 이런 배분을 통해

● 자유 사회를 개인의 자유의 총량이 극대화되는 사회로 해석하면 중요한 것은 자유의 총량이나 그런 자유의 공평한 분배가 아니기 때문에 사유재산을 분배할 필요성을 인정하지 않아도 되지만, '모든 사람이 원하는 대로 자신의 삶을 관리하는 것이 허용되어야 한다'는 자유지상주의의 원리와 충돌하게 되며, 따라서 수용하기 어렵다는 점을 말하고 있다.

●● 어떤 행위자가 수행할 권리를 갖고 있는 행위에 대한 간섭 때문에 권리가 침해될 때만 자유가 침해된다고 보는 입장을 말한다. 이에 따를 때 어떤 제약이 우리의 자유를 감소시키는지의 여부는 우리가 그 제약의 대상이 되는 일을 행할 권리가 있는지의 여부에 달려 있다. 가령 대학등록금이 없어 입학을 하지 못한 사람은 이에 따를 때 자유를 구속받는다고 말할 수 없다. 등록금이 없거나 등록금을 조달할 능력이 없는 사람은 애초에 대학을 입학할 권리가 없기 때문이다. 이런 자유관을 '도덕화된' 자유관이라고 부르는 이유는 권리와 연계된 자유의 침해나 제한만을 부당한 것으로 간주하는 것처럼 자유에 대해 가치 중립적이지 않고 모종의 가치판단이 전제되기 때문이다.

이를테면 당신이 도망가는 동안 내가 [도망가는] 당신의 발목을 마음대로 밟을 수는 없게 되며, 내가 내 정원에서 호박을 자유롭게 키우는 것은 가능하지만 당신이 [내가 소유한] 그 호박들을 마음대로 짓밟는 것은 불가능하게 된다.[24] 이런 이유로 자유지상주의자는 우리 이야기에 나온 섬의 소유자가 아무리 전제적으로 통치한다고 하더라도 자유 사회라고 불러야 했다. 이런 반직관적인 함축은 명백히 도덕화된 자유관을 옹호할 수 없는 것으로 만들며, '자유지상주의'를 오해의 여지가 있는 명칭으로 만든다. 오히려 자유지상주의자를 권리물신론자라고 불러야 하며, 따라서 순수하든 그렇지 않든, 자유에 근거해 자본주의를 옹호하려는 자유지상주의자의 주장은 고작, 이전 절에서 거부된 자유에 근거해 사회주의를 옹호하려는 주장 정도의 가치만을 갖고 있다고 볼 수 있다.

4. 개인의 주권 대 집단의 주권

앞선 두 절의 논증들이 옳다면, 선험적인 논거에 기초해 자유 사회의 이상을 더 잘 구현하는 체제가, 순수하든 그렇지 않든, 자본주의이거나 사회주의라는 것을 보여 주려는 시도는 전망이 그다지 밝지 못하다고 할 수 있다. 즉 그렇게 하려는 가장 전도유망한 각각의 시도는 자유 사회의 이상에 대한 수용하기 어려운 해석에 기반을 두고 있음이 드러났다. 이렇게 실패한 시도들 가운데 이른바 순수 자본주의에 대한 자유지상주의적인 옹호론이 포함된다. 그러나 우리가 자유지상주의자의 도전에 대한 강력한 반론을 내놓길 원한다면, 이런 순수하게 부정적인 논의 전개에서 벗어날 필요가 있다. 우리는 이제까지 논의 곳곳에서 암묵적으로 전제되었던 자유의 개념을 상술하고, 그와 연관된 자유 사회의 이상과 [그 개념

사이의] 정합성을 보여 주며, 그 제도적 함축들을 이끌어 낼 필요가 있다. 나는 그 주제와 관련된 다수의, 대체로 혼란스러운, 문헌에서 발견되는 매우 중요한 자유 개념들 가운데 지금 내가 호소하는 개념을 위치시킴으로써 이런 작업을 진행 할 것이다(1장 4~6절까지). [자유 개념과 관련된] 다수의 혼란은 적극적 자유와 소극적 자유의 구분과 관련된 의미의 다양성에서 생겨났다. 따라서 이전 논의에 암묵적으로 전제된 자유 개념이 어떤 의미에서 '적극적'이고, 또 다른 어떤 의미에서 '소극적'인지를 해명하는 것이 중요한 과제가 될 것이다.

이 작업의 첫 단계에서 '자유 사회'라는 표현이 잘못된 명칭이라는 것을 명시적으로 인정해야 한다. 이 표현을 액면 그대로 받아들인다면 자유의 주체이자 주체여야 하는 것이 사회 자체여야 한다. 이런 설명에 따르면, 자유 사회는 이를테면 그 사회의 바람에 따라 그 사회의 운명을 결정할 수 있는 사회, 그래서 외부의 힘으로부터 자립적일 뿐만 아니라 완전히 자기 자신을 스스로 통제하는 사회로 규정할 수 있을 것이다. 이 자유가 어떻게 정의되든, 이런 의미의 자유 사회가 그 구성원들에게 많은 자유를 인정할 선험적 이유는 없다. 예를 들어, 외부의 위협에 대항해 사회를 보호할 시민군 — 혹은 진짜 군인들의 집단 — 이 없다고 가정해 보자.[25] 애국심이 너무 충만해 대부분의 사람들이 국가 수호를 위해 자발적으로 싸울 준비가 된 상태가 아니라면, 사회의 자유를 위해 의무 징병 — 아마도 개인의 자유에 대한 노골적인 제한이라고 할 수 있을 — 이 필요할 것이다.[26] [개인의 자유와 사회의 자유 간의] 이런 긴장을 축소하기 위해, 누군가는 한 사회가 외부의 힘에 대한 종속으로부터 자유롭다는 것이 그 구성원들의 자유를 위한 사실적인 선결 조건이라는 점을 지적하고 싶어 할 수도 있다. 그러나 이것이 사실이라고 하더라도,[27] [개인의 자유와 사회의 자유 간의] 긴장은 남아 있을 것이다. 왜냐하면 한 사회가 자유로워지기 위해서, 혹은 가능한 한 자유롭게 되기 위해서, 외부의 위협에 대한 우려로 환원되지 않는 이유로 많은 경우 누군가가 그 구성원들의 자유를 박탈하거나 덜 자유롭게 할 필요가 종종 있을 것이기 때문이다. 사실적인 정보차원의 가정과 동기차원의 가정에 근거하면, 어떤 사회가 이를테면 사회 구성원들의 생산 활동의 수준 및 본성과 관련한 선택의 자유를 상당히 제한할 때만 [사회 구성원들의] 높은 노력 수준을 유지하면서 정말로 자유롭게 [사회 구성원들의] 소득을 평등화할 수 있을 것이라는 점은 명백하다.[28] 사회 전체가 얻는 최대한의 자유는 그 사회의 개별 구성원들의 최대한의 자유와 충돌할 수밖에 없다.

이처럼 문자적인 의미로 이해되는 자유 사회와 자유로운 사람들의 사회는 두 개의 서로 다른 것이며, 많은 경우, 이 둘은 갈등 관계에 있다.[29] 우리는 어떤 것을 선택해야 하는가? 확실히 '사회의 자유'를 극대화하는, 다시 말해, 사회 구성원들의 노예화를 포함해 사회가 성취하려는 바에 지장을 주는 장애 요인들을 더 많이 제거하려고 하는 사회질서는 우리가 상술하려고 하는 자유 사회의 이상에 대한 적절한 해석을 제공해 주지 못한다. (최대한으로) 자유로운 사회가 의미하는 바는 그 구성원들이 (최대한으로) 자유로운 사회여야 한다. [물론] 만약 사회 자체가 어떤 것을 하거나 막을 자유를 갖고 있지 않다면, 그 사회의 구성원들은 자유로울 수 없거나 혹은 최대한으로 자유로울 수 없다고 주장할 수 있을지도 모른다. 우리는 나중에(6장 7절) 이런 주장의 한 사례가 자본주의와 사회주의 간의 논쟁에서 가장 중심적인 — 어쩌면 결정적인 — 중요성을 가진다는 점을 알 수 있을 것이다. 그러나 [자유 사회의] 이상은 여전히 자유로운 개인들의 사회와 관련되며, 사회의 자유는 단지 그것을 위한 수단에 불과하다.

다른 한편, 자유를 개인의 자유로 보는 관점조차도 그 정의에 있어 해당 사회의 정치적 삶과 개인이 맺는 관계를 중요하게 고려할 수 있다. 그런 관점 가운데 하나에 따르면, 한 사람의 자유란 사람들의 삶에 큰 영향을 끼치는 결정에서 그녀가 행사하는 영향력과 다른 것이 아니며, 그래서 이때 그 구성원들이 최대한으로 자유로운 사회는 자연스럽게 철저히 민주적인 사회로 파악될 수 있을 것이다. 이것은 정확히 순수 사회주의의 옹호와 관련해 앞에서 언급되었고 또한 거부되었던 바로 그 관점이다 (1장 2절). 전제정치(혹은 만인에 대한 일인의 통치)에 대한 두 가지 반대를 특징짓는 존 스튜어트 밀의 규정을 사용하면(Mill 1859, 62), 개인의 자유는 만인에 의한 만인의 통치가 아니라 '자기 자신에 의한 각자의 통치'에서 성립한다. 정치적 삶과의 연관성을 또한 수반하는 두 번째의 개인의 자유 개념은 이른바 '고대인의 자유'다. 벵자맹 콩스탕(Constant 1819, 275-276)의 유명한 구분에 따르면, '고대인의 자유'는 '집단적 힘에 대한 능동적이고 지속적인 참여'에서 성립하는 반면, '근대인의 자유'는 단지 '사적인 독립성의 평화로운 향유'일 뿐이다.[30] 분명 능동적 시민들로 이루어진 사회는 앞선 논의에서 암묵적으로 가정된 자유 사회가 출현하거나 지속 가능하기 위한 사실적 조건일 수도 있다.[31] 그러나 능동적 시민들로 이루어진 사회는 민주주의와 마찬가지로 자유의 정의 자체에는 포함되지 않는다. 방금 언급했던 두 관점들 중 어느 하나가 '적극적' 자유의 특징을 규정하는 것으로 이해된다면, 내가 자유 사회에 대한 가장 옹호할 만한 해석이라고 부른 것 안에 포함되는 자유 사회의 이상은, 집단적 주권(사회의 자유)뿐만 아니라 집단적 주권에 대한 개인의 참여에 대립되는, '소극적' 자유와 개인의 주권 편에 있다고 할 수 있다.[32]

5. 무엇에 대한 자유인가?
의무, 자율성, 잠재적인 욕망

이런 선택[자유 사회의 이상을 소극적 자유 및 개인의 주권 편에 두는 것]은 몇몇 귀결들 — 예를 들어, 이런 선택은 앞서 우리가 보았던 것처럼 사회주의에 대한 선험적인 옹호론을 배제한다 — 을 가진다. 그러나 이 선택은 '소극적' 자유 대 '적극적' 자유의 대립에 입각해 규정되었던 몇몇 선택지들을 포함해 많은 선택지들을 여전히 열어 둔다. 예를 들어, 소극적 자유는 때때로 어떤 방해 요인으로부터의 자유로 정의되는 반면, 적극적 자유는 어떤 것들을 할 자유로 정의된다. 그러나 이런 대비는 적절하지 않다. 왜냐하면 자유를 사라지게 하는 어떤 방해 요인(간섭, 장애, 금지, 물리력 기타 등등)으로부터의 자유는 항상 자유를 행사하게 하는 어떤 활동을 수행할 자유이기도 하기 때문이다.[33] 이 구분[소극적 자유와 적극적 자유]은 맥락에 의존해 자유의 '방해 요인'에 강조점을 둘지 아니면 자유의 '행사'에 강조점을 둘지를 지적할 때 유일하게 쓸모가 있다. 그러나 어떤 형태에서든 개인의 주권으로서의 자유는 '~로부터 자유'인 동시에 '~을 할 자유'다.

무언가를 할 자유로 여겨지는 것이 무엇인지를 물을 때 훨씬 더 유의미한 대비[소극적 자유와 적극적 자유 개념 간의]가 전면에 등장한다. 왜냐하면 자유 사회의 이상을 해명할 때 우리는 처음부터 코웃음 치거나 추파를 던지거나 회피할 자유를 말하기보다는 오히려 간단히 말해 그 구성원들의 자유로움을 말해 왔기 때문이다. 누군가는 그것[그 사회의 구성원들의 자유로움]이 의미하는 바가 사람들이 하고 싶어 하는 어떤 것이든 할 자유라고 먼저 추정해 볼 수도 있다. 프랑수아 마리 볼테르의 표현처럼, "내가 원하는 것을 내가 할 수 있을 때 나의 자유가 존재한다"(Voltaire 1766). 그러나 이것은 옳은 것일 수 없다. 만약 자유가, 하고 싶어 하는 것을 하는 걸 방해받지 않는 데서 성립한다면, 그녀가 가진 것을 그녀가 원하는 것wants에 맞추기보다는 오히려 그녀가 원하는 것을 그녀가 가진 것에 맞춤으로써 왜 누군가가 더 자유롭다고 말할 수 없겠는가? 다시 말해, 이 정의에 따르면, 타인에 의해서든 그녀 자신에 의해서든, 그녀의 선호에 대한 적절한 조작을 통해 누군가 자유로워질 수 있거나, 혹은 그녀의 자유가 증가할 수 있다. 비록 이런 조작이 그 사람을 더 행복하게 할 가능성을 배제할 수는 없다고 하더라도, 그런 조작이 그녀의 자유를 증가시켜 줄 수 있다는 건 명백히 반직관적이다. 한 사람의 자유를 그 사람이 원하는 것을 참조해 규정하는 것은 이런 '만족하는 노예' 반론을 생기게 한다.[34]

이 난점을 풀기 위한 적어도 세 가지 방법이 존재한다. 하나는 장 자크 루소(Rousseau 1762)로 거슬러 올라가는 방법이다. 이 견해에 따르면, 한 사람의 자유는 그녀가 하고 싶어 하는 것을 방해받지 않는 데서 성립하는 것이 아니라, 그녀가 하길 원하는 것이 그녀가 해야만 하는 것이라는 조건에서, 더 정확히 말하면, 공적인 이해에 이바지하거나 일반의지에 부합하는 조건에서만 [한 사람의 자유가] 성립한다. 따라서 우리의 자유는 우리가 방해받지 않는 것[이라는 기준]에 끼워 맞추기 위해 자의적인 방식으로 우리의 취향을 변화시키는 방식이 아니라, 이 같은 규범적인 기준에 우리의 취향을 맞추는 방식으로 우리의 취향을 변화시킬 때 증가할 수 있다. 이때 자유 사회는 해야만 하는 것을 — 내적인 충동에 의해서든 외적인 간섭에 의해서든 — 방해받지 않는 사회라고 할 수 있다. 우리의 앞선 논의에서 암묵적으로 가정되었던 자유 사회의 개념은 명백히 이런 규범적인 성격의 것이 아니다. 그것은 자유와 시민적인 덕 사이의 개념적인 연관을 주장하지 않는다. 오히려 자유 사회의 이상에 대한 호소는 사람들이 덕이나 악덕으로 간주하는 것과 관련해 완전히 의견을 달리한다는 관찰과 그들이 계속 그럴 것이라는 확신에 뿌리를 두고 있다. 그러므로 자유는 선을 행하거나 악을 저지를 자유임에 틀림없다. 물론 그렇다고 해서 [자유와 시민적 덕 사이에] 도구적인 연관이 존재할 가능성을 배제하는 것은 아니다. 마키아벨리가 했던 것처럼, 사람들이 시민적 덕을 보여 주지 않는다면 그들의 개인적 자유를 오래 유지하지 못할 것이라는 점을 보여 줄 수도 있을 것이다.[35] 그러나 해야만 하는 것(의 적어도 일부)을 사람들이 원하지 않는다면, 그들이 하고 싶어 하는 것을 하는 걸 곧장 방해 받게 될 것이라는 (잠정적인) 경험적 사실은, 사람들이 하고 싶어 하는 것을 방해받지 않으며 또한 해야만 하는 것을 원하는 한에서만 자유롭다는 (추정된) 개념적 사실과는 완전히 구분될 뿐만 아니라 둘은 서로 무관하다.●

원하는 것에 대한 조작이 자유를 증가시킬 수도 있다는 주장을 배제하는 두 번째 방법이 존재하는데, 이것은 규범적 기준에 호소하지 않는다. 이 방법은, 강요된 욕구와 관련된 사람이 선택한 욕구 사이의 구분에 근거한다. 이 견해에 따르면, 자유는 단순히 자신의 취향을 만족시키는 걸 방해받지 않는 것이 아니다. 자유는, 의식적으로든 비의식적으로든, 외부의 행위자에 의해 취향이 형성되기보다는 오히려 자기 자신이 이런 취향을 형성해야 했음을 요구한다. 이런 의미의 자유는 **자율성**을 요구한다.[36] 그러나 이 두 번째 전략 역시 충분하지 못하다. 먼저, 그것은 다음과 같은 반직관적인 함축과 분리될 수 없는 것처럼 보인다. 즉 다른 모든 점에서는 동일한 두 개의 노예 사회에서, 노예들이 의도적인 성격 계획을 통해 그들의 비참한 상황에 순응하는 사회가, 같은 상황 아래 살지만, 노예들이 불만을 품고 있는 사회보다 더 자유 사회의 이상에 근접해 있다고 할 수 있다는 것이다. 좀 더 근본적으로, 두 번째 전략은 치명적인 딜레마에 직면한다. 우리는 오직 자기 자신이 원하는 것을 추가적이고 이차적인 수준에서 원하는 것에 기초해 선택할 수 있다. 그리하여 우리는 무한 소급에 빠지거나, 혹은 원하는 어떤 것이 '본래적'이라고 판결함

● 판 파레이스는 여기서 개인적 자유가 지속 가능하기 위해 시민적 덕을 갖추어야 할 필요성이 있음을 인정한다고 해도 시민적 덕을 갖추는 게 자유의 본질적인 요소라고 주장할 수는 없다는 점을 말하고 있다.

으로써 무한 소급에서 벗어나지만, 이를 통해 첫 번째 규범적 전략으로 되돌아간다.

첫 번째 전략과, 어느 정도로, 두 번째 전략 모두는 때로 '적극적 자유'라고 부르는 것에 호소함으로써 '만족하는 노예'의 문제를 해결하려는 시도로 볼 수 있다.[37] '소극적 자유'의 정신에 충실하다고 주장할 수 있는 세 번째 전략이 존재한다. 세 번째 전략은 자유로움이 단지 하고 싶어 하는 것을 하지 못하는 것이 아니라 하고 싶어 할 **수도** 있는 것을 방해받지 않음에서 성립한다고 약정한다.[38] 이 견해에 따르면, 노예 자신이든 아니면 다른 누군가에 의해서든, 욕구 조작은 만족하는 노예들의 사회를, 다른 모든 점에서는 동일한 다른 사회보다 더 자유롭게 만들 수 없다. 동시에, 이 견해를 통해 그 사회의 구성원들 모두가 하고 싶어 하는 것을 방해하는 사회와 어느 누구도 진지하게 하고 싶어 할 수 없는 것을 방해하는 사회를 그 사회의 구성원들이 구별할 수 있다.[39] 어떤 사람이 '하고 싶어 할 수도 있는' 것을 정의하는 반사실적인 조건의 규정은 정교화될 필요가 있으며, 논의가 진행되는 과정에서 정교화될 것이다. 그러나 상술된 자유 사회의 이상은 이제 다음처럼 더 명료화된다. 즉 자유를 이해할 수 있게 하는 준거가 되는 개인의 주권은 누군가가 하고 싶어 할 수도 있는 것은 무엇이든 할 자유다.

6. 무엇으로부터의 자유인가?
   강제의 두 개념

그럼에도 이제까지 제시된 해명 내용 가운데 그 어느 것도 자본주의를 지지하는 선험적인 논증이 왜 위에서 거부되었는지를 설명해 주지는 못한다. 왜 이 논증이 실패했는지를 이해하고자 한다면, 자유를 구속하는 것으로 간주된 방해 요인이 무엇이고, 자유가 무엇에 의해 방해받지 않는지 물을 필요가 있다. 우리가 보게 되겠지만, 자본주의를 지지하는 선험적 논증은 이런 방해 요인들에 대한 협소한 규정, 즉 부자유unfreedom와 무능력inability 사이의 날카로운 구분을 감안하는 규정을 요구한다.

앞서 언급했듯이(1장 3절), 자유 사회라고 부를 수 있는 사회의 최소한의 그리고 별 논란이 없는 특징은 재산권 혹은 권리자격(약한 의미에서)이 잘 정의되고 효과적으로 집행되고 있다는 점일 것이다. 그 구성원들이 물리력이나 위협의 자의적인 사용으로 인해 하고 싶어 할 수도 있는 것을 하는 걸 항시적으로 방해받는다면, 어떤 사회도 자유롭다고 할 수 없다. 만약 이것이 사실이라면, 그 사회의 좀 더 약한 구성원들의 자유는 불가피하게 정말로 작을 것이다. 그런데 자유 사회는 그 구성원들 모두가 자유롭거나 혹은 가능한 한 자유로운 사회로 쭉 정의되어 왔다. 이후에 나는, 논의되고 있는 제도적 기구[자본주의 혹은 사회주의]가 어떤 것이든, 이런 권리 보장의 조건을 충족시킨다고 가정할 것이며, 그러면서도, 이 가운데 어떤 기구가 자유로운 인민으로 이루어진 사회의 이상을 구현하는 데 있어 가장 적합한지 물을 것이다. [자유 사회를 위한] 이 조건 — 거리에 한 명의 폭력배도 없고, 당신의 가방을 노리는 한 명의 절도범도 없는 — 은 매우 강해 보일지 모르지만, 이 조건 역시 매우 약하다. 그 조건은 이미 정의한 것처럼 원리적으로는 노예제와 집단주의 모두에 의해 충족될 수 있다.[40]

따라서 다음 질문은 이것이다. 즉 자유 사회의 제도적 틀이 폐지해야 하거나 혹은 적어도 최소화해야 하는 방해 요인들은 무엇인가? 두드러진 쟁점 — 하이에크나 뷰캐넌 같은 저자들에 따르면 핵심 쟁점 — 은 오직 **강제**만이 자유를 제한하는 방해 요인으로 간주될 수 있는지의 여부다. 강제란 무엇인가? 처음 보면 그럴 듯해 보이는 설명에 따르면, 강제는 한 사람이 정당하게 행할 자격이 있는 것과 관련된 기회집합의 제한이다. 이때, 물리력이나 위협의 사용을 통해, 어떤 사람이 어떤 것을 하도록(혹은 하지 않도록) 강제하는 것은, 그녀가 선택할 권리가 있는 어떤 대안들을 그녀에게 열려 있는 대안들의 범위에서 (확실히) 제거함으로써 그것을 하게(혹은 하지 않게) 하는 데서 성립한다. 거리에서 누군가를 위협하는 행동, 어떤 이의 생명을 빼앗기 위해 위협하는 행동, 그녀의 집을 태우는 행동, 비방을 통해 그녀의 명성을 손상시키거나 혹은 자격이 있는 사람의 승진을 위태롭게 하는 일, 이 모두가 강제의 예들이다.[41] 그러나 이런 식으로 강제를 정의하게 되면, 위에서 진술한 권리 보장 조건을 충족시키는 상이한 제도적 기구들을 구별할 수 없다. 이런 의미로 강제적이지 않은 사회는 여러 권리가 완벽하게 집행되는 체계를 갖춘 사회와 다를 바 없다. 하지만 그 사회는 달갑지 않게도 매우 억압적이지만 법을 준수하는 노예 체제와 양립 가능할 것이다.

두 번째로, 그럼 강제는 특정한 제도적 기구 아래서 만연하는 여하한 권리 침해(의 위협)에서 유래하는 사람들의 행위에 대한 강제가 아니라, 보다 넓게, 자기 소유권으로 이루어진 권리들의 틀에 대한 침해(의 위협으)로 해석될 수 있을까?[42] 사실 이는 앞 절의 논의(1장 2절)에서 자유 사회의 이상에 본질적인 요소로 명시적으로 인정했던 두 번째 요소다. 여기서 자기 소유권은, 이를테면 어디에 서있어도 좋다[는 것을 허용하는] 권리가 인정되지 않기 때문에, 실제로 어떤 것도 할 수 없음과 모순되지 않을 만큼 충분히 약한 의미로 이해될 수 있지만, 동시에 노예제나 봉건적 구속뿐만 아니라 의무교육이나 군복무, 그리고 사람들의 재능에 대한 정액 과세를 배제할 만큼 충분히 강한 의미로도 이해될 수 있다는 점에 주목하자. 나는 자기 소유권의 어떤 제한이 자유 사회의 또 다른 특징들을 강화하기 위해 정당화될 수 있는지 이후에 다룰 것이며, 따라서 이런 이유로 상당한 의견 불일치의 여지가 존재할 것이다. 그러나 자기 소유권에 대한 제도적 제한이 자유를 구속한다는 것을 문제 삼기는 힘들다. 진짜로 논의의 여지가 있는 쟁점은, 두 번째 의미의 강제와는 별도로 그리고 방금 언급한 두 의미의 강제보다는 더 넓은 의미로, 자유를 제한한다고 말할 수 있는 다른 어떤 것이 존재하는지의 여부다.

7. 형식적 자유 대 실질적 자유

이 물음[두 번째 의미의 강제와는 별도로 그리고 앞 절에서 언급한 두 의미의 강제보다는 더 넓은 의미로 자유를 제한한다고 말할 수 있는 다른 어떤 것이 존재하는가]에 대한 두 개의 긍정적인 답을 앞 절의 논의(1장 3절)에서 다루었다. 표준적인 자유지상주의자의 대답은, 외부 대상에 대한 [제도에] 선행하는 권리들을 제도적으로 침해하는 것을 포괄하기 위해 강제(혹은 침해) 개념을 추가로 확장한 것으로 이해될 수 있다. "자유지상주의자의 신조는 하나의 중심적인 공리, 즉 그 어떤 사람이나 사람들의 집단도 다른 어떤 이의 인격이나 소유물을 침해하는 것이 허용되지 않는다는 공리에 의존하고 있다"(Rothbard 1973, 23). 그러나 이 입장은 사람들의 자유에 대한 진정한 관심을 자연권 요구에 대한 강박으로 변질시키며, 권리자격의 약한 개념과 강한 개념을 혼동할 때만 그럴 듯해 보인다. 또 다른 대답은 자유지상주의자의 견해에 대한 대안으로 제안된 것이다. 그것은 권리 보장과 자기 소유권이 자유를 위해 필요하기는 하지만 충분하지는 않다고 주장한다. 왜냐하면 어떤 것을 하기 위해서는 권리 보장과 자기 소유권만으로 보장할 수 없는 외부 대상의 사용이 요구되기 때문이다.

이 두 번째 대답에서 제안된 조치는, 방금 환기시킨 표준적인 자유지상주의적 입장을 그들이 공유하는지의 여부와 관계없이, 자유에 특별한 지위를 부여하는 순수 자본주의의 옹호자들에 의해 격렬한 비판을 받았다. 하이에크는 "원래 의미의 자유를 권력으로서의 자유와 혼동"하고 있다고 불평한다(Hayek 1960, 17[국역본, 42쪽]). [하이에크에 따르면] 이런 혼동은 "불가피하게 자유와 부의 동일시로 이끈다." "내가 나 자신의 주인인지 아닌지 그리고 나 자신의 선택을 따를 수 있는지의 여부는 내가 선택해야 하는 가능성들이 많은지 아니면 적은지의 여부와는 전혀 다른 문제다." "비록 나 자신이나 혹은 내 가족이 굶어 죽을지도 모르기 때문에 매우 낮은 임금을 주는 불쾌한 직업을 받아들일 수밖에 없다고 하더라도, 또 나를 고용할 의향이 있는 바로 그 사람에 의해 내가 '좌지우지된다'고 하더라도, 나는 그나 다른 어느 누구에 의해서도 강제되고 있지 않으"며(Hayek 1969, 137[국역본, 234-235쪽]), 따라서 자유가 없다고 할 수도 없다. 왜냐하면 자유는 단지 강제로부터의 자유이기 때문이다.[43] 제임스 뷰캐넌의 정식도 별반 다르지 않다. "개인이 하기로 자유롭게 선택한 활동을 착수할 능력이나 힘을 가지고 있는지의 여부는 [개인이 자유로이 선택할 수 있는지의 여부와는] 별개의 문제이며, 따라서 그런 물음은 자유를 능력이나 힘과 동일시하거나, 혹은 자유의 의미를 이런 성질들을 포함하는 것으로 확장하기 위해 논의를 혼란스럽게 할 뿐이다." 그가 역설하는 자유는 '소극적 자유'다. "개인은 그나 그녀가, 개인이든 집단이든, 다른 어느 누구에 의해서도 그렇게 행위하는 것을 제한받지 않는다면, 자유롭게 선택하거나 혹은 계속 자유롭게 활동한다." 다른 한편, 그가 '적극적 자유'라고 부른 관점의 주창자들에 따르면, "만약 어떤 이가 세계 일주 유람선을 탈 수단을 결여하고 있다면, 그 사람은 자유롭게 유람선 여행을 하지 못한다. 비록 어떤 개인이나 제도도 그런 여행을 제한하지 않고 있지만 말이다. 우리는 이것이 심각한 개념적 혼란을 나타낸다고 믿는다."[44]

따라서 하이에크와 뷰캐넌의 언어로, (적절하게 이름이 붙은) '소극적 자

유'는 '개인들이나 제도들에 의한 강제의 부재'에서 성립한다. 반면 (잘못
이름이 붙은) '적극적 자유'는 힘, 능력, 수단, 부, 기회집합의 크기의 문제
다. 그러나 이 구분은 현재 상태 그대로 수용될 수 없다. 확실히 세계 일
주 유람선을 탈 '수단을 결여하고 있는' 사람이 배에 승선하는 걸 막는
것은 사유재산이라 불리는 사회적 제도(혹은 경우에 따라서는, 공유재산이라
불리는 사회적 제도)다. 더욱이 정의를 아무리 세련되게 하더라도 다음과
같은 직관을 무의미하게 할 수는 없을 것이다. 만일 내가 무일푼이라면,
나는 실제로는 유람선 여행에 함께할 자유가 없다. 내가 굶어 죽는 것 이
외에는 다른 대안이 없거나 혹은 형편없는 직업을 받아들이는 것 말고는
다른 대안이 없다면, 나는 실제로는 그 직업을 거부할 자유가 없다. 나는
이 예들이 지적하는 자유의 세 번째 요소를 기회라고 부를 것이다. 이 요
소의 정확한 본성은 좀 더 상세한 해명을 필요로 한다. 그러나 하이에크
나 뷰캐넌에게는 실례가 되겠지만, 어떤 의미론적 속임수도 기회의 존재
를 은폐하게 할 수는 없을 것이다.[45] 나는 '실질적 자유'라는 용어를 세
요소, 즉 권리 보장, 자기 소유권, 기회 모두를 구현한 자유 개념을 가리
키기 위해 사용할 것이다. 이는 앞의 두 개만을 구현한 형식적 자유와 대
비된다.[46] 형식적 자유와 달리, 실질적 자유 혹은 하고 싶어 할 수도 있는
것은 무엇이든 할 실질적 자유는 단지 정도의 문제일 뿐이다. 그러므로
자유 사회의 이상은 그 구성원들이 단순하게 자유로운 사회라기보다는
오히려 ― 곧 상술될 의미로 ― 최대한으로 자유로운 사회로 표현되어야
한다.

　　방금 이루어진 선택이 자유를 구속하는 방해 요인들을 가능한 한 가
장 광범위하게 규정한 것에 해당한다는 점은 강조할 가치가 있다. 이런
규정은, 자유의 부재가 누군가가 하고 싶어 할 수도 있는 것을 하는 걸
방해받는 것이라는 견해와 일치한다(1장 5절). 잠시 동안 시간 차원을 논
외로 한다면,[47] 기회집합에 대한 어떤 제한도 자유의 평가와 관련이 있

다. 예를 들어, 내가 나 자신의 완전한 소유자임에도 불구하고, 나는 호수를 가로질러 수영할 실질적 자유를 결여할 수 있는데, 이는 내가 그 호수의 개인 소유주private owner에 의해 허락을 받지 않아서일 뿐만 아니라, 나의 폐나 팔다리가 반대편에 도달하기 전에 포기할 것이기 때문이기도 하다. 이런 신체적인 능력의 부족이 다른 사람의 고의적인 행위로부터 나왔든 아니든 간에, 또 다른 사람들이 그런 일을 일으키는 데 역할을 했는지의 여부나, 그들 역시 그런 신체적 능력을 지금 제거하기 위해 어떤 것을 할 수 있는지의 여부와 무관하게, 이는 사실이다. 따라서 위에서 제시된 실질적 자유관은 자유를 구속하는 방해 요인을 단순히 강제 ─ 자기 소유권 침해로 정의되든 권리 침해로 정의되든 ─ 로 제한하기를 거부할 뿐만 아니라 관련된 그 사람에 외재하는 장애 요인이나 다른 사람들에 의해 생산되고 제거될 수 있는 의도적으로 생산된 방해 요인으로 제한하는 것 역시 거부한다.[48]

실질적 자유에 대한 이런 광의의 정의에 대해, 그것이 해도 되는 것과 할 수 있는 것, 금지prohibitions와 무능력incapacities 간의 중요한 구분을 포착하지 못한다는 강한 반론이 제기되었다. 이 반론은 단순히 자유라는 용어가 무능력보다 금지의 맥락에서 더 큰 직관적 호소력을 가진다는 게 아니다. 자유 개념에 대한 어느 정도의 확장은 필요하겠지만, 그런 확장이 '자유'라는 용어의 사용을 완벽하게 이해할 수 있게 하는 식별 가능한 중간 영역을 넘어설 필요까지는 없다는 것이다. 좀 더 근본적으로 그 반론은 우리가 여기서 관심을 두는 것이 자유 사회의 제도적 특성이며, 제도적 기구는 '능력'cans이 아니라 '허가'mays를 분배하는 하나의 방식일 뿐이라는 관찰에 호소한다. 그래서 이런 반론에 따르면, 허가 차원과 기회집합의 역량 차원 모두를 포괄하기 위해 자유 개념을 확장하는 것은 어쨌든 초점을 상실한 것이다. 왜냐하면 [이런 반론에 따르면] 우리의 기획과 관련된 것은 오직 전자이기 때문이다. 이렇게 정식화된 반론은 유용하긴 하지만 그릇된 것이다. 제도적 기구는 허가들의 체계이기에 어떤 기구가 기회집합들에 가장 호의적인 영향을 끼치는지를 결정하는 과제가 능력과 무관하다고 주장하는 것은 분명 잘못이다. 이는 부분적으로 내가 해도 되는 것이, 체계적으로, 내가 할 수 있는 것에 의해 영향을 받기 때문에 그렇다. 예를 들기 위해, 초봄 옥스퍼드의 막달렌 다리의 게시판에 등장하는 '능숙한 사공만!'이라는 경고 문구를 생각해 보자. 덜 사소한 예를 들자면, 우리의 개인적 능력은 구매력을 통해 우리에게 사도록 허락된 것이 무엇인가에 상당히 영향을 끼친다. 역으로, 비교적 오랜 기간 동안 체계적으로 내가 할 수 있는 것은 내가 해도 되는 것에 의해 영향을 받는다. 내가 더 이상 절룩거리지 않을 것인지의 여부는 나의 경제 사정이나, 내가 수술 대기자 명단 중 필요로 하는 수술을 받을 수 있는 순번에 있는지의 여부에 달려 있다. 실로 내가 살아남을 수 있을지는 주거지, 음식, 음료에 대한 나의 권리자격에 의존한다. 따라서 기회집합의 허가 차원만이 제도적인 기구의 선택에 직접적인 영향을 받는다고 하더라도, 허가와 능력 간의 강한 쌍방 인과관계로 인해 능력 차원을 제도적인 기구의 자유 기반적 선택과 무관한 것으로 일축할 수는 없다.[49]

마지막으로. 비록 광범위하기는 하지만, 앞서 제시된 자유를 구속하는 방해 요인들의 특성은 일부 사람들이 바라는 것보다 훨씬 더 좁다는 점에 주목하자. 개인의 능력과 재능은 그 사람에 내재하며, 따라서 이런 관점에 따르면, 외부의 방해 요인뿐만 아니라 내부의 방해 요인에 의해 자유가 제한될 수 있다. 더욱이 내적인 방해 요인은 선호나 욕망의 형태를 띨 수 있다. 중독이나 분노를 억제하지 못하는 성향, 혹은 악의적인 행위에 가담하려는 성향은 진정으로 그녀가 하고 싶어 할 수도 있는 것을 할 수 있는 능력을 축소시킬 수 있으며, 따라서 이런 경향에 저항하지 못하는 무능력inability은 자유를 구속하는 방해 요인으로 간주될 수 있다.[50] 그러나 여기서 제안된 실질적 자유관에 따라 자유를 구속하는 것으로 간주될 수 있는 욕망의 부류에 속하는 것은, '적극적' 자유관들 중 하나를 채택했다면 자유를 구속하는 것으로 간주될 수 있을 욕망들을 모두 포함하지는 않는다(1장 5절을 참조). 어떤 욕망이 한 사람의 실질적 자유를 구속하기 위해서는 그 욕망이 그녀에 의해 선택되지 않았다는 것으로는 충분하지 않다. 실질적 자유를 구속하는 욕망은 또한 그녀가 그것을 제거했으면 **좋았을** 텐데 (충분히 쉽게) 제거할 수 없었을 그런 욕망이어야 한다. 더 나아가, 어떤 욕망이 실질적 자유를 구속하는 것이기 위해서는, 그 사람이 욕망해야만 하는 것과 관련된 어떤 규범적 견해로부터 그 욕망이 일탈하는 것으로는 충분하지 않으며 실로 그것은 필요하지도 않다. 따라서 실질적 자유에 대한 내적이며 심지어 의지적인 방해 요인이 있을 수 있다는 걸 인정한다고 해서 실질적 자유가 앞에서 거부했던 어떤 형태의 '적극적' 자유가 되지는 않는다.[51]

8. 실질적 자유지상주의

그럼 자유로운 사회는 무엇인가? 그것은 그 구성원들 모두가 실질적으로 자유로운, 혹은 오히려 가능한 한 실질적으로 자유로운 사회다. 좀 더 정확히 말하면, 자유로운 사회는 다음의 세 조건들을 만족시키는 사회다.

1. 권리를 잘 집행하는 구조가 존재한다(권리 보장).
2. 이런 구조하에서 각 개인은 자기 자신을 소유한다(자기 소유권).
3. 이 구조는, 각 개인이 하고 싶어 할 수도 있는 것이라면 무엇이든 할 최대한의 기회를 가지는 그런 구조다(기회의 축차적 최소극대화 원칙).

이 세 번째 조건은 다음과 같이 좀 더 정확히 이해될 수 있다. 즉 자유로운 사회에서, 최소의 기회를 가진 사람은 여타의 실행 가능한 임의의 제도 아래서 최소 기회를 가진 사람이 누리는 것보다 더 적지 않은 기회를 가진다. 최소 기회를 가진 사람에게 같은 정도로 좋은 또 다른 실행 가능한 제도가 존재하는 경우, 자유 사회에서 두 번째로 적은 기회를 가진 사람은, 다른 제도하에서 두 번째로 적은 기회를 가진 사람이 누리는 것보다 더 적지 않은 기회를 가진다. ⋯⋯ 는 식이다. 나는 이 축차적 최소극대화 (혹은 '순차적 최소극대화') 원칙의 정식화가 순수하게 집산적인 정식화(가령 사회의 평균 구성원의 기회들에 입각한)나 좀 더 평등주의적인 정식화(이를테면 최대의 평등한 기회)보다 (최대한으로) 자유로운 사회의 구성원들이 모두 가능한 한 자유롭다는 발상을 더 잘 표현한다고 생각한다.[52]

　자유 사회의 이 같은 이상이 가진 특징을 충분히 규정하기 위해서는 세 조건들에 덧붙여 이들 간의 갈등을 해결하게 하는 기준을 상술할 필요가 있다. 예를 들어, 권리의 침해를 가장 효과적으로 예방하려면, 어떤 사람의 자기 소유권을 심각하게 제한해야 하는 경우가 있을 수 있다. [그뿐만 아니라] 예를 들어, 어떤 권리를 침해한 혐의를 받고 있는 사람을 체포하거나, 기결수를 수감 혹은 심지어 처형함으로써 어떤 사람의 자기 소유권은 심각한 제한을 받을 수도 있다. 또 테러를 방지하기 위해 결사의 자유를 제한하거나, 외부의 위협을 막기 위해 징병제를 도입하는 것처럼, 만인의 자기 소유권을 보다 온건하게 제한할 수도 있다. 모두에게 가능한 한 최대한의 기회를 부여하는 것은, 비록 꽤 그럴듯한 상황은 아니지만, 사유재산권을 완전하게 집행하는 것에 대한 관심과 충돌할 수도 있다. 가령 (논리적 필연성의 문제가 아니라) 어떤 인과적 과정 때문에 사회에서 버림받은 사람들의 운명을 극적으로 향상시키는 일이, 그들보다 더 부유한 사람들의 재산에 대한 그들의 존중을 훼손시키는 결과를 가져왔다면, 기회의 축차적 최소극대화 원칙은 사유재산권의 완전한 집행에 대한 관심과 충돌하게 될 것이다. 따라서 만약 누군가가 권리 보장의 조건이 가능한 한 완전하게 충족되길 바란다면, 자기 소유권과 기회의 축차적 최소극대화 원칙 양자를 위반하게 되는 경우를 적어도 상상해 보아야 할 것이다.

더욱이 뒤의 두 조건들[자기 소유권과 기회의 축차적 최소극대화 원칙] 간의 예정된 조화는 존재하지 않는다. [두 원칙 사이의] 균열은 매우 다양한 형태를 띨 수 있다. 의무적인 초등교육, 의무적인 안전벨트 착용, 중독성 마약의 금지와 같이 완전한 자기 소유권에 대한 몇몇 (온정주의적인) 침해는 자기 소유권을 침해받고 있는 바로 그 사람의 기회집합을, 비록 반드시 그런 것은 아니지만, 확장하거나 보호할 의도를 담고 있다. 다른 사례들, 예컨대 전염병에 대한 의무적인 백신 접종이나 수압으로 댐이 터지는 걸 막기 위한 강제적인 인력 채용, 혹은 자기 자신의 위험이 적을 때 위험에 빠진 사람을 도울 책무와 같은 사례들에서 자기 소유권의 제한에 의해 보호되거나 확장되는 것은 마찬가지로 개연적이긴 하지만 바로 타인의 기회집합이다. 또 다른 경우에서, [자기 소유권과 기회의 축차적 최소극대화 원칙 간의] 갈등은 매우 특수한 경험적 가정 아래서만 나타난다. 예를 들어, 투표할 법적인 책무가 부재할 때는 가난한 사람들의 투표율이 그런 의무가 존재할 때보다 상당히 낮다고 가정하자. 이런 상황에서 정치 강령은 극빈자의 기회에 더 적은 관심[배려]을 나타낼 것이고, 정치과정의 결과는 기회의 축차적 최소극대화 원칙이 요구하는 바와는 거리가 멀어질 것이다. 혹은 두 아이 이상을 가지는 것을 엄격히 금지하지 않을 때, 자연 자원의 희소성으로 인해 다음 세대의 삶이 견딜 수 없을 만큼 고통스러워지는 그런 국면으로까지 인구가 계속 팽창한다고 가정하자. 이런 다양한 상황하에서 우리의 자유 사회의 이상은 어떻게 자기 소유권과 기회의 축차적 최소극대화 원칙이라는 갈등하는 두 주장들을 중재할 수 있을까?

이런 상황들은 이 책의 나머지 논증 — 이 책의 나머지 논증은 기회 차원에 집중할 것이다 — 과는 거의 관련이 없기 때문에, 나는 이런 복잡한 쟁점들을 여기서 상세히 논하지는 않을 것이다. 자유로운 사회는 자기 소유권보다는 권리 보장에, 그리고 기회의 축차적 최소극대화 원칙보다는 자기 소유권에 우선성을 부여해야 한다고 진술하자. 그러나 이런 우선성은 약한 성격의 것이다. 그것은 강한 축차적 우선성에 해당하지 않는다. 좀 더 구체적으로 말하면, 만약 법과 질서를 제거하는 것이 자기 소유권의 중대한 제한과 기회의 축차적 최소극대화 원칙의 중대한 일탈을 가져온다면, 법과 질서의 약한 폐해는 관용의 대상이 될 수 있다. 폭력배와 도둑은 자유, 특히 가장 취약한 사람들의 자유에 끔찍한 결과를 초래할 것이다. 그러나 경찰국가나 최악의 가난은 이들을 모조리 제거하기 위해 치러야 할 가치 있는 대가가 아니다. 더욱이 중요한 개선이 기회의 축차적 최소극대화 원칙에 입각해 생길 것이라는 좋은 근거가 제시될 수 있다면, 자기 소유권의 온건한 제한(나는 이것이 이전 두 문단에서 언급된 모든 것들을 포함하는 것으로 이해한다)은 자유 사회의 제도적 틀 안에 편입될 수 있다. 여기서 전제되고 있는 (거친) 측정 기준, 즉 '중대한 것'과 '온건한 것'은 분명히 좀 더 구체적인 해명을 필요로 한다.[53] 그러나 이 주제에 관해 내가 더 이상 말할 필요는 없을 것 같다. 이후의 작업들은 이 문제에 대한 해결에 의존하지 않기 때문에 위의 세 조건들과 그들 간의 우선성 관계를 다음과 같은 문구로 요약해도 무리가 없기 때문이다.

자유로운 사회는, 사람들의 형식적 자유의 보호, 즉 자기 소유권을 구현하는 권리들의 구조에 대한 존중에 따라 사람들의 기회가 축차적으로 최소극대화되는 사회다. 나는, 세 가지 조건과 그 조건들의 접합으로 그 특징이 규정되는 자유 사회는 **실질적 자유를 축차적으로 최소극대화하는** 사회, 혹은 더 개략적으로 말해, **모두를 위한 실질적 자유를 실현한 사회**라고 간략히 표현할 것이다. 또 나는 실질적 자유지상주의를 이런 의미의 자유로운 사회로 정의로운 사회를 파악하는 견해로 명명할 것이다. 실질적 자유지상주의자에게 한 사회가 얼마나 좋은가가 정확히 그 사회가 얼마나 자유로운가에 의해 결정된다는 결론이 따라 나오지는 않는다. 정의 justice는 한 사회의 많은 바람직한 속성들 가운데 하나일 뿐이다. 만약 그렇게 하는 것이 사회적 관계를 훨씬 더 우애롭게 할 수 있다면, 엄격한 혹은 최대한의 정의로부터 이탈할 수도 있을 것이다. 그러나 여기서 시도하려는 것은, 사회정의에 대한 기여로 환원되지는 않지만 어떤 이유로 한 사회에 바람직할 수도 있는 다른 속성들을 논외로 한 상태에서, 정의의 개념을 끌어내고 옹호하는 것이다. 그럼에도 제도적인 기구가 얼마나 좋은지를 평가할 때 정의가 유일하게 중요한 속성은 아니라고 해도 최소한 다른 바람직한 속성들보다 어느 정도 우선성을 가진다고 가정해야만, 이런 정의 개념은 가치 있는 것일 수 있다. 실질적 자유지상주의자의 정의관은 여기서 정의를 약한 축차적 우선성으로 간주하는 좋은 사회에 대한 전망을 배경으로 옹호될 수 있다. 나는 실질적 자유를 최대한으로 구현한 정의로운 상태로부터 이탈했을 때는 다른 바람직한 목표들에 입각해 얻을 것이 일반적으로 거의 존재하지 않는다는 점을 이후에 논증할 것이다. [실질적 자유지상주의적인 정의관과 자유 사회의 여타의 속성들 사이에] 진정한 상충 관계trade off가 존재할 때 [정의의 약한 축차적] 우선성 주장은 다음을 의미한다. 다른 특성들에 입각한 큰 이득이 실질적 자유의 축차적 최소극대화 원리로부터의 무시할 만한 이탈과 교환될 수 있을 때만 부정의는 허용된다.

앞 절의 논의로부터 우리는 이처럼 그 특징이 규정된 실질적 자유지상주의자의 입장이 순수 자본주의(1장 3절)나 순수 사회주의(1장 2절)에 대한 선험적인 옹호론을 보증해 주지 않는다는 점을 알고 있다. 실질적 자유지상주의가 어떤 제도적 함축을 가지는지, 특히 자본주의나 사회주의가 실질적 자유지상주의자의 애호품인지의 여부는 다음 장에서 다룰 것이다. 그러나 다수의 경쟁적인 입장들과 그것을 비교하는 것을 가능하게 할 만큼 실질적 자유지상주의자의 입장은 충분히 명확하다. 예를 들어, '좌파'가 최소수혜자의 이해를 도모하는 정도에 따라 정의된다면, 실질적 자유지상주의는 이른바 '좌파 자유지상주의'left libertarianism의 '좌파'에 부합한다. 좌파 자유지상주의는 토지 혹은 자연 자원이 가진 가치의 평등한 분배를 위해 자발적인 거래를 제한해야 한다고 주장한다. 비록 어떤 사회에서는, 토지가 실질적 자유지상주의가 축차적으로 최소극대화하고자 하는 실질적 자유의 중대한 구성 요인이라고 하더라도, 실질적 자유지상주의자는, 최소수혜자를 대변해, 토지의 가치에 대한 평등한 접근보다 훨씬 더 많은 것을 요구한다. 다른 한편, 실질적 자유지상주의는 세 가지 구분되는 이유로 노골적인 평등주의straightforward egalitarianism와 거리를 두고 있다. 먼저, 실질적 자유지상주의는 형식적 자유 — 즉 자기 소유권을 구현하는 권리 구조의 존중 — 를 평등 정책의 시행을 위한 제약 조건으로 부과한다. 두 번째로, 실질적 자유지상주의는 이를테면 소득의 측면에서 측정되는, 또는 사람들에게 열려 있는 대안들 가운데서 선택된 복지의 결과에 의해 측정되는, 결과보다는 오히려 기회 혹은 실행 가능한 집합에 초점을 맞춘다. 마지막으로, 실질적 자유지상주의는 더 많은 평등을 위해 최소수혜자에게 가장 낮은 액수의 몫을 분배할 것을 요구하지 않는다. 실질적 자유지상주의자는, 최소 기회를 가진 사람이 더 큰 기회를 가질 수 있는 반면 어느 누구도 현재만큼 빈곤한 상태에 있지 않게 되는, 또 다른 실행 가능한 제도가 최소 기회를 가진 사람에 의해 지목될 수 있는 한, 현 제도에 안주하지 못한다. 이는 잔존하는 불평등은 부당한 대우를 받고 있다고 느끼는 사람들이 정당하다고 인정하는 것에 한정됨을 보여 준다. 그러나 정당화 가능하다고 하더라도, 잔존할 가치가 없는undeserved 기회의 불평등은 남아 있을 것이다.[54]

이런 세 가지 제한들 각각은 무제한적인 평등주의unqualified egalitarianism

로부터의 중대한 이탈을 나타낸다. 동시에 그 셋의 결합은, 실질적 자유지상주의가 모든 이의 이해관계에 대한 **동등한 관심**[배려]을 해석하는 방식을 상술해 준다. 실질적 자유지상주의는 모든 이의 이해관계에 대한 이런 동등한 관심을 소위 좌파-자유주의나 자유주의적 평등주의, 혹은 내가 선호하는 명칭인 연대적인solidaristic 정의관과 공유한다.[55] 자유에 대한 다양한 '적극적' 해석을 거부하는 것을 통해 명백히 알 수 있듯이, 실질적 자유지상주의는 중립성 혹은 **동등한 존중**의 일반적 공준, 다시 말해 정의로운 사회로 간주되는 사회가 좋은 삶에 대한 특정한 실체적 개념에 기반해 규정되어선 안 된다는 견해를 표준적 자유지상주의뿐만 아니라 앞의 입장들[자유주의적 평등주의]과 공유한다.[56] 이런 자유주의적 혹은 반완전주의적인* 공준은 이어지는 대부분의 논증에서 당연한 것으로 간주될 것이다. 나는 이것이 강한 규범적 가정이라는 것을 부인하고 싶지 않다. 그러나 나는 우리 사회가 완전주의적인 정의관을 입증하기 위해 요구되는 조건들을 현재나 미래의 언젠가 만족시킬 것이라고 생각하지 않는다.[57]

방금 말했던 점에 비추어 볼 때, 실질적 자유지상주의는, 다른 좌파 자유주의적인 입장들과 나란히 자유, 평등, 효율성에 부여한 중요성을 상술하려는 시도로 볼 수 있다. 자유는 중립성 공준, 자기 소유권이라는

● 반완전주의(anti-perfectionism)란 완전주의에 반대하는 관점을 말한다. 롤스는 『정의론』에서 완전주의를 "예술이나 학문, 문화에서 인간적 탁월함(excellence)의 성취를 극대화하게끔 사회가 제도를 마련하고 개인의 의무와 책무를 규정하는 데 지침이 되는 단일 원리의 목적론적 이론"으로 정의한다. 다시 말해, 인간의 탁월한 성향과 성질을 확인한 다음, 이런 탁월한 성향과 성질을 드러내는 삶의 양식을 사회에 풍만하게 하는 것을 정치사회의 목적으로 삼는 이론 내지 관점이다. 반완전주의란 이에 반대해 정치사회가 특정한 탁월한 성향이나 성질을 획일적으로 확산시키는 데 반대하는 관점을 말한다. 이는 자유주의적인 자유와 개성의 존중이라는 관점과 양립 불가능하기 때문이다.

제약 조건constraint (혹은 근본적 자유 기타 등등), 사람들의 행복에 대한 직접적 관심이 아니라 그것을 추구하기 위해 필요한 수단에 대한 관심을 통해 논의에 등장하게 된다. 그래서 평등과 효율성은 기회의 축차적 최소극대화 원칙 안에서 결합된다. 기회의 축차적 최소극대화 원칙이 효율성과 양립 가능한 가장 평등주의적인 기준으로 정확히 기술될 수는 없다고 하더라도, 그것은 효율성과 양립 가능한 모든 기준들 가운데 불평등의 희생자들을 지지하는 데 가장 관심을 두는 기준이다.[58] 그러므로 실질적 자유지상주의는 우리의 두 출발점, 즉 우리가 사는 자본주의사회가 용납할 수 없는 불평등으로 가득 차 있으며 또한 자유가 가장 중요한 가치를 지닌 것이라는 두 출발점을 화해시킬 진지한 가능성을 담고 있다. 실로 우리를 인도했던 길은 다음과 같은 말을 통해 압축적으로 요약될 수 있다. "만약 당신이 그 두 주장들을 진지하게 고려한다면, 실질적 자유지상주의를 택해야 한다." 그러나 면밀히 검토할 때 실질적 자유지상주의는 우리의 신중한 판단과 일치하는 것인가? 또 실질적 자유지상주의는 자본주의에 대항하는 오랜 투쟁을 새로운 기초 위에 재개하라고 지시하는가, 아니면 자본주의(의 어떤 형태)를 결국 정당화하는가? 양 질문들에 답하기 위해서는 실질적 자유지상주의의 제도적 함축들에 대한 세심한 검토가 필요하다.

2장

지속 가능한
최고의 기본소득

들어가기

△__ 모두를 위한 실질적 자유가 무엇을 의미하는지 이해하고, 또 그것의 가치가 무엇인지를 평가하기 위해, 모두를 위한 실질적인 자유의 제도적 함축을 상술할 필요가 있습니다. 실질적 자유로부터 무엇이 따라 나오나요?

∅__ 가장 두드러진 것은, 모두를 위한 무조건적인 기본소득입니다. 이 대답은 여러 가지 방식으로 명료화되고 규정될 필요가 있지만, 그 배후에 있는 것으로 보이는 논증은 매우 단순하게 표현할 수 있습니다. 실질적 자유가 권리뿐만 아니라 수단의 문제라면, 사람들의 소득은 분명 매우 중요합니다. 그러나 우리가 관심을 두는 실질적 자유는 단순하게 구매하거나 소비하는 자유가 아닙니다. 그것은 우리가 살고 싶어 하는 대로 살 자유입니다. 그래서 사람들의 노동이

나 노동 의욕과 무관하게 이런 구매력을 인정하는 것이 중요합니다 (2장 1절).

Δ__ 이는 결국, 서유럽에서 최근 복지국가의 급진적 개혁을 가리키기 위해 사용된 '기본소득'이라는 용어의 의미를 정당화하는 건가요?

Φ__ 완전히 그런 건 아닙니다. 왜냐하면 '기본소득'은, 보통, 사람들의 노동하려는 의욕뿐만 아니라, 다른 원천으로부터 생겨나는 수입(이것이 저소득에 대한 음의 소득세와의 본질적인 차이입니다), 거주지, 가계 상황과 관계없이 무조건적으로 지급되는 소득을 가리키기 때문입니다. 하지만 모두를 위한 실질적 자유가 이들 추가적인 차원들[노동 의욕, 수입, 거주지, 가계 상황]에 대한 무조건성을 지지하는 주장의 원천이 된다는 걸 보여 줄 수도 있습니다. 그 결과, 당신이 제안한 것처럼, 제가 옹호하는 정의관과 기본소득의 도입 요구 사이에는 밀접한 연관이 있게 됩니다(2장 2절).

Δ__ (당신이 생각하는) 정의관에 따르면, 기본소득은 어느 수준에서 정해져야 하나요?

Φ__ 기본소득의 '기본'은 모든 다른 소득들이 그것에 덧붙여질 수 있다는 의미만을 담고 있습니다. 따라서 기본소득은 정의상 '기본적 필요'basic needs 개념과 관련된 것이 아닙니다. 그것은 얼마나 높은 수준이어야 할까요? 사람들이 능력 면에서 큰 차이가 없다고 잠시 가정해 보죠. 모든 이의 형식적 자유가 보호되어야 한다는 조건하에서, 가장 적은 실질적 자유를 가진 사람들의 실질적 자유가 극대화되려면, 기본소득은 지속 가능한 최고의 수준에서 정해져야 합니다. 물론 관련된 지속 가능성의 개념 안에 유인 효과와 생태 효과 양자가 포함incorporate되어야 하며, 이때 지속 가능한 기본소득의 극대화는 대안적 사회경제 체제를 평가하기 위한 간결한 기준을 제공해 줍니다.

△__ 당신은 기본소득을 현금 보조로 생각하는 것처럼 보입니다. 그러나 도구, 의료 서비스, 공원 역시 실질적 자유를 향상시킵니다.

∅__ 저도 그걸 부인하지 않습니다. 작동하고 있는 시장경제에서, 개인의 최대한의 자유에 대한 관심은 현금을 지지하는 가정의 원천이 됩니다. 그러나 특정한 유형의 재화, 이를테면 들이마실 수 있는 공기, 도로 같은 경우는 모두가 원할 뿐만 아니라 무료로 조달하는 게 더 저렴하기 때문에 현금을 지지하는 가정은 번복될 수 있습니다. 그러므로 모두를 위한 가능한 최대한의 실질적 자유를 성취하기 위해 기본소득의 상당 부분을 현물로 지급할 것을 요구할 수도 있습니다(2장 4절).

△__ 당신이 자유의 극대화를 진지하게 고려한다면, 자격이 부여된 각자에게 ― 그리고 일찍 죽게 된 사람에게는 불공정하게 ― 온정주의적으로 일생에 걸쳐 많든 적든 균등하게 분배할 것이 아니라, 오히려 '출발선에서' 똑같은 보조금을 주어야 하지 않나요? [미래의 기본소득을 담보로 시장에서 현금을] 자유롭게 빌릴 수 있기 때문에, 그 두 방식이 같은 것이라고 당신은 간단히 답할 수 없습니다. 당신은 자본시장이 얼마나 불완전한지 알고 있으며, 그래서 당신은 사람들이 미래의 기본소득을 [자본시장에] 담보로 넣길 원하지 않을 것입니다.

∅__ 저는 명쾌한 답을 갖고 있지 않으며, 그런 게 있다고 생각하지도 않습니다. 한편으로, 저는 실질적으로 자유로운 사람들로 이루어진 사회의 구성원들이, 수십 년 전 단 한 번 지급된 기본 자산을 낭비해 비싼 대가를 치루고 있는 고령의 극빈자들의 처지를 묵인할 것이라고 생각하지 않습니다. 다른 한편, 저는 이런 추론으로 인해 사람들이 불합리하게 그들의 기본소득을 초마다 현금화해야 한다고 생각하지 않습니다. 월별 지급은 적절한 절충안처럼 보입니다. 분명 임의적이기는 하지만 제가 보기에는 충분히 실용적인 약속입니

다(2장 5절).

△__ 이제, 처음부터 저를 성가시게 했던 근본적인 우려 사항, 즉 자유와 소득 사이에 당신이 확립한 직접적인 연관과 관련된 우려 사항을 상술하겠습니다. 사태를 단순하게 하기 위해, 사람들에게 기본소득 말고는 다른 소득이 없다고 가정해 봅시다. 그들이 동일한 취향을 갖고 있지 않다고 가정하면, 그들은 상이한 재화들의 묶음을 선택할 수 있을 것이고, 이런 묶음들로 상이한 것들을 할 수 있을 것입니다. 그러나 당신은 이때 그들 모두가 같은 실질적 자유를 누린다고 보는 것 같습니다. 그러나 어떻게 당신은 그렇게 확신할 수 있습니까? 만일 가격이 변한다면, 사람들은 변하지 않은 소득으로 상이한 양의 재화들을 살 수 있을 겁니다. 어떤 사람들의 묶음의 내용은 확대되겠지만, 다른 사람들의 묶음은 축소될 것이고, 그래서 그들에게 열려 있는 선택들의 집합은 이에 상응해 영향을 받게 될 것입니다. 그러나 당신은 여전히, 내가 추정하기에는, 그들이 동일한 실질적 자유를 가진다고 말해야 할 것처럼 보입니다(2장 6절).

∅__ 당신이 올바르게 강조하는 난점의 일부는, '모두를 위한 실질적 자유'가 어떤 면에서 잘못된 명칭이라는 사실에서 비롯된 것입니다. 잘못된 명칭이긴 하지만 저는 그걸 고수하는 게 더 낫다고 봅니다. 모두를 위한 실질적 자유라는 구호가 정의로운 제도를 통해 최소수혜자들에게 극대화하려는 것은 사실 실질적 자유의 크기나 범위가 아닙니다. 오히려 모두를 위한 실질적 자유라는 구호를 통해 극대화하려는 것은, 실질적 자유의 기저를 형성하는 수단이나 자원의 부존the endowment of means or resources입니다. 이런 부존 자산들 가운데 하나가 또 다른 것보다 더 크거나 그것과 동등하다고 말할 수 있기 위해서는, 계량적인 측정 기준이 필요합니다. 가장 적절한 기준은 동등한 권리자격entitlements에 기초한 자유로운 선택으로부터 생겨

나는 경쟁 시장 가격입니다.

△__ 왜죠?

∅__ 왜냐하면 경쟁 시장 가격은 각 묶음의 구성 요소들의 기회비용을 반영한다고, 다시 말해 각 묶음의 구성 요소들이 사회에서 얼마나 값어치가 있는지, 혹은 그것들을 전유할 수 없는 다른 사람들에게 그것이 얼마나 비용이 드는지를 그럴듯하게 말할 수 있게 해주기 때문입니다. 따라서 저는 동등한 기본소득을 통해 접근 가능한 묶음들, 그리고 결과적으로는 기본소득과 관련된 실질적 자유의 '범위'가 가격 구조에 따라 변한다는 걸 부인하지 않습니다. 그러나 가격 구조의 선택은 자의적인 것이 아닙니다. 이런 사실로 인해 최소수혜자들의 실질적 자유를 극대화하려는 시도는 유의미한 것이 됩니다. 최소수혜자들의 실질적 자유의 극대화는, 경쟁가격이라는 척도를 사용해, 최소 자원을 가진 사람들이 이용할 수 있는 자원 기반의 가치로 이해됩니다(2장 7절). 저는 이것이 다소 추상적이라는 걸 알고 있지만, 이를 달리 설명할 최상의 방법을 아직 발견하지 못했습니다. 그러나 당신이 이 점을 충분히 생각해 본다면, 당신을 성가시게 한 문제의 핵심에 다가갈 수 있을 겁니다.

△__ 이것은 같은 사회 안에 있는 개인들을 관통하는 실질적 자유(의 외적 자원 기반을)를 비교하는 문제를 해결해 줄 수도 있습니다. 하지만 최소수혜자들의 실질적 자유를 극대화하고자 한다면, 사회들을 아우르는 비교를 할 수 있어야 합니다.

∅__ 적어도 사회경제적 체제들을 관통하는 비교겠죠. 우리의 질문은 한 사회가 모두를 위한 실질적 자유라는 점에서 또 다른 사회보다 더 나은지의 여부가 아니라, 다행스럽게도, 어떤 사회경제적 체제가 특정한 한 사회에서, 모두를 위한 실질적 자유라는 각도에서 볼 때, 더 나은가라는 것입니다. 후자의 질문은 여전히 어려운 질문이지

만, 전자보다는 상당히 쉬운 편이며, 그래서 이를테면 다양한 행동 방침이 한 국가의 국민총생산에 끼치는 영향을 평가하는 것보다 개념적으로 더 다루기 어려운 것은 아닙니다(2장 8절).

---

1. 급진적 제안

그럼 '모두를 위한 실질적 자유'라는 구호에 의해 포착되는 이상을 제도적으로 가장 잘 표현한 것은 무엇인가? 누군가가 자신이 하고 싶어 할 수도 있는 것은 무엇이든 할 권리뿐만 아니라 그 수단을 소유하는 한, 그 사람은 (단지 형식적으로만 자유로운 것과 달리) 실질적으로 자유롭다. 우리가 보았던 것처럼(1장 7절), 하이에크와 뷰캐넌은 이런 자유관에 대해 반론을 제기하며 다음과 같이 좀 더 명확한 입장을 표명했다. 즉 자유에 대한 협의의 정의를 포기하는 사람은, 곧바로 자유를 부나 예산 집합과 동일시할 수밖에 없다. [하이에크와 뷰캐넌의] 이런 비판은 [역설적으로] 모든 이의 형식적 자유를 존중하라는 조건에 따라, 모두를 위한 실질적 자유의 원리가 사람들의 구매력을 축차적으로 최소극대화leximin할 것을 요구한다는 제안을 낳게 한다. 직설적으로 말해, 우리의 이상은 강제 노동에 대한 금지와 양립 가능할 수 있을 만큼 최저 소득을 인상할 것을 요구한다.

그러나 여기서 상당히 유의할 필요가 있다. 우리가 관심을 둘 필요가 있는 실질적 자유는 우리가 소비하고 싶어 할 수도 있는 재화들의 다양한 묶음들을 선택할 실질적 자유만이 아니다. 그것은 우리가 살고 싶어 할 수도 있는 다양한 삶들 가운데 하나를 선택할 실질적 자유이기도 하다. 이런 구분을 강조한다고 해서, 소득이나 예산 집합의 중요성이 사라지는 것은 아니다. 하지만 이런 구분을 통해 각 시민에게 어떤 단서도 덧붙이지 않고 무조건적으로, 다시 말해 그녀가 무엇을 살 수 있고, 그녀가 시간을 어떻게 활용할 수 있는가라는 것 이외에는 그 어떤 제약 조건도 없이 소득이 주어져야 한다는 점이 결정적으로 중요해진다. 그리하여 다음과 같은 훨씬 더 급진적인 제안이 나오게 된다. 만약 우리가 모두를 위한 실질적 자유를 진지하게 추구 — 그래서 우리가 잠시 동안 연속적인 변화에 대한 고려와 개인들 간의 능력 차이를 논외로 — 한다면, 권리 보장 및 자기 소유권과 양립 가능한 모두를 위한 가장 높은 수준의 **무조건적인 소득을** [지급하는 방안을] 채택해야 한다.

이런 제안은 실로 협의의 자유 개념을 필사적으로 모색하고 있는 자유지상주의자와 그 지지자들뿐만 아니라 표준적인 사회민주주의자들의 입장에 비해서도 급진적인 제안이라고 할 수 있다. 표준적인 사회민주주의의 입장은 우리가 원하는 대로 풍족하게 소비할 실질적 자유에 너무 관심을 둔 나머지, 꿈꾸는 대로 색다르게 살 실질적 자유는 망각한다. 다른 관점에서 보면 [기본소득] 제안은 좀 더 친숙한 것으로 여겨질 수도 있다. 예를 들어, 기본소득 제안은 '과학적' 사회주의와 '유토피아적' 사회주의 양자에 의해 제기되어 온 오래된 자본주의 비판의 핵심 요소를 가장 직접적인 방식으로 반영한 것으로 볼 수 있다. 다시 말해, 기본소득 제안은 임금 관계, 곧 자본주의의 철칙에 대한 프롤레타리아의 종속에 맞선 저항을 반영하는 것으로 볼 수 있다. 기본소득 제안은, 또한 가능한 한 돈을 많이 버는 직업에 의존하는 물질적 욕망의 충족과 대비해, 금전적 대가와는 무관한 삶의 질, 자기실현, 인간관계의 보존에 역점을 두는 보다 최근의 '녹색'운동 및 '대안'운동과 조화를 이룬다. 그러나 기본소득 제안은, 자유주의적 혹은 반완전주의적인 관점과 양립할 수 있는 한에서만 이런 관심사들을 포괄한다(1장 8절). [기본소득을 실현하기 위해] 제안된 제도적 기구가institutional set-up 목표로 하는 것은 임금노동이나 직업이 중심이 되는 삶을 가능한 한 그만두게 하는 것이 아니라, 다른 선택을 할 진정한 기회를 모든 이에게 제공하기 위해 가능한 한 많은 노력을 하는 것이다.[1] 실질적 자유지상주의자는 소외에 대한 오래된 비판이나 대안적 삶의 방식을 새롭게 옹호할 수도 있지만, 그런 비판이나 대안적 삶의 옹호가 어떤 완전주의적 전제나 좋은 삶에 대한 특정한 하나의 관점을 특권화하는 우월성 주장에 기반을 두지 않는 한에서만 그렇다. 만약 우리 사회와 같은 사회들이 완전주의적 전제와 반대의 방향으로 향해 있다면, 이 범위[다른 선택을 할 기회를 모든 이에게 제공하기 위해 그 사회가 할 수 있는 것의 범위]는 매우 넓을 수 있다.

공교롭게도, 방금 내놓은 제안은 최근 다수 유럽 국가들에서 입지를 넓히고 있는 사회정책 개혁안과 수렴한다.[2] 이 나라들 대부분은 제2차 세계대전 이후 특정 시점에서 최저소득보장제도minimum guaranteed income scheme를 도입했다. 기본소득 제도는 사회보험제도와 다르다. 왜냐하면 수혜자가 그 제도로부터 수혜 자격을 얻기 위해 과거 소득으로부터 그 제도에 기여할 필요가 없기 때문이다. 그러나 위의 나라들에서 도입되고 있는 보장소득의 형식은 다음과 같은 점에서 여전히 조건적이다. ① 수혜 자격을 얻기 위해, 만약 그녀가 일하고 있지 않거나 혹은 일할 수 없다면, 적절한 직업을 받아들이거나, 적절한 직업 훈련이 제공됐을 때 그 훈련을 받을 의향이 있어야 한다. ② 다른 원천으로부터 충분한 소득을 올릴 수 없다고 믿을 만한 충분한 근거가 있어야 수혜 자격이 주어진다는 의미에서 자산 심사를 통과해야 한다. ③ 그녀가 수혜 자격이 있는지 여부와 얼마나 많은 수혜를 받는지는 그녀의 가계 상황, 이를테면 그녀가 혼자 사는지, 직업을 가진 사람과 함께 사는지, 무직자와 함께 사는지 등등에 달려 있다. 그리고 마지막으로, ④ 그녀가 수혜 자격이 있는지 그리고 얼마나 많은 수혜를 받을지는 그녀의 거주지에 의존한다. 예를 들어, 그녀가 대도시에 사는지, 대도시 외곽에 사는지, 아니면 시골에 사는지에 달려 있다.

다른 한편, 국가 보너스state bonus, 국가 배당금 혹은 사회 배당금national or social dividend, 시민 소득 혹은 시민 임금citizen's income or wage, 데모그란트demogrant,˙ 보편적 보조금universal grant, 기본소득 등등으로 다양하게 부르는 제안들은 전형적으로, 위의 네 조건들이 충족되는지의 여부와는 무관하게, 사회의 완전한 구성원 모두에게 동등하게 지불되는 보장된 최저 소득의 형식에 대한 제안들이다. 여기서 완전한 구성원 자격이 관련 국가의 시민으로 제한되어선 안 된다는 점에 주목하자. 일반적으로 충분한 거주 연한이 핵심 기준으로 간주된다. 그러나 완전한 자격은 성인에게 주어진다. 대부분의 제안들에서, 어린이는 다른 제도 아래 포섭되거나 아니면 어린이의 부모나 보호자에게 어린이를 대신해 축소된 액수의 기본소득에 대한 수혜 자격이 주어진다. 이런 무조건적으로 보장되는 소득 제도의 주창자들이, 현존하는 조건부 이전conditional transfers에 대한 완전한 대체물로 그것을 제안할 수도 있지만, 일반적으로는 그렇게 하지 않는다는 점에 또한 주목하자. 무조건적 소득 제도의 주창자들 대부분은, 저 의미들 가운데 몇몇 혹은 모두의 의미에서 여전히 조건적인 방식으로 무조건적 소득을 보충해 주는, 국가 재정에 기반을 둔 사회보험과 장애인 보상 제도들을 — 대개 단순화된 형식과 축소된 수준으로 — 유지하

˙ 영어의 demogrant(데모그란트)는 '대중, 민중, 인민'을 뜻하는 접두어 dem(o)과 '보조금, 교부금'을 뜻하는 grant의 합성어다. 데모그란트는 좁은 의미로는 아동(가족) 수당과 기초 연금 같이 인구학적 특성만을 자격 요건으로 하는 현금 급여로 정의될 수 있다. 넓은 의미로는 공교육, 공보육, 비보험형의 보편적 서비스 등 국민의 기초적인 삶의 필요를 국가가 나서서 적극적으로 해결해 주기 위한 다양한 비현금 급여를 포함한다.

기를 원한다. 무조건적 소득은 그 주창자들이 기본적 필요basic needs로 간주한 것을 포괄하지 못하기에, 그들 중 대부분은 현존하는 조건부 최저소득보장제도조차 제거하기를 원하지 않을 것이다.

어쨌든 국제적인 논의에서 가장 광범위하게 사용되는 표현이기 때문에, 나는 조건부 제도에 의해 그것이 보충되는지의 여부와 무관하게, 위에서 언급된 네 가지 의미를 모두 만족하는 무조건적인 이전 제도를 가리키기 위해 '기본소득'이라는 용어를 사용할 것이다. 다시 말해, 기본소득은 ① 그녀가 일할 의향을 갖고 있지 않더라도, ② 그녀가 부자이든 가난하든 상관없이, ③ 그녀가 누구와 함께 살고, ④ 그녀가 그 나라의 어떤 지역에 살든지, 사회의 완전한 구성원 각자에게 정부가 지급하는 소득이다. 그 표현은 기본소득의 무조건성으로 인해 어떤 사람이 안전하게 기댈 수 있는 어떤 것, 한 평생 확고하게 의지할 수 있고, 현금이든 현물이든, 노동으로부터이든 저축으로부터이든, 시장으로부터이든 국가로부터이든, 여타의 다른 소득이 그것에 정당하게 덧붙여질 수 있는 물질적 기반을 우리가 가진다는 발상을 담으려는 의도로 선택된 것이다. 다른 한편, 여기서 정의된 기본소득의 정의 안에는 기본적 필요의 개념과 연관된 어떤 것도 없다. 여기서 정의된 대로 기본소득은 품위 있는 삶에 필요한 것으로 간주되는 것에 못 미칠 수도 있고 그것을 초과할 수도 있다.[3]

2. 무조건성과 실질적 자유

이 점에 비추어 볼 때, 앞서 제시된 급진적 제안을 다음과 같이 달리 표현하고 싶은 유혹이 생긴다. 즉 실질적 자유지상주의자들은 형식적 자유를 존중하는 제도적 틀을 승인해야 하며, 이런 제도적 틀은 최고 수준의 기본소득을 제공한다고 말이다.[4] 그러나 확신을 가지고 이런 등가성을 주장하기 전에, 우리는 모두를 위한 실질적 자유와의 관계를 통해 기본소득을 정의하는 네 가지 무조건성 모두를 정당화할 수 있는지의 여부를 검토해야 한다. 이제까지, 이들 중 첫 번째 조건 — 직업이나 직업훈련을 수용할 의향이 있는 사람에게만 수혜 자격을 제한하는 형태로 시간 사용을 제약하는 조건이 부재하다는 점 — 만이 모두를 위한 실질적 자유에 대한 관심과 명시적으로 연관된 것으로 확인되었다. 다른 세 가지 조건들은 어떨까?

두 번째 조건 — 자격 심사의 부재 — 은 근본적으로 (사전적인) 기본소득과 (사후적인) 음의 소득세negative income tax scheme* 사이의 선택과 관련된다. 얼핏 보면, 두 접근 모두는 실질적 자유지상주의적인 관점에서 볼 때 동일한 것처럼 보일 수도 있다. 왜냐하면 과세 후 이전소득post-tax-and-transfer income의 동일한 분배가 원칙적으로 기본소득 제도와 음의 소득세 [모두를] 통해 달성될 수 있기 때문이다. 혹은 차이가 있다면, 음의 소득세에 이점이 있는 게 틀림없다. 왜냐하면 상당한 소득을 가진 사람들에게 기본소득을 지급하고 나서 그것을 과세로 환수하는 데서 생기는 번거로움을 음의 소득세에서는 쉽게 피할 수 있으며, 따라서 좀 더 저렴한 비용으로 관리하는 것이 가능하기 때문이다(이 장의 부록은 두 유형의 제도들의 차이, 그리고 양자와 현존하는 보장소득 제도들 사이의 차이를 그래프로 기술하고 있다).

─────────────

● 어느 개인의 소득이 최저생계비 또는 소득 공제액에 미치지 못할 때 최저생계비와 실제 소득 간의 차액을 정부가 보조하는 세제로. 음의 소득세에서 보조 받는 액수의 크기는 최저생계비 액수, 근로자의 실제 소득, 음의 소득세율에 의해 결정된다. 이는 노벨경제학상을 받은 밀턴 프리드먼이 동료 조지 스티글러와 함께 제안하고 발전시킨 개념이다.

그러나 실질적 자유의 축차적인 최소극대화라는 관점에서 볼 때, 자산 심사의 부재는 세 가지 다른 이유로 기본소득에 결정적인 이점을 제공해 준다. 먼저, 조세 목적의 소득 평가와 불가피하게 관련된 시간 지연time lag을 고려해 볼 때, 음의 소득세 제도는 수급 자격을 평가하기 위한 세무 행정을 기다리는 동안 최소한 굶어 죽지 않을 실질적 자유를 사람들에게 제공하기 위해 선불금 제도를 도입할 때야 비로소 실질적 자유의 최소극대화의 관점에서 기본소득과 경쟁할 수 있다. 그러나 완전한 무지나 [절차의] 번거로움 때문에 선불금을 요구하지 못해 몇몇 사람들은 선불금을 타지 못할 수도 있다. 그러므로 가장 적은 자유를 누리는 자들의 실질적 자유에 우선적인 중요성을 부여할 때, 기본소득의 수급자 비율이 더 높다는 사실은 [음의 소득세 제도와의] 매우 중요한 차이라고 할 수 있다.

둘째, 음의 소득세의 경우, 그것의 예산-집합은 [기본소득처럼] 분명히 확보되기 때문에 우리가 전적으로 의지할 수 있는 일정액의 현금이 아니라 교정적 이전corrective transfer[소득에 따라 이전소득의 지급 여부가 달라지는]이라는 불확실한 약속의 형태를 띤다. 이런 사실로 인해 ([음의 소득세에서나 기본소득에서나] 추상적으로는 동일한) 예산-집합에 포함된 선택지들을 실제로 사용하는 데 필요한 신뢰성을 떨어뜨릴 수밖에 없다. 이런 차이의 한 측면은 보통 경제학자들보다 사회복지사들이 훨씬 더 민감해 하는 '실업 함정'unemployment trap * 의 중요한 차원과 직접적으로 연결되어 있다. '빈곤의 함정'poverty trap * * 에 빠진 사람들이 구직 활동이나 취업을 단념하게

● 임금수준이 낮은 노동 계층의 경우 실업 상태에 안주하려는 것.

● ● 빈곤층이 저임금 직종에 취업을 해도 그에 따라 정부 보조금이 줄어들기 때문에 생활수준은 변하지 않는 상태.

되는 것은, 그들이 일을 한다고 해도 실업 상태에 있을 때보다 더 높은 혹은 훨씬 더 높은 소득을 올리지 못할 것이라는 사실 때문이라기보다는, 일자리를 얻은 후에는 더 이상 가질 수 없는 것으로 판명될 안전하고 정기적인 급여의 포기와 관련된 불확실성과 유동성 갭 때문이다.[5]

마지막으로, 전산화된 이전 지출과 원천 세금 징수의 시대에, 그리고 다른 어떤 근거(예를 들어, 노동 의욕 혹은 가계 상황을 확인하기 위해)에 기반해 관리할 필요가 없다는 가정하에, 음의 소득 세제에서는 그것과 결부되어야만 하는 선불금 제도의 행정 비용으로 인해 특정 수준의 소득 보장 제도를 운영하는 데 훨씬 더 많은 경비를 지출해야 하며, 따라서 소득 보장의 수준을 높이는 데 사용될 수 있었을 재원을 행정 비용이 흡수하게 된다. 이런 논점을 통해, 현재의 조세와 이전 기술을 고려할 때, 무조건적 소득의 자산 조사 변종[음의 소득세]보다 보편적인 기본소득의 형태를 충분히 정당화할 수 있다.[6]

자산 심사의 문제는 주류 경제학에서 말하는 실업 함정을 수반하는가라는 문제 — 주류 경제학에 따르면, 저소득층에 대한 강한 위축 효과를 일으키는 유효 세율의 문제[**] — 와는 별개의 것이다. [그러나] 선형적인

● 음의 소득 세제하에서는 안정적이고 정기적인 급여가 포기될 수 있기에 기본소득이 지급되는 경우와 비교해 현금 보유량이 차이가 난다는 의미다.

●● 한계 유효 세율(marginal effective tax rates)은 소득 변화가 있을 때 조세와 사회보장 급여가 얼마만큼 소득을 감소시키는지를 보여 줌으로써 개인이 취업 여부 및 근로시간에 관한 의사 결정에서 미치는 금전적 비유인(disincentives)의 정도를 측정하게 해주는 지표다. 한계 유효 세율이 높다는 것은 증가되는 소득에 비해 세금 증가분이 많거나 취업 또는 소득 증가로 인해 수혜 자격을 잃게 되어 사라지게 되는 사회보장 급여(주로 실업급여) 감소분이 크다는 것을 의미한다. 결국 이 수치가 높게 되면 실업자는 재취업을 할 유인이 적어지게 되고 실업 함정에 빠지게 될 가능성이 높아지게 된다. '유효 세율의 문제'는 이와 같은 현상을 말한다. 황수경·윤남희, "우리나라 조세 및 사회보장급여 체계의 실업함정 가능성," 『노동리뷰』 5호, 2005를 참조.

음의 소득세 제도가 분명히 보여 주듯이(2장 부록을 참조), 자산 조사가 반드시 더 낮은 소득분포 영역에서 더 높은 세율(혹은 '환수금'*)을 수반하는 것은 아니다. 그리고 몇몇 (오히려 흔치 않은) 기본소득 제안들이 보여 주듯이, 어떤 수준 이하의 모든 소득에 100퍼센트의 세율로 과세해 모두에게 최저 소득을 사전 지급하는 방안을 충분히 생각해 볼 수 있다.[7] 만약 우리가 노동하지 않을 자유뿐만 아니라 노동할 실질적 자유에 관심을 둔다면, 기본소득의 정의 안에 이런 가능성[어떤 수준 이하의 모든 소득에 100퍼센트의 세율로 과세하는 것]을 배제하는 것이 더 낫지 않을까? 그렇지 않을 것이다. 현실적인 이유로, 물론 저소득에 대한 전면 몰수total confiscation를 포함하는 조세 계획은 지속 가능한 최고의 세수를 보장하지 못하거나 못할 개연성이 크다. 그러나 노동할 실질적 자유에 대한 관심 때문에 우리가 이런 가능성을 선험적으로 배제하도록 극대화 작업을 정의해야만 하는 건 아니다. 일자리의 본래적인 매력 때문이든, 아니면 그 일자리가 경험이나 훈련 기회를 제공하기 때문이든, 낮은 보수의 일자리를 수락할 실질적 자유는 무조건적 소득수준이 높을수록 분명 증가된다. 무조건적 소득이 더 높을수록, 실질임금이 마이너스인negative net wage 일자리를, 그 일자리가 단기간인 한, 수용할 실질적 자유도 더 높아진다. 결과적으로, 기본소득이 노동하지 않을 자유 뿐 아니라 노동할 자유를 적절하게 반영하기 위해서는, 그 재원이 조달되는 방식과 관련해 어떤 제한도 이루어질 필요가 없다. 그러므로 자산 조사에서 기인하는 함정과 다르게, 높은 유효 세율에서 비롯되는 함정은 기본소득의 정의에 의해 배제되지 않으며 배제될 필요도 없다.**

위에서 정식화된 기본소득에 대한 정의에는 기본소득에 대한 권리와 그 수준이 가계 상황 및 거주지에 영향을 받아서는 안 된다는 요건이 포함되어 있다. 이런 요건은 실질적 자유지상주의의 관점에서 정당화될 수 있는가? 누군가는 정당화될 수 있다고 생각할 수도 있다. 어디서 그리고 누구와 함께 사느냐가 사람들의 권리자격을 결정하는 것과 관련된다면, 이는 수급 자격이 주어지게 될 사람의 프라이버시를 침해할 수 있을 것이기 때문이다. 그러나 어떤 이전 제도든 그 수혜자가 존재하는지의 여부나, 그 나라의 거주자인지의 여부를 최소한 확인할 필요가 있으며, 따라서 이런 최소한의 정보를 제공할 책무와, 보다 선별적이고 차등화된 이전 제도를 실시할 때 필요한 거주지와 관련된 구체적 정보를 제공할 책무 사이에 근본적인 차이는 존재하지 않는다. 선별적이고 차등화된 이전 제도에 대한 결정적인 반론은 오히려 실질적 자유지상주의 관점과 양립 가능한 차별의 긍정적인 이유가 없다는 것이다. 물론 혼자 살 때 필요한 것은 공동체 안에서 살 때 필요한 것을 훨씬 능가할 수도 있다. 또 수도에서 살 때 필요한 것은 교외 변두리에서 살 때 필요한 것을 많이 초과할 수도 있다. 그러나 실질적 자유지상주의의 관점에서 볼 때 이런 차이는 중요한 것이 아니다. 실질적 자유지상주의자가 축차적으로 최소극대화하는 데 관심을 두는 것은 어떤 사람이 원하게 된 것을 얻을 실질적 자유나, 그녀의 삶의 방식을 유지하기 위해 그녀가 필요로 하는 것이 아니라는 점을 기억하자. 실질적 자유지상주의자가 축차적으로 최소극대화

● ● ● '높은 유효 세율에서 비롯되는 함정'이란 취업을 함으로써 세금이 늘거나 사회보장 급여가 줄어 재취업 유인이 줄어드는 것을 말한다. 기본소득은 취업 후에도 수혜 자격이 주어지기 때문에 후자의 문제가 발생하지 않을 뿐만 아니라, 노동 유인을 증가시키기 때문에 전자의 문제 역시 심각하지 않다는 것이 저자의 주장이다.

하는 데 관심을 두는 것은 그녀가 하고 싶어 할 수도 있는 것을 할 실질적 자유다. 그러므로 균등하고 차별 없는 기본소득이 명백한 대안이 되기 위해서는 공동체 안에 사는 어떤 사람이 혼자 살기를 원할 수도 있고, 교외의 거주자들이 도시에서 살기를 원할 수도 있다고 가정하는 것으로 충분하다.[8]

3. 지속 가능성

따라서 적어도 우리가 개인 간의 능력 차이를 여전히 고려 대상에서 제외한다면, 관련된 사회의 완전한 구성원들 모두에게 지불될 수 있는 (위에서 상술된 '무조건성'의 네 가지 의미에서) 최고의 무조건적 소득, 혹은 최고의 기본소득이라는 발상을 진지하게 받아들이지 않고서는, 모두를 위한 실질적 자유의 극대화에 관해 진지하게 사고할 수 없다. 만약 기본소득의 근거가 탄탄하다는 것이 입증된다면, 이 발상은 경쟁하는 사회경제 체제들, 다시 말해 물질적 자원들의 생산과 분배를 규제하는 사회의 제도적 기구의 제 측면들을 실질적 자유지상주의적인 관점에서 평가할 수 있는 단순한 기준을 제공해 줄 것이다. 현존하는 임의의 사회에서, 형식적 자유를 존중하는 사회경제 체제들은 기본소득을 지속 가능하게 제공할 수 있는 수준에 따라 정렬될 수 있을 것이다. 지속 가능성은 명백히 본질적인 고려 사항이다. 만약 우리가 **모두**를 위한 실질적 자유에 관심을 둔다면, 내일의 경제적 붕괴를 대가로 아주 후한 기본소득의 형태로 경제적 부를 오늘날 거져 주는 것은 분명 용납될 수 없을 것이다.

지속 가능성에 대한 이런 관심은 무엇보다 먼저 우리가 경제적 유인에 주목할 것을 요구한다. 기본소득이 도입되고 있고 지속될 것이라는 기대, 그리고 그 재원이 조달되었으며 계속해서 조달될 것이라는 사실은, 특수한 방식으로, 노동시간과 노동 노력 양자의 공급 — 사람들은 그들 자신을 소유할 것을 요구하기 때문에 — 에 그리고 저축과 투자의 공급 — 자본이 사적으로 소유되는 한 — 에 중요한 영향을 끼칠 수밖에 없다.[9] 이것은 어떤 사회경제 체제에서든, 우리가 지속적으로 최고의 세수를 산출할 수 있는 (명시적이거나 암묵적인) 조세제도를 선택해야 한다는 것, 그리고 세율은 연관된 '레퍼 초평면'Laffer hyperplane의 정점, 다시 말해이 유형의 제도 아래서 지속적으로 산출될 수 있는 최고의 세수에 상응하는 수준에 맞춰져야 한다는 점을 시사한다.[10]

이 같은 시사점은 다음과 같은 점을 당연한 것으로 간주한다. 즉 일단 형식적 자유를 위해 적절한 공제가 이루어진다면, 더 높은 세수가 반드시 더 높은 기본소득으로 이어진다고 말이다. 그러나 실질적 자유의 축차적인 최소극대화는 당연히 기본소득의 일인당 수준과 관련이 되며, 기본소득의 일인당 수준은 총 세수뿐만 아니라 그것이 공유되는 사람들의 수에 영향을 받는다. 그러므로 우리는 인구 통계학적 결과 역시 고려할 필요가 있다. 만약 기본소득의 증가가 인구 증가로 이어진다면, 지속 가능한 최고의 세수는 오직 점감漸減하는 기본소득의 재원만을 그럭저럭 조달할 수 있을 것이다. 나는 이미 위에서 (2장 1절) 관련된 사회의 완전한 구성원이 되지 못한 사람들, 이를테면 어린이들은 축소된 기본소득을 받을 수도 있다는 점을 언급했다. 누군가는 또한 완전한 구성원들이 어떤 연령대부터 모두 똑같이 더 높은 기본소득을 받을 가능성을 도입하려고 할 수도 있다. 이런 조치는 자녀를 낳을 형식적 자유를 제한하지 않고서도 지속 가능한 기본소득의 극대화라는 우리의 기준을 미세하게 조정하기 위한 여지를 제공해 줄 것이다. 적어도 몇몇 사회에서, 보편적 연금이란 형태로 비교적 더 높은 기본소득을 제공하는 것(그리하여 노령연금의 형태로 자녀를 낳을 필요를 축소하면서), 그리고 보편적 아동 수당이라는 형태로 비교적 더 낮은 기본소득을 제공하는 것(그리하여 자녀를 가지는 순비용을 증가시키면서)은 그렇지 않았다면 기본소득이 인구 증가에 미칠 긍정적인 효과를 완전히 상쇄하거나 심지어 역전시킬 수도 있다.[11] 그러므로 보다 미묘한 어감 차이를 가진 어구를 통해 좀 더 정확하게 다음과 같이 핵심 발상을 표현할 수 있다. 즉 주어진 사회경제 체제의 유형 아래에서, 세율과 기본소득 분화에 입각한 최적의 선택은, 예측할 수 있는 한, 최고의 평균 기본소득을 오래 유지할 수 있는 선택이다.[12] 그러나 나는 이어지는 대부분의 논의에서 이런 어감 차이를 무시하고 더 단순하게 지속 가능한 최고의 기본소득에 대해 계속 말할 것이다.

이 지속 가능한 최고의 수준을 어느 정도까지 기대할 수 있을지는 물론 그 사회경제 체제 내의 세율의 구조와 수준, 혹은 기본소득의 연령 분화 이외에도, 사회경제 체제의 여타의 수많은 특징들에 의해 큰 영향을 받는 경향이 있다. 그와 같은 특징들 가운데 하나는 바로 그 체제와 연관된 생산 잠재력, 다시 말해 일단 그 체제가 가동시킬 수 있는 인간 노동의 생산성의 윤곽profile이다. 다른 조건이 같다면, 특정 수준의 기본소득이 지속 가능하려면, 이 생산 잠재력이 시간이 지나면서 줄어들지 않는 게 매우 중요하다. 자연 자원의 불가피한 고갈을 고려할 때, 생산 잠재력이 줄지 않는다는 것은, 추출이 더 어렵거나 처리가 더 곤란한 자연 자원들을 사용한 결과로 생길 만한 생산성 하락을 예방하기 위해, 어느 정도의 기술적 진보와 물적 혹은 인적 자본의 순축적이 있어야 함을 함축한다. 이것은 우리에게 친숙한 세대 간 정의의 기준에 해당한다. 이런 기준은, 현재 세대가 이전 세대의 노력의 결과로 더 나아지고 있거나 (혹은 일반적으로 그렇다고 가정되듯이), 다음 세대가 현재 세대의 노력의 결과로 더 살기 나아져야 함을 요구하는 것이 아니라, 다음 세대가 현재 세대보다 더 살기 나빠지지 않을 것만을 요구한다.[13]

이런 견해에 기초할 때, 사회의 생산 잠재력이 한 세대에서 다음 세대로 확장되는 현상, 그리고 이를 통해 지속 가능한 최고 수준에서 보조금이 증가하는 현상이 일어날 수 있다. 그러나 이때 이런 보조금의 증가는 정의의 요건이 직접적으로 실현된 결과가 아니라 현 세대의 자기 이익에 관심을 둔 활동, 혹은 아마도 현재 세대가 다음 세대를 위해 충분한 양을 남겨 두어야 한다는 점을 확실히 하는 데 관심을 가진 결과 생기게 된 부산물일 것이다. 그 기준[현재 세대보다 다음 세대가 더 살기 나빠져서는 안 된다는 친숙한 유형의 세대 간 정의의 기준]은, 현재 세대의 각 구성원이 자연 자원의 고갈에 대해 각자가 원인을 제공한 바에 따라 개별적으로 보상해야 함을 요구하지도 않는다. 그 기준[친숙한 유형의 세대 간 정의의 기준]의 만족은 적절한 경제적 유인을 낳는 틀 안에서 자기 이익에 관심을 둔 사람들의 개별적인 선택들의 집합에 달려 있다. 그러나 실질적인 자유지상주의적인 관점은, 친숙한 유형의 세대 간 정의의 기준이 함축하는 (집계적인) 세대 간 정의의 기준보다 더 엄격한 제약 조건을 부과한다. [미래 세대에게 지급할 기본소득의 재원을 마련하기 위한] 보상적인 출자the compensatory contribution는 가장 높은 수준의 지속 가능한 기본소득을 받고 있는 현재 세대의 모든 이에게 일관되어야 하며, 이는 또한 현재 형태와 적어도 대등한 기본소득의 형태로 다음 세대의 모든 이에게 혜택을 주어야 한다.

이런 점에 비추어 볼 때, 자연 자원의 고갈 속도를 늦추는 데 관심을 기울이지 않는 사회경제 체제가 그것에 대비하는 사회경제 체제보다 불리한 처지에 있게 될 것이라는 점을 이해하는 것은 어렵지 않다. 일단 자연 자원의 고갈이 [사회경제 체제에] 악영향을 끼치기 시작하면, 사회경제 체제의 생산적 잠재력을 유지하기 위해, 그 체제는 기본소득을 희생시켜 더 높은 축적률을 유도해야 할 것이다. 이제 우리는 특정한 자연 자원의 고갈률이 주어져 있고 특정 수준의 기본소득이 지급되는 동안 더 빠른 기술 진보나 더 빠른 축적을 낳는 사회경제 체제가 왜 이런 측면이 잘 작동하지 않는 사회경제 체제에 비해 유리한 위치에 있다고 기대할 수 있는지 알 수 있다. 이것[더 빠른 기술 진보와 더 빠른 축적을 낳는 사회경제 제도가 그렇지 못한 사회경제 제도보다 더 유리한 위치에 있다는 것]은 성장 자체가 가치가 있다거나, 이후 세대의 기본소득이 이를 통해 더 높아질 수 있기 때문에 그런 것이 아니다. 즉 축차적 최소극대화 기준의 선택은 이런 고려 사항들을 부적절하게 만든다. 오히려 특정 수준의 기본소득에서 [나타나는] 생산 잠재력의 순증가를 향한 우세한 경향이 현재 세대로부터 계속해서 지속 가능한 더 높은 수준의 기본소득을 위한 공간을 마련해 주기 때문이다.[14]

이처럼 우리는 경쟁하는 사회경제 체제들의 장점을 평가하기 위한 단순하면서도 편리한 도구를 갖추고 있는 것처럼 보인다. 그 도구는 실질적 자유지상주의가 서술하는 자유, 평등, 효율성에 대한 공약을 깔끔하게 요약해 준다. 특히 우리는 이제 최초의 물음들로 되돌아가기 위해 필요로 한 모든 것, 혹은 거의 모든 것을 가지고 있으며, 또한 자본주의와 사회주의 간의 오래된 논쟁과 관련한 참신한 관점을 가지고 있는 것처럼 보일 수도 있다.

나는 그렇다고 믿는다. 하지만 당신은 그렇게 생각하지 않을지도 모른다. 왜냐하면 실질적 자유지상주의에 입각한 나의 단순한 기준에 대해 제기될 수 있고 또한 제기되어 왔던 하나 혹은 그 이상의 반론들 때문에 그 기준에 반대할 수도 있기 때문이다. 이 장의 나머지 부분과 다음 두 장에서 나는 모두를 위한 실질적 자유의 적절한 조작적 표현인 저 기준에 대해 제시된 다수의 반론들을 다루려고 한다. 5장에서, 나는 그 기준이 모두를 위한 실질적 자유를 적절하게 표현한다는 가정하에, 실질적 자유지상주의라는 입장 자체에 대한 공격을 다룰 것이다. 마지막 장인 6장에 가서야 나는 오랜 예비적인 논의 과정 속에서 얻은 명료함과 확신을 가지고 자본주의와 사회주의의 양자택일이라는 문제로 되돌아갈 위치에 있게 될 것이다.

4. 현금인가 현물인가?

위에서 제시된 기준에 대해 제기될 수 있고 또한 제기되어 왔던 첫 번째 물음은, 모든 이에게 인정되는 실질적 자유의 기회 차원이 현물 보조금보다는 오히려 화폐소득을 통해 확보되어야 한다는 주장이 과연 그렇게 명백한지 여부와 관련된다. 부와 소득의 개념은 추상적인 수준에서는 비화폐경제와 화폐경제에 모두 적용되도록 쉽게 정의될 수 있다. 그러므로 이제까지 이야기되어 왔던 그 어떤 것도, 보조금이 토지나 연장 혹은 재화와 용역의 묶음으로 주어지는 부존 자산보다 어떤 통화로 표현되는 구매력으로 주어져야 함을 필연적으로 함축하지 않는다. 물론 정확히 같은 묶음들이 모두에게 주어지지 않는다면, 다양한 묶음들의 값을 매기고 비교하며 또한 기본소득이 모두에게 (대략적으로) 동일하다는 것을 확인하기 위해 어떤 통화를 사용할 필요가 있다. 이로 인해 기본소득을 화폐 지불 조건의 제도로 자연스럽게 생각하게 된다. 그러나 [이로부터] 보조금을 현물보다는 현금으로 주어야 한다는 결론이 따라 나오는가?

　진정으로 자유로운 사회는 각각의 개인에게 현금이 아니라 (동등하거나 축차적으로 최소극대화하는 양의) 생산수단을 제공해야 한다고 몇몇 사람들이 강력하게 주장해 왔기 때문에 이는 질문할 가치가 있다.[15] 모든 개인들에게 동등한 양의 통화가 주어지고 그들이 원하는 대로 그것을 사용할 수 있는 하나의 상황과, 다른 면에서는 동일하지만 첫 번째 상황의 현금 보조금과 동일한 가치의 것으로 간주되는 생산수단들의 묶음이 각각의 개인에게 주어지는 또 다른 상황을 가정해 보자. 두 번째 상황이 첫 번째 상황보다 실질적 자유의 최소극대화 기준을 더 잘 만족시킨다고 믿을 만한 어떤 근거가 존재하는가? 그렇다고 단언하기 힘든데, 왜냐하면 [두 번째 상황과 관련해] 다음과 같은 **둘 중 하나**의 상황을 설정할 수 있[는데, 각각의 경우 논리적 난점에 빠지]기 때문이다. [먼저] 생산수단들을 다른 재화나 용역으로 매매할 수 있다면, 두 번째 상황은 첫 번째 상황의 어설 픈 변형에 불과하기 때문이다. 반면, 생산수단들을 그렇게 매매할 수 없 다면, 그리고 그들에게 할당된 생산수단으로 생산한 것이 그들이 '하기 를 원할 수도 있는' 유일한 것이 아니라면, 두 번째 상황은 다음과 같은 두 가지 이유로 첫 번째 상황보다 열등할 수밖에 없기 때문이다. 첫째, 주어진 보조금grant 수준이 일정하다고 가정했을 때, 보조금 용도의 제한 [예를 들어, 매매 불가능]은 관련된 사람들의 실질적 자유를 더 적게 만든다. 둘째, 제공된 생산수단을 관리하는 데 모두가 똑같이 유능하지 않다고 (그럴 듯하게) 가정할 때, 낭비가 일어날 수밖에 없으며, 그래서 구매력이 분배됐을 경우보다, 그래서 더 열정적이고 더 효율적인 사람이 더 많은 생산수단을 보유할 때보다, 지속 가능한 보조금의 최고 수준을 더 낮게 만든다. 생산적 부에 초점을 맞추어 실질적 자유지상주의를 옹호하는 입 장은, 사람들이 원할 수도 있는 광범위한 것들을 무시하거나, 자기 자신 의 도구를 가지고 노동할 자유에 부당한 특권question-begging privilege을 부 여해야만, 지지할 수 있다.[16]

다른 한편, 기본소득이 누군가가 하길 원할 수도 있는 것은 무엇이든 할 실질적 자유를 적절히 구현한 것이라면, 생산수단을 획득하고 사용할 실질적 자유를 신장시키는 것이 특히 중요하다. 그런데 실질적 자유의 이런 신장은 부분적으로는 기본소득이 매매 불가능한 음식 쿠폰이나 주 택 보조금의 형태보다는 오히려 현금으로 주어지기 때문에, 그래서 현재 충족시켜야 할 최소한의 필요를 초과하는 부분이 충분한 열의를 가진 사 람들에 의해 생산적 부를 창조하기 위해 사용될 수 있기 때문에 가능하 다. 좀 더 중요하게, 기본소득은 그 사전적 성격 때문에 개인 기업이나 협 동조합 기업과 관련된 사적인 위험, 즉 창업을 하거나 부침을 겪는 기업 [의 구성원들]이 생계를 유지하지 못하고 품위 있게 가족을 부양하지 못할 위험성을 줄여 준다.[17] 이런 이유로, 실질적 기본소득의 승인은, 존 롤스가 복지국가의 특징으로 간주한 **사후적인** 교정적 분배에 대한 접근보다는 오히려 재산 소유 민주주의property-owning democracy°의 이상과 관련된 재산에 대한 '적극적인' 접근과 더 밀접하게 연관되어 있다.[18]

생산수단의 형태로 보조금을 제공할 타당한 이유가 없다고 해서 보조금을 전적으로 현금으로 주어야 하는 것은 아니다. 적어도 세 범주의 재화들이 실질적 자유지상주의와 모순되지 않게 현물로 주어질 수 있다는 점을 쉽게 논증할 수 있다. 첫 번째 범주의 재화는 형식적 자유의 요건으로부터 도출될 수 있다. 경찰과 법원, 외부 위협에 맞서 실제로 동원할 수 있는 군대와 민방위, 다양한 지역 수준에서의 집단적 의사 결정을 위한 적절한 메커니즘은 모두, 그것들에 대한 지불 의사를 표현하는지의 여부와 무관하게, 사회의 구성원 각자에게 정당하게 제공될 수 있는 서비스들이다. 이런 서비스들의 목표는, 그녀가 살기 원하는 방식으로 살 권리를 보장하는 것이지 그렇게 하기 위한 수단을 제공하는 것은 아니다. 그렇지만 이 서비스들은 실질적 자유지상주의의 요구에 따라 사회의 완전한 구성원들 모두에게 무조건적으로 제공되어야 하는 소득의 일부를 형성하며, 따라서 그들에게 지급되는 정당한 기본소득의 현물 부분을 구성한다. 그러나 이후에 결국 내가 기본소득 수준의 극대화에 대해 말할 경우, [거기서 말하는 기본소득은] 형식적 자유에 대한 이런 선행적[우선적] 관심에 의해 정당화되지 않는 무조건적인 소득 부분을 의미하게 될 것이다.[19] 모두를 위한 실질적 자유는 자기 소유권을 보호하는 상당히 강제적인 권리 구조를 배경으로 사람들의 기회를 축차적으로 최소극대

° 롤스가 경제학자 제임스 미드로부터 차용한 개념이다. 롤스의 재산 소유 민주주의는 실질적인 자본뿐만 아니라, 지식과 제도에 대한 이해, 교육이나 훈련에 의해 길러진 능력이나 기술 등을 망라하는 인적 자본을 포함하는 생산수단이 소수가 아닌 다수의 시민들에게 널리 분산되어 있는 경제체제를 말한다.

화하는 것이며, 따라서 자기 소유권을 보호하는 상당히 강제적인 권리 구조에 대한 공적 지출이 기회의 축차적인 최소극대화에 [직접] 기여한다고 볼 수는 없다.

두 번째 범주는 형식적 자유의 보호 요구에 의해 촉발된 것이 아니라, 실질적 자유지상주의의 관점에서 무상으로 제공되어야 하거나, 특정한 보조금 지급률이 주어졌을 때, 모든 이들이 자유롭고 보다 손쉽게 이용할 수 있게 함으로써 그들의 기회에 대한 적극적인 외부 효과를 기대할 수 있기 때문에 제공되어야 하는 다수의 항목들로 이루어져 있다. 예를 들어, 교육이나 사회 기반 시설의 몇몇 기금은 이런 식으로 정당화될 수도 있다. 이 논증은 모든 사람이 제공된 만큼 그런 항목들을 소비하기를 원한다고 주장하지는 않는다. 사회의 일부가 모든 비용을 지불해야 한다고 가정하고, 사회의 일부만이 그것들을 소비하는 데 관심이 있다고 하더라도, 그런 항목들(관심이 덜 한 사람에 대한 보상 없이)에 재원을 대기 위해 공적 자금을 전용하는 것은 실질적 자유지상주의의 관점에서 정당하다. 왜냐하면 그 사회가 지속 가능하게 제공할 수 있는 최고 수준의 기본소득의 순효과가 긍정적일 정도로 공적 자금의 전용은 생산성을 향상시킬 것이기 때문이다.[20] 이런 식으로 정당화될 수 있는 무상 공급물이나 보조금을 지급받는 서비스의 성격과 수준은 논란의 여지가 있을 수 있다. 그럼에도 바로 여기서 실질적 자유의 축차적 최소극대화 원칙이 왜 약간의 현물소득의 보편적인 공급을 요구할 수 있는지를 설명해 주는 또 다른 강력한 이유를 찾을 수 있다. 그러나 이후에 또다시 기본소득 수준의 극대화에 대해 말할 때, [거기서 말하는 기본소득은] 단순히 모든 이의 기회에 대한 이런 간접적 기여에 의해 정당화되지 않는 무조건적 소득의 부분을 의미할 것이다. 오로지 이런 식으로 [간접적으로] 정당화되는 현물 형태의 무조건적인 소득은 최적의 사회경제 체제의 일부일 수는 있지만, 이런 최적성을 평가할 수 있게 하는 기준의 일부는 아니다.

같은 논점이 세 번째 범주에는 적용될 수 없다. 이 세 번째 범주는, 기본소득 전체가 현금으로 주어졌을 때, 보통의 정신 상태에 있는 사람이라면 기본소득을 쪼개면서까지 사고 싶어 하지 않을 것이라고 가정할 수 있는 항목들로 이루어져 있다.[21] 이런 항목들 모두가(항목들에 대한 너무나 조야한 구분에 근거해서) 정당하게 현물로 분배될 수 있는 것은 아니다. 예를 들어, 자신의 삶으로 하고자 하는 것이 무엇이든, 의·식·주와 음료는 분명 필수적이지만, 우리와 같은 한 사회의 구성원이 그런 영역에서 실제로 무엇을 원하며, 원하는 것을 사기 위해 지불할 의향이 있는 액수가 얼마나 되는지는 사람마다 다를 수 있다. 그러므로 현금을 지지하는 실질적 자유지상주의의 추정은 흔들리지 않은 채로 남아 있다. 그러나 이런 [현금을 지지하는] 추정이 무너지는 또 다른 항목들이 존재하는데, 이는 사람들의 욕망의 동질성을 입증하기 위해 필요한 면밀한 검토가 어렵다는 이유에서가 아니라, 각자가 사기로 선택한 [항목에 대해] 개인들이 치러야 할 비용[이 너무 크기] 때문이다. 공해 규제를 통한 청정 공기의 제공, 도로의 건설, 유지, 청소, 혹은 차량 통행에 의해 위협받지 않고 산책할 수 있는 지역의 이용 가능성 등이 전형적인 예가 될 수 있다.

이 논증은, 모든 이가 청정 공기에 똑같은 중요성을 부여한다거나, 거리를 동일한 정도로 사용한다거나, 혹은 모든 이가 똑같이 안전한 산책로를 복지에 필수적인 것으로 간주한다고 주장하는 것이 아니라, 공기를 가장 적게 흡입하는 사람, 거리를 가장 적게 이용하는 사람, 산책을 잘하지 않는 사람조차도 현물 공급의 결과로 그들이 원하는 것만큼을 가질 수 있다고 주장한다. 즉 현물 공급이 부재했을 때, 그들이 소비하기로 선택했을 것들을 구매하기 위해 지급해야만 했을 가격 — 행정비(현금 지출과 귀찮음을 동반한)를 포함해 — 을 초과하지 않는 가격으로, 이들 역시 좀 더 깨끗한 공기, 좀 더 나은 거리, 좀 더 한적한 산책로를 구할 수 있다.[22] 다시 한 번, 이런 식으로 정당화될 수 있는 현물 공급의 성격과 수준은 논란의 여지가 있을 것이다. 가령 공기는 얼마나 오염이 되지 않아야 하고, 거리 조명은 얼마나 잘 되어 있어야 하며, 공공 공원은 얼마나 잘 유지되어야 하는가라는 물음을 던질 수 있을 것이다. 그러나 바로 여기서 실질적 자유지상주의자가 왜 사람들의 전체 기본소득을 화폐로 정하고자 하지 않고, 그 중요한 일부를 자유롭게 이용 가능한 재화들의 형태로 유지하려고 하는가에 대한 보다 구체적이고 강력한 이유를 찾을 수 있다. 게다가 이런 식으로 정당화된 현물 형태의 기본소득은 이번에는 상이한 사회경제 체제들에서 도달할 수 있는 기본소득의 수준을 비교할 때 무가치한 것으로 치부되어서는 안 되며, 좋은 삶에 대한 자신의 관점을 추구하는 과정에서 사회의 모든 구성원이 이용할 수 있는 수단들의 본질적인 구성 요소를 이룬다.[23]

말할 것도 없이, 이런 세 범주 가운데 어느 것에도 속하지 않는 현실적이고 잠재적인 정부 지출 유형들이 무수히 많이 존재한다.[24] 예를 들어, 에트루리아 역사에 대한 학위 과정, 스쿼시 레저 시설, 오페라 티켓, 완전 무공해 하천 등에 대해 무료로 접근하거나 공적으로 할인된 가격으로 접근하는 것을 실질적인 자유지상주의적인 관점에서 변론하기는 어려울 것이다.[25] 의료 서비스는 어떤가? 실질적 자유를 축차적으로 최소극대화하기 위해서는, 건강보험이 모두에게 무료로 제공되거나 적어도 모두에게 상당한 보조금이 지급돼야 하는가? 혹은 현금 보조는 이에 맞춰 오히려 더 커져야 하는가? 의료 서비스의 몇몇 측면들은 두 번째 범주에 그럴듯하게 들어맞을 수 있다. 예를 들어, 전염병 백신 그리고 무상 공급을 통해 노동생산성을 상당히 증가시켜 주는 여타의 다른 항목은 두 번째 범주에 속한다고 할 수 있다. 또 이를테면 특수 위험special risks을 수반하지 않는 사고에 대한 응급 치료는 세 번째 범주에 속한다고 볼 수 있다. 그러나 세 번째 범주는 미용 목적이 아닌 의료 서비스에 대한 종합보험comprehensive insurance에 이르지는 못한다. 어쩌면 세 번째 범주는 비싼 심장 수술이나 노년의 암 수술을 포괄하지 못할지도 모른다. 생산성을 고려(공중 보건)하거나 (응급 상황에 대한) 차별의 불편부당성에 호소할 수 있는 경우를 제외하면, 보통의 분별력이 있는 사람이라면 현금 보조금의 일부를, [의료 서비스와] 유사한 일련의 서비스 일부나 전부를 포괄하는 보험제도로 전용할 만큼 충분히 위험 기피적일 것임에 틀림없다. 그러나 이것으로는 충분하지 않다. 왜냐하면 모든 사람이 보험에 가입할 만큼 위험 기피적인 경우에도, 그런 보험제도의 자유로운 선택을 사람들에게 허용하고 있기 때문이다. [26] 현금 보조금의 일부를 보험제도[의 비용으]로 전용하는 걸 정당화하기 위해, 누군가는, 매우 일반적인 조건하에서, 의무적인 기초 건강보험이, 그 결정 여부가 사회 구성원의 자유로운 선택에 달려 있는, 똑같이 보편적인 또 다른 건강보험보다 유지비가 더 저렴하다는 취지의 추가 논증을 구성할 수도 있을 것이다. 그 대신, 기초 건강보험에 가입하기 위해 현금 보조금의 일부를 반드시 사용하게 하는 온건한 형태의 온정주의를 허용할 수도 있다. 적절한 상황에서 본인이 잘못 판단했다고 인정한 치명적이고 돌이킬 수 없는 선택의 결과들에 대해 사회 각 구성원을 보호하자는 이 논리는 전체 기본소득을 현금으로 지불할 것을 요구하는 주장을 기각하기 위한 그럴듯한 잠재적 근거를 제공해 준다. 그뿐만 아니라 그와 같은 논리는, 우리가 곧 볼 것처럼, 기본적인 초기 부존 자산basic initial endowment에 대비되는 기본소득의 지급을 정당화하기 위해서도 필요하다.

5. 초기 부존 자산의 지급인가, 정기적인 분할지급인가?

지불이 현물로 이루어지든 현금으로 이루어지든, 실질적 자유가 정기적인 소득의 계속되는 무조건적 지급을 통해 축차적으로 최소극대화되는지, 아니면 어떤 초기 시점에서의 부의 무조건적인 이전을 통해 극대화되는지의 여부를 물을 필요가 있다. 이를테면 기본소득 발상의 가장 초기 정식에서 상상했던 것처럼, 왜 고액의 지불금을 한 번에 주기보다, 소액으로 분할해서 지급해야 하는가? 50세 이상의 누구에게나 기본적인 연금을 주는 것과 별도로, 토머스 페인이 제안했던 것은, 21세의 연령에 도달했을 때 국가 기금으로부터 "그 또는 그녀의 자연적인 유산의 상실에 대한 부분적인 대가로 모든 사람에게 일금 15파운드가 지급되어야 한다는 것이었다"(Paine 1796, 612-613). 실질적 자유가 우리의 유일한 관심사라면, 이렇게 한 번에 보조금을 주는 것이 매달이나 매주 지불금을 주는 것보다 더 나을까?

물론 전체 기본소득이 모두 한꺼번에 주어진다면, 어떤 사람이 그것을 모두 낭비해 궁핍 상태에 이르는 데 오랜 시간이 걸리지 않을 수도 있다. 최저보장소득 정책에 관한 많은 이론적 근거 가운데 이것이야말로 정기적인 분할지급을 정당화하기 위해 우리가 필요로 하는 것이다. 최저소득에 대한 최초의 변론이라 할 수 있을 토머스 모어의 『유토피아』에 나오는 라파엘의 발언을 예로 들어 보자. "제재를 가하는 대신, 어느 누구도 우선은 도적이 되고 다음에는 송장이 되는 끔찍한 필연성의 지배 아래에 있지 않기 위해, 모든 이에게 약간의 생계 수단을 제공하는 것이 훨씬 더 적절할 것이다"(More 1516, 44-45). 여기서 중요한 것은 어느 누구도 도둑질을 할 수밖에 없을 정도로 그렇게 가난해서는 안 되며, 그래서 정기적인 분할지급이 확실한 선택이라는 것이다. 이와 유사하게, 만약 빈곤과 그것에 대한 공개가 인간의 존엄성이나 도덕적 가치(가령 Fried 1983, 51-52)를 위협한다는 이유로 최저 소득의 도입이 이루어진다면, 주어진 수준의 총소득은 사람들의 전 생애에 걸쳐 유용할 만큼 가능한 한 오랫동안 일정액이 지급되어야 할 것이다.

하지만 그 근거를 실질적 자유에 입각해 표현할 때 사정은 완전히 달라지는데, 특히 실질적 자유의 축차적인 최소극대화에 입각해 표현할 때 더욱더 그렇다. 먼저, 완전한 자본시장이라는 비현실적인 가정을 포기한다면, 평생에 걸쳐 분할지급받았을 지불금을 할인된 가격에 즉시 지급받을 경우, 이는 분명히 주어진 자원의 양을 할당할 우리의 자유를 증가시킨다. 모종의 적절한 투자를 통해 확보될 수 있었을 동일한 실질 가치를 정기적으로 분할지급하는 것은, 모든 것이 처음에 주어졌다면 자유롭게 선택할 수 있었을 수많은 시간 단면 가운데 하나에만 상응한다. 더욱이 기본소득이 항상 같은 크기로 정기적인 분할지급의 형태를 취한다면(또한 분할지급되는 크기가 연령에 따라 증가한다면 훨씬 더 그럴 것인데), 고령의 사람들 — 이를 통해 그들 자신의 삶과, 의심의 여지 없이, 그들의 가장 고귀한 자원을 더 오랫동안 사용할 수 있는 특권을 향유하는 — 은 더 일찍 죽게 된 사람들보다 더 큰 총액의 기본소득을 받으며, 그래서 분배는 축차적 최소극대화 기준을 위반할 수밖에 없을 것처럼 보인다. 그러므로 기본소득이 어떤 사람에게 한꺼번에 주어진다면 단 하루 만에 기본소득 전체를 낭비할 수도 있다는 사실을 신속하게 언급한다고 해서 기본소득의 계속적인 지급을 충분히 정당화할 수는 없다. 이런 논리를 다음과 같이 반박하기는 너무 쉽기 때문이다. "애석하지만, 이것이 자유 사회에서 일어나는 일이야."

이 논증에 대해 사람들이 현존하는 동안 그들의 정체성을 보존한다는 가정을 문제 삼는 것에서 출발하는 극단적인 대응이 가능하다. 만약 사람들이 성장하고 나이가 먹어 '다른 인격'이 된다는 것을 받아들일 의향이 있다면, 우리는 더 이상 '그녀의' 경솔한 청년기를 지적함으로써 노년을 맞은 한 인간의 궁핍을 정당화할 수 없게 된다. 실질적 자유지상주의의 관점에서 볼 때, 같은 유기체에 해당하는 잇따르는 인격들 각각에게는 모두에게 줄 때만큼 높은 기본소득이 주어져야 한다.[27] 50세가 된 인격이 가지는 자원은 20세였을 때의 또 다른 인격에게 넘어갈 위험으로부터 보호되어야 한다. 이런 점에 비추어 볼 때, 더 오래 산 개인에게 매년 더 적은 기본소득을 줄 이유도 없다. 왜냐하면 '그녀의' 더 앞선 자아들에게 주어졌던 것은 그녀에게 주어지지 않고 있기 때문이다. 실천적인 고려 사항을 논외로 한다면, [기본소득을] 초마다 지급해야 할 의무에서 벗어나기 위해서는 시간적으로 인접한 자아들 간의 연대solidarity를 [언급하는 것으로] 충분할 것이다. 그러나 한 달 이상의 간격을 두는 것과 하물며 기본소득을 모두 묶어 한 번에 지급하는 것은 모두에게 최대로 실행 가능한 것보다 훨씬 더 적은 것을 어떤 사람들(의 어떤 자아들)에게 주게 될 것이다.[28]

하지만 이런 급진적인 대응은 우리의 직관에 크게 반하는 함축을 가지는 것처럼 보인다. 다음의 두 제도를 고려해 보자. 시간적으로 비대칭적인temporally asymmetrical 제도 T에 따르면, 당신과 나는 모두 기간 1에 100의 무조건적 기본소득을 받고, 기간 2에는 아무것도 받지 않는다. 인격적으로 비대칭적인personally asymmetrical 제도 P에 따르면, 당신에게는 양 기간에 10의 기본소득이 주어지는 반면, 나에게는 양 기간에 90의 기본소득이 주어진다. 방금 제시된 해석을 따른다면, 실질적 자유지상주의자는 제도 T보다는 제도 P를 선호해야 한다. 확실히 이것이 사실이라면, 이 제도[제도 T]를 통해서는 좋은 삶을 추구하기 위한 최대한의 수단을 사회의 전 구성원에게 제공할 수 없다는 불평은 정당할 것이다.[29] 그런데 이런 함축이 [드러내는] 우리의 직관에 반하는 성격은 부분적으로는 부당한 가정으로부터 도출된다. 잇따르는 자아들이 실제로 서로 다른 인격으로 간주된다면, 당신과 내가 기간 1의 말에 소유한 모든 것 — 우리의 기본소득으로부터 남은 것 혹은 기간 1에 가까스로 창조했던 여하한 부 — 은 각 기간에 지불되는 기본소득의 수준을 높이기 위해 과세될 수 있다. 확실히 이 사실은 제도 T의 매력을 상당 부분 감소시킬 것이다. 하지만 불연속적인 자아들에 대한 이런 가정은 너무나 터무니없는 것으로 여겨질지도 모른다. 어쨌든 [하고 싶어 할 수도 있는 것을 할] 자유를 갖기 위해 우리가 중요하다고 파악한 많은 것들, 또 기본소득이 우리에게 제공할 [하고 싶어 하는 것을 할 수도 있는] 자유는, 성취하려면 오랜 시간이 걸리며, 때로는 평생이 걸리는 것들이다. 결과적으로, 하고 싶어 할 수도 있는 것은 무엇이든 할 실질적 자유의 극대화에 대한 관심은 단일-기간 인격single-period people의 가정과는 잘 조화가 되지 않는다.

다행히 더 느슨하지만 덜 극단적인 정당화를 할 수 있는 대안적 방법이 존재한다. 이런 정당화 방법은, '사람들이 분별력을 지닌다면', 의지가 박약한 청년기[의 성급한 선택으로 인해 훼손될 수 있는] 장년기의 실질적 자유를 보호하려고 하며 일생 동안 매우 등질적으로 그렇게 하려는 보편적 욕망을 가진다고 가정한다. 더욱이 논증의 이 단계에서, 우리는 여전히 사람들의 기대 수명이 동일하다거나 혹은 적어도 (3장에서 다루어질), '내적 자원' 면에서의 차이는 없다고 가정하고 있으며, 따라서 정기적인 지불금의 수준을 지불이 이루어질 것으로 예상되는 횟수와 상관관계에 있게 하는 것은 없다는 점을 기억하자. 이를 배경으로, 사람들의 형식적 자유에 대한 온건한 온정주의적 관심에 입각해 자신의 노동력을 제한된 기간 동안 파는 것은 허용되지만, 자기 소유권에 대한 영구적인 양도는 금지하는 것이 합리적이듯이, 사람들의 실질적 자유에 대한 온건한 온정주의적인 관심에 입각해 '출발선에서'만이 아니라 일생 동안 (저당을 설정함이 없이) 기본소득을 정기적인 연속적 지급의 형태로 분배하는 것은 합리적인 것이 된다.[30]

이상의 논의를 근거로, 실질적 자유지상주의적인 접근을 통해 도출된 기본소득을 (본질적으로) 금전적인 소득 흐름stream으로 이해하는 것을 충분히 정당화할 수 있다. 지불이 이루어지는 주기를 결정하는 데 있어서 자의성의 여지는 남아 있을 수밖에 없다(5일 혹은 20일보다는 오히려 7일 혹은 30일을 선택할 만한 철학적으로 정당한 이유는 무엇인가?). 피고용인이 일을 그만두고자 할 때 필요한 통지 기간과 관련해 약간의 자의성이 존재하는 것처럼 말이다. 어느 경우든, 기간이 더 짧을수록, 이후 단계의 실질적 자유(한 경우에서는 기회, 다른 경우에서는 자기 소유권)는 이전 단계의 무책임한 행동으로부터 더 잘 보호된다. 하지만 시간 규모에 관여할 개인의 권리에 대한 제한은 더 커진다. 그러므로 실용적인 타협이 이루어져야 할 것이다. 그러나 이런 타협은 분명 모두를 위한 실질적 자유와 지속 가능한 최고 수준의 정기적이고 무조건적인 현금 보조금 간의 강한 연관성 주장을 공격받게 할 방향으로 향해 있지는 않다.

6. 실질적 자유의 측정 기준은 무엇인가?

훨씬 더 심각해 보이는 문제는 다음의 이야기를 통해 가장 단순한 형식으로 제시될 수 있다. 2장 4절에서 논의된 그런 종류의 보편적인 현물을 제공할 특별한 근거가 없다고 판명된 하나의 사회를 고려해 보자. 그래서 그 사회의 구성원들은 기본소득 전체를 현금으로 받는다. 더욱이 [그 사회에서는] 어떤 생산도 일어나지 않고, 그래서 우리는 각 사람의 소득이 오로지 기본소득뿐이라고, 곧 이미 존재하는 재화들을 사거나 빌리기 위해 사용될 수 있는 동일한 액수의 통화뿐이라고 간편하게 가정할 수 있다. 이전처럼, 사람들의 능력 사이에 유의미한 차이가 존재하지 않으며, 더욱이 그 사회의 전형적인 두 구성원들인 괴짜와 쾌활이는 비슷한 취향을 가지고 있다. 다만 괴짜는 다이빙을 좋아하는 반면, 쾌활이는 일광욕 마니아이며, 그래서 쾌활이는 해변의 일부를 빌린 반면, 괴짜는 해안의 절벽 일부를 빌린다는 점을 제외하면 말이다.[31] 형식적 자유의 존중이라는 원칙에 따라, 현금 보조금은 가능한 한 높게 책정된다. 이는, 이 단순한 사례에서, 모든 사회의 비인적 자원들(말하자면 해안, 암석, 블랙베리들)이 판매품이나 대여품으로 나간다는 것을 의미한다. 그 결과, 하고 싶어 할 수도 있는 것은 무엇이든 할 괴짜와 쾌활이, 그리고 다른 모든 이들의 실질적 자유는, 이제까지 제시된 견해에 따르면, 가능한 한 가장 크다. 이제까지는 별 문제가 없어 보인다.

그러나 어떤 이유로 가격 구조가 변동해 해안의 절벽에 대한 지대는 떨어지지만, 해변에 대한 지대는 올라간다고 가정해 보자. 결과적으로, 하고 싶어 할 수도 있는 것을 할 괴짜의 실질적 자유는 증가하는 반면, 쾌활이의 실질적 자유는 감소한다. 왜냐하면 일단 지대를 지불하고 나면, 다른 목적(말하자면 그들 모두가 싫증을 내지 않는 더 많은 양의 블랙베리들을 변함없는 가격에 소비하기 위해)에 사용될 수 있는 현금이 괴짜에게는 더 많이 남고, 쾌활이에게는 더 적게 남기 때문이다. 그러나 우리는 하고 싶어 할 수도 있는 것은 무엇이든 할 그들의 실질적 자유는 이런 가격의 변화에 의해 영향 받지 않은 채로 남아 있다고 말해야 할 것처럼 보인다. 그러나 이 상황은 재앙적인 귀결을 가진다. 그런 재앙적인 귀결들 가운데 하나는 이런 주장이 2장 4절의 논의 전체를 무의미하게 만든다는 것이다. 왜냐하면 임의의 가격 구조가 작동한다면, 특히 몇몇 재화들에 제로 가격을 할당하는 가격 구조 역시 작동할 것이며, 이때 모두를 위한 실질적 자유의 관점에서, 무상으로 제공되는 것이 현금 보조grant와 등가의 것으로 간주되어야 할 특별한 이유가 없기 때문이다. 다시 말해, 가격 구조가 순수하게 자의적이지 않아야만 현금을 지지하는 가정은 지지될 수 있다. 왜냐하면 재화들의 어떤 조합이 현금 기본소득과 연관된 기회집합의 특징을 이루는가는 어떤 가격[구조]가 지배적인지에 결정적으로 의존하기 때문이다.

어떤 사람이 다음과 같은 제안suggestion을 내놓는 데는 그리 오랜 시간이 걸리지 않을 것이다. 즉 그 제안은 우리가 **완전경쟁 균형가격**의 벡터, 다시 말해 이 경우 동일한 기본소득을 받는 괴짜, 쾌활이, 그리고 그들의 모든 동료 시민들 간에 완벽한 정보가 주어진 상태에서 방해를 받지 않은 채로 상호작용한 결과 공급과 수요가 균형을 이루게 하는 가격들의 집합을 채택하는 상황을 고려해야 한다는 것이다.[32] 왜 우리가 [완전경쟁 균형가격을] 채택해야 하는가? 먼저, 방금 한 제안이, 서로 다른 사람들에게 주어진 이질적인 재화들의 묶음(절벽, 해변, 블랙베리)이 모두 같은 경쟁가격을 가질 것을 요구한다는 점을 지적함으로써 위의 질문에 초점을 맞출 수 있다. 다시 말해, 위의 제안은 외적 자원에 기반을 둔 자유가 공정하게 분배되는지의 여부를 판단하기 위한 적절한 척도로 경쟁가격을 선택하는 것에 해당한다. 그런 한에서, 이 제안은 다수의 대안적인 제안들과 경쟁한다. 이들 모두[실질적 자유의 공정한 분배 여부를 판단하기 위해 제시된 다양한 척도들]는 배분받은 이질적인 묶음을 가지고 사람들이 서로 다른 것을 할 수 있다는 반론에 직면한다. 고도로 상품화된 경제에서조차도 이질적인 묶음들은 서로 신속하게 교환될 수 없으며, 따라서 동일한 경쟁가격의 두 묶음들이 하고 싶어 할 수도 있는 것을 할 동일한 실질적 자유를 준다고 말할 수 없다. 그렇다면, 사람들에게 서로 다른 기회들의 집합을 제공하는 재화들의 묶음이 주어질 때, 어떻게 실질적 자유의 축차적 최소극대화라는 우리의 기준을 적용시켜야 하는가?

가능한 첫 번째 대답은, 하나의 재화들의 묶음이 다른 하나의 재화들의 묶음의 진부분집합●인 한에서만 서로 다른 기회집합들이 대등하지 [평등하지] 않다고 말해야 한다는 것이다.[33] 하지만 이런 난해한 불평등

● 집합 A의 부분집합으로서, A와 일치하지 않는 집합을 말한다. 이를테면 서울 거주자의 집합은 한국 거주자의 집합의 진부분집합이다.

개념을 사용해 실질적 자유를 축차적으로 최소극대화 — 심지어 불평등이 가장 나쁜 처지에 있는 사람의 운명에 기여하는 바에 대한 어떤 호소 없이 — 할 경우, 직관적으로 불평등한 것으로 간주되는 광범위한 상황들이 정당화될 것이다(말하자면 열 개의 모래사장들과 한 채의 성 대 단 하나의 블랙베리 덩굴).

두 번째로, 우리는 어떤 물리적인 방식으로, 이를테면 각 기회집합이 포함한 선택지들을 셈하거나, 혹은 더 정교하게 이 선택들 각각에 시공간적 복잡성을 고려하는 가중치를 부여함으로써 기회집합들을 측정할 수도 있다. 첫 번째 접근에 비해, 이 두 번째 접근은, '자유의 양'이라는 개념을 진지하게 받아들이면서, 기회집합들의 매우 부분적인 정렬 대신, 완전한 정렬ordering을 원리적으로 산출한다는 이점이 있다.[34] 이런 접근이 가진 한 가지 심각한 문제는, 대안 집합들 각각이 무한히 많은 수의 요소들을 포함하는 것으로 가장 자연스럽게 해석될 수 있음에도 불구하고, 어떻게든 비교될 수 있는 대안 집합들로 조작될 수 있어야만 이런 기대에 부응할 수 있다는 점이다. 원리로부터 실천으로 관심을 옮길 때 발생하는 또 다른 문제는 관련된 데이터의 결핍 때문에 첫 번째 접근에 의해 제공된 정렬만큼이나 부분적인 정렬로 변질된다는 점이다. 그러나 관련된 데이터들을 다량으로 입수하는 것이 가능하고, 실제로 그런 데이터들이 수집되고 처리되었다고 해도, 결국 광범위한 시공간적 행위들의 집합체들aggregates이 무슨 소용이 있겠는가? 실로 이 집합체들은 외적 자원들의 다양한 묶음들과 연관된 자유의 양을 구성한다고 꽤 그럴듯하게 말할 수 있을 것이다. 그러나, 그래서 어쨌다는 말인가? 만약 이런 양들이 대등하지 않은 것으로 밝혀진다면, (축차적 최소극대화와 평등을 분리시키는 논증은 차치한다고 하더라도) 연관된 외적 자원과 실질적 자유가 불공정하게 분배되고 있다는 결론이 따라 나오는가? 외적 부존 자산을external endowments 공정하게 분배하는 데 관심이 있다는 이유로 우리는 왜 이 복잡한 물리적 집합체들에 관심을 가져야 하는가?

세 번째 접근은, 상이한 기회집합들을 통약 가능하게 하는 윤리적으로 좀 더 설득력 있는 방법을 제공해 준다. 그 방법은 상이한 기회집합들에 상응하는 외적 자원들을 갖춘 사람들이 그런 외적 자원들을 통해 도달할 수 있는 복지 수준에 입각해 상이한 기회집합들을 평가한다. 축차적 최소극대화와 평등을 분리하는 주장을 논외로 한다면, 어떤 사람이 자신의 부존 자산을 가지고 도달할 수 있는 가장 높은 선호 만족의 수준이 모두에게 같을 때 외적 자원들은 공정하게 분배되었다고 할 수 있다. 여기서도 정교화와 복잡성이 요구된다.[35] 하지만 그런 정교화와 복잡성을 통해서도 벗어날 수 없는 중요한 난점이 있는데, 이 난점은 우리가 정의를 논할 때, 결과나 성취라는 척도measure가 아니라 자유나 기회에 초점을 맞추는 접근법을 채택하는 근본 이유와 밀접하게 연관되어 있다. 이근본 이유는, 중독과 같은 특별한 경우를 제외하면, 복지나 선호 만족의 수준에서 선호나 취향의 결과에 대해 사람들이 책임을 져야 한다는 개념에 기초한다. 즉 값비싼 취향, 곧 만족시키기 더 어려운 선호를 가진 사람에게 더 큰 양의 자원이 주어져서는 안 된다.[36] 앞에서 그 윤곽이 그려진 복지에 대한 기회의 평등은 복지의 평등*과 같은 것이 아니다. 사람들은 행위의 결과에 대해 여전히 책임이 있다. 그러나 [이 세 번째 접근을 따를 경우] 복지를 위한 평등한 (혹은 축차적 최소극대화의) 기회 아래서도 평등한 (혹은 축차적 최소극대화의) 복지하에서와 마찬가지로, 더 평범한 열망

---

* '복지의 평등'(equality of welfare)은 일반적으로 복지와 선호의 만족을 동일한 것으로 간주하면서 선호 만족 수준에서 평등을 지향하는 결과의 평등론을 말한다. 반면, '복지를 위한 기회의 평등'(equality of opportunity for welfare)은 기회의 평등에서 고려해야 할 첫 번째 대상이 복지라고 보는 입장을 말한다.

을 가진 사람들의 희생으로 더 값비싼 취향을 가진 사람에게 잔여 보상을 받을 자격이 주어진다.[37]

7. 경쟁가격, 기회비용, 선망부재

이런 배경을 바탕으로, 기회집합들을 연관된 외적 자원들의 경쟁가격을 통해 평가해야 한다는 제안으로 되돌아가 보자. 첫 번째 접근과 다르지만 다른 두 접근과 유사하게, 그 제안은 잠재적으로 완전한 정렬을 제공해 준다. 그러나 그 제안을 주도하는 직관은 더 이상 모두에게 동등한 물리적 크기의 가능성을 열어 주는 자원들을 제공해야 한다는 것도, 자원이 사람을 얼마나 행복하게 할 수 있는지에 입각해, 동등한 값어치가 있는 자원들을 사람들에게 지급해야 한다는 것도 아니다. 오히려 그 제안은 배분의 결과 타인이 포기해야 하는 잠재적 사용에 입각해 동등한 값어치의 것으로 평가받을 수 있는 자원들을 사람들에게 지급해야 한다고 주장한다. 다른 사람들이 하나의 특정한 자원에 더 많은 관심을 기울이고 또한 그것이 더 적게 존재할수록, 간략히 말해, 그 사회에서 그 자원이 더 귀중한 것으로 여겨질수록, 그 자원의 가격은 더 높아지게 될 것이다. 이런 의미에서, 여기서 제안되고 있는 기회의 척도는 **기회비용**이다. 즉 각 자원에 할당되는 비중은 타인들이 그것을 사용할 수 없는 [상황에서 치러야 하는] 비용을 반영한다.[38]

이때 외적 자원에 기반을 둔 실질적 자유의 공정한 분배는 이런 의미에서 동등한 (혹은 축차적으로 최소극대화하는) 가치가 있는 외적 부존 자산들의 분배와 연관된다. 이런 네 번째 접근은 명백히 첫 번째 접근의 불확정성을 피하고, 두 번째 접근이 결여한 윤리적 호소력을 얻는다. 더욱이 네 번째 접근은 사람들의 선호에 본질적 역할을 부여하면서도 값비싼 취향 반론에서 벗어난다. 값비싼 취향 반론은 세 번째 접근에 치명적인 것으로 입증되었는데, 왜냐하면 각 사람의 선호에 귀속되는 역할은 각 묶음의 각 구성 요소가 얼마나 가치 있는지를 결정하는 데 도움이 되는 것이지, 그녀 자신의 묶음이 얼마나 커야 하는지를 결정하는 데 도움을 주는 것은 아니기 때문이다.[39] 자원으로 간주되는 것이 그 공동체 구성원들이 입찰하려고 하는 것에 의해 결정되는 것과 꼭 마찬가지로, 어떤 자원이 누군가의 몫 안에서 얼마나 많은 값어치가 나가는가는 타인들이 그것(혹은 그것을 제공하기 위해 필요로 하는 모든 것에 의해)을 얼마나 소중히 여기는지에 의해, 다시 말해 다른 사람들이 그 자원(과 그것을 생산하는 데 필요한 요소들)을 가지지 않는 경우에 발생하는 그들의 '비용'의 크기에 의해 결정된다. 예를 들어, 많은 이들이 해변보다 절벽을 선호하게 된다면, '동등한' 몫으로 오직 해변만을 가진 사람은 그 반대의 경우보다 더 많은 해변을 갖게 될 것이다.[40] 이를 통해 언뜻 보기에 경쟁 시장에 의해 모든 재화의 가격이 결정되는 동등한 최대의 현금 부존 자산equal cash endowments이 정당화되는 것처럼 보인다. 물론 현금과 경쟁가격을 지지하는 이런 추정은 앞서 논의된 고려 사항들(2장 4절)에 의해 기각될 수 있다. 한편 평등을 지지하는 추정은 축차적 최소극대화를 목적으로 기각될 수도 있다. 이는 특히 우리가 보게 될 것처럼(4장 4절), 경쟁을 방해하거나, 경쟁이 시장 청산을 방해하는 구조적 이유들이 존재하는 상황에서 일어나게 될 것이다. 이런 상황에서, 공급 부족 상태의 재화를 획득한 사람들은 지대를 전유한다. 다시 말해, 이들은 추가적인 증여를 받는데, 이에 대해서는 부분적으로 ― 그러나 (축차적인 최소극대화를 위해) 전부는 아닌 ― 세금을 매겨 [환수할 수] 있으며, 따라서 부존 자산의 정당한justified 불평등을 발생시킬 수 있다.

이 제안을 좀 더 폭넓은 시각에서 파악하는, 그리고 이를 통해 그 제안에 추가적인 지지 근거를 제공하는 한 가지 방식은, 효율성과 선망부재envy-free의 결합에 입각해 다수의 경제학자들이 그 특징을 규정한 **형평성**equity 개념과의 연관성을 지적하는 것이다.[41] 해변의 상대가격이 경쟁 균형가격보다 더 높지만 암벽의 상대가격은 더 낮다고 잠시 동안 가정해 보자. 이때, 정의상, 해변에는 공급과잉이 존재하게 되고 암벽에는 수요 과잉이 존재하게 될 것이다. 전자의 특징은 매력적이지 못한데, 왜냐하면 모두를 위한 최대의 실질적 자유에 대한 관심은 몇몇 자원들을 사용되지 않은 채로 내버려 두는 것과는 거의 양립하기 힘들기 때문이다. 또 후자의 특징도 다음과 같은 점을 함축하기 때문에 매력적이지 않다. 즉 사람들이 가진 현실적인 기회집합들의 모습이 그들에게 동등하게 분배된 금전적인 부존 자산에 의해 완벽하게 기술되지 않기 때문에, 공급이 부족한 상황에서 재화를 구할 만큼 충분히 민첩하고 운이 좋은 사람과 그렇게 운이 좋거나 그렇게 재빠르지 못한 사람은 결국 그들이 원하는 것을 할 **불평등한** 기회를 갖게 될 것이다. 그 대신 이용 가능한 모든 자원들이 적절한 경쟁가격에 팔린다면, 다시 말해 완전한 정보가 주어지고 평등한 자원을 갖춘 쾌활이들과 괴짜들 가운데서 최고 입찰자에게 경매로 [모든 자원들이] 처분된다면, 가용한 자원이 사용되지 않은 채로 남는 일은 없게 될 것이며, 예산 집합의 평등은, 어느 누구도 자신이 가진 자원보다 또 다른 이가 가진 자원으로 원하는 것을 더 많이 달성할 수 없다는 점을 보장하기에 충분할 것이다.

이와 같은 것들이 동등한 부존 자산들의 경쟁 균형이 가진 흥미롭고 매력적인 특성들이다. 그러나 이런 특성들이 실질적 자유지상주의에 기초해 경쟁가격을 책정해야 한다는 주장에 대한 직접적인 근거를 제공해 주지는 않는다. 왜냐하면 그런 특성들은 사람들이 하고 싶어 할 수도 있는 것을 할 자유보다는 오히려 사람들이 실제로 원하는 것을 할 자유에 호소하기 때문이다(1장 5절을 참조). 경쟁 균형가격으로부터의 이탈은, 일반적으로, 다른 누군가가 더 적은 것을 얻게 하지 않고도 최소한 한 사람이 실제로 원하는 것 이상을 얻을 수 있는 상황뿐만 아니라, 어느 누군가가 자신의 자원들의 묶음보다 다른 누군가의 묶음을 가지고 자신이 실제로 원하는 것 이상의 것을 성취할 수 있는 상황을 창출한다. 그러나 이로부터 누군가가 하고 싶어 할 **수도 있는** 것을 할 평등한(그런데 이것은 또한 이런 [두 사람만 있는] 단순한 세계에서는 최소극대화의) 실질적 자유에 대한 관심에 의해 — 동등한 현금 부존 자산과 결합되어 — 경쟁 균형가격을 선택해야 한다는 결론이 따라 나오는 것은 아니다.

그럼에도 이런 고려 사항들은 서로 진부분집합 관계가 아닌 기회집합들의 분배가 공정한가를 평가하기 위한 윤리적으로 매력적인 기준에 호소한다. 실질적 자유를 축차적으로 최소극대화하고자 한다면, 어느 누구의 기회집합(외적인 자원들에 의해 규정되는)도 다른 누군가의 기회집합의 진부분집합이 아닌 방식으로 외적 자원들을 분배하는 것으로는 충분하지 않다. 우리는 추가적으로 **선망부재**를 요구할 수 있다. 다시 말해, 어느 누구도 다른 누군가의 기회집합을 자기 자신의 기회집합보다 더 선망해서는 안 됨을, 혹은 최소한 축차적인 최소극대화의 방식으로, 이렇게 정의된 선망부재의 위반은 선망을 하게 된 사람의 위치를 개선하는 데 공헌하는 한에서만 허용되어야 한다. 다시 말해, 실질적 자유를 축차적으로 최소극대화할 때 실질적 자유의 불평등을 산정할 수 있는 기준점 역할을 할 수 있는 평등주의적인 상황은, 모두가 동일한 기회나 평등한 시공간적 크기의 기회를 가진다거나, 같은 복지 수준에 접근할 기회를 가진다는 의미가 아니라, 그들 중 어느 누구도 다른 어떤 이를 부러워하지 않는다는 의미에서 모두가 '동등한' 실질적 자유를 가지는 상황이다.[42]

일단 이에 대한 동의가 이루어진다고 해도, 외적 부존 자산을 측정하는 적절한 방법으로 경쟁가격을 정당화하기는 아직 이르다. 두 가지 유용한 정리들이 선망부재로서의 평등과 경쟁가격의 사용 간의 밀접한 연관을 입증해 준다. 하나의 정리는 (내적 부존 자산들이 동일하다고 가정할 때) 선망이 부재하며 또한 (약한 파레토 최적의 의미로) 효율적인 분배가 존재한다는 점, 그리고 그런 분배가 동등한 구매력을 가지고 모두가 참여하는 ─ 혹은 같은 말이지만, 최초에 모든 외적 부존 자산들에 대해 동등한 몫을 가진 사람들 사이에서 ─ 완전경쟁적인 상호작용에 의해 달성될 수 있다는 점을 명시한다. 그러나 이 첫 번째 결과는 경쟁가격에 대한 느슨한 정당화를 제공할 뿐이다. 왜냐하면 일반적으로, 동일한 두 조건을 만족시키는 수많은 비경쟁적인 가격 구조들이 존재하기 때문이다. 분배의 결과가 효율적이면서 동시에 선망부재의 조건을 만족시키기 위해 해변과 절벽의 가격이 동등한 부존 자산의 경쟁 [가격] 수준일 필요는 없다.[43] 경쟁가격에 의해 측정되는 자원 묶음들의 평등은 약한 의미의 선망부재 기준에 따른 기회집합들의 평등을 필연적으로 함축한다. 반면에 그 역은 성립하지 않는다.[44]

그러나 또 다른 정리는 [선망부재로서의 평등과 경쟁 균형가격 간의] 연관을 더 밀접하게 한다. 선호가 넓게 분산된 대규모 경제에서, 동등한 자원하에서 경쟁 균형을 만족시키지는 않지만 효율성과 선망부재 모두를 만족시키는 분배들이 많이 존재한다는 것은 더 이상 사실이 아니다. 매끈한 선호의 연속체가 존재하는 극단적인 경우, 출발 시점에 동일한 부존 자산을 받은 거래자들[이 달성하는] 경쟁적 균형 분배만이 효율성을 갖는 동시에 선망부재 테스트를 통과할 수 있다.[45] 현실 세계가 괴짜와 쾌활이로 양극화된 세계보다 오히려 이 연속적 세계와 유사하다면, 우리의 문제는 해결된다. 우리가 선망부재를 최소한 외적인 자원에 기반을 둔 실질적 자유의 평등을 위한 필요조건으로 삼고자 한다면, 또 배분이 비효율적이기를, 다시 말해 다른 누군가에게 더 적은 것을 주지 않고 오히려 그녀가 갖기 원하는 것을 줌으로써 분배를 개선하는 그런 것이기를 원하지 않는다면, 모든 이가 동일한 부존 자산을 가지고 시작했다면 획득했을 경쟁 균형가격에 입각해 적절한 가치 평가가 이루어져야 한다. 그러므로 진술된 조건들하에서, 주어진 현금 소득과 연관된 기회집합이 결정되지 않은 채로 남아 있지 못하게 하는, 비자의적인 가격 구조가 존재한다. 확실히 하고 싶어 할 수도 있는 것은 무엇이든 할 기회를 축차적으로 최소극대화한다거나 평등하게 한다는 개념만으로는 선택을 특정한 방향으로 유도할 수 없다. 그러나 나는 [경쟁 균형가격과] 선망부재의 밀접한 연관을 통해, 경쟁가격에 따라 평가되는 사람들의 부존 자산을 축차적으로 최소극대화함으로써 외적 자원에 기반을 둔 실질적 자유를 공정하게 분배할 수 있다는 견해가 강력한 지지 근거를 얻을 수 있다고 생각한다.[46] 우리는 이후에(4장 4절) 경쟁가격으로부터 체계적이고 실질적으로 이탈하는 상황에서 무엇을 해야 하는가라는 물음으로 되돌아갈 것이다. 그러나 당분간 느슨한 경쟁가격 책정의 가능성을 가정한다면, 최대의 보편적인 현금 보조금을 지지하는 주장은 그 정당성이 입증된다고 할 수 있을 것이다.

8. 체제들을 가로질러 실질적 자유를 비교하기

우리는 이제 적절한 실질적 자유의 지표로 현금 소득을 사용하자는 제안에 대한 또 다른 반론을 검토할 위치에 있다. 우리가 자본주의와 사회주의 같은 상이한 체제 유형의 상대적 장점을 평가하려고 할 때 분명히 할 필요가 있는 것처럼, 사회경제 체제들을 가로지르는 비교를 위해 그런 제안을 사용하려고 하자마자 심각한 문제가 존재하는 것처럼 보인다. 예를 들어, 사회주의하의 기본소득 수준 G는 재화들의 어떤 특정한 묶음 g(말하자면 적절한 음식과 거처 + 마르크스 전집과 튼튼한 자전거)의 구매로 소진된다. 이런 특정한 재화들의 묶음 g는 자본주의하에서 그것을 사고 싶어 하는 사람들의 기본소득 역시 고갈시킨다. 그러나 자본주의사회의 구성 원들은 g 이외에도 사회주의하에서는 이용할 수 없는 다른 어떤 묶음 g^*(말하자면 적절한 음식과 거처 + 닌텐도 게임기)를 선택할 수 있었다. 자본주 의사회의 구성원들은 g^*를 g보다 선호하며, 그 반대는 사실이 아니다. 이때 실질적 자유의 축차적인 최소극대화 원칙은 아마도 사회주의하의 기본소득보다는 자본주의하의 기본소득에 의해 더 잘 달성된다고 말할 수 있을 것이다. g + h(말하자면, 위의 것과 같은 것 + 불가 자동차)를 사회주의 하에서 모든 사람이 보조금으로 구매할 수 있지만, 보조금이 제한된 누 군가는 자본주의하에서 그것을 살 형편이 안 된다고 하더라도, 자본주의 하에서 모든 이가 기본소득으로 구매할 수 있지만 사회주의 아래서는 구 할 수 없는 g^* 중 최소한 하나를 g + h보다 선호하는 한, 우리는 이 입장 을 고수해야 할 것이다. 어떤 이는 사회주의 아래서는 (지속 가능한 최고의) 기본소득으로 충분히 구매할 수 있지만 자본주의하에서는 구매하기에 불충분한 표준적 패키지를 선호하는 반면, 또 다른 이는 자본주의하에서 (지속 가능한 최고의) 기본소득으로 접근할 수 있는 좀 더 다양한 가능성들 가운데 최소한 하나를 더 선호한다면 어떻게 될까? 여기서 우리는 두 기 회집합들을 갖게 되지만, 이들 중 어느 쪽이 큰지를 결정하는 것은 불가 능하며, 어느 한쪽이 만장일치로 선호되지도 않는다. [이때] 어느 것을 더 우월한 것으로 여겨야 하는가?[47]

먼저 자본주의와 사회주의의 상대적 장점을 우리의 기준에 입각해 평 가하기 위해, 우리의 기준에 따라 하나의 자본주의사회를 또 다른 사회주 의사회와 비교할 필요가 없다는 점에 주목하자. 주어진 전통, 취향, 자연 자원과 여타의 자원들의 재고량을 가지고 있는 특정한 한 국가에서 사회 주의 혹은 자본주의가 우리의 기준에 입각해 더 잘 작동할 것인지의 여 부가 문제다. 우리의 과제는 파라오 왕정 치하의 이집트, 르네상스 시대의 토스카나공국, 소비에트 러시아에서 가장 자유롭지 못한 사람의 기회 집합을 비교하는 유의미한 방법을 제공하는 것이 아니며, 현재의 시카고, 런던, 홍콩의 가장 덜 자유로운 사람의 기회집합을 비교하는 것도 아니다. 우리의 과제는 대안적인 사회경제 체제 아래에 있는 어떤 특정한 사회에서 가장 안 좋은 처지에 있는 사람들에게 지속적으로 제공될 수 있는 기회집합을 평가하는 것이다. 이를 통해 비교되는 두 상황에서 손에 넣을 수 있을 것으로 기대되는 재화들의 묶음이 변화될 수 있는 폭은 크게 줄어든다.

두 번째로, 자본주의와 사회주의 모두에서 실질적 자유의 축차적인 최소극대화를 [달성하기] 위해서는, 현실 시장의 작동을 통해서든 아니면 현실 시장을 모방하는 제도의 작동을 통해서든, 재화들의 기회비용을 반영하는 방식으로 재화들의 가격이 매겨질 필요가 있다는 점을 기억하자. 예외가 허용되어야 하는 몇몇 상품들의 범주들이 존재한다는 점이 인정되지만(2장 4절), 그렇게 하는 근거는 자본주의와 사회주의 모두에서 동일하며, 따라서 이런 측면에서 자본주의와 사회주의의 최적의 형태가 서로 다른 방향으로 갈라질 것이라고 기대할 근거는 없다.[48] 그러므로 우리의 관심을 다양한 유형의 체제들 중 가장 전도유망한 것으로 정당하게 제한한다면, 다시 말해 형식적 자유의 적절한 보호를 구현하고 외적인 자원에 기반을 둔 실질적 자유의 공정한 분배를 보장하는 가격 구조를 채택하는 사회주의나 자본주의의 형태로 우리의 관심을 제한한다면, 실질적 자유의 축차적 최소극대화와 관련해 서로 다른 체제들을 비교하는 난점은 크게 줄어든다. 한 체제에서 또 다른 체제로 이행할 때 거의 변하지 않으리라 기대할 수 있는 것은 재화들의 범위뿐만 아니라 재화들을 이용 가능하게 하는 가격이다.

세 번째로, 이제까지의 논의는 어떤 체제에서 몇몇 재화들이 훨씬 더 높은 상대가격에서만 구할 수 있게 되거나 구할 수 없게 되는 수요 패턴을 창출할 가능성을 배제하지 않는다. 예를 들어, 어떤 유형의 체제는 단독주택에 대한 너무나 강한 취향을 불러일으켜 고층 아파트 건물이 결국 완전히 사라지게 되는 경우를 상상할 수 있다. 또 더 평등주의적인 체제 유형에서는 지속 가능한 최고의 기본소득으로 단 한 번 사기도 어려울 정도로 높게 고급 향수의 가격을 책정할 수도 있는 반면, 덜 평등주의적인 체제에서는, 규모의 경제 때문에, 그 향수의 가격이 그다지 높지 않은 경우를 상상할 수 있다.[49] 이런 논점은 서로 다른 기술혁신의 정도와 유형이 입수 가능한 재화들의 집합과 그 상대가격 양자에 큰 영향을 끼칠 때뿐만 아니라, 거의 영향을 끼치지 않을 때도 성립한다. 그러나 기술혁신은 한 국가의 실질 국민총생산을 통시적으로 비교하는 것을 완전히 무의미하게 하지는 않는다. 실로 기술혁신의 발생은 이런 비교가 포착하려고 하는 주요 현상들 중 하나다. 더 낮은 실질소득을 통시적으로 비교하는 것은 총소득을 비교하는 것보다 훨씬 더 쉬울 것이다. 또 이런 면에서, 같은 사회의 두 잠재 상태의 비교는 두 개의 연속적인 상태의 비교와 근본적으로 다르지 않다.[50]

몇몇 재화들의 이용 — 예를 들어, 자신의 사업을 시작하기 위한 생산수단의 획득 — 이 취향의 전개나 취향을 통해 조성된 기술 발전의 결과라기보다 오히려 어떤 유형의 체제 — 이 경우에는 사회주의 — 의 정의 definition에 의해 배제된다면 어떻게 될까? 사회주의가 더 높은 기본소득을 제공할 수 있었다고 하더라도, 이 사실로 인해 실질적 자유지상주의의 관점에서 자본주의에 대한 사회주의의 우월성을 주장하는 데 지장을 주지 않을까? 사회주의는 대부분의 생산수단의 공적인 소유에 의해 정의되었다. 그러므로 소규모 개인 기업의 존재는 자본주의뿐만 아니라 사회주의와도 모순되지 않는다. 소규모 기업을 창업하고 소유하고 운영하는 것만이 실질적 자유의 축차적인 **최소극대화와** 관련된 것으로 합당하게 여겨질 수 있기 때문에, 이것[몇몇 재화들의 이용이 어떤 유형의 체제에 의해 정의상 배제되는 것]이 반드시 심각한 문제를 일으키는 것은 아니다. 그렇지만 더 관대한 사회주의의 형태에서보다 모든 사기업을 금지하는 더 강한 형태의 사회주의에서 더 높은 기본소득을 지속 가능하게 하리라는 전망이 선험적으로 배제될 수는 없다. 그러나 이렇게 제도를 통해 어떤 선택지를 직접 제거하는 것이 취향의 형성이나 기술 진보를 통해 간접적으로 어떤 선택지를 제거하는 것과 다르게 취급될 필요가 있다고 볼 이유는 없다. 최저 소득의 실질적 수준의 비교가 한 경우[선택지의 제도를 통한 직접적 제거]에 유의미하다면, 다른 경우[선택지의 기술 진보나 취향의 형성을 통한 간접적 제거]에도 유의미하다.

이런 신속한 논평만으로는 체제 간 비교가 실질적 자유지상주의자에게 개념적으로 별 문젯거리가 되지 않을 것이라는 점을 보장해 주지 못한다. 다만 자본주의와 사회주의의 비교라는 특수한 맥락에서, 마지막 장의 초반부(6장 1절)에 우리가 그 쟁점으로 되돌아갈 때까지 논의를 계속하게 하는 것을 가능하게 할 뿐이다.

기본소득 대 음의 소득세

전형적인 기본소득과 음의 소득세안의 관계는 〈그림 1〉, 〈그림 2〉, 〈그림 3〉의 비교를 통해 이해될 수 있다. 양자는 세후 이전소득post-tax-and-transfer income(가로축)이 세전 이전소득pre-tax-and-transfer income(세로축)의 단조증가함수가 되게 하는 최저보장소득의 가장 일반적인 구조와는 다르다. 그러나 주어진 보장소득의 수준에서, 또 비례 과세를 가정하면, 음의 소득 세제(〈그림 2〉)는 (2장 2절에서 강조된 중요한 단서에 따라) 기본소득제 (〈그림 3〉)와 같은 최종 결과를 얻는다. 이를 통해, 모두에게 동일한 총 이전소득을 지급하고 여타의 소득에 적극적으로 과세하는 대신, 어떤 사람들에게는 그들이 받아야 하는 순이전소득만을 지급하고, 다른 사람들로부터는 그들이 부담해야 하는 순조세만을 수취한다.

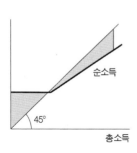

그림 1 | 현존하는 최저소득보장제도 ●

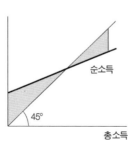

그림 2 | 선형 음의 소득 세제 ● ●
(M. Friedman 1962)

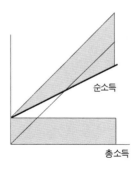

그림 3 | 선형 소득세에 의해
재정이 마련되는 기본소득 ● ● ●

● 이 안에서는 모든 가구에 대해 최소한 보장하고자 하는 소득 수준(G)을 결정하고, G보다 소득이 낮은 가구에 대해서 그 가구의 총소득과 G 사이의 차액에 상당하는 급여를 지급한다. 만일 가구의 총소득이 G 점에 이르면 받게 되는 급여가 0이 된다. G보다 총소득이 낮은 가구가 받을 수 있는 급여는 G보다 총소득이 높은 가구가 내는 세금에 기반한다. 여기서는 조세가 정률로 부과된다고 가정하기 때문에 위의 그림에서 G 이상의 소득을 가진 가구의 세후 소득은 굵은 직선과 같다.

이하, 이 그림에 대한 옮긴이 주는, 브루스 애커먼, 앤 알스톳, 필리페 반 파레이스, "기본소득: 21세기를 위한 명료하고 강력한 아이디어," 『분배의 재구성』, 너른복지연구모임 옮김, 나눔의집, 2010에 실린 부록("기본소득과 관련된 제도들의 도표")을 참고로 작성한 것이다.

● ● 최소 소득은 G 수준에 고정되고, 소득이 올라감에 따라 급여가 줄어드는 비율은 100퍼센트보다 낮게 설정될 수 있고 이에 따라 소득이 높은 계층에 대한 세율은 (손익분기점 아래 계층에 대한) 급여 감소율이 (손익분기점 위 계층에 대한) 정적(positive) 조세율과 일치되도록 좀 더 상향 조정되어야 한다. 이런 것이 총소득이 어느 수준이던지 간에 총소득이 올라감에 따라 동일한 비율로 순소득이 올라가도록 음의 소득세(또는 급여)와 정적 소득세의 수준을 결합시키는 선형 음의 소득세 안(Linear negative income tax)이다.

● ● ● G 수준으로 모두에게 지급된 기본소득에 대해 총소득이 0이었던 사람부터 모두 정률로 세금을 걷어 필요한 재정을 마련하는 것도 생각해 볼 수 있다. 일단 모두 자신의 총소득에 더해 기본소득을 받게 되면 위 그림에서 45도로 기울어진 점선이 위쪽으로 수평 상향 이동하게 된다. (세금을 부과하지 않은) 이 기본소득을 지급하기 위해 필요한 광범위한 재정이 어느 정도 크기인가에 따라 기본소득 이상의 총소득에 대해 어느 정도 세율로 세금을 부과할 것인가를 정하게 될 것이므로, 이에 의해 굵은 선으로 표시된 순소득 직선의 기울기가 결정된다. 이 굵은 선과 처음 소득선인 45도 점선이 만나는 점을 기준으로 이보다 낮은 소득에 해당하는 사람들은 기본소득으로 받는 것보다 내는 세금이 적은 사람들이고, 이 점보다 소득이 높은 사람들은 자신들이 받는 기본소득 이상으로 세금을 내게 되는 사람들이다.

118

| 3장 |

비우월적 다양성

들어가기

△＿ 이제까지 당신은 마치 사람들이 내적 부존 자산 면에서 중요한 차이가 없는 것처럼 추론했습니다. 즉 사람들이 동일한 재능을 갖고 있다거나, 혹은 적어도 그들 가운데 어느 누구도 언급할 만한 가치가 있는 장애를 갖고 있지 않다고 가정했지요. 하지만 어떤 사람이 다른 사람에 비해 심각한 장애를 갖고 있다면, 지속 가능한 최고의 기본소득은 최소극대화의 방식으로 실질적 자유(의 자원 기반)를 분배한다고 말할 수 없습니다. 모두를 위한 실질적 자유는 단순하게 당신이 옹호하고 있는 획일적인 기본소득이 아니라 매우 차등적인 이전 제도를 요구하는 것처럼 보입니다.

𝟄＿ 나는 당신의 핵심 전제 ― 정의는, 내가 인식하듯이, 불평등한 내적 부존 자산에 대한 보상을 요구한다 ― 에는 전적으로 동의합니다. 그러나 나는 당신의 결론에는 부분적으로만 동의합니다. 먼저 당신

의 전제에 들어맞을 뿐만 아니라 당신의 결론을 낳게 한 가능한 가장 단순한 제도를 고찰해 봅시다. 그 제도에서는 모두에 의해 그 가치가 공정하게 공유될 수 있는 스톡stock에 사람들의 내적인 부존 자산이 추가됩니다. 그 결과, 재능이 부족한 사람은 결국 추가적인 이전을 받는 반면, 재능이 뛰어난 사람은 그들의 기본소득을 상쇄하고도 남는 정액세를lump-sum tax 내야 합니다(3장 1절).

△__ 그게 뭐 잘못됐나요?

∅__ 사람들의 구매력에만 관심을 가진다면, 잘못된 건 없습니다. 그러나 적어도 몇몇 사람들이 노동 활동의 질이나 여가에도 관심을 가진다면, 혹은 돈벌이 이외에 다른 차원의 성공에 관심을 가진다면, 그 제안은 받아들일 수 없을 정도로 편향되어 있다고 할 수 있습니다. 그런 제안은 사람들이 시간을 활용하는 데 매우 강한 제약을 가함으로써 높은 수익을 낼 수 있는 사람을 노예로 만듭니다. 또 그것은 구매력에는 반영되지 않는 불평등이나 장애를 완전히 무시합니다(3장 2절).

△__ 대안은 무엇인가요?

∅__ 이제까지 전개된 가장 정교한 대안 ─ 로널드 드워킨Ronald Dworkin 이 처음 제안한 것으로 ─ 은, 무지의 베일 뒤의 보험 개념에 근거를 둔 것입니다. 그 가장 단순한 형태에서는 사회에 속한 사람들은 자신들의 내적 부존 자산에 대해서는 무지하다는 가정(비록 자신들이 살고 있는 사회에서 그 내적 자산들의 배분 상태에 대해서는 그렇지 않을지라도)하에, 자신의 재능이 보잘것없는 것으로 드러날 경우, 그에 상응하는 높은 보상을 얻기 위해 사람들이 얼마나 높은 보험료를 지불할 의향이 있는지 결정할 것을 요구하고 있습니다.

△__ 이 접근은 불평등한 재능이 현존하는 경우, 모두를 위한 실질적 자유에 대한 적절한 해석을 제공해 줄 수 있나요?

∅__ 저는 그렇게 생각하지 않습니다. 그런 반사실적 보험제도[*]는 기회의 평등보다는 오히려 복지의 평등으로 우리를 곧장 인도하며, 그렇기 때문에 내가 설득력이 있다고 보는 주장, 곧 정의가 행복의 분배가 아니라 자유의 분배와 관련된다는 주장과는 매우 다른 주장에 이른다는 흥미로운 반론에 직면하게 됩니다. 그러나 이런 반론은 그 관점[무지의 베일 뒤의 보험 개념]이 보여 주는 중요한 가능성, 곧 개인의 특성을 개인이 책임질 수 있는 특성과 그럴 수 없는 특성으로 구별할 가능성이 있음을 간과하고 있습니다(3장 부록 1). 드워킨 자신도 가장 단순한 [무지의 베일이 쳐진] 보험 형태가 사람들로 하여금 이상하게 자신의 재능, 이를테면 음악적 재능을 고려의 대상에서 제외할 것을 요구하면서도, 그런 재능에 의해 흔히 형성되는 취향에 좌우되는 상황을 설정한다는 이유로 그것에 반대합니다. 그러므로 그는 사람들이 특수한 재능을 소유하고 있는지 알 수 있지만, 그런 재능의 소유가 창출하는 수익력earning power은 알지 못하는 좀 더 복잡한 제도를 제안하죠(3장 3절).

Δ__ 그럼에도 그 접근[반사실적 보험 접근]은 만족스럽지 않은가요?

∅__ 반사실적 보험 접근의 단순한 형태와 좀 더 복잡한 변종 모두는 몇

---

[*] '가설적(가상적) 보험 제도'(hypothetical insurance scheme)라고도 부른다. 이는 재능, 역량과 같은 내적 자원에서의 불평등을 보상하기 위해 드워킨이 제안한 제도적 장치다. 드워킨은 개인들에게 만약 그들이 주어진 불리함을 가질 동일한 확률이 있다면, 애초에 분배된 자원의 얼마만큼을 할애해 그런 불리함을 보상해 줄 가설적 보험을 사려고 할 것인지 묻는다. 그리고 개인들이 가설적 보험에 할애한 금액의 평균을 현실에서 불리함을 갖고 태어난 사람들에게 보상해 준다. 드워킨은 이런 가설적 보험제도를 통해 개인의 재능이나 능력의 차이라는 맹목적 운(brute luck)이 선택적 운(option luck)으로 전환될 수 있다고 보았다. 다니엘 하우스만·마이클 맥퍼슨, 『경제분석, 도덕철학, 공공정책』, 주동률 옮김, 나남, 2010, 353-354쪽 참조.

가지 난점을 갖고 있습니다. 나의 가장 근본적인 반론은 모든 변형 태들에 적용됩니다. 반사실적 보험이라는 바로 그 개념은, 동일한 내적 부존 자산을 갖지만 서로 다른 취향을 가진 두 사람에게 바로 이런 취향의 차이로 인해 외적 부존 자산에 대한 평등하지 못한 보상의 자격이 주어질 가능성을 열어 놓고 있습니다. 저는 사람들이 취향에 따라 내린 현실적 선택의 결과의 차이로 인해 그들에게 상이한 양의 보상이 이루어지는 걸 반대하지는 않습니다. 그러나 취향에 따라서 사람들에게 출발점에서부터 불평등하게 보상을 주는 것은 값비싼 취향에 대한 부정의한 보상에 해당합니다. 그런 부정의는 복지의 평등을 채택하는 경우보다는 가벼운 것이겠지만, 기본적으로는 같은 성격의 것이라고 할 수 있습니다(3장 4절).

△__ 그럼 당신이 제안하는 건 무엇인가요?

∅__ 내가 아는 바로는 브루스 애커먼Bruce Ackerman이 처음 정식화한 단순한 발상을 일반화하는 것입니다. 어떤 사회에 있는 한 사람의 부존 자산(내적이면서 외적인)의 집합을 다른 이의 부존 자산의 집합보다 모든 사람이 더 선호하는 한, 그런 부존 자산의 분배는 그 사회에서 부정의합니다. 만약 그렇지 않다면, 다시 말해 비우월적 다양성undominated diversity *이 존재한다면, 그 사회는 정의로울 수 있습

● '비우월적'(undominated)이라는 표현은 브루스 애커먼의 우월성(domination) 개념을 확장한 것이다. 판 파레이스에 따르면 '[자원 면에서] 열등한'(dominated)이라는 표현은 다음과 같은 상태를 가리킨다. 어떤 한 개인의 내적 자원(가령 재능과 능력)과 외적 자원(가령 소득, 부)의 집합인 그의 포괄적 부존 자산(comprehensive endowment)에 비해 다른 어떤 개인의 자원 집합이 모든 사람들에 의해 만장일치로 선호된다면 후자의 집합은 전자에 대해 우월하다(dominate). 각자의 자원 집합이 다른 개인들의 집합에 비해 우월하지 않은 상태가 판 파레이스가 노리는 애초의 자원의 분배 상태다. 그런데 내적 자원은 (재)분배되기 힘들고, 그것의 추구가 다른 규범적 비용을 발생시키므로, 결국 이 상태는 외적

니다(3장 5절).

△__ 내가 당신을 정확히 이해했다면, 당신은 어떤 기묘한 인물이 건강한 신체를 가지는 것보다 장애를 가지는 게 더 낫다고 생각한다면, 그 장애인에 대한 어떤 특별한 이전도 요구하지 않는 것이 정의롭다고 주장하는 것처럼 보입니다.

∅__ 기묘한 인물의 선호가 진정한 것이고, 그래서 장애를 가질 때의 삶이 어떤 것인지를 완벽하게 그녀가 자각하고 있으며, 재분배를 막기 위해 장애를 선호하는 것처럼 위장해서는 안 된다는 점이 중요합니다. 또한 그녀의 선호는 일반적으로 채택 가능한 것이어야 합니다(3장 6절). 이를테면 그 관점이 사회의 다른 사람들 사이에서는 전혀 알려지지 않았거나 나머지 사람들은 이해할 수 없는 소수 분파의 사람들만 채택 가능한 것이어서는 안 됩니다. 이런 두 조건, 그리고 그 배경으로 지속 가능한 최고의 기본소득을 염두에 두고 비우월적 다양성이 성취된다면, 현물의 형태든 현금의 형태든, 선별적 이전targeted transfers의 중단을 요구하는 것이 충격적이라고 생각하지는 않습니다. 따라서 나는 이 반론에 대처하기 위해, 비우월

자원의 재분배를 통해 이루어질 수밖에 없다. 이를 감안한 현실적 과세 수입하에서 가능한 높은 수준의 무조건적 기본소득을 보장하자는 것이 이 책에서 제시된 판 파레이스의 입장이다. 하지만 2000년대 들어 판 파레이스는 전 지구적인 수준의 분배 정의를 논할 때 이런 원칙이 꼭 필요한 것은 아니라고 입장을 수정한다. 그 대신 판 파레이스는 중첩된 무지의 베일하에서 기본소득의 일부를 불이익을 발생시키는 장애에 대비해 보험을 드는 제도를 구상한다. 그러나 이는 비우월적 다양성 기준의 완전한 폐기가 아니라 복잡한 전 지구적 수준에서 장애인의 분배 정의 문제와 관련해 좀 더 현실성 있는 입장을 제시한 것으로 볼 수 있다. 이에 대해서는 다음 문헌을 참고하라. Philippe Van Parijs, "Egalitarian Justice, Left Libertarianism and the Market," I. Carter, S. de Wijze & M. Kramer eds., *The Anatomy of Justice: Themes from the Political Philosophy of Hillel Steiner*, London: Routledge, 2009, pp.145-162.

적 다양성이라는 단순한 개념으로부터 이탈할 필요가 있다고 생각
하지 않습니다(3장 7절).

Δ＿ 그러나 비우월적 다양성이 성취될 수 있는 건가요? 만약 우리가 어
떤 끔찍한 장애에 대해 생각한다면, 선별적인 재분배가 중단되지
않을 것이라는 점이 아니라, 그것이 너무 빨리 중단될 것이라는 점
을 우려해야 하지 않나요?

Φ＿ 이 매우 다른 반론을 처리하기 위해서는 보다 제한된 형태의 비우
월적 다양성 개념이 필요합니다. 어떤 열등한 부존 자산[을 가진 사
람의 처지의] '미세한' 향상이 다른 부존 자산[을 가진 사람들의 처지]의
'거대한' 축소를 대가로 달성되어서는 안 된다는 점을 명문화함으
로써, 그런 제한된 형태의 비우월적 다양성 개념은 몇몇 집합적인
고려 사항들을 수용합니다(3장 8절).

Δ＿ 그럼에도 비우월적 다양성이라는 당신의 제약 조건을 충족시키게
되면, 최대한으로 지속 가능한 기본소득이 0에 가깝게 내려가는 것
이 가능하지 않을까요?

Φ＿ 저는 그런 가능성을 배제하지는 않고 있습니다. 오늘날 세계의 많
은 나라들에서, 제가 파악한 정의 개념에 따를 때 무조건적 소득이
0이 될 것을 요구하거나, 혹은 작은 현물 요소로 축소시킬 것을 요
구하는 것이 (결코 명백하지는 않지만) 완전히 가능합니다. 그러므로
지속 가능한 기본소득 극대화를 위한 제약 조건인 형식적 자유의
보호 조건에, 비우월적 다양성이라는 조건을 추가하는 것은 결코
무의미한 일이 아닙니다. 그러나 사회가 더 부유하고 더 건강하고
더 다양할수록, 그 사회에는 정의로운 무조건적 소득을 위한 여지
가 더 많이 남아 있습니다.

1. 확장된 경매

단순성을 위해, 나는 이제까지 거의 비현실적으로 사람들의 내적 부존 자산 — 삶의 전 방면에서의 그들의 재능talents, 그들의 능력abilities, 그들의 역량capacities[1] — 이 동일하다고 가정했다. 일단 이 가정이 폐지되면, 앞 장에서 입증됐던 실질적 자유의 축차적 최소극대화와 최대의 기본소득 사이의 단순 연관성은 유지될 수 없다. 동일하게 지급받는 기본소득 말고는, 외적 자원이 없는 두 사람을 예로 들어 보자. 그들 가운데 한 사람이 신체적으로나 정신적으로 다른 사람이 할 수 있는 모든 것을 할 수 있을 뿐만 아니라 훨씬 더 많이 할 수 있다면, 도대체 누가 그들이 하고 싶어 할 수도 있는 것을 할 실질적 자유를 똑같이 누린다고 말할 수 있겠는가? 그러므로 일반적으로, 지속 가능한 최고 수준에서 모두에게 동일한 기본소득을 지급하기만 한다면, 실질적 자유가 축차적으로 최소극대화된다고 주장하는 것은 전혀 그럴듯해 보이지 않는다. 훨씬 더 그럴듯한 대안은, 지급되는 액수 면에서 사람들의 재능의 수준과 반비례 관계에 있는 차등적인 이전 제도가 아닐까? 만약 그렇다면, 이제까지 무조건적인 기본소득을 옹호하려 했던 모든 노력은 허사가 될 것이다. 일관된 실질적 자유지상주의자는 그것을 포기해야 할 것이다.

이 장에서 나는 이 심각한 도전에 세심한 주의를 기울일 것이다. 이 과정에서 나는 그 특징을 다음과 같이 개략적으로 규정할 수 있는 과제를 수행하려는 가장 명확한 시도들을 논의하게 될 것이다. 복지라는 측정 기준을 택하지 않으면서 동시에 외적 재화라는 측정 기준을 넘어서는 분배 정의의 정당한 기준을 안출하는 것이 가능한가? 좀 더 구체적으로 말해, 장애를 가진 사람의 특별한 필요를 수용하는 방식으로, 이를테면 어떤 사람이 가질 법한 값비싼 취향을 만족시키지 않고서도, 외적 부존 자산을 분배하는 일관된 방식을 고안해 내는 것이 가능한가?[2] 이런 목적을 위해, 그 사회의 구성원들이 내적 부존 자산 혹은 재능, 다시 말해 그들이 본성적으로나 양육의 결과 얻은 역량뿐만 아니라 그들의 취향 면에서, 특히 소득과 여가의 상충 관계와 관련된 취향 면에서 서로가 매우 다른 한 사회인 폴리폴리스Polypolis˙를 생각하는 게 편리할 것이다. 만약 모두가 동일한 재능을 가졌다면, 외적 부존 자산이 실질적 자유지상주의적인 접근에 의해 추천되는 방식으로 방금 배분되었다고, 다시 말해 (이전 장의 논증이 이치에 맞는다면) 모두에게 (혹은 같은 연령의 모든 사람들에게) 지속 가능한 최고 수준에서 동일한 기본소득을 제공함으로써 분배되었다고 가정하자. 실질적 자유지상주의는 재능에서의 차이를 감안하기 위해 이 기준으로부터 우리가 벗어날 것을 요구하는가? 만약 그렇다면 어떻게 해야 하는가?

탐구할 만한 가치가 있는 첫 번째 제안은 외적 부존 자산의 경우에 동원되었던 지적 장치를 직접 확장하자는 제안이다. 이전 장(2장 6절)에서 현금 보조 자체는 그것을 통해 접근할 수 있는 자원의 묶음과 관련되지 않는다면 실질적 자유에 전혀 기여하지 못한다는 점을 지적했다. 구매력과 자원의 관계는 가격 구조에 의해 결정된다. 그러므로 모두를 위한 최대의 실질적 자유에 입각해 자의적이지 않은 가격 구조를 발견하는 것이 필수적이었다. 우리는 완전경쟁가격perfectly competitive prices이 우리가 필요한 것을 제공해 준다고 논증했다. 그러나 드워킨(Dworkin 1981b)의 우화를 사용해 무인도에 상륙한 이주민들이 똑같지 않은 재능들을 갖고 있다고 가정한다면, 완전경쟁 경매에 입찰되는 총 경매품 목록에, 화려한 조약돌과 바나나 나무들과 마찬가지로 서로 다른 재능들을 포함시킬 수 없

˙ 이는 '다양한 취향과 재능을 가진 사람들로 이루어진 국가' 정도로 뜻을 새길 수 있다.

을까? 경매에 참여한 각각의 사람들은 그 자신의 재능(단지 그 자신의 재능을 향유하기 위해, 혹은 그런 재능을 어떤 생산적인 용도로 사용하기 위해)이나 다른 사람의 재능에 대해(그것을 가장 생산적 용도로 사용하기 위해서 그리고 그것을 현금으로 바꾸기 위해), 그들이 재화에 대해 입찰하는 것과 같은 방식으로, 입찰할 것이다. 최초의 수표[재능의 경매를 위해 모두에게 동일하게 분배되는 돈] — 드워킨의 우화에서는 같은 수의 조개껍데기들 — 만이 저 모든 재화들[외적 자산과 재능]을 사기 위해 사용될 수 있는데, 모든 수표가 그 소유자의 최선의 이익을 위해 입찰된 시점에서, 경매자는 이 모든 재화들을 최고의 입찰 가격을 부른 사람에게 배분한다.[3] 한 사람의 재능이 어떻게 여러 사람들에게 공동으로 소유되는지(오직 '재능'만, 다시 말해 유전적으로든 다른 방식으로든, 그 소유자에게 '주어져' 있는 것만)를 상상하고, 또 어떤 기능이 매물로 나오는지를 정확히 생각해 내기 위해서는 상당히 많은 지적 훈련이 필요하다. 그러나 [재능의 경매가] 작동하는 방식은 근본적으로 외적 부존 자산의 경우에 수행되어야 하는 것과 다르지 않다. 이런 주장의 함축은 무엇인가?

지금 경매로 처분되는 것은 사람의 재능, 곧 그 자신의 시간에 대한 통제권이다. 만약 사람들이 자신의 재능에 대한 통제권을 보유하기를 원한다면 — 그들이 그럴 것이라고 아무 문제없이 가정할 수 있다 —, 그들은 자신의 재능을 사용하는 데 관심을 가질 법한 다른 사람보다 더 비싼 값을 불러야 한다.[4] 가치 있는 그 어떤 재능도 없는 사람에게 이것은 큰 이점이다. 그들은 자신의 시간을 매우 싼 가격에 전유할 수 있을 것이며, 따라서 외적 자원만 경매될 때보다 더 많은 외적 자원들에 접근할 수 있을 것이다. 반면 매우 생산적인 재능을 가진 사람들에게는 정반대의 상황이 성립한다. 그들은 아마도 그들이 가진 수표 전부를 자신들의 시간을 사는 데 소비해야 할 것이다 — 어쩌면 그들이 가진 수표 이상을 소비하고, 이로 인해 그들의 재능을 통해 벌어들이게 될 소득으로 상환해야 할 빚이 생기게 될지도 모른다. 이런 절차는 실질적인 자유지상주의적인 접근에 따라 분배된 외적 자원을 매우 차등화된 조세와 이전을 통해 보충하는 제도로 가장 간단히 표현될 수 있다. 이런 제도는 음의 소득세 혹은 기본소득과 같은 보편적 제도와 날카로운 대비를 이룬다. 잠시 동안, 정보와 관련된 문제를 논외로 할 때, 이 제도에서는 각자의 내적 부존 자산과 연관된 최대의 수익력을 확인하고, 평균 이하의 재능(상응하는 수익력에 의해 측정된다)을 가진 각각의 사람에게 수익력을 평균점에 도달하게 하는 정액 보조금을 지급한다. 또한 평균 이상의 재능을 가진 각각의 사람에게 그녀의 수익력을 평균으로 떨어지게 하는 정액세를 부과한다.[5]

서로 다른 재능을 가진 폴리폴리스 사람들에게 제안된 정의의 기준은 재능이 동일할 때 적절하다고 여겨진 것과 완벽하게 일치하는 것일 뿐만 아니라 그런 정의의 기준을 자연스럽게 일반화한 것이다. 동일한 내적 부존 자산과 연관된 수익력은 물론 모두에게 동일하다. 이때 정액 이전이나 정액세에 의해 보상되어야 할 평균으로부터의 이탈이란 존재하지 않으며, 따라서 모든 절차는 외적인 부존 자산의 요소로 환원된다. 그러나 일반화가 이루어지는 과정에서, 어떤 것이 누락되고 있다. 경매 절차가 선망부재 기준을 충족시키기 위해서는 [개인들의] 재능이 동일하다는 조건이 필요했다는 점을 기억하자. 즉 경매의 결과는 반드시 어느 누구도 그녀 자신이 얻게 된 꾸러미보다 다른 누군가에게 귀속되는 꾸러미를 더 선호하지 않는 것이다. [하지만] 기호와 재능 모두가 서로 다른 사람들로 이루어진 폴리폴리스에서, 그런 보장은 존재할 수 없다. 왜 그런지를 이해하기 위해, 간략하게 존슨이 매우 우수한 달리기 선수인 반면, 잭슨은 놀라운 실력의 가수라는 것 말고는 둘의 재능이 동일한 경우를 고려해 보자. 존슨이 그의 삶에서 가장 원하는 것은 훌륭한 목소리를 가지는 것이고, 반면 잭슨이 가장 열망하는 것은 달리기 경주에서 우승하는 것이라면, 각자는 다른 사람의 내적 부존 자산을 선망할 것이다. 그러나 외적 부존 자산을 어떻게 이전하더라도, 이를테면 정액세와 정액보조금을 어떤 식으로 결합하더라도, 모든 선망을 제거하게 하지는 못할 것이다. 왜냐하면 존슨으로부터 잭슨으로의 이전이 어떻게 이루어지든, 그런 이전은 존슨의 선망의 악화를 대가로 해서만 잭슨의 선망의 완화를 가져올 것이며 또한 그 반대의 경우도 성립할 것이기 때문이다.[6] 이 사실은 앞으로 매우 중요한 것으로 입증될 것이다. 그러나 형평성equity 이론가들은, 폴리폴리스라는 맥락에서도 경매의 결과에 의해 충족될 수 있는 선망부재의 상이한 기준을 도입함으로써 그 문제를 극복하려 노력해 왔다. [즉 이들에 따르면] 어느 누구도 다른 행위자의 묵시적 소득을 선망하지 않는다면, 그 분배는 소득 공정성income-fair을 가진다. 존슨의 묵시적 소득implicit income은 그의 재능을 고려할 때 그가 벌 수 있었을 최대의 경쟁 임금에 의해 평가되는, 여가를 포함한 접근 가능한 소비재 꾸러미의 경쟁 가치다. 위에서 기술된 포괄적 경매[외적 부존 자산 이외에 내적 부존 자산이 추가된 경매]의 결과는 반드시 이런 의미에서 소득 공정성을 지닌다.[7]

2. 핍쇼장에서 일하기, 광장에서 연애하기

[형평성 이론가들의] 이 같은 접근법은 분명히 처음에 언급된 과제[복지라는 측정 기준을 택하지 않으면서 동시에 외적 재화라는 측정 기준을 넘어서는 분배 정의의 정당한 기준을 안출하는 것이 가능한가?]를 수행하는 하나의 방법을 제공해 준다. 최대의 수익력 혹은 묵시적 소득을 균등화함으로써, 이 방법은 재화라는 측정 기준이 장애를 가진 사람들의 곤경에 대해 무관심하다는 문제점에서 벗어난다. 즉 부족한 능력을 가진 사람들은 평균점까지 지원되는 수익력을 갖게 될 것이다. 또한 그 방법은 복지라는 측정 기준이 관련

된 사람의 취향에 지나치게 민감하게 반응한다는 문제점에서도 벗어난다. 즉 당신의 재능이 얼마나 값어치가 있는지는, 어떤 서비스에 대해 수요가 있는지에, 곧 모든 이의 취향에 달려 있지만, 당신이 값비싼 취향을 가지고 있는지의 여부는, 제안된 그 기준에 의해 당신에게 주어지는 자격에는 전혀 영향을 주지 않는다. 수익력이 균등하게 될 수 있다면, 어떤 사람이 [보조금] 신세를 지게 될지 [정액세의] 부담을 지게 될지의 여부는 그녀의 재능에 의해 결정되며, 그녀의 취향에 의해서는 영향을 받지 않는다. 그리하여 저 과제의 정식화에 명시된 요구 조건은 만족되는 것처럼 보이며, 따라서 우리는 수익력의 균등화로부터 따라 나오는 차등화된 조세와 보조금 제도가 폴리폴리스에서 정의의 원리가 요구하는 바이자 일관된 실질적 자유지상주의자가 옹호해야 하는 바라고 결론 내리고 싶은 유혹을 받을 수도 있다. 하지만 이는 너무 무모할 수 있다. 왜냐하면 고려되고 있는 그 제안은 두 개의 매우 달갑지 않은 함축들을 갖기 때문이다. 이 함축들을 이해하기 위해, 외로운 애와 그녀의 자매인 사랑스런 애의 예에 의지해 보자. 이 두 자매는 동일한 취향을 갖고 있다. 특히 그들 모두는 고소득에는 비교적 관심이 없는 반면, 자유 시간의 향유에는 매우 큰 중요성을 부여한다. 재능과 관련해, 그들은 모든 면에서 평범한 수준에 있다. 단 하나의 예외가 있다면, 외로운 애와 달리 사랑스런 애는 매우 아름답다는 점이다.

먼저 폴리폴리스 사람들의 취향(과 이용 가능한 장비)으로 인해 아름다운 외모를 핍쇼[돈을 내고 작은 방 같은 곳에 들어가서 창을 통해 여자가 옷 벗는 것을 구경하게 되어 있는 것]에 내보임으로써, 사랑스런 애가 고소득을 올리는 것이 가능하다고 가정해 보자. 하지만 당연하게도 그녀[8]는 그 일을 싫어한다 ― 그녀의 자매 역시, 그 일이 주어졌다고 해도, 그랬을 것이다. 두 자매는 위에서 개략적으로 묘사된 재능 평등주의 조건에서 어떻게 살아갈까? 외로운 애는 불평할 수 없다. 평균 이하의 재능 때문에, 그녀는 자신의 수익력을 평균 수준으로 끌어올리는 정액 보조금을 더 받는다. 그녀는 여가(일광욕을 위해 사용되든, 기도나 캠페인을 위해 사용되든)에 대한 강한 욕망 때문에 [사랑스런 애의 고소득을 재원으로 한 정책 보조금을 통해 올린] 상당히 높은 소득에 의지해 살아가기로 결심했고, 그래서 자신의 평범한 재능을 팔아 벌 수 있는 추가적인 소득을 포기하기로 마음먹었다. 사랑스런 애는 운이 훨씬 안 좋다. 그녀의 기막히게 좋은 수익력으로 말미암아, 사랑스런 애는 핍쇼에서 하는 매일의 공연 이외의 그 어떤 직업에서도 벌 수 없는 상당한 액수의 돈을 정액세로 낼 수밖에 없기 때문이다. 그녀의 자매인 외로운 애처럼 여유로운 생활을 즐기기는커녕, 그녀는 상당히 많은 시간을(전부가 아니라 세금을 내고 생계를 유지하기에 충분한) 자신이 대단히 싫어하는 일을 하는 데 할애할 수밖에 없다. 이것은 사랑스런 애에게는 대단히 불공정하며, 자기 소유권을 침해하기에 모두를 위한 실질적 자유의 이상에 대한 명백한 모욕으로 여겨지는 노예 형태가 아닌가?

다음으로, 여하한 이유로, 폴리폴리스에서 핍쇼가 더 이상 공연되지 않으며, 더 일반화한다면, 자신의 외모를 통해 돈을 버는 어떤 방법도 존재하지 않는다고 가정해 보자. 그 두 자매는 이제 경매에 관한 한 구별 불가능하며, (보잘것없는 것으로 평가된 그들의 재능으로 인해) 그들 모두에게는 동일한 정액 보조금이 주어진다. 그러나 외로운 애는 추한 반면, 사랑스런 애는 매우 아름답다. 또 사랑스런 애는 광장에서 연애를 하는 데 상당한 시간을 보내는 반면, 외로운 애는 불행히도 쓸쓸한 벤치 위에 앉아 이따금씩 그녀의 여드름 많은 얼굴과 이상하게 생긴 코에 관한 모욕적인 농담을 듣게 된다. 확실히 두 자매를 동등하게 대우하는 절차는, 그들이 가치 있는 것으로 간주한 것을 추구하기 위해 그들에게 주어지는 자원들을 실제로 평등하게 하지는 못한다. 훌륭한 외모가 어떤 이의 수익력에 1원도 보태 주는 것이 없다고 하더라도, 그것은 매우 중요할 수 있다. 평등해져야 할 재능을 어떤 이의 수익력에 영향을 끼치는 자원들로만 축소함으로써, 경매 절차는 우리의 두 번째 사례에서 외로운 애에게 용납할 수 없을 정도로 가혹한 결과를 낳지 않는가? 그래서 단지 돈을 많이 버는 것이 아니라 하고 싶어 할 수도 있는 것은 무엇이든 할 최대한의 실질적 자유를 모두에게 주라는 우리의 공약과 노골적으로 충돌하지 않는가?

3. 무지의 베일 뒤의 보험

이렇게 외로운 애와 사랑스런 애의 예를 통해 드러난 두 가지 함축은 확장된 경매[내적 부존 자산의 불평등 문제를 해결하기 위해 외적 자원뿐만 아니라 내적 부존 자산에 대해서도 경매를 하는 것]에 대한 치명적인 반론을 구성한다. 그 반론들 가운데 첫 번째 것[여가를 즐기는 삶을 사는 외로운 애에게 지급할 보조금의 재원을 계속 조달하기 위해 사랑스런 애가 싫어하는 일을 계속하는 것은 사랑스런 애에게 불공정하며 또한 사랑스런 애의 자기 소유권을 침해한다는 반론]은 드워킨(Dworkin 1981b, 312)이 확장된 경매를 자신의 자원 평등의 원리에 대한 적절하고 일반적인 해석으로 보는 입장을 거부하기 위해 제시한 이유와 밀접하게 연관되어 있다.[9] 드워킨 자신이 [확장된 경매에 대한 첫 번째 반론과 자신의 주장 사이의] 관련성을 인식하고 있었다고 말할 수는 없다. 어쨌든 그는 사랑스런 애의 복지와 외로운 애의 복지를 평등하게 하는 데 개입하고 있지는 않다. 또 자신이 전유한 것에 대해 타인이 지불할 의사가 있는 (경쟁에 의해 결정되는) 비용으로 측정되는 자원들은 철두철미하게 평등주의적인 방식으로 분배된다. 사실, 사랑스런 애는 외로운 애보다 적은 여가 시간을 갖는다. 그러나 이때 그녀의 여가는 공동체 전체(혹은 적어도 핍쇼 관객을 구성하는 공동체 전체의 부분집합)에게는 하나의 자산으로 훨씬 더 큰 가치가 있다. 비록 그녀 자신에게는 즐거움의 원천으로 반드시 가치가 있는 것은 아니지만 말이다. 뢰머(Roemer 1985b, 165)가 지적하듯이, 재능 있는 사람이 자신의 여가의 사용에 대해 갖는 취향은 값비싼 취향의 한 형태로 이해될 수 있다. 게다가 드워킨(Dworkin 1981b, 312)은, 사랑스런 애와 같은 사람들이 사물처럼 취급된다거나, 그들의 자기 소유권이 침해된다는 이유로 확장된 경매에 반대하는 것이 아니다. 왜냐하면 그런 반론들은 '평등 이외의 어떤 것에 기반을 둔 선-정치적인 권리자격 관념'에 의존하고 있으며, 따라서 고려되고 있는 '자원의 평등의 계획이라는 전제와 일치하지 않기' 때문이다.

드워킨은 확장된 경매가, 그가 표현하려고 하는 자원 평등주의의 이상과 관련된 선망 테스트를 통과하지 못한다고 말함으로써 확장된 경매의 이 같은 함축에 대한 자신의 불만족을 분명히 표현한다. "어느 누구도 타고난 더 적은 재능의 결과로 더 적은 소득을 갖지 않을 것을 요구"해야 하는 것과 꼭 마찬가지로(Dworkin 1981b, 312) ― 이것이 확장된 경매의 중요한 요점이다 ― 어느 누구도 타고난 더 많은 재능의 결과로 더 적은 여가를 가져서는 안 된다고 요구해야 한다. 이렇게 하지 못하는 것은 자원의 이해에 있어 부당한 편향에 해당한다. 경매에서처럼 사람들이 가능한 한 소득을 축적하는 것 말고는 아무것에도 관심을 기울이지 않는다고 가정할 수 있다면, 자원과 수익력을 뒤섞는 것은 정당할 것이다. 하지만 앞의 사례에 나오는 두 자매와 같은 여가 선호자들이 출현하게 되면, 이런 주장은 더 이상 정당할 수 없다.[10]

그러므로 우리는 이런 편향을 제거해 줄 또 다른 장치를 상상하려고 노력해야 한다. 드워킨이 고려하기를 권하는 하나의 가능성은 다음과 같다. 사람들은 자신이 가진 특정한 내적 부존 자산에 대해서는 무지한 반면, 좋은 삶에 대한 자신의 특정한 관점 및 관련된 주민들 사이에서 내적 자산들이 배분된 상태에 대해서는 알고 있다는 가정하에, 자신에게 어떤 특정한 특성이 있거나 없을 것에 대비해 어느 정도의 보험을 들 의향이 있는지 결정할 것을 요청받는다. 어떤 특징이 그녀에게 더 중요할수록 (좋은 삶에 대한 그녀의 관점을 고려했을 때), 그녀가 그것을 갖지 못하는 것으로 판명 날 때 받게 될 보상은 더 커진다. 그러나 그녀가 지불해야 할 보험료의 수준은 (그녀의 수익력과 함께 두드러지게 증가하는 비율로) 보상 수준이 올라가는 만큼 증가하며, 따라서 보상에 상한선이 정해진다. 곧 보게 되겠지만, 이것은 아직은 드워킨이 설정한 제도가 아니다. 그러나 이 제도는 외로운 애와 사랑스런 애의 사례를 통해 드러난 두 반론들에 대처할 수 있는 가능성을 명백히 보여 주기 때문에 검토할 만한 가치가 있다. 사랑스런 애가 핍쇼일에 얽매어 있고 싶지 않다는 점을 확실히 하고 싶다면, 그녀는 [핍쇼를 하지 못할 것을 대비한] 보험료를 낮은 수준으로 유지하기만 하면 될 것이다. 또 외로운 애에게 외모상의 매력이, 어떤 금전적인 결과와도 무관하게, 상당히 중요한 것이라면, 그녀가 추한 여성으로 판명 날 경우, 미용 성형수술 대금을 지불하기 위해서건 아니면 미모가 필요하지 않은 일을 더 많이 할 수 있기 위해서건, 큰 보상을 확실히 받을 수 있게 해야 할 것이다[높은 보험료를 내야 할 것이다]. 이런 제도는 외로운 애와 사랑스런 애가 그들이 갖고 있지 않은 재능들 [각각]에 얼마나 큰 중요성을 부여하는지를 파악하기 어렵다는 실천상의 난점을 발생시킨다. 다시 말해, 베일 안을 들여다보고 결핍될 모든 재능에 그들이 가장 큰 중요성을 부여한다고 가정하는 게 그들에게는 이익이 된다. 그러나 이런 실천상의 난점을 우리는 제쳐 둘 수 있는데, 왜냐하면 그 제안은 비록 실행이 복잡하지는 않다고 하더라도, ─ 우리가 보게 될 ─ 해당 이유들로 인해 결함이 있기 때문이다.

이 가설적 보험제도는 조심스럽게 숙고할 가치가 있으며,[11] 따라서 나는 곧 그것에 대한 논의로 되돌아갈 것이다. 그러나 이 가설적 보험제도가 드워킨 자신이 제안한 것과 일치하지 않는다는 점을 언급할 필요가 있다. 드워킨은 특정한 재능을 가지고 있기 때문에 갖게 되는 취향은 고려 대상에서 배제하지 않으면서 그런 특정한 재능 자체는 고려 대상에서 제외할 수 있다고 가정한다는 이유로 가설적 보험제도를 거부한다. 예를 들어, 음감을 갖지 않은 사람은 음악에 커다란 중요성을 부여하지 않는 경향이 있다. 드워킨(Dworkin 1981b, 316-318; 324-325)이 제안하듯이, 약간 다른 가설적 보험제도를 채택함으로써 이런 난점에서 벗어날 수 있다. 이 수정된 가설적 보험제도에서 보험 가입자들은 그들의 취향과 재능 모두를 알지만, 그들의 재능들의 경제적 지대, 다시 말해 이런 재능들의 서비스가 시장에서 얼마나 높은 가격이 매겨지게 되는지는 알지 못한다. 이런 좀 더 얇은 무지의 베일 뒤에서, 각 사람은 자신이 보장받기 원하는 수익력의 수준을 선택한다. 만약 그녀의 재능과 관련된 수익력이 [예상보다] 더 낮은 것으로 판명된다면, 그녀는 정액 보조금을 지급받는다(보험납부액을 뺀 수급액이 양이다). 만약 그것이 더 높은 것으로 판명된다면, 그는 정액세를 내야 한다(보험 납부액을 뺀 수급액이 음이다).

좀 더 복잡한 이 제도에서는 사랑스런 애와 외로운 애의 예를 통해 제시된 두 난점들이 해결될 수 있을까?(3장 2절). 먼저, 이 좀 더 복잡한 제도를 통해 사랑스런 애가 핍쇼에서 벗어날 수 있는지 여부를 검토해 보자. 모든 구성원들이 오직 소득에만 관심을 두는 사회에서, 위험 기피적인 사람들은 가능한 한 최고의 수준에서 보험에 가입하려 할 것이고, 모두는 확장된 경매의 경우에서와 꼭 마찬가지로(3장 1절), 결국 평균적인 수익력에 이르게 될 것이다. 그러나 폴리폴리스는 그런 사회가 아니다. 특히 외로운 애와 사랑스런 애는 최저 생계 소득subsistence income을 버는 조건으로 가능한 한 많은 여가를 확보하고 싶어 한다. 그들과 유사한 여가와 소득에 대한 취향을 가지고 있는 위험 기피적인 사람들은 자신들의 잠재 소득을 최소극대화maximin하지 않고, 생계를 유지하기 위해 일해야 하는 노동시간의 수를 최대극소화minimax할 것이다. 만약 외적 부존 자산의 몫으로 받는 보조금이 최저 생계를 유지하는 수준에 미치지 못한다면, 최저 생계 수준에 도달하기 위해 각 자매는, 자신의 재능이 어떤 수익력과 연관되는가와는 무관하게, 동일한 수의 시간을 노동하는 방식으로 정액 보조금과 정액세를 분배하는 보험제도를 들기로 선택할 것이다. 확장된 경매의 경우, 외로운 애가 모든 시간을 자신이 가장 좋아하는 여가 활동에 쓸 수 있었던(정액 보조금으로 최저 생계 수준의 소득 이상을 받기 때문에) 반면, 사랑스런 애는 거의 모든 시간을 핍쇼에서 노동을 해야 했다면(말하자면, 그녀의 기막힌 수익력의 95퍼센트를 정액세가 흡수하고 있기 때문에), 이제 두 자매는 가장 수익을 낳는 활동, 이를테면 외로운 애의 경우 점퍼를 뜨개질하는 데, 또 사랑스런 애의 경우 핍쇼에서 일하는 데 일주일에 15시간을 써야 한다.[12]

물론 사랑스런 애는 옷을 벗기보다는 뜨개질하는 것을 더 좋아하기 때문에 여전히 그녀의 자매를 선망할지도 모른다. 하지만 관련된 선망 테스트는 충족된다고 말할 수 있다. 왜냐하면 '타고난 더 적은 재능의 결과로 더 적은 소득을 갖지 않아야' 하는 것처럼 '타고난 더 많은 재능의 결과로 더 적은 여가를 갖지 않아야' 한다는 요구 조건이 이 경우 충족되기 때문이다. 더욱이 이전의 보험제도와 마찬가지로 이 수정된 보험제도 안에서, 가장 적절한 결정 규칙은 일반적으로 수익력 혹은 여가의 극대화가 아니라, 오히려 노동과 소득 양자로부터 생기는 효용의 극대화다. 이때 그 사회의 사람들이 여러 가지 직업을 얼마나 매력적인 것으로 판단할지는 자동적으로 고려된다. 그러나 한 개인의 효용이 그 사람의 소득과 완전히 일치하는 경우, 이런 제도는 확장된 경매와 완전히 같은 결과만을 초래하고, 사랑스런 애에게 가혹한 제도가 된다 — 정확히 이런 가정하에서, 그런 결과는 더 이상 불공정한 것으로 간주되지 않을 것이다.

따라서 드워킨이 제안한 얇은 베일의 가설적 보험제도는, 우리의 두 난점들 중 첫 번째 것을 다룰 때 이미 검토했던 두꺼운 베일의 가설적 보험제도 만큼이나 효과적이다. 그러나 얇은 베일의 가설적 보험제도는 두 번째 난점을 다루는 데 무기력하다. 확장된 경매는 핍쇼에서 헤어 나오지 못하는 사랑스런 애에게 가혹할 뿐만 아니라, 해변에 홀로 남아 있는 외로운 애에게도 가혹하기 때문에 불만족스러웠다. 그러나 첫 번째 보험제도와 달리, 드워킨의 수정된 보험제도는 더 높은 잠재 소득에 반영되지 않는 모든 재능을 무시하며, 그래서 확장된 경매의 경우와 마찬가지로 외로운 애에게는 가혹할 것이다.[13] 드워킨이 수익을 낳는 재능을 가진 사람에게는 얇은 베일의 보험제도만을 제안하고, '일반적인 장애인'에게는 그것을 두꺼운 베일의 제도와 결합시킨 것도 바로 이 때문이다. 일반적 장애인의 경우에, 어떤 취향을 가지고 있는지 알지만 그것이 없어지는 경우 장애로 여겨지는 재능을 갖고 있는지의 여부는 알지 못할 때 사람들은 첫 번째 제도와 같은 보험을 들 것으로 추정된다. 따라서 외로운 애의 추한 외모가 대단히 불쾌감을 준다면, 그것은 아마도 장애로 규정될 수 있을 것이며, 이로 인해 외로운 애에게 상당한 보상의 자격이 주어지게 될 것이다.

4. 드워킨에 대한 네 가지 반론

드워킨의 최종 제안[14]이라고 할 수 있을 이 혼합 제도[일반적인 장애인에게는 두꺼운 무지의 베일의 보험을 들게 하고, 수익성 있는 재능을 가진 사람에게는 얇은 무지의 베일의 보험을 들게 하는 제도]는 다수의 난점을 발생시킨다. 드워킨 자신은 선망심이 존속하리라는 사실을 그 제안의 주요한 난점으로 언급한다. 즉 혼합 제도에 따라 정당한 보상을 받은 후에도 실직된 사람은 여전히 스타 영화배우를 선망할 가능성이 크다. 스타 영화배우의 연기력은 수요가 많으며, 따라서 보험료를 낸 이후에도 자신[실직한 사람]보다 훨씬 더 높은 소득을 받을 것이기 때문이다(Dworkin 1981b, 329). 그러나 이런 난점은 사람들이 보험을 들기로 결정할 때 최소극대화 기준을 채택하지 않는다고 가정해야만 발생할 수 있다.[15] 사람들이 최소극대화 기준을 채택한다고 해도 — 내가 논증했듯이(3장 3절에서) 정의의 문제와 관련해 합리적으로 그렇게 가정할 수 있는 것처럼 — 그들은 여전히 (외로운 애와 사랑스런 애가 우리의 두 상황 가운데 첫 번째 상황에서 그랬던 것처럼) 불평등한 수익력을 갖게 될 것이다. 하지만 [최소극대화 기준을 채택하는] 제도에서는 모든 가능한 내적 부존 자산을 각 사람에게 동등하게 하고, 이로 인해 사람들 사이에서 존속할 만한 복지의 차이를 그들의 재능이 아니라 그들의 선호 탓이 되게 하는 방식으로 이런 불평등을 변화시킬 것이다.

그러나 최소극대화 형태의 보험제도에도 적용되는 세 가지 추가적인 반론들이 존재한다. 첫째, 장애를 수반하지 않는 불평등의 경우 임의적인 편향이 수익성이 좋은 재능과 수익성이 좋지 않은 재능 사이에 존속한다는 반론이 존재한다. 사랑스런 애의 수익력이 외로운 애의 수익력보다 열등한 반면, 외로운 애의 연애 능력이 사랑스러운 애의 그것보다 더 열등하다면, 드워킨의 제도는 사랑스런 애의 열등한 수익력에 대한 보상을 위해 외로운 애로부터 사랑스러운 애로의 자원 이동을 정당화한다. 그러나 연애를 하는 능력 면에서 외로운 애가 보여 주는 열등함을 보상하기 위해서는 아무것도 하지 않아도 되는가? 왜 이런 편향이 정당화되어야 하는가? [이 제도는] 왜 우리의 내적 부존 자산들 중에서도 시장에서 팔리거나 팔릴 수 있는 측면을 특권화하고, 물리적인 이유로든 사회적인 이유로든, 시장에서 팔리지 않거나 팔릴 수 없는 측면은 경시하는 것일까?[16]

둘째, 일반적인 장애와 특수한 재능의 결여 사이의 중요한 구별은 여전히 문제가 있다. 그런 구별의 배후에는, 그것을 소유하든 안 하든, 모든 이가 확고하게 가치 있다고 여기는 일반적 재능(이를테면 시각 능력)이 존재한다는 그럴듯한 직관이 자리 잡고 있다. 그러므로 특수한 재능(말하자면, 오보에를 연주할 수 있는 능력)에 대한 욕망과 다르게, 일반적 재능에 대한 욕망은 특정한particular 내적 부존 자산에 의해 규정되지 않는다고 별 문제없이 가정할 수 있다. 그러므로 이 같은 특정한 부존 자산을 고려 대상에서 제외한다고 해서 일반적 부존 자산에 대한 욕망까지 고려 대상에서 제외할 필요는 없으며, 따라서 위에서 고려된 첫 번째 보험제도는 유의미할 수 있다. 다시 말해, 우리는 자신이 모르는 일반적 재능의 결여에 대비해, 우리에게 알려진 선호를 참조해 — 장애에 대비한 — 보험을 의미 있게 들 수 있다. 여기서 난점은 일반적 재능의 결여에 얼마나 많은 관심을 가지는지가, 우리가 가진 특수한 취향으로부터 독립해 있지 않으며, 따라서 이런 취향들을 발생시키는 데 도움을 주었을지도 모를 특정한particular 재능으로부터 독립해 있지도 않다는 점에 있다. 누군가에게 [찾아올 수 있는] 왼손 마비는 분명히 장애로 간주되지만, 무지의 베일에 가린 채로 그런 상황에 대비해 얼마나 많은 액수의 보험을 들기 원할 것인지는, 좀 더 구체적인 어떤 재능을 소유한 결과, 이를테면 피아노 연주에 대한 강한 열망을 발전시켰는지의 여부에 의존하게 될 것이다. 따라서 최초의 보험제도가 특수한 재능이 결여된 상황에 부적절한 것으로 여겨진다면, 장애인에게도 부적절한 것으로 여겨질 것이 틀림없으며, [따라서] 차선의 해결책 — 재능은 알려지지만 수익력은 알려지지 않은 드워킨의 보험제도 — 을 전면적으로 적용하는 것이 논리적 일관성을 가질 수 있다. 그러나 이[런 조치]는 외로운 애에게 가혹한 운명을 낳는다. 즉 아무리 그녀가 추하더라도, 그녀의 잠재적 소득이 그녀의 추함에 의해 영향을 받지 않는 한, 그녀에게는 아무런 보상도 주어지지 않을 것이다. 수익을 낳는 재능과 수익을 낳지 못하는 재능 간의 첨예한 비대칭성을 약화시켰던 적절한 구분이 [일반적인] 장애와 여타의 재능의 결여 사이에서는 성립하지 않는다. 그러므로 우리의 두 난점들 중 두 번째 난점은 완전히 해결되지 않은 채로 남아 있다.

저 두 반론들의 누적 효과를 고려해 볼 때, 얇은 무지의 베일을 지지하기 위해 두터운 무지의 베일을 폐기하는 논증을 재검토하는 건 합당해 보인다. 사람들의 선호나 삶에서 중요한 것이 무엇인가에 대한 그들의 관점이 종종 그들이 소유하게 되는 재능에 의해 영향을 받는다는 걸 부정하기는 힘들다. 그러나 — [이 보험구상의] 전체적인 시행이 설정되는 추상 수준에서 — 전자를 고려 대상에서 제외하지 않고는 후자를 고려 대상에서 제외하는 것이 불가능하다는 결론이 따라 나오지는 않는다. 내가 B가 되지 않았다면 A가 되지 않았을 것이라는 사실이 반드시 내가 B라는 것을 알지 않고서는 내가 A라는 것을 아는 걸 상상할 수 없음을 함축하지는 않는다. 그러나 우리가 얇은 베일 제도로 되돌아간다고 해서 곤경에서 벗어날 수는 없다. 왜냐하면 순수하고 얇은 무지의 베일과 순수하고 두터운 무지의 베일 양자에 똑같이 적용되는 마지막 반론이 드워킨의 혼합 제도에도 적용되기 때문이다.

어떤 형태의 반사실적인 보험제도가 선택되든, 그것은 특정한 형태의 값비싼 취향의 문제를 발생시키기 때문에 우리가 처음에 설정한 과제를 달성하지 못한다는 이유로 비판 받을 수 있다. 반사실적인 보험제도는, 앞서 지적되었듯이(3장 3절), 복지의 평등과 같은 것이 아니다. 그 제도는 쾌활한 사람으로부터 우울한 사람으로 부존 자산이 불공정하게 이전되는 것을 용납하지 않는다. 그러나 그 제도는 상이한 취향 때문에 동일한 재능을 가진 사람들에게 동등하지 않은 외적 부존 자산을 주게 된다.[17] 당신과 내가 형편없는 오보에 연주 실력을 포함해 동일한 내적 부존 자산을 가지고 있다고 가정해 보자. 나는 연주 자체를 목적으로 삼아서든, 아니면 내가 연주를 통해 돈을 벌 수 있는 운명을 타고 났다고 믿기 때문이든, 훌륭한 오보에 연주자가 되려는 야심에 강하게 집착한다. 당신은 그 대신 우리 둘 다 더 많은 재능을 갖고 있는 테이블 축구 선수가 되려는 야심으로 현명하게 바꾸었다. 보험제도의 얇은 무지의 베일 형태나 드워킨의 혼합 변종하에서, 훌륭한 오보에 연주자가 되는 것이 나의 수익력에 영향을 주는 한 나에게는 보상의 자격이 주어지지만, 당신에게는 그렇지 않을 것이다. 두터운 형태하에서는, 오보에를 연주함으로써 전혀 돈을 벌 수 없다고 하더라도, 나에게는 보상의 자격이 주어질 것이다. 그러므로 세 변형태들 모두에서 우리가 피하려고 했던 것들 중 하나를 우리는 다시 발견하게 된다. 당신에 비해 나는, 그 비용을 나 스스로 부담하는 것이 정당한, 값비싼 취향을 갖고 있다. 상대적으로 말하면, 당신이 상황에 따라 야망을 바꾸었다는 이유로 불이익을 받아야 한다는 주장은 옳지 못하다.

보험제도의 세 변이들 모두를 통해 당신은 오보에를 연주하려는 당신의 취향에 걸맞은 재능이 부족하기 때문에 비용이 많이 들 것으로 예상되는 상황에 대비해 가상적으로 보험을 들 수 있다. 그 제도는 복지의 평등을 발생시키지 않는다. 왜냐하면 그 제도는 취향은 있지만 재능이 결핍되는 상황에 대비해 당신이 보험을 드는 것을 가능하게 하지, 사회적 분포상 희귀한 재능을 필요로 하는 일을 하고 싶다는 당신의 취향에 대비해 보험을 들게 하지는 않기 때문이다.[18] 제안된 그 제도에서, 오보에를 연주하는 데 취향을 가진 사람은 (다른 조건이 같다면) 그 대신 또 다른 활동, 이를테면 더 널리 퍼진 재능을 필요로 하는 휘파람불기 같은 활동에 대한 취향을 가진 사람이 접근할 수 있는 것보다 더 낮은 복지수준에 접근하게 될 것이다. 당신이 소유하지 (않은) **재능** 때문에 당신의 사정이 더 나빠지는 것은 아니겠지만, 당신이 가진 **취향** 때문에 더 사정이 나빠질 수는 있다. 그러므로 그 제도는 제한된 의미로 취향에 민감한 복지의 평등a limited, taste-sensitive equality of welfare만을 발생시킨다. 그러나 이런 제한된 의미의 취향에 민감한 복지의 평등으로는 그 제도가 값비싼 취향 반론에 취약해지는 걸 막지는 못한다. 왜냐하면 그 제도는, 우리가 보았던 것처럼, 사람들의 취향에 의존해 더 많은 보상이나 더 적은 보상을 주기 때문이다.[19] 그러므로 그 제도는 처음에 설정된 과제의 요구 조건에 부응하지 못하며 불평등한 재능이라는 맥락에서 실질적 자유의 축차적인 최소극대화를 어떻게 해석할 것인가에 대한 적절한 해석을 제공해 주지도 못한다. 값비싼 취향을 가진 사람에게 더 많은 자원을 제공함으로써, 그 제도는 더 소박한 취향을 가지고 하고 싶어 할 수도 있는 것을 하려는 사람들의 실질적 자유를 억압한다.

이런 반론 — 보험제도의 세 가지 변형태 모두에 적용되는 유일한 반론 — 에 대해, 누군가는 취향에 따르는 이런 차등적 보상이 괜찮은 대안이며, 드워킨(Dworkin 1981b, 293[국역본, 147-148쪽])이 선택적 운option luck이라고 부른 것의 결과라고 응수하고 싶어 할지도 모른다. 보험제도는 복권과 비슷하다. 만약 당신이 게임을 해서 잃는다면, 게임을 해서 이긴 당신의 여동생이나 게임을 자제했던 당신의 남동생에 비해 부당하게 대우받는다고 불평할 수 없다. 공정성은 사전적 평등 — 동일한 보험에 접근할 수 있는 가능성과 현실적 재능들에 대한 무지를 통해 제도 안에서 보장되는 — 을 요구하지, 사후적 평등 — 보험제도의 결과 동일한 내적 부존 자산을 가진 사람들에게 불평등한 외적 부존 자산을 제공할 수도 있는 — 을 요구하지 않는다. 그러나 확실히 이런 대답은 보험제도의 지위를 오해한 것이다. 취향의 차이에서 생긴 불평등한 결과는 관련된 사람들이 실제로 선택한 보험의 결과인 한에서만 선택적 운으로 규정될 수 있거나 정당화될 수 있다. 그러나 물론 취향의 차이에서 생긴 불평등한 결과는 관련된 사람들이 실제로 선택한 보험의 결과가 아니다. 여기서 보험은 재능의 불평등을 교정할 명확한 기준을 우리에게 제공하기 위해 설계된 순수하게 허구적인 사유 실험이기 때문이다. 그래서 일단 보험제도가 재능의 불평등을 교정하기 위한 명확한 기준을 제공하기 위해 설계된 순수하게 허구적인 사유 실험으로 간주되면, 외적 부존 자산이 취향에 민감하게 분배되어야 한다는 요구는 그 진상이 드러나게 된다. 즉 그것은 사람들은 자신들이 가진 선호에 대해 책임을 져야 하며, 따라서 사람들은 재능과 취향 사이의 불일치 때문에 동일한 재능을 가진 다른 사람들보다 [자신이] 더 많이 가질 것이라고 정당하게 기대할 수 없다는 원리로부터의 명백한 이탈이라는 것이다.

물론 우리가 대수롭지 않은 문제에 신경을 곤두세우는 것일 수도 있고, 게다가 평등하지 않은 재능의 맥락에서 우리의 모든 고려 사항들을 동시에 만족시킬 수 있는 기준이 존재하지 않을 수 있다.[20] 나는 그렇게 생각하지는 않으며, 그래서 다음 절에서는 기본소득의 정당성을 몇몇 조건 아래 보존하면서도 [우리의 모든 고려 사항들을 동시에 만족시키는 데] 성공적인 것처럼 보이는 대안적인 기준을 제시할 것이다. 하지만 그렇게 하기 전에, 드워킨의 고무적인 접근에 대한 마지막 논평을 하나 덧붙이고자 한다. 우리는 위에서(3장 2절) 외적 부존 자산의 평등에 대한 드워킨의 기준이 왜 내적 부존 자산 역시 포괄하는 확장된 경매로 일반화될 수 없는지를 보았다. 그러나 우리는 정반대의 질문을 던져서는 안 될까? 내적 부존 자산의 평등에 대한 드워킨의 기준이 외적 부존 자산에 적용되는 것을 방해하는 요인은 무엇인가? 다시 말해, 사람들의 재능을 모두 다 경쟁가격에 따라 평가하기 위해 그들이 받은 재화에 추가하는 대신, 모두 다 보험제도의 대상이 되게 하기 위해 사람들의 증여와 유산을 사람들의 재능에 추가하면 왜 안 되는가? 가장 단순한 보험제도의 변종에서, 이는 사람들이 그들의 취향을 보유하라는 요청을 받지만 ― 특정한 외적·내적 부존 자산의 내재적인 향유뿐만 아니라 그 특정한 외적·내적 부존 자산이 주는 수익력을 통한 그 자산의 도구적 향유에 대해 ― 그들의 부존 자산의 크기가 얼마나 되고, 그것이 무엇으로 이루어져 있는가에 대해서는 무지함을 의미한다. 이때 사람들은 취향을 고려해 최악의 외적·내적 부존 자산을 가지는 경우에는 최고의 보상을 받지만, 최고의 부존 자산을 얻게 되는 경우에는 가장 무거운 세금을 내는 방식으로 보험에 가입할 수 있다. 그러나 이런 보험제도는 우리가 이제까지 고려해 왔던 것과 다른 제도를 창출하지는 못한다. 전과 마찬가지로 우리가 최소극대화 기준 ― 그리고 외적 부존 자산의 비포화성non-satiation[*]과 같은 온건한 다수의 가정들이 주어질 때 ― 을 택한다면, 이렇게 구성된 전역적全域的, global 보험제도는, 외적 부존 자산의 가치의 균등화로 이끈다. 다시 말해 내적 부존 자산의 차이가 무시됐던 논의의 출발점에서 채택했던 기준으로 이끈다(2장 6절). 이 관찰은 외적·내적 부존 자산에 대한 드워킨의 논의의 일관성을 보여 준다. 즉 내적 부존 자산에 대한 드워킨의 처리는 외적 자원에 대한 그의 처리의 일반화다. 동시에 이런 관찰은 반사실적 보험제도에 관한 우리의 부정적인 결론[가설적 보험제도가 취향에 따른 차등적인 보상을 허용하며 사람들이 자신의 취향에 대해 책임을 져야 한다는 원칙에 충실하지 못하다]이 반사실적 보험제도의 가장 일반적인 형태를 무시하는 데 이르지는 못한다는 점을 보여 준다.

5. 애커먼 주장의 일반화

마지막 제안을 고찰하기에 앞서, 먼저 몇 단계 돌아가 보자. 우리 논의의 출발점(3장 1절)이었던 확장된 경매와 방금 본 드워킨의 보험제도 양자는

---

[*] 경제학 용어로 외적 부존 자산이 고갈되지 않는다는 의미다.

외적 부존 자산의 경우에 채택되었던 접근을 일반화한 것으로 간주될 수 있다(2장 7절). 드워킨의 보험제도는, 우리가 다음의 정식, 다시 말해, 어떤 사람에게 (실제로) 열려 있는 선택지들의 집합이 또 다른 사람에게 (실제로) 열려 있는 선택지들의 집합의 진부분집합이라면, 앞의 사람은 뒤의 사람보다 (실제로) 덜 자유롭다는 정식을 따른다면 발생하게 될 불확정성의 편재를 피하기 위한 가장 그럴듯한 방법으로 선택되었다. 여기서 제안된 기회비용이라는 측정 기준은 공간·시간적인 가능성이라는 물리주의적인 측정 기준보다 윤리적으로 훨씬 더 유의미해 보였다. 또 잠재적 복지라는 측정 기준과 다르게, 기회비용이라는 측정 기준은 값비싼 취향에 대해 일률적으로systematically 보상하지 않는다. 그러나 이 측정 기준 역시 평등하지 않은 재능의 맥락에서는 부적합한 것으로 판명 났기 때문에, 또 다른 사람의 선택지 집합 안에 어떤 사람의 선택지 집합이 엄격히 포함되어 있지 않다는 의미를 가진 매우 약한 평등의 개념으로 되돌아가는 건 가치 있는 일이다. 이런 제안을 매우 불평등주의적이라는 이유로 곧장 거부하려는 사람은 다음의 두 가지 고려 사항에 대해 성찰해야 한다. 먼저, 비포함의 기준은 이제 외적 부존 자산에 대한 강한 평등주의적 분배라는 배경하에서 작동하게 될 것이다. 두 번째로, 비포함의 기준은, 선택지를 가치 있는 실존에 대한 접근, 혹은 좋은 삶에 대한 분별 있는 관점을 위한 장치로 해석함으로써, 두드러지게 개선될 수 있고 훨씬 더 주의를 요하는 것이 될 수 있다. 여기서 '가치 있는'이나 '분별 있는'은 고려되는 그 사회에서 그것이 실제로 인정받고 있음에 의해 결정된다.

　방금의 제안[선택지를 가치 있는 실존에 대한 접근이나 좋은 삶에 대한 분별 있는 관점을 위한 장치로 해석함으로써 비포함의 기준이 훨씬 더 개선되고 주의를 요하는 것이 될 수 있다는 것]은 유전공학의 맥락에서 부르스 애커먼(Ackerman 1980, 116)이 내놓은 발상을 일반화한 것으로, 내적 부존 자산의 정의의 기준에 해당한다. 애커먼 자신이 사용한 '열등 다양성'dominated diversity은 유전적 특징에만 적용된다. 그러나 그 개념은 모든 재능이나 인간의 내적 부존 자산의 측면들로 자연스럽게 일반화된다. 이제까지 이해되어 왔던 것처럼, 인간의 내적 부존 자산의 측면들은 (출생 전이나 출생 후의) 우연적 요인이나, 한 사람의 가족 혹은 사회 환경에서 기인하는 특징들을 포함하기 때문이다. A의 내적 부존 자산(재능들의 벡터)은, 모든 사람이(좋은 삶에 대한 자신의 입장을 고려할 때) B보다 A의 내적 부존 자산을 갖기를 더 선호한다면 그리고 오직 그 경우에만, B의 내적 부존 자산보다 우월하다.[21] 만약 좋은 삶의 관점들이 너무나 다양하다면, A가 B보다 모든 면에서(다시 말해, 벡터의 모든 구성 요소 면에서) 우위에 있는superior 한에서만 그런 우월함이 발생할 수 있으며, 따라서 그런 우월함은 거의 발생하지 않을 것이다. 이를테면 시각 장애와 청각 장애가 있는 뇌성마비자는 그럼에도 어떤 사람보다 더 좋은 머릿결을 가지고 있을 수도 있으며, 혹은 산술 능력 면에서 다른 사람보다 더 뛰어날 수도 있다. 그런데 최소한 한 사람은, 그녀의 좋은 삶에 대한 관점을 고려했을 때, 이런 뇌성마비자의 내적 부존 자산[고운 머릿결 혹은 산술 능력]이, 좀 더 호감이 가는 내적 부존 자산인 것으로 충분히 간주할 수 있다. 그러나 사람들의 인생관이 [내적 부존 자산을 구성하는] 벡터의 다양한 구성 요소들에 부여하는 상대적인 중요성 면에서 수렴을 보이게 된다면, 우월성dominance이 확립되기 위해 요구되는 것은, 각각의 특징 [모두]에 대한 우위성superiority에 한참 못 미치게 될 것이다.[22] 극단적인 경우, 사람들이 혓바닥을 감는 능력에만 관심을 보인다면, 아무리 삶의 다른 모든 차원들에서 형편없이 작업을 수행한다고 하더라도, 이 차원에서의 우위성은 우월성을 필연적으로 함축하게 될 것이다.

애커먼에 따르면, 이 기준은 유전공학 문제에서 일관된 자유주의적 입장을 정식화하기 위해서뿐만 아니라 — 우리가 여기서 이 문제로 지체할 필요는 없다[23] — 유전공학이 사용되지 않거나 실패하는 경우, 더 나은 내적 부존 자산 때문에 누가 누구에게 보상을 해야 하는가를 결정하기 위해서도 매우 중요하다. 애커먼의 정식화는 이것이다. "인구 가운데 아무나 두 사람을 끄집어 내보자. 그들의 유전적 부존 자산을 비교해보라. 원칙적으로, 이때 오직 두 가지 결론만이 가능하다. A는 유전적으로 B보다 우월하고 그래서 B는 보상 지원을 적절하게 요구할 수도 있다. 혹은 A와 B는 비우월적undominated 평등의 관계에 있으며, 그래서 B가 A의 재능들을 아무리 선망한다고 하더라도 B는 지원을 얻지 못한다"(Ackerman 1980, 132). 등장하는 엄밀한 기준은 '비장애인'과 '장애인' 간의 표준적 구분과 대략 일치한다. 임의의 '비장애'인 X에 대해, 한 대규모 공동체의 **각** 구성원이 X보다 더 좋은 부존 자산을 가진 것으로 간주하는 한 사람의 이름을 대는 것은 매우 쉬운 일이겠지만, **모든** 사람이 X보다 더 뛰어난 부존 자산을 가진 것으로 간주하게 될 임의의 한 사람이 존재할 개연성은 매우 낮다. 다른 한편, 임의의 '장애인' Y에 대해, 일부 혹은 전부가 Y보다 더 적은 부존 자산을 가진 것으로 간주하는 사람을 발견하는 것은 여전히 가능하겠지만, Y보다 더 나은 부존 자산을 가진 것으로 간주하는 사람들을 발견하는 것은 용이할 것이다.[24] 그러므로 애커먼의 기준에 근거할 때, 임의의 비장애인에게 보상의 자격이 주어질 개연성은 매우 낮은 반면, 모든 '장애인'에게는 어떤 다른 (더 적은) '장애를 가진' 몇몇으로부터 그리고 (반드시 모두는 아니지만) 많은 '비장애'인들로부터 보상을 받을 자격이 주어지게 될 것이다.

어떻게 이런 기준이 실제로 사용될 수 있는가? 애커먼이 지적하듯이, 다수의 동료들에 의해 열등한 [것으로 간주되는] 폭넓은 [내적 부존 자산의]

● 가령 유전공학이 발달해 맞춤형 아기를 낳게 하는 기술이 등장하지만, 성공률이 높지 않아 맞춤형 아기 탄생에 실패하는 경우를 생각해 볼 수 있겠다.

범주들을 구분함으로써 논의를 시작해야 한다(Ackerman 1980, 133). 그러나 '우월한 내적 부존 자산을 가진 사람'the dominators이 '열등한 내적 부존 자산을 가진 사람'the dominated에게 얼마나 많은 보상을 해주어야 하는가? 최소한, '열등한 부존 자산을 가진 사람'은 물질적 부나 교육과 같은 [내적 부존 자산 이외의] 여타의 측면에서 타인보다 더 안 좋은 대우를 받지 않아야 한다(Ackerman 1980, 246-247). 이것을 넘어서, 애커먼이 말하고자 하는 것, 그리고 이것으로부터 말할 수 있는 요구는, 최소한 한 가지 다른 측면에서, 우월한 내적 부존 자산을 가진 사람들보다 적어도 어느 정도는 더 많은 것이 열등한 내적 부존 자산을 가진 사람들에게 주어져야 한다는 것이다. 그러나 좀 더 정확한 제안이 자연적으로 나온다. 우리는 폴리폴리스의 성격에 대한 처음의 규정을 통해, 폴리폴리스에 사는 사람들에게 지속 가능한 최고의 기본소득이 지급되며, 이런 기본소득은, 그들 모두가 동등한 재능을 갖추고 있다면, 정의[의 원리]가 요구하는 바라고 가정했다. 이때 누군가는 모두에게 주어지는 이 동일한 액수의 소득을 일률적으로uniformly 축소할 수 있을 것이며, 이렇게 비축된 금액을 '장애인'에 대한 보상으로 사용할 수 있을 것이다(안과 수술을 위한 자금처럼, 아마도 장애인들의 내적 자원을 개발하기 위해 사용되는). 이 절차는 **포괄적인**comprehensive 부존 자산, 다시 말해 외적 부존 자산이 딸린 내적 부존 자산의 각 쌍에 대해 어느 한 자산의 쌍을 다른 쌍보다 선호하는 사람이 적어도 한 명 존재하는 순간 [추가 지원은] 중단된다.[25] 모두에게 일률적으로 주어지는 외적 부존 자산이 0으로까지 내려가기 전에 이런 일이 일어날 것인지의 여부, 그래서 비우월적 다양성의 조건이 (정액세를 도입함으로써) 자기 소유권을 침해함이 없이 충족될 수 있는지의 여부는 경험적인 문제다. 그것은 기형과 사고의 빈도, 관련된 사회의 부, 좋은 삶의 관점의 다양성에 의존한다.[26]

우리는 거듭 우리의 과제를 완수한 것처럼 보인다. 확장된 경매와 다양한 반사실적인 보험제도들과 마찬가지로, 이렇게 윤곽이 그려진 절차를 통해 사람들의 내적 부존 자산과 무관하게 외적 부존 자산을 분배하는 것이 불공정하다는 사실을 인지할 수 있다. 동시에, 확장된 경매와 비슷하지만 반사실적 보험제도와는 다르게, 그런 절차를 통해서는 동일한 재능을 갖춘 두 사람이 가진 취향에 따라 더 많은 보상이나 더 적은 보상이 이루어지지 않는다. 확장된 경매안이 해결하지 못했던 두 난점들을 그 절차는 어떻게 처리하는가? 그것은 재능 있는 자의 노예화(핍쇼의 예)를 피하는 동시에, 수익을 낳는 재능에만 특권적인 관심을 기울이는 문제(광장의 벤치의 예 •)에서 벗어날 수 있는가?

첫 번째 쟁점과 관련해, 사랑스런 애 그리고 그녀와 비슷한 사람들은 [비우월적 다양성이라는 조건을 통해] 분명 확장된 경매의 경우보다 그들의 재능 탓에 부담해야 할 불이익으로부터 더 잘 보호를 받는다. 만약 그 사회가 외로운 애와 사랑스런 애와 같은 재능을 가진 사람들로만 이루어져 있다면, 또 외부로부터(말하자면 자연으로부터) 그들 각자가 이용할 수 있는 외적 자원들이 최저 생계를 포괄하기에 충분할 정도로 주어졌다면, 아무리 사랑스러운 애들의 수익력이 좋다고 하더라도, 여가를 선호하는 사랑스러운 애들로부터 여가를 마찬가지로 선호하는 외로운 애들로의 재분배는 이루어지지 않았을 것이다. 그 대신 최저 생계 수준에 이르기 위해 어떤 일이 필요하다면, 사랑스런 애들이 일하는 것이 외로운 애들이 뜨개질로 수익을 올리는 것보다 축차적으로 더 나쁜 것(다시 말해, 아무리 보수를 더 많이 준다고 해도 더 나쁜 것)으로 간주되지 않는다면, 필요한 소득을 버는 더 빠른 방법을 사용할 수 있는 사람으로부터 그렇지 못한 사

• 3장 2절에서 확장된 경매 제도가 실시된 후 외로운 애가 추한 외모로 광장에서 모욕과 고통을 당하지만 수익성 있는 내적 자산이 아니라는 이유로 전혀 보상을 받지 못한 사례를 말한다.

람으로의 약간의 재분배가 적절할 것이다. 그러나 이렇게 한다고 해도 사랑스런 애들이 자신들의 운명보다 외로운 애들의 운명을 더 선호하는 지점에 이르지는 못한다. 왜냐하면 모든 이가 사랑스런 애의 상황을 외로운 애의 상황보다 선호하는 한에서만 재분배는 정당화되기 때문이다.

그러나 비우월적 다양성이라는 제약 조건하에서 기본소득을 극대화하는 이전 제도가 일반적으로 비우월적 다양성이라는 제약 조건을 만족시키는 유일한 제도가 아니라는 점을 인정하는 게 중요하다. 열등한 내적 부존 자산을 가진 사람을 위해, 포괄적인 부존 자산이 더 이상 열등하게 되지 않는 지점까지 모든 이의 기본소득을 줄이는 대신, 열등한 내적 부존 자산을 가진 사람에 대한 추가적인 분배를 통해 타인들의 포괄적 부존 자산에 대한 우월성을 수반하는 지점까지 훨씬 더 멀리 나아갈 수 있다. 최소한 한 사람이 장애를 가진 사람의 운명을 선호하기 시작하자마자 그 과정을 중단하는 것은, 모든 이가 장애인의 운명을 선호하기 직전에 그 과정을 중단하거나, 그 둘 사이의 어느 지점에서 중단하는 것만큼이나 정당하지 않다. 두 번째 극단적 가능성[모든 이가 장애인의 운명을 선호하기 직전에 분배 과정을 중단하는 것]은 첫 번째 극단적 가능성[최소한 한 사람이 장애를 가진 사람의 운명을 선호하기 시작하자마자 그 과정을 중단하는 것]만큼이나 비우월적 다양성의 의미로 이해되는 부존 자산의 평등과 모순되지 않는다. [그러나] 두 번째 극단적인 가능성을 채택했다면, 우리는 물론 재능 있는 자의 노예화라는 문제에 빠졌을 것이다. 사랑스런 애가 속한 사회에서 가능한 한 돈을 많이 버는 것에만 관심을 두는 사람이 적어도 하나 있다고 가정한다면, 이때 아무리 사랑스런 애가 그 일을 혐오한다고 하더라도, 그녀는 무거운 정액세를 내기 위해 핍쇼에서 오랜 시간 동안 일할 수밖에 없을 것이다.[27] 그러나 여기서 비우월적 다양성은 모두를 위한 실질적 자유의 이상의 성격을 완벽하게 규정하기 위해 제안된 것이 아니라 기본소득의 극대화에 대한 제약 조건의 요소로 제안된 것이다.

두 번째 쟁점, 즉 그 제도는 수익을 낳는 재능들에 어떤 특권을 인정하는가? 분명히 아니다. 수익을 낳는 재능이든, 수익을 내지 못하는 재능이든, 오직 '장애'에 대해서만, 다시 말해 만장일치로 인정되는 전면적인 불이익overall disadvantaged에 대해서만 보상이 허용된다. 수익을 낳는 재능의 경우, 이런 불이익이 시력 상실이나 하반신마비처럼 하나 혹은 그 이상의 주요한 식별 가능한 약점defects이 결합된 형태일 필요는 없다. 이런 약점은 시장 수요가 있는 서비스를 창출하는 특성이 충분히 없는 데서 기인한 경제적 무능력을 의미한다.[28] 실질적 (지속 가능한 최고의) 기본소득을 지급하는 넉넉한 사회에서, 이런 일[시장 수요가 없어 발생하는 경제적 무능력자의 출현]은 결코 발생할 수 없을 것이다. 그러나 비숙련자에 대한 임금률과 지속 가능한 최고의 기본소득의 수준 모두가 낮은 가난한 사회에서, 이런 일은 흔히 발생하게 될 것이다. 이때 우리는 필요한 이전의 재원을 마련하기 위해 기본소득을 0으로까지 낮추어야 할 수도 있다. 실로 이런 일이 자기 소유권이라는 제약 조건에 의해 미연에 방지되지 않았다면, 우리는 기본소득을 (정액세의 형태로) 마이너스의 수치까지 낮추어야 했을 것이다. 이것은 모두를 위한 실질적 자유에 대한 관심에 의거해 조건적인 최저보장소득을 권장하는 경우다. 왜냐하면 자신의 부존자산으로는 생계를 꾸려 나갈 수 없는 사람들을 확인하는 가장 효과적인 방법이 적절한 일자리가 없다는 증거를 제시하는 사람으로 이전을 제한하는 것이라면, 노동 의향 요건을 포함한다는 의미에서 이 최저소득보장제도가 조건적이어야 한다고 제안하는 것은 이치에 맞기 때문이다. 더욱이 일단 이런 종류의 요건이 필요하다고 인정된다면, 사전적인 이전 제도는, 전산화된 지급 체계를 갖춘다고 해도, 사후적인 이전 제도보다 반드시 더 저렴한 비용으로 관리된다고 할 수 없다. 그러므로 실질적 자유지상주의의 관점에서 볼 때 자산 심사와 노동 의향에 대한 심사를 거쳐 최저 소득을 주는 것이 적절한 조건들이 존재한다.[29] 그러나 우리의 비우월적 다양성 기준에 따를 때, (다원화된 사회에서 그럴 수 있는 것처럼) 돈을 벌 수 있는 능력 면에서 더 뛰어난 모든 사람들이 최소한 한 사람에 의해 결정적이라고 판단되는 [돈 버는 능력 이외의] 최소한 하나의 측면에서, 돈 벌이 재능이 없는 누군가보다 더 사정이 안 좋다면, 그 사람이 돈을 버는 데 서툴다는 사실을 통해서는 만장일치로 인정되는 생필품 이상의 것의 이전을 정당화할 수 없다.

몇몇 반론들을 고찰하기 전에, 현재의 접근을, 외적 부존 자산의 공정한 분배에 대한 우리의 기준과 밀접하게 연관된, 선망부재의 개념과 연관시키는 것이 이해를 도울지도 모르겠다. 외적 부존 자산에 대한 드워킨-베리언의 선망부재 기준은, 어떤 사람이 자신의 부존 자산보다 다른 사람의 부존 자산을 선호하는 그런 사람들의 쌍이 존재하지 않을 것을 요구한다. [반면, 여기서 우리의 기준인] 비우월적 다양성은 오직 **모두가** 한 사람의 부존 자산을 다른 사람의 부존 자산보다 선호하는 그런 쌍이 존재하지 않을 것을 요구한다.[30] 앞서 언급한 대로(3장 1절), 부존 자산이 내적 특징을 포함하는 것으로 이해되자마자, 첫 번째 기준[드워킨-베리언의 선망부재 기준]은 일반적으로 만족시킬 수 없다. 즉 외로운 애만큼의 부존 자산과 소득에 대한 주체할 수 없는 충동을 가진 누군가는 사랑스런 애와 같은 외적 부존 자산을 갖자마자, 사랑스런 애의 부존 자산을 선망할 것이다. 그러나 사랑스런 애는, 누군가가 외적 자원을 통한 보상적 이전으로 [외로운 애의] 이런 선망을 (아무리 부적절하다고 해도) 축소하려 하자마자, 외로운 애의 포괄적인 부존 자산을 선망할 것이다. 두 번째 기준, 곧 비우월적 다양성은 이런 배경하에 선망부재를 **잠재적인** 선망부재로 대체하고, 이를 통해 방금 언급된 일반적 불가능성을 회피하는 것으로 간주될 수 있다. 포괄적인 부존 자산이 공정한 방식으로 분배되기 위해 더 이상 어느 누구도 다른 누군가의 부존 자산을 선망해서는 안 된다는 것이 아니라, 최소한 하나의 이용 가능한 선호 명세표하에서(이것은 각 쌍별 비교에 따라 변할 수 있다) 어느 누구도 다른 누군가의 부존 자산을 선망해서는 안 된다는 것만이 요구된다. 다시 말해, 다양한 포괄적인 부존 자산들의 모든 개별적인 정렬집합들의 교집합에 의해 주어지는 부분정렬 the partial ordering°에 따라 불공정을 정의하는 기준을 얻을 수 있을 것이다.[31]

6. 충분하지 않은 재분배?

이런 점에 비추어, 먼저 우리의 기준이 너무나도 적은 재분배를 정당화한다는 반론에 대해 고찰해 보자. 이런 반론을 제거하기 위해서는, 시력 상실을 맹인에 대한 축복으로 여기고, 이를 근거로, 맹인에 대한 보상을 중단해야 한다고 요구하는 별난 사람을 고찰하는 것으로 충분하다. 이런 도전에 맞서기 위해, 관련된 선호 명세표가 진실된 것이며 어떻게든 관련된 사람이 이용할 수 있는 것이어야 한다는 점을 강조하면서 논의를 시작해야 한다. 왜냐하면 A라는 부존 자산을 가진 사람으로부터 B라는 부존 자산을 가진 사람으로의 이전이 이루어지는 재분배가 끝나기 위해

● 부분 정렬은 모든 사람들이 대안 x와 y를 대안 z 보다 우위에 둔다면, x와 y의 순서를 매길 수 없더라도 z를 거부하거나 피할 수 있는 것처럼, 대안들의 순위를 부분적으로 매기더라도 중요 사항에 대한 의견 수렴이 이루어진다면 선택이 가능함을 보여주는 개념이다. 판 파레이스는 아마르티아 센이 정의론에 적용한 이 개념을 내적 부존 자산에 적용하고 있다. 센은 이 이론에 따라 보편적인 의료 서비스에 해당하는 제도를 실시하지 않는 국가가 보편적인 의료 서비스의 다양한 변형태들을 실시하는 국가들보다 덜 정의롭다고 평가할 수 있다고 주장한다. 이에 대한 상세한 설명은 다음을 참조하라. A. Sen, *The idea of Justice*, Belknap Press; Reprint edition (May 31, 2011), pp. 396-400.

서는, 누군가가 B가 A만큼이나 좋다고 선언하거나 심지어 그렇게 믿는 것으로는 충분치 않기 때문이다. 그런 재분배는 A보다 B를 가졌을 때의 모든 귀결들을 알고 이해하는 최소한 한 사람이 좋은 삶에 대한 자신의 관점에 비추어 B가 A보다 더 나쁘지 않다고 판단하는 게 참일 때만 끝날 수 있다. 우리가 염두에 둔 별난 사람들 몇몇[의 선호]는 그들이 말하고 있는 것이 무엇인지를 [우리가] 이해하지 못한다는 이유로 확실히 [고려할 가치가 있는 선호 명세표에서] 제외될 수 있다. 만일 누군가가 남는다고 해도, 그들[별난 사람들]은 고립된 하위 사회에 속할 개연성이 있다. 그 사회의 문화 세계는 타인들이 이용할 수 있는 것이 아니며(이것이 타인들이 그들을 이상한 사람으로 간주하는 정확한 이유다), 그리하여 그의 선호 명세표는 일반적으로 이용 가능한 것으로 간주될 수 없다.[32] 만약 이런 두 조건들이 충족된다면, 다시 말해 이해 혹은 이용 가능성의 문제가 없다면, 그래서 '괴짜스러움'queerness이 남아 있지 않다면, 재분배를 중단하는 건 전혀 충격적인 일이 아닌 것처럼 보인다.

두 번째로, 제안된 해법[비우월적 다양성]이, 비록 일반적으로 수용 가능한 것이라고 해도, 정확히 다른 모든 이들에 의해 그의 부존 자산이 나쁘다고 간주되는 사람이, 우월성이 발생하지 않도록 하는 [적응적] 취향을 가진 유일한 사람이라면, 그래서 이를테면 장애로 고통 받고 있음에도 자신의 선호를 조정함으로써 자신이 처한 상황과 타협하려는 사람이라면, [비우월적 다양성 기준이] 적합하지 않다고 반론할 수 없는가? 복지 평등주의와 마찬가지로, 비우월적 다양성은 이런 적응적 취향adaptive tastes •

• '적응적 선호'(adaptive preference)라고 부르기도 한다. 이는 이솝우화의 여우처럼 충족되지 못한 선호에서 오는 좌절을 안고 사는 것이 힘들어 성취할 수 없었던 목표가 본래 추구할 만한 가치가 없다고 스스로를 설득하는 것을 말한다. 즉 본문에 나와 있는 것처럼, "자신의 선호를 조정함으로써 자신이 처한

을 가진 사람을 불리하게penalizing 만드는 달갑지 않은 귀결을 갖는 것처럼 보인다. 이때 어떤 사람 자신의 선호를, 비우월적 다양성 기준과 관련된 쌍별 비교에서 배제하는 수정안을 고려해 볼 수 있다. 그러나 이는 명백히 잘못된 조치다. 먼저, 그런 수정안은 동일한 장애를 가진 사람들에게 상이한 수준의 보상의 자격을 주는 것을 가능하게 하는데, 이는 드워킨의 [보험] 제도를 거부했던 결정적이었던 함축이다. 이런 함축을 매우 비정상적인 방식으로 보여 주는 사례로 두 사람을 상상해 보자. 그들 중 한 사람은 자신이 속한 공동체에서 유일한 무신론자다. 그런데 그는 몇몇 핵심적인 종교적인 실천, 말하자면 몇 시간이고 기도하는 데 필요한 특징, 이를테면 튼튼한 양쪽 무릎을 결여하고 있다. 위에서 제안된 수정안에 따르면, 괴이하게도, 이런 특징의 결핍에 전혀 신경을 쓰지 않는 무신론자는 보상을 받는 반면, 그런 무능력에 의해 매우 비참한 상황을 겪게 되는 신앙인은 아무런 보상도 받지 못하게 된다.[33] 더욱이 제안된 수정안은 적응적 취향을 가진 사람을 불리하게 만드는 문제점을 차단하지 못한다. 우리는 보통 유사한 상황에 처한 다수의 사람들이 유사한 선호들을 발전시킬 것이라 기대할 수 있기 때문이다. 그러므로 적응적 취향을 가진 사람들이 존재한다고 하면, 그들에 대한 재분배는 막히고 말 것이다.

누군가는 적응적 취향 때문에 보상 자격을 상실할 위험이 있는 사람의 선호뿐만 아니라 그런 사람과 객관적인 사정을 공유하는 모든 사람들의 선호를 무시할 것을 요구함으로써 제안된 수정안에 대한 양 반론들 [동일한 장애에 다른 보상 수준의 준다는 반론과 적응적 선호가 가져 오는 단점]을

상황과 타협하려는" 것을 말한다.

처리하고 싶어 할 수도 있다. 그러나 다차원적 연속체 위에 위치한 점들로 이루어진 포괄적 부존 자산들을 아우르는 비교를 할 때 '유사한 상황들'을 의미 있게 규정하는 데 어려움이 따른다는 점을 깨닫자마자 이런 전략이 가망이 없는 것이라는 점은 명백해진다. 이로부터 다음의 제안이 따라 나온다. 왜 원래의 수정안과 개정안의 양자택일 대신 비우월적 다양성이라는 단순한 기준을 고수해서는 안 되는가? 역량들과 장애들의 특정한 집합에 잘 들어맞거나 혹은 잘 들어맞게 된 특이한 선호 패턴의 소유는 그런 패턴을 갖지 않았다면 그녀에게 주어졌을 보상의 자격을 박탈한다. 그러나 이것이 무슨 문제인가? 물론 그런 선호가 진실한 것이고 망상에 의존하지 않으며 충분한 정보 및 이해understanding와 양립한다는 점을 확실히 해야 한다. 이런 논점은 논란의 여지 없이 적응적 취향을 가진 사람을 '불리하게 대우하는' 직관에 반하는 사례들에도 성립할 수 있을 것이다. 이 밖에도, 일부 사람들의 선호를 무시하는 것은 그가 마땅히 받아야 할 평등한 존중을 하지 않는 것과 다를 바 없다.

비우월적 다양성이 충분한 재분배를 정당화하지 못한다는 취지의 또 다른 반론이 존재한다. 이 반론은 어떤 사람의 포괄적인 부존 자산에 속하지 않는 상황과 관련된 특징들을 강조한다. 첫 번째 예시를 위해, 사람들이 똑같은 재능을 가지고 있고, 또 똑같은 값어치의 외적 자원을 가지고 있으며, 그들이 자란 지역에 대한 강한 애착을 포함해 같은 선호를 갖고 있다고 가정해 보자. 하지만 생활비가 다른 지역보다 어떤 지역에서는 훨씬 더 많이 들기(관련된 사람들에 대한 내재적 가치와 관련이 없는 이유들로) 때문에, 어떤 사람들은 더 낮은 생활수준을 대가로 해서만 그들의 고향에서 계속 살려는 욕망을 충족시킬 수 있다고 가정해 보자. 두 번째 사례로, 사람들이 동일한 재능, 똑같은 값어치가 나가는 외적 부존 자산, 그들의 삶에서 해낼 수 있는 것에 대한 강한 제약 조건이 될 수 있는 연로한 친척들에 대한 강한 의무감을 포함한 동일한 선호를 가지고 있지만, 일부에게는 연로한 친척이 있고, 일부에게는 그런 친척이 없다고 가정해 보자. 어느 사례에서든, 포괄적인 부존 자산들 가운데 열등 다양성은 존재하지 않는다. 그러나 우리는 그 공동체에서 이용할 수 있는 또 다른 선호 명세표를 채택하는 것이 어려운 게 그 사람들 탓이라고 말할 수는 없다. 모든 선호가 동일하다고 가정했기 때문에 또 다른 선호 명세표는 존재하지 않기 때문이다. 이는 선망부재와 비우월적 다양성이, 얀 틴베르헌(Tinbergen 1946, 59-60)에 의해 선망부재의 개념에 대한 유명한 최초의 정식화에서 실제로 제안되었던 것처럼, 오히려 '상황'(외적 부존 자산과 내적 부존 자산을 포함하지만 그것들을 넘어선다는 의미에서)을 고려해 정의되어야 함을 시사한다. 상술한 두 사례들에서, 비우월적 다양성 기준을 통해 동일한 재능을 가진 사람들에게 넓은 의미로 이해되는 객관적 상황의 불리함을 보상하는 방식으로 동등하지 않은 가치의 외적 부존 자산을 보조하는 것이 정당화될 것이다. 그러나 여기서 다시, 선호의 다양성은 곧바로 보상의 필요성을 차단하게 될 것이다. 즉 특별한 보상의 근거가 사라지기 위해서는, 그 공동체의 구성원 가운데 하나가 그녀가 태어난 장소 근처에 살거나 연로한 친척을 돕는 것에 관심을 두지 않는 것으로 충분하다.[34]

7. 대안 전략

비우월적 다양성이 충분한 재분배를 요구하지 않는다는 반론을 처리하기 위해, 나는 관련된 선호가 진실한 것이며 이용할 수 있는 것이라는 일반적 전략을 강조했다. 이렇게 하는 과정에서 누군가 생각할 수 있을 법한 최소한 세 가지의 대안적 전략들을 내가 거부하고 있다는 점은 강조할 만한 가치가 있다. 첫 번째 전략은 부존 자산을 사람들이 좋은 삶이라고 믿을 수 있는 것을 추진하기 위한 수단이 아니라, 좋은 삶이라고 알고 있는 것을 추진하기 위한 수단으로 간주하는 것이다. 후자는[사람들이 좋은 삶이라고 알고 있는 것을 추진하기 위한 수단] 매우 동질적인 방식으로 파악되지 않을 수도 있으며, 그렇기 때문에 완벽한 정렬을 제공하기에 미흡할 수도 있다.[35] 그렇지만 사람들이 좋은 삶이라고 알고 있는 것을 추진하기 위한 수단들의 정렬은, 비우월적 다양성 기준이 채택되었다면 차단될 수 있었을 괴이한 선호들의 목록이 존재함에도 불구하고, [그런 선호들에 대한] 재분배를 고려할 만큼 충분히 제한적일 수 있다. 그러나 이 첫 번째 전략을 채택하는 것은, 실질적 자유지상주의의 핵심 전제 가운데 하나인, 동등한 존중의 가정을 넘어서서 특정인의 선개념conception of the good을 강화하는 것이다(1장 8절).

두 번째 전략은 이 가정[만인에 대한 동등한 존중의 가정]을 유지하지만, 하나의 부존 자산이 또 다른 부존 자산보다 우위에 있다는 만장일치의 동의가 존재할 때만 재분배가 정당화된다는 요구 조건을 약화시킨다. 말하자면, 왜 3분의 2의 다수의 동의에 만족해서는 안 되는가? 대부분의 경우, 이 제안을 통해 괴이한 선호나 적응적 선호의 가능성을 통해 비우월적 다양성 기준에 대해 제시되는 난점들이 제거될 수 있을 것이다. 그러나 이 전략은 치명적인 난점들을 발생시킨다. 첫째, 그 접근은 마리 장 콩도르세Marie Jean Condorcet의 역설°에 의해 예시된 것과 매우 유사한 순

● 18세기 후반 프랑스의 수학자이자 정치가였던 콩도르세가 주장한 것으로 '투표의 역설'이라고 부르기도 한다. 한 유권자가 A를 B보다 선호하고(A > B), B를 C보다 선호할 경우(B > C), A를 C보다 좋아해야 한다(A > C). 하지만 최다득표제하에서는 이 같은 선호의 이행성에 위배되는 결과(C > A)가 나올 수도 있다는 것이다. 이는 단순 다수결을 통한 투표가 구성원의 선호를 제대로 반영하지 못함을 나타낸다

환의 가능성을 열어 놓는다. 즉 B의 부존 자산보다 A의 부존 자산을 선호하는 다수가 존재할 수 있고, C의 부존 자산보다 B의 부존 자산을 선호하는 또 다른 다수가 존재할 수 있다. 그러나 A의 부존 자산보다 C의 부존 자산을 선호하는 또 다른 다수가 존재할 수 있다. 이 경우에, 우리는 A로부터 B로의 재분배, B로부터 C로의 재분배를 필요로 할 것이며, 이를 통해 다수의 A에 대한 C의 선호를 이전보다 훨씬 더 강한 것으로 만들 것이다. 선호 명세표의 제한이 없다면, 만장일치만이 비우월적 다양성 기준을 무용하게 하는 순환에서 벗어날 수 있게 해준다. 둘째, 좀 더 근본적으로, 특정한 선개념을 보유한 사람들의 숫자 [자체는] 실제로 의미가 없다는 문제가 있다. 위에서 설명한 대로, 사람들이 또 다른 부존 자산과 비교되고 있는 자신의 부존 자산이 [또 다른 자산보다] 더 나쁘지 않은지의 여부를 알 수 있게 해주는 관점을 그럴듯하게 채택할 수 있는지의 여부, 그래서 그런 관점을 채택하지 못한 데 대해 정당하게 책임을 질 수 있는지의 여부가 중요하다. 이것이 그 사람의 공동체 안에서 (임의의 수의) 이용 가능성이 [비우월적 다양성의] (대략적으로) 충분한 조건을 제공한다는 주장이 의미하는 바다.

세 번째 전략은 여기서 제안된 접근에 가장 근접한 복지주의적 접근의 변형태에 주목한다. 이 전략은 리처드 아네슨(Arneson 1989; 1990a; 1991; 1992a)이 다양한 글들에서 복지를 위한 기회의 평등이라는 제목으로 제시하고 옹호했던 것으로, 외적 부존 자산의 정의로운 분배와 관련해서 이미 간략히 논의된 바 있다(2장 6절). 이 대안적 기준을 고려할 때 핵심이 되는 질문은 취향이 가변적인 것으로 가정되는지 아니면 고정된

(《시사상식사전》, 박문각).

것으로 가정되는지의 여부다. 만약 취향이 완전히 가변적인 것으로 가정된다면, 모든 이는 어떤 부존 자산에 대해서든 만족할 수 있으며, 그래서 모든 부존 자산은 동등한 것이 된다. 그 대신 취향이 고정된 것이라면, 오보에를 연주하려는 취향을 가지고 있지만 재능이 없는 사람은 복지를 위한 더 적은 기회를 갖게 될 것이고, 따라서 그런 취향이 없는 동일한 재능의 사람에게는 부여되지 않을 보상의 자격이 그에게 주어지게 될 것이다. 모든 취향에 대한 만족과 값비싼 취향에 대한 보상이라는 딜레마에서 벗어나기 위해 가변성malleability을 '접근 가능한' 선호 명세표로, 다시 말해 획득할 역량을 갖고는 있지만 반드시 그런 욕망을 가지지는 않는 취향으로 제한할 수 있다. 이때 복지를 위한 기회의 평등은 최적의 접근 가능한 선호 명세표 아래에서 기대되는 복지의 수준이 모두에게 평등하다면, 기대되는 복지의 수준이 접근 가능한 선호 명세표 가운데 가장 적합한 것에 따라 모두에게 평등하다면(아마도 취향 변화의 비용을 고려하면서) 달성된다. 이때 다음과 같은 두 가지 이유로 딜레마에서 벗어날 수 있다. ① 접근 가능성에 대한 제한 때문에 모든 부존 자산이 복지를 위한 동일한 기회를 낳는 것은 아니다. 또 ② 두 사람이 취향에 대한 동등한 통제력을 포함해 동일한 재능을 지닌다면, 복지를 위한 기회의 평등에 따라 그들의 현재의 취향과는 무관하게 그들은 동일한 대우를 받을 것이다.

이런 접근은 위에서 명료화된 비우월적 다양성과 거의 유사한 것이며, 그래서 누군가는 이 둘 사이에 어떤 차이가 있는지 궁금해 할 수도 있다.[36] 접근 가능성의 기준(복지를 위한 평등한 기회를 재해석하기 위해 사용된)과 이용 가능성의 기준(비우월적 다양성을 명료화하기 위해 사용된)이 실제로 같은 것이라면, 차이가 어디에 있을까? 두 범주의 사람들로 이루어진 한 사회를 고찰해 보자. 즉 어떤 사람들은 조용하고 힘들지 않은 삶에 대한 취향을 가지고 있고 — 이들을 히피라고 부르자 — 또 다른 사람들은 큰 야심을 가지고 — 이들을 여피라고 부르자 — 있다. 히피들은 여피들보다 정적인 삶에 더 잘 어울리는 재능을 가지고 있고, 여피들은 히피들보다 자신의 야심에 훨씬 더 잘 어울리는 재능을 갖고 있다. 그러나 이런 취향이 주어졌을 때, 히피들의 복지 혹은 선호 만족을 위한 기회는(어떤 비동어반복적인 해석에 근거하든), 그들의 더 적은 '야심' 때문에, 여피들보다 훨씬 더 많다. 그러나 양 범주의 사람들 중 어느 누구도 그 상황(재능과 취향이 더해진)을 또 다른 범주에 속한 사람의 상황과 맞바꾸려고 하지 않을 것이다. 히피의 입장에서 볼 때, 여피의 삶은 완전히 무의미한 삶이다. 반면 여피의 견지에서 볼 때, 히피의 삶은 정말로 평범한 삶이다. 이 이야기를 바탕으로, 비우월적 다양성과 복지를 위한 평등한 기회의 함축들을 두 가지 상이한 사실적 가정들 아래서 대비해 보자.

먼저 취향이 가변적이지 않다고 가정해 보자. 즉 사람들은 자신의 취향에서 벗어나지 못하며, 따라서 그런 취향을 변화시킬 수 없음이 그들의 내적 부존 자산의 한 특징이다. 전체적인 상황에 입각해 선망이란 존재하지 않으며 — 열등 다양성은 더더욱 없다 — 고 우리가 가정했기 때문에, 비우월적 다양성은 [이 경우에] 어떤 이전도 요구하지 않는다. 그러나 기대되는 선호 만족의 수준에서 차이가 날 것이라고 우리가 가정했기 때문에, 복지를 위한 기회의 평등의 원리는 [이 경우] 큰 보상 이전을 요구하며, 흥미롭게도 히피들이 자신의 재능에 만족하는 것과 같은 정도로 여피들이 만족하는 것을 가능하게 하기 위해, 더 적은 재능을 가진 히피가 더 많은 재능을 가진 여피에게 보상을 하기 위한 이전을 요구 한다(이는 비록 여피들이 그들 자신의 생활 방식뿐만 아니라 히피들의 생활 방식에 더 잘 적응하는 재능을 가지고 있다고 하더라도 성립할 것이다). 이런 보상을 중독에 대한 보상과 같은 것으로 생각한다면, 방금 말한 것과 관련해 직관에 반하는 함축은 없다고 누군가는 주장할지 모르겠다. 그러나 중독의 개념은 두 가지 것을 뒤섞는다. 즉 중독은 (쉽게) 제거할 수 없는 취향이고, 동질감을 가질 수 없는 취향, 다시 말해 중독은 우리의 근본 목표를 추구하는 데 방해 요인이 될 수 있는 취향이다. 그러나 우리의 예에서는 오직 첫 번째 특징[쉽게 제거될 수 없다는 점]만이 가정되었다. 만약 두 번째 특징[동질감을 가질 수 없다는 점] 역시 가정되었다면, 선망부재는 더 이상 성립할 수 없을지도 모르며, 또 두 번째 특징이 가정되지 않는다면, 비우월적 다양성은 중독된 여피로의 이전을 정당화하면서 복지를 위한 평등한 기회에 합류할 개연성이 있다. 그러나 두 번째 특징이 현존하지 않는다면, 다시 말해 여피들이 야심적인 취향에 사로잡혀 있지만, 그것을 제거하기를 원치 않는다면, 비우월적 다양성과 다르게 복지를 위한 평등한 기회의 원칙이 권고하는 대로 재능을 덜 가진 히피들로부터 재능을 더 많이 가진 여피들로의 이전을 정당화하는 것은 무엇인가? 사람들에게 혹은 사람들 사이에서 자원을 분배할 때 중요하거나 중요하게 여겨야 하는 유일한 것이 복지 혹은 선호 만족(을 위한 기회)이라는 (반자유주의적인) 견해만이 그런 이전을 정당화할 수 있는 유일한 근거다.

두 번째로, 이제 각 범주에 속한 사람들이 다른 범주에 속한 사람들의 취향을 (아주 적은 비용으로) 자기 것으로 삼을 수 있다고 가정해 보자. 이때 사람들의 특정한 취향(혹은 그 취향을 바꾸지 못하는 무능력)은 더 이상 그들의 내적 부존 자산의 고정된 특징으로 간주될 수 없을 것이다. [이 경우에] 비우월적 다양성은 또다시 [취향이 변하지 않는 경우와] 구분되는 이유 — 현재의 선호와 함께 (전체적인 상황이 아니라) 재능들의 묶음에 대한 선망의 부재 — 이기는 하지만 그 어떤 이전도 요구하지 않을 것이다. 다른 한편, 복지를 위한 평등한 기회는 야심 있는 삶에 대한 준비가 덜 된 사람들(히피들)로부터 준비가 더 잘 된 사람(여피들)들로의 이전을 정당화할 것이다. 비록 이번에는 히피들뿐만 아니라 여피들이 힘들지 않은 삶을 준비하기 위해 요구되는 한도 안에서만 이전이 이루어지며, 이를 통해 가장 유리한 취향들의 집합에 따라 복지를 위한 동일한 기회를 부여하겠지만 말이다(이 경우에, 첫 번째 경우와는 다르게, 여피들이 두 유형의 생활 방식에 살 준비가 더 잘 되어 있다면 반대 방향으로 이전이 이루어질 것이다). 비록 여피들이 히피들의 평범한 삶을 무시했으며, 그래서 행복을 추구하는 이런 가능성을 결코 활용하지 않을 것이라고 해도, 복지를 위한 평등한 기회의 관점에 입각해 볼 때, 이런 이전은 정당화될 것이다. 왜 그런가? 다시 한번 중요한 것 혹은 중요시해야 할 것은, 사람들이 이에 관해 어떻게 생각하든, 복지 혹은 선호 만족(을 위한 기회)이라는 주장만이 답이 될 수 있다. 만약 선에 대한 이런 일원론적 견해가 폐기된다면, 비우월적 다양성은 명백한 대안이다.[37]

8. 너무 많은 재분배?

이제 앞의 반론과 대칭이 되는 반론으로 논점을 전환해 보자. 너무 적은 재분배를 함축하기는커녕, 비우월적 다양성은 너무 많은 재분배를 정당화하지 않는가? 비우월적 다양성 기준은 [너무 많은] 재분배를 권장하기 때문에, 드워킨(3장 4절)과 여타의 제안들(2장 6절)에 대한 반론으로 제시된 값비싼 취향 반론과 양립 불가능하다는 것이 이런 비판의 한 가지 이유라고 할 수 있다. 우리가 오보에 연주에 취향을 가지고 있지만 재능은 없는 사람은 이런 불운한 취향의 비용을 다른 사람이 부담하도록 해서는 안 된다고 말할 수 있다면, 이와 유사하게, 보는 것에 취향을 가진 시각 장애인이나 듣는 것에 취향을 가진 청각 장애인은 자신이 가진 취향에 대한 비용을 스스로 부담해야 한다고 말해야 하지 않나? 방금 언급된 주장은 [여기서] 제안되고 있는 기준[비우월적 다양성] 배후에 있는 직관을 두드러지게 한다. 잠재적인 선망부재가 시작되고, 이용 가능한 선호 명세표들의 목록이 어느 쪽의 부존 자산도 다른 쪽의 부존 자산보다 만장일 치로 선호되지 않는 그런 것일 때 두 사람 간의 보상은 중단된다. 모든 이가 부존 자산 B보다 부존 자산 A를 선호한다는 사실은, B라는 자산을 갖춘 개인이 B보다 A를 지속적으로 선호할 책임을 지게 해서는 안 된다 고 여기기 위한 매우 그럴듯한 근거를 제공해 준다. 어느 누구도 합리적 으로 가지지 않을 것 같은 선호를 그 사람이 채택할 것이라고 기대할 수 없기 때문이다. 이런 이유로 시각 장애인이나 청각 장애인은 문제없이 상당한 수준의 보상을 기대할 수 있다.[38] 그러나 이것이 [비우월적 다양성 기준의] 기저에 있는 직관이라면, 우리는 물론 관련된 공동체의 [장애에 대 한] 적절한 정의definition를 골라내는 데 주의를 기울여야 한다. 자신의 주 먹을 효과적으로 사용하지 못하는 무능력, 메카로 순례 여행을 떠날 수 없거나 혹은 옷 색깔을 맞춰 입지 못하는 무능력은, 동질적인 문화 소집 단이 관련된 공동체로 채택된다면, 보상되어야 할 '장애'로 간주될 수도 있다. 반면 다양하고 다원적인 사회가 그 대신 선택된다면 그렇지 않을 수도 있다. 관습의 본성, 그리고 그 관습이 공유되는 정도를 고려해 여기 서 제시된 기준에 따라 적절한 보상으로 간주되는 것을 규정할 수 있 다.[39] 동질적인 집단에서 벗어날 실질적인 가능성이 있고, 선한 삶에 대 한 다양한 개념들을 확산시키는 대중매체가 널리 퍼져 있는 우리 사회에 서 관련된 선호 명세표의 범위는 매우 넓을 수 있다.[40]

일관된 자유지상주의자라면 제안된 그 기준이 과도한 재분배 수준으 로 이끈다고 생각할 수밖에 없게 하는 두 번째 이유가 존재한다. 비우월 적 다양성 기준이 엄격하게 만족되기 위해서는 공동체 구성원 대다수의 실질적 자유에 대한 부당하고 큰 희생이 요구될 개연성이 크지 않은 가?[41] 사실, 선한 삶에 대한 다양한 개념을 허용하는 한 사회에서, 비우 월적 다양성을 만족시키기 위해 필요한 재분배의 수준은 복지의 평등, 이를테면 확장된 경매라는 의미의 자원의 평등을 달성하기 위해 요구되는 수준보다 훨씬 더 낮다. 어떤 사람이 자신이 가진 초기의 열등한 부존 자산을 최소한 재분배 제도에 기여한 사람들이 가진 부존 자산만큼이나 좋은 것으로 여기자마자 재분배는 중단될 수 있다. 그러나 분명 어떤 사람들은 너무나 심한 장애를 갖고 있어서 사회의 나머지 [사람들]로부터 엄청나게 큰 이전이 이루어진다고 해도 그들의 상황을 거의 개선하지 못할 수도 있으며, 따라서 여전히 비우월적 다양성 기준을 만족시키지 못할 것이다.

이런 반론을 적절히 다루기 위해, 비우월적 다양성에 두 가지 단서를 달아야 한다. 먼저, 지속 가능성이 전면에 등장하는 한, 실질적 자유지상주의의 관점에서 볼 때 [비우월적 다양성 기준에 대한] 정당한 제약 조건을 제시하는 것은 비우월적 다양성의 단순한 형태가 아니라 축차적으로 최소극대화된 형태다. 비우월적 다양성 [기준]을 지속적으로 만족시키기 위해 필요한 과세와 [소득] 이전의 영향력이 어떤 우월성의 패턴을 계속 유지함으로써 얻어지는 것이라면, 모두를 위한 최대의 실질적 자유에 대한 관심에 따라 분명히 그런 상태[우월성의 패턴이 유지되는 상태]가 허용될 수 있다.[42] 두 번째로, 형식적 자유의 우선성과 마찬가지로, 비우월적 다양성의 우선성은 엄격한 방식으로 이해되어서는 안 된다. 비우월적 다양성 기준에 대한 '가벼운' 위반이 사회의 나머지 [사람들]의 '큰' 손실을 예방하게 해준다면 그것은 허용될 수 있다. 따라서 장애가 심각한 사람에 대한 추가적인 재분배가 (역동적 효과를 고려할 때) 생산의 절대 수준을 끌어내리는 효과를 갖기 전에 [그런 재분배를] 중단하는 것은 정당할 수도 있다. 왜냐하면 추가적인 보상을 매우 크게 한다고 하더라도 수혜자의 상황이 거의 실감할 수 없을 정도로만 개선될 것이기 때문이다. 이런 두 가지 단서들은 파레토 최적을 포함하지만 그것으로 환원되지는 않는 '집계적 고려 사항'이 전면에 등장해야 하며 그래서 분배에 편중된 비우월적 다양성 기준은 약화되어야 한다는 센의 우려(Sen 1990b, 462-163)에 효과적으로 대처하는 데 큰 도움이 된다. 그뿐만 아니라 두 가지 단서들은 평등주의적인 관심보다 때로는 더 우선시되어야 하는 중요한 비평등주의적인 가치가 있다는 아네슨(Arneson 1992a, §5)의 반론에 대처하는 데도 큰 도움이 된다.[43]

이렇게 명료화되고 단서가 붙은, 비우월적 다양성이라는 요구 사항은 [기본소득을] 제약하는 중요한 조건으로 남아 있다. 모든 상황에서 그것은 기본소득의 지속 가능한 최고 수준을 상당히 축소시킬 것이며, 또 어떤 상황에서는 그 수준을 제로까지 내려가게 할 것이다.[44] 그러나 방금 언급된 단서들을 염두에 둘 때, 선진화된 산업국가의 전반적인 조건에서, 형식적 자유 및 비우월적 다양성이라는 기준과 양립 가능한 지속 가능한 최고의 기본소득은 확실히 매우 실질적일 것이라고 기대할 수 있으며, 모두에 의해 생필품으로 간주되는 것을 초과하리라고 기대할 수 있다. 충분히 다양할(이것은 '주관적' 이유로 지배를 덜 빈번하게 하는 것이다) 뿐만 아니라, 충분히 건강하고(이것은 '객관적' 이유로 지배를 덜 빈번하게 하는 것이다) 충분히 부유한(이것은 평균적인 외적 부존 자산을 빠르게 끌어올린다) 사회에서, '장애를 가진' 사람들에게는 차등적 이전의 자격이 주어질 것이다. 하지만 '비장애'인들로 이루어진 대다수에게는 실질적 기본소득에 대한 자격이 계속 주어질 것이다.[45]

뢰머 대 드워킨

드워킨의 접근에 대한 가장 빈틈없는 논의들 중 하나 안에서, 존 뢰머 (Roemer 1985b, 1986)는 3장 3절에서 그 윤곽이 그려진 단순한 보험제도를 고려한 다음 거부한다. 먼저, 단순한 보험제도는 다수의 당혹스러운 함축들을 가진다. 예를 들어, 확장된 경매(3장 1절)와 마찬가지로, 단순한 보험제도는 "우리가 상황을 바로잡아 주고 싶어 하는 나쁜 운을 타고난 사람들에게 과잉 보상을 하는 것처럼 보인다." 즉 재능 있는 사람들은 재능 없는 사람들보다 더 가난하게 된다. 더욱이 (확장된 경매와 관련해서) 재능 있는 사람의 운을 개선하기 위해 도입되었음에도 불구하고, 단순한 보험제도는 재능 있는 자를 확장된 경매 제도에서보다 더 가난하게 만든다(Roemer 1985b, 173). 그러나 이런 주장들은, 각 행위자가 "어떤 세계의 상태가 발생할지를 고려하면서, 다양한 세계에서 그의 기대 효용을 극대화하는 방식으로 [보험금을] 지불하거나 받는 것에 동의한다"는 가정에 의존한다. 뢰머는 "행동에 대한 기대 효용 모델, 특히 보험에 가입하는 행동에 대한 기대 효용 모델이 최근에 도전을 받고 있다는 점"을 인정한다 (Roemer 1985b, 159). 더 나아가 그는 "드워킨이 이런 종류의 보험을 제안하지 않고(경제학자들은 이것을 합리적인 보험으로 간주한다) 오히려, 기대효용을 극대화하기 위한 것이 아니라 약간의 최저소득을 보장하기 위해 스스로 보험을 드는, 최저가 보험 증서minimum floor insurance 정책을 제안한다"고 결론 내린다. 드워킨은 그의 재난 보험이 어떻게 [⋯⋯] 정의되는지를 충분히 명확한 방식으로 기술하지 않는다"(Roemer 1985b, 175).

뢰머가 고려하지 않은 명백한 대안적 추측은 드워킨의 행위자가 기대효용이 아니라 최소효용을 극대화하고자 한다는 것이다. 최소극대화는, 당신이 살아가는 동안 내려야 하는 수많은 결정들 중 하나가 아니라, 당신의 전 생애에서 얼마나 많은 시간을 당신 마음대로 처분하도록 결정할 것인가라는 중요한 결정이 쟁점이 될 때 그럴듯한 것이 된다. 기대 효용 극대화에 대한 변론은 고려해야 할 기간이 길 때 설득력이 있다. 그러나 동전이 단 한 번만 던져질 때는 더 이상 작동하지 않는다[기대 효용 극대화는 기간이 짧을 때는 적용하기 힘들다].[46] 여기서 고려된 최선의 세계에서, 그런 최소극대화 복지 보험(취향은 알려지지만 재능은 알려지지 않은 상태)은, 취향이 주어진 모든 상황에서 복지의 균등화를 낳는다.[47] 이때 위에서 언급된 뢰머의 당혹스러운 구체적 함축들 모두를 피할 수 있게 된다. 즉 이 기준이 효용 극대화 대신 사용될 때, 재능 있는 자는 (같은 취향의) 재능이 없는 자보다 더 가난하게 될 수 없으며, 확장된 경매의 부당한 거래에서 그들이 얻는 것보다 더 궁색하게 되지도 않을 것이다. 이렇게 좀 더 관대한 방식으로 해석될 때, [드워킨의] 보험제도는 뢰머의 공격에 영향을 받지 않는다.

그러나 단순한 보험제도가 뢰머의 공격에서 벗어날 수는 없어 보인다. 왜냐하면 뢰머는 당혹스러운 함축들을 지적하는 데 만족하지 않기 때문이다. 뢰머는 "복지를 평등하게 하기 위해 자원을 분배하는 단 하나의 메커니즘을 제외하면, 복지 평등주의가 요구하는 식으로 이전 가능한 자원들을 분배하는 메커니즘은 존재하지 않는다"(Roemer 1985b, 175-176; 그리고 1986을 참조)는 취지의 일반적인 불가능성 주장 역시 입증하기 때문이다. 만약 이 주장이 타당하다면, 3장 1절에서 그 특징이 규정되었던 우리의 과제가 완수될 수 있는 방법은 존재하지 않으며, 따라서 보험 제도는, 결국 복지를 평등하게 하지 않는 여타의 제도와 마찬가지로, 자원 평등주의의 요구 사항을 구성하는 그럴듯한 요건들 중 최소한 하나를 위반할 수밖에 없다. 이런 요건들 중 하나인 일관성의 공리는, 균등화를 새로운 유형의 자원으로 확장할 때, 이런 자원들을 거의 갖고 있지 못한 사람들이 균등화의 결과 더 안 좋은 처지에 있지 않게 된다고 약정한다. 무해해 보이는 이런 요구 조건은 논점선취의 오류를 범하고 있다. 자원이, 어떤 사람의 객관적 상황과 결합되어 그의 복지 수준을 결정하는 취향을 포함해, 그의 복지에 영향을 줄 수도 있는 어떤 것으로 정의된다면, 이 공리는 값비싼 취향을 가진 사람들이 처벌받아서는 안 된다는 요구를 필연적으로 함축하게 된다. 그 대신 사람들의 부존 자산 — 그것을 갖거나 결여한 것에 대해 그들이 책임을 지지 않고서 그들에게 주어져 있는 것 — 과 그들의 취향 혹은 야심 — 그들이 정당하게 그것에 대해 책임이 있다고 주장될 수 있는 것 — 을 날카롭게 구분한다면, 이 공리는 더 이상 그렇게 철저하게 작동하지 못한다. 뢰머가 결국 인정하는 것처럼, "어떤 사람의 자원을 구성하는 측면들을 그의 선호를 구성하는 측면들과 구별하기 위한 기준을 정식화하는 데"(Roemer 1985b, 179-180) 성공한다면, 심지어 최선의 분석 수준으로 자원의 평등을 복지의 평등으로 환원하는 것을 막을 수 있다.[48]

그러나 일단 이런 개념적 구분이 이루어지면, 최소한 결정론적 입장을 취하지 않는 사람에게는 누구나 유의미한 경계를 이끌어 내는 것이 원칙적으로(비록 실천적으로 쉽지는 않겠지만) 불가능하지 않다.[49] 부존 자산으로 규정될 수 없는 요인들은 이때 자원의 평등이 복지의 평등으로 함몰되는 것을 막아 줄 수 있으며, 이를 통해 값비싼 취향을 가진 사람들에 대한 보상을 차단할 수 있다. 일단 적절한 경계가 그려지면, 위에서 기술된 가설적 보험제도는 모두가 동등하게 행복하게(혹은 행복하지 않게) 되는 지점까지 활달한 사람에게 과세하고 의기소침한 사람에게 보조금을 주는 논리적 귀결을 갖지 않게 된다. 배경 가정들 — 복지 수준의 개인 상호 간 비교 가능성을 포함해서 — 을 고려하면, 동일한 취향을 가진 사람들은, 그들의 재능이 무엇이든, 결국 같은 [수준의] 복지에 도달하게 될 것이다. 그러나 상이한 취향을 가진 사람들은 그렇지 않을 것이다.

부유함, 풍족함, 풍부함과 최저보장소득

비우월적 다양성이라는 제약 조건 때문에, 실질적 자유지상주의의 정의관에 따라 기본소득보다는 오히려 자산 조사나 노동 연계의 형태로 최저소득을 보장하는 상황들이 존재한다. 이런 상황들은 다음처럼 그 특징을 규정할 수 있다. 그 사회의 모든 구성원들의 자기 소유권을 침해하지 않고 모두에게 최소한 그들이 만장일치로 생활필수품으로 간주한 것을 포괄하기에 충분한 소득에 접근하도록 지속 가능한 방식으로 보장해 주는 사회를 **부유한 사회**affluent society로 정의하자. 그 사회의 모든 구성원들의 자기 소유권을 침해하지 않고 그들에게 최소한 생활필수품으로 그들 모두가 간주한 것을 포괄하기에 충분한 **기본소득**(2장 1절에서 정의된 대로)을 지속적으로 보장해 주는 사회를 **풍족한 사회**opulent society로 정의하자. 지속 가능한 최고의 보장소득이, 기본소득을 정의하는 네 가지 의미에서 무조건적이라는 비현실적 가정을 제외하면, 실질적 자유지상주의는 부유하지 않은 사회에서는 최저보장소득이 기본소득의 요소를 갖지 않고,

부유하지만 풍족하지 않은 사회에서는 약간의 기본소득의 요소를 가지며, 풍족한 사회에서는 완전히 기본소득만으로 최저보장소득이 구성될 것을 요구한다.

알렉 노브(Nove 1983)가 제안하고 판 파레이스(Van Parijs 1993a, ch. 10)가 사용한 언어로, 풍족함은 최저 생활에 필요한 수요를 지속적으로 포괄하는 비강제적인 공급이라는 비교적 약한 의미의 풍부함abundance과 일치한다. 풍부함의 더 강한 의미들은 최저 생계에 필요한 수요를 포괄하는 제로 가격 공급의 지속 가능성과, 제로 가격 수요를 포괄하는 제로 가격 공급의 지속 가능성을 포함한다. P가 지속 가능성을 의미하고, G가 무조건적 기본소득의 수준을, N_i, W_i와 X_i가 각각 개인 i의 필요, 바람, 전체 소득을 지시한다고 할 때, 이 세 개념들은 각각 다음처럼 그 특징이 규정될 수 있다.

$$P(\forall i, G \geq N_i) \text{ (풍족함)} \qquad (1)$$
$$P(\forall i, G = X_i \geq N_i) \text{ (강한 풍부함)} \qquad (2)$$
$$P(\forall i, G = X_i \geq W_i) \text{ (절대적 풍부함)} \qquad (3)$$

[(1)의 풀이: 무조건적 기본소득unconditional basic income인 G가 지속 가능한데, 이때 기본소득 G는 모든 개인 각자의 필요(액)needs N보다 크거나 같다.]

[(2)의 풀이: 무조건적 기본소득인 G가 지속 가능한데, 이때 기본소득 G는 개인의 전체 수입overall income X와 같고, 각 개인의 전체 소득 X는 전부 그 개인의 필요(액)needs N보다 크거나 같다.]

[(3)의 풀이: 무조건적 기본소득인 G가 지속 가능한데, 이때 기본소득 G는 개인의 전체 소득 X와 같고, 각 개인의 전체 소득은 전부 그 개인이 바라는 액수 W보다 크거나 같다.]

이 세 개념 가운데 가장 약한 것보다 훨씬 더 약한 부유함은 다시 모든 이의 필요를 포괄하는 그런 방식으로 소득을 창출하고 분배할 지속 가능성으로 그 특징이 규정될 수 있다. 다시 말해, 부유함은 다음처럼 규정된다.

$$P(\forall i, X_i \geq N_i) \text{ (부유함)} \tag{4}$$

[(4)의 풀이: 각 개인의 전체 소득 X가 전부 자신의 필요(액) N보다 크거나 같은 그런 전체 소득이 지속 가능하다.]

그러나 분배 충분성의 문제 때문에 부유함은 **집계적 충분성**aggregate sufficiency 혹은 총필요를 포괄하는 총소득을 지속적으로 낳을 수 있는 가능성보다 훨씬 더 요구 사항이 많다. 다시 말해, 부유함은 다음처럼 그 특징이 규정된다.

$$P(\Sigma X_i \geq \Sigma N_i) \tag{5}$$

[(5)의 풀이: 각 개인의 전체 수입 X를 합산한 수입이 각 개인의 필요(액) N을 전부 합산한 값보다 크거나 같은 그런 전체 수입이 지속 가능하다.]

비우월적 다양성과 선망부재

제안된 비우월적 다양성(혹은 잠재적인 선망부재)이라는 기준은 형식적으로 다음처럼 그 특징이 규정될 수 있다. 이 경우, 'E i'는 개인 i의 포괄적인 부존 자산을 가리키고, '≥k'는 '개인 k에 의해 엄격하게 더 선호되거나 등가로 판단됨'을 의미한다.

$$(\forall i)(\forall j)(\exists k) \; (E_i \geq_k E_j) \; \text{(비우월적 다양성)} \qquad (1)$$

[(1)의 풀이: 개인 k에 의해 개인 i의 모든 부존 자산은 개인 j의 모든 부존 자산보다 더 선호되거나 등가적이라고 판단된다.]

이것은 분명히 선망부재보다 훨씬 더 약한 의미를 가진다.

$$(\forall i)(\forall j)(E_i \geq_i E_j) \; \text{(선망부재)} \qquad (2)$$

[(2)의 풀이: 모든 사람이 자신의 부존 자산이 다른 사람의 부존 자산보다 낮거나 혹은 그에 못지않다고 판단한다.]

이것 역시 '잠재적인 선망부재'(Fleurbaey 1994를 참조)보다 충족시키기가 훨씬 더 쉽다. '잠재적인 선망부재'는, 각 사람에게, 현존하는 어떤 선호 명세표의 존재로 이해된다(가능하지만 반드시 그녀 자신의 선호 명세표는 아니다). 이것은 만약 그녀가 그것을 채택했다면, 다른 모든 이들의 부존 자산보다 그녀 자신의 부존 자산을 더 선호하게끔 했을 그런 선호 명세표를 말한다. 다시 말해, 다음처럼 그 특징이 규정될 수 있다.

$$(\forall i)(\exists k)(\forall j)\ (E_i \geq_k E_j)\ (\text{'잠재적인 선망부재'}) \qquad (3)$$

[(3)의 풀이: 각 개인의 부존 자산은 전부 그것이 다른 개인의 부존 자산들보다도 선호될 만하다거나 등가적이라고 판단할 개인을 지닌다.]

그러나 이것은 '비우월적 다양성'이라는 표현에 대한 다른 두 가지 이해보다 훨씬 더 강한 것이다(Fleurbaey 1991을 참조). 한 가지 이해는, 모든 판단자들에 의해서 다른 모든 부존 자산들보다 더 선호되는 그런 부존 자산을 지닌 사람은 없다는 것만을 요구한다. 즉

$$\sim(\exists i)(\forall j)(\forall k)\ (E_i \succ_k E_j)\ (\text{만장일치의 최상의 선택의 부재}) \qquad (4)$$

다른 이해에 따르면, 비우월적 다양성은 그의 부존 자산이 다른 모든 부존 자산들보다 모두에 의해 엄격히 더 나쁜 것으로 여겨지는 사람이 없을 것을 요구한다. 다시 말해, 다음처럼 형식화할 수 있다.

$$\sim(\exists i)(\forall j)(\forall k)\ (E_i\ \langle\ _k\ E_j)\ (만장일치의\ 최악의\ 선택의\ 부재) \qquad (5)$$

[(5)의 풀이: 모든 판단자들에 의해서 다른 모든 부존 자산들과 비교해 확연히 더 나쁘다는 것이 알려지는 그런 부존 자산을 지닌 사람은 없다는 것을 요구한다.]

비우월적 다양성의 흥미를 끄는 강한 형태는 이터브와 니에토(Iturbe & Nieto 1992)에 의해 제안되었고, 마르크 플뢰르배이(Fleurbaey 1994)에 의해 수정되었다. 집단 K(i를 포함하는)의 크기(≤n)를 가능한 한 작게 선택하고 다음을 요구하자.

$$(\forall i)(\forall j)(\sim\exists K)(\forall k\in K)\ (E_i\ \langle\ _k\ E_j) \qquad (6)$$

[(6)의 풀이: 모든 개인에 대해서, 각 개인의 부존 자산이 전부 다른 개인의 부존 자산보다 못하다고 판정하는 사람들 전부를 포함하는 그런 집단은 없다.]

선망부재가 가능할 때, 이 기준은 선망부재 분배 대상의 외연을 결정한다. 선망부재가 가능하지 않을 때, 그 기준은 자원 면에서 지배를 받지 않는 다양성이 그런 것처럼, i의 부존 자산이 사회의 모든 n[명]의 구성원들에 의해 j의 부존 자산보다 열등한 것으로 인정되어서는 안 된다는 점만을 요구하는 것으로까지 비약하지 않는다. 좀 더 엄격하게, 위의 강한 기준은 i의 부존 자산이 사회의 구성원들의 어떤 부분집합 K에 의해 열등한 것으로 인정되지 않을 것을 요구한다. 선택selection 기준의 이런 정교화는, 내가 제안하고 있는 접근에 입각해, 앞선 기준이 정렬하지 않은 채로 남겨 둔 할당들의 [큰] 집합들을 정렬하는 이점이 있다. 그러므로 정교화된 선별 기준은 충분히 재분배적이지 않다는 반론(3장 6절)을 더 잘 다룰 수 있다. 그러나 어떤 변형태가 선택되든, 지나치게 재분배적이라는 반론을 수용하기 위해 필요한 수정을 고려하면(3장 8절)[재분배하지 말아야 하는 경우를 이 기준은 포함하게 된다는 반론] 더 강한 형태의 기준에 의해 주어진 지침이 나의 더 단순한 형태에 의해 주어진 지침과 현저히 다를 것이라고 생각하지는 않는다[부분집합으로 판단자의 크기를 수정한 형태의 기준은 기준이 너무 강하다는 반론은 잘 다루지만 기준이 너무 약하다는 반론에 대해서는 원래의 답변과 별 차이가 없다].

| 4장 |

자산으로서의 일자리

들어가기

△＿ 비우월적 다양성이라는 제약 조건을 도입함으로써 당신은 모두를 위한 실질적 자유에 대한 당신의 해석이 재능이 부족한 사람에게 편향을 가지고 있다는 내 느낌을 누그러뜨리기 위해 충분한 작업을 한 것 같습니다. 그러나 나는 이 해석 ― 몇몇 제약 조건에 따른 기본소득 최소극대화 ― 이 게으른 이, 곧 열심히 일하는 사람의 희생으로 서핑을 하면서 소일하기로 선택한 사람에게 유리하도록 편향되어 있다는 느낌을 훨씬 더 강하게 받습니다.

∅＿ 열심히 일하는 사람을 일에 미친 사람이라고 불러 주시겠어요? 좋은 삶에 대한 상이한 관점들 사이에 가치 평가가 이루어져 이것이 논증에 영향을 끼치기 시작하면 논증의 결론을 왜곡하기가 너무나 쉽습니다.

△＿ 좋습니다. 당신의 정의관conception of justice인 모두를 위한 실질적 자

유를 통해 우리가 사는 다원주의 사회에서 공존하는 다양한 도덕적 관점들을 동등하게 존중할 수 있다는 점을 저는 인정합니다. 그러나 제 논점은 정확히 당신의 해석이 차별적이라는 것입니다. 상황을 단순하게 하기 위해, 일에 미친 사람과 게으른 사람이 동일한 재능을 갖고 있다고 가정합시다. 지속 가능한 최고의 기본소득을 시행하기 위한 준비가 되어 있을 때, 당신은 일에 미친 사람에게 게으른 사람의 편한 상황에 대해 불평해서는 안 된다고 말하고 싶어 할 수도 있습니다. 왜냐하면 일에 미친 사람은 [게으른 사람과] 정확히 같은 선택을 내릴 수 있었기 때문입니다. 그러나 기본소득이 전혀 존재하지 않았다면, 나는 게으른 사람에게 일에 미친 사람의 풍족한 소득에 대해 불평해서는 안 된다고 비슷하게 말할 수 있었을 것입니다. 게으른 사람 역시 [일에 미친 사람과] 정확히 같은 선택을 할 수 있었을 것이기 때문입니다. 최대의 기본소득을 선택함으로써, 당신은 임의로 상황을 게으른 사람에게 될 수 있는 한 유리하게 만들고, 일에 미친 사람에게는 될 수 있는 한 불리하게 만들었습니다. 당신은 그것을 공정하다고 부를 수 있나요?(4장 1절)

Ø__ 게으른 사람과 일에 미친 사람에 관한 당신의 이야기가 전부라면 공정하지 않다는 데 동의합니다.

△__ 사실, 당신이 드러낸 편향은 롤스가 차등 원리를 처음 정식화했을 때 그것에 포함된 편향과 같은 성격의 것입니다. 20년도 더 전에 롤스에게 지적되었던 것처럼, 가장 안 좋은 처지에 있는 사람들의 소득과 부를 최소극대화할 때 가장 좋은 것은 여가 선호자입니다. 롤스는 이 비판을 받아들였고, 그 이후로 사회적 기본재의 목록에 여가를 추가함으로써 이런 편향을 제거하기 위해 차등 원리가 수정되어야 한다고 제안했습니다.

Ø__ 저는 롤스를 매우 좋아하며, 내심으로는, 그가 많은 경우 완전히 맞

았다고 생각합니다. 그러나 저는 이 경우에는 롤스가 명백히 틀렸다고 생각합니다. 당신이 그의 제안을 유심히 본다면(4장 부록을 참조), 롤스가 시종 동요하고 있으며, 반대의 편향을 도입한다는 점을 포착하게 될 것입니다. 그러나 저는 임의적이지 않은 '중립 지점'이 존재한다고 생각합니다. 왜 그런지를 당신이 알 수 있게 하기 위해, 당신의 단순한 이야기에 제가 좀 더 살을 붙여 보겠습니다. 일에 미친 사람은 더 높은 소득을 원하며, 따라서 더 많은 일을 할 준비가 되어 있습니다. 이런 목적을 위해 그녀가 사회의 희소 자원 ─ 말하자면 토지 ─ 의 동등한 몫만을 사용한다면, 게으른 사람을 돕기 위해 그녀에게 일 원도 과세해서는 안 됩니다. 그러나 그녀는 자신의 몫 이상을 사용하길 원할 수도 있습니다. 그 경우에, 자신의 몫보다 더 적은 것을 얻은 사람에게는 그가 포기한 것의 경쟁가격에 해당하는 것만큼을 [보상받을 수 있는] 자격이 주어지게 될 것입니다. 만약 이것을 당신이 수용한다면 ─ 적절한 이유로 그렇게 하기 위해, 당신은 실질적 자유의 척도에 관해 두 장 앞에서 제가 말했던 것을 상기할 필요가 있습니다 ─ 그리고 당신이 이 사례를 충분히 생각한다면, 사회의 외적 부존 자산의 1인당 가치 수준에서 기본소득 [을 분배하는] 정의관을 당신이 수용했다는 사실을 깨닫게 될 것입니다(4장 2절).

△__ 이것이 현실 세계에서 무엇을 의미하게 될까요?

∅__ 처음 봤을 때는 한 사회에서 증여되는 것이나 유증되는 것 전체가 100퍼센트 과세되어 모두에게 평등하게 분배되어야 함을 의미하는 것처럼 보일 수 있습니다. 그러나 이 주장은 즉각 유보되어야 합니다. 무엇보다 이런 기본소득이 지속 가능하게 최소극대화되려면, 훨씬 더 낮은 세율이 적절할 것 같다는 점이 인정되기 때문입니다.

△__ 당신의 이야기와 관련된 수치들에 대한 매우 간략한 고찰만 하더라

도 당신이 그런 식으로 정당화한 기본소득은 비참할 정도로 낮다는 걸 알 수 있을 것 같은데요.

∅__ 알고 있습니다. 이 문제 때문에 저도 잠시 당황했습니다. 왜냐하면 기본소득의 액수가 비참할 정도로 낮다는 것은 우리가 과거 세대들로부터 엄청난 양의 부를, 대체로 가장 넓은 의미의 기술이라는 형태로 공동으로 상속받고 있다는 강한 직관과 쉽게 일치되지 않기 때문입니다. 더욱이 더 미묘한 형태의 부의 이전을 발견하고 포착하려는 어떤 시도도 실질적인 성과를 낳지 못하는 것 같습니다(4장 3절).

△__ 결과적으로, 당신의 '중립적' 해법은, 부의 이전에 과세함으로써 재원이 조달될 수 있는, 최고의 기본소득에 당신이 안주할 수밖에 없게 합니다.

∅__ 저는 그렇게 말하지 않았고 그렇게 말하지도 않을 것입니다. 사실, 제가 그런 것을 해야 했다면, 이 한 권의 책을 쓸 필요가 없었을 것입니다.

△__ 그럼 당신은 기본소득을 정당하게 증가시킬 방법을 어디서 발견합니까?

∅__ 우리의 경제가 조직되는 방식 때문에 가장 유의미한 자산의 범주가 사람들이 가지고 있는 일자리라는 사실에 주목할 필요가 있습니다. 일자리는 직무와 편익의 패키지입니다. 물론 일자리가 자산으로 간주되기 위해서는, 그것이 공급 부족 상태에 있어야 합니다. 사람들이 모두 동일한 기술을 갖고 있고, 심지어 완전경쟁의 조건에 있다고 하더라도, 실업에 대한 미시 경제학의 몇몇 최근 성과들에 의해 깔끔하게 밝혀진 이유들, 이른바 효율성 임금 접근의 여러 변형태들과 같은 이유들 때문에 일자리 부족은 체계적으로 발생됩니다. 일자리가 부족한 상태에 있는 한, 일자리를 가지고 있는 사람은 적

당한 수준의 기본소득을 크게 증가시키기 위해 정당하게 과세될 수 있는 지대를 전유합니다(4장 4절).

△＿ 그러나 왜 당신은 일자리의 부족을 어쩔 수 없는 현실로 받아들이고 있습니까? 대부분의 사람들이 지금 믿는 것처럼, 총수요 진작 aggregate demand boosting이 지속적 효과가 있지 않을 것이라 당신이 믿는다고 하더라도, 당신은 최소한 노동시간 단축, 고용 보조금, 비자발적인 실업자에 대한 선별적 이전과 같은 대안적인 미시 경제적 정책들을 고려해야 합니다. 이런 정책들의 결합이 성공적이라면, 당신에게는 포착하고 재분배할 어떤 지대도 남아 있지 않게 됩니다.

∅＿ 그런 임의의 결합이 충분한 성과에 도달할 수 있을 것이라는 기대를 의심할 만한 유력한 이유들이 존재합니다. 특히 일자리가 매우 차별화되어differentiate 있으며, 그래서 어느 누구도 비자발적인 실업 상태에 있지 않다고 하더라도 매우 불평등한 방식으로 분배되는 다수의 지대들이 여전히 존재하는 경우에 그렇습니다. 그러나 이런 정책들[노동시간 단축, 고용 보조금, 비자발적인 실업자에 대한 선별적 이전 등]에 대한 나의 반론은 좀 더 근본적인 것입니다. 즉 그런 정책들 모두는, 취업에 대한 더 강한 선호를 가진 사람에게 호의적인 편향을 가지고 차별적인 방식으로 희소 자원을 사용하는 것과 같습니다. 만약 당신이 좋은 삶의 특정한 한 관점[취업을 하는 것]에 찬성하고 싶다면, 그렇게 말할 수 있을 것입니다. 그러나 모두를 위한 실질적 자유의 본질적 구성 요소인 중립성 요건과 일관성을 유지하려면 그렇게 할 수 없습니다(4장 5절).

△＿ 좋게 말해, 동일한 기술을 가진 사람들로 이루어진 세계에서조차도 모든 고용 지대를 포착하고 산정하는 것은 어려워 보입니다. 당신은 일자리 경매의 시행을 염두에 두고 있는 건가요?

∅＿ 이론적으로는 그렇습니다. 그러나 [일자리 경매의] 실제적인 시행에

관한 한, 세수를 지속적으로 극대화하기 위해 그 수준과 패턴이 결정되는 임금세wage tax를 염두에 두어야 합니다. 일자리의 가치는 그 일자리의 임금수준에 의해 망라되는 것이 아니기 때문에, 모든 지대를 이런 식으로 포착하지는 못할 것입니다. 그러나 강제 노동이 없으며(일을 언제든 그만둘 수 있다) 사람들에게 조세 구조에 적응할 시간(그리하여 [조세 구조의] 지속 가능성 조건의 중요성)이 주어져 있다고 가정하는 한, 당신은 지대 이상의 것을 포착하지 못할 겁니다.

Δ__ 당신의 주장은 부의 이전 이외에 임금 소득에만 정당하게 과세할 수 있음을 의미하나요? 자영업자는 내버려 두는 건가요? 그럼 자본 소득은 어떤가요?

∅__ 당신의 주장이 내가 제시한 해석의 함축이었다면 난처했을 것이라고 고백해야겠군요. 다행히 그렇지는 않습니다. 유사한 추론은 다른 범주의 소득에도 적용됩니다. 우리가 도달하는 것은 오히려 최고 수준의 기본소득입니다. 이것은 가능한 매우 차등화된 세율로 예측 가능한 방식으로 모든 형태의 소득에 과세함으로써 지속적으로 [그 재원이] 조달될 수 있습니다(4장 6절).

Δ__ 앞에서 당신은, 내가 가정한 단순한 상황을 설정하기 위해, 모든 노동자들이 동일한 기술을 가지고 있다고, 혹은 기술을 습득할 동일한 능력을 가지고 있다고 가정한다고 언급했습니다. 당신이 이 가정을 기각한다면 어떻게 되죠?

∅__ [동일한 기술을 가정하고 있던 지금까지의 논의를] 이런 일반적인 경우로 모순 없이 확장하면 다음과 같은 주장이 될 수 있다고 생각합니다. 즉 [숙련 노동자들이 아닌] 다른 어떤 사람들이, 비록 요구되는 기술(을 획득할 능력)을 가지고 있지는 않다고 하더라도, 숙련 노동자들의 일을 현재의 조건에서 하길 원하자마자 숙련 노동자들은 고용 지대를 전유하며, 따라서 숙련 노동자들의 임금에 정당하게 과세할

수 있습니다. 또 이것이 올바른 확장이라면, 지속 가능한 세수를 극대화하는 세율(혹은 세율의 패턴)로 소득에 과세하는 것이 현실적으로 시행될 수 있는 제도가 될 것입니다. 물론 기술 습득의 의지가 세금 공제 후의 낮은 수익에 대한 기대로 인해 꺾일 수 있다는 점을 염두에 두어야 하겠지만 말입니다.

Δ＿ 당신의 주장은 재능의 불평등에 대한 매우 넉넉한 보상을 함축하는 것처럼 보입니다. 하지만 이런 주장은 당신의 기준에 의해 정당화된 비우월적 다양성이라는 좀 더 인색한 보상 기준과 모순되지 않나요?

∅＿ 재능을 통해 좀 더 수월하게 접근할 수 있는 일자리는 외적 부존 자산의 일부입니다. 모두를 위한 실질적 자유의 원리는 최소수혜자의 부존 자산을 극대화하기 위해 그런 부존 자산의 가치가 모두에게 분배될 것을 요구합니다. 이것이 지속 가능한 기본소득의 최소극대화가 달성하고자 하는 상태입니다. 내적인 부존 자산의 경우, 더 재능 있는 사람을 노예화할 가능성 때문에 우리는 더 신중해야 했고, 우리의 평등주의적인 충동을 더 엄격히 제한해야 했습니다. 그러나 그 두 측면은 전혀 모순되지 않습니다. 사실, 비우월적 다양성이라는 기준이 재능이 빈약한 사람에게 너무 인색하다는 비난에 직면할 때 제가 불편한 감정을 느끼지 않은 것은 제가 이미 지적했던 방식으로 숙련된 일자리를 다루기 때문입니다(4장_7절).

Δ＿ 나는 당신의 논증에서 중요한 유비인 일자리와 표준적인 외적 부존 자산 간의 유비를 알고 있습니다. 그러나 당신은 [그런 유비를] 어디서 멈출 것인가요? 이를테면 당신은 어떤 사람의 파트너를 그녀의 부존 자산의 일부로 볼 수 없나요? 당신의 기본소득을 훨씬 더 증가시키기 위해 희소한 파트너를 가진 사람들에게 차등화된 세금을 부과하는 것은 어떤가요?

∅___ 저는 이런 추가적인 유비를 깨뜨릴 결정적인 방법을 발견하지 못했습니다. 그러나 아마도 그런 유비와 관련해 문제가 되는 것은 없다고 할 수 있을 겁니다. 당신은 어떻게 생각하나요?(4장 8절)

━━━━

1. 일에 미친 사람-게으른 사람 문제

나의 처음 주장(2장 1절)에 따를 경우, 실질적 자유를 축차적으로 최소극대화하기 위해서는, 모든 이의 형식적 자유가 적절하게 보호되어야 한다는 조건 아래에서, 무조건적 소득의 수준이 극대화되어야 한다. 이전 장에서 했던 것처럼, 재능의 차이를 진지하게 고려했을 때 우리는 기본소득 극대화에 대한 추가적인 제약 조건으로 주요한 단서qualification를 도입할 수밖에 없었다. 어느 누구의 포괄적 부존 자산comprehensive endowment도 다른 누군가[의 포괄적 부존 자산]에 비해 완전히 열등하지 않다는 점을 보장하는 한에서만, 이 단서는 실질적 자유의 축차적인 최소극대화 원리에 대한 정당한 해석을 제공해 준다. 그러나 이런 단서는 처음 주장[실질적 자유를 축차적으로 최소극대화하기 위해서는 무조건적 기본소득의 수준이 극대화되어야 한다는 것]에 대해 제기될 수 있고 또한 제기되어 왔으며, 사람들 간의 여하한 재능의 차이가 존재하지 않을 때도 적용되는, 또 다른 매우 심각한 반론을 무력화하는 데는 아무런 도움도 되지 않는다.

이 같은 반론의 핵심을 이해하기 위해, 동일한 재능을 가지고 있지만 다른 성향의 성격을 가지고 있는, 일에 미친 사람과 게으른 사람을 고려해 보자. 일에 미친 사람은 고소득을 올리고 싶어 하며 이런 목적을 위해 일을 많이 한다. 게으른 사람은 고소득 전망에 연연해하지 않으며 쉬엄쉬엄 일하기로 결심한다. 우리의 기준이 권고하는 것처럼, 실행 가능한 최고 수준에서 기본소득이 지급될 때, 일에 미친 사람은 오히려 비참할 것이다. 왜냐하면 그녀의 순소득은 그녀가 갖고 싶어 하는 소득에 훨씬 못 미치기 때문이다. 그 대신, 게으른 사람은 더 없이 행복하다. 그가 받는 보조금은 그가 버는 적은 소득에 덧붙여졌을 때 그가 물질적으로 필요하다고 간주한 것을 포괄하기에 충분한 것 이상이기 때문이다. 우리의 기준에 의해 정당화된 높은 보조금을 통해 우리는 게으른 사람에게는 유리하고 일에 미친 사람에게는 불리한 부당한 차별을 하고 있지 않은가? 실질적 자유지상주의의 관점에서, 보조금의 수준을, 일에 미친 사람(그녀는 더 적은 세금을 낼 것이다)이 게으른 사람(그녀는 더 적은 보조금을 받게 될 것이다) 못지않게 행복해 하고 [자신의] 좋은 삶의 관점을 성공적으로 추구할 정도로까지, 낮추어야 하지 않은가?

그러나 이 같은 반론의 밑바탕에는 축차적으로 최소극대화될 필요가 있는 것이 실질적 자유의 몇몇 지표들이 아니라 복지라는 전제가 깔려 있다. 그러나 이 전제는 자유지상주의자에 의해 단호히 거부되는데, 그것은 더 값비싼 취향을 가진 사람에게 유리한 차별을 수반한다는 (이제는 친숙한) 근거 때문이다.[1] 위의 반론에 함축된 기준에 따르면, 일에 미친 사람이 자신이 버는 돈 — 그런데 이 돈은 게으른 사람이 얻는 것보다 훨씬 더 많다 — 에 덜 행복해 할수록, 더 많은 돈을 그녀가 가질 수 있도록 허용해야 한다. 그러나 실질적 자유지상주의자가 강조하는 것처럼, 사람들이 자신의 취향에 대해 책임질 수 있다고 가정한다면, 일에 미친 사람이 다른 사람보다 덜 행복해 하기 때문에 그녀에게 더 높은 소득을 주는 것이 허용되어야 한다는 주장은 정당하지 않다. 그것은 좋은 삶에 대한 그녀의 관점을, **그것이 무엇이든 간에**, 추구하기 위한 수단을 타인보다 더 많이 그녀에게 주는 것과 같다. 비록 그것[일에 미친 사람이 다른 사람보다 덜 행복해 하기 때문에 더 높은 소득을 주는 것]이, **현 상황**에서는 그녀 자신이 좋은 삶에 대한 관점을 추구하기 위해 구비된 조건을, 다른 사람들이 좋은 삶에 대한 관점을 추구하기 위해 구비된 조건보다 더 나아지게 하지 못한다고 해도 그렇다. 그것[소득의 불평등 분배]을 통해 보조금 수준이 인상될 수 있다면, 실질적 자유지상주의의 관점에서, 일에 미친 사람에게는 확실히 게으른 사람에게보다 더 많은 소득이 남게 될 것이다. 그러나 여기서 그랬던 것처럼 보조금 수준의 감소, 곧 최소수혜자의 운명을 악화시키는 결과를 가져오면서까지 그렇게 할 수는 없다. 이제까지 우리의 주장은 안전하다.

그러나 이런 논의로는 일에 미친 사람과 게으른 사람의 도전을 버텨낼 수 없다. 왜냐하면 일에 미친 사람의 불평은 앞에서와는 구별되는 훨씬 더 효과적인 방식을 통해 지지될 수 있기 때문이다.[2] 즉 "내 인생의 목적을 고려할 때, 최대로 실행 가능한 이 기본소득과 그것으로부터 함축되는 세율 아래서 살 경우 나는 당신보다 덜 행복합니다. 따라서 나는 더 많이 받아야 합니다"라고 말하는 대신, 일에 미친 사람은 다음과 같이 말할 수 있다. "당신과 나는 동일한 재능을 가지고 있습니다. 그런데 도대체 왜 우리에게 기본소득이 필요하지요?" [이 물음에 대해] 게으른 사람은, 보조금이 없으면 자신이 누리는 그런 종류의 삶을 전혀 즐길 수 없을 것이라거나, 그렇게 되면 그가 일에 미친 사람보다 훨씬 덜 행복해질 것이라거나, 자신이 최고 수준의 보조금을 받는다 해도 일에 미친 사람보다 훨씬 덜 행복할 것이라고 응수할 수 없다. 게으른 사람은 이런 답변들 가운데 어느 것도 제시할 수 없다. 왜냐하면 위의 답들은 모두 일에 미친 사람의 첫 번째 불만을 붕괴시켰던 바로 그 반론, 곧 값비싼 취향 반론에 취약하기 때문이다. 더욱이 게으른 사람은, 일에 미친 사람이 그 자신과 동일한 느긋한 생활 방식을 채택할지의 여부가 일에 미친 사람 본인에게 달려 있으며, 그렇기 때문에 일에 미친 사람이 보조금의 수준에서 부당하게 대우받고 있다고 주장할 수 없다고 지적할 수 없다.[3] 왜냐하면 평등한 재능이라는 가정하에, 일에 미친 사람은 제로 수준이나 마이너스 수준의 보조금을 옹호하기 위해 정확히 같은 논증을 사용할 수 있기 때문이다. 게으른 사람은 잠재적 소득potential income과 연관된 축적하고 소비할 실질적 자유가 아니라 오히려 자신의 기본소득과 연관된 노동하거나 노동하지 않을 실질적 자유, 곧 자신의 시간에 대한 통제권이 중요한 것이라고 역설할 수도 없다. 이때 그는 실질적 자유지상주의의 접근에는 근본적으로 낯선 완전주의적 전제에 의지할 필요가 있을 것이다.[4]

마지막 수단으로, 게으른 사람은, 몇몇 그럴듯한 조건하에, [일에 미친 사람의] 소득에 100퍼센트 과세하는 것(일에 미친 사람의 노력 수준의 급격한 저하 때문에 지속 가능한 최대의 세수는 더 낮은 비율에 도달할 수도 있을 것이다)이 그 자신[게으른 사람]에게 이익이 되지 않을 수도 있는 것처럼, 유사하게 [일에 미친 사람의] 소득에 0퍼센트 과세하는 것은 일에 미친 사람에게 이득이 되지 않을 수도 있을 것이라고 주장하기를 원할지도 모른다. 여러 이유들 때문에, 단순히, 그녀의 지속 가능한 최고의 순소득은 [0퍼센트보다] 높은 세율에서 획득될 수 있기 때문이다. 일에 미친 사람은 세율이 더 높은 경우에 지속 가능한 최고의 순소득을 얻을 수도 있기 때문이다. 이런 일은, 이를테면 소득에 대한 중요한 권리를 박탈당한 게으른 사람들이 절도를 통해 그들의 생계 수단을 얻으려는 강한 성향을 발달시키고, 이에 따라 일에 미친 사람이 자신의 정당한 소유물에 대한 재산권을 효과적으로 집행하는 데 드는 비용이 상당히 증가하는 경우 발생할 수 있다.● 더 흥미로운 것은, 이와 유사한 상황이 '공유지의 비극tragedy of the

---

● 간단히 말해, 정부가 낮은 세율로 인해 세수가 부족해 치안 유지 비용을 부담할 수 없어 시민들의 재산권이 위협을 받는 경우를 말한다.

commons* 현상 때문에, 심지어 엄격하게 법을 준수하는 상황을 가정하더라도, 발생할 수 있다는 점이다.[5] 생산 외부성**은, 과세의 부재로 인한 총 노력 수준의 상승이 훨씬 더 적은 총생산량으로 이어지고, 이로 인해 양의 세율과 적극적 보조금에 의해 [노동하려는] 노력[의] 수준이 하락되었을 때보다 일에 미친 사람의 소득이 더 줄어드는 방식으로 나타날 수 있다. 그러나 이런 종류의 논증으로부터는 기껏해야 기본소득 극대화율과 일에 미친 사람에게 가장 유리한 기본소득 세율 사이의 넓은 범위가 어느 정도 줄어들기를 기대할 수 있을 뿐, 실질적 자유지상주의적인 접근을 통해, 이런 넓은 범위로부터 일에 미친 사람이나 게으른 사람이 이의를 달지 않을 자의적이지 않은 '중립' 지점을 선별하게 해줄 기준을 기대할 수는 없다. 우리는 포기해야 하는가? 아직은 아니다. 먼저 롤스의 『정의론』에 명시화된 입장이 이와 밀접하게 연관된 문제를 어떻게 보는지, 또 어떻게 롤스는 그것을 해결하려고 했는지 검토해 보자.

롤스가 정식화한 차등 원리의 원래 형식에서는 사회·경제적으로 이로운 것들(소득과 부, 권력과 특권, 자기 존중의 사회적 기반)이 최소극대화되어야 한다고, 다시 말해, 최소수혜자가 임의의 대안적인 제도하에서 얻게 될 이로운 것들과 적어도 같은 정도의 이로운 것들을 얻는 방식으로 사

● 가렛 하딘(Garrett Hardin)의 주장으로 각 개인이 합리적으로 행동한다고 전제하면 이용이 개방되어 있고 이용을 통해 이익이 생기는 공유 자원은 과다 이용이라는 결과를 빚어 황폐화되거나 고갈되게 된다는 것을 말한다.

● ● 외부성이란 어떤 경제 주체의 생산 혹은 소비 활동이 다른 경제 주체에게 의도하지 않은 혜택이나 손해를 끼치면서도 이에 대한 보상이 이루어지지 않는 경우를 말한다. 이는 생산과정에서 발생할 수도 있고 소비 과정에서 발생할 수도 있는데, 생산 외부성은 전자의 경우를 말한다. 화학 공장이 오염 물질을 배출함에 따라 하류의 어부들이 피해를 입는 것이 이런 생산 외부성에 해당한다. 생산 외부성이 발생하면 기업의 입장에서 본 사적인 한계비용과 사회적인 한계비용의 불일치 현상이 일어나게 된다.

회·경제적으로 이로운 것들이 분배될 것을 요구한다. 이 원리는 어떤 종류의 이전 정책을 정당화하는가? 사회·경제적으로 이로운 것들의 정확한 지표index가 제시되지 않는 한, [정당한 이전 정책의] 엄격한 도출은 가능하지 않다. 그러나 롤스가 제시한 사회·경제적으로 이로운 것들의 유형에 대한 목록을 잠깐만 보더라도 [그가] 기본소득에 우호적이라고 유력하게 추정presumption할 수 있다. 먼저, 소득과 관련해 게으른 사람이 최저 생계 수준으로 간주한 것을 지속 가능한 최고의 기본소득이 넘어서자마자, 소득의 최소극대화[원리]는 최고 수준의 기본소득을 요구한다. 최저소득보장이 전일제로 일할 의향이 있는 사람에게 한정되고 게다가 높은 수준으로 책정되어 있다고 해도, 이것이 (평균 생산성을 가진) 게으른 사람이 파트타임으로 일하고 최저보장소득을 초과하지 않는 금액을 버는 데 지장을 주는 것은 아니다. 다시 말해, 충분히 풍족한 사회sufficiently opulent society에서는 차등 원리에 따라 기본소득을 권장할 것이다. 비록 차등 원리가 전적으로 소득에만 관심을 둔다고 하더라도 말이다.[6] 실로 전일제로 일할 의향이 있고 또 일할 수 있는 사람이 접근할 수 있는 소득으로 이해되는 보장소득은 기본소득보다는 모종의 조건적인 제도하에서 일반적으로 더 높을 것이다. 그러나 차등 원리에서 나타나는 것은 잠재 소득이 아니라 소득이다. 더욱이 롤스 역시 부에 대해 언급하고 있는데, 여기서 부의 수취는 무조건인 성격을 갖고 있을 뿐만 아니라 그에 상응하는 (노동 혹은 자본) 서비스 형태가 결여되어 있다는 점에서, 소득의 수령과는 다른 것으로 정확히 해석될 수 있다. 그뿐만 아니라 롤스는 사회적 지위에 딸려 있는 권력과 특권에 대해서도 언급하는데, 노동 가능성 그리고/또는 자산 심사를 요건으로 하는 이전 제도보다 무조건적 소득이, 잠재적 고용자 및 국가와의 교섭에서 최약자들에게 높은 교섭력을 주고 그들이 권력과 특권을 획득할 가능성을 높여 준다는 데는 의심의 여지가 있을 수 없다. 마지막으로, 롤스는 자기 존중의 사회적 기반을 언급하는데,

자신의 '무능함'을 보여 주는 사람만을 대상으로 삼지 않고 그 수혜자들에게 더 적은 행정 통제를 수반하는 이전 제도가 그들에게 오명을 씌우거나 굴욕감이나 수치심을 갖게 하거나 그들의 자존감을 훼손하게 할 가능성은 분명 더 적을 것이다.[7]

이런 점에 비추어, 롤스의 입장, 특히 그의 차등의 원리는 — 근본적 자유와 공정한 기회의 평등에 대한 존중에 따라 — 부를 분배하고, 권력을 부여하며, 자존감을 보존하는 무조건적 기본소득의 도입, 사실상 지속 가능한 최고의 기본소득의 도입을 권고하는 듯하다. 차등의 원리는 최소극대화 기준이며, 기본소득의 수준은 최소수혜자, 곧 기본소득만을 가진 사람이 이용할 수 있는 사회·경제적으로 이로운 것들의 묶음을 결정한다. 이처럼 롤스는, 일에 미친 사람과 게으른 사람의 사례를 통해 기본소득의 수준을 극대화하는 제도를 전적으로 지지하는 것처럼 보이며, 이로 인해, 게으른 사람의 이익을 가능한 한 많이 편들고 있는 것처럼 보인다. 이 단순한 시험 사례를 통해, 이 제도[기본소득]는, 이론의 여지는 있지만, 복지국가 자본주의가 '각 시기의 끝에 더 적게 가진 사람들에 대한 소득의 재분배'만을 목표로 삼고 있지, 차등 원리에 따라 생산적 자산과 인적 자본의 광범위한 소유권을 각 시기의 출발점에서 재분배하려 하지 않는다는 이유로 롤스가 복지국가 자본주의를 거부할 때 그가 (최소한 그가 자신의 자유주의적인 입장에 충실하다면) 의미해야 하는 바를 간결하게 설명해 주고 있다.[8]

2. 롤스 대 드워킨

그러나 이것은 분명 일에 미친 사람–게으른 사람의 도전에 대해 롤스 자신이 선택한 답은 아니다. 리처드 머스그레이브는 일에 미친 사람이 부딪친 곤경과 유사한 문제를 가지고 오래전 롤스에 맞섰다(Musgrave 1974, 632). "최소극대화 원리를 실행하면, 동등한 수익력을 가진 개인들 가운데 여가에 대한 강한 선호를 가진 사람에게 유리한 재분배 제도로 이어지게 된다. 이런 제도는 조금밖에 벌지 않는, 이 때문에 재분배에 크게 기여하지 않아도 될, 은둔자, 성자, (속된 이해관계에서 벗어난) 학자에게 유리하다." 머스그레이브 자신은 복지주의적인 접근을 고수하는 대안을 제시한다. 즉 '잠재적 복지'로 이해되는 '재화와 잠재적 여가'를 평등하게 (혹은 최소극대화)하기 위해서는 정액세제를 사용해야 한다는 것이다.[9] 롤스는 이 제안을 명시적으로 거부한다(Rawls 1974, 654-655). 롤스가 보기에 적절한 대답은, 그 당시에는 거의 윤곽이 드러나지 않았지만 이후 어느 정도 상술될 노선을 따라, 자신의 차등 원리를 대폭 수정하는 것이었다. 이런 수정은 차등 원리의 구속을 받는 사회·경제적으로 이로운 것들의 목록에 여가를 추가하는 것으로 이루어진다. 좀 더 구체적으로 말하면, "24시간 중 표준 근로시간을 제외한 것이 여가로서 지표에 포함될 수 있다는 점이다. 해야 할 일이 많은 조건하에서 일하기를 원하지 않는 사람들은(나는 직책과 직업이 희소하지도, 배급되지도 않는다고 가정한다) 최소수혜자의 기본재 지표와 동등한 것으로 명기된 여분의 여가를 가지게 되는 것이다. 따라서 말리부 앞바다에서 온종일 파도타기를 즐기는 사람들은 스스로를 부양할 수 있는 방법을 찾아야 하며, 공공 기금을 받을 자격이 없다."[10] 일에 미친 사람-게으른 사람의 사례에 적용됐을 때, 이런 정식화가 필연적으로 0에 해당하는 기본소득으로 이어진다는 점을 보여 주는 것은 어렵지 않다.

롤스의 제안은, (여가를 희생시키면서) 소득에 초점을 맞추는 표준적인 차등의 원리에 대한 해석에 의해 발생하는 (게으른 사람에게 우호적인) 편향을 제거하는 한편, 머스그레이브의 제안과 여타의 복지주의적 접근에 내재하는 값비싼 취향의 문제를 회피하는 장점을 가지고 있다. 그러나 롤스의 제안은 치명적 결함을 갖고 있다. 이런 치명적 결함을 가장 단순한 형태로 확인하기 위해, 차등 원리(여가를 포함해서)가 충족되는 상황에서 출발해, 최소수혜자에게 더 많은 것을 재분배하는 일을 가능하게 하는 몇몇 외생적인 변화(말하자면 또 다른 자연 자원 보고의 갑작스런 발견)를 가정해 보자. 이런 재분배는 어떤 형태를 띠게 될까? 경제적 유인incentive이라는 쟁점을 잠시 제쳐 둔다면, 롤스의 제안을 일관되게 실행하기 위해서는 이렇게 이용 가능하게 된 자금을 노동시간에 비례하는 보조금으로 사용할 필요가 있다. 왜냐하면 보조금이 노동시간에 비례하는 것보다 많다면, 전일제 노동자의 기본재 목록은 파트타임 노동자의 기본재 목록보다 더 빨리 증가할 것이며, 보조금이 노동시간에 비례하는 것보다 더 적다면, 파트타임 노동자의 기본재 목록이 전일제 노동자의 기본재 목록보다 더 빨리 증가할 것이기 때문이다.[11] 이런 [노동시간에] 비례하는 보조금에는 어떤 문제가 있을까?

노동에 비례하는 분배에 대한 오래된 하나의 반론은, 그것이 노동에 과도한 유인을 제공함으로써 심지어 약한 파레토 최적 효율성과도 상충한다는 것이다. 예를 들어, 오스카 랑게Oskar Lange가 시장 사회주의에 대한 그의 유명한 논의에서 공적으로 소유되는 자본에 대한 '사회적 배당금'을 시민들의 노동 노력과 무관하게 기본소득으로 시민들 사이에 분배할 것을 요구했던 것은 아바 러너Abba Lerner가 제기한 유사한 반론에 직면한 직후였다. 이런 랑게의 주장은 시민들의 경쟁 임금의 함수로 사회 배당금을 분배하자는 그의 초기 주장과 대비되는 것이었다.[12] 그러나 이 반론이 롤스에게 심각한 문제가 되지는 않는다. 먼저, 복지의 관점에서 파레토 비최적Pareto suboptimality, 곧 모든 이의 효용이 증가될 수 있다는 사실이 반드시 모든 이의 기본재의 지표가 증가될 수 있음을 의미하지는 않는다. 모든 이의 기본재의 목록이 증가될 수 있다는 주장만이 롤스의 관점에서 문제를 발생시킨다. 더욱이 근무 실적과 무관하게 가용 자금의 일부를 분배하는 일이 전일제 노동자의 소득까지도 증가시킬 수 있다면 — 예를 들어, 앞서 언급된 '공유지의 비극' 때문에(4장 1절) — 최소극대화에 대한 고려를 통해 롤스는 엄격한 비례성으로부터 벗어날 수 있을 것이다.

훨씬 더 심각한 반론은 노동과 여가의 개념에 핵심적인 역할을 부여하는 접근이 불가피하게 빠지게 되는 까다로운 개념적 난점과 관련된다. 우리는 무엇을 노동으로 간주해야 하는가?(자신의 고객의 구두를 닦는 것은?, 자신의 아이의 신발을 닦는 것은?, 자신의 인형의 신발을 닦는 것은?). 노동시간은 어떻게 비교되어야 하는가?(노력을 집중한 한 시간의 노동은 느슨한 노동 1시간과 동등할 수 있는가? 위험한 노동 1시간은 안전한 노동 1시간과, 무용한 노동 1시간은 유용한 노동 1시간과, 무기력할 정도로 비효율적인 노동 1시간과 고도로 생산적인 노동 1시간은 동등한 것인가? 이들이 동등하지 않다면, 어떤 변환 계수가 사용되어야 하는가?). 또 실제적인 노동 이외에도 비자발적인 여가 역시 몇몇 정당한 권리legitimate claim를 발생시키는 것으로 인정된다면, 그 적절한 척도는 무엇인가?(예를 들어, 적게 일하려는 영구적이지만 실현되지 않은 강한 욕망은 많은 일을 하려는 약하고 간헐적인 의향의 불충족과 동등한 것으로 간주될 수 있는가?). 이런 종류의 난점들이 무조건적인 소득 보조금 제도에 대한 강력한 실용적 옹호 논거를 제공해 준다고 몇몇 사람들은 믿지만, 다음과 같은 이유로 내가 그들을 지지할 필요는 없다.[13]

내가 보기에, 롤스의 제안이 자유주의적인 관점과 일관되지 않음을 문제 삼는 결정적인 또 다른 반론이 존재한다. 롤스의 제안은 그 자신의 기준을 사용할 때 최소수혜자들 가운데 일부에 대한 정당화될 수 없는 편견을 수반한다. 단순화를 위해, 전혀 일하지 않는 사람이라는 극단적 사례를 고찰해 보자. 만약 그가 아무런 소득도 없다면, 그의 기본재 지표는 최소수혜를 받는 [가장 불우한 처지에 있는] 전일제 노동자의 기본재 지표와 같아지게 된다는 것을 우리는 보았다.[•] 만약 우리가 롤스의 노동에 비례하는 보조금 제안을 실행했다면, 이 기본재 지표의 수준은, 추정되는 외생적 변화의 결과[노동에 의하지 않은 사회적 부의 증대는 노동에 비례해 분배된다]로, 더 개선됐을 것이다. 그러나 분명 최소수혜자 가운데 일부의 조건이 측정 결과 개선된다고 해도, 이런 개선은 순수하게 허구적인 것이다. 최소수혜자 가운데 일부의 조건의 개선은 절대치로 본다면 그들의 상황의 정체와 그들의 상대적 위치의 악화를 은폐하며, 따라서 그들의 여가가 특정 시간에 전업 노동하는 최소수혜자들이 같은 시간 동안 버는 소득과 등가의 것으로 요청된다는 사실을 반영할 뿐이다. 최소수혜자들 가운데 [전혀 일하지 않는] 이 하위 집단은 왜 순전한 수사적 기교[최소수혜자 가운데 일부의 조건의 개선]를 넘어서 외생적으로 발생한 이익에 대한 실질적인 몫을 요구할 수 없는가? 그 제안(과 그 배후에 있는 기본재의 지표에 여가를 추가한다는 전체적인 발상)은 잉여 생산, 다시 말해 노동자들을 먹이고 동기부여하기 위해 필요한 것을 빼고 난 이후에 생산물에서 남아 있는 것 전부를, 그런 잉여의 원천이 무엇이든, 노동자들 가운데서 그들의 노동시간(어떻게든 측정된)의 함수로 분배하라고 명한다.[14] 이런 제안은 분명 최소수혜자의 실질적 자유에 비차별적인 관심을 가지라는 원칙에 의해서는 도저히 정당화될 수 없을 것이다. 우리는 게으른 사람에게 유리한 편향으로부터 일에 미친 사람에 우호적인 편향으로 완전히 방향을 전환했는데, 이는 완전주의적인 전제에 기초해서만 그 정당성이 입증될 수 있는 것이다. 롤스가 제안한 전략에는 이 세 개의 난점들 모두가 내재

[•] 일본어판에서는 그 이유를 "일을 전혀 하지 않는 사람들의 여가를 가장 불우한 처지에 있는 풀타임 노동자의 임금 비율로 평가하는 것이 전제가 되기" 때문이라고 설명하고 있다. 좀 더 상세한 이해를 위해서는 4장 부록을 참조.

하며, 내가 보기에, 세 번째 난점은 대안 전략에 의지함으로써만 해결될 수 있는 결정적인 결함이다.[15]

이 전략은 사실 외적 부존 자산의 측정기준과 관련해(2장 6절) 앞에서 채택된 선택지로부터 직접 따라 나오는 것이다. 롤스와 마찬가지로, 또 머스그레이브와 다르게, 드워킨의 외적 자원의 평등 개념에 영향을 받은 이 전략은 복지주의로 퇴행하지 않는다(Dworkin 1981b). 롤스 및 머스그레이브와 다르게, 그 전략은 무조건적 소득에 대한 (최선의) 정당화와 양립 가능하다. 어떻게 그것이 우리의 문제를 해결하는지 이해하기 위해, 다시 한 번 일에 미친 사람과 게으른 사람의 예로 되돌아가 보자. 자신이 원하는 소득수준에 이르기 위해 일에 미친 사람은 그녀의 재능 이외의 외적 자산, 말하자면 토지 한 구획을 필요로 한다고 무난하게 가정할 수 있는데, 바로 이 점에 주목할 필요가 있다. (동일한 재능을 가진) 두 사람, 즉 일에 미친 사람과 게으른 사람에게 동일한 넓이의 토지를 주는 것은 확실히 실질적 자유의 비차별적인 배분에 해당한다. 그러나 만약 이 부존 자산이 거래될 수 없고, 그래서 그들 모두 이 자원을 떠맡고 있을 수 밖에 없다면, 이 분배는 실질적 자유지상주의의 관점에서 볼 때 최적일 수 없다. 그런 분배는 일에 미친 사람이나 게으른 사람이 도달할 수 있는 최고 수준의 실질적 자유에 이르게 하지 못할 것이다. 일에 미친 사람은 필사적으로 그녀가 가진 것보다 많은 땅을 사용하려고 할 수도 있는 반면, 게으른 사람은, 일에 미친 사람이 자신의[게으른 사람] 땅 일부나 전부에서 생산한 것을 받는 대가로 자신의 땅 일부나 전부를 [일에 미친 사람에게] 빼앗긴다고 해도 개의치 않을 수도 있다. 이는 곧바로 다음과 같은 제안을 낳게 한다. 사회의 외적 자산들의 1인당 가치에 의해 결정되며 이런 자산들을 전유한 사람들에 의해 전적으로 그 재원이 조달되어야 하는, 임의적이지 않고 일반적으로 양의 값을 가지는 정당한 기본소득의 수준이 존재한다. 만약 게으른 사람이 그의 땅 전부를 포기한다면, 그에게는 그 땅의 가치에 상응하는 수준의 무조건적 보조금을 받을 자격이 주어진다. 다른 한편, 일에 미친 사람은 [게으른 사람과] 같은 보조금을 받지만, 게으른 사람 몫의 땅과 그녀 자신의 몫 양자를 전유하기 때문에 보조금 액수의 두 배에 이르는 부채를 지고 있는 것으로 간주될 수 있다. 이처럼 게으른 사람들과 일에 미친 사람들로 이루어진 우리 사회에서, 기본소득의 정당한 수준은 내생적으로 결정되는 토지에 대한 각자의 동등한 매매 권리의 가치다.[16]

그러나 외적 자원의 가치는 어떻게 평가될 수 있는가? 다시 우리의 예를 고찰해 보자. 일에 미친 사람은 게으른 사람의 땅을 얻는 데 관심을 가지고 있지만, 아무런 대가도 없이 그 땅을 얻으려고 하지는 않는다. 게으른 사람은 그의 땅을 포기하는 것에 반대하지는 않지만, 역시 아무 대가 없이* 그 땅을 포기하려고 하지는 않는다. 일에 미친 사람이 게으른 사람의 땅에 대해 지불할 의향이 있는 최고가(이것은 2인으로 이루어진 우리의 사회의 평균 소득에 근접할 수도 있다)와 게으른 사람이 자신의 토지의 몫에 대한 포기를 수락할 의향이 있는 최저가(이것은 제로에 가까울 수도 있다) 사이에서, 상당히 넓은 범위의 가능한 합의 지점들이 존재할 수 있다. 이런 것들 가운데 어느 것이 그 땅의 '진정한 가치'genuine value를 표현하는 것으로 선택될 수 있는가는 매우 중요한 [문제]다. 왜냐하면 그것은 사회적 생산물 거의 전부가 최소극대화 재분배 고려의 대상인지 아니면 실제로 어느 것도 최소극대화 재분배의 고려 대상이 아닌지의 여부를 결정하기 때문이다. 다시 말해, 상당히 넓은 범위의 가능한 합의 지점들 가운데 어느 것을 그 땅의 '진정한 가치'로 삼을 것인가는 드워킨의 기준에 의해

● 원어는 'not at any price'다. 직역하면 "아무 가격에나 그 땅을 포기하려고 하지는 않는다" 정도가 되지만 표현이 어색하고 오해의 여지가 있기 때문에 일본어판을 따라 '아무런 대가 없이'로 번역했다.

선택된 기본소득 수준이 지속 가능한 최고 수준과 거의 구별될 수 없을 것인지 아니면 소량의 보조금sheer trickle으로 축소될 것인지의 여부를 결정한다. 일에 미친 사람들과 게으른 사람들이 많이 존재한다고 가정하자. 이들은 모든 제안들과 관련된 정보를 그들에게 계속해서 완벽하게 알려주는 경매자의 지도 아래 가능한 한 가장 독립적으로 서로 거래를 하려고 한다. 이런 상황에서 대개 토지 매매를 가능하게 하는 (일정한) 조건 — 토지의 경쟁 균형가격 — 이 가치에 대한 유의미한 개념을 제공해줄 수 없을까? 어쨌든 이것이 생산이 이루어지지 않기에 소득과 여가가 상충 관계°에 있을 여지가 없는 세계라는 맥락에서 괴짜와 쾌활이가 부딪쳤던 것과 유사한 문제에 대한 해법으로부터 직접 따라 나오는 제안이다.[17]

물론 여기서 다시, 각 사람이 자신의 취향을 만족시킬 수 있는지의 여부는 인구 내 취향의 분포에 의존하게 될 것이다. 땅의 값어치가 얼마나 많이 나갈 것인가 — 게으른 사람이 땅의 몫에 대한 자신의 권리를 포기하는 대가로 얼마나 많은 우유와 뮤즐리[곡식, 견과류, 말린 과일 등을 섞은 것으로 아침 식사로 우유에 타 먹는 것]에 대한 권리를 가질 것인가 — 는 공급과 수요에 달려 있을 것이다. 더 구체적으로 땅의 값어치가 얼마나 많이 나갈 것인가는 게으른 사람들과 일에 미친 사람들의 가치 평가balance 및 각 집단의 구성원들이 토지의 일부를 갖기를 얼마나 열망하는가에 달려 있을 것이다. 그러나 노동과 무관한 소득work-indepⴥendent income은 분명

° 일반적으로 하나를 늘리면 다른 하나를 줄여야 하는 관계를 말한다. 예를 들어, 완전고용의 실현과 물가의 안정이라는 두 개의 목표가 있을 때, 고용률을 높이면서 동시에 물가를 안정시키는 정책은 찾기 힘들다. 이처럼 두 개의 정책 목표 가운데 하나를 달성하려고 하면 다른 목표를 희생해야 하는 관계를 말한다.

히 정당화된다. 이때 더도 덜도 아닌 1인당 토지의 몫을 전유했던 사람들은 그들의 기본소득과 정확히 같은 지대를 지불한다. 그들의 1인당 몫보다 적은 것을 전유했던 사람은 [그들의 기본소득보다] 더 적은 지대를 지불하거나 어쩌면 전혀 지대를 지불하지 않을 수도 있다. 토지에 대한 그들의 1인당 몫보다 더 많은 몫을 전유했던 사람은 [그들의 기본소득보다] 더 많은 지대를 내며 또한 그렇게 낼 수 있다. 그들이 전유했던 자산을 생산적으로 사용할 수 있기 때문이다. 손끝 하나 까딱하지 않고도 — 경매에서 동등한 몫에 대한 자신의 권리를 밀어 붙이는 것 이상의 수고를 하지 않고 — 게으른 사람에게는 이처럼 기본소득의 형태로 일에 미친 사람의 노동의 결과처럼 보일 수 있는 것 일부의 몫 — 아마도 꽤나 실질적인 — 에 대한 권리가 주어진다.[18]

이런 반사실적인 경쟁[가격]에 대한 평가는 어떻게 정당화될 수 있는가? 괴짜-쾌활이의 예에서처럼, 선망부재와의 연관을 통해 정당화될 수 있다. 그러나 게으른 사람과 일에 미친 사람으로 이루어진 세계에서는 생산이 이루어진다. 이런 세계에서 선망부재가 반드시 게으른 사람이 일에 미친 사람이 선택한 최종적인 재화들의 묶음을 자신이 가진 재화들의 묶음보다 선호하지 않는 방식으로 나타나는 것은 아니다. 즉 게으른 사람은 일에 미친 사람이 가진 최종적인 재화들의 묶음을 더 선호한다. 선망부재는, 게으른 사람이 자신의 게으름에서 얻는 복지가 일에 미친 사람이 그녀의 생산 활동으로부터 얻는 복지보다 더 큼을 함축하지도 않는다. 다시 말해, 게으른 사람이 자신의 여가를 즐기는 것 이상으로 일에 미친 사람은 그녀의 노동을 즐길 수도 있다.[19] 그러나 [생산이 이루어지는 세계에서 이루어지는] 선망부재가 함축하는 것은 게으른 사람이, **자신의 현재의 선호를 유지하면서도**, 일에 미친 사람의 소비와 **행동의 벡터**를 그 자신의 것보다 선호하지 않는다는 것이다. 이는 완전한 시장을 가정할 때 보장되는데, 왜냐하면 게으른 사람과 일에 미친 사람은 동일한 재능을 갖고 있고 땅에 대한 동등한 권리자격이 그들에게 주어져 있기 때문이다. 반면 역의 명제[선망부재가 충족된다면, 완전 시장이 가정된다]는 타당하지 않다. 토지에 어떤 가치가 귀속되든, 다시 말해 0에서부터 사회적 생산의 1인당 몫에 이르기까지 기본소득이 어느 수준에 있든 상관없이, 게으른 사람과 일에 미친 사람은 서로를 선망하지 않을 것이다. 그러나 평등한 부존 자산의 기준에 부합하는 값은 단 하나뿐이다. 괴짜와 쾌활이의 사례에서처럼, 두 번째 단계가 [경쟁적 균형과 선망부재의] 연결 고리를 더 단단하게 하기 위해 필요하다. 즉 취향이 하나의 연속체를 형성하는(그리고 일부 추가 조건들을 만족시키는) 다수의 구성원들을 가진다는 점에 의해 게으른 사람과 일에 미친 사람으로 양분된 세계와는 다른 사회에서, 오직 경쟁적 균형만이 선망부재와 파레토 최적의 만족을 보장해 줄 수 있다.

이때 문제가 되는 외적 자산의 풀the relevant pool은 무엇인가? 게으른 사람과 일에 미친 사람에 관한 우리의 이야기는 실질적 자유지상주의자가 축차적인 최소극대화의 방식으로 분배해야 하는 외적 자산은 바로 자연 자원이라는 점을 시사할 수도 있다. 그러나 이것은 사실이 아니다.[20] 실질적 자유지상주의의 관점에서 볼 때, 내적 부존 자산이 평등하게 분배되었다고 가정되는 이 상황에서 문제 삼아야 할 것은 당연히 좋은 삶에 대한 관점을 추구하는 사람들의 역량에 영향을 끼치는 외적 수단 — 자연적인 것과 인공적인 것을 불문하고 — 들의 전체집합이다. 다시 말해, 외적 부존 자산은 가장 넓은 의미에서 개인들이 접근할 수 있는 여하한 외적 가용 대상들을 포함한다. [다시 말해] 공장과 우표들의 모음, 개인 주택과 공용 교각 같은 물질적 대상, 동요와 컴퓨터 프로그램, 노동 윤리와 핵기술 같은 비물질적 대상들은 해변, 호박, 앵무새와 마찬가지로 외적 자원을 구성한다. [최소극대화 분배의 대상이 되는] 외적 자원의 풀은 사람들에게 주어져 있는 외적인 부와 일치한다.[21] 그러므로 외적인 자원들의 가치에 대한 평등한 분배는 모든 증여gifts와 유증bequests에 100퍼센트

과세하고 그 수익을 보편적인 기본소득의 형태로 분배하는 것에 해당한다.[22]

그러나 실질적 자유지상주의가 이런 몰수적 조세제도를 지지해야 한다는 결론이 따라 나오지는 않는다. 이런 몰수적 조세제도에 대해서는 100퍼센트의 세율이 [다양한 사람들의] 인생 계획과 관련해 중립성을 지켜야 하는 실질적 자유지상주의적인 관점과 충돌한다는 첫 번째 반론이 제기될 수 있다.[23] 왜냐하면 그런 조세제도는 이기적인 사람에게 유리한 차별과 다를 바 없기 때문이다. 즉 모든 소득을 소비하려는 이기주의자의 욕망은 방해받지 않은 채로 남아 있는 반면, 이타주의자의 의도는 그녀가 증여한 것에 대한 체계적인 몰수에 의해 저지된다. 물론 이타주의적인 삶을 살려는 실질적 자유가 증여에 대한 100퍼센트의 과세에 의해 축소된다는 데는 이론의 여지가 없다. 그러나 그런 삶을 살 최소한의mini-mum 실질적 자유 — 이는 축차적인 최소극대화의 관점에서 중요한 것이다 — 는 [축소되지] 않는다. 혹은 적어도, 기본소득이 최저 생계 수준을 초과하지 않는 한 [이타적인 삶을 살려는 최소한의 실질적 자유는 축소되지] 않는다. 기본소득이 최저 생활수준을 초과한다면, 초과분에 상응하는 액수는 증여세에서 공제되어야 한다. 그렇게 하면 가장 적은 부존 자산을 가진 사람들이 이기적인 방식뿐만 아니라 이타적인 방식으로 가능한 한 많이 그들의 부존 자산을(다시 말해, 그들의 생존을 위해 지속적으로) 사용하는 것이 보장되기 때문이다. 그러나 정당한 과세 표준에 대한 이런 수정은 이후 무시될 수 있을 만큼 상당히 가벼운 것이다.[24]

이런 논점은 몰수적 세금 제도에 대한 실질적 자유지상주의자의 좀 더 명백한 두 번째 반론에서 암시되는 또 다른 수정안에는 적용될 수 없다. 저축되고 투자되거나 보존되는 [재산의] 총액은 당연히 높은 세율에 의해 안 좋은 영향을 받기 때문에 100퍼센트의 세율은 세수와 보조금의 수준을 극대화하는 선택이 될 것 같지 않다. 부존 자산 중 최소한 일부가 평등주의적인 방식으로 분배되지 않고, 오히려 부모로부터 그 자녀에게로 남겨진다는 인식은 이전 세대로 하여금 그들 자신이 상속받았던 자산들(더 적은 자원 고갈, 더 적은 가치 하락)을 건사하는 데 더 힘을 쏟게 할 수 있을 뿐만 아니라 (더 성실한 노동과 더 많은 저축을 통해) 새로운 자산을 창출하는 데 더 많은 열의를 보이게 할 수 있다. 그 결과, 실질적 자유를 축차적으로 최소극대화하는 데 관심을 가진 실질적 자유지상주의자는, 게으른 사람이나 일에 미친 사람을 편들기 위해서가 아니라, 부유한 부모에게서 태어난 게으른 사람들과 일에 미친 사람들이, '소급적인' 유인 효과를 고려해, 외적 자원들에 대한 그들의 몫 이상을 남겨 둘 수 있게 하기 위해 엄격한 부존 자산의 평등으로부터 벗어날 것을 권고한다.[25] 누군가가 사람들의 실질적 자유를 축차적으로 최소극대화하는 데 관심을 가진다면, 최적의 선택은 증여와 유증에 대한 이런 과세의 세수를 극대화하는 것이다. 여기서 관련된 기준 — 이것은 드워킨의 기준이라고 부를 수 있다 — 과 우리의 초기 기준 — 우리는 이것이 게으른 사람과 일에 미친 사람의 사례가 제기하는 문제를 견뎌 낼 수 없음을 보았다 — 과의 차이는 정확히 과세 표준의 제한이다. 드워킨의 기준이 아니라 우리의 초기 기준에 의해 허용된 대로, 일에 미친 사람의 소득으로부터 그녀가 받은 외적 부존 자산의 가치 이상의 것을 공제하는 것은 게으른 사람보다 더 적은 부존 자산을 그녀에게 주는 것과 같으며, 따라서 차별을 배제하기 위한 온당한 조건으로 지정되었던 우리의 실질적 자유지상주의적인 관점과 양립 가능하지 않다.

비우월적 다양성이라는 제약 조건을 고려 대상에서 제외하는 한(3장 8절), 이런 식으로 정당화된 기본소득의 수준은 정확히 양의 값positive일 수밖에 없다. 어느 누구도 상속받은 외적 부존 자산에 전혀 가치를 부여하지 않는다거나, 이런 부존 자산에 대한 예상되는 양의 세율로 인해 외적 부존 자산이 완전히 사라지게 된다는 터무니없는 가정하에서만 기본소득이 0의 수준으로 떨어질 수 있을 것이다. 그런 기본소득은 높은 액수일까? 예를 들어, 프랑스 같은 나라에서, 매년 공식적으로 증여되거나 유증되는 재산의 총가치는 국민총생산GNP의 3퍼센트 이하인 반면, 증여세와 상속세로부터 얻어지는 총세수는 GNP의 약 0.25퍼센트다.[26] 이런 사실은 이런 조세로부터 기대될 수 있는 것의 상한과 하한 모두에 대한 발상을 우리에게 제공해 준다. 분명히 기본소득의 적정 수준에 상응하는 추정치는 어처구니없을 정도로 낮은 수준에서 솔직히 말해 무시할 수 있을 정도의 수준에까지 걸쳐 있다.

3. 우리의 유산이 증가될 수 있는가?

이런 수치들이 적당한 과세 표준을 너무 낮게 잡은 이유가 있는가? 극단적인 제안으로 논의를 시작하기 위해, 기본소득이 초기에 한 번 지급되는 부존 자산의 형태가 아니라 정기적인 분할지급의 형태를 띠어야 한다는 논점을 정당화하는 가능한 하나의 방식으로 위에서 언급된(2장 5절) 논증을 상기해 보자. 만약 지금의 인격인 '나'가 내일의 인격인 '나'와 구분된다면, 앞의 인격이 뒤의 인격에게 남겨 주는 것이 무엇이든 그것은 상속이나 증여와 동일시되어야 한다. 내가 이번 달에 저축한 것은 다음 달에 세상에 나오게 될 인격 '나'가 가지는 부존 자산의 일부이며, 따라서 내가 이번 달에 저축한 것은 보조금의 재원을 마련하기 위해 정당하게 끌어 쓸 수 있는 공동 기금the pool에 추가되어야 한다. 이런 견해가 수용됐다면, 공동 기금의 규모는 분명 크게 증가되었을 것이다. 그러나 축차적인 최소극대화 원리에 근거해 경제적 유인을 고려해야 하기 때문에 공동 기금의 사용에 엄격한 제한을 둘 수밖에 없다는 점을 논외로 하더라도, 누군가가 과거 노력으로부터 이끌어 낸 모든 이익과 모든 형태의 저축을 완전한 뜻밖의 횡재와 동일시하는 것은 분명 매우 이상한 일이다. 현재의 맥락에서 이런 동일시는 강한 도전을 낳을 수밖에 없다. 이런 강한 도전으로 인해 우리는 처음에 접했을 때보다 인격에 대한 강한 불연속적인 관점에 대해 훨씬 더 회의적인 입장을 취하고 있다. 이제 물음은 더 이상 증여가 한꺼번에 이루어지는지 아니면 여러 번에 걸쳐 이루어지는지가 아니라(2장 5절에서 그랬던 것처럼), 당신이 내일을 위해 남겨 놓으려고 하는 것이 오늘의 당신으로부터 수취될 수 있는지의 여부다.

두 번째로 그리고 덜 비현실적으로, 언급된 수치들이 수많은 (개인들 간의) 작은 증여(선술집의 맥주 한 잔에서부터 어머니날 선물에 이르기까지)들을 고려하지 못할 수밖에 없다는 점을 지적하고 싶어 할 수도 있다. 그러나 더 높은 기본소득의 재원을 조달하기 위해 이런 증여들까지도 몰수하려고 시도하는 것은 분명 어리석은 일이 될 것이다. 부분적으로는 이런 증여들 가운데 대다수가 서로를 상쇄하며 — 어떤 개인도 그녀의 어린 시절을 통해 그녀에게 증여로 제공되는 무수히 많은 재화와 용역 없이는 성년에 도달할 수 없기 때문에 — 무엇보다도 그런 증여들을 감시하는 행정 비용은 엄두도 못 낼 정도로 높을 것이기 때문이다. 과세를 회피하기 위해 교묘하게 숨겨진 좀 더 중요한 사적인 증여들 역시 분명 간과되지만, 그런 사적인 증여들을 확인하고 과세 표준에 그것들을 덧붙이는 작업으로부터 얻을 수 있는 것이, 모든 비용을 고려한다고 해도, 매우 클 개연성은 거의 없다.

세 번째로, 누군가는 공적으로 소유되는 몇몇 재화들의 가치가 사적으로 소유되는 자산의 가치에 추가된다고 넌지시 말할 수도 있다. 이런 의견은 모두가 이용 가능하며(말하자면 햇빛이나 숨 쉴 수 있는 공기) 따라서 돈으로 그 가치를 평가하는 것이 무의미한 보편적인 현물 보조금을 구성하는 재화의 경우에는 무의미하다. 그러나 예를 들어, 전용 주거지 한 가운데에 있는 공원의 경우는 어떨까? 여기서 다시, 나는 적절한 과세 표준을 확장할 여지가 많이 있다고 생각하지는 않는다. 왜냐하면 어느 정도까지는 수익자가 또한 제공자가 아닌지를 확인해야 하기(예를 들어, 공원이 들어서 있는 토지가 아니라 공원의 편의 시설이 지방세에 의해 그 재원이 조달된다면 그럴 것처럼) 때문이고, 또 그런 공공재public goods의 가치 전부는 아니라고 해도 대부분이 이미 재분배의 대상이 되는 주변 토지와 건물들의 증가된 가치에 포함되어 있을 수 있기 때문이다. 무료 교량과 같은 다른 공공재의 경우, 우리는 직접적 수혜자에게만 초점을 맞추지 않도록 주의해야 한다. 당신은 다리를 결코 건너지 않았을 수도 있지만, 당신이 먹는 토마토는 그 다리가 존재하기 때문에 더 싸거나 더 신선하거나 둘 모두일 수 있다. 여기서 다시, 상세한 회계 처리가 분배의 고려 대상을 크게 증가시켜 줄 것 같지는 않다.[27]

그러나 더 철저히 논의해 볼 가치가 있는 네 번째 가능성이 존재한다. 기본적인 조리법에서 정교한 산업 소프트웨어에 이르기까지, 우리의 물질적인 생활수준 상당수와 우리의 부 상당수가 우리의 [과학]기술technology 덕분이라는 것은 매우 분명한 사실이다.[28] 우리가 모든 상속된 [과학]기술의 가치를 모든 상속된 자본의 가치에 추가할 수 있다면, 모든 이의 기본소득의 재원을 조달하기 위해 사용할 수 있는 양이 크게 증가되지 않을까? [과학]기술이 특허에 의해 보호되고, 이로 인해 사적으로 전유되는 한, 그것은 어떤 특수한 문제도 일으키지 않는다. 즉 [과학]기술의 가치는 물질적 재화의 가치와 정확히 같은 것으로 평가될 수 있고 또한 평가되어야 하며, [과학]기술의 이전은 이미, 앞서 논의된, 세수를 극대화하는 과세의 적용을 받고 있다. 그러나 이는 상당히 최근의 기술혁신에만 적용된다. 우리가 사용하는 상당수의 기술들은 이제는 상식이 된 [인류의] 오랜 지혜(불을 피우는 것, 바퀴를 사용하는 것)에 포함돼 있거나 그 기술들에 대한 내용을 담은 매체(말하자면 공학 기술 안내서)의 경쟁가격에 매우 가깝기 때문에 그 기술 자체가 사적으로 전유되었다면 갖게 됐을 경쟁가격과 비교하면 분명 무시할 수 있을 만큼 저렴한 비용으로 모든 사람이 이용할 수 있다. 그러나 이런 기술들은 그 자체로 자유롭게 이용 가능하기 때문에, 우리가 숨 쉬는 공기나 우리가 사용하는 도로와 마찬가지로 현물 기본소득의 일부가 아닌가? 이때 그런 기술들의 (반사실적인) 경쟁가격을 산정하는 고된 과제에 착수하는 것은 무의미한 일이 될 것이다. 왜냐하면 그 기술들은 이미 모두에게 골고루 주어져 있기 때문이다.

이 쟁점을 분명히 하기 위해, 게으른 이들과 일에 미친 사람들로 이루어진 우리의 세계로 되돌아가는 것이 도움이 될 것이다. 우리는 앞에서 일에 미친 사람들이 모든 토지를 전유했다면, 실질적 자유에 대한 비차별적인 관심에 따라, 그 토지의 경쟁가격의 동등한(혹은 축차적으로 최소극대화된) 몫을 게으른 이들에게 제공해야 한다고 결론을 내렸다. 비록 일에 미친 사람들 모든 일을 했다고 하더라도 말이다. 이제 일에 미친 사람들이 일을 하기 위해 어떤 땅도 필요로 하지 않고, 오직 자유롭게 사용할 수 있는 상속된 [과학]기술만을 필요로 한다고 가정해 보자. 땅을 사용하는 생산의 경우와 달리, 이 경우에 게으른 이들은 그들이 가진 [과학]기술의 몫을 '포기하지' 않았기 때문에, 일에 미친 사람들은 게으른 이들에게 생산물의 일부를 빚고 있지 않다고 말할 수 있지 않을까? 일에 미친 사람들이 [과학]기술을 사용하기 시작한 이후에도 게으른 이들은 그것을 이전처럼 사용할 수 있다. 모든 이가 익힐 수 있고 또한 똑같이 자유롭게 익힐 수 있는 것을 일에 미친 사람들이 익히는 데 애를 썼다는 이유만으로 왜 그들이 게으른 이들에게 무언가를 지불해야 하는가?

어떤 면에서 이 수사적 질문은 오해의 소지가 있는데, 왜냐하면 그 질문은 어떤 해악에 대한 보상으로 요구되는 지불금과 사용되고 있는 것의 적정 가치에 맞는 요금으로 요구되는 지불금을 충분히 구별하지 않고 있기 때문이다. 토지의 경우에 지불금을 정당화해 주는 것이 어떤 해악이나 복지 손실에 대한 **보상**이 아니라는 점을 기억하자. 어떤 게으른 사람들은 그들의 토지의 몫을 포기하는 것에 전혀 개의치 않을 수도 있다 — 그 토지의 몫의 유보 가격reservation price°은 0일 수 있다 — 하지만 경쟁 가격이 양[의 값]인 한, 게으른 사람들에게는 일에 미친 사람들이 생산한 것의 일부에 대한 권리가 주어진다. 좋은 삶에 대한 관점을 추구하기 위해 각자에게 주어지는 자산을 균등화하는 것에 대한 관심을 통해 지불금은 정당화된다. 여기서 자산은 그 기회비용, 다시 말해 (최소한 몇몇) 타인들이 그 자산을 얼마나 가치 있는 것으로 여기는지에 의해 평가된다. 사람들이 어떤 자산에 더 적게 관심을 가지며 또한 그것을 얻는 데 덜 열정적일수록, 그만큼 그 자산의 가치는 더 낮아진다. 특히 그 자산에 관심을 가진 사람들이 이용할 수 있는 총량보다 더 적은 양에 만족한다면, 다시 말해 희소성이 존재하지 않는다면, 그 자산의 가치는 0이 될 것이다. 그러나 어떤 사람들(여기서는 게으른 사람들)이 저 자산에 전혀 관심을 보이지 않는다는 사실은 관련된 자산의 평가에서 그것이 아무런 가치가 없음을 함축하지 않으며, 그 자산으로부터 이익을 끌어낸 사람에게 과세하는 것이 정당하지 않음을 함축하지도 않는다. 이때 경매자가 각각의 [과학]기술을 최고 입찰자에게 팔게 하거나, 혹은 오히려, 기계나 토지의 사용과 다르게 [과학]기술의 사용은 배제적이지 않기 때문에 수익을 극대화할 만큼 많은 입찰자들에게 (균일 가격에) [과학]기술을 팖으로써 경매가 계속 진행되는 상황을 생각해 볼 수도 있다. [과학]기술이 너무 보편적으로 유용해서 모든 이가 그것을 사게 되는 경우가 존재할 수도 있다. 이런 경우는 우리의 시나리오에서는 그 기술을 모두에게 자유롭게 사용할 수 있게

● 지불할 용의가 있는 가격의 상한선.

하는 경우에 해당한다. 그러나 대부분의 경우에, 일부 사람들 — 전형적으로 일에 미친 사람들 — 만이 요청되고 있는 대가를 지불하려고 애쓸 것이며, 따라서 수사적 물음에 함축되었던 것과는 반대로, 보조금이 적정 수준에서 분명 증가할 것처럼 보인다.

기본소득의 적정 수준을 높이고 싶어 하는 사람들에게는 불행한 소식이겠지만, 경매에 대한 이런 해석은 유지될 수 없다. 왜냐하면 경매를 통해 드러내 보이고자 한 것은 매물로 나온 것을 전유할 기회비용이기 때문이다. [과학]기술의 비배제성 때문에, 이 기회비용은 0이다. 물론 [과학]기술의 생산이 기회비용을 포함한다는 것은 사실이다. 기술의 생산은 연구와 개발을 위해 시간과 물질적 자원을 동원한다. 그러나 우리가 말하고 있는 것은 자연 자원 및 물적 자본과 함께 우리가 상속받은 기술이다. 그러므로 기회비용에 의해 측정되는 기술의 가치가 기본소득의 재원이 되는 과세 표준에 추가되어야 한다는 요구가 정당하다고 하더라도, 이런 요구는 [기본소득의 수준을 높이는 데] 거의 도움이 되지 않는다. 이 가치는 0이기 때문에, 실질적 자유지상주의적인 근거에 기반해 정당화될 수 있는 기본소득의 수준은 상속 받은 기술을 공통의 자원 풀 안에 포함시킨다고 해도 전혀 늘지 않는다.

이 단계에서, 이 심각한 결론을 약화시키고, 또 그 결론의 직관에 반하는 외양을 축소하기 위해 부차적인 조건이 추가되어야 한다.[29] [과학]기술이 무조건적 분배를 위해 이용될 수 있는 풀에 영향을 끼치는 중요한 간접적 방식이 존재한다. 동일한 재능을 가진 사람들로 이루어진 세계에서조차도, 그 기술이 법적으로 보호받지 못하는 것이라면 모두가 동등하게 사용할 수 없다. 많은 기술들은 일정량의 물적 자본을 소유한 사람들에 의해서만 사용될 수 있다. 이런 제한이 존재하는 이상, [과학]기술 자체가 그런 물질적 재화를 사용하는 능력에 부수적으로 따라 오는 경우, 물질적 재화의 경쟁가격은 높아지게 된다. 이전 절에서 이해된 대로 외적 부존 자산의 축차적인 최소극대화는 기계적인 절차를 통해 이 점을 참작한다. 그러므로 기본적인 논점은 흔들리지 않은 채로 남아 있다. 즉 기술에 대한 독립적인 가치 평가를 한다고 해도, 그것으로는 우리가 이전 절의 논증에 의해 정당화한 기본소득 수준을 넘어설 수 없다.

4. 비왈라스적인 세계에서의 평등한 부존 자산

이런 결론은 매우 안 좋은 소식처럼 들린다. 특히 비우월적 다양성이라는 우선적 원칙을 충족시키기 위해서는(3장 5절), 보편적 재분배를 위해 정당하게 사용될 수 있는 [자원의] 양을 추가적으로 축소해야 하거나, 심지어 다 써버리게 될지도 모를 것이라는 점을 염두에 둔다면 [그렇다]. 이제까지 우리의 추론에 비추어 볼 때, 실질적 자유지상주의의 관점에서 정당화될 수 있는 기본소득의 수준이 너무 낮아 거의 말할 가치가 없다는 게 명백한 사실 아닌가? 아니다. 그렇지 않다. 나의 주장은 현대 선진 자본주의 세계라는 조건 아래서는 매우 실질적인 기본소득이 그런 관점으로부터 정당화될 수 있다는 것이다. 하지만 우리가 가진 부존 자산의 중대한 측면들이 이제껏 철저히 간과되어 왔다는 점을 인정할 때만 이런 결론에 도달할 수 있다.[30]

이 점을 보기 위해, 모든 사람들이 동일한 재능을 가진 세계를 잠시 고수하고, 모든 유증된 부와 상속된 부의 가치가 실질적 자유지상주의자가 원하는 대로 분배되어 있다고 가정해 보자. 독립적인 생산자들로 이루어진 매우 단순한 사회에서는 추가할 것이 전혀 없거나 거의 없다. 먼저, 몇몇 사람들이, 소비나 생산을 목적으로, 교환도 증여도 수반하지 않는 메커니즘을 통해, 다시 말해 긍정적이거나 부정적인 외부 효과(말하자면 아름다운 나무들과 더러운 연기)를 산출함으로써 타인의 상황을 개선하거나 악화시키는 방식으로 이런 부를 사용할 수도 있다. 여타의 사회와 마찬가지로 이런 사회에서, 부존 자산의 평등한 (혹은 축차적인 최소극대화의 원리에 입각한) 분배가 그런 목표에 가까워지기 위해서는 외부 효과에 대한 (불가피하게 불완전한) 잠재 가격shadow price *의 산정이 필요하다. 존이 벤의 정원의 뛰어난 전망을 볼 수 있다는 사실을 제외하면 존과 벤이 동일한 부존 자산을 가지고 있고, 반면 벤은 존의 흡연을 참고 견뎌야 한다면, 부존 자산의 평등(혹은 축차적인 최소극대화) 원리는 벤의 편익을 위해 몇 가지 적절한 시정 절차가 이루어질 것을 요구할 것이다.[31]

두 번째로, 이런 사회에서, 뜻밖의 행운 때문에 한 독립 생산자가, 타인들과의 교환관계라는 맥락에서, 특별히 유리한 거래로부터 용케 이익을 내는 일 역시 일어날 수 있다. 이때 이런 이익은 예상 밖의 상속재산과 동일한 방식으로 다루어져야 하고, 따라서 과세 표준에 추가되어야 한다. 그러나 그런 이익들이 진짜로 예상 밖의 행운이 되는 경우가 (아마도 적게) 있는 한, 그것들은 결국 서로를 상쇄하는 경향이 있으며 그래서 어떤 특별한 교정도 요구하지 않는다. 그 대신 그런 이익들이 더 우위에 있는 재능(사거나 파는 재능)의 반영이라면, 그 이익들은 이미 비우월적 다양성이라는 제약 조건에 부응한다.

이제 독립적인 생산자들로 이루어진 이런 사회로부터, 생산이 대부분 고용관계를 통해 조직화되는 사회로 이동해 보자. 이런 **직업 사회**job society에서, 전수된 물질적 부는 축차적인 최소극대화의 방식으로 분배될 수 있으며, 재능은 동일하지만 어떤 사람들은 직업을 갖고, 다른 사람들(직

● 상품의 기회비용을 반영해 결정한 가격. 가격 통제나 독점 따위로 가격이 고정되어 있는 경우에 이 고정된 가격을 자유경쟁에서의 가격과 비교할 때 생기는 개념이다.

업을 갖고 싶어 하는)은 갖지 못하는 일이 발생할 수 있다. 이것이 구직 중이거나, 처음 노동시장에 진출할 때 사람들에게 잠시 영향을 주는 일시적인 상황일 뿐이라면, 실질적 자유의 분배에 큰 영향을 끼치지 않기에 실질적 자유지상주의자가 크게 우려할 바는 없다. 이것은 통상적인 '왈라스적인'• 가정과 잘 들어맞는다. 이런 가정하에, 노동시장은 여타의 시장과 마찬가지로 청산하는[주어진 시장 가격에 생산자와 소비자가 원하는 물건이나 서비스를 모두 팔거나 살 수 있는 상태] 경향이 있으며, 제도적인 제약조건(법정 최저임금 같은)이 부재할 때는 일자리를 원하고 그 일자리에 대한 자격이 있는 사람이라면 누구나 특정 유형의 기술에 대해 표준적인 임금수준의 일자리를 얻을 것이다.

그러나 이제 우리가 비왈라스적인 경제에 있다고, 다시 말해 어떤 이유로 노동시장이 청산되지 않는 경향이 있는 경제에 있다고 가정해 보자. 이는 최저임금 입법화나 독점 노동조합처럼 완전경쟁에 대한 장애물 때문일 수도 있다. 그러나 노동시장이 청산되지 않는 것은, 이른바 내부자-외부자 가설••과 비자발적 실업에 대한 효율성 임금 이론에 의해 강조된 바와 같이 완전경쟁과 일관된 메커니즘에 기인한 것일 수도 있다.

• 뒤에 나오는 '비왈라스적인 경제'와 대비되는 '왈라스적인 경제'를 말한다. 왈라스적인 경제는 왈라스의 법칙이 적용되는 경제를 말한다. 왈라스의 법칙이란 어떤 가격 체계가 주어진다고 하더라도 초과수요의 가치는 항상 0이 됨을 의미한다. 다시 말해, 개별적인 재화 시장에서 수요와 공급이 항상 일치한다는 보장이 없다고 하더라도 경제 전체적으로 보면 총수요의 가치와 총공급의 가치는 항상 일치함을 의미한다. 따라서 n개의 시장이 존재할 때 (n-1)개의 시장이 수요와 공급이 일치하는 균형 상태에 있다면, 나머지 한 시장도 자동적으로 균형 상태에 있게 된다.

•• 이 가설에 따르면, 기업은 더 큰 이윤을 추구하기 위해 노동자를 내부자와 외부자로 구분한다. 정규직으로 고용된 내부자들은 노동조합을 결성할 권리를 갖고 높은 임금을 받으며 각종 혜택을 받을 수 있는 반면, 비정규직과 임시직으로 고용된 외부자들은 노동조합을 결성하기 힘들고 낮은 임금을 받으며 각종 혜택에서도 제외된다.

양 이론들의 결합으로부터, 경쟁적인 맥락에서조차, 기업이 같은 숙련도의 미취업 노동자들을 고용함으로써 더 적은 비용으로 [고용 문제를] 처리할 수 있음에도 불구하고 그 임금보다 더 높은 임금을 종업원들에게 지불할 것이라는 결론이 따라 나온다. 내부자–외부자 접근에 따르면, [노동조합 같은] 집단적 조직이 없을 때조차도 고용 비용, 훈련 비용, 해고 비용의 존재로부터 노동자들이 이끌어 내는 교섭력 때문에 노동자들은 시장 청산 수준을 크게 초과하는 임금을 지속적으로 요구할 수 있다. 효율성 임금 접근°에 따르면, 임금과 노동생산성 간의 적극적인 인과적 연쇄 때문에 시장 청산 임금 이상의 것을 노동자들에게 지불하는 것은 기업에게 이익이 된다. 대부분의 변형된 [효율성 임금의] 형태에서, 이는 실직의 비용이 더 높다면 노동자들이 노동을 덜 회피할 것이라는 가정에 근거하고 있다. [효율성 임금 이론의] 또 다른 형태에서, 그것[시장 청산 임금 이상의 것을 노동자들에게 지불하는 것이 기업에게 이익이 된다는 것]은 노동자들의 고용주가 노동자들에게 절대적으로 필요한 것보다 많은 것을 지불한다는 느낌에 의해 성과가 향상되도록 [노동자를] 동기부여할 것이라는 대안적 가정에 근거를 둔다. 이처럼 이런 두 접근들 중 어느 것이든 그 변형태가 맞다면, 완전경쟁 경제에서조차도 비왈라스적인 경제가 되는 게 가능할 수 있을 것이다.[32]

이런 경제의 맥락에서, 부가 흠잡을 데 없이 평등한 방식으로 분배되어 왔다고 추가로 가정해 보자. 장기화된 실업이 현재의 수입과 미래의

° 어떤 기업이 경쟁 기업에 비해 더 높은 임금을 지불함으로써 더 많은 이윤을 올릴 수 있다는 이론. 여기에는 높은 임금을 지불하면 더 적은 감독 비용으로 노동자의 태만을 막을 수 있다는 태만 모델(shirking model)과 기업가의 선물에 감사해서 노동자가 더 열심히 일한다는 선물 교환 모델(gift exchange model)이 있다.

전망 모두에 중대한 영향을 끼친다는 점을 고려할 때, 시장 청산 모델로 부터의 이런 이탈은 더 이상 지엽적인 현상으로 일축될 수 없으며, 따라서 취업자와 (동일한 숙련도를 가진) 실업자가 좋은 삶에 대한 관점을 추구하기 위해 필요한 수단들에 접근할 동등한 권리를 누린다는 주장은 명백히 성립할 수 없다. 다시 말해, 비왈라스적인 경제에서 사람들의 부존 자산은 그들의 부(일상적 의미에서)와 그들의 기술에 의해 남김없이 서술되지 않는다. 다시 말해, 어떤 일자리의 보유는 세 번째 유형의 자산을 구성한다.[33] 부존 자산의 평등은 이런 수정된 맥락 속에서 어떻게 파악될 수 있는가? 명백한 하나의 제안은 외적 부와 정확히 같은 방식으로 일을 진행하는 것이다. 다시 말해, 일자리의 가치를 모두에게 평등하게 분배될 필요가 있는 자산으로 파악하는 것이다. 토지가 부족한 경우, 우리는 관련된 사회의 구성원 각각에게 저 토지의 동등한 몫에 대한 매매 가능한 권리자격을 주었고, 부존 자산을 균등하게 하는 기본소득의 수준은 이용 가능한 토지의 1인당 경쟁가격을 통해 주어졌다(위의 4장 2절을 참조). 이와 유사하게, 일자리가 부족한 경우, 관련된 사회의 구성원 각자에게 저 일자리들의 동등한 몫에 대한 매매 가능한 권리자격을 주도록 하자.[34] 이때 부존 자산을 균등하게 하는 기본소득의 (추가) 수준은 토지의 경우와 비슷하게 이용 가능한 일자리들에 대한 1인당 경쟁가격을 통해 주어지게 될 것이다. 비자발적 실업률이 높다면, 상응하는 기본소득은 높을 것이다. 모든 실업이 자발적이라면, 추가적인 기본소득은 이런 절차에 의해서는 정당화되지 않는다.

이것이 진짜로 적절한 절차라면, 실질적 자유지상주의에 근거해 정당화되는 기본소득의 수준을 상당히 증가시킬 여지가 존재하게 된다. 이는 그런 절차가 진행되지 않았다면 취업하고 있는 사람들에 의해 독점되었을 고용 지대employment rents를 모두에게 분배하는 것과 같다. 이런 지대는 취업자들이 그들의 직업으로부터 얻는 소득(및 여타의 이점들)과 시장이 청산되었다면 그들이 필요로 했을 (더 낮은) 소득 간의 차이에 의해 생겨 난다.[35] 지속적인 대량 실업 상황에서, 이런 지대의 총액은 분명 보조금 의 재원을 조달하기 위해 사용될 수 있는 액수를 크게 증가시켜 줄 것이 다. 이때 좋은 삶에 대한 관점을 추구할 수단에 접근할 기회를 차별 없이 누려야 한다고 보는 사람, 곧 실질적 자유의 축차적인 최소극대화에 관 심이 있는 사람이라면, 사람들에게 적절한 기본소득의 지급을 요구해야 한다고 제안하는 것은 더 이상 터무니없지 않다. 물론 적절한 기본소득 을 모든 상황에서 다 지급해야 한다는 것은 아니다. 그중에서도 기본소득 에 대한 대중의 요구가 구체화되고 있는 고실업률의 부유한 사회에서 부 정의에 대한 강한 느낌이 사회를 압박할 때 그렇게 해야 한다. 나는 '그 중에서도'inter alia라고 말한다. 왜냐하면 여러 유형의 일자리들이 존재할 때, 고용 지대의 존재는 더 이상 비자발적인 실업과 동일한 외연을 가질 필요가 없기 때문이다. 즉 모든 사람이 직업을 갖고 있다고 하더라도 막 대한 고용 지대가 존재할 수 있다. 왜냐하면 안 좋은 일자리를 가진 많은 사람들은 현행 임금의 그 일자리보다 (재정적으로나 본래적으로) 훨씬 더 매 력적인 다른 일을 하려는 의향이 있으며 또한 할 수 있기 때문이다. 나의 논증에서 결정적인 것은, 많은 사람들이 일자리 없이 존재하고 있다는 사실이 아니라, 일자리 자원에 대한 선망을 통해 드러나는 큰 고용 지대 가 존재한다는 것이다. 그러므로 이 결론은 서구 유럽뿐만 아니라 미국 처럼 비교적 실업률이 낮은 부유한 국가에도 충분히 적용된다.

5. 일자리 나누기, 매수, 일자리 부족의 제거

방금 제시된 입장을 좀 더 해명하고, 이제까지 가정된 것보다 훨씬 더 복잡한 세계에서 그런 입장이 어떤 함축을 갖는지 설명하기 위해, 이제 다수의 유익한 반론들을 고찰해 보자.

먼저 다음의 이례적인 상황을 고려해 보자. 어떤 사람들은 비자발적인 실업 상태에 있기 때문에 일자리는 그 가치가 공유되어야 하는 자산을 구성한다. 그런 사람들[비자발적인 실업 상태에 있는 사람들]이 없었다면, 일하지 않기로 선택한 사람들, 곧 자발적인 실업자들은, 이전 장에서 논의된 대로, 표준적인 외적 자산에 대한 그들의 몫과 별도로 추가되는 기본소득을 받지 못했을 것이다. 기본소득을 증가시키기 위해 고용 지대를 활용함으로써, 현재의 상황에 이미 '만족해' 하는 사람들[자발적인 실업자들]에게 불필요한 편익을 제공하는 것이 아닌가? 그 대신 실제로 일자리 부족의 영향을 받고 있는 비자발적 실업자들로 지대 공유의 편익을 제한해야 하지 않는가? 그렇지 않다. 어쨌든 자유주의에 따라 좋은 삶에 대한 관점들 간에 차별을 금지하는 원칙을 고수하고자 하는 한, 비자발적 실업자들로 지대 공유의 편익을 제한해서는 안 된다. 왜냐하면 비자발적 실업자들에게 초점을 맞추는 정책을 택하는 것은 희소한 자산에 대한 값비싼 취향을 가진 사람들에게 특권을 부여하는 것과 같기 때문이다. 여하한 이유로든, 일자리 자산에 대한 자신의 몫을 포기하고 이를 통해 타인에게 더 많은 것을 남겨 준 사람들에게 그 가치에 대한 공정한 몫을 박탈해서는 안 된다.

이는 최대 노동시간의 강제적인 단축을 통한 일자리 나누기 전략이, 실질적 자유지상주의의 관점에서 볼 때, 실업에 대한 전략으로 기본소득 전략보다 더 나쁜 성과를 낼 수밖에 없는 유일한 이유까지는 아니라고 해도 근본적인 이유를 제공해 준다. 먼저, 일자리 나누기는 통약 가능성 commensurability이라는 명백한 문제를 제기하게 한다. 두 일자리가 동일하지 않은 경우에, 어떻게 우리는 이전 절의 노선에 따라 그 일자리들의 가치의 평등한 분배가 아니라 그 일자리들의 평등한 분배에 대해 추상적으로라도 유의미하게 말할 수 있는가? 두 번째, 일자리들이 문자 그대로 모두 — 자발적인 실업자를 포함해서 — 에게 평등하게 분배됐다고 가정한다고 해도, 그 결과 초래된 상황은 실질적 자유의 관점에서 볼 때 일자리에 대한 매매 가능한 권리가 모두에게 동등하게 분배되는 상황보다 훨씬 더 열등하다. 일자리에 대한 동등한 몫보다 더 많은 것을 얻기 원하는 사람과 더 적은 것을 얻기 원하는 사람은 모두 전자보다는 후자의 상황에서 그들의 인생 계획을 추구하기 위한 더 많은 실질적 자유를 누리게 된다. 더 높은 소득과 더 많은 여가 양자는 전자보다는 후자의 상황에서 각인에게 (비록 각인이 누리지는 못하지만) 접근 가능하다. 그 대신, 강제적인 노동시간 단축을 통한 일자리 나누기의 대상이 비자발적인 실업자들로 국한된다면, 그것은 자발적인 실업자, 다시 말해 여하한 이유로든(상사에 의해 좌지우지되는 것에 대한 반발, 연로한 친척을 돌보려는 목적, 값어치 있는 기술의 부재) 일자리를 구하지 않은 사람에게 불리한, 자산 분배에서의 불공정한 차별이라고 할 수 있다. 이는 두 가지 구분되는 이유에서 그렇다. 먼저, 기업이 일하기 원하는 사람들에게 일자리를 더 골고루 나누려 하지 않는다는 사실은 그렇게 하는 것이 이윤을 극대화하려는 그들의 이해관심과 충돌함을 시사한다.[36] 그러므로 강제적인 노동시간 단축은 이윤에 부정적인 영향을 줄 것으로 예상할 수 있으며, 이를 통해 일반적인 부의 이전에 과세함으로써(4장 2절의 노선에 따라) 그 재원이 조달될 수 있는 기본소득의 최대 수준 및 자산의 가치에 부정적인 영향을 줄 것으로 예상할 수 있다. 그러므로 강제적인 노동시간 단축은 일자리가 공유된 이후에도 기본소득 말고는 먹고살 것이 없는 가장 적은 특권을 가진 이들 중 일부의 부존 자산을 감소시킬 것이다. 두 번째로, 이윤에 부정적인 영향은 없다고 하더라도, 비자발적인 실업자로 재분배 대상을 한정하는 것은 이런 자산[일자리 자산]에 대한 '값비싼' 취향 때문에 다른 사람들보다 일부에게 더 많은 자산을 주는 것과 같다. 이 논증은 표준적인 외적 자산의 맥락에서 게으른 사람과 일에 미친 사람 간의 갈등을 다루기 위해 4장 2절에서 사용된 논증과 정확히 유사한 것이다. 말하자면, 토지와 일자리는 비차별적인 방식으로 분배되어야 하는 희소 자산이다. 이런 관점에 입각해 볼 때, 토지나 일자리 자산의 구체적인 몫을 강력히 요구하지 않고 타인들에게 더 많은 몫을 남겨 준 사람들이 아무것도 받아서는 안 된다고 주장할 근거는 없다. [그렇게 함으로써 그들은] 땅이나 일자리에 욕심이 많은 사람들이 이런 자산들의 전체 가치를 전유하게 놓아두기 때문이다.

이런 마지막 두 논점들은, (잠재적) 직원들 혹은 (잠재적) 고용인들을 매수함으로써, 일자리 부족을 관리하는 대신 그것을 제거하려고 시도하는 전략들을 평가하는 작업과 직접 관련된다. '직원-매수'employee-bribing 전략은 비자발적 실업자에게만 실업수당을 지불하는 전략이다. 그것은 노동을 공급하는 측을 설득해 비자발적 실업을 자발적 실업으로 전환하는 것을 목표로 삼는다.[37] 이상적인 형태의 직원-매수 전략은 어떤 사람들로 하여금 그들의 일자리를 포기하게 할 만큼만, 또 다른 사람들로 하여금 일자리를 얻으려는 그들의 욕망을 포기하게 할 만큼만, 선별적인 수당을 나누어 주는 것이다. 다른 한편, '고용인-매수' 전략은 고용주가 채용하는 노동자들의 수에 따라 고용주에게 보조금을 지급하는 전략이다. 이 전략은 추가 노동자들, 혹은 최소한 현재의 비자발적 실업에 영향을 받는 범주에 속하는 노동자들을 추가 고용하는 고용주에게 그들을 고용하는 데서 생긴 순비용을 절감시켜 줌으로써 [노동의] 수요 측을 설득하려고 한다. 이런 전략들을 사용해 완전고용(적어도 달성 가능하다면)을 달성하기 위해 필요한 매수의 수준은 맥락에 따라 크게 달라질 것이다. 그래서 어떤 경우에는 주로 비자발적 실업자가 얼마나 간절히 일하고 싶어 하는가에 좌우될 것이고, 또 다른 경우에는 새롭게 창출된 일자리가 보조금이 없을 때는 얼마나 수익을 못 내는지에 좌우될 것이다.

이런 전략들을 폐기하기 위해, 그런 전략들이 실패할 수밖에 없다거나 성공을 위한 대가가 지불할 만한 가치가 없는 것이라고 논증할 필요는 없다. 두 매수 전략들은 일자리 공유 전략과 관련해 방금 언급했던 것과 정확히 같은 두 가지 이유 때문에 자발적인 실업자에 대한 정당하지 않은 차별을 수반한다는 반론에 취약하다. 첫째로, 어떤 강력한 외부성 — 말하자면, 사람들이 보조금을 지급받는 노동을 계속 하게 하는 정책이 범죄를 억제하는 효과를 일으킴으로써 부동산 가격을 상승시킨다면 — 이 개입되지 않는다면, 직원(수당)이나 고용인(보조금)에[게 지급되는] 매수금의 재원을 조달하기 위해 필요한 과세는 이윤율에 최종적으로 부정적인 영향을 줄 것이라고 확실하게 추측할 수 있으며, 이를 통해 재산양도세wealth transfer taxes로 그 재원이 조달될 수 있는 기본소득의 지속 가능한 최고 수준에 부정적인 영향을 줄 것이라 추측할 수 있다. 그러므로 매수 전략의 재원을 조달하기 위한 과세는 자발적 실업자가 이용할 수 있는 자원을 축소시킬 것이라고 예상할 수 있다. 둘째, 이것이 사실이 아니라고 하더라도, 매수 전략은 여전히 자발적 실업자에게 불공정한 전략이라고 할 수 있다. 왜냐하면 매수 전략은 부족한 일자리에 대한 '값비싼' 취향을 가진 사람들에게 더 많은 자산을 배분하는 것에 해당하기 때문이다. 문제를 다르게 표현하기 위해, 완전고용이 선택적 매수(어느 쪽이든)와 기본소득 양자를 통해 달성될 수 있으며, 후자보다 전자를 통해 완전고용에 도달하기 위해서는 취업자들에게서 더 적은 자산을 가져갈 필요가 있다는 점을 인정해 보자.[38] 이때, 다른 조건이 같다면, 모든 사람이 돈을 벌 실질적 자유는 기본소득을 실시하는 체제보다는 매수를 시행하는 체제에서 더 클 것이다. 그러나 어느 쪽의 매수 전략이든, 매수 전략이 기본소득 전략보다 실질적 자유의 견지에서 더 우월하다는 결론이 따라 나오지는 않는다. 이렇게 결론을 내리는 것은 자유 시간을 누릴 자유를 희생시키면서 돈을 벌 자유에 부당한 특권을 부여하는 것과 같다. 여기서 다시, 실질적 자유 밑바탕에 있는 부존 자산을 목도함으로써 의미 있는 중립적 관점에 이를 수 있다. 이때 양 매수 전략은 상이한 취향을 가지고 있다는 이유만으로, 다시 말해 최소수혜자들이 이용할 수 있는 부존 자산의 크기에 유리한 영향을 끼친다는 것으로는 정당화될 수 없는 부존 자산의 불평등을 낳는 것처럼 보인다는 이유만으로, 다른 점에서는 동일한 사람들에게 동등하지 않은 부존 자산을 배분하는 것처럼 보인다.

집에서 아이를 돌보는 여성이 직업에 종사할 의향이 있는지의 여부에 따라 자신의 소득을 얻는지의 여부가 결정될 때, 이런 차별의 불공정성은 명백히 감지되고 때로 격렬한 분노의 대상이 된다. 보조금을 주는 자와 보조금을 받는 자의 공동의 노동력을 통해 임금이나 수당으로 분배되는 실질소득이 창출된다고 말하는 것이 충분히 그럴듯해 보인다는 사실 때문에 임금 보조금[고용주 매수 전략]의 경우에는 불공정성이 모호해진다. 그러나 일자리 제공만을 목표로 삼는 보조금(그래서 다른 보조금은 현재의 논의에 의해 관심의 대상이 되지 않는다)에 힘입어 고용된 노동자는 물론 그 자격 때문에 자산의 순소비자다. 여기서 요점은 추가 자산들의 이 같은 배분이 이런 노동자들과 취향만 다를 뿐인 사람들에게 불공정한 결과를 가져온다는 것이다. 이런 논점은, 노동자들이 노동하는 데 쏟은 노력을 최소한 보상해 주는 추가 소득을 올려야 한다는 의미로 노동자들이 적절한 보상을 받아야 한다는 개념과 완벽히 일치된다. 이런 제약 조건은 대안적인 전략들만큼이나 기본소득 전략 아래서 존중된다. [하지만] 그런 제약 조건이 지대의 재분배에서 친노동자적인 편향을 정당화하지는 않는다.

그러나 우리가 일자리 나누기, 선별적인 수당이나 임금 보조금 같은 (차별적인) 정책을 통해서가 아니라, 다른 어떤 수단, 말하자면 임금 유연성*을 저해하는 모든 경직성의 해체와 임금 경제를 대체하는 공유 경제 share economy**를 통해 ('마찰적인 실업' 이상의) 비자발적인 실업을 제거할 수 있다고 가정해 보자. 일단 완전고용이 이런 식으로 달성되는 한, 희소한 외적 자원의 두 번째 유형[일자리]은 사라지며 좀 더 넉넉한 기본소득의 재원을 조달하기 위해 징수될 수 있는 고용 지대는 존재하지 않는다고 말할 수 없을까? 오직 한 종류의 일자리만 존재한다면, 비자발적인 실업의 제거가 이런 함축을 가진다는 점을 일단 인정해야 한다. 이때 고용 지대는 존재하지 않으며, 혹은 원한다면, 고용 지대는 피고용인 대신 고용인에 의해 전유된다. 그러나 다른 사정들이 동일하게 유지될 수 있다면 — 특히 노동생산성과 안정적인 유효수요에 끼치는 부정적인 효과를 무시한다면 — 이런 임금의 하락은 물질적 자산과 금융자산에 대한 더 높은 수익을 창출할 것이며, 이로 인해 사회의 자본 가치 면에서의 큰 증가를 야기할 것이다. 그 결과, 표준적 의미의 외적 자산에 대한 사람들의 1인당 몫은 더 커지게 될 것이며, 그래서 이런 자산들에 과세함으로써 그 재원이 조달될 수 있는 기본소득의 최대 수준은 현 상태의 임금보다 훨씬 더 높을 것이라 예상할 수 있을 것이다.

그러나 이런 시장 청산 전략을 폐기하기 위한 매우 강력한 실질적 자유지상주의적인 근거들이 존재하리라고 합당하게 가정할 수 있다. 먼저, 임금을 시장 청산 수준 이상으로 유지하는 것은 이를테면 효율성 임금이나 유효수요 때문에 이윤에 긍정적인 영향을 끼칠 가능성이 크다. 두 번째로 임금에 포함된 지대는 자본 소유가들에 의해 그 지대가 전유될 때보다 세금을 부과하기가 훨씬 더 쉬울 수도 있다. 대부분 노동이 자본보

● 임금 유연성이란 임금이 노동시장 상황의 변동에 얼마나 효율적으로 조정되는지를 나타내는 개념이다.

●● 이 책에 나오는 공유 경제라는 말은 '협력적 소비'를 지향하는 에어비엔비 같은 기업과 관련된 것이라기보다 마틴 와이츠먼이나 제임스 미드가 말하는 공유 경제와 관련된다. 가령 미드의 공유 경제는 공유 기업, 공유 자산, 기본소득이라는 세 가지 요소로 이루어진다.

다 덜 유동적이기 때문이다. 따라서 실질적 자유의 축차적인 최소극대화 원칙은 강제적인 시장 청산을 통해 고용 지대를 균등화할 개연성이 낮다. 그럼에도 강제적인 시장 청산을 통한 고용 지대의 균등화 전략에 관해 사고하는 것은 이해를 도울 수 있다. 왜냐하면 이를 통해 우리는 고용 지대의 성격을 더 잘 이해할 수 있기 때문이다. 즉 강제적인 시장 청산을 통한 고용 지대의 균등화는 노동자들이 — 자본가의 사리사욕 때문이든 아니면 노동자들의 개별적이거나 집단적인 힘에 기인한 것이든 — 사회의 생산적 잠재력, 다시 말해 사회의 축적된 물질적 생산수단과 생산기술, 좀 더 일반화하면, 사회의 경제적·사회적 조직의 노하우의 가치 가운데 일부를 사용하는 하나의 방식으로 간주될 수 있다. 이는 상속된 자본과 [과학]기술에 대한 과세가 왜 직관에 반할 정도로 낮은 기본소득 수준으로만 이어질 수 있었는지를 설명해 주며(4장 3절), 또한 어떻게 현재의 임금에 대한 과세가 이전 세대에 의해 우리에게 전해진 것의 일부를 획득하는 하나의 방식일 수 있는지를 설명해 준다.[39]

다음으로 우리가 여러 유형의 일자리들을 가지고 있지만, 사람들 모두가 같은 숙련도skill를 갖고 있다고 가정해 보자. 일자리를 찾는 모든 사람들이 실제로 일자리를 하나씩 얻는다면, 이 경우 공유되어야 할 고용 지대가 존재하지 않는다는 주장은 더 이상 성립하지 않는다. 그런 지대는 어떤 사람들이 다른 누군가의 일을 현재의 임금으로 하고 싶어 할 때는 언제나 존재한다. 또 일자리가 금전적·비금전적 특징 면에서 모두 다르다면, 일하고 싶어 하는 모든 사람들이 완전고용 상태에 있다고 하더라도 이런 일은 대규모로 일어날 수 있다. 비자발적인 실업은 본질적인 것이 아니다. 비자발적인 실업은 고용 지대를 특별히 눈에 띄게 할 뿐이다. 이런 이유로, 완전고용에 반대해 어떤 전략이 사용되든, 심지어 완전히 성공한 전략조차도 이제까지 간과되어 왔던 자산의 유형[일자리]에 원천을 둔 추가적인 기본소득의 정당성을 훼손하게 하지는 못할 것이다.

6. 일자리 경매로부터 소득세로

이제, 여전히 숙련의 차이를 고려 대상으로 삼지 않으면서, 사람들의 부존 자산의 이 추가적인 측면[일자리]이 축차적인 최소극대화의 방식으로 분배되어야 한다는 요구를 어떻게 실제로 시행할 수 있는지 물어 보자. 이상적인 형태로 본다면, 각 유형의 일자리에 대한 동시적인 경매가 있어야 한다. 이런 동시적인 경매를 통해 각각의 일자리들에 대한 경쟁가격이 결정될 것이다. 이와 같은 일련의 경매들이 열릴 수 있으며, 이로인해 각 유형의 일자리와 연관된 고용 지대가 정확히 평가될 수 있다고 먼저 가정해 보자. [이때] 출현하는 가격은 다수가 그 자체로 매력적이라고 여기는 일자리에서 받는 임금에 상당 부분 상응할 것이다. 이 가격은 어렵고 따분하고 위험하며 그러하기에 그것에 덧붙여지는 물질적 보상이 이루어질 때만 수행되는 노동에서 받는 임금보다는 적을 것이다. 완전한 평등이 달성되기 위해, 이 가격은 상응하는 임금으로부터 공제되어야 한다. 반면 그 수익금은 기본소득을 증가시킬 것이다. 그러나 여기서 다시, 임금 가운데 지대를 구성하는 부분이 정확히 확인될 수 있다고 가정하더라도, 재분배의 역동적 효과들을 고려할 때, 축차적인 최소극대화 해법이 완전한 평등으로부터 상당히 이탈할 가능성이 크다는 점을 인정할 수밖에 없다. 이윤의 관점에서 볼 때 지대를 억제하는 데는 상당한 비용이 들 것이며, 이로 인해, 외적인 부의 이전에 과세함으로써 지속적으로 그 재원이 조달될 수 있는 기본소득(4장 2절에서 논의된 대로)의 견지에서 상당히 많은 비용이 들 것이다. 이런 비용이 얼마나 높은가는 지대를 발생시켰던 메커니즘의 성격에 매우 민감할 것으로 예상된다.

예를 들어, 효율성 임금의 증여-보답gift-countergift 변형 모델에서는, 시장 청산 임금 이상을 지불할 의사 표시에 의해 고용주가 부담하는 비용은 결국 노동자들의 주머니로 들어가는 돈보다 노동자들의 노동 노력에 더 큰 의미가 있다고 할 수 있다. 이 경우 지대의 매우 큰 부분이 노동 노력이나 이윤율에 그다지 큰 영향을 미치지 않고 과세될 수 있다. 그와 반대로, [효율성 임금 모델의] 노동-규율(혹은 근무 태만) 변형에서는 제재의 범위와 이를 통한 순임금의 수준이 노동자의 노동 노력에 영향을 끼치는 것으로 간주된다. [효율성 임금 모델의] 이런 메커니즘의 차이에도 불구하고, 우리는 일정 기간 동안 경쟁가격에 각 직업에 접근할 권리를 판매하고 또한 노동자가 일을 태만히 하다 걸려 그 기간 동안 해고되거나 한 경우에는 지급된 가격을 상실하게 된다고 약정함으로써 **노동 노력 속의 모든 지대를 비용을 들이지 않고 원칙적으로 포착할 수 있었다.**[40] 그러나 과세되고 있는 것이 모두에게 재분배되어야 하고, 해고 시 지급되는 **최저 소득이 개선됨에 따라**fall-back situation, 해고되었을 때의 비용이 감소하고, 이로 인해, 이 접근에 따르면, 노력과 이윤의 감소를 가져온다는 점을 잊지 말자.[41] 다음으로, 개인 또는 단체가 강경한 협상의 결과로 지대를 전유한다고 가정하자. 확실히 맨 먼저 이런 지대를 얻은 노동자들은 보상적인 임금 인상에 성공적으로 합의함으로써 그런 지대를 재분배하려는 시도에 반발할 것으로 예상할 수 있다. 강경하고 항구적인 법정 임금 정책만이 이를 방지할 수 있을 것이다. 하지만 이런 정책은 효율성에 민감하게 반응하는 노동시장이 가진 이점을 제거할 것이다. 이처럼 지대의 구성 요소가 경매를 통해 정확히 평가될 수 있다고 가정하더라도, 일반적으로, 지대를 억제하는 데서 오는 이윤 일부의 상실과, 이로 인해 표준적인 외적 자산으로부터 그 재원이 조달될 수 있는 기본소득 수준의 하락이 최소한 존재하게 될 것이다. 물론 고용 지대에 대한 기본소득 극대화 세율이 0이라는 결론은 따라 나오지 않는다. 왜냐하면 과세되고 있는 것은 또한 더 높은 기본소득을 공급하기 위해 사용되기 때문이다. 그러므로 양 효과 모두를 고려하면, 지속 가능한 기본소득(이윤율이 아니라)의 수준을 극대화하는 (완벽하게 확인된) 고용 지대에 대한 세율은 매우 높을

수도 있다.[42]

그러나 실천적인 측면에서 볼 때, 특정한 유형의 일자리에 상응하는 각각의 경매가 열리는 상당히 큰 규모의 독립적인 일련의 경매들을 조직한다는 발상은 크게 와 닿지 않는다. 사실, 일자리는 너무나 많은 차원들에 따라 차이가 나며 그 가치는 한 '유형의 일자리'라는 개념을 오히려 의심스럽게 하는 (감독관의 기분으로부터 대중 교통망의 편성에 이르기까지) 너무 많은 변화들에 의해 극적으로 영향을 받을 수 있다. 이로부터 고용 지대가 재분배될 수 없다는 결론이 따라 나오지는 않는다. 그러나 고용 지대의 재분배는 진부하기는 하지만 일자리를 통해 접근할 수 있는 소득에 초점을 맞추는 조세제도를 통해 더 대략적인 방식in a grosser way으로● 이루어져야 한다. 이로부터 같은 임금이 지급되지만 금전적이지 않은 이득 면에서는 전혀 동일하지 않은 두 직업에 대해 다르게 과세하는 것이 더 이상 가능하지 않다는 사실이 귀결된다. 이는 덜 쾌적한 일자리와 관련된 지대보다 더 쾌적한 일자리와 관련된 지대에 더 낮은 세율로 과세하는 것에 해당한다. 이것이 왜 우리를 성가시게 하는가? 임금에 대한 균일한 과세 — 다시 말해, 일자리 유형에 민감하지 않지만 반드시 비례하는 것은 아닌 과세 — 가 증가할수록, 그 자체로 가장 매력적이지 않은 어떤 종류의 직업의 지대 전체가 과세되는 지점에 곧 도달하게 될 것이다. 즉 어느 누구도 [그런 종류의 직업에] 상응하는 순임금 때문에 그런 종류의 일자리를 가진 사람을 선망하지는 않는다. 우리가 그런 직업을 가진 사람의 임금으로부터 그에 상응하는 지대보다 많은 것을 공제하기를 원치 않는다면, 여기서 멈춰야 하는가? 이런 이유로 다른 모든 노동자들

● 세세한 면은 고려의 대상에서 제외하고 주요한 측면(여기서는 소득)만을 고려하는 방식으로.

이 전유한 지대에 대한 과세를 모면하도록 그들을 내버려 둘 수밖에 없는가? 그렇지 않다. 우리는 계속 지대에 과세할 수 있다. 비자발적 취업이 없기에 정당한 수준보다 더 많이 과세할 위험으로부터 보호받을 수 있기 때문에 우리는 더 나아갈 수 있기 때문이다. 다시 말해, 어느 누구도 음의 지대negative rent를 가진 직업을 억지로 떠맡지 않는다. 모든 노동자가 기본소득을 받으며 **또한** 그녀가 자발적으로 일자리를 포기했다고 해도 여전히 기본소득을 받을 것이라는 중요한 사실을 염두에 둔다면, 일하지 않는 사람이 전유하는 것과 최소한 동등한 고용 지대의 몫을 모든 노동자가 전유할 것이라고 확실하게 주장할 수 있다.

그러나 우리는 상보적인 두 과정의 결과로서, 과세 수준의 추가적인 인상에 의해 유발된 과세 표준의 붕괴를 의식해야 한다. 하나의 과정은 몇몇 일자리들과 이에 상응하는 임금이 사라지는 것이다. 고용주들이 현재의 순임금으로는 몇몇 일자리에 지원할 후보자들을 발견하지 못하는 한, 그들은 그 일자리를 공백의 상태로 남겨 두어야 하거나, 혹은 이런 일자리들이 그들에게 너무 가치 있는 것이라면, 임금을 올리겠지만 이때 [이런 임금 인상은] 일반적으로 이전보다 낮은 노동 수요 수준에서 이루어진다. 어느 경우이든, 몇몇 일자리들은 사라진다. 또 다른 과정은 지대의 금전적인 측면을 비금전적인 측면으로 대체하는 것이다. 비금전적인 이득은 크리스마스 파티, 사업상의 만찬, 자유로운 사적 통화, 스포츠 시설의 이용, 두꺼운 양탄자와 느긋한 휴식, 훈련, [직장에서의] 교류와 기업의 의사 결정에 대한 참여와 같은 다양한 형태를 띨 수 있다. 이런 이점들은 과세되지 않거나 과세될 때도 극히 낮게 과세되기 때문에, 임금에 과세되는 비율이 높아지는 만큼, 임금에 비해 그런 비금전적인 이득을 증가시키는 것은 고용주와 피고용자의 상호 이익에 점점 더 도움이 된다. 이런 두 과정의 결과로, 최소극대화를 고려 — 이런 지대들 안의 최소한의 몫을 극대화하는 것, 다시 말해 이런 지대들의 재분배에 의해 그 재원이

226

조달되는 기본소득의 수준을 극대화하는 것에 관심 — 한다면, 지대의 100퍼센트를 차지하기 훨씬 전에 조세율의 상승을 중단시켜야 할 것이다. 비록 앞에서 언급된 이윤율에 대한 영향을 고려의 대상에서 제외한다고 하더라도.

긴 우회 끝에, 우리는 이제 명백하게 이 장의 초반부(4장 1절)에서 일에 미친 사람과 게으른 사람의 예를 통한 문제 제기 때문에 포기할 수밖에 없어 보였던 단순한 기준과 다르지 않은 기준으로 되돌아왔다. 최소한, 숙련의 차이를 고려하지 않은 맥락에서, 드워킨의 기준을 일반화한 우리의 최소극대화 혹은 축차적인 최소극대화 기준에 따르면, 세수와 그런 세수에 의해 재원이 조달되는 기본소득이 극대화되는 지점으로까지 임금이 과세되어야 한다. [이 기준에는] 열심히 일하는 사람에게 불리한 그 어떤 편향도 포함되어 있지 않다. 또 가능한 한 많은 것을 재분배하려는 시도는 고용된 사람들에게 독점되어 그들 사이에서 매우 불평등하게 분배될 우려가 있던 지대의 생산성을 감소시키지 않는다. 안 좋고 매력적이지 못하며 무시해도 될 정도의 지대를 낳는 일자리를 가진 사람들은 이런 재분배로부터 실업자보다 적지 않은 이익을 얻을 것이다. 세수 극대화 점이 완전한 지대 균등화 점으로부터 얼마나 멀리 있는지, 또 그에 상응하는 기본소득이 어느 수준인지는 물론 우연의 문제이며, 따라서 많은 요인들, 이를테면 가장 눈에 띄는 비금전적인 이득들 가운데 몇몇(회사차, 해외 출장)이 어느 정도로 조세 목적을 위해 화폐소득으로 간주될 수 있는지 등에 달려 있다. 내가 매우 중요하다고 생각하는 두 개의 덜 명백한 요인들을 언급해 보자.

무엇보다 먼저, 발전된 복지국가의 조건부 이전 제도와 비교해 기본소득을 지지하기 위해 고안된 다양한 효율성 논증들을 이 시점에서 도입하는 것이 중요하다. 발전된 복지국가에서 기본소득을 도입하는 것이 관련된 한계 세율의 상당한 인상을 수반할 것인지의 여부, 수반한다면, 이것이 노동과 자본의 공급에 주목할 만한 영향을 미칠 것인지의 여부는 빈번하게 논의되는 쟁점들이다. 그러나 기본소득을 경제적인 근거로 옹호하는 사람들에 따르면, 이런 쟁점들은, 무조건적인 기본소득이 만들어낼 수 있는 중요한 공헌, 즉 새로운 '사회계약'의 일부로 무조건적인 기본소득이 현재의 기술 조건에 훨씬 더 적합하게 노동시장이 기능하도록 기여할 것이라는 점과 비교해, 부차적인 중요성만을 가진다.[43] 그들이 맞다면, 기본소득의 형태로 고용 지대를 재분배하는 작업(비우월적 다양성이라는 제약 조건하에)은, 세수 극대화 점에 못 미치긴 하지만 상당한 수준까지 갈 수 있을 것이다.

내가 강조하고 싶은 두 번째 요인은 특별히 단체교섭collective bargaining을 통해 전유되거나 보호되는 고용 지대의 재분배와 관련된다. 조직화된 노동자들에 의한 결연한 집단적 저항은 보복 조치라는 전략을 통해 그들이 통제한 자산을 실질적으로 재분배하려는 어떤 시도도 물리칠 수 있다. 그러나 이런 저항의 결연함과 이로 인한 [저항의] 성패의 전망은 민주주의 사회에서는 관련된 조직이 공정한 요구를 하고 있으며 그들이 요구하는 것이 그들의 노동에 힘입어 그들에게 마땅히 돌아가야 할 몫일 뿐이라는 취지의 공적인 요구를 할 수 있는지의 여부에 결정적으로 영향을 받는다. 이것이 내가 여기서 기여하려는 연구가 한갓 사변적인 관심거리를 훨씬 넘어서는 것인 하나의 이유다.

그러나 임금노동자 자신들뿐만 아니라 — 자본주의사회에서는 — 고용인과 자영업자가 혜택을 누리는 보편적 이전의 재원으로 조달되어야 하는 것이 바로 그들의 임금이기 때문에, 임금노동자들은 여기서 제안되고 있는 것이 [자신들에게] 가장 불공정하다고 여길 수밖에 없지 않은가? 일자리를 자산과 동일시하는 태도는 뜻밖에도 임금노동자에 불리한 편향을 갖고 있는 것 아닌가? 적절한 이해와 부연이 이루어진다면, 그렇지 않다. 이를 보기 위해 먼저 일자리를, 엄밀한 의미의 임금노동자, 다시 말해 그를 고용한 기업의 소유주로부터 그 절대 액수가 사전에 조정된 보수를 받는 사람만 가지는 것이 아니라는 점에 주목하자. 마틴 와이츠먼(Weitzman 1984)이나 제임스 미드(Meade 1989)의 공유 경제에서처럼, 그의 고용인으로부터 그 기업의 이윤이나 부가가치를 고정된 비율로 받는 노동자, 혹은 협동조합으로 이루어진 경제에서처럼 공동소유 기업의 부가가치를 고정된 비율로 받는 노동자도 일자리를 가진다고 말할 수 있다.

그러나 이 모든 경우들에서, 채용에 대한 접근 기회는 다른 누군가의 수락 여부에 달려 있으며, 이런 이유로 일자리가 부족할 가능성, 그리고 그에 따라 타인의 일자리를 선망할 가능성을 쉽게 이해할 수 있다. 그러나 자영업의 경우(여기에는 타인을 고용하는 자영업 역시 포함된다)는 어떤가? 정의상 다른 어느 누구의 승인도 자영업을 얻는 데 필요하지 않기 때문에, 다른 누군가의 자영업종에 대한 선망과 이로 인한 고용 지대가 어떻게 존재할 수 있을까? 먼저, 보통 행정적으로 자유로운 접근이 허용되지 않는 몇몇 자영업종들 — 택시 운전사, 약사, 몇몇 브랜드에 대한 소매업자 — 이 존재한다. 또 자격증의 가격이 그 자격증의 경쟁가격에 못 미치는 한, 자영업 지대는 이런 경우에서 명백히 현존한다. 그러나 자영업 지대는 그런 제도적 제한이 없는 경우에도 현존할 수 있다. 일자리가 몇몇 단골 고객들에 대한 서비스 — 집 청소에서 컴퓨터 수리에 이르기까지 — 로 이루어질 때, 그 단골 고객들은 자신들이 완벽하게 감시할 수 없는 자영업 서비스 제공자들의 순종과 효율성을 확보하기 위해 효율성 임금 메커니즘과 정확히 유사한 이유로 시장 청산 수수료 이상을 기꺼이 지불할 것이다.

더 일반화하면, 실제로 모든 자영 업종들은 다른 대부분의 사람들이 마음대로 진출할 수 없는 특정의 위치를 시장에서 차지한다는 특징을 가진다. [자영업에 진출하는 데] 중요한 제한 요인이자, 이로 인해 가장 널리 퍼진 선망의 원천이 되는 것은 아마도 전문 기술의 부재일 것이다. 물론 이것은 대부분의 임금노동의 경우에도 그렇다. 그러나 이 단계에서 질서 정연한 분석을 가능하게 하기 위해 나는 모든 이가 동일한 재능과 전문 기술을 가지고 있다고 계속 가정하고 있다. 이 접근이 동일하지 않은 숙련 수준[을 가지고 있는] 경우에 어떻게 일반화될 수 있는가라는 문제는 다음 절에서 다룰 것이다. 다음 절에서 이 단순화된 가정은 사라질 것이다. 물론 자본에 대한 평등하지 않은 접근 기회는 [자영업에 진출하는 데 지장을 주는] 또 다른 제한 요인이다. 사실, 자본시장에서 자본을 빌릴 수 있기 때문에 자영업자 본인이 자본을 가지고 있을 필요는 없다. 그러나 자본시장은, 노동시장의 경우 효율성 임금 이론에 의해 분석된 이유와 매우 유사한 이유로, 투자 대상을 제한하는 경향을 드러낸다. 노동자와 마찬가지로, 대출자는 비용이 많이 드는 '계약 해지'의 공포 때문에 [자본시장의] 규칙을 잘 지킬 필요가 있다. 그러므로 균형 임금에서 체계적인 일자리 부족이 존재하는 것과 꼭 마찬가지로, 균형 이자율에서는 체계적인 신용 부족이 존재한다.[44] 모두가 똑같이 부유하다고 하더라도, 신용에 접근할 기회는 그 신용에 대해 제값을 다 지불하지 않는 몇몇 사람들에 의해 독점될 것이며, 따라서 신용에 의존하는 자영업에서 나오는 소득은 정당하게 과세될 수 있는 지대의 구성 요소를 포함하게 될 것이다. 더욱이 모든 증여와 유증 재산이 정당하게 과세됐다고 하더라도(4장 2절을 참조), 서로 다른 사람들은 여전히 동등하지 않은 자본 부존 자산을 가질 것이다. 더구나 이런 불평등은 다양한 종류의 자영업을 하기 위해 필요한 생산수단의 확보 능력의 불평등을 직·간접적으로 야기한다. 다시 말해, 자본 부존 자산의 불평등은 자신의 부를 담보로 사용할 가능성을 통해 희소한 신용을 확보하기 위한 경쟁에서 이점을 제공해 준다. 이것이 자영업에서 오는 소득이 임금 소득과 마찬가지로 과세 대상이 될 수 있는 또 다른 이유다.

따라서 임금 소득자가 정당한 과세의 부담 모두를 떠안을 이유는 없다. 그러나 자영업 노동자나 이윤을 공유하는 기업, 혹은 협동조합 형태의 기업에 고용된 노동자의 소득은 임금노동자의 소득보다 일반적으로 덜 확정적이고, 위험에 대한 대비가 덜 되어 있으며, 그렇기 때문에 상응하는 자영업 일자리에 구현된 지대의 크기는 이에 따라, 다른 조건이 같다면, [임금 소득자의 지대보다] 더 낮을 듯하다. 그러나 [여기서] 제안되고 있는, 세수를 지속적으로 극대화하는 소득 세제에서는 이 같은 점을 고려하게 될 것이며, 그래서 정액 임금 소득에 대한 과세와 여타의 노동 소득 형태에 대한 과세를 어느 정도 구별할 수 있을 것이다. 그러나 이런 구별이, 그런 게 필요하다면, 임금을 받는 노동자들이 불평할 만한 그런 것이 될 가능성은 낮다.

순수 자본 소득의 경우는 어떤가? 만약 (동일한 재능을 가진) 사람들이 동등한 물질적 부존 자산으로 출발해서 지대의 체계적인 전유가 일관되게 존재하지 않았다면, 그들의 소득 일부를 소비하지 않고 그 대신 그것을 투자하기로 한 결정으로부터 생겨난 이익에 과세할 정당한 이유는 존재하지 않을 것이다. 그러나 물질적 증여와 노동 소득에 대해 최적의 과세를 한다고 하더라도 그것이 사람들의 외적인 부존 자산을 [여전히] 매우 불평등한 상태에 있게 할 수 있다는 점을 고려하면, 최소한 강제 저축이 발생하지 않고 — 이 점을 추가로 덧붙여야 하는데 — 또한 세금 제도가 적절하게 예측될 수 있다는 조건하에 이익과 이익배당 역시 최대 세수의 과세 대상이 될 수 있다. 저축 소득에 대한 세수를 극대화하는 과세는 어느 누구도 음의 지대를 발생시키지 않는다는 조건에서만 외적인 부존 자산의 축차적인 최소극대화 — 가능한 한 — 를 보장할 수 있다. 그런 음의 지대는 조세제도가 사람들에게 갑자기 시행될 때˚ 쉽게 일어날 수 있다. 그러나 여기서 다시 지속 가능성이라는 요구 조건은 음의 지대가 발생하지 않게 하는 것을 보장하기에 충분할 것이다. 지속 가능한 세수를 극대화하는 제도는 아마도 (심지어 인플레이션을 빼고 평가할 때조차도) 노동 소득과 자본 소득에 대한 세율의 격차를 발생시킬 것이며, (자본 소득 안에서도) 안전한 이자소득과 위험한 배당소득risky dividens 사이의 세율의 격차를 발생시킬 것이다. 그러나 우리가 일자리 경매로부터 매우 포괄적인 조세제도로 되돌아왔다는 점은 이제 분명하다. 그러나 처음의 단순한 요구(2장 1절)의 정당성이 어쨌든 입증되었다고 결론 내리기 전에, 일자리에 대한 매우 평등하지 않은 접근 기회를 주로 결정하는 엄청나게 중요한 하나의 요인이 사람들의 동등하지 않은 자질의 수준이라는 점을 인식할 때 등장하는 또 다른 도전을 우리는 먼저 직시해야 한다.

7. 일관성이 없는 제안?
동등하지 않은 재능에 수반된 고용 지대

이제 이 장 초반부의 일에 미친 사람과 게으른 사람의 예를 고찰한 이후로 줄곧 간과되어 왔던 이전 장의 핵심에 있던 복잡한 문제를 도입할 시간이 왔다. 이런 도전에 대응해 여기서 발전시킨 접근이 어떻게 사람들이 서로 다른 내적 부존 자산을 가지는 상황에, 또 부분적으로, 내적 부존 자산들에 대한 상이한 접근의 결과로 동등하지 않은 생산기술을 가지는 상황에 적용될 수 있는가? 특히 이 장에서 제시된 접근에 함축된 고용 지대에 대한 꽤 넉넉한 재분배는 3장에서 지지된 더 재능 있는 자로

● 일본어판에서는 "과세 제도가 사람들의 기대를 저버리는 것과 같은 경우에 쉽게 발생할 수 있다"고 뜻을 새기고 있다.

부터 덜 재능 있는 자로 이전되는 꽤 인색한 재분배와 모순되지 않나? 나는 사람들의 기술, 다시 말해 그들의 현재의 생산능력이 오직 재능이라는, 곧 내적 부존 자산의 일부로 그들이 받은 능력이라는 단순한 가정 하에 이 문제를 먼저 검토할 것이다. 이 절이 끝날 무렵에, 나는 전문기술의 습득을 [논의하기] 위한 자리를 마련할 것이며, 이를 통해 이런 단순화된 가정을 해제할 것이다.

물론 고용 지대의 축차적 최소극대화 분배와 비우월적 다양성의 만족 사이에는 어느 정도 중요한 상호작용이 존재한다. 예를 들어, 고용 지대가 (높은 수익력 때문에) 재분배되지 않았다면 포괄적인 부존 자산이 열등하지 않았을 사람에게는 (또 다른 차원의 몇몇 장애에서 기인하는) 재분배가 이루어진 이후에 그녀의 생산적 재능에 기반한 시장 수익 축소의 결과로 선별적인 이전의 자격이 주어지게 될 것이다. 그러나 이런 측면에서 고용 지대의 재분배로부터 기대할 수 있는 가장 중요한 효과는 기본소득의 수준이 높아지는 만큼, 비우월적 다양성에 따른 선별적 이전이 이루어지기 이전에, (만장일치로 필수불가결한 것으로 간주되는 수준에서) 생계를 꾸려나갈 여력이 없는 사람들이 점점 줄어들게 된다는 점이다. 그 결과, 비우월적인 포괄적 부존 자산을 얻기 위해 특별한 범주('장애인'이라는)의 구성원임을 요구할 필요가 있는 사람이 점점 줄어들 것이다. 일자리 자산을 고려한다고 해서 우리가 '장애인'에게 덜 후한 제도를 시행해야 하는 것은 아니다. 장애인의 종합소득은 최소한 일자리 자산이 무시될 때만큼 높을 것이다. 그러나 일자리 자산에 대한 고려는 우리를 덜 차별적인 혜택으로 이끌고, 더 적은 양을 선별적인 방식으로 지급하게 하며, 이를 통해 몇몇 특별대우에 대한 필요성과 연관된 굴욕감이나 특별수당의 조건성으로 인해 '장애인'에게 생겨나는 함정, 그리고 선별적인 제도를 관리하기 위해 필요한 감독 기구의 규모를 줄여 줄 것이다. 바로 여기에 결정적인 상호 의존성이 존재한다. 즉 기본소득이 얼마나 높이 인상될 수 있는지는 비우월적 다양성이라는 사전 요구 조건을 만족시키기 위해 우리가 얼마나 많은 것을 확보할 필요가 있는지에 달려 있을 것이다. 그러나 이런 요구 조건을 만족시키기 위해 우리가 얼마나 많은 것을 필요로 할 것인가는 기본소득의 수준에 달려 있다. 그러나 [이런 주장은] 악순환vicious circle을 수반하지 않는다. 실천적으로 아무리 까다롭다고 하더라도, 그 주장[기본소득의 수준과 비우월적 다양성이라는 사전 요구 조건 간의 상호 의존성 주장]은 원칙적으로는 문제가 없다.

그러나 훨씬 더 우려스러운 또 다른 상황이 존재한다. 제한된 수의 동일한 일자리들이 존재하고, 재능 수준이 다른 사람들이 그 일자리들을 갖고 싶어 하는 상황을 고려해 보자. 우둔이는 일할 재능이 부족하기 때문에 일자리를 거부당한 반면, 명민이는 일자리 부족 때문에 같은 일자리를 거부당했다. 이 장에서 전개된 접근에 따르면, 일하고 싶어 하는 사람이라면 어느 누구도 일자리 없는 상태로 남아 있지 않을 때까지 명민이에게는 재분배의 자격이 주어진다. 그러나 재능의 차이를 다루기 위해 3장에서 전개된 접근에 따르면, 우둔이에 대한 재분배는 우둔이의 상황을 일자리를 가진 사람의 상황보다 모두 더 선호하자마자 중단되어야 하는 것처럼 보인다. 이것은 일자리 자산의 균등화와 연관된 현실적인 선망부재를 통해서보다는, 비우월적 다양성이라는 기준과 연관된 잠재적인 선망부재를 통해 일자리를 가진 사람에게 더 적은 재분배가 이루어지게 된다는 사실의 반영일 뿐이다. 재능이 없는 사람에 대한 꽤 인색한 처우와 [일자리를] 할당 받는 사람에 대한 꽤 넉넉한 처우 사이에 심층적인 비일관성이 존재하지 않는가? 3장[의 주장]과 일관성을 유지하기 위해서는 다음과 같은 일련의 주장을 필연적으로 함축해야 하지 않은가? 즉 비자발적인 실업이 사라지는 훨씬 더 어마어마한 지점에 도달하지는 않더라도 자발적인 실업이 나타나자마자 무직자에게 할 수 있는 일을 우리는 다 하지 않았는가? 그 결과 일자리 부족을 끌어들여 기본소득 수준을 높여야 한다는 주장은 당연히 정당화되지 않는 것이 아닌가?[45]

이런 도전에 대해, 재능과 다르게, 일자리 자산은 사람들의 내적인 부존 자산이 아니라 외적인 부존 자산에 속하며, 따라서 비교적 강한 선망부재의 기준을 적용하지 않았던(3장 2절) 재능의 경우와 다르게 일자리 자산의 경우에는 비교적 강한 선망부재의 기준을 적용할 수밖에 없다는 첫 번째 답변이 가능하다. 비교적 강한 선망부재의 기준을 재능의 경우에 적용하지 않은 것은 우리가 상이한 재능과 상이한 취향을 모두 가질 때 일반적으로 선망부재를 달성할 방법이 존재하지 않기 때문이었다. 그러나 이것은 일자리에 대한 불평등한 접근의 경우에는 사실이 아니다. 또한 우리는 드워킨의 경매에서 표준적인 외적 자산의 경우와 정확히 같은 방식으로 일자리 자산에 대한 경쟁적인 경매가 선망부재의 기준을 충족시키는 한 가지 방법을 제공해 준다는 점을 보았다. 이때 [논의의] 일관성을 위해 필요한 것은 재능의 경우에 우리가 의지해야 했던 인색한 접근을 확장하는 것이 아니라 표준적인 외적 자산의 경우에 자제했던 후한 접근을 확장하는 것이다. 일자리는 재능과 같은 방식으로 사람들에게 부착된 것이 아니기 때문에, 재능의 보유자와 다르게, 직업을 가진 사람들로 하여금 그들이 전유한 자산에 대한 대가를 모두 지불하게 하는 데는 문제가 없다. 노력을 들이고 싶어 하지 않는 일구획의 토지를 사람들이 포기할 수 있고 또한 포기해야 하는 것과 꼭 마찬가지로, 일자리를 유지한 대가로 사람들이 무직자를 선망한다면 이런 일자리를 처분하는 것은 전적으로 그 사람의 손에 달려 있다.

특정한 생산적 재능을 갖고 있으면서도 일자리에 접근하지 못하는 상황은 고용인에게 자기 자신을 팔 재능이 없는 상황과 유사하다는 반론이 제기될 수도 있다. 이때에는, 내적 부존 자산을 균등화하기 위한 기준이지만, 기본소득을 하락시키기에 덜 후한 기준[비우월적 다양성 기준]이 [일자리 자산에] 적용될 것이며, 따라서 기본소득의 재원 조달을 위해 세금을 거두는 일은 없을 것이다. 그러나 이런 반론을 받아들이게 되면, 수용 불가능한 함축들을 갖게 될 것이다. 만약 그런 반론이 일자리 자산에 적용된다면, 그것이 시사하는 전략은 또한 표준적인 외적 자산에도 적용되어야 한다. 이때 상당한 양의 부에 접근하지 못하는 상태는 증여나 유증(재산)을 촉구할 능력이 없는 상태로 해석되어야 하며 — 어쨌든 사람들이 그들의 모든 소유물을 그들의 합법적인 자녀에게 강제로 넘겨주지 않는 우리 사회와 같은 사회에서 — 따라서 외적 부존 자산을 균등화한다는 바로 그 개념은 완전히 허물어질 것이다. 재능이 모든 종류의 외적 자산에 대한 접근을 확보하는 데 중요한 역할을 한다는 사실을 부인할 수 없다고 하더라도, 그런 재능의 미세한 차이, 혹은 동일한 재능을 가진 이들의 맥락의 차이가 누군가에 의해 통제되는 자산의 양에서의 엄청난 차이로 이어진다는 사실 때문에 외적 부존 자산 — 부와 일자리 모두 — 의 모든 불평등을 내적인 부존 자산의 차이로 환원하려는 모든 시도에 단호히 반대해야 한다.

그러나 우리가 아직 곤경에서 벗어난 건 아니다. 상이한 재능을 필요로 하는 다양한 유형의 일자리들이 존재하게 되면, 일자리 자산의 가치를 결정하게 될 경매에 누가 참여할 것인가라는 문제가 생긴다. 한 가지 훌륭한 대답은 임의의 일자리 유형에 대해 적절한 자격이 있는 사람들에게만 경매할 자격이 허락된다는 것이다. 물론 일자리에 대한 자격 제한은 보통 정도상의 문제이며, 그래서 비교적 자격을 덜 갖춘 사람은 그에 걸맞게 더 낮은 생산성에 대한 보상을 포함하는 경매에 참여해야 한다. 이때 저 유형의 일자리에 대해 어느 누구도 전문적인 의미에서 비자발적인 실업 상태에 있지 않을 때, 다시 말해 적절한 자격을 가지고 있고 현행 가격에 그 일을 할 의향이 있는 사람들 가운데 어느 누구도 무직으로 남아 있기를 원하지 않을 때 지대의 수준이 결정된다.[46] 앞에서(4장 4절) 지적된 것처럼, 이것은 특정한 일자리와 연관된 지대가 그 일을 할 수 있는 모든 사람들이 그 일자리를 갖게 되자마자 0이 됨을 의미하지 않는다. 즉 그 일을 할 수 있는 사람들 가운데 일부는 또 다른 종류의 덜 바람직한 일자리에 만족했을지도 모른다.[47] 그러나 이것이 [경매를] 추진하는 올바른 방식이라면, 높은 수준의 재능을 요구하는 일자리에 대한 경매에 참가할 사람들은 극소수에 불과하게 될 것이며, 따라서 다른 조건이 같다면, 더 낮은 재능 수준을 요하는 일자리보다 훨씬 저평가될 것이다. 더욱이 그들[높은 수준의 재능을 요구하는 일자리에 대한 경매에 참가한 사람들]이 어쨌든 그 일을 할 수 없다면, 적절한 자격이 없는 사람들은 저 일자리들과 연관된 어떤 지대도 요구할 수 없다. 다른 한편 낮은 재능을 요구하는 일자리와 연관된 지대는 모두에게 분배되어야 한다. 왜냐하면 높은 재능을 필요로 하는 일자리를 얻기 위해 낮은 재능을 요구하는 일자리를 의도적으로 멀리 하는 높은 수준의 재능을 가진 노동자조차도 낮은 재능을 요구하는 일자리에 대한 자신의 몫을 포기하고 있다는 이유로 그 지대에 대한 몫을 정당하게 요구할 수 있기 때문이다. 이것이 경매가 어떻게 이처럼 더 복잡한 상황으로 확장되어야 하는가에 대한 정확한 해석이라면, 우리는 모두를 위한 더 높은 기본소득을 정당화하는 대신, 누군가가 차지하기에 충분한 재능을 가진 직업의 수와 그 가치에 따라 보조금의 수준이 올라가는 차등화된 보조금 제도를 정당화하게 된다. 예를 들기 위해, 우둔이와 명민이가 같은 비숙련 일자리에서 같은 임금을 받고 같은 효율성의 정도로 일한다고 가정해 보자. 그들의 일자리에 대해 같은 방식으로 과세가 이루어지겠지만, 명민이는 더 높은 이전소득을 받을 것이다. 왜냐하면 그녀가 차지할 수 있었을 일자리들이 더 많이 있기 때문이다. 이것은 재능이 부족한 사람으로부터 재능이 뛰어난 사람으로 이전이 이루어지는 윤리적으로 불합리한 재분배에 해당한다. 이런 재분배의 불평등이 비우월적 다양성 기준을 만족시키기 위해 요구되는 이전에 의해 상쇄되는 일은 일반적으로 없을 것이다.

이런 달갑지 않은 함축이 없는 일관되고 일반적인 경매에 대한 또 다른 해석이 존재할 수 있을까? 이전 절에서 전개된 발상은 결국 그렇게 하지 않았다면 매우 불평등하게 일부 사람에 의해 전유되었을 자산의 유형을 모두에게 나눈다는 발상이다. 하지만 그렇다면, 재분배가 존재하지 않고, 일부의 사람이 재능의 결핍 때문에 이런 자산들 가운데 일부에 대한 접근을 방해 받는 경우가 일자리 부족 때문에 자산에 대한 접근이 거부되는 경우보다 자산 가치의 몫에 대한 권리에 더 큰 영향을 끼치지 않을 것이다. 만약 장롱 꼭대기에 놓아둔 재산이 모두가 나누어 가져야 하는 것이라면, 그것에 닿을 만큼 키가 큰 사람에게만 그것에 대한 접근이 제한된다는 것은 말이 되지 않는다. 이 예가 시사하듯이, 일관성을 위해서는 적절한 자격이 있는 사람들과 여타의 사람들 모두가 입찰하게 함으로써 각 유형의 일자리와 연관된 지대를 결정해야 한다. 그러나 이런 절차는 그 일자리를 매우 좋아하기는 하지만 그 일을 하기에는 전혀 적합하지 않은 사람들이 일자리를 차지하는 상황으로 이어지지 않을까? 물론 그럴 수도 있다. 하지만 다행히 경매라는 발상을, 많은 종류의 일자리들과 많은 종류의 재능들이 존재할 때도 작동할 수 있을 만한 현실적인 장치로 바꿀 필요는 없다. 상이한 종류의 일자리들이 있을 때, 실용성에 대한 고찰을 통해 우리는 앞에서 이미 동시적인 경매 제도를 더 이상 사용하지 않고, 지속 가능한 세수가 감소하기 시작할 때까지 임금에 비례하는 세금만을 부과한 다음 그 수익을 모두에게 골고루 분배함으로써 [고용] 지대에 대한 축차적인 최소극대화 [기준을 만족시키는] 분배를 달성할 수 있었다. 이 절차가 여러 종류의 일자리뿐만 아니라 상이한 수준의 재능을 가지는 상황으로 확장되지 못할 이유는 없다. 비자발적인 고용의 금지는 여전히 음의 지대의 부과로부터 어떤 노동자들을 보호하며, 또 조세를 통해 재원이 조달되는 기본소득이 모두에게 분배된다는 사실은 기본소득을 고용 지대의 가치에 대한 최소한의 몫을 나타내는 적절한 지표가 되게끔 한다. 만일 지대가 경매를 통해 그 일을 실제로 할 수 있는 사람들 사이에서 정당하게 결정되었다면(다시 말해, 그런 사람이 단 하나만 있는 극단적인 경우에는 그렇게 결정된 지대는 0이 될 것이다), 몇몇 (고도로 숙련된) 일자리에 대한 세금이 아마도 그 일자리와 연관된 지대를 초과할지도 모른다는 점이 새로울 뿐이다. 다시 말해, 과세 대상에는 재능에 대한 보수도 포함될 것이다. 그것은 여기서 제안된 더 넓은 의미의 고용 지대, 즉 몇몇 노동자들이 소유한 재능 때문에 그들이 전유할 수 있는 것의 일부 (다시 말해, 고도로 숙련된 일자리에 대한 경매에 참여한 모든 이에 의해 평가되는) 에 상응한다.

여기서 다시, 일자리와 연관된 소득에 대한 과세는, 각각의 일자리의 지대를 구성하는 요소가 정확하게 확인될 수 있는 경우에 비해, 편리하긴 하지만 불완전한 도구다. 이런 논점은 특히 기술 습득을 위한 여지가 남아 있는 경우 잘 들어맞는다. 두 종류의 일자리가 높은 기술 수준 때문에 같은 고액의 임금을 요구할 수도 있다. 그러나 어떤 경우에는 필요한 기술이 그저 타고난 재능일 수도 있지만, 또 다른 경우에는 필요한 기술이 장기간의 지루한 훈련을 대가로 해서만 획득되는 것일 수도 있다. 일자리의 종류를 고려하지 않고 세수를 극대화하기 위해 임금에 과세하는 제도를 통해서는 첫 번째 유형의 일자리와 관련된 상당히 많은 지대를 포착하지 못할 것이다. 왜냐하면 그 제도는 두 번째 [유형의] 일자리에 더 낮은 세율로 세금을 부과할 수 없기 때문이다. 물론 기술의 습득[에 드는 비용]은 매몰 비용sunk cost이며, 이 인간 자본에 투자했던 사람들은 설사 그들의 일자리와 연관된 지대가 음이 되는 비율로 그들에게 세금이 부과된다고 하더라도 계속해서 일할 것이다. 즉 그 노동자들이 미리 그 조건을 알았더라면, 이 일자리에 대한 노동의 공급은 수요에 못 미쳤을 것이다. 그러나 분명히 말하는데, 이는 불공정하다. 축차적인 최소극대화 원칙에 입각한 외적 부존 자산의 분배는 세율의 예측 가능성을 요구한다.

만약 몇몇 일자리들이 음의 순지대negative net rents를 생기게 한다면, 그런 일자리를 가지고 있는 사람들은 그런 일자리가 없는 사람들보다 더 적은 외적 부존 자산을 갖게 될 것이다. 이를 예방하기 위해, 비자발적 고용에 대한 금지와 기본소득의 무조건성이 필요하긴 하지만 충분하지는 않다. 과세가 불시에 이루어져서는 안 된다는 원칙도 반드시 필요하다. 그러나 지속 가능성[의 요청]이 기술의 습득에 대한 영향 역시 포괄해야 한다는 점을 유념할 때, 이것[과세가 불시에 이루어져서는 안 된다는 원칙]은 조세제도가 세수를 지속적으로 극대화해야 한다는 요구 조건에 의해 보장되어야 한다. 지속 가능한 (그리고 제약 조건이 주어진) 기본소득 극대화라는 우리의 처음 기준(2장 1절, 4장 1절)은 이처럼 예상과 달리 결국은 꽤 명확하게 그 정당성이 입증된다.

이런 견지에서, 재능 있는 사람들에 대한 이런 암묵적인 과세implicit taxation of talents가 비우월적 다양성이라는 우리의 기준과 일관되는가라는 물음으로 되돌아가 보자. 우리는 재능을 통해 더 고도로 숙련된 일자리에 접근할 수 있기 때문에 더 높은 보수를 받는 사람들이 그런 재능이 없기 때문에 보수가 낮은 일자리로 취업 범위가 제한된 사람들보다 더 많은 세금을 낼 것임을 보았다. 이것은 분명 우리의 비우월적 다양성 기준이 요구하는 것 이상의 것이다. 왜냐하면 비우월적 다양성 기준은, 숙련되지 않은 일자리를 통해 모두가 인정하는 생필품을 포괄하기에 충분할 정도의 임금을 받을 수 있는 한, 고도로 숙련된 일자리를 가진 사람으로부터 숙련되지 않은 일자리를 가진 사람으로의 어떤 이전도 요구하지 않기 때문이다. 그러나 재능 있는 사람들에 대한 암묵적 과세는 비우월적 다양성과 분명 양립할 수 있다. 왜냐하면 고도로 숙련된 일자리를 가지고 있는 사람들이 그 일자리를 선택하고 계속 그 일자리를 갖고 있다는 바로 그 사실은 (예상되는) 고율의 과세에도 불구하고 그들이 그 과세의 순수혜자들net beneficiaries과 자리를 바꾸고 싶어 하지 않음을 보여 주기 때문이다. 따라서 재능에 대한 암묵적 과세는 잠재적인 선망부재는 말할 것도 없고 선망부재의 만족을 위협하지도 않는다. 이제 우리는 일자리가 외적 자산의 범주를 구성한다는 발상을 진지하게 받아들이는 일이 어떻게 재능의 '평등'의 기준인 비우월적 다양성의 인색한 함축을 실질적으로 약화시킬 수 있는지 알 수 있다. 이는 더 좋은 보수의 일자리가 더 많은 세금에 기여하기 때문만이 아니라, 무엇보다 자신의 재능이 값어치가 덜 나갈수록, 직업의 기회 면에서, 기본소득의 증가로부터 더 많은 이익을 얻을 수 있기 때문이다. 만약 당신의 수익력이 낮다면, 기본소득이 없거나 또는 [소득이] 매우 낮은 수준인 경우, 최소한의 생활을 위해 필요한 소득을 당신에게 보장해 줄 직업은 극소수일 것이다. 실질적인 기본소득을 통해 당신의 선택 범위는 훨씬 더 넓어질 것이다. 왜냐하면 이때 당신은 최저 생계 수준에 이르기 위해 더 적은 소득이 필요할 것이기 때문이다.

8. 미끄러운 경사면[의 오류]?[•]
   노동할 권리로부터 결혼할 권리로

이 마지막 논평은 기본소득의 도입에 대해 자주 등장하는 반론과 직접 관련된다. 반론자들은 종종 기본소득을 찬성하는 것은 [노동의 권리에 대

[•] '미끄러운 경사면의 오류'란 원래의 주장으로부터 일련의 연쇄 추론을 통해 어떤 결론을 내리는 추론에서 이 연쇄 추론이 성립할 좋은 근거가 없을 때 범하는 오류를 말한다. 여기서는 모든 이가 노동할 필요가 있는 것은 아니지만 노동할 동등한 권리를 가진다는 주장으로부터 모든 이가 결혼할 필요가 있는 것은 아니지만 결혼할 동등한 권리를 가진다는 주장으로 나아가는 추론이 검토의 대상이 되고 있다.

한] 배신a sell-out에 해당한다고 다음처럼 주장한다. 즉 이런 식[고용 지대에 대한 과세에 기반해 기본소득을 도입하는 것]으로 값어치 있는 일자리의 불평 등한 분배나 독점에 대응함으로써, [기본소득의 지지자는] 노동에 대한 평 등한 권리를 포기하고 결코 그것에 대한 완벽한 대체물이 될 수 없는 소 득에 대한 평등한 권리를 주장하고 있다. 유급 노동은 사회적인 접촉, 만 족감을 주는 활동, 사회적 인정, 그리고 노동 없는 보수로는 얻을 수 없 는 사회적 권력에 대한 기회를 제공해 준다. 확실히 이런 것들에 접근할 기회는 축차적으로 최소극대화할 실질적 자유의 구성 요소임에 틀림없 지만, 여기서 채택된 접근에서는 완전히 무시되고 있다.

이런 반론은 중요한 쟁점을 제기하지만, 완전히 틀린 것이다. 무엇보 다 먼저, 일자리의 비금전적인 측면은 우리가 포착하려는 지대의 핵심 부분이다. 일자리의 비금전적 측면은 가설적인 경매 장치 속에서 완벽하 게 고려된다. 즉 경매 입찰이 화폐로 표현될 필요가 있다는 사실로부터 입찰자가 입찰한 것의 비금전적 측면이 외면되고 있다고 결론내릴 수는 없다. 또 우리가 차선책으로 제안한 소득세 제도에서 일자리의 비금전적 측면은, 금전적 측면만을 고려할 때보다 세수를 극대화하는 세율을 더 높은 수준으로 유지하는 데 결정적인 역할을 한다. 만약 사람들이 방금 언급된 다른 이유들 가운데 어떤 이유로 일자리를 갖는 것이 매우 중요 하다고 생각한다면, 그에 따라 경매에 의해 개시된 총 일자리 자산의 가 치는 증가할 것이고, 임금에 과세함으로써 획득될 수 있는 기본소득의 수준을 높일 것이다. 그러므로 여기서 제시된 접근이 일자리의 중요성을 접근 가능한 소득으로 환원하고 있다고 말하는 것은 부당하다.

두 번째로, 고용 지대가 완벽하게 균등화된다고 하더라도, 모든 이가 일자리를 갖는 것은 아니라는 점을 물론 인정해야 한다. 그러나 일자리 를 갖고 싶어 하는 사람은 누구나 갖게 될 것이다. 또 일자리에 관한 한, 일자리를 얻을 이런 가능성은 실질적 자유지상주의적인 관점이 요구하는 전부다. 실질적 자유지상주의적인 관점에서 중요한 것은 사람들이 일해야 한다는 것이 아니라 실질적 기회가 존재한다는 강한 의미에서 노동할 권리를 가져야 한다는 것이다. 그런 권리가 실제로 행사되든 안 되든, 이런 노동할 권리는 모든 이의 기본적 권리privilege이며, 따라서 소득에 대한 권리로 결코 대체되지 않는다. 그러나 실질적 자유지상주의가 권장하는 것은 엄격한 평등이 아니라 축차적인 최소극대화다. 그래서 축차적인 최소극대화가 [엄격한] 평등에서 이탈할 때, 방금 이야기했던 것은 더 이상 성립하지 않는다. 축차적인 최소극대화에 대한 고려를 통해 몇몇 비자발적인 실업의 존속이 정당화될 수 있다. 그런 실업에 의해 영향을 받는 사람들에게 노동할 권리는 소득에 대한 권리로 교체되었다는 것을 인정해야 하는가? 그렇지 않다. 왜냐하면 표준적인 유형의 최저소득보장제도와 다르게 기본소득은 임금노동이나 자영업을 통해 추가 소득을 벌 때도 계속 지급될 수 있기 때문이다. 그러므로 누군가의 무조건적인 소득수준이 더 높을수록, 누군가의 소비 능력뿐만 아니라 비금전적 특징을 지닌 호감 가는 일자리에 접근할 능력 역시 더 커진다. 보조금이 더 높을수록, 자영업자가 되어 자기 자신의 일자리를 창출하고, 파트타임 노동을 하거나, 자신이 특별히 중요하다고 여기는 비금전적 특징을 가진 (미래의 금전적 전망을 향상시킬 훈련의 기회를 포함해) 일자리를 얻기 위해 더 낮은 임금을 더 쉽게 받아들일 수 있다. 그렇기 때문에 우리의 원칙을 적용할 때 지지할 수 있는 비자발적 실업은 강제적인 휴지의 형태를 띨 가능성이 매우 낮다. 높은 기본소득이 있다면, 유급 노동을 수행하고 싶어 하는 모든 사람은 임금노동자이건 자영업 노동자이건 상관없이 (구직 기간을 고려의 대상에서 제외할 때) 실제로 취업하게 될 것이다. 그러나 그런 노동자들 가운데 일부는 불가피하게 타인들이 선망하는 일자리를 얻게 될 것이다. 고용 지대의 지속은 바로 이런 형태를 띠게 될 것이다. 이런 [고용 지대의] 존속은 물론 실질적 자유 일반, 특수하게는 노동할 실질적 자유가 모두에게 동등하지 않음을 함축한다. 그러나 축차적인 최소극대화 기준이 충족된다면, 이 불평등을 편향되지 않은 방식으로 축소하려는 시도를 한다면, 그것이 어떤 것이든 누군가의 실질적 자유를, 최소수혜자가 현재 누리는 수준 이하로 축소시키는 결과를 가져오게 될 것이다.

기본소득 전략이 노동할 권리에 대한 요구에 적절히 부응한다고 주장함으로써 나는 자유의 이 차원[노동할 자유]을 처리할 더 나은 방법이 없다고 주장하려는 것은 아니다. 누군가는 유급 노동을 수행하고 싶어 하는 사람 모두에게 많은 보수와 만족할 만한 작업 조건을 제공하는 정책을 고안할 수도 있다. 그러나 이런 정책은, 철저한 임금 보조금의 경우 그랬던 것처럼(4장 5절을 참조), 차별적인 방식으로 고용 지대를 재분배하는 것과 같다. 그것은 임금노동에 대한 더 강한 선호를 가진 사람들에게 문자 그대로 정당하지 않은 특권을 부여하는 것이다. 그러므로 여기서 제시된 접근은 노동할 권리가 소득에 대한 권리로 교체될 것을 요구하지 않으며, 노동할 권리로부터 소득에 대한 권리로 우선권이 이동할 것을 요구하지도 않는다. 필요한 것은 특정한 자유의 차원에 어떤 특권도 부여해서는 안 된다는 것, 혹은 상이한 취향을 가진 사람들이 차별적인 방식으로 대우받아서는 안 된다는 것이다.

따라서 우리가 노동할 권리를 과도하게 무시했다는 반론은 사실이 아니다. 하지만 우리는 오히려 노동할 권리에 과도한 특권을 부여하는 것을 경계해야 하지 않은가? 우리가 갔던 것보다 훨씬 더 멀리 갈 수는 없을까? [아니] 훨씬 더 멀리 가야만 하는 것은 아닌가? 나는 앞(4장 4절)에서 노동력 이외에도 시장 청산 가격에 보통 팔리지 못하는 또 다른 상품들이 있을 수 있다는 점을 언급했다. 그러나 그런 상품들에 대한 할당은 특별한 주의를 끌 정도로 그렇게 의미 있어 보이지는 않는다. 그러나 우리가 접근한 논리는 보통 상품으로 간주되는 것 너머로 우리를 인도하지 않는가? 예를 들어, 인구학적인 이유로든 문화적 이유로든, 결혼할 파트너가 부족한 상황이 있다고 가정해 보자. 말하자면 증여에 적용되는 원리에 따라 우리가 다루었던 파트너 관계와 연관된 물질적 이점과는 무관한 이유로(4장 2절을 참조), 부인을 갖고 싶어 하는 남자들의 수보다 남편을 갖고 싶어 하는 여성의 수가 더 많다고 가정해 보자. 실질적 자유지상주의자는 이 상황을 어떻게 처리해야 하나?

언뜻 보기에 상황을 그대로 놔두는 것은 불공정해 보인다. 왜냐하면 몇몇 사람들이 희소한 자원을 독점하기 때문이다. 남자들을 모든 여성들에게 똑같이 나누는 것은 실질적 자유의 관점에서 볼 때 비최적 상태일 것이다. 왜냐하면 어떤 여성들은 항상 더 많은 남성이 곁에 있기를 원하는 반면, 다른 어떤 여성들은 그런 데 신경 쓸 필요도 없다고 생각하기 때문이다. 남자를 좋아하는 그런 여성들에게만 남성들을 나누는 것은 공급 부족 상태의 자원에 대한 값비싼 취향을 가진 사람들에게 부당이득을 주는 것이다. 따라서 모든 여성에게 남성에 대한 매매 가능한 동등한 권리를 부여하고, 파트너의 시장 청산 가격에 도달할 때까지 완전경쟁의 방식으로 거래하도록 하는 것이 이상적인 해법이다. 경매 이후에 남성을 얻지만 경매가 없어도 남자를 얻을 수 있었을 그런 여성들의 경우 이 절차에 의해 사정이 더 악화될 것이다. 즉 그녀들은 이제 자신들의 특권에 대한 대가를 지불해야 한다. 경매가 있든 없든 남성을 얻지 못하는 그런 여성들은 그 대신 사정이 더 나아지게 될 것이다. 즉 그 여성들에게는 희소 자원의 가치에 대한 동등한 몫이 주어진다. 이 절차는, 모든 이가 노동할 평등한 권리를 가지는 것과 꼭 마찬가지로, 모든 이가 결혼할 평등한 권리를 가진다는 개념을 일관되게 구현한다. 반면 이 절차는, 모든 이가 노동할 필요가 있는 건 아니듯이, 모든 이가 결혼을 선택하는 것은 아니라는 사실과 양립 가능하다. 우리의 접근에 대한 이런 추가적인 확장은 너무나 명백하게 불합리하기 때문에 실질적 자유지상주의적인 관점 전체에 대해 의심을 갖게 하지 않는가? 아니면 제안된 유비를 차단하게 할 결정적인 불일치점을 지적함으로써 그런 의심에 맞서 실질적 자유지 상주의적인 관점을 보호할 방법이 존재하는가? 우리가 보게 되겠지만, 이런 물음들을 다루는 것은 이 장에서 채택된 접근의 전제들을 더 명료 하게 해줄 것이다.[48]

언뜻 보기에, 이런 불일치점을 지적하는 것은 매우 용이한 일처럼 보인다. 먼저, 남성을 하나의 자산이라 말하고, 이 자산의 바로 그 가치를 결정하기 위해 경매를 시작한다고 말하는 것은 적절치 못한 발상처럼 보인다. 하지만 이런 주장은 적절한 차이를 지적하는 것이 아니다. 일자리 역시 매우 이질적인 풀pool을 형성하고, 따라서 우리의 접근에 포함된 어떤 내용도 이 풀 안의 모든 요소들에 대한 호감이나 희소성이 동일해야 함을 함축하지 않으며, 그렇기 때문에 각 일자리 유형의 가치가 같아야 함을 함축하지도 않는다. 파트너와 일자리는 근본적으로 이 점에서 다르지 않다. 어느 경우에서든, 희소 자원의 이질성 때문에 그 가치를 우리가 나눌 수 없는 것은 아니다.

두 번째로, 누군가는 지금 고려되고 있는 '자산'이 사람들로 이루어져 있다는 점을 강조하고 싶어 할지도 모른다. 그러므로 우리는 자기 소유권이라는 제약 조건과 충돌한다. 일자리의 경우에는 자기 소유권에 맞먹는 것이 없다. 그러나 이런 주장 역시 도움이 되지는 않을 것이다. 사실, 결혼 파트너가 또 다른 종 — 말하자면 식물 — 에 속했다면, 그것은 아마 표준적인 외적 자산으로 간주되었을 것이며 여타의 그런 자산과 정확히 같은 방식으로 취급받았을 것이다(4장 2절). 그러나 이는 비표준적인 일자리와의 불일치점을 입증해 주지 않는다. 공급이 부족한 일자리가 두 명(고용인과 취업자)으로 이루어진 기업에 있는 전부라고 가정해 보자. 이 때 일자리 경매는, 파트너에 대한 경매가 누가 누구와 함께 살 것인지 결정하는 것과 꼭 마찬가지로, 누가 누구와 함께 일할 것인지를 결정할 것이다. 만약 남자들에게 그들이 파트너로 누구를 어떤 조건에서 받아들일지를 결정하는 것이 허용된다면, 고용인들에게 그들이 협력자로 누구를 어떤 조건에서 받아들일지를 결정하는 것이 왜 허용되지 않아야 하는가?[49] 후자의 경우 자연발생적으로 일어났을 거래의 조건을 바꾸도록 우리를 유도한 것은 바로 사람들의 실질적 자유의 균등화에 대한 관심이다. 어떤 이와 살 — 그리고 누구와 함께 살 — 가능성이 일자리를 가지는 가능성만큼이나 실질적 자유의 중요한 구성 요소인 한, 실질적 자유를 균등하게 하기 위한 자발적 합의 조건에 대한 간섭은 고용자의 부족(혹은 더 일반적으로 일자리 부존 자산에 대한 선망)이 존재할 때뿐만 아니라 파트너가 부족(혹은 더 일반적으로 동반자 부존 자산에 대한 선망)할 때도 필요하다.

세 번째, 선택된 남자들의 선호와 선택이 [경매에서] 결정적인 역할을 하며, 그렇기 때문에 일방적인 경매에 의해 결정된 배분이 수용 불가능하다는 점을 지적하는 것도 적절하지 않다. 일자리의 경우, 우리는 재능의 차이를 고려해야 했고, 그 결과 모두가 참여할 수 있는 경매를 통해 필요한 전문기술을 결여한 사람에게 일자리를 배분했을 것이다. 이[런 결과]는 세수를 극대화하는 조세제도를 채택함으로써 방지되어야 했고 또한 방지될 수 있었을 것이다. 그러나 재능이 그렇게 분배되어 사람들이 바라는 일자리나 동반자를 얻을 기회를 매우 다르게 가진다는 사실이 희소 자산들의 가치를 축차적으로 최소극대화하는 방식으로 분배할 필요성에 영향을 끼치지는 않는다.

네 번째 어쩌면 결정적일지도 모르는 차이는 일자리가 생산을 위한 것이라면, 결혼 파트너는 그렇지 않다는 사실에서 기인한다. 그러나 또다시 이는 유비가 제기하는 도전에 대한 적절한 대답이 될 수 없다. 가정은 통상적인 의미에서 생산 파트너 관계이며, 혹은 게리 베커(Becker 1981)를 따라 생산 개념을 가정 생산을 포괄하기 위해 확장하려 할 수도 있기 때문에 이런 도전은 성립할 수 없다. 더 근본적으로 볼 때, 부부 파트너 관계가 소비만을 위한 것이라고 하더라도, 이는 [일자리와의] 중요한 차이를 이루는 것으로 여겨지지는 않는 듯하다. 우리가 앞(2장 7절)에서 보았듯이, 오직 소비 목적을 위해서만 사용될 수 있는 표준적인 자산, 말하자면 해변은 본질적으로 생산적인 자산과 같은 방식으로 모두에게 분배될 수 있기 때문이다.

그러나 일자리의 경우에 중요한 것은 우리가 생산적 자산을 다루고 있다는 사실이 아니라, 더 구체적으로 — 그리고 다섯 번째로 — 우리가 일자리를 통해 모두에게 평등하게 분배되어야 하는 외적인 생산수단(자본과 [과학]기술)을 다루고 있다는 사실일지도 모른다. 부부 관계와 다르게, 일자리는 단순히 타인들과의 교제가 아니다. 앞(4장 5절)에서 주장했듯이, 일자리는 모두가 동등한 권리를 가지는 외적 자산들의 풀에 장착된 마개로 간주될 수 있다. 다시 말해, 중요한 것은 일자리와 생산 간의 연계가 아니라 일자리와 생산수단들 간의 연계다. 그러나 일자리와 생산수단들의 관계는 본질적인 것이 아니다. 문제를 가능한 한 선명하게 제시하기 위해, 가용 기술이 어떤 것을 생산하는 자본이 아니라(상품은 노래의 형태로 나타난다) 1백 명의 노동자들(합창단을 구성한다)을 필요로 하며, 그 이상의 노동자를 고용할 때는 급격하게 수확체감이 일어난다고 가정하자. 팀들이 꾸려지고 몇몇 사람들은 [팀에 끼지 못하고] 남게 된다. 그 팀의 성원 가운데 하나가 됨으로써 얻게 되는 소득과 여타의 이익들(가령 명예 기타 등등)은 각 팀의 성원들에게 똑같이 분배된다. 여기에 물질적 생산수단과의 연관은 전혀 없지만, 우리는 실질적 자유의 축차적 최소극대화의 원칙에 대한 관심 때문에 [팀에 끼지 못하고] 남은 사람들을 보상하지 않은 채 내버려 두는 것이 그 원칙에 대한 관심과 일관되지 않다고 여긴다. 사실, 희소한 일자리에 대한 경매가 자산을 균등화하기 위한 그럴듯한 기제라면, 그런 경매를 이 경우에도 적용하지 못할 이유는 분명히 없어 보인다. 다른 사람들이 몇몇 비물질적인 외적 자산, 다시 말해 몇몇 전승된 기술의 사용에 접근하기 위한 조건이라는 것은 [대개의 경우] 아마도 사실일 것이다. 그러나 반드시 그런 것은 아니다. 수많은 다른 사람들과의 협동 자체가 생산을 가능하게 하는 주요 자산이다. 이때 파트너가 부족한 경우와의 결정적인 차이는 존재하지 않는다.[50]

　마지막으로, 파트너 관계의 경우, (일반적으로) 임금에 해당하는 것이 존재하지 않으며, 그렇기 때문에 조세제도의 시행을 가능하게 하는 기반이 없다는 점이 지적될 수도 있다. 하지만 우리가 보았던 것처럼(4장 7절을 참조), 재능이 서로 다른 상황에서 지대를 축차적인 최소극대화의 방식으로 분배하는 것이 구체적인 의미를 가질 수 있기 위해서는 조세제도가 확실히 필요하다. 그러나 이것이 근본적인 차이인가? 매우 높은 기본소득이 지급되지만 다양한 종류의 일자리들이 보수 없이 제공되는 상황을 상상해 보자. 이때 몇몇 사람들이 가진 일자리가 그 자체로 가지는 더 매력적인 성격 때문에, 몇몇 사람들은 막대한 지대를 여전히 전유할 수 있을 것이다. 더 높은 기본소득의 형태로 이 지대를 추가로 재분배할 방법은 없을까? 예를 들어, 총소득에 100퍼센트 이상으로 과세하거나, 어쩌면 더 합리적으로, 노동은 무급으로 놔두고 (그녀의 기본소득에서 지불하기 위해) 각 일자리의 보유자에게 균등 과세함으로써 재분배할 수도 있을 것이다. 노동하는 것 자체가 소비가 되는 이 사회에서는 과세 수준이 일자리를 보유하는 데 고비용이 들게 하기 때문에 추가적인 [과세 수준의] 인상이 이루어지면 노동자들이 일하기를 그만두게 돼 세수가 감소할 것이다. 감소가 초래될 것이다. 파트너 관계의 형성이 불평등한 기회가 전유되는 또 다른 주요 방식이라면, 유사한 절차가 생각될 수 없을까? 일자리의 경우와 유사한 이유로 경매는 적절하지 않기 때문에 세수를 극대화하는 수준에서 파트너 관계에 과세할 수 없을까? 물론 누군가는 파트너 관계가 위축되어 있거나 잠복되어 있기 때문에 이 지점에 간단하게 도달할 수 있으며, 그렇기 때문에 이런 방책은 검토할 가치가 없다고 할지 모른다. 그러나 이때 차이는 오직 실용적인 성격의 것일 뿐이다. 임금은 일자리의 전유에 과세하기 위한 편리한 기반을 제공해 준다. 즉 임금은 일반적으로 모든 일자리에 같은 수준으로 과세하는 경우보다 더 많은 것을 징수할 수 있게 한다. 그러나 임금은 일자리나 과세에 본질적인 것이 아니다. 다시 한 번, 일자리와 파트너 관계 사이에 근본적인 불일치점은 드러나지 않는다.

[일자리와 파트너 관계 간에 불일치점을 지적하려는] 이런 일련의 시도들의 실패는 다음과 같은 도전적인 결론을 내리게 한다. 가설적 경매에서 제공되는 것은 파트너partners가 아니라 파트너 관계partnerships다. 이는 일자리와 마찬가지로 성문화된 권리들의 묶음과 정당한 기대들로 이루어져 있다. 이 점이 분명해지면, '결혼할 동등한 권리'의 귀결들이 '노동할 동등한 권리'의 귀결보다 직관적으로 덜 수용할 만하다고 할 수 없다. 자산의 할당이 있는 경우, 희소 자산을 가진 사람은 객관적으로 증여를 얻고 있는 셈이 된다. 이렇게 주어진 것의 가치는 축차적인 최소극대화의 방식으로 재분배되어야 한다. 희소 자산의 가치를 축차적인 최소극대화의 방식으로 재분배하는 것은 희소 지대가 추적할 가치가 있을 만큼 충분히 많고 포착 가능할 때 기본소득의 재원을 조달함으로써 성취될 수 있는데, 이는 파트너 관계의 경우에는 충족되기 어려워 보이는 조건이다. 이것은 어쩌면 실질적 자유에 근거해 이루어지는 프라이버시 침해에 대한 충분히 강한 안전장치가 아닐지도 모른다. 나는 더 나은 안전장치가 존재할 가능성을 배제하지 않는다. 하지만 분배 정의의 범위 밖에 있는 삶의 영역들을 보호하기 위해 인생의 기회의 공정한 분배에 대한 포괄적인 관심을 폐기하지 않는 더 나은 안전장치가 발견될 수 있을 것이라 확신하지는 못하겠다. 그러므로 이런 당혹스러운 유비조차도 실질적 자유지상주의가 형식적 자유 및 비우월적 다양성이라는 조건과 일관된 지속 가능한 최고 수준의 기본소득의 도입을 요구한다는 우리의 확신을 흔들리게 하지는 못할 것이다.

일에 미친 사람, 게으른 사람, 롤스의 수정된 차등 원리

롤스에 따르면, "24시간 중 표준 노동시간을 뺀 시간은 여가로 [기본재의] 지표에 포함될 수 있다. 일하기 싫어하는 사람은 추가된 여가를 가진 표준 노동일을 갖게 될 것이며, 이 추가된 여가 시간 자체는 최소수혜자의 기본재의 지표에 해당하는 것으로 약정될 것이다"(Rawls 1988, 257). 이 주장은 일에 미친 사람-게으른 사람의 이야기(4장 1절)에 나오는 기본소득의 정당한 수준에 어떤 함축을 주는가? 일에 미친 사람의 노동시간(n 시간)을 표준 노동시간으로 정의하고, W는 상응하는 순임금을 나타낸다. m(⟨ n)은 게으른 사람의 노동시간이고, G는 모두에게 지급되는 보조금의 수준이다. 이때 일에 미친 사람의 기본재의 지표는 단순하게 그녀의 총소득으로 다음처럼 제시될 수 있다.

$$PGCr = W + G \text{ (일에 미친 사람의 지표)}$$

게으른 사람의 지표는, 롤스의 확장된 설명에 따르면, 그의 순임금(일에 미친 사람의 임금 × (n/m)) + 그의 기본소득 + '최소수혜자[정규직 노동자]의 기본재의 지표'와 관련되어 평가되었을 때의 그의 여가의 가치(일에 미친 사람의 기본재 × ((n - m)/n))로 제시된다. 즉 다음과 같이 정식화된다.

$$PGL = (m/n).W + G + ((n - m)/n).(W + G))$$ (게으른 사람의 지표)

최소극대화 기준이 만족되기 위해서는 게으른 사람의 기본재가 일에 미친 사람의 기본재를 초과해서는 안 된다. 일에 미친 사람의 기본재는 단순화 이후에 다음과 같은 요구 조건으로 바뀌게 된다.

$$((n - m)/n).G < 0.$$

일에 미친 사람은 게으른 사람보다 더 많이 일하기 때문에(n > m), 이 조건은 기본소득이 없다는 조건(G = 0)에서만 만족될 수 있다.

일단 우리가 동일한 재능이라는 (일에 미친 사람-게으른 사람) 가정을 기각하면, 이런 결론은 타당한 것으로 남는다. 그러나 새로운 귀결이 출현한다. 수정된 차등 원리는 이제 얼마나 많은 사람들이 노동하는가에 따라 세율을 차등화할 것을 요구한다. 이런 세율의 차등화가 없을 때, 짧은 시간 일하는 고도로 숙련된 사람은, 더 높은 시간당 임금 때문에, 그렇게 하기 위해 훨씬 더 긴 시간 일해야만 더 많이 버는 미숙련 노동자의 기본재의 수준을 훨씬 초과하는 기본재의 지표를 향유할 것이다. 수정된 차등 원리는 최소한 이런 잉여의 일부가 과세될 것을 요구해야 한다. 예시를 위해, 하루에 1시간 일하는 명민이는 우둔이가 하루 8시간을 채워 일해 번 것의 반만큼을 번다. 명민이의 소득이 우둔이의 소득의 절반 밖에 안 되지만 이때 명민이의 소득의 일부는 우둔이에게 재분배되어야 한다.

왜 그런가? 우둔이의 기본재의 지표는 오직 그의 임금에 의해 제시된다. 왜냐하면 그는 여가가 없다고 가정했기 때문이다.

PGD = W (우둔이의 지표)

명민이의 지표는 최소수혜자인 전업 노동자(다시 말해 우둔이)의 소득을 준거로 평가되는 그녀의 여가의 가치에, 그녀의 소득을 더함으로써 얻어진다.

PGCl = (1/2). W + (7/8). W = (11/8). W (명민이의 지표)

기저에 있는 기준은 소득에 대해 비례세로 과세하고, 세수를 노동시간의 수에 비례하는 보조금으로 분배함으로써 가장 단순하게 구현될 수 있다. 이는 시간당 임금에 대한 누진과세에 해당한다. 이때 일차재의 지표의 완전한 평등은 세율이 100퍼센트고 모든 소득이 비례 노동 보조금의 형태로 분배될 때만 도달될 수 있을 것이다. 일에 미친 사람-게으른 사람의 문제에 대한 롤스적인 해법(4장 2절)은 단지 특별한 하나의 예에 불과하다. 일에 미친 사람과 게으른 사람이 유일하게 현존하는 노동 유형에 대해 동일한 재능을 가지고 있다고 가정할 때, 단 하나의 시간당 보수rate of pay만 있다. 이때 사람들의 노동의 길이에 따라 전체 생산물을 분배하는 것은 세전 소득분배를 건드리지 않은 채로 내버려 두는 것과 같다.

| 5장 |

착취 대 실질적 자유

들어가기

△__ 이제까지 나는 (몇몇 제약 조건을 따르는) 기본소득 극대화가, 정의를
모두를 위한 실질적 자유로 보는 당신의 관점에 대한 최상의 해석
을 제공해 준다는 당신의 주장을 시험해 왔습니다. 100퍼센트 확
신할 수는 없지만, 내가 물었던 다양한 질문들에 대해 당신이 명백
한 생각을 갖고 있으며, 또 내가 치명적이라고 생각했던 몇몇 반론
들이 성공적으로 논파되었다는 걸 인정해야 하겠습니다.

∅__ 그럼에도 나는 당신이 비축해 둔 반론들이 다 소진되지는 않았다고
확신합니다.

△__ 가능한 모든 반론들을 다 검토하는 건 어리석은 일이겠죠. 그러나
당신의 제안 가운데 가장 근본적으로 저를 고민하게 했던 것에 대
해 이제까지보다 더 낫게 정식화하고 싶습니다. 기본적으로, 저는
당신이 놀기 좋아하는 사람들surferss[온종일 파도타기만 즐기는 사람들]

에게 너무 관대하다고 생각합니다. 당신은 작은 빨간 암탉 이야기 the Little Red Hen •를 기억하나요? 빵 만드는 걸 도와 달라는 작은 암탉의 부탁을 거절했던 동물들이 이후에 그녀가 만든 빵을 나누어 달라고 하자, 그 작은 빨간 암탉은 그들의 제안을 거부했죠. 저는 그 결정이 옳았다고 생각합니다. 나에게 기본소득 극대화는 이런 강한 직관[일하지 않은 자에게 생산의 결과를 분배하지 않는 것이 옳다는 직관]에 부응하지 않는 것처럼 보입니다. 그러나 이전에 했던 것처럼 당신이 놀기 좋아하는 사람에게 모두를 위한 실질적 자유관과는 일관되지 않은 특권을 부여하고 있다고 반론하기보다는 오히려 모두를 위한 실질적 자유관 자체가 사회주의와 자본주의의 논쟁에서 결정적으로 중요한 사회정의의 중요한 한 측면, 다시 말해 착취를 비난할 수 없게 만든다고 주장함으로써 나의 반론을 가장 잘 정식화할 수 있을 것 같습니다.

∅__ 당신은 무엇을 착취라고 부르나요?

Δ__ '다른 누군가의 노동으로부터 부당한 이익을 취득하는 것'과 같은 정의는 어떤가요?

∅__ 괜찮군요(5장 1절). 나는 [다른 사람이] 진심 어린[마음으로 준] 선물을 취득하는 경우가 위[착취에 대한] 정의에 나오는 '취득'의 경우에 포함되어서는 안 된다고 생각합니다. 반면 [착취에 대한 위의 정의가] 어

● 러시아에서 유래한 민담으로 그 줄거리는 다음과 같다. 작은 빨간 암탉은 고양이와 개, 생쥐와 함께 산다. 고양이와 개와 생쥐는 잠 자는 것을 좋아할 뿐, 집안일은 모두 작은 빨간 암탉의 몫이다. 그렇게 혼자 열심히 일을 하던 작은 빨간 암탉은 밀알을 줍게 되고, 또 밀알을 심고 자란 밀을 베고 다시 밀로 밀가루를 얻어 케이크를 만들게 된다. 빨간 암탉은 케이크를 나누어 달라는 고양이와 개와 생쥐의 간청을 받지만, 빨간 암탉은 자신이 열심히 일할 때 놀기만 했기 때문에 케이크를 줄 수 없다고 거절한다.

떤 형태의 힘을 행사함으로써 이익이 전유되는 경우와 어떤 긍정적인 외부성의 존재를 통해 무임승차가 가능하게 되는 경우 모두를 포괄하는 것으로 이해되어야 한다고 생각합니다. 어쨌든 우리의 목적을 위해 이익을 '부당하게', 그래서 '착취를 통해' 취득한다는 게 무엇인가라는 중요한 물음을 상술해야 합니다(5장 2절).

△＿ 맞습니다. 만약 우리가 모두를 위한 실질적 자유관에 의해 수용될 수 없는 불공정unfairness에 대한 호소력 있는 기준을 [기본소득 제안에서] 발견하게 된다면, 나는 착취 개념에 기반해 당신의 제안을 반박하기 위한 논리적 기반을 갖게 될 것입니다.

∅＿ 논의를 전개하는 가장 편리한 방식은 착취에 공통되는 몇 가지 특징들을 검토하고 그런 특징들 밑바탕에 깔려 있는 불공정의 기준을 상술하는 것입니다. 이들 가운데 첫 번째 방식은 올바른 방향을 제공하지 못한다는 점을 우리 모두 재빨리 동의할 것이라고 저는 생각합니다. 착취는 흔히 자신의 노동 이외의 어떤 것, 이를테면 어떤 생산수단의 소유에 힘입어 노동자의 (순)생산물의 일부를 전유하는 것으로 파악됩니다. 이 입장은 '로크적'이라고 부를 수 있는데, 왜냐하면 그 입장이 호소하는 공정의 개념은 [로크에 따라] 노동의 산물 전체에 대한 그 노동자의 권리를 수반하기 때문입니다(5장 3절).

△＿ 당신은 왜 이것이 올바른 방향이 될 수 없다고 말하는 거죠?

∅＿ 먼저, 전체 생산물에 대한 노동자의 권리의 근거라고 보통 여겨지는 노동자가 전체 생산물의 창조자라는 명제는 동어반복적이고 부적절하거나 혹은 명백히 거짓이기 때문입니다. 두 번째로, 그런 권리를 인정하게 되면 — 나의 확고한 직관에 어긋나게, 그리고 바라건대 당신의 직관에 상반되게 — 아무리 큰 불평등, 예를 들어, 비옥도가 다른 토양으로 인해 노동자들이 균등하지 않은 생산을 하는데서 생겨나는 불평등도 정당화될 것이기 때문입니다(5장 4절).

△__ 대안은 무엇인가요?

𝒪__ 두 번째로, 노동 가치의 부등가교환으로 착취를 규정하는 고전적인 관점을 봅시다. 만약 어떤 사람이 소득을 통해 자신이 전유한 것보다 더 많이 사회적 필요노동에 기여한다면 그녀는 착취당하고 있습니다. 정반대의 상황에 있다면 그녀는 착취자입니다. 나는 이것을 루터적인 착취관이라고 부르는데, 왜냐하면 이런 입장 밑바탕에 깔려 있는 공정의 기준은 공정한 교환fair exchange이며, 이런 연관이 마르크스가 인용하고 있는 마틴 루터Martin Luther의 문헌에서 명백하게 진술되고 있기 때문입니다. 이 두 번째 입장은 단순히 노동 가치 개념이 악명 높은 몇 가지 난점들을 발생시키기 때문에 문제가 되는 것이 아닙니다. 더 근본적으로, 극도로 제한된 현실적 조건 아래서가 아니라면, 사람들의 공헌과 보수를 얼마나 많은 노동 가치를 포함하는가에 따라 평가하는 것이 규범적인 의미를 전혀 갖지 못한다는 점을 당신은 깨달을 필요가 있습니다(5장 5절).

△__ 노동 가치는 사람들의 기여나 보상에 대한 가장 적합한 척도가 아닐지도 모릅니다. 하지만 이 점을 인정한다고 해서 기여와 보상이 밀접하게 연관되어야 정의롭다고 말할 수 있다는 보다 일반적인 발상이 무의미하게 되지는 않습니다. 수행된 노동과 벌어들인 소득 간의 불비례 관계를 요구하는 착취에 대한 정의는 수용 가능한 정의가 아닐 수도 있습니다. 왜냐하면 그런 정의는 한 사람이 다른 누군가의 노동으로부터 이익을 취득하고 있음을 반드시 함축하지는 않기 때문입니다. 그러나 루터적인 개념에 대한 논의는 자연스럽게 그것[수행된 노동과 벌어들인 소득 간의 불비례 관계]으로 인도합니다. 더욱이 루터적인 개념은 모두를 위한 실질적 자유관과는 매우 다른 불공정의 그럴듯한 기준으로 여겨지며, 그래서 아마도 기본소득에 대한 도덕적 고발의 근거를 제공해 줄 수 있을 것입니다.

*∅*__ 괜찮은 생각입니다. 그러나 비례와 양의 상관관계positive relation를 혼동하지 맙시다. 소득이 노동에 지출된 노력work effort에 정확히 비례해야 한다는 요구는 분명히 기본소득과 양립 불가능합니다. 그러나 그런 요구는 자명한 정의의 요건이 아닙니다. 그에 반해 누군가의 소득수준이 그녀의 노동에 의해 긍정적인 영향을 받아야 한다는 요구는 직관적으로 설득력이 있다고 저는 생각합니다. 그러나 그런 요구 조건은 기본소득과 완벽히 일관됩니다. 사실, 누군가의 소득수준이 그가 수행하는 노동으로부터 긍정적인 영향을 받아야 한다는 요구는 성과나 소득보다는 오히려 기회나 부존 자산을 평등하게 (혹은 적어도 최소극대화) 하는 것을 목표로 삼고, 이를 통해, 기회의 불평등을 방치할 때보다 노력의 차이가 결과에 훨씬 더 강한 영향력을 불가피하게 행사하게 하는 제도의 일부라고 할 수 있습니다. 따라서 강한 정의관에 바탕을 두고 차등적인 노력이 차등적인 보상에 더 큰 영향력을 행사해야 한다는 요구는 기본소득 사회에서도 매우 친숙한 입장입니다(5장 6절).

△__ 저는 그런 주장이 근면한 작은 암탉의 고된 노동을 충분히 공정하게 다룬 것이라고 확신하지 못하겠습니다. 제 반론을 더 잘 서술할 수 있게 해주는 추가적인 착취 개념이 있나요?

*∅*__ 그런 게 있다는 걸 저는 의심합니다. 착취에 대한 다른 유의미한(그리고 상당히 다른) 유일한 접근은 존 뢰머의 것입니다. 그의 규정에 따르면, 현 상태의 자본 부존 자산capital endowments을 균등하게 한 결과, 어떤 사람이 더 부유해진다면, 그녀는 자본주의적으로 착취당한다고 대략 말할 수 있습니다. 또 그녀가 그런 균등화의 결과로 더 사정이 안 좋아진다면, 어떤 이는 자본주의적인 착취자라고 말할 수 있습니다. 뢰머는 관련된 다양한 자산 범주에 따라 착취의 유형을 세분합니다. 즉 자본뿐만 아니라 기술, 봉건적 속박, 기타 등

등(5장 7절)에 따라 착취의 유형을 세분할 수 있습니다. [뢰머가 제시하는] 공정 개념 밑바탕에 깔린 기준은 자산의 불균등한 분배의 결과로 어떤 사람이 더 부유해져서도 안 되고, 다른 사람이 더 가난해져서도 안 된다는 것입니다. 일단 당신이 관련된 정의의 개념 ― 자산의 평등 ― 을 상술하고, 강력한 반론들에 대처하기 위해 그것을 수정하자마자(자신이 선택한 결과에 대한 책임, 가장 열악한 조건에 있는 사람들을 희생시키는 균등화의 배제, 재능 있는 사람의 노예화의 저지), 모두를 위한 실질적 자유, 곧 기본소득 극대화와 매우 가까운 입장으로 되돌아가게 될 것입니다(5장 8절).

Δ__ 작은 빨간 암탉에게는 너무나 안 좋은 소식이군요.

∅__ 실은 그렇지 않습니다. 만일 그녀가 공급 부족scarce supply 상태에 있는 자원을 사용하지 않는다면, 그녀는 정당하게 그녀의 생산물 전부를 지킬 수 있습니다. 만약 그녀가 ― 현실 세계에서 그녀와 동류의 사람이 모두 그렇듯이 ― 공급 부족 상태에 있는 자원을 사용한다면, 그녀는 몇몇에 의해 매우 불평등하게 전유된 희소 자산의 모든 가치를 최대한 분배하는 제도에 대해 정당하게 항의할 수 없습니다.

1. 누군가의 노동으로부터 이익을 끌어내기

처음에(2장 3절) 고지했던 것처럼, 이전의 세 장에서 고려했던 많은 도전들은 모두를 위한 실질적 자유라는 사회정의관과 무조건적인 기본소득의 (제약 조건에 따른) 극대화 사이의 연관에 대한 물음과 관련된다. 그런 도전들 모두는, 사회정의가 실질적 자유의 축차적인 최소극대화로 적절히 파악된다는 점을 당연한 것으로 여겼다. 그러나 이런 실질적 자유지상주의적인 정의관의 타당성을 의심할 수 있는 강력한 근거들이 존재하지 않는가? 그런 정의관[사회정의가 실질적 자유의 축차적인 최소극대화로 파악될 수 있다는 관점]이 타당하지 않다는 것은 이제껏 고려했던 다양한 도전들이 논파됨에 따라, 일하지 않기로 선택한 사람들에게조차 가능한 실질적인 소득을 지급하는 것이 정당하다는 주장이 실질적 자유지상주의의 귀결들 가운데 하나로 간주될 수 있다는 사실에 의해 드러나지 않는가?

우리는 1장에서 표준적인 자유지상주의의 치명적 결함을 상세히 설명함으로써 자유, 평등, 효율성에 중요성을 부여하는 매력적인 하나의 방식으로 실질적 자유지상주의라는 입장에 한 걸음씩 다가갈 수 있었다. 그러나 1장에서는 모두를 위한 실질적 자유가 사회정의의 전부라는 주장에 대해 제기될 수 있는 주요 반론들을 처리하는 것은 고사하고 그런 반론들을 찾으려는 체계적인 노력조차 기울이지 않았다. 이런 반론들에 대한 포괄적인 논의를 하는 것은 이 책의 목적도 아니다. 그런 반론들 대부분은 자유주의적이고 연대주의적인 정의관liberal-solidaristic conception of justice 전체, 혹은 1장 8절에서 명시된 모든 자유주의 이론에 보다 광범위하게 적용된다. 그러나 이 책의 맥락에서 내가 피할 수 있다고 생각할 수 없는 그런 반론들이 존재한다. 자본주의를 옹호하는 가장 단순하면서 가장 자주 등장하는 윤리적 논거가 자유에 호소하는 것이라면, 사회주의를 지지하는 가장 단순하면서 가장 일반적인 윤리적 논거는, 엥겔스가 '사회주의혁명이 자본주의적인 생산양식을 철폐함으로써 폐지하고자 하는 근본악'으로 기술한 바 있는 **착취**의 폐단에서 찾을 수 있다(Engels 1873, 214). 착취라는 쟁점이 명시적으로 등장하지 않는 한, 이런 주장은 자본주의와 사회주의의 우열에 대한 비교 평가가 매우 불완전한 채로 남아 있을 것이며 전자에 대한 미심적은 호감으로 이어지리라는 점을 강하게 암시한다. 더욱이 실질적 자유지상주의에 따라 게으르게 살기로 선택한 사람들에게 정당하게 기본소득을 지급할 수 있다는 사실로 인해, 실질적 자유지상주의는 착취에 대한 비판의 근거를 제공하기는커녕, 전례 없는 규모로 착취를 뻔뻔스럽게 정당화하는 입장처럼 보인다. 자본주의사회에서 살든 사회주의사회에서 살든, 착취가 악이라고 믿는 사람들에게 무조건적인 기본소득의 도입은 사태를 개선하는 것이 아니라 악화시킬 수밖에 없는 것처럼 보인다. 만약 이것이 실질적 자유지상주의자가 권고하는 바라면, 실질적 자유지상주의에는 너무나 안 좋은 일이 아닐 수 없다.

이런 제안을 조심스럽게 평가하기 위해, 먼저 우리가 착취에 대한 엄밀한 정의를 사용한다는 점을 확실히 하자. 우리가 사용하는 이 정의는 생시몽주의자들 이후로 자본주의에 대한 비판의 맥락에서 계속 사용된 의미를 최소한 대략적으로나마 담고 있는 동시에, 실질적 자유지상주의적인 정의관에 따를 때 수용될 수 없는 사회경제 체제들을 평가하기 위한 윤리적 기준을 제공해 준다.[1] 누군가를 **착취한**다는 것은 다른 어떤 이의 노동으로부터 부당한 이익을 취득하는 데서 성립한다[2]고 나는 생각한다. 이 정의에 따르면, 착취가 잘못된 것인지를 묻는 것은 무의미하다. 착취는 바로 그 정의에 의해 불공정하다. [그러나] 불공정에 대한 기준이 이와 다른 방식으로 상술될 수 있다는 사실을 우리가 깨닫는다면, 우리가 착취를 위와 같이 약정한다고 해도 모든 중요한 문제를 회피할 수는 없다. 우리는 이후에 이 [불공정의] 기준이 상술되는 방식에 따라 명확하게 서로 다른 다양한 착취 개념들을 검토할 것이다. 그러나 아주 게으른 착취자가 등장하는 매우 단순한 경제를 배경으로, 착취가 현존하기 위해 누군가가 **다른 이의 노동**으로부터 어떤 이익을 취득한다는 것이 무엇을 의미하는지를 물으면서, 제안된 착취의 정의를 구성하는 요소들을 버리어 내보자. 이 과정에서, 나는 착취 개념을 둘러싼 다수의 애매성과 난점들을 지적할 것이며, 또한 착취에 대한 기존 정의들이 여러 차원에서 어떻게 변화하는지 확인할 것이다. 나는 각각의 차원에 따라서 착취 개념이 기여할 것으로 예상되는 목적에 적합한 선택을 할 것이다. 비록 여러 경우에서 [착취 개념의] 귀결들을 손상시키지 않고서도 또 다른 [착취 개념에 대한] 선택이 이루어질 수 있었을 테지만 말이다.

먼저, 나는 자신의 노동으로부터 이익을 취득당하고 있는 '어떤 사람', 곧 피착취자가 하나의 **인간** 혹은 인간들의 집합이라고 가정할 것이다. 따라서 전체로서의 노동계급뿐만 아니라 특정한 한 명의 노동자의 착취에 대해 말하는 것은 유의미하다. 그러나 그 개념은 인간이 아닌 동물이나 인간이 아닌 종에 대한 착취를 포괄하지는 못한다.[3]

두 번째로, 그녀가 어떤 **노동**work을 수행해야만 그녀는 착취당할 수 있다. 자신의 남편을 [자신의] 결혼 지참금에 의지해 살게 하는 것이나 거리에서 사진에 찍히는 것(꼭 자세를 취하지는 않고)은 활동activities으로 규정될 수 없으며, 따라서 아무리 남편이나 사진사가 얻는 이득이 크다 ─ 불공정할 수 있다 ─ 고 해도 착취를 발생시킬 수 없다. 모든 활동이 노동을 구성하는 것은 아니다. 그러나 나는 노동work이 노역toil이나 고역drudgery일 필요가 있다고 가정하지 않을 것이다. 노동은 그 자체를 목적으로 수행되는 활동들로 이루어질 수도 있다. 다시 말해, 위협이나 외적인 보상에 의해 노동이 촉발될 필요는 없다. 만약 당신이 내 컴퓨터에서 내가 시키는 대로 순전히 빈둥거리기를 즐긴다면, 그리고 심지어 어떤 대가도 없이 그렇게 한다면, 당신은 일하는 게 아니라 노는 것이다. 그렇지만 내가 당신이 생산한 소프트웨어로부터 많은 수익을 낸다면, 당신이 착취당하는 일이 충분히 일어날 수 있다. 하나의 활동을 노동으로 규정하기 위해 나는 오히려 그 활동의 수행 자체에 외재하며, 그렇기 때문에 타인에 의해 향유될 수 있는 이득의 생산(유쾌하든 아니든)에 그 활동이 연동되어야 한다고 가정할 것이다. 이런 이득이 물질적인 대상일 필요는 없다. 이득은 누군가가 재배하는 감자들만큼이나 누군가가 부르는 노래들일 수도 있다. 이득은 또한 소비재와 생산재 모두로 이루어질 수 있다. 그러나 순수한 놀이는 노동일 수 없다. 즉 누군가가 관중 앞에서 축구 경기를 하거나, 축구 경기를 위한 연습을 할 때만 노동할 수 있다. 소비자들이 종종 '착취당한다'고 이야기들 하지만,[4] [엄밀히 말하면] 순수한 소비는 노동일 수 없다. [착취에 대한] 이런 규정으로부터 대개 급료를 받는 활동paid activity을 적절한 의미의 노동으로 추정할 수 있다는 함축이 따라 나온다. 급료를 받는 활동을 노동이라 추정하는 것은 외적인 보상 없이는 그 활동이 수행되지 않았을 것임을 [급료의] 지불payment이라는 말이 시사하기 때문이 아니다. 즉 그 활동은 [외적인 보상 없이] 수행되었을지도 모른다. 어쨌든 착취가 존재하기 위해 요구되는 것은 노역이 아니라 노동이다. 이런 가정의 근거는 오히려 그 활동이 타인에게 어느 정도 쓸모 있는 이익을 산출할 것이라고 기대되지 않았다면, 어느 누구도 그것에 대한 대가를 지불하는 데 신경을 쓰지 않았을 것이라는 점에서 찾을 수 있다. 여기서 '기대되는'이라는 표현이 중요하다. 왜냐하면 어떤 활동을 적절한 의미의 노동으로 전환시키는 것은 이익의 현실적 창출이 아니라 이익에 대한 기대이기 때문이다. 다시 말해, 노동자가 생산한 재화가 팔리지 않게 되거나, 혹은 구매자들에게 해를 끼치게 된다고 하더라도 [이익을 기대할 수 있는 한] 그녀는 계속 일한다. 다른 한편 [급료를] 지급받는다는 것은 결코 어떤 활동을 노동으로 규정하고, 이로 인해 착취를 당하기 위한 필요조건이 아니다. 노동은 약간의 현물소득, 명성의 획득, 감사를 통해 보상받을 수 있거나 혹은 전혀 보상받지 않을 수도 있다. 나는 이렇게 명료화된 매우 넓은 의미에서만, 보통 그렇듯이, 노동자들만이 착취당할 수 있다고 여기서 가정할 것이다.

세 번째로, 착취자가 존재하기 위해서는 누군가가 다른 누군가의 노동으로부터 이익advantage을 끌어낼 필요가 있다.[5] 이 개념 — 그리고, 같은 이유로, 착취와 연관돼 일반적으로 사용되는 같은 계통의 연관 개념들 — 을 명료화하기 위해, 섬의 고립된 지역 위에 나와 당신만 있다고 가정해 보자. 나는 아무것도 하지 않지만 당신은 감자를 기른다. 나에게 이익이 생기기 위해, 내가 당신의 총생산물 가운데 일부, 다시 말해 고려되는 기간 동안 당신이 기른 감자 가운데 일부를 내 것으로 삼는 것으로는 충분하지 않다. 왜냐하면 그 감자들은 그해 초에 내가 당신에게 준 감자들을 돌려받은 것일 수도 있기 때문이다. [나에게 이익이 생기기 위해서는] 내가 당신의 순생산물을, 다시 말해 당신의 총생산물에서 그것을 산출하는 과정에서 소모된 물질적 생산수단을 공제했을 때 남아 있는 것을, 내 것으로 삼는 것으로 충분하다. 다른 한편, [나에게 이익이 생기기 위해서는] 당신이 약간의 잉여, 다시 말해 순생산물에서 당신의 노동력을 재생산하기 위해 필요한 모든 것을 제했을 때 (만약 그런 게 있다면) 남는 것을 생산하는 것으로는 충분하지 않다. 그러나 [나에게 이익이 생기기 위해서는] 당신이 잉여 생산물을, 다시 말해, 순생산물에서 당신의 노동력의 재생산을 위해 필요한 것이든 그렇지 않든 간에, 당신 자신을 위해 당신이 남겨 둔 모든 감자들을 공제한 다음에 (만약 그런 게 있다면) 남는 것을 생산하는 것으로 (필요할 뿐만 아니라) 충분하다. 잉여생산물을 생산하는 데 소모되는 노동을 보통 잉여노동[6]이라고 부른다. 따라서 우리의 예에서 당신이 잉여생산물을 생산하는 것이나, 마찬가지 말이지만, 당신이 잉여노동을 수행하는 것은, 내가 당신을 착취하기 위한, 다시 말해 당신의 노동으로부터 이익을 취득하기 위한 필요충분조건이다. 잉여의 생산이나, 보다 약화된, 순생산물의 생산은 [내가 당신의 노동으로부터 이익을 얻기 위한] 충분조건이 아니라 ─ 극히 단기간인 경우를 제외하면 ─ 필요조건이다.[7] 다른 한편 잉여생산물 혹은 순생산물의 일부를 내가 전유하는 것Appropriation은 당신의 노동으로부터 내가 이익을 취득하기 위한 필요조건이자 충분조건이다. 그러나 내가 총생산물의 일부를 전유하는 것은 [당신의 노동으로부터 내가 이익을 취득하기 위한] 필요조건이기는 하지만 일반적으로 충분조건은 아니다. 내가 당신에게 당신의 (파괴 가능한) 생산수단들 중 어떤 것을 제공하지 않는 한, 이를테면 당신이 내가 당신의 노동으로부터 이익을 취득하도록 내버려 두는 이유가 당신이 나의 연장을 필요로 하기 때문이 아니라 내 주먹을 무서워하기 때문일 뿐이라면, 당신의 생산물 가운데 일부에 대한 전유는 당신의 순생산물 일부에 대한 나의 전유만큼이나 착취를 위한 충분조건이라고 할 수 있다.

이렇게 '이익'advantage 요소로 착취의 특징을 규정하는 것은 적어도 여기서 고려되는 단순한 종류의 상황에서는 거의 문제가 되지 않는다(이제까지 느슨하게 사용된 '취득'이나 '전유' 요소는 다음 절에서 명료해질 것이다). 그러나 [이렇게 이익 요소로 착취의 특징을 규정하는 입장으로부터 따라 나오는] 함축들 가운데 몇몇은 좀 더 충분히 상술할 가치가 있다. 먼저, 내가 당신을 착취하기 위해서, 내가 당신이 생산한 것 일부를 소비할 필요는 없다. 위의 예에서, 만약 경제가 정태적이라면, 다시 말해 파종된 수많은 감자들이 매년 늘지 않는다면, 나에 의한 [감자의] 소비는 단지 당신이 착취당하기 위한 필요조건이 된다. 그러나 소비되는 대신에, 내가 전유한 당신의 순생산물 가운데 일부가 완전히 축적된다면 ─ 내가 취득한 감자들을 하나도 먹지 않고 그것들 모두를 내년에 심을 감자의 수를 늘이기 위해 사용한다면 ─ 비록 의도 면에서나 현실적인 사태 면에서 혹은 그 양자 모두의 면에서, 이 축적이 이후 단계에서 내가 아니라 당신의 소비를 늘리는 데 공헌한다고 하더라도,[8] 나는 여전히 위의 규정에 따라 관련된 이익을 끌어내고 있다고 할 수 있다. 내가 전유한 당신의 생산물 가운데 일부를 내 할머니에게 기증한다거나, 제3세계에 발송한다면, 나는 위의 규정에 따라 여전히 관련된 이익을 끌어낸다고 할 수 있을 것이다.[9] 이 모든 경우들 밑바탕에는, 당신의 잉여생산물을 내가 아무리 고귀하게 사용한다고 하더라도, 당신이 그것을 가지고 무엇을 할지를 결정할 선택권을 내가 당신에게서 여전히 박탈하고 있다는 생각이 깔려 있다.[10] 따라서 착취자에 의한 소비는 착취를 위한 필요조건이 아니다. 착취자의 복지가 착취의 결과로 증가되어야 한다는 것 역시 [착취의] 정의를 통해 볼 때 필요조건도 아니다. 만일 내가 내 땅의 일부를 당신이 사용하게 한 대가로 당신이 키운 감자 가운데 일부를 [내가] 얻는다면, 당신이 [키운] 감자들을 당신이 그대로 갖고 있기를 더 원하며 또한 내 땅을 [당신이 사용하도록] 그대로 놓아둔다고 해도 그것은 착취를 구성할 것이다. 물론 내가 나의 복지를 극대화하려고 애쓰고 있고, 내 땅에서 일어나는 것을 결정할 자격이 있다면, 나는 오랫동안 그렇게 마지못해 [남의 편의를 봐 주는] 땅 주인으로 남아 있지 않을 것이다. 그러나 이를 통해서는 적절한 의미로 착취에서 이익을 끌어내기 위해 내가 [착취한 것을] 소비할 필요가 없다는 명제뿐만 아니라 복지를 얻을 필요가 없다는 명제 역시 논박되지 않는다.

2. 권력, 증여, 무임승차

내가 당신의 생산물 가운데 일부를 소비한다거나 혹은 당신의 노동으로 인해 나의 복지를 증가시키는 일이 일어나는 것이 착취를 위한 필요조건이 아니라면, 충분조건이기는 한 것인가? 아니다. 충분조건도 아니다. 왜 그런지를 보기 위해, 착취가 단순하게 편익을 이끌어 내거나deriving 이익을 향유enjoying하는 것이 아니라, 이익을 취득taking하고 생산물의 일부를 전유appropriating하며 편익을 추출extracting하는 데서 성립한다는 명제가 의미하는 바에 초점을 맞추어 보자.[11] 이와 관련해서, 가장 주목할 만한 첫 번째 논점은, 만약 당신이 호의로 내게 넘겨준 감자가 순수한 증여, 곧 당신의 순생산물에 대한 완전히 자발적인 이전이라면, 나는 당신의 노동으로부터 이익을 취득하지 않으면서도 당신의 노동으로부터 이익을 이끌어 낼 수 있다는 점이다. 내가 당신의 갓난애이건, 장애를 갖게 된 할머니건, 당신의 교구목사이건, 지주이거나 웨일스의 공주이건 상관없이 이 논점은 성립한다.[12] 하지만 너무 많은 것을 [착취에서] 배제하지 않도록 주의하자.

무엇보다 먼저, 당신의 노동으로부터 내가 편익을 끌어내는 것을 가능하게 하는 계약에 당신이 자발적으로 가담한다고 해서, 그런 자발적 가담을 통해 내가 얻은 편익이 당신의 생산물 일부에 대한 완전히 자발적이고 비착취적인 이전이 되는 것은 아니다. 다시 말해, 강제가 없다고 해서 편익의 제공이 진심 어린 선물이 되는 것은 아니며, 따라서 강제적인 착취가 착취의 유일한 형태는 아니다.[13] 이 점을 자세히 설명해 보자. 당신에게 열려 있을 것이라고 정당하게 기대할 수 있는 선택지들 가운데 일부를 내가 저지한 결과 당신이 어떤 행동을 할 수밖에 없다면 당신은 어떤 것을 하는 데 있어서 나에 의해 **강제**된다고 할 수 있다. 당신이 적법하게 소유한 땅에서 감자를 재배했음에도 불구하고, 내가 강제로 [당신의] 감자를 취득하거나 당신이 그것을 주지 않을 때 폭행하거나 당신 집을 불사르겠다고 협박한다면, 당신은 당신의 감자들 가운데 일부를 나에게 넘겨주도록 강제되고 있다. 이런 각도에서 볼 때, 강제적인 착취coercive exploitation는 봉건적인 강제 노역과 같은 자기 소유권의 침해를 통한 편익의 전유와 조직적인 약탈처럼 외부 대상에 대한 정당한 소유권의 침해를 통한 편익의 전유 양자를 포괄한다. 강제적인 이전과 자발적인 이전 사이에 정확한 경계선이 어디서 그려지는가는 우리의 현재 목적을 달성하는 데 지장을 주지 않는다.[14] 여기서 핵심은 강제적 착취를 훨씬 넘어서서 자발적 거래의 영역으로까지 착취가 확장된다는 점이다. 착취당하는 자가 착취적인 거래에 강제로 말려들 필요는 없다. 그녀는 꾐에 빠져 착취적인 거래에 참여할 수도 있다.

다른 한편, 시장 착취의 경우, 착취자는 다른 상황이었다면 피착취자에게 열려 있었을 몇몇 선택지들을 저지하는 것이 아니라, 그녀가 이전에 이용할 수 있었던 선택지들보다 피착취자가 선호하는 새로운 선택지를 제시한다. 만약 당신이 재배한 감자 가운데 일부를 내가 갖게 허락한다면, 당신은 내 땅을 사용할 수 있다. 이런 제안의 수용은 단순히 이전 상태를 유지할 때보다 당신의 형편을 더 낫게 하는 것 이상의 효과를 가질 수도 있다. 만약 당신이 어떤 땅도 소유하지 않고 주변에 다른 비옥한 토지도 없다면, 그런 제안[내 땅을 사용하는 대가로 당신이 재배한 감자들 중 일부를 내가 갖게 허락하는 것]은 심지어 기아로부터 당신을 벗어나게 할 수도 있으며, 그래서 극적으로 당신의 복지 수준을 향상시킬 수도 있다. 이처럼 착취는 피착취자가 착취적인 거래를 매우(그리고 당연히) 열망하는 것, 그리고 착취자는 [착취적인 거래를 피착취자보다] 훨씬 덜 열망하거나, (앞 절에서 지나가면서 예시했듯이) 전혀 열망하지 않는 것과 모순되지 않는다.[15] 물론 착취적인 거래가 기아로부터 당신을 구출해 줄 때, 당신은 강제적으로 그것을 수용하지는 않았다고 해도 괜찮은 대안이 없어서 여전히 그것을 수용하도록 **강요당하고** 있다고 말할 수도 있다. 하지만 강제만 착취에 필요하다고 말할 수 없는 것과 마찬가지로, 이런 식의 강제 또는 강요의 선언disjunction 역시 착취에 필요하지 않다.* 만약 당신이 최저 생계를

---

* 강제가 착취의 필요조건이 아니듯이 강제 또는 강요 하나만 성립하는 것도 착취의 필요조건이 아니라는 의미다.

유지하기에 충분한 양의 곡식을 재배할 땅을 가지고 있고, 당신의 소비를 생계 수준 이상으로 끌어올릴 목적으로, 또는, 얼마간의 여가를 얻기 위한 목적으로(나의 토지는 훨씬 더 비옥하다) 내 땅에서 경작하는 경우에도, 여기서 논의 대상이 되는 착취를 종결시키지는 못할 것이다.[16] 물론 이와 다른 결론을 내리는 경우, 실질적인 기본소득을 지급하는 자본주의사회가 착취로부터 자유로운 사회라는 함축을 갖게 될 것이다. 하지만 이런 주장은 우리가 여기서 고려하려는 도전에 대처하는 것이 아니라 그것을 회피하는 것이다.[17]

그럼 ('비자발적인') 착취와 ('자발적인') 증여 간의 핵심적인 차이는 무엇인가? 강제적이든 아니든, 강요에 의한 것이든 아니든 간에, 우리가 방금 보았던 착취의 사례는, **다른 조건이 같다면**, (최소한) 생산물 일부에 대한 비자발적인 이전을 수반한다. 착취 거래 전체는 ― 강제적이지 않거나 강요된 것이 아니거나 양자 모두라는 의미에서 ― 자발적일 수도 있지만 [거래에서] 이전 하는 편에 대해서는 자발적이라고 할 수 없다. 반면, 증여의 경우 이전하는 편이 자발적으로 이전을 실천한다. 증여물을 주는 것과 달리 착취에서는 편익의 수취인이 그 생산자에게 권력power을 행사한다는 점을 지적함으로써 이 구분을 명료화할 수 있다.[18] 여기서 권력은 어떤 정보를 그녀에게 제공함으로써가 아니라 오히려 그녀의 행위에 대한 보상에 영향을 줌으로써 다른 상황에서는 하지 않았을 어떤 것을 그녀가 하게끔 하는 능력으로 대략 이해된다.[19] 강제는 이런 의미에서 권력이 행사되는 한 가지 형태일 뿐이다. 편익의 생산자에게 귀중한 어떤 자산에 대한 통제는 또 다른 형태의 권력 행사다. 물론 생산수단에 대한 소유권은 착취에 기반해 자본주의를 비판하는 논의에서 핵심이 되는 자산 범주다.[20] 그러나 예를 들어 장 피에르 프루동이 착취의 뿌리를, "노동자들의 통일과 조화, 그들의 노력의 집중과 동시성으로부터 오는 막대한 힘"으로부터 고용주가 취득할 수 있는 이익에서 찾았다는 점에 주목해야 한다. 물질적인 생산수단을 제공하거나 강제를 사용하지 않고서도 어떤 '비노동자'는 노동자들의 생산물 가운데 일부를 전유할 수 있다. 단지 그녀가 노동자들의 협동을 조직하는 법을 알고 있으며, 이를 통해 규모의 경제에 의해 산출된 편익을 이용해 돈을 벌 수 있기 때문이다.[21] 이처럼 지식의 소유는 다른 누군가의 노동으로부터 이익을 취득하기 위한 또 다른, 아마도 [다른 것들에 비해서는] 좀 더 약한 권력 기반이라 할 수 있을 것이다.[22]

그뿐만 아니라 권력에 기반을 둔 편익 추출이 경제 영역으로 국한된다고 추정할 이유는 없다는 점에 주목하자. 권력에 기반을 둔 편익 추출은 또한 사적이고 친밀한 관계에 스며들 수도 있다. 내가 당신과 사랑에 빠졌다고 잠시 가정해 보자. 사랑을 받는다는 것은 권력을 부여해 준다. 내가 당신을 사랑하는 까닭, 나는 당신의 기분과 표정에 신경을 쓴다. 따라서 당신은 사랑에 빠지지 않았다면 내가 하리라고 결코 꿈도 꾸지 않았을 것들을 당신을 위해 내가 하게끔 하기 위한 당근과 채찍으로 당신의 기분과 표정을 이용할 수 있다. 비록 당신이 그것들을 당근과 채찍으로 사용하지 않는다고 하더라도, 당신의 기분과 표정은 당신에게 유리하게 당근과 채찍으로 기능할 수 있다. 위에서 제안된 권력에 대한 설명을 고려할 때, 권력에 기반을 둔 편익의 추출이 존재하기 위해 그 이상의 것은 필요하지 않다. 당신을 사랑하기 때문에 내가 당신의 감자를 재배한다면(혹은 당신의 양말을 꿰맨다면), 권력이 개입되었는지의 여부는 당신의 마음 안이 아니라 나의 마음속에 무엇이 일어나는가에 달려 있다. 내가 만일 그렇게 하지 않으면 당신이 문을 세차게 닫거나 갑자기 울음을 터뜨릴까 봐 걱정이 돼, 혹은 결과적으로 당신이 나를 더 좋아할 것이라고 희망하거나 나와 함께 언덕 위로 산책하는 데 당신이 동의하리라는 희망 때문에 감자 재배에(혹은 당신의 양말을 꿰매는 데) 힘쓰고 있다면, 그래서 당신에 대한 나의 사랑 때문에 내가 이 모든 것들에 신경 쓰고 있다면, 나의 노동의 산물의 일부를 소비할 당신의 능력은 내 사랑을 통해 당신에게 부여된 권력에 힘입고 있는 것이다. 그러므로 당신이 물려받은 토지에 대한 지대를 대신해 내가 경작해 당신에게 준 감자들을 당신이 순순히 받을 때 나의 노동으로부터 이익을 취득하는 것과 꼭 마찬가지로,[23] 당신이 나의 선물을 수락한다면, 당신이 의도적으로 그것을 부추기는 행동을 했든 안 했든 상관없이, 당신은 나의 노동으로부터 이익을 취득한다. 비록 전체로 봤을 때는 자발적이라고 하더라도(어떤 강제도 개입되지 않았다), 편익의 제공은, **다른 조건이 같다면**, 여기서 한 번 더 비자발적이라고 할 수 있다. 다시 말해, 제재가 없었다면, 이를테면 세계 닫히는 문, 언덕 위로의 산책이 없었더라면, 편익의 제공은 발생하지 않았을 것이다. 이런 제재의 효과는 당신이 나에게 귀중한 어떤 것을 가지고 있다는 사실을 반영한다. 그렇다면 비노동자로서 당신은 어떤 형태의 권력에 의지하지 않고서도 나의 노동으로부터 편익을 끌어낼 수 있는가? 나의 증여가 순수한 의무감이나 이타적인 보은, 연대성, 연민, 기타 등등의 느낌에 의해 고무된 것이라면 그럴 수 있다. 이런 것들은 사랑과 달리 그 대상들에 권력을 부여하지 않는다.[24]

그러나 이것이 유일한 가능성은 아니다. 내가 **무임승차자**로, 다시 말해 긍정적인 외부성을 발생시키는 활동, 혹은 재산권의 구조가 주어졌을 때 내가 (합당한 비용으로) 당신의 방해 없이 누릴 수 있는 수익 활동의 결과로 당신의 노동으로부터 이익을 끌어내는 것 역시 가능하다. 관련된 사항을 보기 위해, 먼저 외부성을 수반하지 않는 표준적인 결합 생산물*

---

* 하나의 동일한 생산과정에 의해서 두 개 이상의 생산물이 생산될 때, 이들 생산물을 결합 생산물이라고 부른다. 목양업에서 함께 생산하는 양모와 양고기를 대표적인 예로 들 수 있다(『경제학사전』, 경연사, 2011). 감자의 재배라는 노동 활동에 감자와 잎들이 생산되었다는 점에서 농업에서 결합 생산물이 발

의 경우를 고려해 보자. 감자를 재배할 때, 당신은 불가피하게 잎들을 생산한다. 당신이 감자들을 모두 보관해서 먹는 반면, 나는 당신에게는 아무런 쓸모도 없는 잎들을 얻는다고 가정해 보자. 내가 당신 노동의 산물 중 일부[잎들]를 소비한다고 하더라도, 당신은 당신 자신이 소비한 것을 생산하기 위해 필요한 것 이상을 일한 것이 아니다. 그러나 당신이 나에게 이타적인 동기로 잎들을 준 것이 아니라면, 내가 당신의 노동의 부산물을 구하기 위해서는 어떤 권력의 행사 ― 강제의 형태든 아니면 나에게 귀중한 어떤 것에 대한 통제의 형태든 ― 가 개입되어야 한다. 이와 대조적으로, 당신이 감자 이외에 관상용 튤립을 키운다고 가정해 보자. 여기서 다시 당신의 노동은 나에게 편익[튤립의 관상]을 부산물로 생기게 한다. 비록 이번에는 당신의 재산권에 의해 적절하게 보호될 수 없는 효과 내지 외부성이라는 특징을 갖는 부산물이지만 말이다. 이런 편익은 당신 자신이 끌어내는 편익과 유사한 것 ― 나 역시 튤립을 관상할 수 있다 ― 일 수 있거나, 혹은 전혀 다른 성격의 것일 수 있는데, 왜냐하면 내 벌들이 당신의 꽃들에 앉는다면, 나는 더 많은 꿀을 먹을 수 있기 때문이다. 그러나 그런 편익을 누리기 위해, 나는 당신의 이타주의나 나의 권력에 의지할 필요가 없다. 당신이 막지 못해 (감당할 수 있는 비용으로) 내게 흘러 들어오는 것, 바로 그것[튤립의 경관이나 튤립에 앉았던 벌들]을 내가 챙기는 것으로 충분하다.

이렇게 그 특징이 규정된 무임승차는 분명 매우 광범위한 현상이다. 예를 들어, 그것은 맨슈어 올슨(Olson 1965, 22-36)이 '소수에 의한 다수의 착취'the exploitation of the great by the small 라고 부른 것을 포괄하는데, 이

생하는 예라고 할 수 있다.

는 기반 시설 투자에 자금을 대는 데 관심이 있는 거대 기업이나, 자국의 이익을 위해 중립국이나 동맹국을 무상으로 '보호해' 주는 고비용의 방어 체계를 발전시키는 초강대국의 사례를 통해 예시된다. 그러나 이 현상이 일어나기 위해 '착취되는' 쪽이 더 크거나 더 부유할 필요는 없다. 양 편이 정확히 같은 정도로 편익에 기여할 수 있는데도, 어느 한 쪽이 단독으로 편익을 생산할 수도 있다. 왜냐하면 그쪽이 그렇게 하는 것에 더 큰 중요성을 부여하기 때문이다. 우리 모두 같은 복사기를 사용하지만, 그 복사기가 나보다 당신에게 훨씬 더 필요하다면, 내가 어느 날 그것이 고장 났다는 것을 알게 된다고 해도 그것을 수리하는 데 시간을 많이 소비하려고 하지 않을 테지만, 내가 몇 시간 후 돌아왔을 때, 당신이 그 문제를 처리한 걸(공공 의식 때문이 아니라 자기에게 이익이 되기 때문에) 발견할 개연성이 크다. 이것은 다수에 대한 소수의 무임승차가 아니라 더 많이 사용하는 사람에 대한 더 적게 사용하는 사람의 무임승차다.

이론의 여지는 있지만 무임승차가 대규모로 나타나는 영역 가운데 하나는 가정일 것이다. 거기서 양 파트너가 누리는 편익은 그런 편익에 많은 관심을 가진 사람에 의해 계속 생산된다. 집안 정리는 단순한 예다.[25] 명시적인 합의가 없을 때, 그 일은 깔끔한 집을 갖는 것에 신경을 가장 많이 쓰는 파트너에 의해 계속 수행될 것이다. 정리 정돈을 잘 안 하는 파트너가 집의 현재 상태와 아무것도 하지 않았을 때의 상태의 차이에 관해 어느 정도 신경을 쓰자마자 무임승차는 존재하게 될 것이다. 그녀가 그 지저분한 상태를 만드는 데 일조했는지의 여부는 중요하지 않다.

● 올슨의 주장으로 공동 목표를 달성하는 데 소요되는 비용을 분담하는 과정에서 소수가 부담하는 비용보다 더 큰 혜택을 얻는 반면, 다수는 얻는 혜택보다 더 큰 부담을 지는 현상을 가리킨다(멘슈어 올슨, 『집단행동의 논리』, 한국문화사, 2013, 45쪽을 참조).

비록 누군가는 이와 같은 무임승차의 상황에 대해 특별한 용어, 이를테면 기생 생활parasitism과 같은 용어를 남겨 두길 원할지도 모르지만 말이다.[26] 그 일[집안 정리 정돈]을 하는 파트너가 순수한 자기 이익의 동기에 따라 그렇게 하든, 그녀의 위치에 있는 누군가가 어떻게 행동해야 하는가에 관한 어떤 신념 때문에 그렇게 하든 상관없이, 무임승차라는 용어는 적용된다. 예를 들어, 당신은 단순히 당신이 바닥을 청소하거나 아이들의 크리스마스 선물을 사거나 가족 휴가를 준비하는 것 — 혹은 그렇게 되는 것 — 을 좋아하기 때문이 아니라, 당신이 어머니가 되었고 이런 것들 모두가 어머니의 역할의 일부라고 믿기 때문에 그런 것들을 할 수도 있다. 어느 경우든 무임승차와 관련돼 있다.[27]

따라서 무임승차는 만연해 있다. 권력에 기반을 둔 편익 추출과 마찬가지로, 또 순수한 증여와는 대조적으로, 무임승차는 다른 누군가의 노동으로부터 이익을 취득하는 메커니즘의 한 유형을 우리에게 제공해 준다.[28] 이 두 번째 유형의 메커니즘 역시 우리의 탐구와 관련된다. 동거인이 자신의 이익을 위해 (혹은 아마도 역할에 대한 자각에 의해) 청소 하는 것에 [누군가가] 무임승차하는 것과 자기 이익을 위해 (혹은 어쩌면 노동 윤리에 바탕을 두고) 경제활동을 하는 사람들, 즉 무조건적인 기본소득에 실질적으로 기여한 사람들에게 무임승차하는 것 사이에는 밀접한 유비 관계가 성립하기 때문이다. 어느 경우건, 편익은 몇몇 사람들이 누린다. 하지만 이는 또 다른 이의 자발적인 기부 때문도 아니고, 또 다른 이가 수혜자의 권력에 종속되어 있기 때문도 아니다. 오히려 생산자들이, 상이한 선호 때문에, 나태한 삶을 살기로 작정한 사람들에게 무임승차free ride를 제공할 수밖에 없는 식으로 물리적 혹은 제도적 환경이 짜여 있기 때문이다. 물론 기본소득의 사례와 관련된 외부성은 매우 인위적인 성격의 것이며, 본질적으로는, 순기여자들에 대한 조세 당국의 권력 행사를 수반한다는 점을 인정해야 한다. 그러므로 비록 편익 추출자(조세 당국)가 편익 수혜자와 구별된다고 해도, 누군가는 이 상황을 권력에 기반한 편익 수취가 작동하는 상황으로 독해하고 싶어 할지도 모른다. 그러나 여기서 이 두 가지 독법[기본소득이 무임승차라는 독법과 기본소득이 권력에 기반한 편익 수취라는 독법] 사이에서 하나를 선택할 필요는 없다. 어느 것이 선택되든, (얼핏 볼 때) 결정적인 물음은 다음과 같은 것이 될 것이다. 다른 사람들의 노동으로부터 이익을 취득하는 것은 항상 **불공정한가**? 다시 말해, 누군가가 힘의 행사나 무임승차를 통해 그녀의 노동으로부터 이익을 취득하자마자 그녀를 **착취하는** 것인가? 만약 대답이 긍정적이라면, 앞의 네 장에서 전개된 접근은 심각한 결함이 있는 것으로 즉각 드러나게 될 것이다.

하지만 너무 빨리 공황 상태에 빠지지는 말자. 이 장의 초반부터 상황을 단순화하기 위해 했던 하나의 가정, 즉 수혜자가 노동하고 있지 않다는 가정을 해제하자마자, 위의 질문에 대한 대답은 오직 부정적일 수 있을 뿐이라는 점이 매우 빠르게 드러난다. 왜 그런가? 당신과 내가 똑같이 부유하고 똑같이 생산적인 두 명의 독립적인 농부라고 가정해 보자. 당신과 나는 각자의 생산물의 일부(말하자면, 콩과 당근)를 서로 교환한다. 우리들 각자는 노동한다. 우리들 각각은 노동 분업으로부터 생기는 이점 때문에 타인의 노동으로부터 이익을 얻는다. 그리고 우리들 각각은 타인에 대해 힘을 행사한다. 즉 나는 당신이 어느 정도의 가치를 부여하는 자산들 — 나의 노동력과 나의 토지 — 을 통제하며, 그래서 나는 그런 통제가 없었다면 당신이 하지 않았을 어떤 것 — 당신이 생산한 당근들 가운데 일부를 포기하는 것 — 을 당신이 하도록 이 사실을 활용하며 그 반대의 경우도 또한 성립한다. 그러므로 이 상황에서 다른 어떤 이의 노동으로부터 권력에 기반한 편익의 추출이 존재한다. 비록 이 경우에 편익의 추출이 상호적인 것이긴 하지만 말이다. 그 대신 우리들 사이의 협동이 별도의 단위들 간에 교역을 하는 형태가 아니라 단일한 생산 단위 안에서 공동 작업을 하는joint work 형태를 띠었다면, 나의 노동력 덕분에 내가 갖는 권력은 더 이상 식별 가능한 하나의 상품an identifiable product으로 구현되지 않을 것이다. 그러나 양 편 모두 자기 이익의 동기에 의해 행동한다고 가정한다면, 권력에 기반을 둔 (상호적인) 편익 추출이 존재하게 될 것이다. 그러나 어떤 경우이든, 그런 상호작용을 불공정하다고 부르는 것도, 착취라고 말하는 것도, 무의미할 것이다.

따라서 착취 개념에 부여된 비판적 기능이 작동하기 위해서는, 그 개념에 대해 좀 더 제한적인 정의를 내릴 필요가 있다. 방금 제시된 반례를 제거하는 간단한 한 가지 방법은 착취자가 게으를 것을, 다시 말해 아무런 노동도 수행하지 않을 것을 요구하는 것이다. 그러나 분명히 착취자의 정의 안에서 (부정적으로) 사용되는 노동의 개념은 피착취자의 정의 안에서 (긍정적으로) 사용되는 노동 개념과 같은 것이어야 한다. 또 이 정의는 매우 넓을 필요가 있음을, 너무 넓어서, 이를테면 기업의 경영에 참여하거나, 몇 장의 쿠폰을 가끔 오려 내거나, 푸딩을 먹기 위해 부엌에서 스푼을 가져오는 행동을 포함해 모든 자본가들이 어떤 일을 하는 경향이 있다고 말할 수 있음을 우리는 보았다(5장 1절) 그 결과, 착취가 오직 비노동자에 의한 착취일 뿐이라면, 그것은 너무나 드물게 적용돼 그 개념에 귀속되는 비판적 기능을 수행하지 못하게 될 것이다. 좀 더 전도유망한 대안 전략은 다른 누군가의 노동으로부터 이익을 취득하는 것이 불공정한 때가 언제인지 직접 물음으로써 착취에 대한 적절한 정의를 찾는 것이다. 이 물음에 대한 답들은 착취에 대한 수많은 정의만큼이나 다양하며, 각각의 대답은 특정한 윤리적 입장에 영감을 받고 있다. 만약 이런 대답들 가운데 하나가 충분히 논리적으로 방어 가능하며, 동시에 실질적인 자유지상주의의 접근으로 환원 불가능하다는 것이 입증된다면, 우리는 이 장에서 고찰하려고 한 도전을 정확히 서술하는 하나의 방식을 발견하게 될 것이다.

3. 로크적인 착취

첫 번째 제안은, 어떤 사람이 자신의 노동 기여 이외의 어떤 것에 힘입어 순생산물의 일부를 전유하거나 공동으로 통제한다면 **착취**가 존재한다고 약정한다.[29] 다시 말해, 우리는 오직 노동자로서만 전유할 수 있고 통제에 참여할 수 있으며, 그래서 이 규범으로부터의 그 어떤 이탈도 착취를 구성한다. 이것은 임금(직접적인 것과 간접적인 것 모두)에 대한 이윤(지대와 이자를 포함한)의 비율로 이해되는 자본 착취율에 대한 친숙한 정의 밑바탕에 있는 착취 개념이기도 하다. 즉 자본 착취율은 거출 연금contributory pensions, 실업급여, 건강보험을 포함해 자신의 노동에 힘입어 전유되는 것에 대한, 자신의 노동 이외의 어떤 것에 의해 공식 경제(강제에 기반을 두거나 사랑에 기반을 둔 착취는 논외로 한다) 안에서 전유되는 것의 비율이다.

불필요한 혼동을 피하기 위해, 착취에 대한 이 같은 정의는 노동 가치의 개념을 사용하지 않는다는 점을 강조하는 것이 상당히 중요하다.[30] 이렇게 파악된 착취의 **정도**에 대한 평가조차도 노동 가치 개념에 호소할 필요가 없다. 순생산물이 단일한 재화 — 말하자면, 옥수수 — 로 이루어져 있다면, 혹은 누군가의 노동에 힘입어 전유되는 평균적인 [재화들의] 묶음의 구성이 다른 어떤 것에 힘입어 전유되는 평균적인 묶음과 같을 경우(말하자면, 양편의 묶음들은 맥주와 옥수수 반씩으로 이루어져 있다), 이 점은 명백하다. 즉 [이때는] 물리적 양의 비율이 우리가 필요로 하는 모든 것을 제공해 준다. 만약 이 조건이 충족되지 않는다면, 어떤 공통된 측정 기준을 찾아야 한다. 가치 개념이 대개 관여하는 지점이 바로 여기다. 상이한 유형의 재화들이 통약 가능하게 될 수 있는 한 가지 방식은, 생산되거나(옥수수) 혹은 천연의(오일), 특정한 하나의 기본적 재화(다시 말해, 모든 여타의 재화들의 생산에 들어가는 재화)를 선택하고, 이와는 다른 각 유형의 재화 한 단위를 생산하는 데 그 단위가 직·간접적으로(가령 노동자의 소비를 통해) 얼마나 많이 평균적으로 사용되는지를 묻는 것이다. 이런 맥락에서 가치 기준재the numeraire는 보통 노동이다. 그러나 이 장에서 고려되는 어떤 접근도 노동 가치에 입각해 착취율을 측정하도록 강제하지 않는다. 여타의 다른 기본적인 재화가 그 기능을 하게 될 것이며, 마르크스(Marx 1867, 51-55) 자신이 노동의 선택에 대한 자신의 정당화에서 제안했던 것과는 상반되게, 그런 재화들은 많이 존재한다.[31] 사실, 시장가격이 아니라 가치에 입각해 착취율을 측정하도록 강제하는 것은 없다. 특히 착취율을 자본 투입에 의해 부분적으로 형성되는 가격에 입각해 측정하는 것은, 단순히 자본 소유자가 자본의 한계 생산량 이상을 보상받을 때가 아니라 순생산물 일부가 자본 소유권에 힘입어 전유되는 순간 착취가 존재하게 된다는 금언과 전혀 모순되지 않는다.[32] 잉여생산물에 대한 정의 — 잉여생산물은 노동이 보상될 때 순생산물에 남아 있는 것이다 — 는 노동을 본질적으로 참조할 필요가 있지만, 이로부터 노동이 가치 측정의 척도로 선택되어야 한다는 결론은 따라 나오지 않는다. '가치법칙'이 성립하지 않게 되자마자, 다시 말해 이를테면 자연 자원의 불균등이나, 다양한 분야에서의 대등하지 않은 자본 집약도 때문에, 균형가격이 노동 가치로부터 이탈하자마자, 가격은 자원 분배의 관점에서 순생산의 어떤 구성 부분이 얼마나 가치 있는지를 더 잘 나타내게 된다. 이때 노동자들이 착취되는 정도를 측정하기 위해 노동 가치보다는 오히려 가격을 택해야 할 충분한 이유가 존재한다.

겉보기에 이런 방식과 매우 다르게 착취의 특징을 규정하는 또 다른 방식은 [이런 방식과] 밀접하게 연관된 것으로 드러난다. 로렌스 크로커(Crocker 1972)가 제시한 예를 들어 보자. 크로커가 제시한 예는 노동 가치를 참조하지 않는다는 이점을 위에 제시된 예와 공유한다. B가 기여한 잉여생산물의 적어도 일부(노동자들이 보상을 받았을 때 순생산물에 남아 있는 것)가, 그 잉여생산물을 생산하는 데 기여한 모든 (노동) 기여자들을 포함하지 않는 개인이나 집단 A 그리고 오직 그들의 통제하에 있다면, A는 B를 **착취한다**.[33] 희한하게도 [집단 A와 집단 B가] 우연히 일치하는 경우 제외한다면, 비노동자 **자격**을 가진 이(들)의 전유라는 앞선 의미의 착취가 존재할 때는 반드시 크로커의 규정characterization에 따른 착취 역시 존재한다.[34] 다른 한편, 크로커가 제안한 의미의 착취가 존재하지만, 비노동자 **자격**을 가진 이(들)의 착취는 없는 상황을 쉽게 상상할 수 있다. 즉 순생산물에 대한 권리 요구는 노동을 통해 그것에 기여한 사람들로 엄격히 제한될 수 있는 반면, 순생산물에 공헌한 것 이상의 임금을 받으며, 그래서 잉여생산물에 기여한 것보다 받아 가는 것이 더 많은 일부 사람들이 그럼에도 잉여생산물의 공동관리에 참여하는 경우가 그렇다. 그러므로 크로커의 정의는 다른 정의[첫 번째 제안된 착취 개념에 대한 정의]보다 더 넓은 것으로 간주될 수 있다.

그러나 비노동으로서의 착취와 변이된 형태의 크로커의 정의 양자는 앞 절에서 상술된 착취의 정의를 제공하기 위한 최소한의 조건들을 충족시킨다. 즉 그 정의들은 어떤 이가 또 다른 이의 노동으로부터 이익을 취득하는 상황들의 집합 안에서 진부분집합을 선별해 내게 한다. 더욱이 어떤 정의가 선택되든, 자본가에 의한 이윤의 전유는 ― 그들이 어떤 일을 하는 것으로 나타나던 상관없이 ― 착취를 구성하며, 무조건적 기본소득이 제도화하려는 시민권에 기반을 둔 잉여생산물 일부의 전유 역시 그렇다[착취를 구성한다]는 것이 명백하다.[35] 이런 이중의 결론을 승인하기 전에, 이런 종류의 정의definition의 윤리적 기반을 면밀히 검토할 필요가 있다. 약정된 조건을 충족시키는 방식으로 어떤 사람이 다른 사람의 노동으로부터 이익을 얻는 것이 왜 필연적으로 불공정한가? 이에 대한 분명한 대답은 **노동자들이 그들의 노동의 모든 결실에 대한 권리자격을 가지고 있다**는 것이다. 이 권리자격 원리entitlement principle은 일반적으로 원초적 전유에 대한 로크의 견해와 연관되기 때문에, 나는 위의 두 정의에 의해 예시된 접근을 로크적인 착취 개념이라고 기술할 것이다. 하지만 이 원리를 검토하기 전에(5장 4절을 참조), 나는 착취를 비노동자 자격을 가진 이의 전유로 정의하는 견해 ― 그것의 크로커식의 변형뿐만 아니라 ― 를 곤란하게 하는 다수의 개념적 난점들을 간략히 검토하고자 한다.

무엇보다 먼저, 잔여 청구권자residual claimants[•]처럼 노동 투입과 자본 투입을 함께 보상하는 소득을 지급받는 소유자 겸 경영자의 사례를 들어 보자. 모든 자본가들이 소유자 겸 경영자인 기업가형 자본주의는 완전히 착취에서 자유롭다고 말할 수 없을까?[36] 소유자 겸 경영자의 소득이 아무리 높고 노동 투입이 아무리 낮아도 착취가 존재할 수 없다는 명백히 수용 불가능한 함축과 함께, 경영자의 소득이 아무리 낮고 노동 투입이 아무리 높아도 항상 착취가 존재한다는 수용하기 곤란한 대칭적 함축을 피하기 위해, 소유자 겸 경영자의 노동을 어떤 식으로든 평가할 수밖에 없다. 분명한 제안은, 우리가 그녀의 소득의 최소한 일부를 임금 ― 그럴듯하게, 그녀가 노동 이외에 아무런 자본도 가지고 있지 못했다면 벌어들였을 것 ― 으로 간주해야 한다는 것이다. 그래서 (그런 게 있다면) 잉여생산물로서 그 나머지가 그것을 생산하는 데 기여했던 사람들 가운데 단 한 사람에 의해 그것이 배타적으로 전유된다면 [그것은 앞에서] 정의된 대로 착취를 구성한다.

그러나 이런 주장은 더 일반적인 두 번째 난점으로 이끈다. 우리의 정의에 따르면, 누군가가 자신의 노동 이외의 다른 어떤 것에 힘입어 순생산물의 일부를 전유하자마자 착취가 존재한다. 누가 착취를 당하는가? 확실히 전유되고 있는 잉여생산물에 기여했던 모든 사람들이다. 그들은

[•] 잔여 청구권이란 기업의 종업원, 사채권자, 사채형 우선주의 주주 등에게 약속된 금액을 지불하고 남은 현금 흐름 및 자산에 대한 청구권으로서 주식회사의 경우 보통 주주가 갖는 권리다.

정확히 누구인가? 아마도 고려되고 있는 기업 안의 모든 노동자들이고 그들뿐인가? 그러나 잉여생산물에 대한 이 같은 **국지적**local 해석은 분명히 부적절하다. 한 자본가가 수익성 있는 그녀의 회사의 부서를 독립적인 하청 업체로 바꾼다고 가정해 보자. 이런 독립적인 하청 업체는 낮은 임금을 지불하고 수익을 올리지도 못하지만, 그 업체가 염가에 [제품을] 공급함으로써 그 회사[원청]가 이전보다 더 큰 이익을 내는 것을 가능하게 한다. 확실히 그 새로운 기업의 노동자들은 자본가에 의해 전유되는 잉여생산물에 끊임없이 기여하며, 이로 인해 그 자본가에 의해 착취당하고 있다. 그렇다면, [이와 같은 난점에서 벗어나기 위한] 대안[적인 해석]은 무엇인가? 만약 하청 업체의 노동자들이 그 자본가의 잉여생산물에 틀림없이 공헌하는 것으로 간주되어야 한다면, 그 자본가의 소프트웨어 자문위원이나 그에게 재생지를 공급해 주는 하청업체의 노동자들, 혹은 그 하청 업체에서 사용되는 기계를 만드는 사람들 기타 등등은 왜 [착취당하는 게] 아닌가? 이는 잉여생산물에 대한 **광역적**global 해석이 유일하게 일관된 대안임을 시사한다. 이윤을 얻는 것, 혹은 좀 더 일반적으로 말한다면, 자신에게 귀속된 임금을 초과하는 소득은 상당액의 임금을 전유하는 것에 해당하며, 이를 통해 임금을 받거나 자영업을 하는 노동자들의 착취자가 되는 것과 같다. 이때 우리는 착취로부터 자유로운 체제를 상상할 수 있는가? 상상할 수 있긴 하지만 광역적인 잉여생산물 전체에 기여한 모든 노동자들에 의해 공동으로 통제되는 자급자족 형태의 사회주의만이 그런 체제일 수 있다.

따라서 착취로부터 자유로운 경제체제를 위해 남겨진 여지는 매우 좁다. 하지만 착취가 "투자가 더 큰 미래의 생산물을 위해(아마도 인구 증가 때문에) 이루어지는 사회"와 "노동할 수 없거나 생산적으로 노동할 수 없는 사람들이 타인의 노동에 의해 보조금을 받는 사회"[37]의 특징이라는 반론을 논파하기에는 충분해 보인다. 그러나 그런 민주적 과정에 대한 참여 자격이 잉여생산물에 대한 공헌자로 국한되고 이들 모두가 상황에 대해 완벽한 정보를 갖고 있다고 하더라도, 잉여생산물에 공헌한 사람들 다수의 의지에 반해 그 잉여생산물을 배분하는 방법을 결정하는 것이 여전히 가능함을 깨닫는 순간 [착취로부터 자유로운 경제체제를 위해 남겨진] 이런 협소한 공간은 위협받게 된다. 예를 들어, 대규모의 직접 민주주의를 실천하는 데 따르는 한계로 인해 많은 쟁점들을 적은 수의 선거 공약들로 뭉뚱그리는 게 불가피하기 때문에 이런 일은 일어날 수 있다. 즉 투표자들이 그들에게 중요한 쟁점과 관련해 동의하는 공약을 지지하든, 아니면 그들이 동의하는 쟁점들을 가장 많이 포함하는 공약을 지지하든, 선거에서 다수의 표를 얻은 공약이 표방하는 입장이 다수의 입장과 모순되는 일이 일반적으로 일어나게 될 것이다.[38] 더욱이 노동자들 대다수가 이런 체제에서 하고 싶은 것을 한다고 하더라도, 어느 누구도 다른 사람들의 노동을 불공정하게 사용하고 있지 않다고 확신할 수 있는가? 예를 들어, 잉여생산물에 기여했던 소수의 사람들 ― 아마도 잉여생산물 대부분을 생산했던 소수 ― 이 투표에서 다수에 시종일관 진다면 어떻게 될까? 자신의 잉여생산물에 대한 통제가 중요한 것이라면, 노동자들이 자본주의적 맥락에서 자본가들에 의해 착취당하는 것과 꼭 마찬가지로, 패배한 소수는 이런 사회주의적인 맥락에서 다수에 의해 착취를 받는 것으로 간주되어서는 왜 안 되는가?[39]

이렇게 광역적인 해석을 채택함으로써 잉여생산물 개념을 일관되게 하는 것이 가능하다. 그러나 이는 착취로부터 자유로운 사회경제 체제의 순전한 개념적 가능성마저도 매우 의심스럽게 하는 대가를 치른다. 그러나 훨씬 더 처리하기 곤란한 세 번째의 개념적 난점이 존재한다. 국지적 해석하에서든 광역적 해석하에서든, 자신의 노동을 통해 순생산물에 기여하는 것은 잉여생산물에 기여하는 것과 같은 것이 아니다. 노동에 대한 지불금으로 인해 순생산물이 소진돼 버려 어떤 잉여생산물도 남지 않는 경우 [이런 상황이] 매우 명백해진다. 그러나 이런 일은 총 잉여생산물이 양의 값일 때는 개별 노동자에게도 일어날 수 있다. 어떤 수준의 효율성 이하와(혹은), 어떤 수준의 급료 이상을 받는 노동자는 그녀의 임금에 미치지 못하는 공헌을 할 수밖에 없다. 이 경우 우리의 정의에 따라 그녀가 착취자가 되지는 않지만, 그녀가 확실히 착취당하게 하지도 못할 것이다. 왜냐하면 그녀는 착취자들이 전유한 것에 어떤 기여도 하지 못하기 때문이다.[40] 이것을 어떻게 평가할 수 있을까? 분명한 하나의 제안은 기업이나 경제체제the economy가 노동자의 참여로 인해 생산한 것을 노동자의 참여가 없을 때 생산한 것과 (어떻게든 측정해서) 비교하고, 또 그 차이를 비교해야 한다는 것이다. 그러나 잘 알려진 대로, 이런 방법을 사용할 때 매우 곤란한 상황에 처하게 된다. 수확체감이 작동하고 한계 생산이 임금과 동일하게 되는 지점까지 동일 노동자들을 고용하는 기업이나 경제체제를 고려해 보자. [이때] 능력이 같은 노동자들 가운데 어느 하나를 해고하면 이윤이 줄어들 것인데, 이는 우리의 기준에 따라 그들 각각이 잉여 생산에 기여함을 입증한다. 그러나 [한계 생산이 임금과 동일하게 되는 지점을 넘어] 한 명의 추가 노동자extra worker가 고용된다고 가정해 보자. 이때 노동자들 가운데 어느 누구를 해고하든 [그런 해고는] 이윤을 증가시키겠지만, 그들 가운데 어느 누구도(혹은 다른 어느 누구도) 우리의 기준을 사용한다면 (여전히 매우 실질적인) 잉여 생산에 공헌한다고 말할 수 없을 것이다.°

이런 난점은 극복 불가능한 것이 아닐 수도 있다. 누군가는, 예를 들어, 관련된 전체 단위에서 순생산물에 대한 잉여생산물의 비율을 산정할

° 노동 자체로부터가 아니라 임금이 한계 생산을 초과하는 지점에서 고용된 추가 노동자를 해고함으로써 이윤을 증가시킨 것이기 때문에 노동자들의 노동이 직접 잉여 생산에 공헌한 것은 아니기 때문이다.

수 있을 것이며, 잉여 생산에 기여한 사람은 그의 임금이 (특정 생산성을 가진) 특정 유형의 일자리에서 평균임금을 초과하지 않는 사람이나, 혹은 그의 생산성이 (특정 임금을 가진) 평균 생산성에 못 미치지 않는 사람이라고 규정할 수 있을 것이다. 물론 이런 식으로 다루어질 수 없는 미묘한 상황들이 분명 존재한다.[41] 하지만 이런 접근을 통해 어느 누구도 공헌하지 않는(한계 생산물 계산에서 그럴 수 있는 것처럼) 양의 잉여생산물이 존재하는 경우, 그리고 (평균 생산 계산에서 있을 수 있는 것처럼) 애처로울 정도로 비효율적인 노동을 하지만 높은 임금을 받는 사람이 잉여 생산에 긍정적으로 기여하는 것처럼 보이는 경우에서 비롯되는 난점을 피할 수 있을 것이다. 비록 이 접근이 피할 것이라 전망했던 가치 계산과 다르지 않은 기여와 보수●를 평가하기 위한 틀[노동 가치]을 공공연하게 도입하는 대가를 치루겠지만 말이다.

4. 만든 자가 임자라는 원리

그러나 이런 개념적 난점들을 계속 논의하기보다는, 나는 앞서 제안된 착취에 대한 정의가 표명하고 있는 불공정의 기준 [기저에 있는] 윤리적 기반으로 논점을 전환하려고 한다. 예비적인 조치로, 이 같은 정의와 그 변형태에 의해 그 특징이 규정된 착취가 — 부정의와 착취 양자가 종종 그런 것처럼 — 불평등의 변종으로 이해될 수 없다는 점에 주목하자. 이

● 원문의 단어는 'retributions'인데, 맥락상 이는 프랑스어 단어 'rétribution'의 오기로 보인다. 일본어 판은 'rétribution'의 뜻인 '보수'(報酬)로 그 뜻을 옮겼다.

점을 이해하기 위해, 모든 이가 정확히 같은 양과 같은 유형의 노동을 수행하는 하나의 경제를 상상해 보자. 거기서는 [노동에서 오는] 즐거움[의 정도]와 생산성에서의 차이는 없으며, 모든 이는 정확히 같은 소득을 얻고, 그 소득 가운데 일부는 임금으로, 다른 일부는 자본 소득으로, 얻게 된다(모든 행위자들은 그들 각자에게 정확히 같은 이자 지불금을 발생시키는 채권을 소유하게 된다). 이는 비노동자의 자격을 가진 이의 전유라는 의미의 착취다. 즉 채권 이자는 자신의 노동 기여에 힘입어 현금화되지 않는다. 그러나 그것은 불평등의 한 유형으로 간주될 수 없으며, '~에 따라 각자에게'라는 형식의 정의의 원칙에서 이탈한 것이라고 볼 수도 없다. 왜냐하면 그 행위자들은 동일하며,˙ 모든 유관한 측면에서 동일하게 취급받기 때문이다. 이는 정의justice의 발상 기저에 있는 원칙이 성립할 수 없음을 보여 주는 것이 아니라, 그 원칙이 표준적이고 '정형화된' 유형의 것일 수 없음을 분명히 보여 준다.

노동자들에게 그들 노동의 결실 전체에 대한 권리자격이 주어진다는 원칙([앞서] 제안된 착취의 정의를 위한 가장 적절한 윤리적 기초로 위에서 간략히 제안된 것)은 정확히 정형화되지는 않은 원칙이다. 앞서 논의되고 거부되었던 종류의 자유지상주의 원칙과 마찬가지로(1장 3절), 이 원칙은, 개인의 권리자격entitlements을 정의로운 제도적 틀의 하나의 표현방식이 아니라, 그것[정의로운 제도적 틀]에 대한 제약 조건으로 간주한다는 강한 의미에서, 정의의 권리자격 원칙의 계보에 속한다.[42] 리카도적인 사회주의자인 토머스 호지스킨(Hodgskin 1825)과 조섭 프루동(Proudhon 1840)에 의해 명료하게 정식화된[43] 그 원칙은 이후에 사회민주당의 첫 번째 강령인

● 여기서 '동일하다'는 말은 '각각의 주체가 동등한 능력을 가지고 있다'는 의미로 볼 수 있다(일본어판 참조).

고타 강령에 포함됐다. 마르크스는 고타 강령에서 권리자격에 기반을 둔 정의의 원칙을 발견하고 그것을 강하게 비판했다(Marx 1885). 이 특정한 권리자격 원칙에 따르면, 순생산물에 대한 권리자격의 유일한 기초가 되는 것은 당기에 수행된 노동이다. 이런 노동의 수행자에게는 순생산물 전체에 대한 권리가 부여되며, 이런 권리의 여하한 침해도 부정의다.

이런 권리는 어떻게 그 정당성이 입증될 수 있는가? 가장 간단하면서 일반적인 방법은 노동만이 순생산물을 창조한다는 소전제와 창조자가 임자라는 원칙을 결합하는 것이다.[44] 그러나 창조자가 임자라는 윤리적 원칙을 받아들이던 안 받아들이던, 이 논증의 소전제는 피할 수 없는 명백한 반론에 의해 위협을 받는다. [즉] 노동 없이 대지가 생산한 것보다 더 많은 것(혹은 더 나은 것)을 노동이 대지로 하여금 생산할 수 있게 한 것과 꼭 마찬가지로, 자본 없이 노동이 생산한 것보다 더 많은 것(혹은 더 나은 것)을 자본은 노동으로 하여금 생산할 수 있게 한다. 전자의 사실이 노동이 생산물의 생산에 공헌한다고 선언하기 위한 충분한 근거라면(다른 무엇일 수 있겠는가?), 후자의 사실은 자본 역시 생산에 기여한다고 선언하기 위한 충분한 근거다.[45]

그 주장[만든 자가 임자라는 원리]은 [자본도 생산에 기여한다는 반론으로부터] 구출될 수 있는가? 두 가지 주요 전략이 제안되었다. 첫 번째 전략은 결국 자본은 단지 응고된congealed 노동이고, 연장들과 공장들은 노동자들에 의해 만들어졌으며 — 아마도 다른 연장들과 공장들의 도움으로, 또 그 연장들과 공장들 자체는 또 다른 노동자들에 의해 만들어졌고, 기타 등등 — 그렇기에 자본이 생산적 본성을 가진다는 점을 인정한다고 해서 그것이 노동(한 세대 사이 전체로)만이 생산물을 창조한다는 주장을 훼손하지는 않는다는 것이다.[46] 그러나 이는 요점을 놓친 것이다. 데이비드 프리드먼(Friedman 1973, 61-63)과 같은 자본주의의 옹호자들이 재빨리 지적하듯이, "이 논증은 오늘 연장료를 대납하고 수년 동안 그 돈을 돌려받기 위해 기다리는 것이 그 자체로 생산적 행위이며, 게다가 자본에 붙은 이자가 그런 생산적 행위에 상응하는 보수라는 사실을 인정하지 않는다는 난점에 빠진다." 요점은 현재의 생산이 과거에 수행된 노동 그 자체에 의해 증가되는 것이 아니라, 저 노동 생산물의 일부를 소비할 수도 있었을 누군가가 그것을 소비하지 않고, 그 대신 소비재보다 오히려 연장을 사거나 만들기로 함으로써 노동 생산물에 투자하기로 결심한 사실의 결과로 증가된다는 것이다.[47] 이 주장은 이런 '기다림'이 '소비절제'나 재정적 어려움, 혹은 '받을 만한 자격이 있는 것으로' 간주될 만한 다른 어떤 것을 수반할 것을 요구하지 않는다. 비소비non-consumption는 순전한 만족감이나 무기력함에서 기인할 수도 있다. 거론되고 있는 노동의 생산물 전체에 대한 권리가 그 노동이 고된지의 여부에 의존하지 않는 것과 꼭 마찬가지로,[48] 이런 '기다림'이 생산적일 뿐만 아니라 생산물의 창조에 공헌한다는 점이 중요하다. 이처럼 자본이 과거의 임금(노동자에 의해 저축된)으로부터 생겨나든 아니면 과거의 이윤(자본가에 의해 저축된)에 의해 생겨나든, 그것은 당기의 생산에 환원 불가능하게 공헌한다. 그러므로 자연 자원의 생산적 역할을 논외로 하더라도, 과거의 노동자들을 끌어들인다고 해서 모든 생산물에 대한 노동자들의 권리가 구출될 수는 없다.

G. A. 코헨이 제안한 두 번째 전략은 정확히 자연 자원의 핵심적인 중요성에 초점을 맞춘다. 그 전략은 자본이 적절한 의미에서 생산적이라는 걸 인정하지만, 그 결과, 창조자가 임자라는 원칙이 자본가에게 순생산물 일부에 대한 정당한 권리를 승인하게 한다는 건 거부한다.[49] 자본가들은 그들이 제공하는 자본의 정당한 소유자가 아니며, 그들이 정당하게 소유하지 않은 어떤 것, (윤리적으로 말하면) 그들이 훔친 어떤 것을 [가지고] 생산에 공헌했다는 사실에 근거해 그 생산물에 대한 정당한 권리를 요구할 수 없다고 코헨은 주장한다. 사실, 자본가들이 투자했던 것을 소비했더라면, 생산물은 더 적었을 것이다. 그러나 산적들이 밭에 들불을

놓았다면, 생산물은 더 적었을 테지만, 이것 때문에[밭에 들불을 놓지 않았다고 해서] 그 도둑들에게 그 생산물 일부에 대한 정당한 권리가 부여되지는 않는다. [그런데] 왜 우리는 자본이, 단지 어떤 특별한 경우, 다시 말해 자본가가 최근이나 이전에 행한 기만이나 절도에 힘입어 부를 소유하는 (아무리 빈번하다고 해도) 특별한 경우뿐만 아니라, 자본이 그 본성상 훔친 것이라는 견해를 왜 견지해야만 하는가? [이런 반론에 대해] 코헨은 생산수단이 최종적으로는 자연 자원들로 이루어져 있으며, 이런 자연 자원들은 누구나 차지할 수 있는 것이 아니라 사회 — 혹은 인류 전체 — 의 공유재산이라고 응수한다.

그러나 이것이 진정 사실이라고 해도, 곧 재앙이 닥쳐온다. 사실, 자연 자원들이 모두에 의해 공동으로 소유된다는 주장을 통해 노동력에 대한 노동자의 소유권에 도전하지 않고서도 자본에 대한 자본가의 소유권에 도전할 수 있다. 그러나 그런 주장은 자신의 자본의 결실에 대한 권리뿐만 아니라 자신의 노동의 결실에 대한 권리에도 강력히 도전한다. 당근과 연장을 생산하기 위해 자연 자원에 노동을 덧붙이는 한 명의 노동자를 고찰해 보자. 세계의 공동소유라는 주장이 그렇게 생산된 연장들에 대한 그녀의 소유권을 약화시키고, 이를 통해 그녀가 벌 수도 있었을 소득, 말하자면 그 연장들을 타인에게 빌려줌으로써 벌 수도 있었을 소득에 대한 소유권을 약화시킨다면, 그녀가 생산한 당근에 대한 그녀의 소유권이나, 그 당근을 팔아 얻는 소득에 대한 소유권 역시 약화시키지 않을 이유는 없어 보인다. 물론 자연 자원에 대한 정당한 권리자격과 관련된 여타의 견해들이 존재한다. 곧, 모든 자연 자원을 누구나 사용할 수 있다는 견해(로스바드나 커즈너 식으로)혹은 어떤 단서(로크나 노직 식으로)나 평등한 분배(펜느나 슈타이너 식으로)라는 제약 조건하에 누구에게나 열려 있다는 견해 등이 존재한다. 그러나 누군가 이런 견해들 가운데 어느 하나를 채택한다면, 자본의 소유권은 언제나 정당하지 않다는 주장을 하는 것은 더 이상 가능하지 않게 된다. 그런 주장[자본의 소유권은 언제나 정당하지 않다]이 타당하기 위해서는, 공동소유권이 가정될 필요가 있다. 또 실제로 그렇게 되었을 경우, 노동의 전 생산물에 대한 노동자들의 권리는 뿌리부터 흔들리게 된다. 자본가가 생산물 임의의 일부에 대한 권리 요구를 하지 못하게 했던 근거가 또한 노동자가 생산물 전부에 대한 권리 요구를 하지 못하게 할 것이기 때문이다.

이런 점에 비추어 볼 때, 창조자가 임자라는 원리에 기반해 전체 생산물에 대한 노동자의 권리를 어떻게든 정당화할 희망은 거의 없어 보인다. 대안적인 기초가 발견될 수 있을까? 나는 그런 무제한적 권리의 가장 불쾌한 함축들 때문에 그런 대안의 존재를 매우 의심한다. 그런 [무제한적] 권리를 인정하는 건 상이한 조건 아래 작업하고 있는 노동자들(혹은 국가들) 간에 광범위한 보상의 불평등을 지지할 수밖에 없게 할 것이다. 비옥도가 더 큰 토양이나 효율성이 더 높은 연장 때문에 타인보다 훨씬 더 많은 것을 생산하게 된 사람에게는 열등한 생산수단에만 접근할 수 있는 사람들보다 총생산 가운데 훨씬 더 큰 몫을 소유할 자격이 주어지게 될 것이다. [이때] '위대한 창조자'로부터 '빈약한 창조자'로의 재분배는 결과적으로 정의의 요구가 아니라 절도이거나 자선이 될 것이다.[50]

5. 루터적 착취

누군가가 다른 어떤 이의 노동으로부터 **부당한** 이익을 취득하는 것의 특징을 적절하게 규정하기 위한 우리의 탐구 과정에서, 조금 전에 검토된 난점들은 치명적인 것이 아니다. 그러나 그런 난점들은 정의에 대한 권리자격론적 접근에서 벗어나 우리의 기대를 다른 방향으로 향하게 추동한다. 자본주의와 기본소득 양자를 착취에 근거해 비판할 수 있는 좀 더 나은 기초를 제공해 줄 수 있는 정의에 대한 또 다른 접근은 무엇일까? 대안적인 길을 따르는 첫 번째 단계는 착취에 대한 일반적 정의에서 발견된다. 이 정의에 따르면, 만약 어떤 이(착취를 당하는 이)가 소득을 통해 전유한 것보다 더 많은 노동 가치나 더 많은 사회적 필요노동을 직접적 노동을 통해 생산에 투입하지만, 다른 이들(착취자들)은 그가 전유한 것보다 더 적게 투입한다면 착취가 존재한다. 혹은 좀 더 간략하게 말해, 노동 가치의 순전유, 혹은 잉여가치 전유가 존재한다면, 착취는 존재한다.[51] 한편에는 동질적인 노동자들의 집합이 존재하고, 다른 한편에는 비노동자들의 집합이 존재하는 단순한 상황(5장 1~2절에서 당연한 것으로 간주된)에서, 잉여가치는 잉여노동이 수행되고 있거나 혹은 잉여생산물이 생산되는 한에서 그리고 오직 그 경우에만 창출된다(잉여 생산이 비노동자에 의해 전유되는 순생산의 일부로, 잉여노동은 그것을 생산하는 데 수행된 노동으로 정의된다는 점을 기억하라). 그러므로 이 단순한 사례에서 (잉여 생산의 일부를 전유함으로써) 다른 누군가의 노동으로부터 이익을 취득하는 것은 항상 착취를 구성한다. 그러나 모든 이가 어느 정도는 노동을 하는 일반적인 사례에서, 잉여가치 전유로서의 착취에 대한 정의는 — 앞선 두 절에서 탐구된 비노동자의 자격을 가진 이의 전유에 입각한 정의와 꼭 마찬가지로 — 타인의 노동을 활용하는 불공정한 방식과 공정한 방식을 구별할 수 있는 방법을 제시해 준다.

하지만 앞서의 정의와는 다르게, 여기서 검토되고 있는 착취에 대한 정의는 명시적으로 노동 가치의 개념을 사용하는데, 이것은 수많은 논란을 낳은 주제였다. 한 생산물의 노동 가치는 보통 그것을 생산하기 위해 사회적으로 필요한 노동의 양으로 정의된다. 좀 더 정확히 말하면, 어떤 생산물 한 단위의 노동 가치는, 현존하는 장비와 기술이 주어졌을 때, 직접적으로나 간접적으로 저 단위의 생산에 평균적으로 들어가는 미숙련 노동의 양이다. 한때 그랬던 것과는 다르게, 나는 여기서 필요노동을 최소의 (혹은 최적의) 양이 아니라 평균적인 양으로 해석하고 있다.[52] 필요노동을 평균적인 양으로 해석하는 것은 확실히 실현가능한 상황- 실제로 성립하기 때문에-을 상정하는 이점이 있는 반면, 최소(혹은 최적의) 양으로 해석하는 것은 너무나 자본집약적이라 현재의 자본 스톡capital stock을 고려할 때 경제 전반에 사용되지 않을 수도 있다.[53] 더욱이 때때로 수행되는 것과 역시 다르게, 여기서 나는 재화가 생산되자마자 가치가 창출된다고 요청하고 있다. 가치가 나중에 '실현되는지'의 여부, 다시 말해 그 재화들이 시장에서 팔리는지의 여부와 상관없이 말이다.[54] 아니 오히려, 일반적인 방식과 다르게, 나는 마르크스를 따라 노동 가치 개념의 타당성을 시장경제로 제한하고 있는 게 아니다. 몇 가지 목적 때문에 그렇게 할 이유가 있을 수도 있다. 하지만 우리의 규범적인 탐구의 맥락에서 그런 이유란 존재하지 않는다. 우리는 봉건적 조건이나 가정household이라는 조건하에서 착취의 개념을 의미 있게 하기를 원하기 때문에, 불공정에 대한 우리의 기준은 이런 조건들에도 적용되어야 한다. 그래서 시장[경제]가 부재할 때 과제를 수행하거나 재화를 생산하는 데 필요한 평균노동을 결정하는 것이 선험적으로a priori 불합리하다고 볼 이유는 없다.[55]

방금 선택한 기법[한 생산물의 가치를 그것을 생산하기 위해 필요한 평균적인 노동의 양으로 정의하는 것]을 통해 잉여가치에 입각해 착취를 정의하는 입장에 대해 제기되는 몇 가지 일반적인 반론들이 제거될 수 있다. 그러나 이런 선택이 우리의 탐구에 어떻게 사용될 수 있는지를 검토하기 전에, 노동 가치에 대한 유의미한 정의의 가능성을 위협하는 지속적이면서도 널리 논의되는 세 개의 개념적 난점들을 최소한 언급하는 게 공정할 것이다. 첫째, 동일한 생산과정에 의해 함께 생산되는 결합 생산물의 경우 우리는 노동 가치를 어떻게 귀속시키는가? 저지방 우유와 크림은 [결합 생산물의] 표준적인 예를 제공해 주지만, 모든 외부성 — 착취의 무임승차형 변형태들에 중심적인 ― 은 같은 난점을 일으킨다. 결합 생산물 각각의 생산을 위해 필요한 노동의 평균적인 양을 계산하는 것은 이중(혹은 중복) 계산에 해당한다. 다른 한편, 결합 생산에 포함된 노동을 결합 생산물 가운데서 분할하기 위해서는 그 두 생산물에 대한 자의적인 가중치 부여에 의존할 수밖에 없다.[56]

둘째, 누군가 총 노동인구 가운데 임의의 하위 집단이 노동 가치에 기여한 양을 측정하려 하자마자 ― 누군가가 한 노동자 혹은 한 기업의 직원이나, 어떤 개방 경제의 노동계급이 착취당하는지의 여부를 결정하고자 한다면 반드시 해야 하는 것처럼 ― 생산된 노동 가치가 수행된 총 노동과 동일하다고 단순하게 상정할 수 없다. 우리는 노동생산성을 반영하는 어떤 계수coefficient를 통해 수행된 노동의 양에 가중치를 부여해야 한다. 여하한 이유 ― 진부한 기술, 열등한 원재료, 더 빈약한 기술 ― 들로, 내가 내 공장이나 내 나라, 혹은 전 세계의 평균적인 철강업 노동자보다 강판을 생산하는 데 덜 효율적이라면, 내가 시간당 기여하는 가치의 양은 [평균적인 철강 노동자가] 한 시간 [기여한 양]보다 더 적을 것이다. 그러나 내 노동의 생산성은 내가 혼자 힘으로 명확하게 식별 가능한 하나의 생산품을 만들 때만 설득력 있는 방식으로 평가될 수 있으며, [게다가] 같은 입력물로 같은 출력물을 생산하는 여타의 노동자들과의 비교를 통해서만 그럴 수 있다. 예를 들어, 내가 경영하는 기업의 업무 특성이 같은 종류의 제품을 생산하는 기업들 가운데서 독특한 것이라면, 경영자로서의 나의 생산성은 어떻게 측정될 수 있는가? 그러나 그런 생산성에 대한 합리적인 평가 없이는, 얼마나 많은 노동 가치로 내가 생산에 기여했는지를 말하는 것은 불가능하며, 그렇기에 그런 생산성이 내 소득을 통해 내가 전유하는 노동 가치에 못 미치는지 아니면 그것을 초과하는지의 여부를 말하는 것도 불가능하다.[57]

셋째, 노동은 매우 이질적인 것으로 적절한 공통의 척도adequate currency

를 제공할 수 없는 것이다. 위에서 제안된 노동 가치의 정의 속에서 준거가 되는 것은 단순노동이다. 단순노동은 확실히 비숙련 노동임에 틀림없다. 숙련 노동은 지출된 노동에 대한 전반적인 계측을 위해, 비숙련 노동과 대등한 지위에서 합계될 수 없다. 그러나 숙련 노동은, 비숙련 노동한 단위를 (숙련된 노동력이나 생산수단의 생산을 통해) 특수한 유형의 숙련 노동으로 전환하기 위해, 직접적으로든 간접적으로든, 평균적으로 요구되는 비숙련 노동의 양을 표현하는 전환 비율을 사용해 원칙적으로 비숙련 노동으로 전환될 수 있다.[58] [이때 발생하는] 근본적인 문제는 비숙련 노동 자체가 이질적이라는 점이다. 타고난 재능이 평등하지 않다는 점이나, 같은 것을 생산하기 위해 노동을 사용하는 서로 다른 방식들이 공존한다는 것이 문제의 원천은 아니다. 노동 가치는 평균적인 양에 의거해 정의되어 왔기 때문에, 이런 수준들 가운데 어느 것에서도 동질성은 필요가 없다. 진짜 어려운 문제는 상이한 과제를 수행하는 데 지출된 비숙련 노동의 양을 집계할 필요성에서 나온다. 예를 들어, 피아노의 먼지를 공들여 털어 내는 데 한 시간이 걸렸다는 것은 피아노를 3층까지 끌어올리는 데 한 시간이 걸렸다는 것과 같은 가치를 가진다고 말할 수 있는가? 우리는 물리적인 노력을 공통의 척도로 사용해야 하는가, 아니면 정신의 집중력이나 이런 속성들[물리적 노력과 정신의 집중력]의 가중치 합을 공통의 척도로 사용해야 하는가? 만약 그렇다면, 어떤 방식으로 측정되는 속성들을 가지고 얼마의 가중치로 그렇게 해야 하는가? 이 문제에 대한 마르크스 자신의 해법 — 그 문제에 관한 그의 함축적인 발언들에 의해 시사되고, 전 분야에 걸친 동일한 착취율에 대한 그의 가정에 의해 요구되는 — 은 각 유형의 노동이 가져올 임금률에 비례해 가중치를 부여하는 것이다.[59] 이런 조치는 이와 유사하게 다른 생산 요인들에 대해서는 보상에 비례해 가중치 부여를 거부하는 것과 일관된 것인데, 이는 온갖 기업 경영을 근간에서 약화시킬 것이다. 그러나 이런 조치는 규범적인 관점에서는 별 의미가 없다. 어떤 사람이 얼마나 많이 노동 가치에 기여하는지, 그래서 착취를 일으키지 않고 그녀가 전유할 수 있는 생산물의 몫이 얼마나 큰지는 부분적으로는 그녀의 임금, 곧 생산에 대한 그녀의 몫이 현실적으로 얼마나 되는지에 의해 결정될 것이다.

이상의 것들이 세 가지 심각한 난점들이다. 이런 난점들을 단순히 사소한 트집 잡기로 치부해서는 안 된다. 실로 어떤 이는 이런 문제들을 만족할 만한 방식으로 해결할 전망이 없기 때문에 [노동 가치 개념을 사용하는] 접근 전체가 애당초 성공할 가망이 없는 것으로 선언하고 싶어 할지도 모른다. 그러나 너그러운 마음을 가져 보자. 모든 개념적 난점들이 해결될 수 있거나 회피될 수 있으며, 그래서 기여와 보상이 앞서 정의된 대로 유의미하고 정확하게 노동 가치에 의해 측정될 수 있다고 가정해 보자. 그럴 경우 위에서 제시된 잉여가치에 입각한 착취에 대한 정의는 우리의 목적을 위해 매우 전도유망한 것처럼 보인다. 먼저 로크적 정의와 마찬가지로, 그 정의는 처음에 상술된 착취에 대한 최소한의 조건들을 만족시킨다(5장 1~2절). 즉 잉여가치의 전유자는 필연적으로 다른 누군가의 노동으로부터 이익을 취득하고 있다.[60] 다음으로, 자본가들이 모두 어느 정도의 노동을 한다고 하더라도, 자본주의경제는 노동 가치 계정의 거대한 불균형으로 그 특징이 규정될 것이다. 어떤 이는 그들이 공헌한 것보다 훨씬 더 많은 노동 가치를 전유하고, 다른 이들은 기여한 것보다 훨씬 더 적은 노동 가치를 전유하기 때문이다. 이와 대조적으로, 사회주의 체제에서는 노동 가치의 등가교환에 훨씬 더 근접하게 하기 위해 기여와 보상을 조화시킬 수도 있을 것이다.[61] 더욱이 모든 이에게 무조건적인 기본소득을 동일하게 지급하는 조치는 등가교환에서 벗어나게 하는 추가적인 압력을 일으킬 가능성이 커 보인다. 동시에, 착취에 대한 새로운 정의는, 이전 장에서 호소했던 공정에 대한 권리자격론적 견해와 상당히 다르게, 공정을 등가교환으로 보는 직관적으로 매력적인 개념에 호소하고 있기에 권리자격론적 견해가 발생시켰던 치명적인 난점들을 피할 수 있다. 나는 이 정의에 의해 예시된 착취에 대한 접근을 노동자와 자본가 간의 등가교환에 대한 자신의 논의에서 마르틴 루터를 인용했던 마르크스를 참조해(Marx 1867, 207 n.15), 루터적 접근이라고 부를 것이다. "그가 준 것보다 더 많은 것 혹은 더 나은 것을 취하는 이가 누구든, 절도와 강탈의 경우와 마찬가지로, 그런 행동은 고리대금업이며 서비스가 아니라 그의 이웃에 대한 몹쓸 짓이다."[62] 일단 노동 가치가 공정한 교환의 척도로 분명하게 선택되면, 이 윤리적 원칙을 통해 이익이 다른 누군가의 노동으로부터 불공정하게 취득될 때가 언제인지를 결정하기 위한 명확한 기준이 제시될 수 있다.[63]

이 원칙은 옹호될 수 있는가? 이런 의미의 부등가교환은 그 피해자(착취받는 이)가 교환으로부터 이득을 얻는 것, 다시 말해 그런 교환의 결과로 그녀의 복지가 증가되는 것과 양립 가능할 뿐 아니라, 심지어 그 피해자가 수혜자(착취자)보다 부등가교환으로부터 더 많은 것을 얻는 것과도 양립 가능하다. 예를 들어, 어떤 자본가가 어떤 특정 지역에서 활동하는 유일한 잠재적 고용주라면, 어떤 특정한 노동자를 고용하지 못하는 경우, 복지의 견지에서 그 고용주보다는 그 노동자가 치러야 할 비용이 훨씬 더 클 가능성이 있다. 비록 그 노동자가 돌려받는 것보다 더 많이 노동 가치에 공헌한다 — 자본가는 더 적은 노동 가치에 공헌을 한다 — 고 하더라도, 그 노동자는 그와 같은 거래로부터 그 자본가보다 훨씬 더 많은 복지를 얻게 될 것이다. 더욱이 여기서 검토되고 있는 의미의 부등가교환에서는 수익자에 의해 독점 권력이 행사돼 피해자를 희생시킬 필요가 없다.[64] 대단히 중앙집권화된 노동조합이 상당히 많은 수의 독립적인 자본가들에 맞서, 완전경쟁하에서 그 조합원들이 벌었을 임금보다 훨씬 더 높은 임금을 받을 수 있게 한다고 하더라도, 상술된 의미에서 노동자들을 희생시키는 부등가교환은 여전히 존재할 것이다. 여기서 공정이란 얼마나 많은 복지를 어느 편이 거래로부터 얻는가의 문제가 아니며, 거래가 일어나게끔 하는 배경 조건들의 특징도 아니다.[65] 공정은, 객관적인 방식으로 측정되는, 협동에 대한 기여와 협동에서 오는 편익의 수지balance에 전적으로 의존한다. 그러나 노동 가치는 이런 목적을 방어하기 위해 사용될 수 있는가? 그럴 수 없다는 걸 보여 주는 데 오랜 시간이 걸리지 않을 것이다.

먼저 편익 쪽부터 보도록 하자. 각 재화의 노동 가치가 완전히 정확한 방식으로 산정될 수 있다고 가정한다고 해도, 그녀의 소득의 일부가 그녀에 의해 소비되는 것이 아니라, 말하자면 은행의 중개를 통해 저축되고 투자되며, 그래서 더 이상 물리적으로 확인할 수 없게 되는 순간, 사회적 협동으로부터 한 노동자가 이끌어 내는 편익의 노동 가치를 그녀가 버는 소득을 통해 결정하는 것은 가능하지 않게 된다. 더욱이 저축이 없는 경우라도, 노동자의 급여가 다양한 상품들의 묶음들을 사는 데 쓸 수 있는 현금 소득의 형태를 취할 때는 언제나, 노동자가 전유하는 것의 노동 가치가 소비자의 변덕스러운 선택에 의존하게 된다. 가격이 노동 가치에 비례하지 않는 순간, 동일한 기여를 하고 동일한 소득을 얻는 노동자들은 결국 부등가교환의 피해자 내지 수익자가 될 수도 있는데, 이는 노동자들이 소득을 비교적 많은 양의 자본이나 자연 자원을 생산하는 데 필요한 재화들을 구매하는 데 쓰는지, 아니면 비교적 노동 집약적인 과정의 산물을 구매하는 데 쓰는지에 의존한다.[66]

그러나 순노동 가치의 전유로서 제안된 착취에 대한 정의를, 뢰머(Roemer 1982a, 121-123)가 제안한 **필연적인 순가치의 전유로서의 착취**라는 양상적 정의modal definition로 대체하고, 이에 맞춰 부등가교환 기저에 있는 기준을 수정한다면, 양 난점들*은 일거에 해결될 수 있다. 이 대안적 정의에 따르면, 어떤 이들(착취당하는 이들)이 그들의 직접적 노동을 통해 [그들이] 소득으로 전유한 것보다 더 많은 노동 가치를 생산하는 데 필연적으로 기여한다면, 그들의 소득이 어떻게 쓰이든 **착취**가 존재하며, 다른 이들(착취하는 자들)이 소득으로 전유한 것보다 노동 가치에 필연적으로 더 적게 기여한다면, 그들의 소득이 어떤 재화들의 묶음을 사기 위해 사용되든, 착취가 또한 존재한다. 다시 말해, **착취당하는** 사람은 이제, 주어진 가격에, 사회적으로 필요한 노동을 가장 많이most 구현한 재화들에 그녀의 소득을 전부 사용한다고 하더라도 노동 가치 결손labour-value deficit을 겪게 될 사람이다. 반면, **착취하는** 사람은 설사 그녀가 모든 소득을, 주어진 가격에, 가장 낮은 노동 내용을 가진 재화들을 구입하는 데 썼다고 하더라도 노동 가치 잉여labour-value surplus를 갖게 될 사람이다.

이런 양상적 정의를 통해 착취당하지도 않고 착취하지도 않는 상당히 넓은 범위의 중간 영역에 있는 사람들이 창출된다. 사람들의 노동 가치 기여와 그들의 전체 소득 간의 상관성이 더 밀접할수록, 그리고 가격과 노동 가치 간의 상관성이 더 느슨할수록, 존재할 것으로 예상되는 중간 영역은 더 커진다.[67] 우리는 심지어 앞선 정의에 따를 경우, 모두가 착취를 당하거나 [모두가] 착취자인 반면, 양상적 정의에 따를 때 어느 누구도 착취자가 아닌 상황 — 예를 들어, 모두가 같은 노동을 하고 같은 액수의 소득을 벌지만, 상이한 노동 내용을 가진[투입 노동량이 다른] 재화에 소득을 쓰는 상황 — 을 상상해 볼 수 있다. 더욱이 양상적 정의에 따를 때 — 착취자가 존재하기 때문에 — 착취가 존재하지만, 그러나 어느 누구도 그 안에서 착취를 당하지는 않는 상황을 상상할 수 있다. 또한 — 어떤

● 첫째 문제는 소득의 일부가 저축 등을 통해 물리적으로 확인 불가능하게 되는 순간, 사회적 협동으로부터 어떤 한 노동자가 이끌어 내는 편익의 노동 가치를 소득을 통해 결정할 수 없다는 것. 둘째 문제는 노동자의 급여가 현금일 때 노동자가 전유하는 것의 노동 가치는 소비자의 변덕스러운 선택에 의존하게 된다는 것.

이가 착취를 당하기 때문에 ― 착취는 존재하지만, 착취자는 존재하지 않는 또 다른 대칭적인 상황이 존재한다. 그러나 이런 중간 영역의 인정은 노동자에 의해 전유되고 있는 생산물의 일부가 확인될 수 없을 때조차도 착취를 정의할 수 있게 하기 위해, 그래서 한 사람의 착취가 소비자의 선택에 불합리하게 의존하는 상황에서 벗어나게 하기 위해 치러야 할 가치 있는 대가다.

[착취에 대한] 이 같은 양상적 정의의 또 다른 명백한 약점은, 초기의 정의가 순수하게 노동 가치론의 용어로 정식화되었던 반면, 양상적 정의는 불피하게 화폐 소득 및 가격과 관련이 있다는 점이다. 그러나 이는 아마도 문젯거리가 되지는 않을 것이다. 왜냐하면 노동 가치 자체는 소득 및 가격으로부터 독립된 것이 아니기 때문이다. 규모에 대한 수확 불변 constant returns to scale ˚이라는 특별한 경우를 제외하면, 각 재화 단위당 얼마나 많은 노동이 사회적으로 필요한가는 저 재화의 생산 규모에 결정적으로 의존하며, 그렇기 때문에 그 자체로 가격 구조에 직접 영향을 받는 수요 패턴에 의존한다. 이로 인해 우리는 편익 측면[을 측정하기 위한] 적합한 척도로서 노동 가치 내용[노동의 투입량](현실적이든 극대와 극소이든)보다는 오히려 소득을 채택해야 한다는 제안에 고무될 수 있다. 약간만 성찰 하더라도 [상황을] 단순하게 하기 위해서뿐만 아니라 이익을 산정하기 위해 (화폐) 소득을 사용하는 것이 규범적 관점에서 볼 때 분명 더 우월하며, [따라서] 편익 측면[을 측정하기 위한] 적합한 척도로 소득을 채택해야 한다는 점이 곧 드러난다.

⦁ 규모에 대한 수확 불변(constant returns to scale)은 모든 생산 요소 투입량 증가율과 동일한 비율로 산출량이 변하는 경우다. 규모에 대한 수확 불변의 경우에는 생산량의 변화와 동일한 생산비용의 변화를 가져온다.

이 점을 파악하기 위해, 그 구성원들 모두가 똑같이 생산적인 노동을 오랜 시간 동안 고되게 하는 한 사회를 상상해 보자. 비록 급료의 차등 [지급]으로 인해 어떤 이들(이들을 화이트들이라고 부르자)의 소득이 다른 이들(이들을 레드들이라고 부르자)의 소득보다 상당히 많아 하더라도. 고려되는 기간 동안 사회의 순생산은 모두 같은 질과 같은 양의 노동시간이 드는(레드들과 화이트들은 함께 일한다) 집들로 이루어져 있다. 이 집들 가운데 일부는 아름다운 만의 경치를 가진 산비탈 위에 있고, 다른 집들은 해안을 따라 모기가 들끓는 늪지에 있다. 산비탈 위에 있는 집의 시장 결정 지대는 화이트의 소득에 정확히 일치하는 반면, 해안 위에 있는 집의 훨씬 더 낮은 지대는 레드의 소득에 정확히 일치한다. 모든 화이트들과 레드들은 [각자의 소득과 동일한 임대료를 지불하기 위해] 자신들의 소득을 사용한다. 만약 노동 가치가 협업하고 있는 당사자들이 받는 편익을 측정하기 위한 적합한 기준이었다면, 어떤 불공정도 이 상황과 연루되지 않았을 것이다. 각각의 화이트와 각각의 레드는 정확히 같은 노동 가치의 양을 전유할 것인데, 이런 노동 가치의 양은 또한 그들 각자가 기여한 바에 상응한다. 그러므로 노동 가치 전유란 없으며, 필연적인 순가치 전유는 **더더욱** 존재하지 않는다(레드들은 자신들이 전유했던 것보다 더 많은 노동 가치를 얻기 위해 그들의 소득을 사용할 수 없었을 테지만, 그럼에도 그들이 더 적은 노동 가치를 얻을 수밖에 없었던 것은 아니다. 또 화이트들이 소득 전부를 사용함으로써 그들이 기여했던 것보다 더 적은 가치를 얻을 수는 없었겠지만, 그렇다고 그들이 더 많은 노동 가치를 얻을 수밖에 없었던 것은 아니다). 그러나 이것은 확실히 불공정한 협업의 한 사례다. 소득이 편익이나 보상을 산정하기 위해 사용된다면, 이런 사례의 불공정성은 더 할 나위 없이 투명하게 드러나지만, 그 대신 원래의 잉여가치 정의에 따르든 아니면 그 양상적 변형태를 따르든, 노동 가치가 [편익이나 보상을 산정하기 위해] 사용된다면 [이 사례의 불공정성은] 상당히 모호해진다. 이런 사례가 극단적 형태로 보여 준 것처럼,

상대가격이 상대 가치로부터 이탈할 때,[•] 협업의 공정성에서 중요한 것은 분명히 소득이며, 노동 가치 내용은 처치 곤란하고 불필요한 그 대용물일 뿐이다.[68]

기여 측면에서 보더라도, [불공정성을 드러내는 척도로서의] 노동 가치[의 위상]은 더 나아질 기미가 보이지 않는데, 심지어 [앞서 언급한 세 가지의] 모든 개념적 난점들을 한 번 더 논외로 한다고 하더라도 그렇다. 이 점을 보기 위해, 우리는 편익 차원에서 다양성을 획일성으로 대체하고, 기여 차원에서 획일성을 다양성으로 대체하면서 기본적으로 같은 사례를 활용할 수 있다. 좀 더 명확히 다음과 같이 가정해 보자. 현 시기의 순생산물을 구성하는 모든 집들이 동일한 양의 노동을 소비할 뿐만 아니라 동일한 가치의 장소들을 점유하며, 더욱이 사회의 구성원들이 동일한 소득을 얻고, 이런 동일한 소득을 저 집들 중 하나를 구입하거나 대여하는 데 쓴다. 다른 한편, 그들 모두는 똑같이 장시간의 고된 노동을 하는 반면, 어떤 이들(그들을 블랙들이라고 부르자)은 다른 이들(그들을 그린들이라고 부르자)보다 더 생산적이다. 이를테면 블랙들은 더 효율적인 도구를 조작하기 때문에 더 생산적이다. 그래서 블랙들은 주어진 임의의 기간에 그린들보다 더 많은 노동 가치에, 다시 말해 더 많은 사회적 필요노동에 공헌하며, 또한 그린들이 전유하는 것이나 그린들이 얻는 소득으로 전유할 수 있는 것보다 더 많은 노동 가치에 공헌한다. 초기의 정의에 따르든 아니면 양상적인 순가치 전유 정의에 따르든, (더 생산적인) 블랙들은 착취당하고 (덜 생산적인) 그린들은 착취자들이다. 비록 그들 모두가 마찬가지로 고된 노동을 하고 그들의 노동에 대해 정확히 같은 보상을 받는다고

[•] 같은 질과 같은 양의 노동시간이 드는 집들을 두 종류의 집단이 만들었기에 서로 노동의 가치가 동일함(상대 가치)에도 불구하고 임금(상대가격)이 다르다는 점을 지적함.

하더라도 말이다. 이 난처한 함축은 노동의 생산물 전체에 대한 권리에 결정적으로 불리하다고 내가 논증했던(5장 4절) 함축과 엄밀히 병행하는 것이다. 만약 우리가 운이 좋은 블랙들이 운이 덜 좋은 그린들보다 더 많은 돈을 받아야 한다는 것을 정의의 요구로 삼고 싶은 게 아니라면, 우리는 편익을 산정하기 위한 윤리적으로 적합한 척도뿐만 아니라 기여를 측정하기 위한 윤리적으로 적절한 척도로 노동 가치를 사용하기를 포기해야 한다. 이런 사례가 극단적 형태로 보여 주듯이, 노동 노력work effort이 사회적 필요노동으로부터 이탈할 때 협업의 공정함에 대한 판단에서 중요한 것은 분명히 노동 노력이다. [노동 노력이 사회적 필요노동으로부터 이탈하는 경우] 사회적 필요노동은 [노동 노력의] 성가시고 불필요한 대용물에 불과하다.[69]

노동 가치의 개념과 결부된 개념적 난점들을 모두 제쳐 둔다고 하더라도, 이와 같이 순가치 전유(혹은 필연적인 순가치 전유)로서의 착취 개념은 옹호할 수 없는 것으로 판명 난다. 왜냐하면 그 개념이 호소하는 등가교환이나 공정한 교환의 원칙은 수용 불가능한 것이기 때문이다. 이런 '루터적' 착취관의 탐구가 우리를 막다른 골목으로 몰고 간다는 것은 아니다. 이전 절의 논의에 등장한 제안, 다시 말해 우리가 호소해야 할 공정의 기준이 노동 노력에 따라 소득을 분배할 것을 요구한다는 제안은 계속 논의할 가치가 있다.[70]

6. 노력에 따라 각자에게

이 절에서 제안되고 있는 규범적 원칙은 매우 친숙한 것이다. 이러한 규범적 원칙의 밑바탕에는 착취에 기반을 둔 자본주의에 대한 비판이 있는 데, 이 비판은 마르크스(Marx 1875, 20-21)가 그와 유사한 것을 공산주의 사회의 더 낮은(이후에 '사회주의'라 부른) 단계에 적합한 분배 원칙, 곧 '노동에 따라 각자에게'[71]라는 원칙을 제안한다는 사실로부터 추가적인 타당성을 얻는다. 비노동자(5장 3절) 자격을 가진 이의 전유나 노동 가치의 부등가교환(5장 5절)을 통한 전유에 반해, 소득과 노동 간의 불비례는 다른 어떤 이의 노동으로부터 부당 이익을 취득하는 것이라는 의미의 착취에 대한 만족할 만한 정의를 제공한다고 주장할 수 없다. [공정의 기준이] 요구하는 것보다 더 나쁜 대우를 받는 사람들이 [그 원칙이 요구하는 것보다] 더 나은 대우를 받는 사람들에게 편익을 제공하는 경우가 아니라고 하더라도, '노동에 따라 각자에게'라는 원칙이 위반되는 경우를 쉽게 상상할 수 있다. 만약 (우리 사회의 유일한 두 구성원인) 당신과 내가 각자의 토지에서 똑같이 힘들게 노동을 하지만, 당신 팔의 힘 때문이든 기도의 열정 때문이든, 아니면 당신의 트랙터의 구조 때문이든, 당신이 나보다 네 배 많은 방울 양배추를 기른다면, 우리의 기준에 따르면 나는 부당하게 unfairly 대우받는다. [•] 우리 둘이 서로 무관한 사이 ─ 그래서 당신이 나의 노동으로부터 이익을 얻을 수 없다고 하더라도 ─ 라고 해도 그렇다. 비록 내가 당신의 노동으로부터 이득을 얻었다고 하더라도, 말하자면 당신이 재배한 방울 양배추 네 개당 하나씩을 나에게 이전함으로써 내가 이득을 얻었다고 하더라도, 나는 부당하게 대우받는다고 할 수 있을 것이다.[72] 그러나 이런 사실을 인정한다고 해서 우리가 도달한 윤리적 원칙의 타당성이 위협을 받는 것은 아니다. 우리가 도달한 윤리적 원칙[노력에 따라 각자에게]은 등가교환의 원리가 타당했다면 가능했을 때만큼이나

• '부당하게 대우받는다'는 말은 엄밀히 말해 착취는 아니지만 넓은 범위의 불평등을 포함한다. 이에 대해서는 에릭 올린 라이트, 『계급론』, 이한 옮김, 한울아카데미, 2016, 3장, 특히 111-112쪽을 보라.

뚜렷한 형태로 이전 장들의 접근에 대한 이중의 도전[착취를 다루지 않는다는 실질적 자유지상주의에 대한 비판과 착취를 강화할 우려가 있다는 기본소득에 대한 비판]을 명확히 표명할 위치에 있게 할 수 있을 것이다. 자본주의하에서 사적 이윤이 존재한다는 사실은 소득과 노동의 비례로부터의 대규모 이탈을 가져오며, 무조건적 기본소득의 도입은 이런 사태를 악화시킬 가능성이 크다.

하지만 결론을 바로 내리기 전에, 먼저 제안된 공정한 분배의 원리를 좀 더 세밀히 보도록 하자. 노동이 이질적일 때, 노동 기여가 통약 가능해야 한다는 것이 이 원리의 적용에서 핵심이 되는 사안이다. 마르크스 자신은 이런 맥락에서 오직 노동의 길이와 강도만을 언급한다. 그러나 확실히 [노동의] 강도가 중요하다면, [노동의] 지루함, 위험, 권태, 기타 등등도 중요함이 틀림없다. 누군가 공정한 분배의 패턴을 찾고 있다면, 안전하고 편하고 즐길 수 있는 노동을, 다른 조건이 같다면, 위험하고 힘들고 지루한 노역과 등가의 것으로 여겨서는 안 된다. 그 원칙을 적용 가능하게 하기 위해 우리는 어떤 공통의 척도를 사용할 수 있는가? 규범적 관점에서 볼 때 아마도 가장 전도유망한 후보는 다양한 노동 유형과 연관된 **비효용**disutility˙의 수준, 다시 말해, 다른 조건이 동일하게 남아 있다면, 기준 상황과 관련해 [다양한 유형의 노동 활동이] 어떤 사람의 복지에 미치는 부정적 효과의 수준이다.[73] 비효용이 이런 기능을 수행하기 위해서는, 그것이 사람들 사이에서 비교 가능해야 하는데, 이는 내가 여기서 당연한 것으로 받아들이기는 하지만 매우 논쟁적인 가정이다. 선호가 사

● 원래 재화의 소비에 의해서 얻어지는 효용과 대조적으로 노동의 소비에 의해 생기는 고통을 말한다. 판 파레이스는 재화에 대한 소비 절약이나 구매 절제를 통해 생산에 비노동적인 기여를 하는 경우에도 이 개념을 적용한다.

람마다 크게 다른 것처럼 특정한 활동을 통해 노동을 수행한 사람에게 발생된 비효용이 상당히 다를 수 있다는 점 역시 명백하다. [따라서 여기서] 고려되고 있는 원칙에 따르는 정의로운 보상의 원리는 동일한 직업에 대해 동일하지 않은 보수를 지급할 가능성을 함축할 수 있다. 더욱이 특정 개인에 의해 수행된 특정 유형의 활동 역시 그녀가 얼마나 오랫동안 그것을 수행해 왔는지에 따라 매우 다른 비효용의 수준을 창출할 수 있다. 따라서 당신은 내가 당신의 등을 문지를 때보다 내가 내 등을 문지를 때 더 불쾌해 하거나 덜 불쾌해 할 수 있을 뿐만 아니라, 나 역시 하루 종일 당신 등을 문지를 때보다는 당신 등을 막 문지르기 시작할 때(나는 심지어 그것을 즐길 수도 있다) 그것으로부터 더 적은 비효용을 끌어낼 수 있다.[74] 이런 다양한 함축들 때문에 오히려 그 원리를 실제로 적용하는 것이 더 힘들어질 수 있으며, 실제로 너무나 적용하기 힘든 나머지 우리는 기껏해야 [그 원리의] 매우 개략적인 근사치만을 사용할 수도 있다. 그러나 이런 함축들 때문에 그 원리['노력에 따라 각자에게'라는 원리]가 비일관적인 것이 되지는 않으며, 우리의 목적을 위해 불필요한 것이 되지도 않는다.

더 나아가 보자. 만약 비효용이 총생산물에 대한 정당한 요구를 확정하기 위해 필요한 생산에 대한 노동 기여도를 측정할 수 있게 하는 척도라면, 일관성을 유지하기 위해, 비효용을 수반하는 생산에 대한 비노동적 기여non-labour contributions분에 대해서도, 동일한 원리에 따라, 보상을 해야 하지 않을까? 가능한 가장 단순한 형태로 쟁점이 되는 것을 드러나게 하는 극단적인 하나의 예를 들어 보자. 당신과 나는 무인도에 도착해서 무인도를 서로 똑같이 나누어 갖는다. 1년이 되어 가는 시점에서 당신은 당신 소유의 섬 반쪽에 있는 모든 나무를 다 써버린 반면, 나는 다음해에 나무를 번식시키기 위해 충분한 양의 나무를 남겨 둔다. 그 결과, 나는 첫해에 당신보다 추위로 더 고통을 겪었다. 내가 당신만큼 나무를 소비하기를 자제했다는 사실이 나의 비효용의 원천이었다. 동시에, 첫 해에 내가 가진 나무 가운데 일부를 그대로 둔 행위는 자기 재생 능력의 보존을 통해 전체 생산량에 기여했다. 생산에 대한 노동 기여가 발생된 비효용에 따라 보상된다면, 확실히 비효용을 낳는 나의 절약은 또한 그 생산물의 일부에 대한 정당한 권리를 발생시킬 것이다. 물론 이런 권리는 절약이 '창조했던' 생산물 일부에 대한 권리가 아니라(우리는 더 이상 로크적인 관점에 서있지 않다), 절약의 비효용과 일치하는 총생산물 일부에 대한 권리다. 노동의 경우만큼이나 절약의 경우에도, 비효용의 양은 물론 관련된 개인들의 선호 및 상황에 의존한다. 어떤 경우, 비효용의 양은 개인들이 노동하는 데 소비한 시간에 대한 대안적인 [시간] 사용 중 가장 중요하다고 생각한 것에 얼마나 많은 값어치를 두는가에 의해 결정되고, 다른 경우, 절약해 두기 위해 개인들이 포기했던 소비 묶음들 중 가장 중요하다고 생각한 것에 그들이 얼마나 많은 값어치를 두는가에 의해 결정된다. 절약자가 현재의 소비와 미래의 소비 사이에서 어느 하나를 더 선호하지 않으며, 그래서 위험이 개입되지 않는 몇몇 경우들에서 비효용은 발생되지 않을 수도 있으며, 그래서 정당한 권리 요구가 발생하지 않을 수도 있다. 특히 유쾌한 일이 우리의 원칙에 따른 어떤 보상에 대한 권리도 발생시키지 못하는 경우 그럴 수 있다. 이 논의에서 우리가 도달한 "노동에 따라 각자에게"라는 원칙의 일반화를 "생산 노력에 따라 각자에게"로 표현해 보자.[75]

최초의 원칙에 따를 때보다 이런 수정된 비례의 원칙에 따를 때, 불공정이 필연적으로 착취의 형태를 띠게 될 가능성, 다시 말해 다른 누군가의 노동으로부터 부당 이익을 취득하는 데서 성립할 가능성은 훨씬 더 낮아진다. 왜냐하면 절약한 사람이 절약할 때 생긴 비효용에 비례하는 보상을 받지 못할 때도 그는 착취당하는 것이 아니기 때문이다. 그것은 [그녀가] 부당하게 이용당하고 있는 것이 자신의 노동 노력이 아니라 절약 노력이기 때문이다.[76] 그러나 다시 말하지만 이것은 우리의 목적에서 문제가 아니다. 왜냐하면 불공정의 특징을 넓은 의미의 생산 노력과 소득 간의 비례의 부재로 규정할 때조차도, 자본주의가 소득의 공정한 분배와 같은 것을 달성하지 못한다는 점은 명백하기 때문이다. 비효용을 수반하는 절약이나 투자가 보상에 대한 정당한 권리를 발생시킨다는 사실은 이윤에 대한 가장 일반적인 정당화 가운데 하나 속에 담겨 있는 진실의 일면으로 간주될 수 있을 것이다.[77] 더욱이 경쟁력은 생산 요인들이 발생시키는 한계비효용에 따라 생산 요인들이 보상되게 하는 경향을 낳는다. 즉 당신이 한 단위 더 노동하거나 절약함으로써 벌게 되는 소득이 그로 인해 생기게 될 희생을 초과한다면, 당신은 더 많이 노동하거나 절약하기를 원할 것이고, 이는 그 희생이 추가 소득에 의해 정확히 보상되는 지점까지 그럴 것이다. 그렇지만 보상을 가져오는 다양한 생산 요소들의 부존 상황이 매우 다양한 경우에는, 시간당 급여와 한계비효용이 엄격하게 일치하게 되는 완전경쟁 균형 지점에서조차도, 자본주의에 의해 이루어지는 소득 분배는 총비효용과 총보상 간의 비례가 요구하는 바로부터 대규모로 그리고 체계적으로 이탈한다.[78] 만약 불균형과 독점 상황이 표면화된다면, 사태는 훨씬 더 악화된다. 비효용에 대한 보상을 가능하게 하는 메커니즘이 작동할 시간이 없거나, 거의 완전히 [메커니즘의] 작동이 멈추기 때문이다. 사실, 사회주의하에서 보상과 노력 간에 더 나은 일치가 달성되리라는 보장은 없으며, 더욱이 정보의 문제만이 이유라고 하면, 완벽한 일치에는 어쨌든 이르지 못한다. 그러나 생산수단 대부분이 공적으로 소유되는 사회에서는 분명 훨씬 더 정확하게 소득의 분배를 계획할 수 있으며, 이를 통해 제안된 원리에 따라 소득의 분배가 훨씬 더 잘 이루어질 수 있다.[79] 마지막으로, 생산 노력 여부와 무관하게 모두에게 보장되는 소득인 기본소득의 도입은 더 좁은 형태의 비례 원칙뿐만 아니라 더 넓은 형태에서도 기본소득의 도입 전망은 밝지 않아 보인다.

그래서 공정이 소득과 생산 노력 간에 비례의 문제라면, 앞 장들의 접근은 큰 결함이 있을 수밖에 없다. 그러나 소득이 왜 노력에 비례해 분배되어야 하는가? [소득이 노력에 비례해 분배되어야 한다는 것을 정당화하는] 첫 번째 논증은 마르크스 자신(Marx 1875, 21)이 고타 강령 비판에서 "노동에 따라 각자에게"라는 원리에 할당한 위치에 의해 직접 암시되고 있다. 마르크스의 첫 번째 논증은 노력에 비례하는 분배의 원리를 "사회변혁의 산고 이후에 자본주의사회에서 출현하게 되는" 공산주의 사회의 첫 단계에서 [선택되어야 할] '불가피한' 차선의 원리로 본다. 더 높은 공산주의의 단계를 위한 조건들이 충족되자마자, 그 원리는 아마도 필요에 따른 분배의 원리로 대체될 것이다. 이를 다르게 표현하면 이렇다. 즉 풍요의 상태 — 그 안에서 필요로 하는 모든 노동은 자연발생적으로 도래하게 될 것이다 — 가 달성되지 않는 한, 필요에 따른 분배라는 평등주의적 이상에 이르지 못한다. 이때 효율성을 위해 생산 노력에 비례해 생산물을 분배함으로써 적절한 유인을 제공하는 체제를 고수해야 할 것이다.

이렇게 표현될 경우, 그 주장[생산 노력에 비례해 분배가 이루어져야 한다]은 성립할 수 없다. 이미 언급되었듯이(4장 2절), 노력에 비례하는 분배는 일반적으로 효율성이 떨어진다. 왜냐하면 그런 분배는 과잉 성과를 내려는overperform 유인을 체계적으로 제공하고, 효율성을 위해 필요한 것보다 더 많은 비효용을 노력이 수반하게 하기 때문이다. 심지어 몇몇 가정들 하에서는, 엄격한 소득 평등보다, 효율성의 측면에서, 비례를 더 악화시킨다. 어떤 사람의 활동에 의해 생산된 유용한 것들의 총량(그 사람의 생산성)이 그 활동을 수행하는 과정에서 생긴 비효용(그 사람의 노력)의 단순 증가함수라고 하더라도 이는 사실이다. 이런 단순한 [상관]관계가 부재할 때, 소득과 노력 간의 비례는 비효율성을 낳는 또 다른 원천이 된다. 왜냐하면 그 경우 노동자들이 잘할 수 있는 것을 특화할 유인을 제공하지 못하기 때문이다. 더욱이 이런 추가적인 고려 사항들조차도 정적인 [효율성의] 틀에 머물러 있으며, 그래서 필요한 노력을 줄이기 위해 개별 노동자들이 작업을 편성하고 연장을 향상시킬 유인을 제거하는 데서 오는 동적 비효율성을 무시한다. 이 모든 반론들에 대해, 과잉 성과를 내려는 시도나 관리가 잘 안 된 상태에서 이루어진 성과는 정확히 어떤 활동을 얼마나 오랫동안 선택해야 하는지를 노동자들에게 [정확히] 말해 줌으로써 방지할 수 있다고 항변할 수도 있다. 그러나 이것이 가능했다면 우리는 '노동에 따라 각자에게'라는 원칙을 완전히 버리고, '필요에 따라 각자에게'라는 원칙으로 곧장 나아가는 편이 나았을 것이다. [하지만] 그런 것 [적절한 활동과 그 정도를 가르쳐 주는 것]은 불가능하기 때문에, 이런 이상에 헌신하는 사람이라면 그런 목표를 망각하지 않으면서도 적절한 유인을 제공하는 분배 제도를 선택해야 한다. 방금 언급된 사항에 비추어 볼 때, 이 제도에서는 확실히 노력에 비례해 소득이 분배되지는 않을 것이다. 그 제도에서는 훨씬 더 그럴듯하게, 모든 이가 어떤 최저 생활수준을 확보한다는 제약 조건하에, 필요에 따라(그렇기 때문에 생산적 기여에 상관없이) 총소득의 일정 몫이 가능한 한 많이 분배될 것이다. '필요'에 대한 옹호할 수 있는 한 해석에 따르면, 이것은 비우월적 다양성이라는 제약 조건, 특히 모든 이의 최저 생활을 보장한다는 조건하에, 기본소득의 지속 가능한 **상대적 수준**을 극대화하는 것에 매우 가깝다(3장 8절). 이때 우리는 앞 장들에서 제안된 실질적 자유지상주의적인 기준에 가까운 변형태로 다시 돌아가며, 이로 인해 착취에 기반해 자본주의와 기본소득 양자를 비판함으로써 실질적 자유지상주의적 기준에 대한 급진적인 도전을 가능하게 했던 논점으로부터 훨씬 더 멀어지게 된다.[80]

그러므로 두 번째 전략으로 관심을 돌려 보자. 생산 노력에 비례하는 분배는 평등주의적인 이론으로부터 따라 나오는 적절한 보상의 원리로 간주될 수 없을까? 생산 노력의 계량적 척도로 선택된 비효용은 복지 평등주의[81]와의 연관성을 시사한다. 하지만 이런 복지 평등주의는 앞서 제시된 이유들 ― 본질적으로는 값비싼 취향을 가진 사람들에 대한 과잉 보상(2장 6절, 3장 7절, 4장 1절을 참조) ― 때문에 받아들일 만한 정의관을 제공하지 못한다. 그러나 누군가는 다른 종류의 평등주의, 이를테면 특수 요구special needs를 지닌 사람들*이 비우월적 다양성 원칙이나 어떤 유사한 기준에 따라 추가 소득을 받고, 생산적 기여를 한 사람은 누구나 노력 수준에 상응하는 추가 소득을 얻는 경우를 제외하면, 모든 이가 같은 소득을 받을 것을 요구하는 평등주의를 생각해 볼 수 있다. 노력 수준이 비효용으로 측정된다면(비노동 상황과 관련해서), 약한 형태의 값비싼 취향의 문제가 여전히 발생한다. 즉 같은 일을 하는 두 사람 중에서, 그 일을 훨씬 더 귀찮아하는 사람은 다른 사람보다 더 많은 것을 보상받게 될 것이다. 그러나 이런 문제 ― 같은 맥락에서 그 일을 누가 수행하느냐에 따라 같은 일에 대해 다르게 보상하는 체계를 관리하는 가공할 만한 실천적 난점도 ― 는 각 과제의 지루함에 대한 '객관적' 평가를 채택함으로써, 이를테면 고려되는 특정 사회의 구성원들이 **평균적으로** 그 과제를 수행하는 데서 생기는 비효용성을 계산해 냄으로써 벗어날 수 있다.[82] 일단 이런 식으로 앞선 반론들에 대한 차단막이 쳐진다면, 이 두 번째 전략은 이번에는 방편expediency의 문제가 아닌 정의justice의 문제로, 곧 소득이 생산 노력의 함수로 분배되어야 함을 명백히 요구하는 그럴듯한 관점으로 우리를 이끌지 않는가?

그럴 수도 있지만, 정확히 생산 노력'에 비례하는' 것이 아니라 생산 노력'의 함수인' 한에서 그렇다. 특수 요구의 처리를 논외로 한다고 하더

---

* '특수 요구를 지닌 사람들'은 '이를테면 신체적으로나 정신적으로 장애를 지니고 있기 때문에 특별한 도움이나 보살핌을 필요로 하는 사람들'을 가리킨다. *Collins Cobuild Advanced Learner's English Dictionary* 6th Edition, HarperCollins Publishers, 2009.

라도, 제안된 평등주의는 생산 노력에 완전히 비례해 순생산물이 분배될 것을 요구하지 않는다. 경제 주체로서의 국가가 생산 노동의 부담을 보상하기 위해 필요한 것 이상을 생산하자마자, 생산 노력에 비례해 모든 생산물을 분배하는 것은 과잉 보상에 해당하게 될 것이다. 그러므로 노력에 대한 적절한 보상은 무조건적 기본소득과 완전히 양립 가능하다. 무조건적 기본소득은, 최소한 자유로운 직업 선택이라는 배경 가정에 근거해, [노력에 대한] 적절한 보상이 확보되면, [그 이후 남아 있는] 잉여를 분배하는 가장 자연스러운 방식을 제공해 준다. 또한 여기서 우리가 호소하고 있는 평등주의는 더 낮은 수준의 [소득의] 평등보다 모두를 위한 더 높은 수준의 소득의 평등을 더 우월한 것으로 평가하기 때문에, 이때 우리는 기본소득 극대화 기준으로 되돌아가는데, 이 기준은 우리의 실질적 자유지상주의 기준에 대한 급진적 도전의 그 어떤 확고한 근거도 제공하지 않는다. 괜찮은 제안이기는 하지만 그 두 기준이 [정확히] 일치하지는 않는다. 즉 (소득 + 부담) 평등주의 제약 조건은 실질적 자유지상주의적인 제약 조건보다 좀 더 엄격하다. 이런 차이로부터, (원리에 입각한 혹은 실용적으로 동기 지어진) 자유로운 직업 선택이 가능하다는 가정하에, 적정 수준의 기본소득은 일반적으로 평등주의적인 관점보다는 실질적 자유지상주의적인 관점에서 더 높을 것이며 전자보다 후자가 사회주의를 지지할 개연성이 더 높다는 결론이 따라 나온다. 그러나 제약 조건의 강화는 어떤 윤리적 의미를 가지는가? 강제 노동이 없다면, 평등주의적인 제약 조건은, 이를테면 평균적인 비효용 이상을 발생시키는 사람들의 노동이 특정한 과제를 수행하기 위해 사용되지 못하게 한다. 이는 그들이 제아무리 그 작업에 능숙하다고 하더라도 그러한데, 왜냐하면 그들이 얻을 보수는 그들의 노고보다 적을 것이기 때문이다. 왜 이런 종류의 손실이 최소수혜자를 포함해 모든 이에게 부과되어야 하는가? 생산과 관련된 복지의 평등화를 보장하기 위한 것은 아니다. 왜냐하면 사회적으로 유용한 과제를 수행하는 과정에서 평균적인 비효용보다 더 적은 비효용을 경험하는 사람들은 동료들보다 더 높은 복지 수준을 계속 누리기 때문이다. 이처럼 누군가에게 꽤 큰 복지 잉여를 추출하는 것이 용인된다면, 왜 다른 사람들에게는 같은 것이 용인되어서는 안 되는가? 특히 그렇게 함으로써 사람들 모두가 공유할 수 있는 사회적 잉여를 증가시킬 수 있다면 말이다. 왜 최소극대화는 파레토 열위 평등Pareto-inferior equality * 보다 우세해지면 안 되는가? 그래서 적절한 조치가 취해진 최소수혜자의 운명이 이를 통해 가능한 한 나아질 수 있다면 생산적 기여에 대한 보상의 제한을 중단하고 최소한의 기여자들에게 보상을 하는 보상 체계 — 비자발적 고용에 대한 금지와 조세 구조의 예측 가능성에 의해 보장되는 결과 — 를 허용해야 하지 않나? 어떤 설득력 있는 반박 — 나는 어떤 반박도 생각할 수 없다 — 이 없을 때, 이 두 번째 전략은 실질적 자유지상주의에 대한 급진적 도전을 지지하지 않을 뿐만 아니라 여하한 심각한 도전도 지지하지 않는다.

앞의 두 전략들은 꽤 복잡했다. 응분의 몫desert * * 이라는 매력적인 정의관의 직접적인 표현으로 노력과 보상 간의 비례를 그 자체로 옹호함으로써 더 직접 나아갈 수는 없을까? 이런 입장은 종종 아리스토텔레스의『니코마코스 윤리학』Nicomachean Ethics 5권으로 소급된다. 사회심리학자들은 '형평성'equity이라는 제목으로 광범위하게 그것을 논의해 왔다. 또 여러 연구들은 응분의 몫이 분배 문제와 관련한 일상적인 윤리적 판단에서 주

● '파레토 열위'(Pareto inferior)란 '파레토 우위'(Pareto superior)에 대비되는 개념이다. 즉 두 배분 상태 α와 β가 주어져 있을 때 배분상태 α에서 모든 구성원의 효용이 β와 최소한 같거나 β보다 클 때 α는 β에 대해 파레토 우위에 있다고 하고, 반대로 β는 α에 대해 파레토 열위에 있다고 한다.
● ● '정당한 기준에 따른 적당한 보상과 처벌'을 뜻한다.

요한 역할을 한다는 점을 반복적으로 보여 주었다.[83] 만약 '노력에 따라 각자에게'라는 문구가 정의를 응분의 몫으로 보는 관점에 대한 그럴듯한 해석으로 직접적인 지지를 받는다면, 노력에 따른 분배에 대한 잠정적 대치물인 필요에 따른 분배라는 이상이나, 이런 이상의 한 양상이라 할 수 있는 소득-부담 묶음 평등주의와의 문제 많은 연관성은 논의할 필요가 없게 된다. 이때 우리는 이 원칙 자체로부터 직접적으로 이전 장들의 접근에 대한 이중의 도전[기본소득에 따른 착취와 자본주의에 따른 착취가 같은 정도로 윤리적 비난을 받을 만하다는 비판]을 지지할 수 있다. 즉 응분의 몫이 정의가 의미하는 바라면, 무조건적 기본소득은 대안 체제들을 평가하기 위한 기준 역할을 거의 하지 못하며, 그래서 실질적 자유지상주의 [관점]에서는 수용되기 힘들다고 여겨지는 사회주의를 강력하게 변호할 수 있는 여지가 마련될 것이다.[84]

이런 치명적 결론을 피하기 위해, 전체 생산물이 노력에 비례해 분배되어야 한다는 명제를, 소득이 노력의 증가함수여야 한다는 훨씬 더 약한 명제나, 노력과 소득 간의 양의 상관관계가 존재해야 한다는 여전히 더 약한 명제와 조심스럽게 구별해야 한다. 잘 숙고해 보면, 가장 약하게 정식화된 것들이 폭넓은 동의를 받을 것이라는 점에는 이론의 여지가 없는 반면, 가장 강한 정식화가, 특히 협동조합 기업에서 이루어지는 보상의 분배 [방식이] ― 사회심리학적 실험들과 연구 결과들은 대체로 이 범위에 한정된다 ― 전체 사회에서의 소득의 분배 [방식으로] 이행할 때 폭넓은 동의를 받을지는 훨씬 더 분명하지 않다.[85] 그러나 그 원칙의 가장 약한 형태[노력과 소득 간에 양의 상관관계가 존재해야 한다]만이 수용될 필요가 있다면, 그것은 실질적 자유지상주의 기준을 통해 상술된 기회의 공정한 분배라는 맥락에서 불필요한 것이 되고 만다. [기회의 공정한 분배라는] 맥락에서는, 소득과 생산 노력 사이에 강한 양의 상관관계를 기대할 수 있는 여러 가지 타당한 이유들이 존재[하기 때문이]다.

먼저, 비자발적인 고용(강제 노동)이 없다면, 각각의 일자리와 연관된 소득과 여타의 이익들은 그 일의 수행에 수반되는 주관적 고통 이상을 보상할 것이 틀림없다. 이렇게 창출된 보상과 노력 간의 상관관계의 경향은 기본소득이 도입되고 증가되면서 크게 강화된다. 왜냐하면 기본소득의 도입과 [기본소득 액수의] 증액은 높은 비효용 때문에 재직자들이 저임금 일자리에 있는 것을 더욱 어렵게 하는 동시에 낮은 비효용 때문에 재임자들이 고임금의 일자리에 있는 것을 더욱 용이하게 하기 때문이다. 즉 기본소득은 더 적은 비용으로 그 자체로 매력이 없는 저임금 일자리는 거부하게 하고, 그 자체로 매력이 있다면 [저임금 일자리라도] 수용하는 것을 가능하게 한다. 두 번째, 소득과 생산 노력 간의 상관관계는, 현재의 상황과 관련해, 심지어 차후에 최소한 성년기 일부 기간 동안 직장을 갖지 않기로 선택할 많은 사람들 — 이런 사람들 대부분은 공식적인 소득은 없지만 결정적으로 중요한 (재)생산 활동을 수행하는 주부들이다 — 에게 소득이 지급되리라는 사실에 의해, 향상되는 경향이 있다. 분명 [기본소득보다] 소득과 생산 노력을 더 긴밀히 연관시키는 방안이 존재할 수 있을 테지만, 이는 가사 활동을 임금노동으로 변형하는 (아마도 엄청나게 값비싼) 대가를 치르고서야 성취될 수 있을 것이다. 세 번째, 좀 더 일반적으로, 실질적 자유지상주의의 기준을 실현하는 상황은 노력과 보상 간의 상관관계를 높여 줄 것이다. 왜냐하면 실질적 자유지상주의가 수반하는 분배 조치는 (내적 부존 자산들에 대한 차등적 수익의 권리를 포함하는) 가장 넓은 의미에서 주목할 만한 부의 균등화를 가져오며, 이를 통해 노력과 보상 간의 불일치의 가장 강력한 원천들 가운데 하나를 직접 공격하기 때문이다. 마지막으로, 앞서 언급했듯이, 보상과 노력 간의 비례는 보통 미시적인 사회적 상호작용에서 설득력 있는 공정의 기준을 제공해 주며, 이런 비례로부터의 심각한 이탈은 공분을 일으켜 분열과 비효율성을 초래한다고 사회심리학자들은 보고하고 있다. 이것이 사실이라면, 실질적 자유지상주의의 기준을 지지하는 제도는 최소극대화 정식화 안에 구현된 효율성에 대한 관심 덕분에 미시적인 사회적 분배가, 아무리 대략적이라고 하더라도, 보상과 노력 간의 비례를 향한 경향에 의해 영향 받을 수 있게 할 것이며, 이런 식으로 소득과 생산 노력 간의 전반적인 상관관계에 이바지할 것이라 무리 없이 예상할 수 있다.

물론 실질적 자유지상주의 기준을 만족하는 체제에서 '노력에 따라 각자에게'라는 원칙이 더 강한 형태로 실현되리라는 보장은 없다. 최소극대화 기준 때문에, 실질적 자유지상주의 기준은 이를테면 더 창의적이거나 더 쓸모 있는 활동에 특화된 몇몇 사람들이 그들보다 더 많은 노력을 하지만 덜 창의적이거나 낭비적인 방식으로 쓸모없는 것을 생산하는 타인들보다 더 많은 보상을 받는 것을 용인할 것이다. 특히 위험risk이 허용되자마자 — 이는 거의 의심할 여지 없이 효율적인 경제에서는 필요한 것이기에 — 노력 수준을 통한 소득분배의 형성은 끊임없이 저지된다.[86] 누군가는 약간의 비용으로 효용을 얻을 수 있기에 도박에 판돈을 걸어 잃을 수도 있고, 그래서 이전보다 더 사정이 나빠질 수도 있다. 자신의 돈을 잘못된 유형의 사업에 투자하거나, 고객을 쫓아가 허탕을 치거나, 예상 외로 자신의 취업 전망을 개선하지 못하는 경로를 밟음으로써 이런 일은 온갖 방식으로 일어날 수 있다. 그러나 이 모든 것은 노력과 보상 간의 강한 양의 상관관계와 완벽하게 양립 가능한 [동시에] 기여가 모든 이의 기회에 이바지하는 것이어야 한다는 실질적 자유지상주의적인 요구 조건에 의해 점검의 대상이 되어야 한다. 이 요구 조건으로부터 따라 나오는 기회의 균등화(생산을 억제하는 지점에까지 도달하는)는 최소한 전체 사회의 수준에서 우리가 [합당하다고] 생각하는 소득과 노력의 상관성의 정도를 초과하지 않는가?[87]

다른 한편, 소득과 노력의 비례의 원리는 생산 노력에 참여할 기회에서 자의적인 불평등이 존재하는 상황에서는 그 타당성을 완전히 상실한다. 만약 내가 일할 수 있는 땅이 없다면, 혹은 내가 비자발적인 실업상태에 있다면, 내게 소득이 [지급되는 것을] 거부하기 위해 그런 원리를 도입하는 것은 명백히 불공정하다. 또는 심지어 나와 같은 기회가 주어졌고 나와 똑같이 그 기회를 사용하는 다른 어떤 사람보다 더 적은 소득을 내게 주기 위해 그런 원칙을 도입하는 것은 명백히 불공정하다. 그러므로 소득과 노력 간의 비례는 근본적으로 분배 정의의 구체적인 내용으로는 불완전하다. 소득과 노력 간의 비례의 원리는 실질적 자유지상주의의 기준이나 그것과 유사한 기준에 의해 그 특징이 규정되는 기회의 공정한 분배[의 기준으로] 보충될 필요가 있다. 또 기회의 공정한 분배가 어쨌든 필요하다면, 왜 우리는 비례 원리가 도입하고자 하는 응분의 몫이라는 차원을 수용하는 것으로 충분하다고 생각해서는 안 되는가? 어쨌든 기회, 부존 자산, 실질적 자유를 결과, 성과 및 복지와 (때로는 기만적으로) 대립시키거나, 후자에 대한 대안으로 전자를 선택하는 것은 정확히 응분의 몫에 대한 옹호자들이 매우 마음에 들어 하는 윤리적 확신, 즉 사람들이 그들의 선택(과 그들의 선호)에 대해 책임을 져야 하고, 정의는 평등한(혹은 축차적 최소극대화의) 가능성과 관련되며, 이런 가능성과 관련된 혼동이나 불안은 정정될 필요가 없다는 믿음에 의해 형성되었다. '응분의 몫'에 대한 요구는 이런 식으로 — 암묵적이기는 하지만 — 충분히 존중받고 있지 않은가?[88]

이 물음에 대한 부정적인 대답이라 할 수 있는 입장, 곧 포괄적인 기회의 균등화보다 노력과 소득 간에 더 밀접한 일치를 강조하는 입장은 생산적으로 노력하는 삶에 비자유주의적이고 차별적인 특권을 부여할 때만 나올 수 있다. 의심의 여지 없이 어떤 이들은 동등한 존중(1장 8절의 의미에서)에 의해 지지되는 바를 넘어서서 노력이나 노동에 내재적 가치를 부여하거나 그들이 좋은 삶으로 간주한 것의 핵심 요소를 구성하기 때문에 노력이나 노동에 보상하고 싶어 할 수도 있다. 그러나 우리가 사는 다원주의 사회에서, 덕이나 완전성에 대한 특정 관점을 가장 우대하는 소득분배로부터 이탈했다고 하더라도 그것이 더 이상 불공정의 의미에 대한 그럴듯한 해석을 제공해 주지는 못한다. 결과적으로, 노력이 마땅히 보상받아야 한다는 것 ― 이것은 기회의 균등화에 의해서는 만족되지 않는다 ― 을 강조한다고 하더라도, 어떤 사람들이 ― 기본소득이나 자본주의적인 여러 관계를 통해 ― 다른 이들의 노동으로부터 부당한 이익을 취득하고 있다는 주장의 정당성을 입증할 수 없다.[89]

7. 뢰머적인 착취

이제 존 뢰머(Roemer 1982a, 1988)에게서 발견되는 매우 색다른 세 번째의 착취관, 이른바 게임이론적 혹은 재산 관계적이라 부르는 접근으로 화제를 전환해 보자. 게임이론적 혹은 재산 관계적 접근을 고찰하는 것은 불가피한 면이 있는데, 왜냐하면 뢰머 자신이 윤리적 우월성superiority을 착취 이론의 전개에 유용한 장점들 가운데 하나로 언급하고 있기 때문이다.[90] 통상의 접근은 "착취의 원천을 생산적 자산의 불평등하고 불공정한unfair 분배에서 찾는 데 실패한다"고 뢰머는 불평한다. 마르크스 자신은 자본주의적 착취에 대한 그의 분석에서 [착취와] 생산수단의 분배와의 관련성을 강조했던 반면, 뢰머의 접근의 독창성은 자본주의적 착취를 이런 연관에 입각해 정의하고, 이어서 유비를 통해 일군의 착취 개념들을 고안해 냈다는 데 있다.[91] 이 절에서 나는 이런 [뢰머의] 접근을 제시하고, 또한 우리의 목적을 위해 가능한 한 적절하고 탄탄하게 어느 정도 그것을 재구성할 것이다. 다음 절에서 나는 좀 더 평범한 로크적이고 루터적인 접근들보다 [뢰머의 접근을 토대로] 착취에 기반해 실질적 자유지상주의에 대한 좀 더 강력한 도전을 표명하는 것이 가능한지의 여부를 검토할 것이다.

　[착취에 대한] 그의 초기 정식화 작업 속에서, 뢰머는 다음에서 언급되는 '게임이론적' 조건의 변형을 활용해 자본주의적 착취를 정의한다(Roemer 1982a, 202-211; 1982b, 94-97). 나는 그것을 탈퇴 정의withdrawal definition라고 부를 것이다. [생산 연합의] 일부 구성원들이 생산수단의 1인당 몫을 가지고 [생산 연합에서] 탈퇴하고 [자신의 1인당 몫을] 최적으로 조직함으로써, 그 구성원들의 삶이 더 나아질(더 나빠질) 수 있는 반면, 그 결과로 다른 구성원들의 상황이 더 나빠(더 나아)진다면, 그 연합은 **자본주의적으로 착취를 당한다(자본주의적으로 착취를 한다)**. 이런 정의 밑바탕에는 사회가 소유한 자본의 평균 몫 이상의 것이 자본가들에게 남아 있지 않다면 자본가들은 손해를 보게 되겠지만, 노동자들은 이득을 보게 되리라는 직관이 깔려 있다. 분명 이런 기준이 작동하기 위해서는, 모든 이가 생산수단의 '1인당 몫'을 언제 얻는지 결정할 수 있는 그런 방식으로 생산수단들이 측정 가능해야 한다. 생산수단의 이런 측정은 이질적인 생산수단들의 양을 경쟁가격으로 평가되는 부의 양으로 환원함으로써 이루어진다. 더욱이 탈퇴 이전과 이후에 탈퇴하는 그 연합의 구성원들의 상황을 비교하는 것 역시 가능해야 한다. 좀 더 신중한 정식화 작업을 통해 뢰머는 이런 비교가 소득이 아니라 '완전 소득'full income의 견지에서, 다시 말해 행위자들이 소득을 극대화했다면 벌 수 있었을 소득(그래서 여가나 노동의 질에 가치를 두지 않는)이나 혹은 '물질적 복지', 다시 말해 소득, 여가, 노동의 질의 완만한 증가함수의 견지에서 이루어져야 한다고 지적한다. 현재의 논의와 관련된 소득의 분배는 이런 의미에서 항상 물질적 복지나 완전 소득과 관련된 것으로 이해되어야 한다.

　그렇지만 뢰머가 원래 제안한 탈퇴 정의에는 그 밑바탕에 있는 직관의 표현과 일치하지 않는 것처럼 보이는 다수의 함축들이 존재한다. 무엇보다 먼저, 상당히 큰 규모의 경제가 존재하자마자, 위의 정의는 다음과 같은 결과, 즉 자본 소유자들이 사회의 소득 가운데 엄청난 몫을 전유한다고 하더라도 노동자들은 착취당하지 않는다는 결과를 가져올 수 있다. 특히 이 정의에 따르면 개별 노동자나 노동자들의 소집단은 실제로는 전혀 착취당할 수 없는데, 왜냐하면 더 많은 자본을 배당받음으로써 그들이 얻게 되는 것은 대규모의 협력으로부터 오는 이익의 상실을 상쇄하고도 남을 것이기 때문이다. 대칭적으로, 비록 덜 현실적이기는 하지만, 규모에 대한 수익이 급격하게 감소하는 상황에서, 자본 소유주들은 자본의 배당에도 불구하고 탈퇴로부터 이득을 얻게 될 것이며, 그리하여 탈퇴한 노동자들이(그들은 자본의 몫의 증가와 규모의 감소 양자로부터 이익을 얻는다) 제안된 정의에 따라 착취가 일어나는 것을 방지할 것이다.[92] 두 번째로, 유사한 문제가 상보성complementarities의 존재로부터 생겨난다. 예를 들어, 매우 전문화된 기술을 가진 노동자들의 한 집단의 상황을 고려해보자. 그들은 지금 상당한 소득과 맞바꿀 수 있는 매우 특별한 기술을 시장에 내놓을 수 있다(광대로 고용된 난장이를 생각해 보라). 만약 그들이 생산수단 가운데 그들의 1인당 몫을 가지고 [연합에서] 탈퇴했다면, 그들이 현재 가진 생산수단의 몫이 아무리 작다고 하더라도, 확실히 더 궁색해졌을 것이다. 그러므로 고용주들이 아무리 노동자들의 노동에 힘입어 큰 이윤을 얻었다고 하더라도, 어떤 경우에도, 제안된 정의에 의해 그런 범주[에 속하는 사람들이] 자본주의적으로 착취당한다고 말할 수는 없다. 좀 더 일반적으로 말해, 생산수단을 더 많이 갖춘 사람들이 기술 역시 가지고 있고, 그 기술을 사용해 더 적은 물질적 부존 자산을 가진 사람들에게 큰 이익을 가져다준다면, 더 적은 물질적 부존 자산을 가진 사람들이 생산수단의 1인당 몫과 함께 탈퇴한다면, 그들의 상태는 향상되는 것이 아니라 악화될 것이다. 이런 이유로 제안된 정의에 따르면 더 적은 물질적 부존 자산을 가진 사람들은 그들의 노동에 대해 아무리 적은 보수를 받는다고 하더라도 착취당하지 않는다.[93] 세 번째, 몇몇 집단이 시장 이외의 어떤 메커니즘을 통해 '생산의 일부를 전유하는 상황을 고려해 보자. 예를 들어, 왕이 토지 소유주들에게 세금을 부과한다. 생산수단의 1인당 몫을 가지고 탈퇴한 이후에 토지 소유주들의 사정이 더 나아진다면(그리고 왕은 더 나빠진다면), 비록 그들 상황의 개선이 자본 소유와는 무관하다고 하더라도,[94] 제안된 정의에 따라 그들은 자본주의적으로 착취당하고 있다.

우리는 이런 난점들 각각을 더 임시적이거나 덜 임시적인 방식을 통해 하나씩 별도로 해결할 수 있을 것이다.[95] 그러나 탈퇴 정의가 세심하게 분리시켜야 할 두 개의 조작들을 결합한 것이라는 사실로부터 이런 난점들 모두가 유래한다는 점 역시 논평할 수 있다. 즉 탈퇴 정의는 사회를 두 부분으로 나누고 그 구성원들 사이에서 자본을 균등화한다. 그 정의가 포착하려고 하는 것은 오직 뒤의 조작[구성원들 사이에서 자본을 균등화하는 것]의 효과다. 반면, 언급된 난점들 각각은 탈퇴 정의가 앞의 조작[사회를 두 부분으로 나누는 것]의 효과들을 또한 포착할 수 있는 하나의 방식을 가리킨다.[96] 이 때문에 [탈퇴 정의에 대한] 뢰머의 초기 정식화는 즉각 수정될 필요가 있다. 만약 어떤 집단이 생산수단의 1인당 몫을 가지고 탈퇴한다면, 어떤 집단의 소득에서 어떤 일이 일어날 것인가를 고민하는 대신, 생산수단의 소유권이 사회 전체 안에서 평등하게 된다면 저 집단의 소득이나 임의의 특정 개인의 소득에 어떤 일이 생길 것인가라고 단순히 물으면 안 되는가? 이런 물음을 바탕으로 내가 평등한 분배 정의equal-distribution definition라고 부를 다음의 반사실적 조건문이 만들어진다. 다른 모든 것이 불변인 채 사회의 생산수단이 평등하게 분배된 경우, 그녀는 더 잘 살게 되겠지만(더 못 살게 되겠지만), 그녀의 상대편은 더 못 살게 된다면(더 잘 살게 된다면), A는 **자본주의적으로 착취당한다**(자본주의적으로 착취한다).[97] 이런 정식화가 상정하는 반사실적 상황에는 사회의 어떤 분할도 연관되어 있지 않기 때문에, 규모의 경제와 상보성은 더 이상 문제가 되지 않는다. 또 자본의 분배를 빼면 모든 것은 불변이라고 가정이 되고 있기 때문에, 노동시장 밖의 상호작용 역시 더 이상 문젯거리가 되지 않는다.

그러나 이와 같은 재정식화는 그 자체의 난점들을 발생시킨다. 먼저, **효율성 효과**efficiency effects에 대해 생각해 보자. 생산수단의 불평등한 분배가 자본축적에 제공하는 유인 때문이든, 과거에 그렇게 할 수 있다는 점이 입증되었기 때문에 생산수단들을 더 생산적으로 사용할 것 같은 사람에게 더 많은 생산수단을 배분하는 것이 가능하기 때문이든, 생산수단의 불평등한 분배가 효율성에 강한 긍정적 영향을 끼친다고 가정해 보자. 자본의 불평등한 분배를 제거함으로써, 누군가는 또한 그런 분배의 (잠정적인) 긍정적 효과들을 제거하고 있다. [따라서 이로부터] 적절한 시간 척도 하에서 [자본의 불평등한 분배가 가진] 충분히 강한 [효율성] 효과를 고려한다면, 자신이 소유한 자본 덕분에 아무 일도 하지 않고 다른 사람들의 노동에 의지해 살아가는 어떤 이는 이 정의에 따르면 착취자가 아닐 수도 있다는 결론이 따라 나온다. 탈퇴 정의는, 탈퇴하는 그 연합이 최적으로 조직하는 것을 가능하게 함으로써, 다시 말해 효율성을 증가시킬 수 있다면 연합의 구성원들 간에 자본을 불평등하게 분배하는 것을 배제하지 않음으로써, 이런 난점에서 벗어나는 장점이 있었다.[98] 두 번째로, 이른바 **가격효과**price effects를 고려해 보자. 부의 재배분은 이른바 소득효과, 다시 말해 어떤 이에게는 부를 제공하고 다른 이들로부터는 부를 수취함으로써 소득과 물질적 복지에만 직접 영향을 끼치는 것이 아니다. 부의 재분배는 **가격효과**를 창출함으로써 소득과 물질적 복지에 간접적인 영향을 끼치기도 한다. 다시 말해 부의 재분배는 상대가격을 변화시키고 이로 인해 다양한 행위자들의 소득 변화를 유발함으로써 간접적으로 소득과 물질적 복지에 영향을 끼치기도 한다. 이런 일반 균형 모델을 사용할 때,

표준적인 선호와 단일하고 안정적인 균형을 가진 완전경쟁 경제에서조차도, 재분배의 '수혜자들'이 더 가난해지고 그 '피해자들'은 그 결과 더 부유해질 수 있음을 보여 줄 수도 있다.[99] 그 결과, 부의 균등화를 통해 부가 감소하고 있는 행위자들의 복지가 증가할 수도 있고, 부가 증가하고 있는 행위자들의 복지가 감소할 수도 있다. 심지어 모든 효율성 효과를 고려 대상에서 제외한다고 하더라도 그렇다. 그러나 내가 평균적인 부보다 많은 부를 가지고 있지만(그리하여 균등화 이후에 더 적은 부를 소유하게 될 것이다), 가격효과로 인한 균등화의 결과로 더 부유하게 된다면, 내가 자본주의적으로 착취당한다고 말하는 것은 분명 거의 말이 되지 않는다. 또한 내가 평균보다 적은 부를 가지고 있지만 예상치 못한 가격효과에서 기인한 부의 균등화에 의해 더 가난하게 된다면, 내가 자본주의적인 착취자라고 말하는 것은 마찬가지로 거의 말이 되지 않는다.[100] 탈퇴 정의에 의해 이런 난점에서도 벗어날 수 있다. 탈퇴 정의에서는 그녀가 가격 메커니즘의 작동을 통해 더 나아지게 될 것이라고 약정했던 것이 아니라 탈퇴하는 집단의 각 구성원이 더 나아질 수 있었을 것이라 약정했기 때문이다. 세 번째, 표준적인 완전경쟁을 가정할 때조차도, 일반 균형 모델은 일반적으로 단일한 해법을 낳지 못한다. 부존 자산들의 동일한 분배를 수반하는 다양한 균형들이 존재할 수도 있으며, 어떤 균형이 선택되느냐에 따라 행위자들은 자본 균등화의 결과로 더 많은 소득이나 더 적은 소득을 결국 얻게 된다. 앞서 언급한 난점, 즉 이전의 역설transfer paradox[*] 및 이와 연관된 현상들을 고려해 볼 때, 반사실적 균형들 중 어느 것이 비교를 위한 기준점으로 선택되느냐에 따라 어떤 행위자들은 착

---

[*] 대규모 부의 이전이 선진국에서 개도국으로 이루어질 경우 결과적으로 원조를 주는 나라의 성장과 원조를 받는 나라의 궁핍화 성장으로 이어진다는 레온티예프(Wassily W. Leontief)의 주장이다.

취를 당하고 어떤 행위자들은 착취자가 되는 가능성이 열리게 된다. 탈퇴 정의는 탈퇴하는 집단의 모든 구성원들의 운을 개선하는 최소한 하나의 실행 가능한 배분이 존재하는지의 여부를 물음으로써[101] 이런 난점에서 한 번 더 벗어난다.

이런 난점들에 대한 적절한 대응은 [애초 뢰머가 제시한] 탈퇴 정의로 되돌아가는 것도, 반사실적 조건문을 통한 정식화를 완전히 포기하는 것도, 아니다.[102] 오히려 적절한 대응은 자본주의적인 착취에 대한 우리의 직관적 개념에 들어맞는 소득분배와 부의 분배 간의 인과적 연관의 측면만을 포착하기 위해, 반사실적인counterfactual 조건에 대한 규정들 안에 추가적인 제한을 도입하는 것이다. 나는 다음의 정식화를 제안한다. 즉 다른 모든 것이 불변인 채 효율성 효과와 가격효과 양자를 고려 대상에서 제외한다고 가정하고, 사회의 생산수단이 평등하게 분배되었다면, 그녀는 더 부유하게(더 가난하게) 되지만, 그녀의 상대편은 더 가난하게 (더 부유하게) 된다면, A는 자본주의적으로 착취당한다(자본주의적으로 착취한다). 이런 변화를 통해 반사실적 규정이 가진 어떤 실질적 이점도 사라진다는 점을 인정해야 한다.[103] 효율성과 가격효과를 배제한 상황에서 표준적인 선호를 가정할 때, 우리는 더 많은 부가 더 큰 물질적 복지와 연관된다고 확실히 기대할 수 있다. 그러므로 자본주의경제에서 그녀가 평균적인 생산수단의 양보다 더 많이(더 적게) 소유하는 한에서 오직 그 경우에만 그녀가 자본주의적으로 착취한다(자본주의적으로 착취당한다)는 유용하지만 사소한 결론이 우리에게 남게 된다. 그러나 이 결론은 특별한 제도적 조건들 아래서만 성립한다는 점에 주목하자. 여기서 정의된 자본주의적 착취는 부에 기반을 둔 소득 불평등에서 성립한다.[104] 방금 진술된 유용한 결론은 특정한 제도적 맥락에서 이런 자본주의적 착취와 부의 불평등 간의 등가성equivalence을 표현하고 있다. 또 다른 맥락, 이를테면 소득이 전적으로 자신이 속한 계급이나 추첨에 따라 분배되는 사회에서는 자본주의적 착취 없이도 어느 정도의 부의 불평등은 존재할 수 있다.

뢰머의 착취관의 가장 매력적인 특징 가운데 하나는 자본주의적 착취의 사례를 넘어서 쉽게 일반화될 수 있다는 점에서 찾을 수 있다. 뢰머는 추가적인 세 유형의 착취를 구별하는데, 뢰머는 이들을 자본주의적인 착취와 대비한다. 뢰머가 세 가지 유형의 착취 각각에 대해 내리는 탈퇴 정의는 자본주의적 착취와 관련해 위에서 논의된 난점들과 유사한 난점들을 발생시킨다. 그러므로 나는 [세 유형의 착취에] 상응하는 평등-분배 정식화를 사용하지 않고 세 가지 유형의 착취들에 대해 [각각] 정의할 것이다. 먼저, 뢰머가 봉건적 착취라고 부른 것(Roemer 1982a, 199-200)은 몇몇 사람들의 물질적 복지의 수준이 그들이 속한 사회와 관계를 절연한 결과로 높아지는 상황과 관련된다. 그들이 자신들의 물질적 소유물만을 가지고 나왔지만 말이다.[105] 이런 식으로 불평등한 소유권이 사람들에게 끼치는 영향이 포착된다. 좀 더 형식적으로, [봉건적 착취는 다음처럼 정식화된다] 다른 모든 것이 불변인 채 가능한 효율성과 가격효과를 고려의 대상에서 제외한다고 가정하고, 모두가 완벽한 형식적 자유를 누렸을 때 A가 더 부유하게 됐다면(더 가난하게 됐다면) A는 **봉건적으로 착취당한다**(봉건적으로 착취한다). 제안된 정의는, 그럴듯한 경험적인 가정들 아래서 착취의 현존을 평가하기 위한 유용하지만 사소한 기준으로 이끈다. 즉 한 행위자가 완벽하게 그녀 자신을 소유하지 않는다면 봉건적으로 착취당하며, 그녀가 오직 그녀 자신보다 많은 사람들을 (적어도 부분적으로) 소유한다면 봉건적으로 착취한다.[106] 이렇게 파악된 봉건적 착취는 봉건제나 노예제로 국한되지 않는다. 예를 들면, 봉건적 착취는 뢰머(Roemer 1982a, 243-244; 1982b, 102-103)에 의해 모든 이가 생산수단의 동등한 몫을 가지는 사회주의국가에서 관료 엘리트에게 유리한 강제적 재분배를 포괄하는 것으로 이해되었다. 좀 더 일반화하면, 노동이든 현물이든 현금이든, 그리고 민주적으로 결정되든 아니든 간에, 모든 강압적인 지불은 유사한 방식으로 이해될 수 있다.

반사실적인 균등화 역시 뢰머가 사회주의적인 착취와 필요 착취라고 부른 것을 정의하기 위해 추가적인 두 가지 방식으로 수정될 수 있다.[107] 모든 것이 불변인 채로 남아 있고, 가능한 효율성과 가격 효과를 고려의 대상에서 제외한다는 가정하에, 양도 가능한 자산(부)과 양도 불가능한 자산(기술)을 모두 포함해서 자산들이 평등하게 분배되었을 경우, A가 더 부유해졌다면(더 가난하게 됐다면) A는 사회주의적으로 착취당하고 있다 (사회주의적으로 착취하고 있다). 또한 모든 것이 불변인 채로 있으며 가능한 효율성과 가격효과를 고려의 대상에서 제외한다는 가정하에, 모든 자산들과 필요들이 평등하게 분배되었을 경우, A가 더 부유하게 됐다면(더 가난하게 됐다면) A는 필요를 착취당하고 있다(필요를 착취하고 있다). 여기서 필요는 기술과 독립적인 것으로 이해되어야 한다. 즉 좋은 건강 상태를 유지하기 위해 우리가 필요로 하는 일정량의 음식과 약물을 생각해 보라. 또한 우리가 더 가난해졌는지 아니면 더 부유해졌는지를 판단하는 변수가 되는 물질적 복지는 이제 단순히 우리가 향유할 수 있는 소득과 여가의 양에 의해서가 아니라 객관적으로 평가될 수 있는 필요에 의해 영향을 받는 것이 가능해야 한다. 뢰머는 기술도, 부도, 차등적으로 보상이 되지 않지만 ― 예를 들어, 소득이 평등한 사회를 생각해 보라 ― 보상되지 않은 필요의 불평등으로 인해 물질적 복지가 불평등하게 분배되는 상황을 염두에 두고 있다.

뢰머의 유형 분류를 우리의 목적에 가깝게 하기 위해, 약간의 추가적인 정리가 필요하다. 그의 네 유형의 착취는 까다로운 요구 조건들이 점차 감소되는 방식으로 정의된다. 우연의 일치를 배제한다면, 봉건적 착취의 현존은 사회주의적 착취의 현존을 함축하고, 사회주의적 착취는 이번에는 필요 착취의 현존을 함축한다.[108] 이것은 이를테면 [봉건적 착취자인] 누군가가 자본주의적이고 사회주의적인 필요 착취자일 수 있다는 달갑지 않은 함축을 가진다. 즉 그녀가 사회의 평균적 구성원들보다 더 적은 부, 더 적은 기술, 더 많은 필요를 가지고 있음에도 불구하고 단순히 그 사람이 봉건적 특권으로부터 다른 사람들에 대해 가지는 이익의 정도에 따라 자본주의적이고 사회주의적인 필요 착취자가 되어 버린다. 이런 반직관적인 함축 때문에 뢰머의 유형 분류는 네 개념들 간의 대칭성과 논리적 독립성을 입증하는 식으로 다음과 같이 재정식화될 필요가 있다. 부, 기술, 필요의 불평등한 분배가 각각 물질적 복지의 분배에 끼치는 영향을 가리키기 위해 **부 착취, 기술 착취, 건강 착취**라는 명칭들을 도입해 보자. 이때 봉건적 착취, 부 착취, 기술 착취, 건강 착취는 각각 형식적 자유, 양도 가능한 생산수단, 양도 불가능한 생산수단, 소득을 물질적 복지로 전환할 역량(대개 전적으로는 아니라고 해도 자신의 물리적이고 정신적인 '건강'에 의해 결정되는)의 불평등한 분배와 관련된 뢰머적 착취의 네 가지 기본 유형을 구성한다. 이것은 위에서 언급된 반직관적 함축들을 제거한다. 이를테면 뢰머의 필요 착취자와 다르게, 건강 착취자는 그녀가 누리는 물질적 이익의 적어도 일부를 그녀의 우월한 건강에 힘입고 있음에 틀림없으며, 따라서 물질적 이익 모두를 그녀의 봉건적 권리, 부, 기술 탓으로 돌릴 수 없다.[109]

이런 [착취의] 목록은 전부를 망라한 것인가 아니면 그런 목록이 열거하는 기초적인 착취의 유형들은 더 크고 어쩌면 무한할지도 모를 착취유형의 풀로부터 임의로 선별해 낼 것에 불과한가? 표준적인 신고전파의 완전경쟁 경제 모델에 따르면, 소득은 자본과 노동력의 소유자들에게 그들의 한계생산력marginal productivity에 따라 완전히 분배된다. 그러므로 부와 기술은, 소득 불평등이 뿌리 내릴 수 있는 유일한 자산 유형을 구성한다. 그러나 물질적 복지는 소득뿐만 아니라 건강(이나 필요)에 의해서도 영향을 받는다. 건강이나 필요는 우리에게 이런 모델들과 양립 가능한 단 세 개의 기본적인 착취의 유형들을 제공해 준다. 물론 그런 모델들이 기술하려고 하는 것과 다른 경제학에서, 뢰머는 다른 어떤 착취, 다시 말해 봉건적 착취가 존재할 여지가 있다는 데 동의한다. 그러나 봉건적 착취에는 두 가지 방향성이 있다. 한 방향에서, 봉건적 착취는 사람들에 대한 불평등한 소유권으로부터 유래하는 물질적 복지의 불평등으로 엄밀하게 정의된다. 말하자면 이 경우에 봉건적 착취는 부의 착취의 한 변종인 토지 착취와 나란히 가는 것으로 이해될 수 있다. 인간의 부에 대한 소유권이 쉽게 물질적 부로 거래될 수 없다는 점에서 봉건적 착취와 부의 착취를 분리시키는 것도 의미가 있을 수 있겠지만 말이다. 일단 노예 상태와 봉건적 구속의 (완벽하게 강제적인) 폐지로 인해 모든 사람이 자기 자신의 완벽한 소유자가 될 때 이런 유형의 착취는 사라진다. 그렇지 않으면, 봉건적 착취는 보다 느슨하게 — 뢰머(Roemer 1982a, 243)가 그것을 '지위를 통한 착취'status exploitation라고 다시 이름 붙일 것을 제안했고, 이와 관련해 현존하는 사회주의국가들의 착취를 분석할 때 했던 것처럼 — 부와 기술 이외의 자산들의 불평등한 분배에서 기인하는 물질적 복지의 불평등으로 정의될 수 있다. 좁은 의미의 봉건적 착취에 덧붙여, 사회주의국가의 당원들이 더 많은 재화와 더 짧은 대기 행렬, 또는 같은 가격의 더 나은 서비스에 접근할 권리를 갖고 있다는 사실은 이런 넓은 의미의 지위를 통한 착취의 전형적 사례를 제공해 준다. [봉건적 착취에 대한] 좁은 해석은 자유시장경제에서는 현존할 수 없는 그런 착취의 종류 — 다시 말해, 형식적 자유의 부정에 기초한 착취 — 만을 포괄하는 반면, 넓은 해석은 표준적인 신고전파 경제학의 모델에 의해 묘사된 자유시장 경제에서는 현존할 수 없는 모든 종류의 착취 유형, 다시 말해 생산적 자산의 불평등한 소유 탓으로 돌릴 수 없는 (특정한 필요를 가진) 물질적 복지에서의 불평등을 포괄할 수 있다. 표준적 신고전파 경제학 모델이라는 렌즈를 통해 시장경제를 봄으로써, 우리는 이런 구분을 간과하고, 그런 렌즈를 통해 볼 수 없는 유일한 착취의 유형들은 자유시장경제 개념에 의해 배제된다고 가정할 위험이 있다. 이런 가정은 명백히 틀린 것이다. 현실의 시장경제에서 소득은 연령, 인종, 젠더, 종교적 신념, 시민권 및 부나 기술로 환원될 수 없는 여타의 변수들에 의해 실질적인 영향을 받는다. 이런 것들은, 위에서 순수하게 부정적인 방식으로 정의된, 이질적인 지위를 통한 착취 개념의 수많은 차원들을 구성한다. 이들 각각은 기본적인 착취의 유형들의 목록에 추가 항목을 제공해 준다.

이런 목록은 어떤 차원의 또 다른 차원으로의 환원이나 차원들의 특권화된 부분집합의 선택을 통해 축소될 수 있는가? 예를 들어, 젠더에 기반을 둔 임금 불평등은 단순히 잦은 결근과 경력 단절의 상이한 확률을 반영할 수도 있다. 유사하게, 인종에 기반을 둔 불평등은 흑인 점원이 몇몇 고객들에게 불신을 줄 수 있고 이런 이유로 덜 '생산적'이라는 사실에서 기인할 수도 있다. (넓게 해석되는) 기술 불평등에 대한 일정 정도의 축소는 분명 가능하지만, 나는 여성임과 흑인임이 대개, '비합리적' 고용주의 단순한 차별이나, 노동시장의 정보에 대한 체계적으로 불평등한 접근에 기인해, 더 낮은 생산성 없는 더 낮은 임금이라는 결과를 가져오게 한다고 믿는다. 연령이 물질적 복지에 끼치는 영향은 또한 부분적으로는 연령에 의존하는 기술의 영향으로 환원될 수 있다. 연령이 더 많은 경험 및 신뢰 가능성과 관련되는 한에서는 [연령이 물질적 복지에 끼치는 영향은] 긍정적인 것으로 나타나지만, 연령이 시대에 뒤떨어진 훈련과 유연성 부족과 관련되기 시작할 때는 부정적인 영향으로 나타난다. 연령이 물질적 복지에 끼치는 영향은 또한 부분적으로는 생애 주기 관점을 단편적인 관점으로 대체함으로써 분석될 수 있다. 그럼에도 자신이 속한 연령 코호트는 기대되는 물질적 복지에 환원 불가능할 정도로 큰 영향을 줄 수도 있다. 이를테면 연령 코호트는 학교를 갓 졸업한 구직자에게는 실업자 대열에 합류할 확률에 영향을 줄 수 있고 (고용과 경력 기간에 장기적인 결과를 끼치는), 생태학적 손상을 겪거나 그것에 대한 순비용을 지불해야 할 범위를 규정할 수 있으며, 또 현대 복지국가에서는 청년 교육과 무엇보다 노인의 연금 및 의료 서비스에 지불하기 위해 세금으로 걷어야 할 수입의 비율에 강한 영향을 줄 수 있다.

다른 방법으로, 누군가는 언급된 차원들 가운데 일부, 이를테면 뢰머의 초기 목록에 따른 차이로부터 오는 물질적 복지의 불평등으로 착취를 제한함으로써 그 목록을 축소하고 싶어 할 수도 있다. [착취의 목록을 제한하거나 축소하기 위해 제시할 수 있는] 하나의 가능한 논증은 이 짧은 목록에 포함되지 않은 차원들은 소득의 분배에서 무시할 수 있는 일시적인 영향만을 행사한다는 것이다. 그러나 이것은 분명히 말이 되지 않는다. 젠더 간, 인종 간, 세대 간 불평등을 제쳐 둔다고 하더라도, 누군가가 정규직을 얻을 것인지의 여부와 누군가가 소유한 시민의 권리 가운데 어떤 것이 최소한 부와 기술과 같은 정도로 소득의 분배를 형성해 주는 요인인지는 오늘날의 세계에서 매우 명백하다.[110] 또 다른 가능한 논증은 착취의 개념이 목표로 삼는 특수한 설명의 용도 때문에 [목록의] 제한이 필요하다는 것이다. 만약 생산양식의 변화를 설명하는 것이 목적이라면, 생산양식을 정의하는 재산권의 분배에 뿌리를 두고 있는 불평등, 다시 말해 '생산적 자산'의 불평등한 분배에서 유래하는 불평등에 초점을 맞추는 것이 유의미할 수도 있다. 그러나 뢰머의 짧은 목록을 정당화하지 못하는 것과는 별개로 ― 왜 필요 착취가 포함되어야 하는가? ― 이 논증은 어쨌든 적절하지 않다. 우리의 목적은 규범적인 성격의 것이며, 따라서 왜 '생산적' 자산이 이런 측면에서 특권을 가져야 하는지 알기 어렵다. 왜 젠더, 성, 시민권과 체계적으로 연관된 불평등이, 부나 기술에 뿌리를 둔 불평등보다 덜 반대할 만한 것이어야 하는가? 뢰머의 착취 개념이 윤리적으로 정당한 것일 수 있으려면, 기초적인 착취의 유형들의 목록에 대한 끝없는 확장을 설득력 있게 반대할 방법은 없다고 생각한다.[111]

8. 자산에 기반을 둔 불평등

앞 절에서 고려된 접근과 마찬가지로, 착취를 자산에 기반을 둔 물질적 복지의 불평등으로 보는 접근은 다른 누군가의 노동으로부터 누군가가 이익을 취득하는 바로 그 순간 착취가 존재한다고 말하는 것을 피할 수 있게 해주며, 이를 통해 착취자가 완전히 게으른 경우로 착취를 제한하지 않을 수 있게 해준다. 그러나 다른 접근들, 곧 착취를 비노동자의 자격을 가진 이가 전유하는 것으로 규정하는 로크적인 정의, 그리고 착취를 가치의 부등가교환으로 규정하는 루터적인 정의와 다르게, 착취를 자산에 기반을 둔 물질적 복지의 불평등으로 보는 접근은 착취에 대한 적절한 정의를 제공하지 못한다. 왜냐하면 그런 접근에 바탕을 둔 착취의 정의는 누군가가 노동으로부터 이익을 취득당하고 있음을 필연적으로 함축하지 않으며, 이로 인해 이 장의 초반(5장 1~2절)에서 간결하게 설명했던 최소의 조건들을 만족시키지 못하기 때문이다. 이런 논점은 자산에 기반을 둔 무제한적으로 많은 수의 불평등의 기본 유형들을 선언으로 연결한 것으로 가장 폭넓게 정의되는 뢰머적인 착취*에서 분명하게 드러난다. 예를 들어, 건강하지 못하고 장애가 있지만 약간의 재산을 가지고 있는 사람을 쉽게 상상할 수 있다. 그는 전혀 일하지 않는 동안에 건강을 착취당하거나 기술을 착취당하거나 심지어 전반적으로 착취 — 모든 자산이 평등하게 분배되었다면, 혹은 물질적 복지에 대한 자산들의 영향이 무력화되었다면 그녀는 더 잘 살게 되었을 것이다 — 당한다. 더욱이 뢰

---

* 뢰머적인 착취가 앞서 열거한 다양한 종류의 착취들을 일상어 '또는'으로 번역되는 논리적 연결사인 선언(v)으로 연결한 것의 집합이라는 점을 말하고 있다. 즉 뢰머적인 착취는 다음과 같이 표시할 수 있다.
뢰머적인 착취 = {기술 착취 v 봉건적 착취 v 건강 착취 v ⋯⋯}

머적인 착취가 성립하기 위해서는 심지어 착취자가 피착취자로부터 권력이나 외부성 메커니즘을 통해 이익을 끌어낼 필요조차 없다. 즉 착취자와 피착취자는 분리된 두 섬에서 살 수 있지만 여전히 관련된 자산 유형의 균등화로부터 각각 잠재적으로 이익을 얻거나 이익을 잃는다. 이는 특히 부 착취나 자본주의적 착취에서 성립한다. 부 착취나 자본주의적 착취는 어떤 이익도 파생되지 않고 어떤 권력도 행사되지 않으며, 어떤 외부성이 생산되지 않아도 분리된 두 섬의 사례에서 발생할 수 있다. 부를 착취당하는 이는 노동을 할 필요도 없다. 즉 평균 이하의 낮은 저축 이자로 살아가는 실직한 임대료 소득자는 부가 평등하게 분배됐다면 그녀의 몫이 향상되는 것을 볼 수 있었을 것이다.[112]

뢰머는 착취에 대한 정의가 직관적으로 수용 가능하기 위한 최소한의 조건들과 자신의 접근법 사이에 불일치가 있다는 점을 잘 알고 있으며, 그래서 이런 불일치를 줄이려는 시도로, 단순히 '불공정한 처우'보다는 착취가 현존하기 위한 다수의 추가적인 조건들을 제시했다.[113] 그러나 이 글의 목적상, 그런 조건들을 [일일이] 논의할 필요는 없다. 우리는 자산에 기반을 둔 불평등을 단순히 '불공정'이라는 착취의 구성 요소로 규정하거나, 혹은 그것이 착취적일 때 다른 누군가의 노동으로부터의 이익의 수취를 착취적인 것이 되게끔 하는 것으로 그 특징을 규정할 수 있다. 이때 [착취에 대한] 완벽한 정의를 뢰머적인 착취의 규정과 앞서 상술된 다른 구성 요소들(5장 1~2절)을 결합함으로써만 얻을 수 있다는 점, 혹은 뢰머적인 착취로 판명된 불공정이, [착취에 대한] 완벽한 정의를 위해 필요한 여타의 특징들을 결여하고 있기 때문에 착취적이지 못한 상황들에도 여전히 현존할 수 있다는 점을 인정하는 데는 어려움이 없다. [하지만] 이 모든 점을 인정한다고 해서 뢰머적인 불공정 기준(나는 이것을 뢰머적인 착취로 계속 지칭할 것이다)에 따라 이전 장에서 제시되었던 실질적 자유지상주의에 대해 착취에 기반한 반론을 펼칠 가능성이 원칙적으로 손상되는 것은 아니다.

이런 가능성을 면밀히 검토하기 위해, 뢰머적인 착취의 폐지가 도달하려는 목표가 무엇인지 물음으로써 논의를 시작해 보자. 먼저, 자산에 기반을 둔 불평등이 없는 사회가, 자산에 입각하든 물질적 복지에 입각하든, 평등한 사회일 필요는 없다. 자산은 — 실로 선택할 권리가 없는 많은 경우들(재능, 젠더, 연령, 기타 등등)에서 — 계속 불평등하게 분배될 수 있다. 왜냐하면 뢰머적인 착취의 폐지가 요구하는 것은 자산의 불평등한 분배에 의해 발생된 물질적 복지 면에서의 불평등이 없는 상태이기 때문이다. 그런데 이런 상태는 관련된 자산들을 균등화하거나, 혹은 관련된 자산의 불평등한 분배가 물질적 복지의 분배에 끼치는 영향을 무력화함으로써 달성될 수 있다. 소득 역시 계속 불평등하게 분배될 수 있다. 그것은 건강 착취의 폐지 자체가 필요의 차이에 부응하는 소득의 격차를 필요로 할 뿐만 아니라 무엇보다 자산의 불평등한 분배가 아닌 선택에서 생겨나는 물질적 복지의 불평등이 뢰머적인 착취의 폐지와 완벽하게 양립할 수 있기 때문이다(선택이 부, 건강, 기술, 기타 등등의 분배에 큰 영향을 끼칠 수도 있다는 사실은, 준거 기간a period of reference을 고려할 때, 자산 분배에 의해 부과되는 제약 조건에서 생겨난 소득 불평등과 이런 배경에 근거한 선호와 행위의 차이로부터 생겨난 소득 불평등 간의 구분이 틀렸음을 입증하지 못한다). 더 일반화하면, 뢰머적인 불공정 개념은 — 루터적인 불공정 개념과 다르게 — 소득 분배가 따라야 할 정형화된 패턴을 상술하지 않는다.[114] '노동에 따라 각자에게'라는 문구는 뢰머적인 착취의 폐지로부터 발생할 수 있는 물질적 복지의 분배의 한 상태이고, 무한히 많은 상태들 가운데 하나일 뿐이다. 추첨을 통한 분배는 또 다른 분배 방식이다. 국민소득의 반은 평등하게 분배되고, 나머지 반은 수행된 노동에 따라 분배되는 것은 또 다른 분배 방식이다. 뢰머적인 접근이 수행하는 것은 모두 소득이 분배되는 방식에 인과적으로 영향을 끼쳐서는 안 되는 요소들의 목록을 상술하는 작업이다. 이런 이유로 진짜로 뢰머적인 착취가 폐지되었는지의 여부를 결정하기 위해서는 소득의 분배를 보는 것에 만족할 수 없다. 우리는 소득 분배의 인과적 내력causal history을 연구하고, 어떻게 그것이 발생했는지 점검해야 한다. 이런 관점에서 볼 때, 뢰머의 접근은 루터적 접근이나 여타의 정형화된 입장들보다는 로크적인 접근이나 심지어 자유지상주의적인 권리자격론적 정의관에 더 가깝다.[115]

이런 견지에서 볼 때, 뢰머적인 착취의 폐지가 무조건적 소득의 시행과 양립 불가능하지 않다는 점은 분명하다. 사실, 특수 요구를 지닌 사람들에게 [지급할] 추가 수당을 공제한 이후, 총생산물을 소진시켜 모두에게 동등하게 무조건적 소득을 지급하는 것은 모든 형태의 뢰머적인 착취에 대한 총체적 근절을 ― 제도가 할 수 있는 만큼 ― 보장하는 하나의 방식이 될 수 있을 것이다. 그러므로 실질적 자유지상주의에 대한 뢰머적인 도전은 확고한 원리에 근거한 기본소득에 대한 비판이라 볼 수 없을 것이다. 그러나 뢰머적인 착취의 제거에 대한 관심을 통해 [우리는] 실질적 자유지상주의가 간과한 큰 유용성을 사회주의에 부여할 수도 있다. 사실, 자기 소유권[에 대한 존중]과 생산수단 대부분에 대한 공적 소유로 정의되는 사회주의(1장 1절)는 뢰머적인 착취의 모든 차원에 대한 폐지를 필연적으로 함축하지 않는다. 확실히 우리는 기술에 기반을 둔 착취가 뢰머 자신이 사회주의적인 착취라고 부른 것의 핵심에 있음을 목도했다. 그러나 사회의 생산수단들 대부분에 대한 공적 소유 덕분에, 사회주의는 부의 착취를 크게 축소시킨다.[116] 더욱이 이런 공적 소유권을 통해 소득의 분배를 더 적극적으로 주도할 수 있기 때문에, 사회주의는 또한 뢰머적인 착취의 또 다른 형태들, 이를테면 기술에 기반을 둔, 젠더에 기반을 둔, 일자리에 기반을 둔 착취들의 축소를 위한 여지를 마련해 준다. 이런 가능성은 자본주의와 연관된 좀 더 분권화된 소득 결정 메커니즘에서는 결여되어 있는 것이다.

이 같은 종류의 논증이 가진 위력은 분명히 그 기저에 있는 불공정의 기준이 얼마나 그럴듯한가에 달려 있다. 이때 뢰머적인 착취, 혹은 더 구체적으로 말해, 자본주의에서 핵심적인 뢰머적 착취의 유형인 부의 착취의 문제점은 무엇인가? 뢰머 자신은 아무런 문제도 없는 부의 착취의 사례들이 존재하는 것이 문제라고 답한다. 왜냐하면 '착취로 가는 깨끗한 길'clean path to exploitation이 존재할 수 있으며, 그래서 우리는 이에 맞춰 **최초의 자산이 평등하게 분배되었는지의 여부에 따라 공정한 부의 착취와 공정하지 않은 부의 착취를 구분해야 하기 때문이다.**[117] 동등한 자본의 양에서 출발해, 어떤 사람들은 더 열심히 일하고 (혹은) 더 적게 소비할 수 있는 반면, 다른 사람들은 더 게으르고 (혹은) 더 욕심이 많다. 그 결과, 자본은 곧 불평등하게 분배될 것이며, 이런 이유로 어떤 이들은 다른 이들보다 더 적게 벌게 될 것이다. 이때 소득의 불평등은 자본 자산capital assets의 불평등한 소유(권)에 의해 발생된다. 그러나 자본 자산의 불평등한 소유 자체가 앞선 시기의 선택의 결과이기에, (자산 분배에 대립되는 것으로서의) '현재'의 선택의 결과와 '과거'의 선택의 결과 사이에서 도덕적으로 자의적인 구분을 하지 않는 이상, 과연 그런 상황이 윤리적으로 이의를 제기할 만한 것이라고 할 수 있을까?

동등한 초기 자산을 가지고 과거에 선택한 결과가 다른 어떤 이유로 이의를 제기할 만한 상황이 분명 존재할 수는 있다. 예를 들어, 게으른/탐욕스런 이의 선택 기저에 있는 선호는 조작되었을지도 모르고, 혹은 그들을 이끌었던 정보는 자신을 위해 일하게 하는 데만 관심을 가진 사람에 의해 왜곡되었을지도 모른다. 혹은 조작되지 않은 선호와 왜곡되지 않은 정보를 가진 상황에서도, 그런 선택을 했던 사람들이 의도하지 않았던 결과로 이어질지도 모른다. 예를 들어, 게으른/욕심 많은 사람에 의해 이루어진 개인적으로는 합리적인 선택이 근면한/검소한 이에게 강력한 지위를 줄 수도 있다. 만약 게으른/욕심이 많은 이들이 집단적으로 결정을 내릴 수 있었다면 분명 그들에게 [그런 강력한 지위를] 부여하려고 하지 않았을 것이다. 어쨌든 깨끗한 길 위에는 상당한 먼지들이 생길 수 있다.[118] 그러나 이 점을 인정한다고 해서 [그것이] 깨끗한 길의 예를 통해 주장하고자 했던 바에 영향을 끼치지는 않는다. 왜냐하면 방금 예시한 의미의 먼지는, 선택에 기반을 둔 (혹은 비착취적인) 불평등 — 이는 당기의 자산에 기반을 둔(혹은 착취적인) 불평등과 대비된다 — 에서도 발견될 수 있기 때문이다. 부의 착취에 해당하는 몇몇 상황들을 비난하는 것은 부의 착취가 아닌 모든 상황이 이상이 없음을 함축하지 않는다. 그러나 그런 상황들이 이상이 없는 것이 아니라면, 이는 그런 상황들이 부의 착취이기 때문이 아니다. 그래서 아마도 그다지 깨끗하지 않은 경로의 끝에서 특정 상황이 정당하지 않을지도 모른다는 사실을 가지고 그런 상황이 부-착취적이라고 할 수는 없을 것이다. 따라서 우리는 '출발선에서의' 자산의 불평등으로부터 생겨난 불평등이 아니라 현 시기의 자산의 불평등으로부터 생겨난 불평등을 비난할 만한 타당한 윤리적 이유를 여전히 결여하고 있다. [현 시기 자산의 불평등한 분배의 결과로 생겨난 불평등을 비난할 만한] 아무런 [윤리적] 이유도 찾을 수 없다면, 뢰머적인 부의 착취에 포함된 공정의 기준은 현재의 자산보다는 오히려 초기의 자산을 가리키기 위해 달리 표현되어야 한다. 뢰머 자신이 표현하듯이, "가장 일관된 마르크스주의의 윤리적 입장은 생산적 자산의 초기 분배에서의 불평등에 대한 반대다"(Roemer 1985a, 44).

이런 변화로부터 뢰머적인 부의 착취와 로크적 혹은 루터적 접근을 통해 파악된 착취 사이의 불일치가 더 넓어진다는 한 가지 함축이 따라 나온다. 이 수정된 설명에 따르면, 내가 평균적인 부보다 더 적은 부로 '출발'한다면, 나는 결코 부 착취자가 될 수 없다. 내가 수년 동안 아무리 엄청난 양의 부를 용케 (깨끗하게) 축적하고 또한 이 부로부터 아무리 높은 이윤을 얻는다고 하더라도 말이다. 또 다른 함축은 우리가 이제 실질적 자유지상주의적인 접근(4장 2절을 참조)의 정식화에서 핵심 역할을 하는 외적 부존 자산의 개념에 더 가까워지고 있다는 것이다. 분명히 사람들에게 '출발선에서' 주어지는 자산은, 처음에 혹은 그들이 살아 있는 동안에, 그들이 받는 여하한 자산으로 이해되어야 한다. 더욱이 뢰머가 관심을 둔 양도 가능한 자산은 생산적 목적을 위해 사용되었는지의 여부나 심지어 사용될 수 있는지의 여부와 무관하게 모든 외적 자산을 포함하는 것으로 이해되어야 한다. 생산적 자산과 비생산적 자산은 서로 교환될 수 있을 뿐만 아니라, 양 유형의 자산의 소유는 분명 물질적 복지에 영향을 끼친다. 마지막으로, 뢰머는 양도 가능한 자산들의 묶음들을 경쟁가격에 따라 평가함으로써 통약 가능하게 만들었는데, 따라서 외적 부존 자산들을 평등하게 하는 것과 우리가 지금 탐구 중인 수정된 의미의 뢰머적인 부의 착취를 폐지하는 것 사이에 남겨진 중요한 차이는 없어 보인다.

하지만 엄밀히 말해, 외적 부존 자산의 평등이 뢰머적인 부의 착취의 제거보다 더 요구 조건이 까다로움을 보여 주는 세 가지 방식들이 존재한다. 먼저, 뢰머적인 부의 착취는 양도 가능한 자산의 불평등이 존재할 것을 요구할 뿐만 아니라 그런 불평등이 물질적 복지의 분배에 영향을 끼칠 것을 요구한다. 그래서 뢰머적인 부의 착취는 원칙적으로 부존 자산들을 균등하게 하기보다는 오히려 부존 자산들이 물질적 복지에 영향을 끼치지 못하게 함으로써 제거될 수 있을 것이다. 그러나 물질적 복지에 대한 영향력이 박탈된 부존 자산은 더 이상 부존 자산으로 간주되지 않을 것이다. 따라서 이 첫 번째 차이는 대수롭지 않은 것이다. 두 번째, 뢰머의 부의 착취는, 뢰머에 따르면, 양도 가능한 자산들의 균등한 분할 뿐만 아니라 양도 가능한 자산들의 공적인 소유를 통해 원칙적으로 폐지될 수 있다. 그러나 뢰머 자신의 관점에 입각할 때, 공적인 소유권이 공정에 근거를 둔 균등한 분할과 대등한 것으로 판단될 수 있다는 주장은 매우 의심스러운 것이다. 앞서 지적한 대로(5장 3절), 공동으로 소유되는 자산에 대한 평등 — 불평등한 것은 더더욱 — 하고 민주적인 — 비민주적인 것은 더더욱 — 의사 결정은 다수에 의해 저 자산들이 현실적으로 통제되고 공동체의 다른 구성원들의 희생으로 그 구성원들의 복지를 향상시키기 위해 이런 통제가 사용되는 것과 완벽하게 양립할 수 있다. 생산적 자산의 공적 소유를 지지하기 위한 확고한 도구적 이유들이 — 우리는 다음 장에서 이 문제로 되돌아갈 것이다 — 존재할 수도 있다. 그러나 뢰머의 접근의 근간이 되는 공정에 대한 의견들은 공적 소유권보다는 균등 분할을 지지할 수밖에 없다.[119] 세 번째로, 외적 부존 자산 개념이 옹호될 수 있으려면, 뢰머가 그의 부 개념에 포섭시키려고 하지 않은 범주인 일자리 자산(4장 4절)을 포함시켜야 한다는 점을 우리는 알고 있다. 그러나 [이렇게 일자리 자산을] 외적 부존 자산 [개념에 포섭시켜 그] 개념을 확장함으로써 [우리는] 일자리 자산에 기반을 둔 착취 개념, 그리고 외적인 부를 구성하는 하나의 요소로 일자리 자산을 취급하는 공정 개념에 다가갈 수 있을 것이다.

그래서 이 세 가지 차이 중 어느 것도 부의 착취를 폐지할 것을 요구하는 뢰머의 윤리학과 외적 부존 자산에 대한 실질적 자유지상주의 관점 간의 진정한 불일치를 시사하지 않는다. 이런 논점은 두 관점들이 일치함을 의미하는가? 분명 그렇지는 않다. 뢰머적인 착취가 폐지되는 상황(자산들의 현실적인 균등화 혹은 자산 효과의 상쇄)이, 그것과 대비돼 뢰머적인 착취가 (소극적으로) 정의되는 상황(다른 조건이 같을 때의 반사실적인 균등화 혹은 자산 효과의 무력화)일 필요는 없다는 점을 명심하자. 반사실적인 사유 실험은 효율성 효과와 가격효과를 명시적으로 고려 대상에서 제외하기 때문에, 후자의 조건[반사실적 균등화 혹은 자산 효과의 무력화]을 현실화시키는 것은 일반적으로 가능하지 않다. 부가 평등하게 분배됐다면 혹은 부가 소득에 영향을 주지 않았다면, 행위자가 더 부유해질 것인지 아니면 더 빈곤해질 것인지를 물을 때, 그런 균등화나 [가격 효과의] 무력화가 총소득을 떨어뜨릴 수 있으며, 따라서 정태적인 반사실적 상황에서 이익을 얻는다고 말할 수 있는 사람들 가운데 적어도 일부의 소득 역시 떨어뜨릴 수 있다는 사실이 고의로 무시된다. 이런 반사실적 상황에 일반적으로 도달할 수 없다고 해서 뢰머적인 착취가 폐지될 수 없다는 결론이 반드시 따라 나오는 것은 아니다. 그러나 [뢰머적인 착취의] 그런 폐지가 일반적으로 반사실적 상황에서는 누락됐지만, 착취로부터 자유로운 사회가 얼마나 바람직한지를 평가할 때는 고려되어야 하는 비용을 수반한다는 결론은 반드시 따라 나온다. 또 어느 정도는 이것이 외적 부존 자산이 평등하게 되어서는 안 되고 축차적으로 최소극대화되어야 한다고 제안할 때 실질적인 자유지상주의적인 접근이 제안하는 바다. 실질적 자유지상주의는 어떤 희생을 치르더라도 뢰머적인 부의 착취를 폐지하려 하기보다는 오히려 착취가 덜한 상황을 통해 피착취자들을 축소하고 그들의 삶의 질을 개선하자고 제안한다. 이것은 진정한 불일치점이다. 일단 명확히 정식화만 된다면 [이런 불일치는] 실질적 자유지상주의자 편의 완전한 합의로 쉽게 바뀔 수 있는 것이기 하지만 말이다.[120] 이처럼, 터무니없이 반생산적인 평등주의를 배제하기 위해 축차적인 최소극대화가 엄격한 평등을 대체하게 되면, 또 선진경제에서 일자리 자산에 마땅히 관심을 두게 된다면, 부의 착취에 대한 뢰머의 접근은 외적 부존 자산에 대한 실질적 자유지상주의적인 논의와 쉽게 수렴되며 또한 지속 가능한 최고의 기본소득을 도입하는 발상과 가장 공명하는 것임이 드러나게 될 것이다.[121]

그러나 뢰머가 가장 관심을 기울인 착취의 측면이 부의 착취라고 하더라도, 그것이 [그가 관심을 기울인 착취의] 유일한 측면은 아니다. 뢰머의 접근의 함축들을 전체적으로 볼 때 우리가 부의 착취에 초점을 맞추어 제안할 때보다 훨씬 더 크게 실질적 자유지상주의적인 접근의 함축들과 갈라질 수도 있다. [그러나] 이런 분리는 봉건적 착취의 측에서는 기대할 수 없다. 왜냐하면 봉건적 착취에 대한 금지는 명시적으로 형식적 자유에 대한 존중으로 그 특징이 규정되며, 이는 실질적 자유지상주의적인 틀의 핵심 구성 요소이기 때문이다. 더욱이 봉건적 착취와 자본주의적 착취 간의 관계에 대해 뢰머가 말한 내용 안에 형식적 자유의 존중에 우선권을 부여하는 데(1장 8절에서) 그가 찬성하지 않을 것임을 시사하는 구절은 없다. 더 복잡한 것은 기술 착취와 건강 착취, 그리고 여타의 양도 불가능한 자산들(인종, 젠더, 기타 등등)의 분배에 뿌리를 둔 복지 불평등과의 관계다. 양도 가능한 부의 분배에 기반을 둔 불평등과 마찬가지로, 양도 불가능한 자산의 분배에 기반을 둔 불평등은, 본성적이거나 사회적 기원을 가진 여하한 특징으로 이해되는, 부존 자산의 초기의 불평등으로부터 생겨나는 한에서만 이의를 제기할 수 있다. 양도 불가능한 자산에서 문제가 되는 것은 정의상 그런 자산이 너무 개인과 결합되어 있기 때문에 재분배에 적합하지 않다는 점이다. 그러므로 우리는 관련된 (초기의) 자산들의 소유권을 평등하게 하려고 노력하기보다는 오히려 그것들에 대한 소유권이 물질적 복지의 분배에 끼치는 영향을 무력화하는 길을 택해야 한다. 이런 자산 효과의 무력화는 이를테면 교육, 주택, 일자리에 대한 접근에 있어서의 차별을 방지함으로써(혹은 역차별을 조직함으로써) 부분적으로 달성될 수 있다. 그러나 이런 전략을 통해 불평등한 재능이나 불평등한 필요가 복지의 분배에 미치는 영향을 무력화하고자 할 때 [우리는] 단적으로 부적절하거나 터무니없을 정도로 비용이 많이 드는 문제에 직면하게 된다. 이런 경우들에서, 자산 효과를 무력화하기 위해 오직 양도 가능한 자산들의 보상적 이전만을 사용할 수 있다. 그러나 보상의 방향을 이끌어 줄 기준은 무엇인가? 복지의 평등이나 복지를 위한 기회의 평등은 임의의 자산유형이 복지의 분배에 끼치는 영향을 명백히 무력하게 할 것이다. 그러나 이런 접근들은 앞에서 언급된 반론들(2장 6절과 3장 7절을 참조)에 열려 있으며, 게다가 뢰머적인 부의 착취와 연관해서 위에서 상술된 요구, 곧 외적인 부가 평등하게 되어야 한다는 요구(복지를 평등하게 하기 위해 분배되기보다는)와 일관되지 않을 것이다. 대안은 무엇인가? 나는 3장에서 하나의 대안을 제시했다. 내가 가장 좋아하는 기준인 비우월적 다양성을 선호하는 이유를 설명하는 과정에서 내가 논의했던 여러 대안들을 포함해 여타의 많은 대안들이 분명 존재한다. 그러나 이런 이유들은 실질적 자유지상주의적인 접근의 정식화만큼이나 (적절한 절차에 따라 수정된) 뢰머의 기술 착취 혹은 건강 착취에 대한 비난 저변의 윤리적 원칙과도 관련이 있다. 만약 그런 이유들이 후자의 맥락에서 결정적인 것으로 간주됐다면, 현재의 맥락에서도 결정적인 것으로 간주되어야 할 것이며, 따라서 양도 불가능한 자산 효과의 무력화 요구는 다음과 같은 노선에 따라 재구성되어야 한다. 즉 양도 가능한 자산은 모두가 같은 수준의 선호 만족을 달성하기 위해서가 아니라 타인들이 성취할 수 있는 것보다 (선호 만족이든 여타의 것이든 궁극적으로 중요하다고 생각되는 것에 입각해) 만장일치로 더 나쁜 것으로 간주되지 않는 삶의 질을 성취할 수 있도록 이전되어야 한다.

이 원칙은 뢰머의 사회주의적 착취와 필요 착취의 개념(기술 착취와 건강 착취로 묶이는) 안에 집약된 윤리적 관심을 표현한다고 나는 생각한다. 물론 그 원칙은 양도 가능한 자산에 대한 차등적인 이전을 요구하며, 그러하기에 뢰머의 자본주의적 착취 개념(부의 착취로 묶이는) 안에 집약된 윤리적 관심에 따라 무조건적 기본소득을 정당화하려는 시도를 강화하는 것이 아니라 [오히려] 제한한다. 하지만 최소한 효율성을 고려하는 형태로 정식화되는 경우, 그 원칙이 부과하는 제약은, 현대적인 조건들 아래서, 무조건적 기본소득의 정당화를 위한 여지를 많이 남길 것이다(3장 8절을 참조). 따라서 착취에 대한 뢰머의 독창적이고 통찰력 있는 접근을 뒷받침하는 정의관은 실질적 자유지상주의적인 접근에 대한 위협과는 거리가 멀다. 이런 이유로, 이 절의 과제는 낯선 도덕적 직관의 타당성을 훼손하거나 제한하는 것이 아니라, 오히려 이전 장들에서 전개된 윤리적 시각과 낯선 도덕적 직관의 놀라운 근친성을 완벽하게 조명하기 위해 그런 도덕적 직관 기저에 있는 윤리학을 명료화하고 가볍게 재구성하는 것이었다. 일단 합당한 수정이 이루어지면 — 이런 수정들 중 가장 중요한 것은 절대적 평등을 축차적인 최소극대화로 대체하는 것으로 이루어진다 — 양자는 아마도 같은 입장을 다르게 표현한 것에 불과하다고 할 수 있을 것이다. 자산에 기반을 둔 불평등에 대한 관심과 모두를 위한 실질적 자유의 추구는 사회경제 체제들을 평가하기 위한 같은 종류의 기준으로 우리를 향도한다. 특히 양자는 형식적 자유의 보호와 비우월적 다양성 혹은 유사한 몇몇 제약 조건들에 따라 지속할 것이라 기대할 수 있는 최대의 기본소득에 입각해 자본주의와 사회주의 각각의 윤리적 장점이 판단되어야 한다고 권고한다.

6장

자본주의의 정당화?

들어가기

Δ__ 저는 추가적인 몇몇 반론들을 내놓을 수 있었을 것이라고 확신하지만, 이 단계에서 실제로 제가 관심을 두고 있는 문제는 이 모든 논의의 함축이 자본주의를 택할 것인가 사회주의를 택할 것인가라는 물음과 관련한 논쟁에 어떤 함축을 가지는가라는 것입니다. 모두를 위한 실질적 자유가 사회정의와 관련한 모든 것이며, 게다가 모두를 위한 실질적 자유가 형식적 자유가 보호되어야 하고, 어느 누구의 부존 자산도 다른 어떤 이의 부존 자산보다 더 나쁜 것으로 만장일치로 판단되어서는 안 된다는 원칙에 따라 기본소득을 극대화할 것을 요구한다는 점을 인정해 봅시다. 이때 자본주의를 사회주의보다 더 선호해야 하나요? 아니면 그 반대인가요?

∅__ 그것은 어느 누구도 답할 수 없는 질문입니다. 이는 그 질문이 매우 복잡한 사실들을 포함하고 있고, 그 답이 역사적 상황에 따라 달라

질 수 있기 때문만은 아닙니다. 무엇보다 자본주의와 사회주의를 구별하게 하는 생산수단 대부분에 대한 사적 혹은 공적 소유는 사회경제 체제를 다르게 할 수 있는 많은 유관한 차원들 가운데 하나에 불과하기 때문입니다. 그래서 문제를 적절하게 정식화하려면 최적의 자본주의 형태가 우리의 기준 ― 제약 조건을 따르는 기본소득 극대화 ― 에 입각해 최적의 사회주의의 형태보다 더 잘 기능할 것이라고 믿을 만한 강력한 이유가 존재하는지 여부를 물어야 합니다. 여기서 '최적'이란 물론 바로 이 기준[제한된 기본소득의 극대화 기준]을 준거로 정의됩니다.

Δ＿ 그 질문이 더 쉽다고 보기는 어렵군요.

Ø＿ 제가 생각하기에 우리가 가장 손쉽게 그 문제에 접근할 수 있는 방법이 바로 여기에 있습니다. 한 체제가 우리의 기준에 입각해 얼마나 잘 기능하는가는 그 체제의 경제적 효율성에 의해 크게 영향을 받을 수밖에 없습니다. 이제 베를린 장벽이 붕괴되기 전 동유럽과 서유럽을 비교해 봅시다. 당신은 경제적 효율성에 관한 한 최적의 자본주의가 우세할 수밖에 없다는 추정을 어떻게 거부할 수 있습니까? 이것은 기껏해야 하나의 추정이지만, [이를 거부하기 위해서는 사회주의가 자본주의보다 경제적 효율성 면에서 우월하다는 점을] 입증할 책임을 사회주의 편에(6장 1절) 둘 만큼 충분히 강한 추정입니다. 그래서 사회주의를 옹호하는 논증들 안에 효율성에 기반해 자본주의를 지지하는 이 추정을 흔들 만큼 충분히 강력하고 타당한 어떤 것이 있는지의 여부를 그 다음으로 물을 수 있습니다.

Δ＿ 당신이 지금 하고 있는 것처럼 보이는 [접근, 다시 말해] 오로지 경제적 효율성에 초점을 맞추는 것은 잘못 ― 그래서 자본주의에 편향된 것 ― 된 [접근이] 아닌가요? 어떤 이유 ― 예를 들어, 더 적은 경쟁이나 더 적은 소비주의 ― 로 사회주의가 형식적 자유와 비우월

적 다양성이라는 제약 조건을 좀 더 쉽게 만족시킬 수도 있지 않나요? 이것이 사실이라면, 최적의 사회주의는 경제적 효율성 면에서는 최적의 자본주의보다 열등하겠지만 더 높고 정당한 기본소득을 제공할 수 있을 것입니다.

∅__ 그것이 흥미로운 가능성이라는 데 저는 동의합니다. 그러나 이런 종류의 [사회주의 옹호] 논증에 대한 문헌을 훑어보면 [거의 대부분] 순환적이거나 매우 약한 논증들뿐이라는 것을 알 수 있습니다(6장 2절). 저는 사회주의가 더 많은 생산을 산출하지 못할 수 있지만, 무조건적 [기본소득을 통한] 재분배를 위해 더 많은 생산물을 더 잘 징수할 수 있다는 취지의 논증에 의해 더 깊은 인상을 받았습니다.

Δ__ 당신은 최적의 자본주의가 최적의 사회주의보다 더 많은 생산물을 산출할 수 있다는 점을 이미 당연한 것으로 받아들이는 것 같습니다. 당신은 자본주의의 옹호자들이 순전히 미디어가 주는 편견이라 부를 법한 것을 그대로 선전하게 내버려 두고 있지 않나요?

∅__ 당신이 알고 있는 것처럼, 자본주의보다 사회주의가 경제적으로 우세한 [체제]라는 것을 보여 주는 굉장히 많은 이론적 문헌들이 존재합니다. 저는 그 문헌들을 살펴보는 데 많은 시간을 보냈습니다. 제가 추적했던 대부분의 논증들은 자본주의의 정적인 비효율성, 현존하는 자원에 대한 자본주의의 체계적 낭비와 관련됩니다. 그 논증들은 두 가지 주요 패턴을 따릅니다. 즉 그 논증들은 완벽하게 경쟁적인 경제의 청사진으로부터 상당히 이탈한 [자본주의의] 양상에 초점을 맞추거나 그렇지 않으면 사회주의 아래서는 불필요한 경제활동이 [자본주의에서] 이루어진다는 점을 강조합니다.

Δ__ 당신은 그런 논증들이 얼마나 설득력 있다고 판단하나요?

∅__ 첫 번째 종류의 논증들 — 이른바 시장 실패와 관련된 논증들 — 은 완전경쟁 시장의 최적의 균형에 대한 측은해 보일 정도로 단순한

증명에 근거해 현존하는 자본주의의 효율성에 관한 거창한 주장을 하는 사람들을 겨냥할 때 대단히 파괴적이라고 저는 판단합니다. 그러나 실행 가능한 최적의 자본주의와 실행 가능한 최적의 사회주의를 비교할 경우, 그 논증들은 거의 부적절하다고 저는 판단합니다.

Δ＿ 왜죠?

Φ＿ 환경적 외부성에서 기인하는 시장실패를 예로 들어 봅시다. 최적의 자본주의는, 의심의 여지 없이 최적의 사회주의가 그럴 것처럼, 매우 불완전하기는 하겠지만, 이런 시장 실패를 참작하기 위해 행정적으로 가격을 조정해야 할 것입니다. 그러나 이것이 특정한 사회경제 체제하에서 얼마나 힘 있게 행해질 수 있고 행해질 것인가는 그 체제가 생산수단에 대한 공적 소유권을 수반하느냐 사적 소유권을 수반하느냐가 아니라 오히려 그 체제의 정치제도가 정확하게 설계되었느냐에 달려 있는 것처럼 보입니다.

Δ＿ 불필요한 활동과 관련된 두 번째 논증들의 경우는 어떤가요?

Φ＿ 전형적인 예는 광고입니다. 광고 예산이 폐기됐다면 많은 상품들이 얼마나 훨씬 더 싸게 생산될 수 있었겠어요! 그러나 광고(사실이자 허위인)가 시장경제의 효율적 작동에 얼마나 결정적인 역할을 하는지를 당신이 깨닫자마자 ― 경쟁은 경쟁자들이 존재하는 것이 문제일 뿐 아니라 잠재적 고객들에 의해 그들이 인지되는 것의 문제이기도 하다 ― 이 면에서, 비록 당신이 지금까지는 그렇게 믿었다고 하더라도, 친자본주의적 추정이 크게 위험하다고 당신이 여전히 생각할 것이라 확신하지 못하겠습니다(6장 3절).

Δ＿ 제가 자본주의하에서 일어나는 자원 낭비의 가장 파괴적인 형태라고 항상 생각해 왔던 대량 실업에 비해 이 모든 것은 사소한 것이 아닌가요?

∅__ 먼저 주기적 실업[*]의 예를 들어 보죠. 최적의 자본주의가 주기적 경기변동을 크게 약화시킬 경기조정 정책counter-cyclical policies[**]을 갖추게 될 것이라는 점은 명백합니다. 또 남아 있는 경기변동이 실업에 미치는 효과는, 이를테면 미드나 와이츠먼이 주장하듯이, 노동자들이 완전한 정액 임금이 아니라 이윤의 고정 비율을 몫으로 최소한 부분적으로 지급 받는다면 추가로 축소될 수도 있습니다. 최적의 자본주의가 왜 공유 경제가 될 수 없겠어요?

△__ 그러나 자본주의의 주기적 위기의 길이와 깊이는 조직화된 노동계급의 압력에 의해 이윤이 지속적으로 축소되는 데 기인한다고 일부의 사람들은 주장해 왔습니다. 그래서 저는 어떻게 수요관리나 공유 경제 시스템이 이 문제를 다룰지 알지 못하겠습니다.

∅__ 노동조합과 고용자 단체가 중심이 되어 [임금을] 결정하는 코포라티즘적인 소득정책과 같은 여타의 제도적 장치들은 어떤가요? 혹은 이것이 실행 불가능하다거나 불충분하다는 점이 입증된다면, 일정 규모 이상의 모든 기업들을 노동자 소유의 협동조합 기업으로 전환하는 것은 어떤가요? 만약 장기적인 주기적 실업이 자본주의의 효율성에 심각한 문제라면, 그 문제를 줄이는 방법으로 최적의 자본주의 안에 포함될 수 있는 가능하거나 현존하는 제도적 장치들이 폭넓게 존재합니다. 만약 충분한 기본소득을 기대할 수 있는 경우에는 훨씬 더 수월하게 그 문제를 다룰 수 있을 겁니다(6장 4절).

△__ 당신은 주기적 실업이 최적의 자본주의의 미세한 조정을 통해 처리

● 경기순환 주기에서 주기적인 경기 하향 추세로 인해 발생하는 실업.

●● 경기의 지나친 변동을 완화시키기 위해 경기 상황과 반대 방향으로 실시하는 정책을 의미한다. 확장 국면에서의 긴축 정책과 수축 국면에서의 팽창 정책이 이에 해당한다.

될 수 있다고 말하고 있습니다. 그러나 항구적인 '산업예비군'이라는 실업자의 경우는 어떤가요? 주기적인 경기변동과 무관하게 비자발적 실업이 자본주의의 항구적인 특징이라고 믿기 위해 '자본주의의 필요성'에 관한 어리석은 기능주의적 주장° 을 받아들일 필요는 없습니다. 실질적인 기본소득이 지급되고 있을 때조차, 이를테면 효율성 임금 접근은 여전히 균형 실업을 예견할 겁니다. 더욱이 잘 조직화된 노동자들의 운동은 원자론적 경제에 만연한 균형 수준 이상의 임금수준을 성공적으로 유지하게 할 수도 있을 것입니다.

∅__ 효율성 임금 논증은 여기서[자본주의와 사회주의를 대비하는 맥락에서]는 거의 부적절합니다. 그런 논증에 따르면, 비자발적인 실업은 단지 노동자들을 최적으로 생산적이 되게 하기 위해 요구되는 바의 부산물입니다. 다시 말해, 비자발적 실업은 노동자들에게 시장 청산 임금 이상을 지불한 결과 생긴 부산물일 뿐이며, 그러므로 최적의 사회주의 역시 그것을 수용해야 합니다. 당신이 언급한 두 번째 가능성 ― 특권화된 일자리를 가진 사람들이 항구적으로 증가하는 실업률을 대가로 시장 청산 혹은 효율성이 요구하는 바 이상으로 임금 인상을 조직할 가능성 ― 에 대해, 저는 형식적 자유를 존중하는 사회주의에서도 이런 일이 일어날 수 있다고 답하지 않겠습니다. 이는 사실이기는 하지만 충분한 답은 아닙니다. 오히려 [저는] 최적의 자본주의와 최적의 사회주의 양자하에서, 조직 노동자들의 주요한 무기인 파업의 권리와 관련해 신성불가침의 영역은 없다고 답하겠습니다. 만약 ― 저는 '만약'이라는 점을 강조합니다 ― 당신

● 자본주의가 유지되기 위해 주기적인 경기변동과 무관하게 자본주의가 비자발적인 실업자를 필요로 한다는 주장.

이 언급한 문제가 충분히 심각하다면, 최적의 자본주의와 최적의 사회주의 양자에서 특권화된 분야의 노동자들이 파업할 권리는 축소되거나 심지어 폐기되어야 합니다(6장 5절).

Δ＿ 그래서 당신은 우리가 계속 이야기해 온 다양한 정적 효율성 논증, 즉 자본주의 비판가들에 의해 지적된 비효율성이 최적의 자본주의가 가진 제도들의 적절한 설계를 통해 제거될 수 있다거나 혹은 그런 비효율성이 자본주의의 효율성에 기여하는 요인으로부터 발생하는 비교적 가벼운 부작용이기 때문에 최적의 자본주의를 지지하는 추정이 확고히 유지된다는 논증을 대수롭지 않게 봤군요. 그러나 사회주의의 많은 옹호자들 — 마르크스와 정통 마르크스주의자들을 포함해서 — 이 자랑하는 결정적인 경제적 이점들은 정적으로 효율적인 자원의 사용 문제가 아니라 동적으로 효율적인 자원의 창출의 문제입니다.

∅＿ 그것은 사실입니다. 하지만 친자본주의적인 추정을 우리 시대의 상식으로 통합시키는 데 가장 큰 기여를 한 것은 아마도 이 측면[동적 효율성의 측면] — 역사적이고 이론적으로 근거지어진 — 에서의 자본주의의 뚜렷한 우월성이라는 점을 우리는 명심해야 합니다. 자본주의의 역사적 성과 가운데 상당 부분을 설명해 주는 혁신이냐 사멸이냐는 긴급 과제imperative는 자본주의 체제의 근저에 있습니다. 또 적절한 개혁이 이런 측면에서 사회주의와 자본주의 간의 틈을 좁히는 데 얼마나 도움을 줄 수 있을지를 이해하기는 어렵지 않지만, 어떻게 그런 개혁이 심각한 악조건을 결정적인 장점으로 전환시킬 수 있을지를 알기는 쉽지 않습니다. 확실히 자본주의적인 생산관계가 생산성 증가의 '족쇄'로 작용한다는 마르크스의 취약한 논증은 이 목표를 달성하지 못할 것입니다. 저는 보다 최근에 전개된 이 논증의 세련된 형태들 안에서도 [자본주의적인 생산관계가 생산

성 증가의 '족쇄'로 작용한다는 주장을] 성공적으로 [입증할] 가능성을 볼 수 없었습니다(6장 6절).

△__ 그래서 당신은 정적 혹은 동적 효율성의 면에서 친사회주의적인 입장이 우위를 되찾을 희망이 거의 없다고 결론 내린 거군요. 그러나 당신은 앞에서 사회경제 체제가 경제적으로 덜 효율적일 수 있고 형식적 자유와 비우월적 다양성이라는 제약 조건을 잘 만족시키지는 못하지만 여전히 더 높은 기본소득을 지속 가능하게 창출할 수 있는 가능성을 언급했습니다.

𝄞__ 네, 최적의 사회주의는 인민주권의 견지에서 결정적인 장점을 여전히 누릴 수도 있습니다. 여기서 인민주권은 민주적으로 결정된 의지에 따라 정치 공동체의 자원에 대한 사용을 통제할 능력으로 대략적으로 이해됩니다. 정치 공동체에 의해 생산수단이 소유된다면, 투자를 중단하거나 사적인 자본 소유자가 외국으로 투자하려는 결정을 함으로써 그 공동체의 재분배 정책이 위협받는 것으로부터 정치 공동체를 보호하는 것이 가능하게 됩니다. 기본소득의 지속 가능한 극대화에 관한 한 이것이 최적의 사회주의에 결정적인 장점이 될 만한 역사적 상황들을 상상해 볼 수 있습니다. 그러나 이런 상황들이 현재에 통용된다거나 언젠가 다시 한 번 통용될 것이라는 주장에 대해 저는 상당한 의혹을 갖고 있습니다. 왜냐하면 자본주의 국가와 사회주의국가 양자는 세계시장에 깊이 발을 담그고 있으며, 그 결과, 특히 소득분배에 관한 한, 경쟁이라는 엄격한 제약 조건에 종속되기 때문입니다.

△__ 그러나 사회주의사회는 세계시장으로부터 떨어져 나올 수 없는 건가요? 실로 사회주의사회는 전 세계적인 노동 분업과 기술 진보의 혜택 안에서 자신의 몫을 포기하는 비용을 감당해야만 할 것이며, 또 실질적인 기본소득의 재원을 조달할 수 있는 사회주의의 잠재력

을 평가할 때 이 점을 고려할 필요가 있습니다. 그러나 사회주의사회의 분배 정책은 그 사회의 경쟁력 제고의 필요성에 의해 더 이상 구속을 받지는 않을 것입니다.

∅__ 우리가 말하고 있는 사회주의국가가 형식적 자유의 보호라는 조건에 의해 제약을 받을 것이라는 점을 기억해 둡시다. 세계시장으로부터 절연해 [그 국가 안에서] 더 높은 수준의 평등주의적 정책의 잠재력과 더 낮은 평균적 생활수준이 동시에 기대되는 상황에서는 결국 고도로 숙련된 사람들이 더 많은 것을 얻기 위해 일반적으로 그 국가를 떠나는 선택을 하게 될 것입니다. 그런데 귀중한 인적 자본을 계속 보유하기 위해, 형식적 자유를 존중하는 사회주의국가는 정보를 검열할 수도 없고 이민을 금지할 수도 없습니다. 그러므로 오늘날의 세계에서, 그리고 형식적 자유를 명심한다면, 최적의 자급자족적인 사회주의조차 효율성에 기반해 최적의 자본주의를 지지하는 추정을 당연하게 폐기할 것이라고 기대할 수 없습니다(6장 7절).

△__ 사회주의에 관한 당신의 부정적 결론을 입증하기 위해 방금 한 방식대로 경쟁을 강조함으로써, 당신은 자본주의국가 안에서 높은 기본소득이 가능하다는 당신 자신의 믿음을 심각하게 훼손하고 있지 않나요? 기본소득을 핵심적인 이전 제도로 가지는 제도가 현재 조직된 복지국가보다 경제적 효율성 면에서 더 나을 것이라 주장하는 것으로는 충분하지 않습니다. 당신이 넌지시 내비쳤던 이유들 때문에 지금 입증해야 할 것은 넉넉한 이전 제도입니다. 지속 가능성을 염두에 둘 때, 모두를 위한 실질적 자유의 원리에 따를 때 [복지국가를] 더 야심찬 어떤 것으로 대체하는 것이 아니라 오히려 복지국가의 해체와 같은 것을 권해야 하지 않나요?

∅__ 우리가 우리의 제도들을 두 방향으로 재설계하기 위해 동시에 투쟁하지 않는다면 그런 위험은 상당히 크다고 할 수 있습니다. 하나의

방향은 민주주의의 규모 확장입니다. 즉 우리는 긴급하게 그리고 모든 종류의 방법을 동원해, 국가 차원의 민주주의에 의해 지배를 받는 대신에 ─ 소득분배에 관련한 사항을 포함해 ─ 초국가적인 시장이 작동하게 하는 규칙을 결정하는 초국가적인 민주주의 제도를 수립하고 강화해야 합니다. 다른 방향은 연대주의적 애국주의입니다. 즉 우리는 또한 긴급하게 그리고 모든 종류의 방법을 사용해 여하한 수준의 넉넉한 분배 제도에 대한 강한 헌신의 느낌을 키우는 제도를 보존하고 발전시켜야 하고, 이를 통해 귀중한 생산 요인을 보유하고 있는 사람의 기회주의적 행동에서 기인하는 재분배에 대한 반작용을 축소시켜야 합니다.

Δ＿ 분명히 첫 번째 전략의 세계시민주의와 두 번째 전략의 애국주의 사이에는 긴장이 존재하는군요.

Ø＿ 어느 정도는 [긴장이] 있습니다. 따라서 우리는 어느 한 쪽 전략을 추구하기 위한 제도적 수단을 선택할 때 훨씬 더 신중해야 합니다 (6장 8절). 그러나 우리가 너무 우유부단해서는 안 됩니다. 앞으로 나아가기 위해 필요한 여유 공간을 보존하고 재확보하려면, 혹은 심지어 단순하게 사회적 연대성의 전 세계적인 붕괴를 방지하기 위해서는, 양 전략이 필수적입니다. 신중한 사고와 결연한 행동이 이 영역에서 긴급히 필요합니다. 시간을 허비해서는 안 됩니다.

Δ＿ 그러면 서두릅시다!

─────

1. 최적의 자본주의 대 최적의 사회주의

일련의 강력한 도전들로 인해 예기치 않을 만큼 긴 우회를 할 수밖에 없었지만, 우리는 이제 출발했던 지점(2장 3절)으로 되돌아갈 수 있게 되었다. 사회경제 체제들을 평가하기 위해 최초에 제안되었던 기준 — 형식적 자유의 보호를 조건으로 하는 기본소득의 극대화 — 은 이제 저 도전들의 시험을 통과했지만, 그 과정에서 명료화되었을 뿐만 아니라 단서가 달리게도 되었다. 나는 물론 이 기준에 대한 상상할 수 있는 모든 윤리적 도전들을 검토했다고 주장할 수는 없으며, 내가 검토했던 도전들에 대해 모든 사람들이 만족할 만한 대답을 충분히 제시했다고 주장할 수도 없다. 그러나 다음과 같은 질문에 답하기 위해 이제 우리의 도덕적 직관을 검토하는 작업을 그치고, 적어도 멀리서나마, 현실 — 혹은 실제로 실행 가능한 — 세계로 논점을 전환할 때가 됐다. 모든 관련된 윤리적 고려 사항들이 우리의 (적절한 절차에 따라 제한된) 기준 안에 집약된다고 할 때, 자본주의가 사회주의보다 더 선호되거나 아니면 그 반대라고 믿어야 할 충분한 이유를 갖는 것일까? 다시 말해, 실질적 자유지상주의자는 자본주의 아니면 사회주의라는 양자택일을 수용해야 하는가?

앞서 강조된 것처럼(2장 3절), 사회경제 체제는 수많은 차원들에 따라 다양하며, 그런 차원들 가운데 단 하나[의 차원]만이 생산수단의 소유권의 본성, 다시 말해 자본주의와 사회주의의 구분과 관련이 있다. 이제, 위 질문을 정식화하기 위해서는 이런 차원이 실질적 자유지상주의적인 기준의 만족에 중요함을 전제해야 한다. 그러나 그것[생산수단의 소유권의 차원]은 [실질적 자유지상주의적인 기준의 만족에] 중요한 유일한 차원이 아니며 또한 가장 중요한 차원도 아니다. 생산수단의 소유권을 제외한 모든 측면에서 서로 일치하는 어떤 형태의 사회주의와 어떤 형태의 자본주의 사이에서[나타나는 성과의 차이]보다 다양한 형태의 자본주의들 사이에서 혹은 다양한 형태의 사회주의들 사이에서 우리의 기준에 의해 측정되는 더 큰 성과의 차이가 존재할 수 있다. 확실히 자본주의와 사회주의 모두에서 기본소득이 존재할 수도 있고 존재하지 않을 수도 있다는 사실은 이런 가능성의 명백한 실례를 제시해 준다. 더욱이 자본주의의 한 형태, 말하자면 강제적인 노무관리 없이 기본소득을 실시하는 자본주의가 그에 상응하는 사회주의의 형태보다 더 잘 작동하는 것을 어렵지 않게 상상할 수 있다. 반면, 또 다른 형태의 사회주의, 말하자면 강제 노무관리와 기본소득을 함께 실시하는 사회주의가 그에 상응하는 자본주의보다 더 잘 작동할 수도 있다. 결과적으로, 이 장에서 묻는 질문은 우리의 기준에 따라 자본주의가 사회주의보다 항상 더 낫거나 항상 더 못한가가 아니며 — 각 경우에 대한 대답은 평범하게 부정적이다 — 심지어 다른 조건이 같다면, 자본주의가 사회주의보다 더 좋으냐 아니면 더 나쁘냐도 아니다. 이런 질문은 하나가 아니라 모순되는 대답들을 허용하는 무수히 많은 질문들의 집합들이 될 것이다. 오히려 질문은 우리의 기준에 따르는 자본주의의 최상의 실행 가능한 형태, 간략히 말해 **최적의 자본주의**가 우리의 기준에 따르는 사회주의의 최상의 실행 가능한 형태, 간략히 **최적의 사회주의**보다 더 잘 기능하느냐 더 못 기능하느냐의 여부다.

이것은 복잡하고 까다로운 문제며, 특히 편파적으로 다루기 쉬운 물음이다. 왜냐하면 실행 가능한 것의 한계가 현존하는 것 너머 정확히 어디에 있는지, 그리고 얼마 동안이나 지속하는지를 어느 누구도 알지 못하기 때문이다. 그러므로 다른 체체하에서 실행 가능한 한계에 관한 독단적인 주장에 기대어 어느 한 체제의 유형에 찬동하는 자신의 편견을 위장하기가 너무나 쉬우며, 그래서 우리는 한 편에는 한 체제 유형의 돋보이는 이상적 판본을 놓고, 다른 한편에는 다른 체제 유형의 매력 없는 역사적 현실태(의 근사한 변형태)를 두는 상황에 처하게 된다. 더욱이 어떤 체제 유형의 변형태들이 실행 가능하고, 어떻게 각각의 체제가 우리의 기준에 입각해 기능할 것인가를 결정하는 일과 관련된 엄청난 양의 경험적·이론적 논증들은, 단 한 장은 말할 것도 없고 여러 권의 연구로도 [검토]하기가 벅찰 것이다. 특히 그런 연구는 사회주의나 자본주의 어느 한 쪽의 더 우월한 경제적 효율성을 입증하거나 논박하기 위해 제시되어 온 무수히 많은 논증들을 포함한다.

그러나 나의 과제는 지난 20세기 동유럽의 역사에 의해 매우 용이해지게 되었다. 지난 세기의 동유럽의 역사에서, 자본주의는 경제적 효율성, 생산 잠재력, 부를 창출할 역량 면에서 [사회주의보다] 우월한 이점을 가진 것으로 드러났다. 물론 이로부터 최상의 실행 가능한 자본주의의 형태가 최상의 실행 가능한 사회주의의 형태보다 실질적 자유지상주의의 기준에서 볼 때 더 우월하다는 결론이 따라 나오지 않는다는 것은 말할 것도 없고, 최상의 실행 가능한 자본주의의 형태가 최상의 실행 가능한 사회주의의 형태보다 더 효율적이라는 점을 입증된 사실로 간주해야 한다는 결론이 따라 나오지도 않는다. 그러나 최소한 입증의 부담이 어느 편에 있는지는 분명해졌다. 더 우월한 경제적 효율성이 지속 가능한 더 높은 기본소득을 보장해 주지는 않는다고 하더라도, 언뜻 보기에 그것은 큰 이점으로 여겨진다. 만약 어떤 형태의 사회주의가 그럼에도[낮은 효율성에도 불구하고] 성공을 거두려면, 자본주의에 반대해 수년간 전개됐던 상당한 양의 축적된 논증들로부터 제기되는 역사와 이론 양자의 시험을 어떻게든 통과할 수 있는 논증들을 찾아내야 한다. 동시에 가장 중요한 것이 경제적 효율성 자체가 아니라 모두를 위한 실질적 자유일 때도 타당한 것으로 남아 있거나 타당한 것이 되는 사회주의 변호론이어야 한다. 이 점에서 이 장의 가장 온건한 야심은 다음과 같이 명백하다. 즉 [이 장의 가장 온건한 야심은] 자본주의와 사회주의 간의 정치적, 경제적 논쟁의 많은 측면들을 야심차게 종합하는 것이 아니라, 모두를 위한 실질적 자유가 지도 원리로 채택될 때 다루어야 할 문제의 윤곽을 그리기 위해[자본주의와 사회주의를 둘러싼] 정치적·경제적 논쟁의 많은 측면들 가운데서 가장 중요한 측면들 몇몇을 선별해서 재검토하는 것이다.

이 과제에 본격적으로 착수하기 전에, 그 길에 남아 있는 몇몇 잔해를 더 치워 보자. 자본주의와 사회주의의 비교에 직접 초점이 맞춰져 있기 때문에, 형식적 자유와 비우월적 다양성이라는 제약 조건을 따르는, 지속 가능한 기본소득 극대화가 진짜로 모두를 위한 실질적 자유를 위해 필요한 전부인지를 의심하기 시작할 수도 있다. 이를테면 어떤 사회주의 사회의 구성원들이 생산수단 대부분을 공동으로 소유한다는 사실, 혹은 자본주의가 지배하느냐 아니면 사회주의가 지배하느냐에 따라 소비 패턴과 접근 가능한 재화들의 묶음이 크게 달라진다는 사실을 우리는 어떻게 고려해야 할까? 이런 의심들 가운데 몇몇은 앞에서 이미 다루었다(특히 1장 2절과 8절을 참조). 그러나 나는 최적의 사회주의와 최적의 자본주의 간의 비교가 의미하는 바가 무엇인지를 명료화하고 [이런 비교가 의미하는 바를] 추가적으로 예시하기 위해 이 단계에서 이런 의심들 가운데 셋을 골라 논의하려고 한다.

먼저, 사회주의사회가 일자리에 대한 실질적인 권리를 보장해 줄 수 있으며, 실제로 보장하는 경향이 있다는 점(따라서 기본소득 형태로 일자리 자신의 재분배를 강조했던 4장의 논의를 무력화한다)을 지적하는 것이 적절하지 않은가? 생산수단들 대부분을 사인의 수중에 남겨 두면서 국가가 (충분히 낮은 임금으로) 최종 고용주가 됨으로써 자본주의사회가 원칙적으로 [사회주의사회와] 같은 일을 할 수 있을 것이라고 단순히 답할 수는 없다. 보다 근본적으로, 앞서 설명했듯이(4장 4절, 7절), 모든 이가 일자리를 가진다는 사실이 고용 지대가 사라짐을 의미하지는 않는다. 효율성 임금 고찰, [노동조합의] 협상력, [정부에 의한] 관료의 개입, 재능의 차이, 기타 등등 때문에 많은 일자리들은 사회주의사회에서도 그 일자리들에 대한 접근을 박탈당한 사람들에 의해 선망의 대상이 될 수밖에 없다. 더욱이 위에서 논의되었던 것처럼(4장 5절), 일자리와 별개로 [지급되는] 일률적인 소득이 아니라 특정 대상을 겨냥한 정책을 통해 이런 일자리 부족을 제거하려는 시도는 차별적이기 때문에 실질적 자유를 축차적으로 극대화하라는 이상과 충돌하며, 따라서 최적의 사회주의의 특징으로 어울리지 않는다는 반론에 취약하다.[1]

두 번째로, 사회주의경제가 소비재 시장의 부족으로 그 특징이 규정되는 경향이 있다는 사실은 [양 체제에 대한] 평가의 가장 중요한 기초인 기본소득의 타당성에 영향을 끼치지 않는가? 그런 상품 시장의 부족 때문에 실질적인 자유의 축차적인 최소극대화라는 면에서 사회주의사회가 사회주의적인 최적의 상태에 도달하지 못할 것이라는 생각을 배제할 수 없다면, [평가를 위한 핵심 기준으로 기본소득을 택하는 입장의 타당성에 분명] 영향을 끼칠 것이다. 비조직적인 부족의 형태로, 즉 일부 사람들은 재화에 대한 접근권을 갖지만, 또 다른 일부 사람들은 전혀 그렇지 못한 형태로 배급이 이루어진다면, 우리는 우리 자신이 비자발적인 실업과 유사한 상황에 처해 있음을 발견하게 된다. 즉 그런 [상품재의] 부족을 완전히 제거하지 않으려는 뿌리 깊은 이유들이 존재한다면, 운 좋은 이(혹은 약삭빠른 이)에 의해 전유되는 지대에 과세하고 그것[과세된 지대]을 더 높은 기본소득의 형태로 재분배해야 한다. 물론 지속 가능한 가장 높은 수준으로 기본소득을 증가시키는 데 공헌하거나(예를 들어, 교육을 최고 입찰인이 아니라 가장 유능한 학생들로 제한하는 것), 가장 효과적인 방식으로 비우월적 다양성을 만족시키는 데 공헌하기(예를 들어, 상상 가능한 상황들하에서 모든 이에게 음식과 거처를 제공함으로써) 때문에 어떤 영역에서는 체계적인 배급이 특별히 필요한 이유들이 있을 수도 있다. 그러나 유사한 상황에서 그런 배급은 사회주의와 자본주의 모두에서 정당화될 것이다(2장 4절을 참조). 이런 경우들을 넘어서서 상품 부족의 상황이 발생한다면, 생산수단의 공적인 소유가 허용하는 만큼 실질적 자유가 극대화되지 않고 있다고 추정해 볼 수 있다. 이런 추정이 가능하다고 해서 제약 조건을 따르는 기본소득의 극대화 원리가 자본주의와 사회주의를 실질적 자유지상주의자가 평가함에 있어 관심을 둘 사안이 아니라고 말할 수는 없다.

마지막으로, 국가의 고용 독점을 통해 국가에 부여된 불길한 블랙리스트 작성의 권력 때문에, 자유에 입각해 볼 때, 사회주의가 자본주의보다 훨씬 열악하다는 자주 등장하는 주장을 고찰해 보자.[2] 국가가 생산수단(대부분)을 소유하기 때문에 국가는 "복종하지 않는 자는 먹지 말라"는 트로츠키의 유명한 구호를 실행에 옮길 수 있다. 국가권력의 보유자는 이때 선거에서 지지를 확보하기 위한 한 방법으로 국가 임용제state appoint-ments를 이용할 강한 유인을 가질 것이기 때문에, 고용을 대가로 국가에 대한 복종을 요구하는 성향이 민주적 통제에 의해 감소될 것이라고 당연히 기대할 수 없다. 이런 종류의 고려 사항은 형식적 자유에 대한 배려를 통해서도 포착되지 못하며(만약 구호가 '복종하지 않는 자는 감옥에 갇히리니'였다면 그랬을 것처럼), 또한 비우월적 다양성에 대한 관심을 통해서도 포착되지 못한다(만약 종족성이나, 이를테면 인간의 내적 부존 자산의 다른 어떤 특징이 유일한 차별의 기준이었다면 그랬을 것처럼). 이렇게 블랙리스트를 체계적으로 작성하는 체제가 자본주의보다 더 높은 기본소득을 지속적으로 제공한다고 하더라도 그 체제를 실질적 자유지상주의자는 비난해서는 안 되는가? 아니, 그렇지는 않다. 왜냐하면 기본소득이 더 높을수록, 국가 공무원에 대한 복종뿐만 아니라 자신의 상사나 자신의 배우자에 대한 복종과 관련해서도 '복종하지 않는 자는 먹지 말라'와 같은 진술은 그만큼 더 사실이 아니게 될 것이기 때문이다. 그래서 이런 다차원적 의미의 모두를 위한 더 큰 실질적 자유가 바라는 일자리에 접근할 권리에 대한 (재능과 아마도 친족에 더하여) 이데올로기적인 차별을 대가로 해서만 달성될 수 있다면, 그렇게 하자. 물론 이런 차별은 실질적 자유지상주의자가 달가워하는 것은 아니다. 즉 그런 차별은 경제적 효율성의 방해물이 될 수밖에 없다. 보다 근본적으로 그런 차별은 무조건적인 기본소득의 장기적인 실행 가능성을 훼손할 정도로 정치적 과정에 편견을 갖게 할 수 있다. 일자리 접근을 위한 블랙리스트의 작성은 왜 소득 접근을 위한 블랙리스트 작성으로 확대되지 않겠는가? 그러나 이런 결과들은 지속 가능한 기본소득 극대화라는 우리의 기준에 의해 자동적으로 고려되며, 따라서 국가의 블랙리스트 작성을 상당한 정도로 지지하는 체제가 이 기준에 따라 가장 잘 기능하리라는 예측을 받아들이기는 매우 어렵다. 최적의 사회주의가 그런 체제인가? 이런 주장을 하기 위해서는 실현 가능한 어떤 체제도 생산수단 대부분에 대한 (어떻게 조직됐든) 공적 소유권을, 이데올로기적으로 일탈된 사람들이 일자리를 얻지 못하게 되는 것을 방지해 줄 매체나 사법부 및 정치제도들과 지속적으로 결합될 수 없음을 논증해야 한다. 그런 논증을 과연 누가 제시할 수 있는가?

2. 자본주의적 선호의 형성

이렇게 실질적 자유지상주의의 관점에서 최적의 사회주의와 최적의 자본주의의 상대적 장점을 평가한다는 것이 무엇을 의미하는지를 명료화했으니, 비우월적 다양성이라는 제약 조건이 자본주의보다는 사회주의에서 더 쉽게 충족된다고 기대할 만한 이유가 존재하는지 물음으로써, 자본주의를 지지하는 가정을 사회주의에 유리하게 뒤집기 위한 잠재적인 근거들을 비판적으로 검토해 보자. 만약 이것[비우월적 다양성이라는 제약 조건이 자본주의에서보다는 사회주의에서 더 쉽게 충족된다]이 사실이라면, 장애인에 대한 보상을 위해 더 적은 기본소득의 재원을 차등적 이전[의 비용으로] 전용할 수 있었을 것이며, 따라서 최적의 사회주의는 더 적은 경제적 효율성에도 불구하고 실질적 자유지상주의에 근거해 최적의 자본주의보다 더 선호할 만한 것이 되었을 것이다. [하지만] 이것은 왜 사실일 수 있는가? 인구의 건강 상태와 같은 객관적 상황이 소유 제도의 차이에 의해 영향을 받을 것이라고 예상되기 때문은 아니다. 양 체제 모두에서 공중 보건, 작업 안전 조치, 환경 정책이 취해질 수 있으며, 기본소득의 일부는 생산수단에 대한 소유권의 본성에 의해 영향을 받지 않고 또한 실질적 자유지상주의와 모순되지 않은 근거에서, 무상 의료보험(2장 4절을 참조)의 형태로 제공될 수 있다.

그러나 비우월적 다양성 [기준]이 쉽게 만족되기 위해 사회 구성원들의 내적인 부존 자산이 가진 객관적 특징에만 의존해야 하는 것은 아니다. 그것은 또한 지배적인 선호의 패턴에 결정적으로 의존한다(3장 5절을 참조). 이 패턴은 거의 틀림없이 사회경제 체제의 본성에 의해 최소한 부분적으로 형성된다.[3] 이제 이런 종류의 한 논증이 가진 타당성을 검토해 보자. 이 논증은 그 자체로 흥미로울 뿐만 아니라, 이와 같은 논증 노선과 연관된 난점들을 예시한다는 점에서 흥미를 끈다. G. A. 코헨에 따르면, 자본주의는 "[그 체제가 낳은 기술 향상의 결실들을 사용하기 위한_저자] 선택지들 가운데 한 가지 선택지, 곧 생산량 확대를 고취하는 경향이 있다는 중대한 하나의 결함을 가지고 있다. 또 다른 선택지인 [노동자의] 노고의 감소는 생산량 및 판매량의 증가와 관련된 이윤의 희생, 곧 경쟁력의 상실로 이어지기 때문이다"(Cohen 1978, 297-307). 이런 경향은 생산량의 장기적인 증가[율]이 자유 시간의 증가[율]보다 대체로 더 높다는 사실을 설명해 준다. 특히 이반 일리치(Illich 1981)가 그림자 노동이라 불렀던 것, 즉 사무실로 이동하기 위해 필요하거나 슈퍼마켓의 선반에서 물건을 갖고 오거나 도로 갖다 놓기 위해 필요한 노동의 증가에 주의를 기울인다면 그렇다.[4] 현대자본주의하에서, 이윤 극대화[논리]는 기업으로 하여금 여가를 즐기는 것이 아니라, 그 기업의 상품을 소비하는 데서 오는 장점을 광고하도록 부추긴다. 이로 인해 노동자의 '선호추구표'pursuit schedule와 '선호만족표'satisfaction schedule 사이, 다시 말해 더 많은 소비재들을 추구하려는 노동자의 행동 성향과 그 소비재들을 소유하는 데서 얻은 현실적 만족 사이에 불일치가 발생하게 된다. 그 결과 여가에 반대하고 소득을 지지하는 편향이 생겨나게 되는데, 이런 편향의 발생은 자본주의 사회가 그 구성원들의 만족을 극대화하지 못하는 방식으로 그 자원들을 체계적으로 배분함을 함축한다.

실질적 자유지상주의의 관점에서, 이제까지 제시된 논증은 그야말로 부적절하다. 실질적 자유지상주의의 관점에서 중요한 것은 자원의 사용이 복지의 총합에 입각해 개선될 수 있는지의 여부가 아니라, 실질적 자유의 축차적인 최소극대화에 입각해 개선될 수 있는지의 여부다. 그러나 비우월적 다양성 [기준]의 만족에 그 논증이 어떤 영향을 끼치는지 보여줌으로써 실질적 자유지상주의의 관점에 적절하게 그 논증을 쉽게 변형시킬 수 있다. 사회주의에 비해 자본주의하에서 광고에 대한 우호적인 편향이 발생하는 것은 선호추구표의 수준뿐만 아니라 ― 코헨에 반대해 인정하자 ― 선호만족표의 수준에서 소득의 중요성에 더 큰 의견일치가 이루어지기 때문이다. 그러나 소득이 압도적으로 중요하다는 대중적 합의가 존재한다면, 우리는 비우월적 다양성 기준에 따라 상대적으로 낮은 수익력을 나타내는 재능을 가진 사람들을 차등적인 방식으로 보상하기 위해 상당한 양의 자금을 써야 할 것이다. 이때 무조건적 기본소득의 재원을 조달하기 위해 남아 있는 것은 ― 그런 게 있다면 ― 거의 없게 될 것이다. 무조건적 기본소득의 수준이 가장 적은 실질적 자유를 가진 사람들이 누리는 실질적 자유의 적절한 지표라면, 그 논증은 실질적 자유지상주의에 근거해 (편향된) 자본주의보다는 (편향되지 않은) 사회주의를 선호하기 위한 근거를 제공한다고 할 수 있다.

이런 논증에 반대해, 누군가는 먼저 [여가보다 소득을 우선시하는 자본주의의] 편향의 실재성을 거부할 수 있다. 예를 들어, 누군가는 낮은 임금에 대한 자본가들의 이해 관심과 긴 노동시간에 대한 그들의 이해 관심 사이의 완벽한 대칭성을 지적할 수도 있고, 자본가들이 노동시간을 줄이려 하지 않을 뿐만 아니라 임금이 올라가지 않도록 하기 위해 안간힘을 쓴다고 믿을 만한 충분한 이유가 있다고 추론할 수도 있다.[5] 그러나 자본가들이 더 짧은 [노동]시간이 아니라 더 높은 임금을 내주기를 원한다는 것이 요점이 아니다. 적게 일하는 것이 얼마나 대단한지가 아니라 돈을 많이 버는 것이 얼마나 대단한지 그들이 뽐내도록 체계적으로 유인되고 있다는 게 중요하다. 이런 편향은 앞서 주장한 편견을 파생시키는 노동자의 취향에 틀림없이 영향을 미친다. 누군가는 소비가 시간을 필요로 하며 따라서 소비재의 중요성에 대한 과시는 **바로 그** 사실에 의해 자유 시간의 중요성에 대한 과시와 같다는 [논지의] 또 다른 반론을 펼 수도 있다.[6] 만약 광고 대상이 되는 상품을 소비하기 위해 필요한 **추가** 시간이 그것을 사기 위해 필요한 만큼을 벌기 위해 소요되는 노동시간에 최소한 맞먹는다면, 이 반론은 치명적일 것이다(예를 들어, 세계 여행 지도를 생각해 보라). 그러나 대부분의 경우, **추가적인** 여가가 필요하지 않다(물 한 모금 마시는 데 시간이 들지 않는 것처럼, 펩시 한 모금을 마시는 데도 시간이 걸리지 않는다). 그러므로 소비재 구매에 따라 여가가 촉진될 가능성이 충분히 고려된다고 하더라도, 편향은 존속한다고 확실히 주장할 수 있다. 마지막으로, 전형적인 형태의 자본주의는 그런 편향으로부터 완전히 자유롭기 때문에 그 편향이 자본주의 자체에는 거의 귀속될 수 없다는 반론이 있을 수 있다. 완전경쟁하에서, 가격은 개별 기업들[에 영향을 끼치는] 한정 요인parameter이다. 개별 기업들은 이때 한계 생산량이 주어진 가격과 같아지는 방식으로 생산 수준을 선택한다. 기업은 이때 근본적으로 고객을 얻거나 잃는 것에는 무관심하며, 그래서 광고하느라 자원을 낭비하지 않을 것이다. 그러나 현존하는 자본주의와 실행 가능한 자본주의 모두에서는 사람들이 완전히 자유롭게 참여할 수 있거나, 완벽한 정보를 갖고 있지 못하다. 완전경쟁과 다르게, 그런 독점적 경쟁은, 마틴 와이츠먼의 말에 따르면, "호황과 불황에, 생산물 시장에 변함없는 영향력을 행사한다. 왜냐하면 주어진 임의의 순간에 기업은 적극적으로 생산과 판매의 확장을 추구하기 때문이다"(Weitzman 1984, 35). 독점기업은, 다양한 정도의, 가격 결정자이며, 따라서 일반적으로 한계비용보다 더 높게 가격을 정하는 게 (이윤을 극대화하는) 이익이 될 것이라 여긴다. 기업들은 이 가격에 구매자들이 구매하고 싶어 하는 것 이상을 계속 팔기 원할 것이다. 왜냐하면 완전경쟁하에서 일어나는 것과는 달리, 추가 소비자는 추가 이윤을 얻게 하기 때문이다. 호화로운 매장과 매혹적인 광고는 그 결과다.[7] 그러므로 충분한 추상 모델을 결여하고 있음에도 불구하고, 그 편향은 확실하게 실행 가능한 자본주의에 귀속될 수 있다.

하지만 그래서 어쨌다는 말인가? 사회주의사회가 비우월적 다양성을 달성하기 더 쉽다는 결론이 진짜로 따라 나오는가? 먼저, 최적의 사회주의에서도 [최적의 자본주의에서와] 유사한 편향이 나타난다고 주장할 수 없는 것인가? 와이츠먼의 정식(Weitzman 1984, 36-37)을 다시 사용하면, 열정적인 판매자가 소극적인 구매자의 저항을 극복하는 것이 아니라 오히려 열정적인 구매자가 소극적인 판매자의 저항을 극복하는 것이 소비에트 유형의 경제의 가장 중요한 특징이었다. 이런 맥락에서, 소득에 더 큰 중점을 둘 것을 요구하는 것과 같은 종류의 압력이 여가에 대해서는 존재할 수 없다. 그러나 사회주의가 실질적 자유의 축차적인 최소극대화의 관점에서 자본주의와 경쟁하고자 한다면, 재화의 이와 같은 체계적인 결핍은 , 내가 방금 논증했던 것처럼(6장 1절), 제거해야만 하는 특징이다. 이 목표를 달성하기 위해 더 많은 자율성이 공적으로 소유되는 기업들에 주어진다면, 독점 자본주의하에서와 정확히 같은 유형의 편향이 [사회주의에서] 나타나는 것을 목도할 수밖에 없지 않은가? 그러나 두 번째로 그 편향이 최적의 사회주의보다는 최적의 자본주의에서 더 강하게 나타난다고 가정해 보자. '장애'를 가진 사람들의 [부족한] 수익력을 보상하기 위해 필요한 재원이 취향의 더 큰 동질성의 결과로 틀림없이 증가한다고 하더라도, 이 편향이 지속 가능한 최고 수준의 기본소득에 미치는 순효과가 부정적일 수밖에 없다고 당연하게 여겨서는 안 된다. 그런 편향의 직접적 원인인 광고가 경쟁을 효과적이게 하고, 그리하여 경쟁과 연관된 이익을 창출하는 데 핵심적인 역할을 한다는 건 아마도 사실일 것이다(6장 3절 이하를 참조). 무엇보다 먼저, 그 편향 자체는 공식적 노동의 공급과 과세 가능한 생산물을 체계적으로 증가시킬 수밖에 없을 것처럼 보이며, 따라서 지속적으로 유지될 수 있는 가장 높은 수준의 기본소득을 상향 이동시키는 것처럼 보인다. 이런 현상은 특히 다음과 같은 경우 나타날 것으로 예상된다. 즉 [가장 높은 수준의 기본소득이] 노동 공급과 재분배 가능성에 긍정적 영향을 끼치는 것과 달리, 해당 사회에서 광고의 영향을 받지 않고 소득보다 자유 시간에 비중을 두는 소수파만이 존재할 때 (이렇게 축소된 선호의 다양성을 통해) 비우월적 다양성 기준이 용이하게 만족됨으로써 [비우월적 기준의 그런 용이한 만족이 끼치는] 부정적 효과가 매우 제한적으로 드러나는 경우가 그러하다.[8] 이를 더 대략적으로 표현하면 이렇다. 낮은 수익력은 보상을 위한 근거를 제공하지 못한다. 왜냐하면 관련된 사회의 누군가는 그렇게 적게 버는 것을 꺼려하지 않기 때문이다. 그 대신, 누군가가 소득에 더 큰 중요성을 부여하기 시작하자마자 노동 공급은 증가하게 될 것이다. 그러므로 그런 편향[여가보다 소득을 우선시하는 편향]이, 비우월적 다양성 기준과 일치하는 최대의 기본소득에 끼치는 영향이, 그런 게 있다면, 부정적이라는 건 결코 확실하지 않다.[9]

　　이처럼 실질적 자유지상주의에 근거해 사회주의를 지지하려는 취향 유발taste-induction argument 논증은 위험한 경험적 추측에 의존하며 손쉽게 친자본주의적 논증으로 변질될 수 있다. 만약 우리가 자본주의에서 더 높은 기본소득을 (비우월적 다양성과 일관되게) 지속적으로 공급할 수 있다는 추정을 깨뜨리려 한다면, 우리는 다른 방향을 찾아야 할 것이다. 이제부터 나는 사회경제 체제가 선호 패턴에 끼치는 영향이 무시 가능하거나 혹은 중요하지 않다고 단순하게 가정할 것이며, 이로부터 우리가 실질적 자유지상주의 관점에서 관심을 둘 필요가 있는 것은 차등화되어 있든(비우월적 다양성을 달성하기 위해), 그렇지 않든 상관없이, 이전을 위해 지속 가능하게 사용할 수 있는 [기본소득의] 총액이라고 가정할 것이다. 이는 우리로 하여금 경제적 효율성이라는 쟁점을 정면으로 맞닥뜨릴 수밖에 없게 한다. 우리가 보게 될 것처럼(6장 7절), 이것이 남아 있는 유일하게 중요한 차원은 아니지만 말이다. 경제적 효율성은, 유용한 구분에 따르면, **정적 효율성** 혹은 생산 자원의 할당 면에서의 효율성과, **동적 효율성** 혹은 이런 자원들의 산출 면에서의 효율성으로 나누어진다. 두 가지 효율성과 관련해 우리의 최초의 가정에서 얻은 일반적인 견해는 자본주의가 사회주의보다 훨씬 더 잘 작동할 수밖에 없다는 것이다. 그러나 효율성의 양 측면들은 다양한 스펙트럼을 가진 비합리성에 기반한 자본주의 비판론의 초점이었다. 나는 이제 친자본주의적 가정을 전복시킬 전망을 제공해 주는 비판들을 확인하는 과정에서 저 비판들을 선별적으로 검토하는 작업에 착수할 것이다.[10] 먼저 나는 실질적 자유지상주의의 관점에서 자본주의에 대한 경제학적 비판에서 중요한 역할을 해온 정적 효율성과 관련된 다수의 측면들을 고찰하고(6장 3~5절), 이어서 동적 효율성의 핵심 차원으로 넘어갈 것이다(6장 6절).

3. 시장의 실패와 불필요한 활동

자본주의가 생산 자원들을 비효율적인 방식으로 체계적으로 배분한다는 취지의 표준적 비판은, 한편으로는 완전경쟁 시장이 보장해 준다고 가정되는 자원 할당으로부터의 낭비적 일탈이라 할 수 있는 소위 시장의 실패에 의존하고, 다른 한편으로는 대안 경제체제를 통해 없앨 수 있는 **비생산적인 활동**의 광범위한 현존에 의존한다. 나는 다음 두 절을 생산적인 인적 자원의 (주기적 혹은 항구적인) 낭비인 실업이라는 매우 중요한 현상에 할애할 것이다. 실업은 경제적 효율성과 모두를 위한 실질적 자유 양자와 복잡하면서도 밀접한 관계를 맺기 때문에 특별히 관심을 끄는 시장 실패의 특수한 유형이다. 이 절에서 나는 먼저 다른 시장 실패의 주요 범주들 — 독점 혹은 좀 더 일반화해, 경제적 행위자가 시장가격에 영향을 줄 가능성 및 외부성, 다시 말해 가격 체계에 반영되지 않는 비용과 편익 — 과 관련된 반자본주의 논증, 이어 이 맥락에서 (가상적으로) 가장 자주 도입되는 낭비 활동의 두 범주인 치안 활동 및 광고 활동과 관련된 반자본주의 논증을 실질적 자유지상주의의 관점에서 개진할 수 있는지 여부를 간략히 검토할 것이다.

독점에 근거해 자본주의를 비판하는 논증은 간략하게 다음과 같이 요약될 수 있다.[11] 특정한 비용 구조를 통해 이윤을 극대화하려는 독점 자본가들이나 과점 자본가들은 완전경쟁에서 선택되었을 수준보다 더 낮은 수준의 생산량과 더 높은 수준의 가격을 선택한다. 이는 그 자체로 파레토 하위 최적을 구성한다. 그뿐만 아니라 더 높은 가격 역시 완전경쟁 경제를 통해 비용 극소화를 가능케 하는 전체 신호 체계를 왜곡시킨다. 주지하는 바와 같이, 이 논증의 위력은 조지프 슘페터에 의해 약화되었다. 먼저, 슘페터는 다음처럼 지적한다. "우리가 지금 염두에 두는 경쟁은 그것이 현존하는 경우뿐만 아니라 단순히 언제나 존재하는 위협에 불과한 경우에도 영향력을 가진다는 점을 지적할 필요는 거의 없다. 경쟁은 실제로 공격하기 전부터 사람들을 규제한다. …… 모든 경우라고 할수는 없지만 많은 경우 이것은 장기적으로 완전경쟁 패턴과 매우 유사한행동을 강요할 것이다"(Schumpeter 1943, 85[국역본, 187쪽]). [독점을 이유로 자본주의를 비판하려는 논증의 타당성에 대한] 이런 제한은 이제 이른바 경합 시장contestable markets 이론을 통해 정교화되었고 발전되었다. 완전 경합 시장은 그 시장으로의 진입이 완전히 자유로운 시장이고, 그것으로부터 퇴장하는 데 전혀 비용이 들지 않는 시장이다. 만약 이런 시장에 최소한 두 개의 기업이 있다면, 균형가격과 생산량 수준은 정확히 그 기업들이 완전경쟁하에 도달하게 될 수준과 같게 될 것이다.[12] 이처럼 매우 집중화된 시장구조조차도 정적 효율성의 달성과 모순되지 않는다. 물론 완전한 경합 가능성이란 조건은 여전히 쉽게 만족되지 않으며, 투자는 **매몰비용**, 다시 말해 기업이 시장에서 나올 때 회수 불가능하게 소비된 비용을 포함하기 때문에 현실 세계의 자본주의에서 그 조건은 대체로 충족되지 못한다. 그럼에도 이 첫 번째 제한의 결과로 독점에 기반을 둔 논증의 날카로움은 상당히 무뎌지게 된다. 그러나 슘페터의 주요한 — 그리고 가장 유명한 — 대답은 다른 성격의 것이다. 그것은 독점자본주의와 연관된 정적 비효율성이 독점자본주의의 엄청난 동적 효율성의 필요 조건이자 그것을 위해 지불해야 할 가벼운 비용이라고 추정한다. 이 추정이 사실이라고 해서 잘 설계된 반트러스트 정책이 무용하게 됨을 함축하지는 않을 것이며, 경쟁에 대한 장애 요인의 제거가 보통 경제적 효율성을 증가시킬 수 있으며, 그래서 최적의 자본주의 개념이 이 점을 고려해야 함을 함축하지도 않을 것이다. 하지만 [이런 추측이 사실이라면] 완전경쟁 자본주의와 합리적으로 계획된 사회주의라는 대등한 청사진으로부터 현실 또는 실행 가능한 자본주의가 거리를 둠으로써 정적 효율성 면에서 비용을 치르기는 하겠지만, 전반적인 경제적 효율성, 그리고 이를 통해 어쩌면 실질적 자유의 축차적인 최소극대화 면에서 상당한 개선이 이루어질 수도 있을 것이다. 나는 적절한 때(6장 6절)에 이 추정으로 되돌아갈 것이다.

두 번째, 환경의 외부성과 관련된 정적 비효율성을 고려해 보자. 환경위기의 뿌리에 있는 것은 산업화industrialism가 아니라 자본주의라거나, 혹은 어쨌든 사회주의가 환경 위기에 더 잘 대처할 수 있다고 주장되곤 한다. 오스카르 랑게는 이 점을 다음과 같이 표현한다. "사회주의경제는 모든 대안들을 경제적으로 계산할 수 있을 것이다. 그리하여 사회주의경제는 제공되는 모든 서비스들을 생산을 통해 평가하고 희생된 모든 대안들의 비용을 산정할 것이다. …… 그렇게 함으로써, 사회주의경제는 사적인 기업과 연관된 수많은 사회적 낭비를 피할 수 있을 것이다"(Lange 1937a, 126)[13] 그러나 랑게가 잘 알고 있듯이, 개인의 비용과 편익을 최소한 대략적으로라도 사회적 비용 및 편익과 맞추기 위해, 이른바 피구세●와 보조금 같은 것을 자본주의적인 맥락에서 원칙적으로 도입할 수 있다. 사실 다른 어떤 이유로 의사 결정의 큰 분권화가 필수적인 경우에는 이것이 사회주의경제에서 추진되어야 하는 방법인 셈이다(6장 6절을 참조). 따라서 외부의 비용을 내부화하는 역량의 차이가 [자본주의와 사회주의 사이에서] 선명하게 그어지는 것은 아니다.[14] 더욱이 이런 역량을 사용하는 경제적 행위자의 체제 의존적인 유인이 부각될 필요가 있다. 예를 들어, 사적 소유하에서는 개인들의 자산의 가치가 외부성에 의해 영향을 받기 때문에, 개인들은 성가신 행위를 막아 내거나 적극적 외부성의 생

● 경제학자 아더 세실 피구가 환경오염과 같은 부정적 외부 효과를 시장 내부의 논리로 해결하기 위해 제안한 세금을 가리키는 말이다. 피구에 따르면, 피구세가 부정적 외부효과를 교정하는 역할을 하기 위해서는 조세 금액이 부정적 외부 효과를 일으키는 행위에서 비롯되는 외부 비용과 같은 액수여야 한다.

산을 고무하기 위해 정치적 권위를 동원하거나 그것에 압력을 가할 더 강한 동기를 갖게 될 것이다.[15] 물론 이것은 단 하나의 예일 뿐이다. 많은 것은 자본주의 혹은 사회주의하의 정치제도들에 대한 상세한 설계에 의존하게 될 것이다. 요점은 '내부화'의 역량이 사회주의하에서 두드러지게 더 크다고 하더라도, 이런 **사실 자체**에 의해 이런 종류의 정적 비효율성을 피하는 더 강력한 경향을 사회주의에 귀속시킬 수는 없다는 것이다. 이 영역에서 사회주의에 대한 역사적 기록은 쟁점을 해결해 주지 않으며, 그런 경향을 입증하려는 시도를 매우 전도유망한 것으로 만들어 주지도 못하는 듯하다.

그러나 자본주의에 귀속되는 정적 비효율성은 대개 전혀 다른 성격의 것이다. 자본주의경제가 완전히 경쟁적이며, 따라서 정의상 어떤 시장 실패로부터도 자유롭다고 하더라도, 그것은 여전히 낭비적이라고 주장된다. 왜냐하면 사회주의경제와 달리 자본주의경제에서는 사람들의 복지에 아무런 기여도 하지 않는 다수의 활동들이 생겨나며 이로 인해 [자본주의경제는] 전체적인 노동생산성의 장애물로 간주될 수 있기 때문이다.[16] 반면 사회주의사회에서 사람들의 복지에 아무런 기여도 하지 않는 이런 다수의 활동들은 불필요하다. 언뜻 봤을 때 이런 활동의 그럴듯한 한 가지 사례는 자본주의적인 소유권의 강제집행이다. 조지 오웰이 쓰고 있듯이 혁명 이후의 농장에서는 "동물들이 이제는 도둑질을 하지 않았기 때문에 목초지와 경작지를 울타리로 구분할 필요가 없었다. 이를 통해 [동물들은] 담장과 문을 지키는 많은 노동을 절약할 수 있었다"(Orwell 1945, 45). 덜 비유적으로 말한다면, 자본주의가 효과적으로 소유권을 보호하기 위해서는 법원, 경찰, 법무 서비스, 야간 경비원, 철조망, 곧 사회주의사회에서는 없앨 수 있을 일련의 고비용의 사회적 공비faux frais 를 필요로 한다. 그러나 왜 자본주의는 그것을 필요로 하는가? 분명히 소유권에 기반을 둔 청구property claims가 사회주의사회에서 존재하지 않기 때문은 아니다. 이런 맥락에서 최적의 사회주의라는 자격을 얻을 만한 어떤 체제에서도 소비 수단에 대한 광범위한 사적인 소유권이 유지될 것이며(나의 동료 시민들이 내 입에서 내 파이프를 빼앗는 것이나 내가 없을 때 내 아파트 안에 들어가는 것은 허락되지 않는다), 공적인 소유제에서도 소유권에 기반을 둔 청구가 생겨날 수 있다(공원이나 공장이 공적으로 소유된다고 해서 누구나 혹은 그 소유권을 나누어 가진 어느 한 사람이 그녀가 원하는 대로 그 공원이나 공장을 사용할 수 있음을 의미하지는 않는다). 오히려 자본주의사회에서보다 사회주의하에서 소유권에 기반을 둔 청구가 보호를 덜 필요로 한다는 것이 대답이 될 수 있다. 왜 이것이 참인가?

[사회주의사회에서는] 박탈 상태에 있으며, 그래서 살아남기 위해서 소유권을 위반하는 것 말고는 다른 선택지가 없는 상태에 있는 사람이 더 적을 것이라고 답할 수는 없다. 왜냐하면 이는 입증해야 할 것을 부당하게 가정하는 오류이기 때문이다. 다시 말해, 우리는 자본주의의 정적 비효율성의 가능한 원천들을 철저하게 분석함으로써, 높은 기본소득의 재원을 조달할 가능성이 자본주의사회에서 더 낮은지의 여부를 찾고자 하기 때문에 [사회주의사회에서 더 적은 사람들이 박탈 상태에 있다는 주장을] 전제로 사용할 수 없다. 우리는 또한 사회주의의 소유권 구조는 '일반화할 수 없는 이익'non-generalizable interests에 기반을 둔 자본주의와 같은 체제보다 훨씬 더 광범위한 자발적 동의를 얻을 정도로 정당성을 누릴 것이라고 응수할 수도 없다. 이는 다시 입증해야 할 것을 가정하는 오류일 것이다. 왜냐하면 자본주의가 모두를 위한 더 많은 실질적 자유를 보장할 수 있다는 주장이 입증됐다면, 자본주의의 정당성은 누군가 원하는 만큼 확고

● 산업 경쟁력을 높이기 위해 필요한 교통망, 운송망, 행정과 공공서비스 등에 지출되는 비용을 말한다. 특별 비용이라고도 부른다.

하게 '일반화 가능한 이익'에 뿌리를 두고 있었을 것이기 때문이다.[17] 마지막으로, 시장 관계의 발전이 종교적이고 도덕적인 행동 수칙(이 같은 행동 수칙의 신중하지만 효과적인 작동은 기업 안에서 그리고 기업들 사이에서 재산권의 강제집행 비용을 상당히 낮추곤 했다)의 급속한 붕괴를 이끈다고 반론하고 싶어 할 수도 있을 것이다. 이런 주장은 입증해야 할 것을 부당하게 가정하는 오류는 아니지만, 또 다른 문제를 제기하게 한다. 이런 도덕적 붕괴가 기정사실이라고 인정한다고 해도, 그런 도덕적 [행동 수칙의] 붕괴가 직종 간 이동이나 지리적 이동의 증가, 산업화와 연관된 익명성과 자립성의 증가와 관련된 것이 아니라 자본주의적인 관계와 특수하게 관련된 것인지는 결코 분명하지 않다. 그러므로 도덕적 붕괴는 산업 생산에 의해 가능하게 된 효율성 개선을 폐기하려고 하지 않으려 한다면, 그 어떤 사회든 치러야 할 대가다. 이런 대가는 생산수단의 공적인 전유를 통해 축소될 가망이 없다(여기서 다시 사회주의의 역사적 기록은 전혀 도움을 주지 않는다). 이 [도덕적] 붕괴 과정은 도덕의 축소를 대체하는 데 필요한 억압의 비용이 산업 발전으로부터 얻는 장기적인 이익을 초과하는 지점에 도달할 수도 있는가? [이 물음에 대한 답은] 누가 말할 수 있겠는가? 그러나 이 불길한 전망은, 설사 실현된다고 하더라도, 최적의 자본주의와 최적의 사회주의 모두에서 문제가 될 것이다.[18]

광고는 자본주의에 일반적으로 귀속되는 불필요한 활동을 통한 낭비의 또 다른 예다. 많은 광고는 경쟁하는 자본주의적인 기업들이 대략적으로 주어진 총수요를 서로 차지하려고 하는 터무니없을 정도의 사치스런 방식처럼 보인다. 이익을 가져다주어야만 광고를 해야 함에도 불구하고, 자본가들은 종종 시장점유율의 보존 이외의 다른 목적이 없이 큰 자금을 동원하도록 내몰리기 때문에 광고는 사치스러운 것이라고 할 수 있다. 광고가 터무니없이 비싼 것은 소비자들이 그 상품과 관련한 정보에서 얻는 것이 결국 그들이 지불해야 하는 광고 대금과 균형이 맞지 않기 때문이다. 그러므로 최적의 자본주의는 광고에 대한 매우 제한적인 규제를 포함해야 한다고 누군가는 대응하고 싶어 할지도 모르겠다. 그러나 이런 주장은 판단 착오일 것이다. 왜냐하면 위에서 그 윤곽이 그려진 논증은 자본주의경제에서 광고의 주요한 역할을 완전히 간과하기 때문이다. 광고가 광고되고 있는 상품의 특성에 관해 그 어떤 정보도 제공하지 않거나, 혹은 오직 잘못된 정보만을 준다고 하더라도, 그 광고는 여전히 소비자들로 하여금 그들이 현재 구매하고 있는 상품이나 브랜드에 대한 대안이 존재한다는 사실을 깨달을 수 있게 하는 결정적인 기능을 수행할 것이기 때문이다. 경쟁은 그런 대안들의 단순한 존재가 아니라 [그런 대안들에 대한] 지각의 문제다. 광고는 고정 소비자를 거느리고 있는 [예를 들어, 특정 시장을 선점한] 기업들이 누리고 있는 '인지적' 독점[인지도]을 끊임없이 깨뜨리는 강력한 힘이다. 광고가 없을 때, 자본주의적 기업은 지금과 같은 정도로 혁신할 수 있는 추동력을 잃었을 것이다. 왜냐하면 [광고가 없었다면] 소비자들은 어떤 기업의 경쟁자가 개발한 신상품이나, 기술 발전에 힘입어 경쟁자가 제공할 수 있는 낮은 가격에 관해 알지 못하거나, 그런 것들에 대해 배우는 데 오랜 시간이 걸렸을 것이기 때문이다. 독점의 경우에서처럼, 정적인 낭비static wastage에 대한 근시안적인 강박 때문에 자본주의의 역동적 과정에서 광고가 수행하는 중심 역할을 은폐해서는 안 될 것이다.[19]

4. 위기

따라서 이전 절에서 간략히 논의된, 비생산적인 활동이나 시장 실패는 최적의 사회주의보다 최적의 자본주의가 우월하다는 주장을 뒤집기 위한 전도유망한 근거가 되지 못한다. 그러나 정적 비효율성에 근거를 둔 가장 심각하고 신뢰할 만한 자본주의 비판은 이제까지 고려하지 않은 또 다른 유형의 시장 실패에 초점을 맞춘다. 즉 자본주의는 거대한 비자발적 실업을 체계적으로 발생시키며 이로 인해 사회의 가장 귀중한 생산적 자원인 인간의 노동력을 엄청나게 낭비한다. 문제의 뿌리는 자본주의적인 생산수단의 무정부성 자체가 아니다.[20] 경제적 결정에 대한 중앙의 조율이 없는 체제, 그래서 생산에 대한 사후 확인만 있는 체제에는, 공급과 수요의 불일치, 특히 임금재 부문과 자본재 부문 간의 불비례가 존재할 것이다. 다양한 소비재 수요에 대한 완만한 변동이 자본재 수요의 중대한 변동으로 체계적으로 증폭됨에 따라, 기업은 팔 수 없는 상품, 사용할 수 없는 설비, 해고해야 할 노동자들을 억지로 떠맡게 된다.[21] 그러나 총수요가 줄어들지 않는 한, 이 메커니즘은 일시적인 실업만을 발생시킨다. 그러는 사이 경제는 노동과 자본을 한 분야에서 또 다른 분야로 점진적으로 이동시킴으로써 변화하는 수요 패턴에 적응한다.[22] [반면] 이와 같은 신속한 조정 이면에서, 자본주의가 심층적인 이유로 주기적이거나 항구적인 산업예비군이라는 장기화된/장기적인 위기를 발생시킨다고 주장할 수 있을 때에만, 그 주제[공급과 수요의 불일치, 다시 말해 임금재 부분과 자본재 부문 간의 불비례 문제]는 유효한 것이 된다. 장기적인 실업이 주기적인지 아니면 주기마다 지속되는지의 여부와는 무관하게, 그것은 명백히 자원의 낭비를 구성한다. 그래서 그런 자원의 낭비가 상당히 크고 충분히 뿌리가 깊은 것이라면, 실질적 자유지상주의자가 최적의 자본주의에 대해 의구심을 가지는 것은 당연하다고 하겠다.

장기적인 위기가 자본주의의 기능에 내재하고 있음을 입증한다고 주장하는 이론들은 두 종류로 나누어진다.[23] 이른바 과소소비론은 노동자들이 상품에 대한 불충분한 몫을 받는다는 사실에서 이런 위기의 뿌리를 찾는다. [과소소비론의] 핵심 발상은 총수요의 부족이 과잉생산, 실업, 과잉 설비의 누적 과정을 — 케인스적 패턴을 따라 — 발생시키며, 게다가 대규모로 이것이 발생할 가능성이 더 클수록, 노동자들의 소비에 의해 흡수되는 총생산의 몫이 더 작아진다는 것이다.[24] 요점은 다음과 같다. 즉 소비재에 대한 수요는 노동인구의 필요에서 유래하기 때문에 그 규모와 내용 면에서 상당히 예측 가능한 반면, 자본재에 대한 수요는 이윤율에 관한 자본가의 기대에 의해 결정되기 때문에 훨씬 더 가변적이라는 점이다. 총생산량과 소비재 수요 간의 '수요 격차'를 투자수요를 통해 체계적으로 메우는 것이 원리적으로 가능하지만, 수요 격차의 변동성은 이런 일이 잘 일어나지 않게 하며 그 격차가 커질수록 더 그렇다.[25]

　과소소비론자의 주장이 현재의 맥락과 관련되기 위해서는 그 이론이 기술하는 [자본주의의] 경향이 역사적으로 실현된 자본주의의 몇몇 형태들 안에 현존해 왔음을 보여 주는 것으로 충분치 않다. 최적의 자본주의조차 상당한 정도로 그런 경향을 드러내는 것이 틀림없음을 논증할 수 있어야 한다. 그러나 현실 자본주의는 생산성 증가와 노동자의 생활수준의 향상을 제도적으로 결합시킴으로써 수요 격차의 확대를 방지할 수 있음을 이미 보여 주었다. 반면 채권 발행 또는 적자 재정을 통해 경기 침체기에 이루어지는 이전 체계와 여타의 공공 지출은, 의도적이든 의도적이지 않든, 주기적 경기변동을 완화하기 위한 '경기 자동 안정 장치'built-in-stabilizer로 기능하거나 주기적인 경기변동의 충격을 완화하기 위한 효과적인 수단으로 기능할 수 있다.[26] 이제 최적의 자본주의는 비우월적 다양성과 기본소득 극대화 요구에 따르는 이전의 직접적인 결과로 노동자의 구매력을 체계적으로 진작시키는 기능만 하지 않는다. 이런 기능에 덧붙여, [최적의 자본주의는] 임금과 생산성 간의 제도화된 결합이나 공적 투자 프로그램 혹은 소득 연계 실업수당을 통한 경기 침체 대책을 통해 장기화된 위기를 미연에 방지하거나 경기 침체 발생의 가능성을 크게 감소시킬 것이다. 이로 인해 [최적의 자본주의는] 그런 조치들이 취해지지 않았다면 일자리가 없었을 모든 노동자들의 노동 낭비를 피하는 데 유용한 것으로 입증될 수 있다. 이런 노선을 따르는 일부의 분석이 맞다면, 산출량 수준과 이로부터 지속적으로 확보될 수 있는 기본소득의 수준은 이런 수요 관리 정책 제도를 구현한 자본주의에서 더 높을 것이다. 최적의 자본주의는 이런 유형의 자본주의일 것이며, 그러므로 비극적인 주기적 불황의 모진 역사적 기록을 낳았던 자본주의의 유형보다 과소소비론의 공격에 훨씬 덜 취약할 것이다. 하지만 그렇다고 하더라도, 과소소비론자들은 여전히 다음과 같이 응수할 수 있을 것이다. 즉 투자 결정이 대체로 자본의 사적 소유주의 수중에 있다는 바로 그 사실 때문에, 그것이 현실화되는 정도는 줄어들 수도 있지만 여전히 유의미한 정도로 남아 있는, 유효수요의 부족에 따른 실업의 가능성은 여전히 유지될 수 있을 것이라고 말이다.

그러나 이런 좀 더 약화된 형태의 과소소비론 논증조차 잘못된 것이라는 점을 입증할 수 없을까? '공유 경제'에 대한 변론 속에서 와이츠먼은 실업을 통한 조정은 자본주의의 필연적인 특징이 아니라 노동자의 보수가 정액 임금의 형태를 띠는 자본주의의 특징에 불과하다는 핵심 논제를 제시한다(Weitzman 1984). 그 대신 노동자의 보수가 기업의 이윤이나 수익의 일정 비율에 상응하는 몫을 받는 형태를 띠었다면, 조정은 해고가 아니라 노동자의 보수 수준의 변동이라는 형태를 띠었을 것이라고 와이츠먼은 주장한다. 물론 '정액' 임금수준에 대한 협상이 일정한 간격을 두고 정기적으로 이루어져야 하듯이 '고정된' 몫의 비율 역시 그러하며, 따라서 보수의 장기적인 균형 수준은 두 경우에서 같을 것이다. 그러나 기업의 더 빈약한 성과(가령 수요 하락에 기인한)가 그에 상응하는 더 낮은 보수에 반영되기 때문에 [이윤이나 수익의 일정 비율에 상응하는 몫을 노동자에게 보수로 지급하는] 기업은 정액 임금 자본주의에서보다 더 오랫동안 노동자들을 붙잡아 두고 싶어 할 것이며, 노동자들은 [일자리가] 덜 매력적이어서 다른 곳에서 더 나은 전망을 발견할 수 없는 한 그 직장을 계속 다닐 것이다. 노동에 대한 초과수요는 그 경제의 항구적인 특징이 될 것이다. 공유 시스템을 도입함으로써 따라 나오게 될 편익이 최소한 부분적으로 외부성이기 때문에(다른 기업으로의 취업 전망이 그 체계의 일반화를 통해 개선되지 않는다면, 고용 보장 증가에서 오는 이익은 일반적으로 소득 보장의 감소에서 오는 비용을 상쇄하지 않는다), 자본주의경제가 일반화된 공유 시스템으로 자생적으로 수렴되지는 않을 것이다. 그러나 차등 과세를 통해서든 정액 임금의 철저한 금지를 통해서든, 이런 시스템이 생겨나게 하기 위해 자본주의의 제도적 틀이 적절히 수정된다면, 주기적 실업은 근절될 수 있을 것이다. [주기적 실업의] 근절을 위한 이런 대가[차등 과세나 정액 임금의 금지]는 공유 경제 시스템이 최적의 자본주의의 특징을 갖추기 위해 치러야 할 너무나 값비싼 대가가 아닌가? 어쨌든 공유 경제하에서 노동자들은 일시적이기는 하지만 최저 생계 수준 이하의 임금을 받도록 내몰리는 시장의 조건에 끊임없이 불가항력적으로 노출되어 있다. 그러나 노동자들이 보수의 일부를 정액 임금의 형태로 계속 받을 수 있게 한다면, 와이츠먼의 추론은 (강도는 약해지겠지만) 여전히 적용된다. 따라서 무엇보다도 최적의 자본주의하에서 공유 경제 시스템은, 제임스 미드(Meade 1989; 1990)의 아가토토피아[●]에서처럼, 실질적인 기본소득과 결합되어야 한다는 점을 명심하자. 실질적인 기본소득은 아마도 노동자들에게 공유 시스템를 수용 가능하게 하고, 이를 통해 공유 시스템를 실행 가능한 것이 되게 할 것이다. 반면 공유 시스템는 과소소비론이 강조하는 주기적 실업

● 아가토토피아(agathotopia)는 '좋음'을 뜻하는 '아가토스'(agathos)와 장소'를 뜻하는 'topia'를 결합한 말로 직역하면 '좋은 곳' 정도의 의미를 가진다. 미드는 '어디에도 없는 이상향'이라는 의미의 '유토피아'(utopia)에 대비되는 좀 더 현실적인 이상향을 가리키기 위해 이 말을 쓰고 있다.

을 제거함으로써 실질적 기본소득의 수준을 지속적으로 높이는 데 공헌하게 될 것이다.[27]

다른 한편, 수요관리도, 와이츠먼의 전략도, 위기에 기반을 둔 자본주의 비판의 두 번째 유형에 대해서는 그렇게 손쉽게 대응하지 못한다. 과소소비론과 전혀 다르게, 이윤 압박론profit-squeeze theories은, 노동자들이 생산물을 너무 적게가 아니라 너무 많이 가져간다는 사실에서 장기화된 주기적 위기의 뿌리를 찾는다. 주요한 발상은 다음처럼 간략하게 요약될 수 있다. 호황기에 자본주의경제가 팽창함에 따라, 자본주의경제는 노동력 공급이 부족해지게 되는데, 이런 상황에서 기업들이 현재의 고용을 유지하고(다른 일자리를 발견할 개연성이 더 커지면, 기존의 일자리를 그만둘 성향은 증가한다), 새로운 노동자들을 (다른 기업들과 비자본주의적 부문들로부터) 끌어 모으려 노력함에 따라, 자본주의경제는 노동자들의 직접/간접 임금이 급격히 증가하게 되는, 어떤 지점에 불가피하게 도달하게 된다. 규모의 경제와 연관된 이득, 완전 설비 가동률full capacity utilization, 기술적 진보에도 불구하고, 임금의 상승은 점차 이윤율의 하락으로 이어진다. 임금 상승의 부정적 영향은 노동 규율의 감소와 잦은 결근의 증가(해고의 전망은 더 이상 놀라운 것이 아니다), 혹은 기업이 자격을 덜 갖추고 경험이 부족한 노동자들에게 점차로 의지할 수밖에 없다는 사실에 의해, 또 신용시장뿐만 아니라 수입된 원자재와 자본재에 대한 압박의 증가에 의해 악화된다. 이런 이윤율의 하락은 결국 기업에 대한 신뢰를 약화시키며, 그래서 과잉생산의 위기가 시작된다.[28]

● 설비 가동률이란 생산 설비가 어느 정도 이용되는지를 나타내는 경제지표다. 사업체가 주어진 설비와 노동력, 생산 효율 등의 조건에서 이 모든 재료를 정상적으로 가동했을 때 생산할 수 있는 최대한의 생산능력에 대한 실제 생산량의 비율을 말한다.

경기 침체가 어떤 다른 원인에서 유래할 때는 정부가 유의미하게 사용할 수 있었을 경기 부양을 위한 수요관리 정책이, 이윤 압박 문제에서는 왜 큰 의미를 갖지 못하는지를 이해하기는 어렵지 않다. 완전고용을 유지하는 데 성공했다 해도, 경기 부양을 위한 수요관리 정책은 곤란의 원천인 이윤을 약화시키는 압력을 그야말로 영속화하고 악화시킨다. [정부는] 더 많은 적자 지출을 통해 이런 원천에 대처하지만, 그 결과 천정부지의 인플레이션을 유발하게 된다. 이를 피하려면, 자본주의국가의 정부가 그런 해로운 완전고용 정책을 삼가고 이윤 압박의 귀결인 경기 침체를 순순히 받아들이는 것 말고 달리 선택할 대안은 없다. 이런 견해에 근거할 때 이윤 압박과 천정부지의 인플레이션 사이에는 피할 수 없는 딜레마가 존재한다. 또 최소한 자유로운 단체교섭을 전제하는 경우, 문제의 궁극적인 원천이 (단지 일시적으로라도) 제거되어야 하는 [성격의] 것이라면, 위기는 분명 지속될 것이다. 노동계급 권력의 래칫 효과가 억제되고, 폭발적인 인플레 기대가 장기화된 불황에 의해 사라질 때 이윤은 회복될 수 있다.[29] 이 분석에 따르면 와이츠먼의 자본주의로의 이동은 별로 도움이 되지 않을 것이다. 경기 부양을 위한 수요관리 정책과 마찬가지로, 와이츠먼의 자본주의는 문제의 원인을 제거하는 대신 그것을 영속화할 것이다. 실업이 없어져 대담해진 노동자들은 상당히 높은 비율의 [이익] 배당을 교섭하는데 성공할 것이다. [이에] 자본가들은 상황이 개선되기를 기대하면서 투자를 중단할 것이다. 확실히 최적의 자본주의조차 이런 종류의 긴 냉각기간이라는 대규모 낭비[의 시기]를 필연적으로 겪는다면, 이는 최적의 사회주의의 가능성을 복권시키는 데 어느 정도 도움이 될 것이다.

상황이 내가 정의한(1장 1절) 진정한 사회주의하에서, 다시 말해, 소비에트 유형의 사회주의에서와 달리, 생산수단의 공적 소유가 자유로운 단체교섭에 참여할 노동자의 권리를 포함하는 형식적 자유의 보호와 결합될 때 상황은 더 나아지지 않는다는 반론이 있을 수 있다. 이때 완전고용의 지속은 자본주의 아래서 만큼이나 [최적의 사회주의에서] 격렬할 것으로 예상되는 분배를 위한 투쟁의 자양분이 될 것이다. 그러나 이제 잉여가 공적으로 소유되기 때문에 분배를 위한 이런 투쟁은 노동 자원이 완벽하게 사용되는 정도는 말할 것도 없고 잉여가 투자되는 정도에도 영향을 끼칠 필요가 없다는 점에 주목하자. 더욱이 잉여가 집단적으로 통제된다는 사실 때문에 국내 투자 이외의 목적(자본주의적 소비, 축적, 외국투자)을 위해 잉여가 사용될 수도 있다는 의혹이 불식되거나 최소한 약화되며, 이를 통해 현재의 임금을 인상하기 위해 협상력을 최대한 활용하려는 노동자들의 유인이 감소될 수도 있을 것이다.[30] 따라서 자유로운 단체교섭이 이루어지는 사회주의 아래서 분배를 위한 투쟁이 다른 방식으로 효율성에 악영향을 준다고 하더라도, 반복되는 이윤 압박에 의해 발생되는 실업과 유사한 것은 최적의 사회주의에서는 존재할 수 없다. 최적의 자본주의는 이런 약점을 완화하기 위해 변화될 수 있는가? 탐구할 만한 가치가 있는 두 개의 경로가 존재한다.

먼저, 이윤 압박으로 인한 악영향을 방지하기 위해 자본주의국가가 임금과 가격통제를 포함한 소득정책을 민주적인 절차를 거쳐 도입하지 못하도록 하는 것은 무엇일까? 어쨌든 중앙집권화된 노조들과 사회민주주의적인 규칙을 통해 그런 [소득정책에 대한] 합의가 이루어지는 국가들에서, 투자나 고용 면에서 측정된 경제적 성과가 다른 곳보다 더 우수하다는 것을 보여 주는 몇몇 경험적인 증거들이 존재한다.[31] 분명히 이런 유형의 해법은 원칙에 입각한 반론들을 제기하게 했는데, [이런 반론들 가운데] 가장 흥미로운 것은 이른바 정당성 위기 이론의 틀 안에서 제기된 반론이다. 소득정책은 선진 자본주의국가 특유의 계급 관계의 정치화를 보여 주는 가장 명백하고 가장 극단적인 사례다. 경제에 대한 국가의 개입이 미미한 채로 남아 있는 한, 핵심적인 경제 결정은 암암리에 또는 익명적으로 이루어지고, 그 결과들, 이를테면 소득의 분배와 관련한 결과들은 [그것으로부터] 영향을 받는 사람들에 의해 '자연적인 것'으로 파악된다. 그러나 정부의 결정이 심층적이고 가시적으로 경제의 작동에 영향을 끼치고, 이를 통해 그 안의 개인들과 집단들의 물질적 복지에 영향을 끼치자마자 ― 소득정책의 경우에 가장 두드러지게 ― '자연스러움'은 사라지고 정당성이 요구된다. 자본주의가 '일반화될 수 없는' 이익에 기반을 두고 있기 때문에, 그 체제의 자본주의적인 본성을 그대로 내버려두는 '보이는 손'visible hand •의 개입은 '정당성 위기'로 이어질 수밖에 없다.³² 정당성 위기론대로라면, 임금 인상 요구의 자발적인 자제나 소득정책에 대한 적극적인 복종을 조직화된 노동계급으로부터 기대할 수 없다. 왜냐하면 그것은 자본가들의 정당하지 못한 이익에 기여할 것이기 때문이다. 그러나 이런 식으로 주장하는 것은 다시 우리가 대답하려는 바로 그 논점을 선취하는 오류를 범하는 것과 같다. 만약 모두를 위한 실질적 자유가 정의에 대한 그럴듯한 개념을 나타낸다면, 그리고 어떤 형태의 자본주의가 일반적인 제약 조건과 지속적으로 일치하는 방식으로 실행 가능한 어느 대안보다 더 높은 기본소득을 보장함으로써 그런 정의 개념을 가장 잘 달성한다는 점을 보여 줄 수 있다면, 추정되는 자본주의의 우월한 경제적 효율성에 도전하는 과정에서 자본주의의 정당성 결여를 당연한 것으로 간주할 수는 없다. 어떤 극대화 기준이 평등보다 더 유의미한 것으로 판단되자마자, 자본주의의 조직 원리가 '일반화될 수 없는 이익'을 부과하며(Habermas 1973, 132-133; 148-149를 참조), 그리하여 이윤 압박과 그것으로부터 귀결되는 장기화된 불황을 방지하게 할 임금

• 자율적인 시장인 '보이지 않는 손'에 대비한 정부의 [시장] 개입을 가리키는 말.

요구의 자제에 노동자들이 결코 자발적으로 동의하지 않을 것이라 추론할 수 있기 위해서는, 자본주의사회가 '계급사회'이며 자본주의사회의 재생산이 '사회적으로 생산된 부에 대한 특권적인 전유'에 기반을 두고 있다고 말하는 것으로는 더 이상 충분하지 않다. 자본주의의 강력한 역동성이 사회주의하에서 달성될 수 있는 것을 초과하는 수준으로 기본소득의 재원을 제공하기 위해 사용된다면, 어떤 형태의 자본주의가 허용하는 커다란 불평등과 상관없이 왜 그런 형태의 자본주의가 공정한 사회·경제 체제로 간주될 수 없는가?[33] 또 민주적으로 스스로에게 부과되는 소득정책이 추가적으로 이런 성과에 공헌한다면, 왜 어떤 형태의 자본주의가 이에 근거해 불가능한 것으로 배제되어야 하는가? 나는 여기서 최적의 자본주의가 이런 의미에서 코포라티즘적인 체제라고 주장하고 있는 것이 아니라, 단지 이윤 압박에 의해 유발된 불황이 비효율성의 주요한 원천이라면, 코포라티즘은 고려할 가치가 충분한 (최소한 부분적으로 실행 가능한) 대안이라고 주장하고 있는 것이다.

그러나 곳에 따라서 노동계급의 문화나 깊이 뿌리 내린 조직 때문에 이런 선택이 이루어지지 않을 수도 있다. 그러나 대안적 해법이 존재할 수 있다. 두 번째로, 피터 제이의 '노동자협동조합 경제' 제안을 고찰해 보자(Jay 1977). 이것은 1970년대 중반 영국에서 매우 첨예한 형태로 나타났던 똑같은 문제에 의해 촉발된 것이었다. 조직되지 않은 단체교섭은 자본주의를 궁지에 몰아 놓는다고 제이는 주장한다. 그러나 노동자들이 기업의 소유자가 됨으로써 폭발적인 단체교섭의 위기를 진정시키고, 경쟁 시장의 편익을 보존하며, 자본에 대해 시장가격으로 보수를 주는 데 동의하지 않을 이유가 있을까? 그가 제안하는 것은 1백 명 이상의 노동자를 고용하는 어떤 기업이든 1인 1표의 원칙에 기초해 [해당 기업을] 종업원들의 소유물로 만들자는 것이다. 자본은 고정금리 대출이나 어떤 권력도 드러내지 않는 리스크 부담형 주식risk-bearing share의 형태로 자본시장에서 이용될 수 있을 것이다. 노동자 소유의 기업은 유리한 조건으로 자본을 외부로부터 계속 모으기 위해 필요한 규율을 그들 스스로에게 부과할 것이기 때문에 리스크 부담형 주식과 같은 유의 자본이 마련될 것이라고 제이는 주장한다. 노동자 소유의 기업은 유능한 경영자를 지목하고, 분배와 재투자 양 면에서 이윤이 많이 남도록 임금 요구를 자제할 것이다. 노동자들이 그들의 상사를 고용하는 이런 자본주의 안에서 단체교섭의 여지는 없다. 노동자들의 소득은 ― 최소한 그들이 타 산업의 노동자들을 희생시켜 가격을 올리는 것을 가능하게 하는 카르텔을 형성하지 않는다면 ― 생산과 요소 시장에서 그들이 대면하는 익명의 제약 조건에 의해 직접 결정된다. 이런[카르텔이 형성될] 가능성은 좀 더 표준적인 자본주의의 변형태에서 도입되는 것과 유사한 종류의 반트러스트 정책을 사용해 대응할 수 있다. 비록 누군가는 이것을 '시장 사회주의'라고 명명하고 싶어 할지도 모르겠지만, 이 협동조합 경제에서 [노동자이기도 한] 자본 소유자들은 투자에 대한 수익을 계속 받지만 기업은 여전히 사적으로 소유되고 이윤 동기에 의해 이끌리기 때문에 이것은 여전히 자본주의의 테두리 안에 있다. 그러나 협동조합 경제는 노동자들을 잔여 취득자residual earners 가 되게 함으로써 그들을 좀 더 '책임감 있게' 하고, 이윤 저하를 통해 시장경제의 원활한 운영에 심각한 저해를 가져오는 급여 수준의 인상을 자제하게끔 한다. 늘 그렇듯이, 우리는 순효과에 주의를 기울여야 한다. 특히 현재 채용된 사람들 주도로 고용 결정이 이루어지는 경제체제에서 구조적 실업을 도입하는 대가로 불황을 회피하려는 정책을 [쓰지 않도록] 경계해야 한다. 고용 결정이 1인당 부가가치와 관련되기 때문에, 표준적인 노동자 소유의 기업에서는 표준적인 자본주의적 기업보다 더 적은 사람을 고용하는 경향이 있을 것이며, 인력의 느슨한 사용을 줄일 새로운 기업의 창업 없이는 와이츠먼의 파트너십 관계보다 훨씬 더 적은 사람을 고용할 것이다.[34] 그러나 이런 난점이 극복될 수 있거나 혹은 최소한 유의미하게 축소될 수 있는 다양한 방식들이 존재한다. 제이 자신은 일정 수를 밑도는 노동자들을 고용하는 자본주의적인 기업들이 협동조합과 같이 존속하는 것이 허용되어야 한다고 제안한다. 더욱이 풍족하다고 가정한다면,[35] 최적의 자본주의는 기본소득 정책을 시행해야 한다는 점을 명심하는 것이 다시 한 번 중요하다. 기본소득이 존재함으로써 자기 자신의 힘이든, 동료와 함께든, 아니면 임금노동자와 함께든, 새로운 사업을 시작하는 것이 체계적으로 훨씬 더 수월해질 수 있다(2장 4절을 참조).

이처럼 자본주의가 더 큰 경제적 효율성을 성취해야 한다는 요구가 이윤 압박에 의해 유발되는 불황의 체계적인 반복에 의해 심각하게 위협받는다면, 최적의 자본주의는 원리상 코포라티즘적이거나 아니면 협동조합주의적인 방식 가운데 하나를 선택할 수 있다. 이 둘 가운데 어느 것을 택할지는 노동계급 전통과 조직화의 방식이 중앙 교섭을 좀 더 이용 가능한 전략으로 만드는지 아니면 분권화된 협동조합 체제를 좀 더 이용 가능한 전략으로 만드는지에 달려 있다. 양 변이들은 중간 지대를 향해 이동하겠지만, 여전히 사회주의를 구성하는 생산수단의 공적 소유와는 거리가 멀 것이다. 틀림없이, 순수한 코포라티즘 혹은 협동조합 경제는 와이츠먼이 주장한 방식의 순수 공유 경제일 수 없으며, 그래서 수요에 의해 야기된 불황을 체계적으로 방지하기 위한 최상의 전략은 이윤 압박에 의해 유발된 불황을 피하기 위한 전략과 충돌할 수도 있다. 그러나 다양한 전략들의 변이들은 어느 정도 결합될 수 있으며, 또 나의 목적은 어쨌든 최적의 자본주의에 대한 완전한 제도적 특징을 규정하는 것이 아니다. 코포라티즘, 협동조합, 그리고(또는) 파트너십 관계가, 기본소득, 보충적인 특정 수혜 대상 이전, 예측 가능한 조세를 구현한 자본주의 형태의 경제적 효율성을 극대화하기 위해 어느 정도까지 장려되고 도입되어야 하는가는 관련된 국가의 특수한 역사 및 상황에 상당한 정도로 의존할 것이다. 이 논의는 최적의 결합을 선택하기 위해 필요한 분석을 제공하기 위한 것이 아니라, 보다 온건하게, 자원들의 스펙트럼이 얼마나 폭넓게 이런 맥락에서 최적의 자본주의에 이용될 수 있는지를 분명히 보여주기 위한 것이다. 현존하는 자본주의 제도의 목록은 가동될 수 있는 무기고를 망라하지 못한다. 무조건적 소득의 도입은 추가적인 제도 변화들, 이를테면 와이츠먼 방식의 공유 경제나 제이 방식의 협동조합 경제를 향한 추가적인 제도 변화를 촉진할 것이다. 또 이런 잠재력은 지속 가능하게 높은 기본소득을 산출하는 자본주의의 역량이 광범위하고 불가피한 주기적 실업에서 비롯되는 정적 비효율성에 의해 심각한 영향을 받는다는 주장에 반격을 가할 추가적인 무기를 제공해 준다.

5. 실업 예비군

우리는 아직 실업이라는 쟁점을 떠날 수 없다. 자본주의가 달갑지 않은 주기적 실업을 방지하거나 최소화하는 제도들을 갖출 수 있다는 점을 인정한다고 해도, 호황기와 불황기에 실업 노동자의 '예비군'이 항상적으로 존재하기 때문에 가용 노동력을 충분히 광범위하게 활용하지 못할 수 있다. 이런 산업예비군은 자본주의의 내재적 특징일 수 있는가? 산업예비군이 존재하는 것이 자본가의 이익에 도움이 된다거나 산업예비군이 자본주의 체제가 원활하게 기능하는 데 필수 조건이라는 대답에 우리는 만족할 수 없다. 현행 임금으로 노동하고자 하는 다수의 실업자들이 존재한다는 사실이 각 개별 자본가의 이익에 도움이 된다고 하더라도, 고용한 노동자들에게 현재 지불하고 있는 것보다 더 적은 임금으로 이런 산업예비군의 몇몇 구성원들에게 일자리를 제공하는 것 역시 각 자본가들의 이익에 도움이 되기 때문이다. 자본가들은 하나의 계급 역할을 하는 것이 아니라 자기이익에 관심을 둔 개인의 역할을 하기 때문에, 기능주의의 논증은, 적절한 기술을 가진 사람 모두가 현행 임금에서 비자발적인 실업 상태로 남아 있지 않게 되는 시점에 도달하기 전에 자본가들이 잠재적 노동자들에 대한 [고용] 경쟁을 멈출 것이라 기대할 만한 확고한 근거를 제시하지 못한다.[36]

이처럼 잘못된 미시적 토대 때문에 기능주의 논증은 실패한다. 그러나 산업예비군의 자본주의적인 필연성 ─ 혹은 달리 표현하면, 균형 비자발적 실업 ─ 의 존재를 입증하려는 어떤 시도도 유사하게 실패할 수밖에 없다는 결론이 따라 나오지는 않는다. 균형 상태에서 노동시장이 청산되리라는 추정은 다수의 일반적 가정들에 근거하고 있는데, 이들 가운데 일부는 면밀히 검토할 가치가 있다. 이런 가정 가운데 하나는 임금이 하락하는 만큼 노동에 대한 장기적 수요는 증가하지만 노동의 장기적 공급은 감소한다는 가정이다. 후자의 가정은 숙련 노동에서는 충분히 그럴듯한 가정이다. 즉 특정한 기술이 더 적게 보상될수록(다른 사람들에 상대적으로), 사람들은 그것을 얻으려고 더 적게 노력할 것이다. 후자의 가정은 또한 시장 임금이 하락하는 만큼 노동자들이 퇴각할 수 있는 비공식적 부문이나 생계 경제subsistence economy ●가 존재하는 한 비숙련 노동에 대해서도 충분히 그럴듯한 가정이다. 그러나 현재의 조건하에서 그리고 잠시 동안 모든 이전을 고려 대상에서 제외한다면, 재산이 없는 가정은 노동력을 팔 수밖에 없으며 따라서 정상 작업일에 대한 급여가 최저 생계 수준을 밑돌수록 노동력의 공급을 증가시켜야 한다. 이때 [노동] 공급

● 최소한의 생존을 위해 필요한 목축, 작물의 재배와 같은 경제활동. 산업화 시대 이전의 경제활동을 통칭하기 위해서도 사용된다.

이 기아를 통해 줄어드는 일이 없는 한, 노동에 대한 수요가 공급을 따라 잡으리라는 보장은 없다.[37] 자본주의가 실업수당 및 조건적인 최저소득 보장제도로 이루어진 암묵적인 최저임금 및 최저임금제로부터 자유로웠다면 이 논증은 노동시장의 자동적인 청산이라는 절대적인 신념의 허구성을 입증하기에 충분했을 것이다. 그러나 최적의 자본주의가 이전 제도로부터 완전히 자유로운 것은 아니며, 그렇다고 최저 생계 수준을 보장하는 명시적이거나 암묵적인 최저 소득을 반드시 수반하는 것도 아니다. 실질적인 무조건적 [기본]소득은 선택 대안을 판매자가 체계적으로 이용 가능하게 함으로써 정확히 노동시장을 (이런 관점에서) 여타의 시장과 유사한 것으로 변화시키는 역할을 할 것이다. 그것[실질적인 무조건적인 소득]은 전통적 부문이 전임자들에게 제공했던 것을 동시대의 노동자들에게 제공할 것이고, 더 낮은 기술 수준의 노동이 숙련된 노동자들에게 제공한 것을 미숙련 노동자들에게 제공할 것이다. 기본소득이 높을수록, 임금률이 하락하는 만큼 노동 공급이 분명하게 감소할 가능성은 더 커질 것이다. 이로 인해 상당히 많은 산업예비군이 자본주의에서는 불가피하게 존재한다고 믿을 만한 비기능주의적인 하나의 논거로부터 최적의 자본주의를 지킬 수 있다.[38]

그러나 산업예비군의 체계적인 현존을 지지하는 다수의 미시 경제학적 논증들이 존재하는데, 이 논증들은 실질적인 기본소득이 현존할 때에도 적용되는 듯하다. 이런 논증들 가운데 일부는 이미 언급된 바 있는(4장 4절) 다양한 형태의 효율성 임금 접근과 연관되어 있다. 이런 이론들은 모두 임금수준이 하나의 비용으로써 이윤에 소극적인 영향을 끼칠 뿐만 아니라, 생산에 대한 영향을 통해 적극적인 영향을 준다는 이유로,[39] 이윤율과 노동에 대한 균형 수요가 임금수준의 단조감소함수가 아니라는 가정에 근거를 둔다. 이런 영향의 결과 최저임금제나 노동조합 활동이 없을 때조차도 자본주의적인 노동시장이 청산되지 않을 것이라고 예측

할 수 있다. 즉 자본가가 이윤 동기 때문에 산업예비군을 고갈시키지는 않을 것이다. 왜냐하면 비록 노동비용이 시장 청산 임금률 면에서 더 낮다고 하더라도, 노동 노력은 작아질 것이며 그 과정에서 얻는 것보다 잃는 것이 더 많아지게 된다면 더더욱 그럴 것이기 때문이다. 산업예비군이 결과적으로 얼마나 클 것으로 예상될 수 있는가는 다수의 요인들, 이를테면 대체소득의 수준과 구조, 혹은 현존하는 기술을 통해 얼마나 용이하게 노동 노력의 감시를 가능하게 할 수 있는가에 의존한다. 이 물음에 대한 답이 무엇이든, 우리는 끊임없이 지속되는 비자발적 실업이 자본주의에 내재적이라는 취지의 강력한 논증들의 집합을 여기서 갖게 된다. 그러나 이런 식으로 설명될 수 있는 시장 청산 임금으로부터의 이탈이 아무리 크다고 하더라도, 효율성 임금 논증을 진지하게 받아들이는 것은 사회주의의 우월한 경제적 효율성에 대한 변론을 강화하는 데 — 거의 틀림없이 — 아무런 역할도 하지 못한다.[40] 비자발적 실업 혹은 고용 지대의 존재는 여기서는 고용된 노동자의 효율적 사용에 상응하는 이면일 뿐이다. 가장 수익성이 있을 것 같은 방식으로 사람들을 고용하고, 임금을 제공할 기회가 기업에게 부여된다면, 사회주의의 경제적 효율성은 감소되는 것이 아니라 향상될 것이다. 그렇기 때문에 효율성 임금과 그 귀결들은 최적의 자본주의에 못지않게 최적의 사회주의의 일부가 되어야 한다.[41] 더욱이 어떤 체제에서도 모두를 위한 실질적 자유[의 원리]에 근거해 대량 실업과 고용 영역으로부터의 비자발적인 배제가 정당화되지 않는다는 점에 주목하자. 왜냐하면 앞서 강조했듯이(4장 5절), 효율성 임금 메커니즘에 의해 창출된 지대가 직접적 실업에 반영될 필요는 없으며, 단지 몇몇이 더 많은 시간 일하고 싶어 한다거나 자신의 일자리를 직무 숙련 요건이 그다지 필요 없는 다른 누군가의 일자리와 맞바꾸기 원한다는 사실에 반영될 필요가 있기 때문이다. 가능한 한 높은 기본소득을 제공하는 것은, 정확히 양 유형의 체제에서, 모두에게 그들이 주도하기를 원하는 삶을 살 최대한의 실질적 가능성을 제공해 주며, 따라서 특별히 일자리를 얻는 것에 특별한 중요성을 부여하는 사람에게는, 무조건적 기본소득의 단계가 허용할 수 있는 낮은 급여 수준이긴 하겠지만, 일자리를 발견하거나 창출할 실질적 가능성을 제공하는 목적을 가진다.

마지막으로, 지속되는 비자발적 실업은 노동시장에서 독점적 관행이 불가피하게 현존한다는 사실에 기인할 수 있다. 노동조합은 조합원들의 이익을 위하지만 다른 노동자들을 희생시켜 시장 청산과 효율성 수준을 항상 상회하는 임금을 요구한다. 이런 위험은 이윤 압박에 의해 유발된 경기 후퇴가 야기하는 문제들의 더 확산된 형태라 할 수 있는데(6장 4절), 자유로운 단체교섭을 허용하는 어떤 사회 — 자본주의든 사회주의든 — 에서도 발생할 수 있다. 이런 위험이 구체화되는 것을 막기 위해, 항구적인 범경제적 소득정책이나, 이전 절에서 논의된 노선을 따르는 노동자 협동조합의 의무적인 일반화를 생각해 볼 수 있다. 그러나 파업할 권리의 제한과 같은 훨씬 덜 급진적인 변화조차도 이런 정적 비효율성의 원천을 제거하는 데 어느 정도 도움이 될 수 있을 것이다. 결사체를 형성할 권리, 특히 독립적인 노동조합을 결성할 권리와 다르게, 파업할 권리, 다시 말해 자신의 직장에서 떨어져 나와 있으면서 자신의 직장을 정지시킬 권리는 형식적 자유의 일부가 아니다. 파업할 권리의 제한이 경제의 효율성과 실행 가능한 최고 수준의 기본소득을 증가시킴으로써 실질적 자유의 기회 차원을 향상시킨다면, 자본주의하에서든 사회주의하에서든, 실질적 자유지상주의는 파업할 권리가 제한되거나 심지어 폐기되는 것을 인정할 것이다. 최적의 자본주의, 혹은 최적의 사회주의가 파업할 권리를 제한하거나 제거해야 한다는 발상을 할 때 우리는 말할 필요도 없이 매우 조심해야 한다. 모두를 위한 실질적 자유의 이름으로 그런 조치를 취해야 한다고 제안하는 것은 보통선거권의 힘에 대한 큰 신뢰를 가정한다. 그런데 그런 보통선거권의 힘에 대한 큰 신뢰는 많은 곳에서 일련의 총파업에 의해 압력을 행사함으로써 쟁취될 수 있었다. 민주주의 정체에서의 사실상의 힘의 균형에 대한 분석에 뿌리를 두고, 적절하게 제한된 파업권에 대한 보호를 지지하는 간접적이기는 하지만 결정적인 주장도 있을 수 있겠지만, 이는 직접적인 정의의 문제가 아니라 간접적인 전략의 문제일 것이다. 일을 그만둘 권리나 일을 그만두었을 때의 소득에 대한 권리와는 다르게, 파업할 권리는 모두를 위한 실질적 자유로부터 필연적으로 따라 나오는 것이 아니다. 또한 최근의 노동[운동]의 역사는 높은 보수를 받는 노동자들의 특권을 보호하거나 확대하기 위해 벌어진 배타주의적인 파업의 예들로 가득 차 있다. 조직화된 노동의 이익이 실천적으로 사회정의의 책무와 동일시될 수 있는 시대는 지나갔다. 그러므로 파업할 권리와 관련해 신성불가침의 영역은 없어야 하며, 따라서 파업할 권리의 폐기는, 다른 잠재적으로 효율성을 증가시키는 방안들과 함께, 모두를 위한 실질적 자유에 입각해 한 체제의 성과를 향상시키기 위한 하나의 방법으로 정당하게 고려될 수 있다.

이런 조치를 취하는 것은 자본주의보다는 (형식적 자유를 존중하는) 사회주의하에서 더 쉬울 수 있을까? 왜 그럴 것인지를 나는 알 수 없다. 파업할 권리와 그 권리로부터 노동자들이 도출해 내는 집단적 보호를 제한하는 것이 얼마나 수용 가능하고 이를 통해 얼마나 실행 가능한지는 오히려 노동자 각자가 충분히 매력적인 대안들을 실질적으로 이용함으로써 개인적으로 얼마나 보호 받을 수 있는지에 의존하며, 따라서 결정적으로 기본소득의 수준에 의존한다. 따라서 다른 어떤 이유로 한 체제 유형이 더 높은 기본소득을 산출할 것이라 기대할 수 있다면, 그 체제의 경제적 효율성과 이로 인해 더 높은 기본소득의 재원을 조달할 가능성은, 노동일 손실 뿐 아니라 더 중요하게는 노동시장 경직성과 이로 인한 생산적 자원의 비효율적 배분의 주원천이 되는 것에 대한 제거를 통해, 더한층 증가될 수 있다. 사회주의가 이런 장점을 향유했다면, 파업의 면제를 통해 그런 장점을 더 증가시킬 수 있었을 것이다. 그러나 산업예비군 논증 — 혹은 사회주의를 지지하는 정적 효율성에 기반을 둔 논증들의 여타의 형태 — 에 대한 논의는 앞서 언급한 장점이 오히려 자본주의의 편에 있다는 가정의 신뢰성을 떨어뜨릴 만한 무게 있는 독립적인 이유를 제공하지 못했다.

6. 창조적 파괴

이제 사회주의를 지지하는 가장 유명한 다수의 논증들이, 사회주의가 현존하는 자원들을 잘 사용하기보다는 오히려 새로운 생산적 자원들을 창출할 수 있는 더 큰 능력이 있다는, 동적 효율성에 초점을 맞추고 있다는 점을 상기할 시간이 되었다. 예를 들어, 이윤율 저하의 이론은, [자본주의의] 위기가 아닌 붕괴의 이론으로 해석될 때, 자본을 축적할 때도 자본주의가 더 악화될 수밖에 없음을 보여 주는 것을 목표로 삼는 데 반해, 역사적 유물론에 핵심이 되는 유명한 주장, 곧 생산력의 발전이 자본주의하에서는 '족쇄로 작용하'는 경향이 있다는 주장은 자본주의의 체계적인 비최적 처리 방식의 선택에 관련된 주장으로 가장 자연스럽게 해석된다. 그러나 이런 논증들이 실질적 자유지상주의의 관점에서 적절한지의 여부는 의문의 대상이 될 수 있다. 축적과 기술의 진보는 미래 세대의 생산 잠재력을 증가시킨다. 그렇게 함으로써, 축적과 기술의 진보는 의심의 여지 없이 미래 세대의 최소수혜자들의 실질적 자유를 향상시킬 수 있다. 그러나 축적을 위해 필요한 비축 자금과, 기술의 진보를 위해 요구되는 연구 및 개발은, 현재 세대의 최소수혜자 집단의 상황을 향상시키기 위해 사용될 수 있었을 자원의 전용이자 현재 세대[가 지불해야 할] 비용에 해당한다. 그러므로 다음 세대 최소수혜자의 실질적 자유를 현세대 최소수혜자의 실질적 자유를 넘어서는 수준으로 증가시키기 위해, 이 세대의 구성원의 실질적 자유를 억제하는 것은 정당하지 못할 것이다.[42] 말하자면, 이런 식으로 파악된 동적 효율성에 입각해 볼 때, 사회주의가 자본주의보다 훨씬 더 낫다는 것을 보여 줄 수 있다면, 수 세대 동안 사회주의였던 사회의 현재 세대의 최소수혜자에게 인정될 수 있는 실질적 자유는, 다른 조건이 같다면, 자본주의사회에서 인정될 수 있는 [현 세대의 최소수혜자의] 실질적 자유보다 더 크다는 결론이 따라 나올 것이다. 그러나 문제는 실질적 자유지상주의의 관점에서 어떤 사회가 수 세대 동안 자본주의가 아니라 사회주의사회였다면 더 좋았을 것인지의 여부가 아니라, (현재 혹은 미래의) 최소수혜자들의 실질적 자유를 위해 어떤 사회가 지금 사회주의를 선택해야 하는지의 여부다.

그러나 실질적 자유지상주의에 입각할 때 동적 효율성에 대한 고려는 결정적으로 중요하다. 무조건적 소득이 세대 간에 지속 가능한 수준에서 정해져야 한다는 점을 기억하자. 인구 성장이 존재한다면, 그에 보조를 맞추는 경제성장이 필요하다는 점은 매우 명백하며, 그리하여 다른 체제보다 더 많은 축적과 기술의 진보를 이룬 체제는 현재의 일정한 기본소득 수준에서 중요한 이득을 누리게 될 것이다. 역동적인 효율성이 떨어지는 경제에서, 기본소득의 현재 수준은 인구가 많이 늘어난 다음 세대에서는 지속 불가능한 것으로 판명날 수도 있다. 인구 성장이 없으며, 그래서 (정의에 기반을 둔) 순성장의 필요가 없을 때조차도, 동적 효율성은 여전히 결정적인 중요성을 가진다. 현재 특정 수준의 기본소득이 지급되는 어떤 체제가 축적하고 혁신할 더 큰 성향을 가지고 있으며, 그래서 생산을 확장할 더 큰 성향을 가진다면, 그 체제는 현재 수준을 상회하는 기본소득을 증가시킬 더 많은 재량을 가지며, 이 때문에 세대 간에 더 높은 기본소득을 유지하기 위한 잠재력을 가진다는 귀결이 따라 나온다. 이처럼 최적의 체제 ─ 기본소득 수준을 포함해서 ─ 가 최고의 성장률을 나타내는 체제일 필요는 없다. 정지 인구stationary population[자연증가율이 0인 인구]를 가진 최적의 체제는 심지어 양의 성장률을 가질 필요도 없다. 그러나 성장할 더 큰 성향을 가진다는 것 ─ 일상적인 제약 조건에 따르면서 특정 수준의 기본소득에서 더 높은 축적률과 (혹은) 기술의 진보를 나타내면서 ─ 은 실질적 자유지상주의 관점에서 봤을 때, 사회경제 체제에 매우 가치 있는 이점을 제공해 준다.[43] 우리가 이후에 볼 것처럼(6장 7절), 특정한 사회경제 체제가 이렇게 파악된 동적 효율성에 비추어 또 다른 체제보다 더 낮게 작동하는지 아니면 더 나쁘게 작동하는지의 여부는 비교의 배경으로 등장하는 기본소득의 수준에 결정적으로 좌우된다. 그러나 현재의 논의에서, 나는 이런 가능성을 논외로 하고, 기본소득이 제로 수준인 체제가 더 큰 동적 효율성(그 체제의 체계적으로 더 높은 자본 축적률 그리고/또는 기술 진보)을 가질 때, 바로 그 사실에 의해, 그 체제는 기본소득 형태의 분배를 위해 이용 가능한 더 많은 자원을 가진다고 암묵적으로 가정할 것이다.

먼저 사회주의가 자본주의보다 더 빠른 축적을 체계적으로 유발한다고 믿을 만한 이유가 존재하는가? 소비에트 체제가 성장 면에서 훨씬 더 나은 성과를 보여 주었기 때문에 이것이 당연시 될 수 있었던 시대가 있었다.[44] 물론 오늘날 형세는 역전되었고, 이론만이, 그런 게 있다면, 오래된 가정[사회주의가 자본주의보다 더 빠른 축적을 체계적으로 유발하다는 가정]을 구할 수 있다. 자본주의가 이론적으로 가능한 것보다 더 적은 것을 축적하는 체계적인 경향이 있다는 점을 보여 주기 위해 다수의 논증들이 구성되었다. 그들 가운데 하나는 이윤율 저하 이론에 의존하고, 자본주의적인 [자본] 축적이 항상 점감하는 비율로 진행될 것이라고 결론 내리기 위해 이윤율이 최대 축적률을 구성한다는 그럴 듯한 가정에 의지한다. 그러나 장기적 경향이라고 일컫는 것의 필연성을 입증하는 데 영향을 끼치는 치명적 결함들과는 별개로, 이 논증은 현재의 맥락에서 다음과 같은 반론, 즉 사회주의에서도 축적률의 저하가 성립할 것이라는 결정적인 반론을 제기하게 한다.[45] 랑게(Lange 1936)가 영감을 주고 융커(Yunker 1986)가 정교화한 좀 더 세련된 논증은 민주적으로 선택된 사회적 할인율social rate of discount●에 의해 결정되는 저축률과, 자본 소유자의 자기 이익에 대한 관심에 의해 결정되는 저축률 간의 명확한 차이를 명료화하는 데 중요한 역할을 한다. 그러나 그 논증은 민주 정체의 구성원들의 정치적으로 유효한 시간 선호율에 관한 매우 불확실한 추측에 근거하고 있다. 이 첫 번째 범주의 논증 가운데 아마도 가장 설득력 있는 논증은 랭커스터(Lancaster 1973)와 셰보르스키 및 월러스타인(Przeworski & Wallerstein 1982)에 의해 그 변형태들이 발전되었던 논증일 것이다. 이 논증은 (조직화된) 자본주의의 역동적인 비효율성을 두 행위자 집단 간의 게임으로 봄으로써 (조직화된) 자본주의의 역동적 비효율성을 입증하려고 한다. 자본 소유자들은 투자와 소비 사이에서 어떻게 이윤이 분배되는지를 결정하는 반면, (조직화된) 노동자들은 어떻게 부가가치가 이윤과 임금 사이에서 분배되는지를 결정한다. 이런 맥락에서 자본가들이 보유해 왔던 것을 재투자하려는 성향에 대해 노동자들이 불신하기 때문에 축적률은 일반적으로 비최적일 것이라는 점을 보여 줄 수 있다. 누군가는 [노동자들의 불신에 의한 이런 자본 축적률의 비최적 상태에서] 이윤 압박에 의해 유발된 경기 후퇴, 그리고 [노동]조합에 의해 야기된 구조적 실업과 그에 수반되는 정

● 미래의 소득에 대한 현재 자원의 교환 비율을 할인율이라고 한다. 이는 편익-비용 분석 등에서 현 연도에 발생하지 않고 미래에 발생하는 편익과 비용들을 현재 가치(present value)로 전환시켜야 각 대안의 평가가 가능해지기 때문에 필요한 절차다. 사회적 할인율이란 공공사업에 적용할 할인율을 말한다(『행정학사전』, 대영문화사, 2009).

태적 비효율성에도 반영된 근본 현상의 또 다른 양상을 인식하게 될 것이다. 이런 역동적 비효율성의 원천이 큰 영향을 주는 것으로 입증됐다면, 최적의 자본주의가 협동조합적이거나 코포라티즘적인 방향(6장 4절), 혹은 심지어 단체교섭의 타당성을 약화시키는 방식(6장 5절)으로 형성되어야 한다는 제안이 다시 한 번 나왔을 것이다. 몇몇 이유로 자본주의경제에서 그런 해결책들이 실행 불가능하다거나 적당하지 않은 것으로 판명된 시점에서, 사회주의경제의 구성 요소라고 할 수 있는 투자에 대한 공적 통제를 통해 더 높은 자본 축적률을 위한 체계적 기반이 제공될 것이란 전망을 배제할 순 없다.

이 더 높은 자본 축적률이 높은 성장 경향 — 또는 더 높은 전체적인 동적 효율성 — 으로 전환될지의 여부는 각 체제 유형의 최적의 형태가 어떻게 두 번째 차원의 동적 효율성인 기술 진보에 따라 성공을 거둘 것인지에 달려 있다. 다른 어느 것보다 이것은 자본주의의 우월한 동적 효율성을 지지하는 경험적 추정의 자양분이 되어 왔던 영역이다. [자본주의의 우월한 동적 효율성을 지지하는 경험적] 추정이란, 뿌리 깊은 이유들 때문에 자본주의가 체계적으로 축적을 더 잘 한다는 것이 아니라 체계적으로 더 잘 혁신한다는 것이다. 이 점과 관련한 자본주의의 역사적 기록은 전자본주의적인 체제에 비해서뿐만 아니라 — 마르크스 자신이 열심히 강조했던 것처럼 — 사회주의의 모든 과거와 현재의 변형태들에 비해 — 마르크스의 가장 중심적인 주장들 중 하나에는 상반되게 — 매우 인상적인 성과를 보여 준다는 점을 부인할 수 없다. 더욱이 이런 그럴듯한 경험적 일반화를 통해 그런 장점이 자본주의를 사회주의와 구별할 수 있게 해주는 핵심 요소라는 단순한 설명의 여지가 생기게 된다. 자본주의 아래서 전문화와 시장 경쟁에 대한 종속은 혁신을 사활이 걸린 문제가 되게 한다. 이는 경제적 유인 메커니즘과 선택 메커니즘 양자를 통해 기술 진보를 촉진시킨다. 이윤율 저하와 파산 혹은 흡수 통합의 위협은 기업이 새로운 상품과 좀 더 효율적인 절차를 계속 찾도록 강한 동기를 부여하며, 이를 통해 기업이 경영상의 관성, 관료주의적인 경직화, 빈발하는 기술적 변화에 대한 노동자의 저항을 거듭 극복할 수 있게 해준다. 공적인 소유에 내재하는 경쟁의 완화 [경향] 때문에 사회주의 체제는 이런 강력한 힘[경영상의 관성, 관료주의적 경직화, 빈발하는 기술적 변화에 대한 노동자의 저항]을 극복할 능력을 더 적게 가질 수밖에 없다.[46] 동시에, 자본주의적인 경쟁은 성공하지 못한 혁신자와 현명하지 못한 투자자로 입증된 사람들로부터 계속 경제력을 제거하는 한편, 수요를 가장 잘 만족시키는 재화를 생산하는 가장 저렴한 방법을 찾아내고 계속 발견하는 사람들의 수중에 경제력을 집중시킨다. 공적 소유하에서는 혁신하기 위한 권력의 분배를 통제할 [자본주의와] 마찬가지의 강력한 선택 기제가 존재하지 않는다.[47]

자본주의를 지지하는 이런 강력한 추정은, 마르크스 자신과 마르크스주의 전통의 많은 사람들이 가능하다고 믿었던 것처럼, 번복될 수 있는가?[48] 이 쟁점들과 관련한 논쟁의 역사에서, 기술적 진보가 자본주의보다는 사회주의하에서 더 빠를 것으로 기대할 수 있다는 주장을 지지하기 위해 네 개의 주요한 논증들이 사용되었다. 먼저, 마르크스 자신은 [자본주의사회에서는] 사회주의에서보다 노동생산성 증가가 훨씬 더디게 진행된다는 의미에서, 자본주의적인 생산관계가 생산력의 발전에 족쇄로 작용한다는 논거에 기반해 자본주의의 비합리적 본성과 관련한 그의 핵심 논제를 제시한다. 무슨 근거로? 경쟁이 자본가들로 하여금 노동비용과 (이윤을 포괄하는) 자본 비용을 고려하는 이윤 극대화의 기준을 사용하는 기술들을 선택하도록 강제하는 한편, 사회주의적인 계획자는 (죽은 노동과 산 노동의) 노동비용 기준을 사용하는 기술들을 선택할 수 있기 때문이다. 결과적으로, 그 논증이 주장하는 대로라면, 자본주의에서 우세한 기술들은 사회주의에서 우세한 기술들보다 자본집약도가 더 낮을 뿐만 아니라 더 낮은 생산성과 관련되는 경향이 있을 것이다. 그러나 이 논증은 잘못된 것이다. 왜냐하면 사회주의적인 계획자는 어떤 기술이 사용되어야 하는지를 결정하기 위해 노동 가치를 사용해서는 안 되고, 축적률과 시간 선호율을 반영하는 이자율the rate of interest을 사용해 상이한 시기의 노동을 상이하게 측정해야 한다는 점이 설득력 있게 논증되고 있기 때문이다. 그 결과, 사회주의에서 선택된 기술들은 자본주의하에서 선택된 기술들과 ― 차이가 있다고 하더라도 ― 거의 차이가 나지 않을 것이며, 자본주의에서는 과거의 노동을 측정하기 위해 이윤율이 사용된다.[49]

두 번째 영향력 있는 논증은 랑게(Lange 1937a, 128-133)가 제안한 것이다. 자본주의와 사회주의의 옹호자들 간의 논쟁에서, 랑게에 따르면 핵심이 되는 쟁점은 현실 자본주의가 기술 진보의 지속과 양립 가능한지의 여부다. 랑게 자신은 현실의 자본주의가 지속된 기술 진보와 양립 가능하지 않다고 답한다. 독점자본주의하에서는, 심각한 경쟁에 의해 가장 선진적인 기술을 사용할 수밖에 없는 경향이 나타나는 것이 아니라, 더 오래된 기계의 가치가 완벽하게 저하될 때까지 더 오래된 기계를 더 오랫동안 유지하는 경향이 존재한다. "이런 사태가 견딜 수 없게 되는 시점이 올 것이고, 경제성장과 이런 사태의 양립 불가능성이 명백해지는 시점이 올 것이며, 그래서 자유경쟁으로 되돌아가는 것이 불가능하거나 혹은 기업들을 사적 소유의 손아귀에서 떼어내지 않고서는 기업과 투자에 대한 성공적인 통제가 불가능하다는 것을 깨닫게 되는 시점에, 사회주의는 유일하게 실행 가능한 해결책으로 남아 있을 것이다."[50] 이 논증에 대해, 독점과 관련된 정적 비효율성과 연관해 이미 언급된(6장 3절) 바 있는 슘페터의 독점에 대한 유명한 분석이 매우 효과적인 답을 제공해 준다. "새로운 생산 방법과 새로운 상품의 도입을 애초부터 완전 ― 완전히 즉각적인 ― 경쟁의 경우와 연결 지어 거의 생각할 수 없다. 이것이 의미하는 것은 경제적 진보라고 불리는 많은 것들이 완전경쟁과 양립할 수 없다는 것이다"(Schumpeter 1943, 105[국역본, 217쪽]). 독점적 경쟁은 자본주의적 혁신과 연관된 창조적 파괴를 위한 더 나은 조건을 창출한다. 항존하는 대안의 가능성은 가장 집중된 산업에서조차도 상당히 많은 [경쟁의] 압력을 유지시키는 반면, 시장 집중에 의해 열린 [다양한] 조치의 여지는 주요한 돌파구로 요구되는 대규모 투자를 보장할 수 있게 한다.[51]

이따금씩 환기되는 세 번째 논증은 이윤 극대화에 의해 요구되는 비밀주의secrecy에서 기술 발전의 주요한 장애물을 발견한다. 기술 지식이 생산되자마자 그것을 모두에게 이용 가능한 것으로 만듦으로써 사회주의경제는 훨씬 더 빠른 비율로 혁신할 수 있을 것이다. 그러나 슘페터, 조안 로빈슨 및 여타의 사람들이 지적했듯이, 이 논증은 기술 지식의 보급으로부터 그 생산까지의 피드백 연관을 간과한다. 그 논증의 패턴은 방금 독점적 관행에 적용된 것과 같다. 곧 "각 특정 시점마다 자신이 가진 가능성을 유리하게 활용하는 체제 — 경제체제이건 다른 어떤 체제이건 여하튼 — 가 장기적으로 본다면 불특정 시점에서 그렇게 하는 체제보다 여전히 열등할지도 모른다. 왜냐하면 후자의 체제가 그렇게 하지 못한 것은 장기적인 성과의 수준 혹은 속도를 위한 조건이 될 수도 있기 때문이다"(Schumpeter 1943, 83[국역본, 185쪽]). 기업이 기술을 사용하거나 경쟁사에 알려지지 않은 제품을 공급함으로써 얻는 이익을 통해 기업이 상당한 자원을 혁신에 투자하게 하는 원동력이 무엇인지가 상당 부분 설명된다. 지식의 확산 속도를 늦춤으로써 특허제도는 확산될 더 많은 지식이 존재한다는 점을 확실히 한다.[52]

마지막으로, 보다 최근에 제시된 네 번째 논증은 자본가들이 노동자들에 대한 권력을 유지하기 위해 생산 효율성의 향상을 포기하는 생산방식을 선택한다는 사실을 강조한다. 새뮤얼 보울스(Bowles 1985)가 주장하듯이, 이 사실은 "한 사회의 생산 잠재력('생산력')이 제도적인 특정 경제구조에 의해 제약된다는(혹은 '족쇄로 작용한다'는) 마르크스의 주장에 근본적인 것"이다. 다시 말해, 자본이 노동을 고용하느냐 아니면 노동이 자본을 고용하느냐의 여부가 중요한 차이를 만든다. 자본가가 노동자를 고용하는 한, 노동자의 활동을 적절하게 통제할 수 있게 해줄 기계와 노동의 조직화 방식을 선택하려는 자본 소유자의 관심에 의해 기술 진보는 항상적으로 방해를 받게 될 것이다. 현재의 맥락에서, 이 흥미로운 논증은 기술적 효율성으로부터의 그런 이탈이 유사한 이유로 사회주의적인 맥락에서 불가피하지 않다고 믿기 위한 그럴듯한 근거를 제시하지 못한다는 문제를 안고 있다. 상이한 자본의 소유 체제 아래서 노동자들이 더 도덕적이라거나 더 이타적이라고 단순하게 가정할 수 없으며, 노동자들의 자기 이익이 기업의 성과와 일치하는 정도는 근본적으로 기업의 규모, 그리고, 앞서 논의된 협동조합과 파트너십 관계에서처럼, 소유 체제가 자본주의적인지 사회주의적인지와는 무관하게, 노동자의 급여가 수익 배분 요소를 포함하는 정도에 달려 있다. 그러므로 사회주의사회에서 기술을 선택하는 일을 담당하는 사람들은, 자본주의에 특유한 것과 크게 다르지 않은 방식으로, [노동자의] 태만의 위험을 고려해야 할 것이다. 이처럼 '생산 시점에서의 갈등'이 현실적인 기술 변화와 최적의 기술 변화 사이에 주요한 차이를 낳는다고 하더라도, 이것이 우리가 출발점으로 삼았던 친자본주의적인 추정을 번복시킬 것이라는 진지한 희망의 근거가 되지는 못한다.[53]

기술 진보라는 쟁점을 논할 때, 사회주의에 우호적인 저자들은 사회주의경제의 경제적 유인 구조를 자본주의의 그것과 근접하게 할 개혁들을 도입해야 한다고 정확히 권고한다. 즉 사회주의경제는 의사 결정을 분권화하고, 예산 제약을 강화하며, 기업들이 이윤의 최소한 일부를 보유하는 것을 허락해야 한다.[54] 이는 최적의 사회주의가 현실 사회주의경제보다 현저히 나은 성과를 낼 수 있는 방식들이 존재함을 강하게 시사한다. 비록 검토된 논증들에 대한 평가는 최적의 자본주의에 비해 최적의 사회주의가 심각한 결점을 장점으로 전환시킬 수 있으리라는 진지한

희망을 보장해 주지 않지만 말이다.[55]

7. 인민주권

이전 절의 의도는 자본주의와 사회주의의 상대적 효율성에 대한 논의가 불가피하게 얼마나 미묘하고 정교하고 복잡하며 사변적이고 잠정적일 필요가 있는지를 분명히 보여 주는 것이었다. [그뿐만 아니라] 이 논의가 어떻게 실질적 자유지상주의적인 평가 기준의 선택에 의해 영향을 받는지 보여 주는 것 역시 이전 절의 의도였다. 그러나 이전 절에서 나는 또한 이 쟁점과 관련된 광범위한 문헌 중 일부에 대한 열렬하고 비판적인 독자로서 나 자신의 일반적인 인상을 전하려고 했다. 나는 우리의 출발점을 형성했던(6장 1절), 경험적으로 지지되고 이론적으로 동기지어진, 자본주의의 우월한 경제적 효율성을 지지하는 강한 추정을 번복하는 일이 실로 매우 어려울 것이라는 전반적 인상을 받는다. 특히 자본축적이나 다양한 정적 효율성 면에서 사회주의의 가능한 장점으로 꼽힐 수 있는 것들 중 그 어떤 것도 혁신이냐 멸망이냐는 지상명령에 따라 자본주의에 부과된 역동적 자극을 상쇄할 수 있는 진지한 전망을 제공하지 못한다. 우리가 보았던 것처럼 이런 장점들은 보통 자본주의가 가지는 효율성의 주요 측면들의 직접적인 상관물이거나(광고와 효율성 임금을 생각해 보라), 실행 가능한 자본주의의 형태와 비교될 때 사라지거나(경기 역행적 국가 개입이나 와이츠먼식의 파트너십 관계를 생각해 보라), 자본주의가 불공정한 것으로 파악될 수밖에 없다는 가정에 순환 논리적인 방식으로 의존한다(자본주의적인 재산권의 집행 혹은 반복되는 이윤 압박의 불가피성에 대해 생각해 보라). 따라서 사회주의가 자본주의보다 더 큰 경제적 효율성을 자랑할 수 있다는 취지의 설득력 있는 변론이 주어질 수 있다는 것에 대해 나는 매우 회의적이다. 이것은 촘촘한 논증에 의해 도출된 결론이 아니고, 그런 결론일 수도 없으며, 대략적인 증거와 수많은 논증들에 대한 덜 대략적인 검토에 의해 생겨난 확신일 뿐이다. 그러므로 이것은 추가적인 증거와 추가적인 논증에 대한 도전과 다른 것이 아니다.

그럼 최적의 자본주의가 경제적 효율성 면에서 최적의 사회주의보다 더 우월하다고 아무런 문제없이 기대할 수 있다고 가정해 보자. 이때 최적의 자본주의가 모두를 위한 실질적 자유와 관련해 더 우월하다고 곧장 결론 내리고 싶은 유혹이 들 수도 있다. 그러나 이런 결론은 시기상조다. 자본주의의 우월한 경제적 효율성을 인정한다는 것으로부터 형식적 자유와 비우월적 다양성이라는 우리의 제약 조건을 따라 자본주의하에서 지속될 수 있는 최고 수준의 기본소득이 사회주의하에서 지속될 수 있는 최고 수준보다 더 높다는 결론이 따라 나오지는 않는다. 왜 그런가? 우리는 논의 중간에 이미 가능한 하나의 이유를 암시했는데, 그것은 우리의 구속 조건 가운데 어느 하나나 둘 모두가 자본주의보다는 사회주의하에서 훨씬 더 낮은 비용으로 만족될 수 있다는 것이다. 예를 들어, 사회의 생산수단들이 사적으로 소유될 때보다 공적으로 소유될 때 그 생산수단들을 보호하기 위해 더 적은 경찰력이 필요하다면(6장 3절을 참조), 다른 조건이 같다면, 사회주의 아래서 형식적 자유를 보호하는 비용이 덜 들게 될 것이다. 또한 소비에 대한 더 낮은 압력 때문에 낮은 수익력을 가진 사람에 대한 선별적 이전의 필요성이 경감된다면(6장 2절을 참조), 비우월적 다양성은 사회주의하에서 더 쉽게 달성될 수도 있다. 그러나 나는 최소한 첫 번째 이유에 속하는 이런 형태의 논거들의 전망이 그리 밝지 않다고 믿을 만한 이유를 이미 지적했다.

그러나 경제적 효율성으로부터 출발해 실질적 자유의 최소극대화로 나아가는 추론에 이론을 제기하기는 하지만 그렇게 쉽게 일축할 수 없는 두 번째 이유가 존재한다. 이 두 번째 이유는 인민주권의 결정적인 중요성과 관련된다. 인민주권은 누구의 의지와도 상관이 없는 물질적 자원의 제한과 같은 조건에 의해서만 그 선택이 제한되는 정치 공동체의 특징을 규정하는 것으로 정의된다.[56] 이 정의로부터 인민주권은 특히 정치 공동체의 개별 구성원들이 자원을 사용할 수 있는 재량에 의해 위협을 받는다는 귀결이 따라 나온다. 트럭 소유자들이 벌인 파업의 결과로 아옌데의 실험이 종말을 고하게 되었던 사회주의 칠레나, 증가된 구매력을 외국 상품을 구입하는 데 쓰려고 했던 프랑스 시민들의 성향으로 인해 경기 부양 정책expansinary policies(1981년에)이 붕괴되었던 사회당 집권기 프랑스의 피에르 모루아 정부가 전형적인 사례들이다. 비교적 평등한 나라에서 막대한 공적 비용을 들여 훈련 받은 숙련 노동자들이 그 기술로 더 높은 순임금을 받을 수 있는 덜 평등한 나라로 이주한다는 사실에서 기인하는 평등주의적인 임금 정책에 대한 제약 역시 전형적 사례다.

그러나 아마 자본주의적인 조건에서 인민주권에 주요한 위협이 되는 것, 또 이론의 여지 없이 자본주의와 사회주의 사이의 선택과 관련해 주요한 위협이 되는 것은 생산수단의 사적인 소유에 직접 뿌리를 둔 위협이라고 할 수 있다.[57] 생산수단이 극소수의 수중에 집중되어 있든, 생산수단을 소유한 사람이 순수하게 이기적인 동기에 의해 이끌리든, 사적인 자본은 이윤율이 가장 높은 곳으로 이동하고 이윤율의 수준에 의존하는 비율로 투자되는 경향이 있다.[58] 자본 소득이 아니라 전적으로 임금으로부터 기본소득의 재원이 조달된다고 하더라도, 이윤에 끼치는 효과는 부정적일 수밖에 없다. 임금에 과세하고 — 무엇보다도 — 모두에게 실질적인 무조건적 소득을 지급해 각 개별 노동자의 교섭력을 강화함으로써, 자본가들은 더 높은 세전 임금을 지급하거나 더 매력적인 노동조건을 제공할 수밖에 없게 된다. 그 결과, 자본가는 더 적게 투자하거나 다른 곳에 투자할 것이며, 혁신은 투자와 밀접하게 연관되기 때문에 기술의 진보 역시 관련된 국가에서 악화될 것이다. 따라서 자본주의하에서 지속 가능한 기본소득의 최고 수준은 그 투자 행태가 기본소득의 수준에 둔감했을 때보다 훨씬 더 낮을 것이고, 최적의 사회주의하에서 가능한 수준보다 낮을 가능성이 더 높다. 비록 일반적으로 인정되는 바와 같이 최적의 사회주의에서는 이전 절에서 논의된 대로 경제적 효율성이 더 낮겠지만 말이다. 사회주의하에서 사회 전체는 잉여의 배분을 통제하며, 그래서 만약 사회 전체가 실질적 기본소득을 도입하기로 결정한다면, 그 사회는 그런 보조금을 지속 불가능하게 하는 방식으로 자본을 사용함으로써 그 사회의 결정을 무산시키지는 않을 것이다. 그리하여 사회주의가 자본주의보다 경제적으로 덜 효율적이라는 것을 당연하게 여긴다고 해도, 다시 말해 (어느 정도, 혹은 제로 수준의 기본소득의) 자본주의 아래서 달성할 수 있는 최대의 산출량이 사회주의하에서 달성할 수 있는 최대의 산출량보다 더 크다는 것을 당연하게 여긴다고 하더라도, 그 사회의 산출량을 필요한 방식으로 지속적으로 분배할 수 있는 더 큰 역량을 사회주의가 갖고 있기 때문에, 자본주의에서보다 더 높은 기본소득의 재원을 여전히 조달할 수도 있다.[59] 이를 통해 자본주의에 대한 가장 강력한 실질적 자유지상주의적인 반론이 제시될 수 있으며, 따라서 실질적 자유지상주의나 이와 가까운 입장에 관여하는 사람이 사회주의를 옹호하는 데 이용할 수 있는 가장 강력한 옹호 논거가 제시될 수 있다고 나는 생각한다.

기본소득에 대한 현대 경제학의 옹호자들이 논증하듯이, 선진 자본주의사회의 맥락에서 무조건적 소득을 도입하는 것이 이윤율을 하락시키는 것이 아니라 상승시킨다면 이용할 수 있는 가장 강력한 이 옹호론조차 매우 약한 것이라 반론할 수도 있다. 우리의 경제를 현재의 경우나 그렇지 않은 경우보다 더 역동적이게 하고, 덜 경직되게 하며, 덜 갈등적이게 만드는, 기본소득의 엄청난 공헌과 비교해 볼 때 한계 세율에 대한 비난은 별로 중요한 것이 아니라고 그들은 주장한다. 이런 유형의 논증은 주로 우리 경제의 유연성을 발전시키는 데 직·간접적으로 기본소득이 결정적인 역할을 한다는 점을 강조한다.[60] 상당한 액수의 기본소득은 개인들이 시장 활동을 통해 아주 적은 수입을 얻거나 아무런 수입도 얻지 못하는 시기를 반복해서 장기간 겪더라도 견디게 할 뿐 아니라, 그런 시기를 잘 활용할 수 있게 해준다. 예를 들어, 사람들이 직업 재교육을 받을 때나, 새로운 직업 기술을 배울 때, 신규 사업을 하거나, 자영업자 혹은 이익 배분 기업의 노동자로 시장의 변화를 겪을 때가 이에 해당한다. 그 결과, 특별한 제도(종종 불투명하고 제약을 가하며 비용이 드는)의 도움 없이도 모든 종류의 조정은 더 용이해지고, 노동-자본 파트너십 관계와 노동자들의 협동조합 같은 비표준적인 기업 형식들이 보다 매력적인 것이 되며, 기업가 정신은 사회를 통해 장려된다. 경제의 유연성에 대한 이런 직접적이고 개별적인 영향은 간접적이고 집단적인 영향에 의해 더 강화된다. 만약 각 개별 노동자가 큰 액수의 무조건적 소득을 이용할 수 있고 그리고 그 무조건적 소득이 열어 놓은 고용 가능성에 의해 보호받는다면, 노동시간이나 최저임금제의 패턴에 대한 제한과 같이 현재의 노동시장을 구속하는 다수의 규제들을 옹호할 만한 근거는 거의 사라지게 된다. 그러므로 노동운동도 현대의 기술이 점점 더 요구하는 유연성을 무조건적 소득에 의해 제공되는 소득 보장을 대가로 수용할 것이다.

만약 이런 종류의 주장이 실제로 인정될 수 있다면, 기본소득의 도입과 그 수준의 상승은 이윤율에 입각해 볼 때 부채가 아니라 자산을 구성한다. 정의와 효율성의 이런 결합이 실질적 자유지상주의의 관점을 선진 자본주의사회에 적용하려는 누군가에게는 매우 큰 실천적 의의가 있다고 하더라도, 그것은 친사회주의적인 논증을 제거하지는 못한다. 기본소득이 증가하면서, 특히 점차 기본소득으로 대체될 조건부 소득 보장 제도의 수준을 상회해 기본소득이 증가하기 시작할 때 그것을 추가적으로 인상하려는 시도는 이윤율을 낮추고, 이를 통해 (국내) 투자의 유해한 감소가 꾸준히 이어지는 현상을 촉발할 수 있는 시점에 도달하게 한다. 이것이 친사회주의적인 논증이 신용을 얻게 되는 지점이다. 왜냐하면 사회주의국가는 [자본주의국가와] 유사하게 이윤율 기준에 의해 제약을 받지 않기 때문이다. 이는 사회주의사회가 총생산 가운데 충분한 부분을 반드시 투자를 위해 남겨 두어야 할 필요가 없음을 의미하지 않는다. 우리가 보았듯이(6장 6절), 축적률은 실질적 자유를 축차적인 최소극대화의 방식으로 지속 가능하게 달성하기 위해 중요하다. 사회주의국가가 이윤율 기준에 의해 제약을 받지 않는다는 사실은 사회주의사회에서 잉여생산물을 분배하는 방식이 어떤 제약 조건에도 영향을 받지 않음을 의미하지도 않는다. (형식적 자유를 존중하는) 사회주의하에서도, 기여와 무관한 방식 ― 무조건적 소득과 비우월적 다양성을 확보하는 이전의 형태 ― 으로 총소득 가운데 더 높은 비율을 분배한다면, 노동 유인의 축소 때문에 절대치로 볼 때 더 높은 액수를 반드시 산출하지는 않을 것이다. 그러나 사회주의사회는 (국내) 투자를 사적인 자본 소유자에게 충분히 매력적인 것이 되게끔 해야 한다는 제약 조건에 좌우되지 않기 때문에, 기여에 둔감한 재분배를 위해 이용할 수 있는 [총소득의] 절대량이, 일단 그것이 국민소득의 상당한 부분이 된다면, 자본주의하에서보다 훨씬 덜 가파르게 떨어지는 경향이 있다. 그 결과, 사회주의가 자본주의보다 상당히 낮은 생산 잠재력을 가지는 것은 당연하지만 ― 사회주의의 가장 유리한 변종이 지속 가능하게 창출할 수 있는 총소득은 자본주의의 가장 유리한 변종하에서 지속적으로 달성 가능한 것보다 훨씬 더 적을 수 있다 ― 사회의 잉여생산물에 대한 정치 공동체의 직접적인 통제 덕분에 사회주의의 최적의 변종은 최적의 자본주의하에서 달성 가능한 것 이상으로 지속적으로 기본소득을 인상할 수도 있다. 인민주권에 입각한 결정적인 장점 때문에, 사회주의는 실질적 자유지상주의의 기준에서 볼 때 자본주의보다 더 나은 결과를 내게 될 것이다.[61]

물론 이 논증은 상당히 많은 국가 간 자본 이동이 이루어지는 개방 경제의 맥락에서 특히 힘을 얻는다. 이때 재분배 조치에 제약을 가하는 확실한 위협 요인은 이윤율이 위협 받을 때 자본가가 소비를 시작할 것이라거나 이윤의 더 큰 부분을 축적하기 시작할 것이라는 점만이 아니다. 순투자가 정지되고 국내의 이윤이 해외로 이전되며 외국인의 투자가 줄어들기 때문에, 현재의 생산수단조차 더 이상 교체되지 못하리라는 것이 훨씬 더 불안한 위협 요인이다. 이런 맥락에서, 다양한 정적 혹은 역동적 비효율성의 원천들을 저지하는 하나의 방법으로 위에서 논의됐던 코포라티즘적 협약(6장 4~6절)은 결코 전도유망한 방법이 아니다. 이익에 악영향을 주는 협약으로부터 [많은 것을] 잃게 될 당사자는 가장 쉽게 떠날 수 있는 사람이기도 하기 때문이다.[62] 관련된 자본주의국가가 자본의 이동에 엄격한 제한을 가하려고 시도했다고 해도, 그것은 도움이 되지 못했을 것이다. 오늘날의 금융시장의 작동, 다국적 기업의 편재, 정교한 회계가 제공하는 끝없는 가능성을 고려해 볼 때, 이런 조치들이 효과적이라는 것을 의심할 만한 강력한 이유들이 존재하기 때문만은 아니다. (실로 특별하게) 그런 조치들이 효과적이라고 하더라도, 그런 강경 조치들이, 실질적 자유지상주의의 영향을 드러내며 그렇기에 (도구적인 이유들로) 민주적인 국가에서는 필요할 수밖에 없는 사전 논의를 고려할 때, [자본 및 인재의] 유출 예방을 위한 지출을 필요로 한다. 이렇게 상실된 자본 가운데 적어도 일부를 본국으로 보내기 위해 — 그리고 또한 새로운 규칙에도 불구하고 외국자본을 계속해서 끌어들이기 위해, 관련된 국가는 외국자본을 유지하기 위해 이전에 필요했던 것을 (리스크 프리미엄으로 인해) 초과하는 이윤의 수준을 제시해야 할 것이다. 더욱이 그것[해외 자본의 유지를 위한 이윤 수준의 제시]이 너무 신속하고 효과적으로 작동해서, 더 낮은 이윤율에도 불구하고, 많은 자본 유출을 겪지 않는다고 하더라도, (직접적으로 더 높은 세율뿐만 아니라) 간접적으로 이윤율의 저하로 겪게 될 그래서 형식적 자유라는 제약 조건을 침해하는 대가를 제외하면 유사한 수단을 통해 유지될 수 없었을, 숙련 노동의 이탈에 여전히 취약할 것이다. 가장 근본적으로, 그것이 노동 분업의 세계에 종속되는 한, 생산요소 이동성factor mobility의 어떤 제한도 그 국가를 경쟁이라는 제약 조건으로부터 자유롭게 하지 않을 것이다. 즉 그 국가가 필요로 하는 외국 상품을 계속 얻으려고 했다면, 그 국가는 바깥 세계가 지불할 의향이 있는 비용으로 사고 싶어 하는 재화들을 계속 생산해야 했을 것이다. 만약 그 국가가 경쟁자들과 보조를 맞추지 못했다면, 그 국가의 필수 수입 품목들을 조달하기 위해 훨씬 더 많은 자원을 사용해야 했을 것이다. 그 결과 그 국가의 시민들의 생활수준, 그리고 그 국가가 지탱할 수 있는 기본소득의 수준 역시도 악화됐을 것이다.

이런 맥락에서, 자본주의국가가 기본소득 수준을 전체적인 이윤 유지를 위해 가능한 수준보다 훨씬 더 높은 수준으로 끌어올릴 수 있는 방법은 없어 보인다. 언뜻 보기에 이는 위에서 윤곽을 그렸던 사회주의 옹호 논증을 완성시키고 강화한다. 그러나 더 자세히 검토해 보면 내가 방금 이야기했던 것 모두가 사회주의의 옹호자들에게 좋은 소식인 것만은 아니다. 먼저, 내가 언급했던 이행 문제는, 자본주의와 사회주의를 가르는 중간 영역으로 훨씬 더 멀리 이동을 모색하는 자본주의국가에, 더 한층 강력한 이유로, 그리고 훨씬 더 첨예한 형태로, 적용된다. 최적의 자본주의보다 더 높은 기본소득을 지속적으로 산출하는 실행 가능한 사회주의의 형태가 존재한다고 하더라도, 이행에 앞서 일어나게 될 광범위한 자본도피의 항구적인 비용 때문에, 자본주의에서 그런 사회주의에 도달하는 것은 불가능할지도 모른다. 그러나 사회주의로의 이행(생산수단의 대부분의 사회화를 통한)이 자본가들에게 불시에 다가올 수도 있다고 가정하거나 아니면 이미 사회주의적인 국가를 고려함으로써 이행 문제를 제쳐 두자. 자본의 유출을 방지하는 것이 이제 더 이상 문제가 되지 않는다고 하더라도, 경제적 성과가 더 높은 기본소득의 혜택을 위해 희생되는 정도는 여전히 매우 제한되어 있다. 좋은 수익성에 대한 전망이 민간 해외투자의 유인을 가능하게 하는 것만은 아니다. 또 국가가 경제 성과의 수준과, 값비싼 숙련 노동의 유지를 가능하게 하는, 국가의 편익의 분배를 담당해야 하는 것만도 아니다. 이 점에서 사회주의는 집단주의와 결정적으로 구별된다. 무엇보다도, 세계시장 안에 발을 담그고 있는 사회주의국가는 자신의 고객을 잃지 않고 생활수준의 추락을 대가로 고객을 유지하지 않기 위해 자본주의국가만큼이나 경쟁력에 유의해야 한다. 그래서 우리가 거주하게 되는 세계시장 안에서, 국내 자본에 대한 장악으로부터 얻을 수 있는 약간의 여유가 있지만, 제약 조건이 더 느슨한 것은 아니다. 왜냐하면 넉넉한 기본소득을 유지할 수 있는 각 국가의 역량은 그 나라의 경쟁력에 결정적으로 의존하며, 그 경쟁력 자체는 대개 그 국가가 유지하거나 유인하는 자본과 숙련 노동의 함수이기 때문이다.

세계시장과의 단절은 어떤가? 외국 상품과 기술을 획득할 가능성을 포기하는 것은 의심의 여지 없이 평균적인 생활수준을 저하시킬 것이다. 그러나 이런 조치는 사회주의 혹은 사회주의 혼자서는 승인할 수 없는 인민주권을 복권시키지 않을까? 그래서 이를 통해 전반적으로 더 낮은 생활수준에도 불구하고 더 높은 기본소득을 실행 가능하게 하지 않을까? 이는 실질적 자유지상주의 관점에서 볼 때 제거할 수 없으며 또한 그 온전한 힘이 우리가 여기서 숙고하고 있는 상황 속에서 가장 잘 감지되는 경향이 있는 하나의 제약 조건을 간과하는 것이다. 그 제약 조건이란 외국에서 훨씬 더 매력적인 직업을 실제로 발견할 수 있지만 방해를 받지 않고 정당하게 그런 기회의 존재에 관한 정보를 제공받거나 그런 기회를 잡기 위해 나라를 떠날 수 있는 숙련 노동자를 보유할 필요성을 말한다. 그러나 [세계시장과] 절연함으로써 그 국가는 경쟁이라는 제약 조건으로부터 그 자신을 해방시킨다. 그러나 그 국가는 이로 인해 또한 세계적인 규모의 노동 분업과 기술 발전의 편익을 박탈당하고, 인적 자본을 보유하고 실질적인 기본소득의 장기적인 재원을 조달할 장기적인 능력을 희생시킨다.[63] 따라서 대체로 인민주권을 근거로 사회주의를 지지하기 위해 주장할 만한 중요한 논점이 분명 존재한다. 상상할 수 있는 상황들 아래서, 인민주권이라는 측면에서 최적의 사회주의가 최적의 자본주의에 대해 누리게 될 이점은 효율성에 기반해 최적의 자본주의를 지지하는 추정을 무너뜨리기에 충분할 수도 있다. 즉 그런 상황에서, 가장 생산을 중시하는 실현가능한 사회주의의 변종이, 가장 생산을 지향하는 실현가능한 자본주의의 변종이 할 수 있는 것만큼 지속 가능하게 생산을 하지 못할 수도 있지만, 최적의 사회주의는 형식적 자유, 비우월적 다양성, 최적의 자본주의보다 더 높은 기본소득 수준이라는 제약 조건하에서 여전히 지속할 수 있을 것이다. 그러나 우리가 사는 세계에서, 생산수단의 장악이 이루어진 이후에 남아 있게 될 제약 조건이 너무나 강하기 때문에 그렇게 해서 얻어지는 이점은 매우 적을 것이다.[64]

8. 펭귄 섬을 벗어나기

그럼 자본주의는 정당화되는가? 물론 아니다. 하지만 가능할 수는 있다. [정당화되지] 않는 것은 최적의 자본주의가 모두를 위한 실질적 자유에 입각해 볼 때 최적의 사회주의보다 더 우월하리라고 합당하게 기대할 수 있음에도 불구하고, 자본주의의 대부분의 변형태들은 그럴 수 없으며 또한 그들 중 대다수는 최적의 사회주의보다 뚜렷이 구분될 정도로 훨씬 더 나쁘기 때문이다. 그러나 자본주의의 엄청난 생산 잠재력이 적절하게 제한되고 모두를 위한 실질적 자유에 봉사하도록 사용된다면 자본주는 정당화될 수 있다. 그러나 이전 절에서 방금 논의됐던 것 가운데 일부는 우리가 지금 살고 있는 세계적 규모의 시장경제에서 그 논점이 이끄는 바와 관련해 우려할 만한 시사점들을 담고 있다. 이런 시사점들을 상세히 설명하기 위해, 존 롤스의 정의론을 선진 복지국가 자본주의를 넘어서 진일보한 것이 아니라 복지국가 자본주의에 못 미치는 극적인 퇴보에 대한 이데올로기적 정당화로 사용하기 시작한 우파의 용법을 고찰해 보자. 그 추론은 무엇인가? 롤스는 근본적 자유의 존중이라는 원칙에 따라 사회·경제적으로 이로운 것들을 극대화해야 한다고 대략적으로 제안한다. 어느 정도의 규모로? 세계적 규모는 아니고 (기껏해야) 각각의 개별적인 질서 정연한 사회의 수준에서.[65] 위에서 그 윤곽이 그려진 세계 안에서, 각 국가가 독립적으로 정의를 추구하려는 시도는 경쟁을 향한 광적인 질주로 변질되는 경향을 드러낼 것이다. 희소한 생산 요인들과 시장점유율을 위한 훨씬 더 치열해진 경쟁 때문에 복지국가 조항을 현재의 수준과 유형으로 유지하는 것조차도 위협 받기 때문이다. 근본적 자유에 대한 존중의 원칙에 따라 최소수혜자의 운명에 관심을 두는 롤스의 공정으로서의 정의 개념은 이때 최소수혜자의 상황을 개선시키기 위해 불평등의 수준을 줄이려는 시도가 최소수혜자에게 장기적으로는 부정적인 효과를 가져올 것이라는 그럴듯한 사실적 가정에 근거해 점증하는 불평등을 정당화할 것이다. 이것은 아나톨 프랑스의 『펭귄의 섬』이 제시하는 논증의 현대적 판본이다. 즉 그 섬에 부농들의 대변인이 국가회의에 모인 사람들에게 말했듯이, 공공의 이익이 요구하는 바는 "많이 가진 자에게 많은 돈을 요구하지 말라는 것입니다. 부자들이 가난해지면 가난한 자들은 더욱 가난해지기 때문입니다. 가난한 자들은 부자들의 재산을 먹고 삽니다. 그렇기에 재산은 신성하지요. 따라서 건드리지 마십시오. 재산에 손을 대면 아무런 소득도 없이 심술만 부리는 꼴이 되고 말 겁니다"(France 1907, 83-84[국역본, 85-84쪽]).[66] 사실, 실질적 자유지상주의는 공정으로서의 정의와는 다르다. 그러나 형식적 자유라는 제약 조건에 따르는 기회의 최소극대화는 근본적 자유라는 제약 조건을 따르는 사회·경제적으로 이로운 것들의 최소극대화와 충분히 가까운 개념이다. 그래서 양자는 매우 유사한 우려를 낳게 한다. 우리는, 복지국가가 지급하는 자격 심사에 기반을 둔 인색하고 갑갑한 보조금을 넉넉하고 해방적인 시민 소득으로 대체하기는커녕, 비우월적 다양성의 원리에 의해 요구되는 선별적인 이전조차도 유지하는 데 큰 어려움을 겪게 될 것이다. 세계시장이 강력해지면서, 실질적 자유지상주의적인 기준에 의해 평가되는 도덕적 진보를 이루는 대신, 정의의 요구와 완전히 무관한 익명적 힘에 의해 새 천년에 인류가 윤리적 재앙에 직면하게 될 것이라는 훨씬 더 비관적인 전망을 우리는 목도하고 있는 것처럼 보인다. 이런 시나리오를 피할 수 있을까? 복지국가의 사망에 대한 윤리적 정당화로 변질되었던 펭귄 섬의 롤스주의자들처럼 실질적 자유지상주의가 변질되는 것을 막을수 있을까? 두 전략을 어느 정도 결합시킴으로써 실질적 자유지상주의가 보충된다면 이것이 가능하다고 나는 생각한다.

먼저, 우리는 보편적이고 지역적인 축차적 최소극대화(혹은 최소극대화)와 전 지구적인 최소극대화, 세계의 각 국가에 별도로 적용되는 축차적 최소극대화와 세계 전체에 적용되는 축차적 최소극대화 사이에 결정적으로 중요한 차이가 있음을 충분히 인정해야 한다. 그 두 해석들 간의 차이를 인정하면서 우리는 분명하게 후자의 해석을 선택해야 한다. 모두를 위한 실질적 자유에 대해 말하면서 우리는 '모두를 위해'라는 뜻으로 말해야 한다. 다시 말해, 우리는 세계적인 규모의 실질적인 재분배 메커니즘을 도입하고, 궁극적으로는 각 개인에게 지속 가능한 최고 수준에서 개별적인 기본소득을 도입하는 것을 목표로 삼아야 한다. 흥미를 끌지 못하는 기술적 이유 — 소수의 국가들을 제외하면 적절한 전산화된 지불 제도를 이용할 수 없다는 — 로 인해, 물론 이런 이상이 정치적 의제가 되기 위해서는 가야 할 길 멀다.[67] 그러나 전 세계적 규모의 재분배 메커니즘이라는 발상을 무모한 유토피아적 발상으로 가볍게 일축해서는 안 된다. 지구의 최빈자들을 돕는 데 진지한 관심을 가진 사람들은 전통적인 지원과 신자유주의적인 개발 정책에 대한 환멸을 느낀 나머지 직접적이고 항구적이며 무조건적인 구매력의 이전을 포함하는 정책 패키지를 고려하고 있다. 그러나 여러 가지 강력한 흐름들은 실질적인 초국가적 재분배에 초점을 맞추는 방향으로 수렴되고 있다. 세계의 국가들은 살 필요가 있는 요인들과 팔 필요가 있는 상품들 양자를 위해 동일한 시장의 변덕을 감수해야 한다는 점을 점차 깨달을 수밖에 없다. 더욱이 세계의 국가들은 동일한 공기와 동일한 물을 오염시키고 있으며 게다가 그들의 영토가 세계 인구에 의한 이주에 영향을 받기 쉽다는 것을 늘 생생하게 인식할 수밖에 없다. 세계 인구는 공해를 가장 많이 유발하는 곳에서 공해를 가장 적게 유발하는 곳으로 체계적인 재분배가 이루어지지 않는다면 허용 가능한 수준을 유지하지 못할 것이다. 항구적으로 그리고 상당히 크게 이주에 대한 압력을 축소시키는 초국가적인 재분배 정책 없이는 경제 난민의 유입에 맞서 부유한 세계의 경계를 보호할 비용, 그리고 국내 인구 속으로 쇄도하는 [세계 인구의] 일부를 소화할 비용도 억제할 수 없을 것이다.

물론 이런 압력이 전 세계적 규모로 실질적 자유의 축차적 최소극대화를 순조롭게 가져오게 하지는 못할 것이다. 이런 방향으로의 주목할 만한 이동이 정치적으로 실행될 수 있을지는 먼저 국경을 초월한 관용과 연대성의 태도가 확산되느냐에 달려 있다. 이런 태도가 광범위하게 공유되지 않는다면, 평등한 존중과 평등한 배려 양자를 구현하는 정의 개념이 언젠가 전 세계적인 규모로 미래의 제도를 형성할 수 있으리라고 희망할 수 없다. 미디어의 역할은 이 과정에서 결정적이다. 세계 곳곳에 동조자를 가지고 있는 국제사면위원회와 그린피스로부터 크고 작은 종교

조직과 운동들에 이르기까지, 수많은 초국가적인 비정부 민간 기구의 역할도 결정적이다. 그러나 평등한 존중과 평등한 배려를 구현하려는 정의관의 정치적 실행 가능성은 정서적 응집의 충분한 확산의 문제일 뿐 아니라 제도 설계의 문제이기도 하다. 이런 점에서, 국가들 사이에서 서로에게 유리한 협상에 이르는 제도들과 전 세계적 규모의 1인 1표 민주주의에 가까운 제도들 사이에는 하늘과 땅 만큼의 차이가 있다. 전쟁을 통한 분쟁 해결이나 협동의 붕괴보다 물론 전자가 더 낫기는 하지만, 후자만이 강한 재분배 구조를 향한 빠른 진보의 전망을 갖게 할 수 있다. 동시에 전 세계적 규모의 1인 1표 민주주의에 가까운 제도는 강력한 재분배 구조가 요구되는 정서적 응집에 공헌하게끔 한다. 말할 것도 없이, 이런 세계 민주주의가 모든 주제를 포괄할 필요는 없다. 이런 세계 민주주의는 의사 결정의 최대한의 탈집중화로 이해되는 이른바 보충성 원리와 완벽하게 양립 가능하다. 그러나 그런 세계 민주주의는 근본적 자유, 국제무역의 규칙, 전 지구적 환경문제에 대해서뿐만 아니라 기본적인 재분배 메커니즘에 대해 강력한 위력을 행사할 필요가 있을 것이다. 그런 탈집중화는 특정한 정치 공동체의 자율성에 해를 끼치는 침해가 아니라, 특정한 정치 공동체가 경쟁이라는 철칙에 의해 지배를 받는 대신 그 공동체가 선택을 할 실질적 자유를 보호하기 위한, 특별히 정치 공동체의 구성원들 각자에게 상당히 많은 실질적 자유를 인정하는 선택을 하기 위한 필요조건이다.

이렇게 도구적으로 정당화되고 제한된 세계 민주주의는 의심의 여지 없이 여전히 매우 요원한 것이다. 그러나 세계 민주주의라는 발상은 더 제한된 구체적 권한을 가진 전 세계적인 제도를 설계할 때뿐만 아니라 무엇보다 지역적 규모로 초국가적 제도들을 설계할 때도 적절한 더 많은 조치들을 준비할 동기를 부여해 주고 그런 조치를 취하도록 방향을 이끌어 줄 수 있으며 또한 그렇게 해야만 한다. 복지국가의 경쟁적 해체를 예방하기 위해, 세계 민주주의, 혹은 좀 더 제한된 형태의 세계정부가 실현되기를 마냥 기다리기만 해서는 안 될 것이다. 유럽연합과 같은 더 큰 민주주의 공동체를 건설하는 것은, [복지국가를 해체하려는] 경쟁의 압력을 감소시킬 수 있는 유의미한 하나의 방식이며, 따라서 모두를 위한 최대한의 실질적 자유를 추구하기 위한 더 많은 재량의 획득, 그리고 동시에 대체로 자주적인 국가들의 경계를 가로지르는 대규모의 항구적인 개인 간의 이전은 몽상이 아니다. 그러나 이 수준에서도, 제도 설계는 결정적으로 중요하다. 즉 실질적 자유지상주의의 관점에서, 만장일치의 결정을 필요로 하는 강력한 각료 회의보다는 다수결의 원리 아래 작동하는 강력한 의회로부터 기대할 것이 훨씬 더 많다. 국제 교섭이 아니라 초국가적인 민주주의가 모두를 위한 실질적 자유를 위한 제도적 틀이다.[68]

이처럼 간략하게 윤곽이 그려진 민주주의의 규모 확장democratic scale-lifting은 급감하는 국내적 재분배의 기회를 보호하고 회복시키기 위해 채택되어야 할 첫 번째 전략이다. 인류 자체라는 제한을 제외하면 동등한 관심[배려]라는 우리의 원칙에 도덕적으로 자의적이지 않은 경계란 없기 때문이다.[69] 이 전략은 긴급하고 필요하지만, 적절한 수준에서 적절한 종류의 정치체를 창조하고, 정치체에 적합한 민주적 제도를 장착하며, 실질적인 국제적 재분배를 가능하게 해줄 정치적 의지와 구체적 도구 모두를 건설하기 위해서는 긴 시간이 필요할 것이다. 그러나 우리는 그렇게 오래 기다릴 수 없다. 국내에서 현재 일어나는 재분배에 대한 압박은 커져 가고 있다. 따라서 요구되는 [재분배를 위한] 여지의 최소한 일부를 유지하게 하고 회복하게 하는 또 다른 전략이 존재한다면 좋을 것이다. 나는 어느 정도까지는 첫 번째 전략과 긴장 관계에 있지만, 그럼에도 그것과 결합해 사용할 수 있는 전략, 곧 **연대주의적 애국심**solidaristic patriotism의 전략이 존재한다고 생각한다. 세계적인 규모에서 어느 정도 제도화된 연대가 존재하는지의 여부와는 무관하게, 주변 환경과 맺는 연대보다 더 결속력 있는* 내적 연대의 수준을 목표로 하는 정치체에 대한 압력이 존재하게 될 것이다. 왜냐하면 그 정치체에 속한 시민들은 재분배 부담이 가벼운[사회보장 수준이 낮은] 탓에 가격 상승이 억제되어 있는 제품을 외국에서 구매하고자 하고, 또 [소득에 대한 과세를 통해] 재분배 제도에 [기여한] 순기여자들은 더 높은 순소득을 얻기 위해 그들이 관리하는 귀중한 생산 요인을 다른 곳으로 이동시키고 싶어 할 수도 있기 때문이다. 이제 이 문제는 사회 요금제social tariffs를 부과함으로써 어느 정도 처리될 수도 있을 것이다. 이런 사회 요금제는 몇몇 나라들이 더 낮은 수준의 사회적 보호로부터 끌어내는 이익을 상쇄시킬 것이고, 이를 통해 그들의 상품을 덜 경쟁적이게 하고, 결과적으로는 자본과 숙련 노동 면에서 [그 나라가 가지는] 매력을 감소시킬 것이다. 그러나 이런 효과는 단지 그런 요금제를 확립하기 위한 임의의 기준의 내재적인 경합성과 그 결과로 초래되는 보복 조치, 그리고 서로에게 유해한 보호주의의 위험 때문에라도 상당한 실천적 난점을 일으킬 것이다. 그래서 높은 연대성을 지닌 정치체의 구성원들이 순전히 기회주의적인 동기에 의해 움직인다면, 이런 높은 연대성은 강한 압력을 받게 될 것이다. 특별히 기술적 요인과 시장 구조적인 요인의 결합이 노동인구 가운데 소수집단의 수중에 세전 수입의 점점 더 큰 부분을 집중시키는 경향이 있기 때문이다.[70] 그러나 기술과 여타의 자산을 통해 순기여자가 될 수 있었던 사람들의 연대론적인 정의관에 대한 강한 헌신에 의지할 수 있다면, 이런 압력은 크게 완화될 것이다. 연대론적인 정의관에 대한 강한 헌신을 통해 그들[기술과 여타의 자산을 통해 순기여자가 될 수 있었던 사람들]이 개입한 집단적 기획에 대해 느끼는 자부

---

* 원문의 단어는 'generous'이고 '넉넉한', '아량 있는' 등의 뜻을 가진다. 그러나 '연대'(solidarity)를 수식하는 맥락을 고려해 '결속력 있는'으로 그 뜻을 번역했다.

심을 통해 그들은 해외의 더 많은 수익에 대한 전망이나 현재 소득의 상당 부분에 대한 과세 회피를 가능하게 해줄 법의 허점을 찾으려고 하지 않을 것이다. 그 결과, 그런 집단적 자부심은 연대론적인 정의관이 전 지구적 수준에서 가능해지기 훨씬 전에 지역적 수준에서 높은 연대성이 실행되기 위한 확고한 기반과 함께 경쟁적인 하향 평준화에 맞선 견고한 보호책을 제공해 줄 것이다.

이런 의미에서[71] 연대주의적 애국심은 민주주의 규모 확장과 마찬가지로 롤스 자신의 명시적인 시각에는 부재한 것이다. 질서 정연한 사회에서는 공유되는 정의 개념을 구현한 제도를 기만하지 않을 자연적 의무가 존재한다고 롤스는 주장한다. 그래서 납세자는 정치적 수준에서 동의했던 조세를 사적인 행동에서는 회피함으로써 최소극대화 재분배 제도를 교란해서는 안 된다. 그러나 이때 해외에서 재분배를 더 적게 하는 제도less redistributive regimes를 기회주의적으로 활용함으로써 최소극대화 원리에 따르는 재분배 제도를 파괴하지 않아야 할 자연적 의무 역시 존재해야 하지 않는가?[72] 롤스가 이 물음에 어떻게 답하든, 롤스주의가 부활된 펭귄 섬 담론으로 환원될 수 없고 실질적 자유지상주의가 유사하게 복지국가의 해체에 대한 이념적 정당화로 변질될 수 없다면, 강력한 민주주의의 규모 확장과 함께, 이런 애국심에 호소하는 전략을 위한 여지가 남아 있어야 한다. 다시 한 번 유토피아적 환상인가? 누구도 [애국심에 호소하는 전략에] 필요한 성향이 보편적 인간 본성의 자생적인 표현으로 개화할 것이라고 거의 기대할 수 없다. 그런 성향들은 특수한 사회적 조건들과, 사회적 삶을 조직하는 특수한 방식들에 의해 양육되고 보존되고 고무되고 존재하도록 설계되어야 할 것이다. 그러나 이런 조건들은 높은 수준의 연대성이 정치적으로 지속적으로 실행 가능하기 위해 어쨌든 요구되는 조건들과 그렇게 다르지 않을 수도 있다. 이 수준에서, 다시, 민주적 정치제도의 구체적인 설계는 중요하며, 공감을 용이하게 하는 미디어의 역할 역시 중요하다. 그러나 공적이고 사적인 결정 모두에서 높은 수준의 연대성에 대한 강한 헌신을 위한 정서적 기초를 제공하기 위해서는, 아마도 십중팔구로, 사람들 사이에서 표피적이고 사적인 접촉 이상의 것이 이루어지기 위한 반복적인 기회를 그 사회의 모든 부문에 체계적으로 제공해 줄 다양한 제도들이 필요할 것이다. 어쩌면 사회적 삶은, 이를테면 각계각층의 사람들이 (집은 아니라고 해도) 같은 탁아소와 같은 학교에서 자랄 수밖에 없거나 혹은 (같은 집은 아니라고 해도) 같은 병원에서 낳거나 죽을 수밖에 없도록 그렇게 조직되어야 할지도 모른다. 심지어 우리는 의무적인 공공서비스를 도입해야 할지도 모른다. 그런 의무적인 공공서비스의 명시적인 목적은 말하자면 환경을 돌보는 것(그래서 이를 통해 평생 동안의 환경 인식을 발전시키는 것일 수)이겠지만, 가장 중요한 기능은 사회적 부문들 사이에서 형성되는 경향이 있는 장벽을 무너뜨리고 사회적 응집 수준을 충분히 유지하는 것이 될 것이다.[73] 이 제도들 가운데 일부는 역효과를 낳는 것으로 판명날 수도 있으며, 그래서 그 제도들이 높은 수준의 연대성을 위한 사적이고 정치적인 헌신에 현실적으로 얼마나 영향력을 끼치는가는 물론 가장 적절한 실험에 입각해 평가되어야 한다. 그럼에도 이[높은 수준의 연대성을 위한 사적이고 정치적인 헌신에 의무적인 공공서비스 제도들이 실제로 영향을 끼치는가를 가장 적절한 실험에 입각해 평가해야 한다는 주장]는 실질적 자유지상주의가 이렇게 간접적이고 도구적인 방식으로 직접 정당화할 방법이 없는 자유에 대한 제도적인 제한을 옹호할 수도 있으며,[74] 또 어떻게 실질적 자유지상주의가 이를 통해 현대 공동체주의와 일반적으로 연관된 반개인주의적인 관심의 최소한 일부를 모순 없이 수용할 수 있는지를 보여 준다. 의무적인 공공서비스 제도들이 높은 수준의 연대성을 위한 사적이고 정치적인 헌신에 현실적으로 영향력을 끼치는가가 가장 적절한 실험에 입각해 평가되어야 한다는 주장은 또한 최소극대화 혹은 축차적 최소극대화에 대한 관심이 정치적 실행 가능성이나 개인의 동기를 주어진 것으로 간주할 필요가 없으며 제도가 동등한 관심[배려]의 정서적 기초를 무너뜨리는 것이 아니라 촉진하는 방식으로 제도를 형성하려는 시도를 고무할 수 있고 또한 고무해야 한다는 점을 분명히 보여 준다.

민주주의의 규모 확장과 연대주의적인 애국심은, 펭귄 섬의 이야기에 따라, 복지국가가 갈수록 더 인색하고 선별적인 이전을 실시하는 국가로 변질되는 것을 수동적으로 지지할 위험에 맞서 우리를 보호하는 데 필수적이다. 그러므로 민주주의의 규모 확장과 연대주의적인 애국심은 결연한 롤스주의의 좌파적 변형, 곧 내가 옹호하고자 하는 급진적이지만 현실주의적인 연대주의적 자유주의의 두 가지 핵심 주장이다. 세 번째 핵심 주장은 물론 실질적 자유지상주의의 독특한 함축이면서 [동시에] 그것을 정당화하는 것이 바로 이 책 전체의 핵심이 되는 제도, 곧 정의로운 사회경제 체제의 중심 항목으로서의 기본소득이다.[75] 이런 주장들 가운데 어느 것도 ─ 내가 세 번째 주장에 대해 수고를 아끼지 않고 보여 주려고 했던 것처럼 ─ 그것에 대한 최상의 해석에 있어 자유주의적인 정의의 직접적 혹은 간접적 요건을 초과하지도 않고 그것에 미달하지도 않는다. 나는 동등한 존중과 동등한 관심[배려]의 명령을 빼면 사회적 삶에서 중요한 것이 없다고 생각하지는 않는다. 정의는 [한] 사회가 [다른 한 사회보다] 더 낫다고 말할 수 있기 위한 필요충분조건이 아니다. 그러나 사회정의 면에서의 상실을 대가로, 내가 관심을 가지는 다른 차원들 ─ 예를 들어, 인간관계의 온기나 자연 세계의 보존 ─ 에 따라 얻어질 것들이 많이 있다는 주장을 나는 솔직히 의심한다. 사람들의 좋은 삶의 개념에 대한 동등하지 않은 관심[배려] 혹은 사람들의 이익에 대한 동등하지 않은 배려를 구현하는 제도를 도입함으로써 이런 다른 측면들 ─ 그리고 우리 사회를 더 악화시킬 상당한 위험 ─ 에서 우리 사회를 더 낫게 만들 가능성은 크지 않다. 그래서 좋은 사회는 정의로운 사회 이상의 것이지만, 간접적일지라도, 정의로운 사회를 더 정의롭게 하는 데 기여하는 조치들을 통해서가 아니라면 정의로운 사회를 더 좋게 만들 가망은 거의 없다.

민주주의 규모의 확장과 연대주의적인 애국심의 결합을 통해 적절하게 보충된 실질적 자유지상주의는 신자유주의 이후와 공산주의 이후의 21세기에 적절한 진보적 사유와 행위를 위한 일관된 틀을 제공해 준다고 나는 생각한다. 실질적 자유지상주의는, 처음부터 암시했듯이, 자유의 가장 큰 중요성에 대한 믿음과 우리가 알고 있는 자본주의가 수용할 수 없는 불평등으로 가득 차 있다는 확신을 수용한다. [이로부터] 등장하는 결론은 자유에 대한 진지한 헌신 ― 모두를 위한 자유로 적절하게 이해되는 ― 이 현존하는 자본주의의 불평등에 대한 만족을 정당화하지 않는다는 것이다. 그런 결론은 ― 그럴듯한 사실적 가정들에 근거해서 ― 지금 사회주의를 위해 투쟁할 어떤 그럴듯한 이유를 제시해 주지도 못한다. 이런 결론에 도달하는 과정에서, 논의의 초점은 이 책의 출발점이었던 전통적 질문 ― 자본주의와 사회주의 사이에서 어떤 것을 선택해야 하는가 ― 에서, 사회경제 체제를 다르게 할 수 있는 많은 유관한 차원들로 이동했다. 미래를 위한 핵심 쟁점은 오히려 무조건적 기본소득을 도입해야 하는지의 여부, 도입한다면 언제 그리고 어떻게 도입해야 하는가이고, 재분배 권력을 초국가적인 관계 당국에 맡겨야 하는지, 맡긴다면 언제 그리고 어떻게 맡겨야 하는가이며, 연대성의 느낌을 기르기 위해 사회적 삶의 조직을 강제해야 하는지, 강제한다면 언제 그리고 어떻게 해야 하는지 등이 될 것이다. 이런 것들은 미래의 중요한 투쟁이 그것을 둘러싸고 이루어지게 될 쟁점들이다. 더 많은 정의와 모두를 위한 더 큰 실질적 자유를 향한 진보의 속도를 규정하게 될 것들은 바로 이런 투쟁의 결과들이다. 이런 불확실한 길을 따르는 성공만이 자본주의를 정당화할 수 있다. 어떤 정당화가 가능하다면 말이다.

모두를 위한 자유와
기본소득

1. 전체에 대한 개관

판 파레이스는 이 책 전체가 "정의로운 사회는 무엇인가?"라는 질문과 "정의로운 사회가 제도적으로 함축하는 바가 무엇인가?"라는 질문에 대한 답으로 요약될 수 있다고 주장한다. 첫 번째 질문에 대한 답은 이 책의 제목처럼 '모두에게 실질적 자유'가 보장되는 사회라면, 모든 시민에게 지급되는 무조건적인 기본소득은 두 번째 질문에 대한 답이라 할 수 있다. 이런 답들은 이 책의 1장과 2장에서 각각 제시되고 있으며, 따라서 이 책의 근간이 되는 것은 앞의 두 장이라고 할 수 있다.

● Philippe van Parijs, "La Justice Comme Liberté Réelle Pour Tous," Jean-Yves Naudet éd., *Ethique économique: Fondements, chartes éthiques, justice*, Aix-en-Provence: Librairie de l'Université, 1996.

물론 그렇다고 나머지 네 개의 장들이 잔여적이거나 부차적인 의미만을 가진다고 볼 수는 없다. 나머지 장들은 실질적 자유가 보장되는 사회가 왜 그리고 어떻게 기본소득이라는 제도를 시행해야 하며 또한 시행할 수밖에 없는지를 보여 주고 있으며, 이런 점에서 1, 2장의 논의를 보완하는 동시에 완성하고 있기 때문이다. 좀 더 구체적으로, 3장에서는 사람들 사이에 재능이나 신체적·정신적 기능 면에서 심각한 차이가 날 때 기본소득만으로 충분한 지원이 이루어질 수 있는지의 여부를 다루고 있다면, 4장에서는 일하는 사람의 소득을 재원으로 일하지 않는 사람에게 기본소득을 지급하는 것은 일하지 않는 사람을 일방적으로 편들고 있는 것이 아닌가라는 문제를 다루고 있다. 5장에서는 이런 논리를 더 발전시켜 기본소득은 일하지 않는 자가 일하는 자를 착취하는 것을 정당화하지 않는가라는 문제와 씨름하고 있다. 마지막 장에서는 기본소득안이 최적의 자본주의와 최적의 사회주의 체제 중 어느 체제에서 모두를 위한 실질적 자유를 더 많이 보장할 수 있는가라는 문제를 다루고 있다. 요컨대 3장에서 5장까지의 논의는 기본소득안과 관련해 제기될 수 있는 다양한 윤리적·실천적 반론들을 소개하고, 이에 대해 재반론함으로써 이 책의 완성도를 높이고 있다고 할 수 있다. 이제 각론으로 넘어가 각각의 주장을 좀 더 구체적으로 보도록 하자.

2. 각 장의 세부 내용

1장 _ 자본주의, 사회주의, 자유

1장에서 판 파레이스는 정의로운 사회가 무엇인가라는 물음을 던지고 모두를 위한 실질적 자유가 보장되는 사회라고 답한다고 말했다. 이런 주장을 입증하기 위해 판 파레이스는 다음과 같은 논증 전략을 구사한다. 즉 사회주의와 자본주의라는 양 체제에서 최대한의 자유가 구현되는 것을 방해하는 요인들이 무엇인지 확인하고, 이를 통해 실질적 자유의 정의에 포함되는 요소들과 그것이 보장되기 위한 조건들을 도출하는 전략을 택하고 있다. 따라서 자연스럽게 1장 1절에서는 공적 소유, 사적 소유, 자본주의 체제, 사회주의 체제 등에 대한 정의가 내려진다. 하지만 1장에서 판 파레이스는 모든 형태의 자본주의와 모든 형태의 사회주의를 검토 대상으로 삼지 않고, 자유로운 사회가 순수 사회주의사회라거나 순수 자본주의사회라는 주장만을 검토 대상으로 삼는다. 6장에 가서 판 파레이스는 최적의 사회주의와 최적의 자본주의가 최대한으로 자유로운 사회인가라는 문제로 되돌아간다.

먼저 그 사회의 구성원들이 최대한 자유로운 사회가 순수 사회주의사회라고 주장하는 순수 사회주의 옹호론의 다양한 형태가 소개되고 논박된다(1장 2절). 비판의 대상이 되는 첫 번째 입장은 최대한으로 자유로운 사회가 모든 사안을 집단적 의사 결정에 따라 처리하고 그 구성원들 각자에게 동등한 의사 결정권을 부여하는 사회이며, 이런 사회는 순수 사회주의사회라는 논리를 펴는 순수 사회주의 옹호론이다. 판 파레이스는 이런 입장이 모든 사람의 동등한 의사 결정 권한과 자유를 혼동하고 있다고 비판한다. 판 파레이스에게 자유 사회에서 중요한 것은 강제 노동을 거부하고 자신의 직업을 선택하는 경우처럼 구성원들 각자가 자신의 행동을 선택하고 통제할 자기 소유권self-ownership을 인정하는 것이기 때문이다.

자유 사회가 순수 사회주의라고 주장하는 두 번째 입장은 최대한으로 자유로운 사회가 외부 대상들에 대한 최대한의 접근 기회를 제공하는 사회이며, 이는 모든 외부 대상이 공적으로 소유되는 순수 사회주의에서만 가능하다고 보는 입장을 말한다. 판 파레이스는 외부 대상에 최대한 접근할 기회가 순수 사회주의사회에서만 보장된다는 이 주장의 전제를 부정한다. 외부 사물에 대해 의사 결정을 할 권리가 특정 정치집단이나 정치 공동체가 아닌 각 개인에게 있어야 하며, 이는 외부 대상에 대한 사적 소유권을 보장하는 체제에서만 가능하다고 보기 때문이다.

이처럼 순수 사회주의에 대한 비판을 통해 판 파레이스는 자기 소유권과 외부 대상에 대한 사적 소유권이 자유 개념에 중요한 요소라는 결론을 이끌어 낸다. 일부 독자들은 이런 일련의 주장으로부터 노직의 우파 자유지상주의를 연상할지도 모르겠다. 자기 소유권 개념으로부터 사적 소유권의 무제한성과 불가침성을 끌어내는 노직의 논리가 표면적으로 판 파레이스의 주장과 유사해 보이기 때문이다.

그러나 순수 자본주의에 대한 비판을 통해 판 파레이스는 이런 해석의 가능성을 일축한다(1장 3절). 판 파레이스는 "사회 구성원들 모두가 정당하게 소유한 것을 가지고" 하고 싶어 하는 것을 할 수 있는 사회로 자유 사회를 보는 우파 자유지상주의자들의 입장을 일부 수용한다. 다시 말해, 재산 없는 자유란 존재할 수 없음을 인정한다. 그러나 이전에 어느 누구의 소유도 아니었던 외부 자원들을 최초로 자기 것으로 삼는 행위(소위 '원초적 전유')를 정당화할 수 있는 객관적인 기준이란 존재하지 않기 때문에, 자유지상주의자가 주장하는 재산에 대한 권리자격은 약한 의미로 이해되어야 한다고 판 파레이스는 역설한다. 이런 이유로 판 파레이스는 노직류의 자유지상주의를 재산권을 절대화하는 '권리 물신론'이라 비판한다.

'개인의 주권 대 집단의 주권'이라는 제목이 붙은 1장 4절에서는 '자유로운 사회' 개념에 대한 분석을 통해 자유를 담지하는 주체가 개인인가 아니면 집단인가라는 문제를 다룬다. 판 파레이스는 국가의 자유를 지키기 위한 의무 징병이 개인의 자유를 노골적으로 제한하는 경우에서 볼 수 있듯이 사회 혹은 국가의 자유와 개인의 자유는 긴장 관계에 있기 때문에 자유로운 사회는 사회 자체의 자유가 아니라 개인의 자유로 이해되어야 한다는 점을 분명히 한다. 또 개인의 자유를 의사 결정에 끼치는 영향력과 동일시하거나 집단적 정치 행위에 대한 능동적이고 지속적인 참여와 관련시키는 자유 개념을 검토한다. 판 파레이스는 전자가 자유와 의사 결정에서의 권한을 혼동하는 오류의 재판再版이라면, 후자는 자유 사회가 출현하거나 지속 가능하기 위한 우연적 조건을 자유의 본질적인 요소와 동일시하는 것이라고 비판한다.

앞 절의 논의를 통해 자유를 개인의 자유 편에 확실히 위치시킨 판 파레이스는 이어서 자유 개념에 대한 전통적인 구분법인 소극적 자유와 적극적 자유의 구분을 문제 삼는다(1장 5절). 물론 판 파레이스는 자신의 자유 개념이 집단적이고 적극적인 정치적 실천과 직접 연관되지 않는다는 점에서 소극적 자유의 편에 있다고 주장한다. 그러나 이사야 벌린의 주장처럼, '적극적 자유'는 '~을 할 자유'이고, '소극적 자유'는 '~로부터의 자유'라는 식으로 자유를 이분법적으로 나눌 수 없다는 점을 분명히 한다. 여행을 가고 싶어 비행장에 갔지만 비행기표를 살 돈이 없어 여행 갈 자유가 없는 사람의 경우에서처럼, 자유는 일단 극복하거나 돌파해야 할 어떤 상황이나 조건을 전제하기 때문이다. 다시 말해, 어떤 조건이나 상황이 하고 싶은 것을 방해한다고 해도 그것이 극복 가능한 상황이고 실제로 극복된다면 적극적 자유는 행사될 수 있다. 이런 맥락에서 판 파레이스는 개인의 자유는 소극적 자유인 동시에 적극적 자유라고 주장한다. 다시 말해, 판 파레이스는 대부분의 경우 동일한 자유를 자유의 행사에 초점을 맞추어서 보면 적극적 자유가 되고 방해 요인에 초점을 맞추어서 보면 소극적 자유가 되는 것으로 파악한다.

계속해서 판 파레이스는 자유 개념에 대한 기존의 해석들을 검토하고 이들에 대한 대안적 해석을 내놓는다. 검토 대상이 되는 첫 번째 해석은 누군가가 하고 싶어 하는 것을 할 자유로 그 의미를 해석하는 것이다. 판 파레이스는 이런 해석이 주인에게 자신의 운명을 맡기고 싶어 하는 노예의 선택 역시 자유로 만든다고 비판한다. 이런 문제에서 벗어나기 위해 인간이라면 누구나 해야만 하는 것을 하는 것이 자유라는 루소적인 해석이 제시되지만 이는 자유를 하고 싶은 것을 하는 게 아니라 해야만 하는 것을 하는 것으로 규범화한다고 판 파레이스는 비판한다. 또 자유를 자기 자신에 의해 형성된 취향에 따라 하고 싶은 것을 하는 것으로 정의하는 자유관 역시 비참한 상황에 적응해 자신의 욕망을 자신이 처한 상황에 맞추는 사람도 자유롭다고 말하게 되는 문제에 빠진다고 비판한다. 판 파레이스는 이런 문제들에서 벗어나기 위해 현실적 욕구가 아닌 잠재적 욕구, 특수한 욕구가 아닌 일반적 욕구에 대한 방해의 부재로 자유를 사고할 것을 제안한다. 이런 발상을 앞선 노예의 사례에 대입한다면, 만약 누군가가 자기 소유권을 소유하고 또한 그의 여러 권리를 보장할 제도나 기구를 가졌다면 일반적으로 하려고 했을 것을 하는 것으로 자유를 정의하는 것이라 할 수 있다. 이를 통해 노예의 굴욕적 선택은 자유로운 선택이 아니라고 주장할 수 있을 뿐만 아니라, 어느 누구도 진지하게 하고 싶어 하지 않는 것을 방해하는 사회와 사회 구성원 모두가 하고 싶어 하는 것을 방해하는 사회 역시 구분할 수 있다.

이상의 논의로부터 판 파레이스는 자유 사회의 틀이 폐지해야 하거나 적어도 최소화해야 하는 자유의 방해 요인으로 자기 소유권으로 이루어진 권리들에 대한 침해의 위협과 재산, 생명, 안전에 대한 침해를 제시한다(1장 6절). 이런 이중의 방해 요인으로부터 벗어나 하고 싶은 것을 할 때 형식적 자유가 보장될 수 있다. 그러나 판 파레이스는 형식적 자유만으로 자유 사회가 구현될 수 없다고 본다. 능력과 허가라는 차원과 이 두 차원의 쌍방 인과관계에 의해 형식적 자유의 조건이 갖추어진 사회에서도 다양한 형태로 자유의 제한이나 침해가 존재할 수 있기 때문이다. 예를 들어, 누군가가 대학에 입학하기 위해서는 대학의 허가를 받아야 하겠지만 그(녀)가 대학의 허가를 받을지 여부는 다시 그(녀)의 학업 능력에 달려 있다. 그러나 그(녀)의 학업 능력이 다시 충분한 영양을 공급받을 기회나 다양한 분야의 지식을 여기저기서 교육받을 수 있는 기회에 달려 있다면 어떻게 될까? 어느 대학에 입학할 자유가 있다고 말하기 위한 요건으로 이런 기회들이 추가되어야 할 것이다. 이처럼 형식적 자유에 그런 자유를 실현할 물질적 수단을 포함한 기회라는 요소가 추가될 때 실질적 자유가 된다고 말할 수 있다(1장 7절).

실질적 자유가 보장되는 사회는 기회집합을 축소시키는 요인들을 가능한 한 제거한 사회라고 할 수 있다. 좀 더 구체적으로, ① 재산권을 포함한 권리 보장의 구조가 존재하고, ② 각자가 자기 소유권을 가지며, ③ 최소의 기회를 가진 사람들에게 최대의 혜택이 가는 정책을 설계하고 집행하는 사회라고 할 수 있다(1장 8절). 판 파레이스는 마지막 원칙을 기회의 축차적 최소극대화Leximin opportunity 원칙이라 부른다. 축차적 최소극대화의 원칙은 최소극대화Maximin의 원칙을 순차적으로 확장한 것이다. 다음과 같은 세 가지 (재)분배 방안이 있다고 가정해 보자.

$$X = (0.6, 0.7, 0.8), Y = (0.4, 0.9, 0.9), Z = (0.6, 0.8, 0.9)$$

'X', 'Y', 'Z'는 각각의 (재)분배 방안을 가리키고, 괄호 안의 첫 번째 숫자는 가장 처지가 안 좋은 사람의 삶의 질을, 두 번째 숫자는 그 다음으로 처지가 안 좋은 사람의 삶의 질을, 마지막 숫자는 처지가 비교적 가장 좋은 사람의 삶의 질을 각각 나타낸 수치다(수치는 0.1~1까지). 최소극대화 원칙에 따르면, 가장 안 좋은 처지에 있기 때문에 기회도 가장 적을 것으로 여겨지는 사람의 삶의 질을 가장 높이는 방안을 채택해야 하며, 따라서 Y는 제거된다. 하지만 X와 Z는 모두 최소기회자의 삶의 질이 똑같이 0.6이기 때문에 최소극대화 원칙만 따른다면 똑같이 좋은 방안이기에 어느 하나를 고를 수 없게 된다. 축차적 최소극대화의 원칙은 이런 상황에서 최소기회자의 삶의 질이 같은 수준에 있을 때는 차상위에 있는 사람의 질을 더 높이는 방안을 선택하라고 권고한다. 그러므로 축차적 최소극대화 원칙에 따를 때 차상위에 해당하는 사람의 삶의 질이 더 높은 방안 Z를 선택할 수 있게 된다.

판 파레이스는 이처럼 권리 보장, 자기 소유권 보장, 기회의 축차적 최소극대화 원칙이라는 세 조건이 만족되는 실질적 자유가 구현된 사회를 정의로운 사회라고 부른다. 판 파레이스는 이런 세 조건이 충돌할 때 권리 보장 〉 자기 소유권 〉 축차적 최소극대화 원칙이라는 우선순위를 가지지만 이런 우선순위는 절대적인 것이 아니라는 점을 강조한다. 예를 들어, 기회의 축차적 최소극대화 원칙에 따라 삶의 질이 상당 수준 개선될 수 있다면 자기 소유권의 온건한 제한이 이루어질 수 있다고 판 파레이스는 주장한다. 이렇게 실질적 자유가 보장되는 사회를 정의로운 사회로 보는 관점을 판 파레이스는 실질적 자유지상주의real libertarianism로 명명한다. 판 파레이스의 이런 정의관은 어떤 절대적인 정의의 이념과의 비교를 통해 정의로운 사회를 판단하는 완전주의적인 관점과 거리를 둘 뿐만 아니라, 자기 소유권과 재산권의 무제한성 사이의 연결 고리를 끊고 평등한 (재)분배 정책을 지지한다는 점에서 노직의 자유지상주의와도 거리를 두고 있다고 할 수 있다.

2장 _ 지속 가능한 최고의 기본소득

1장에서 정의로운 사회가 무엇인가라는 물음에 답했다면, 2장에서는 정의로운 사회가 시행해야 할 제도가 무엇인가라는 문제에 답하고 있다. 판 파레이스는 실질적 자유지상주의의 이상을 제도적으로 가장 잘 표현한 것이 무조건적 기본소득이라고 주장한다. 배를 타고 해외여행을 가기 위해서는 국경을 넘어가는 것이 허락되어야 할 뿐만 아니라(형식적 자유), 여행을 떠날 시간을 낼 수 있어야 하고 배표를 살 돈이 있어야 하기 때문이다(실질적 자유). 다시 말해, 실질적 자유는 소비하고 싶은 다양한 재화들을 선택할 자유일 뿐만 아니라, 우리가 살고 싶어 하는 다양한 삶들 가운데 하나를 선택할 자유이며 동시에 이런 선택의 자유를 가능하게 하는 물질적 수단을 확보하는 문제라고 할 수 있다. 판 파레이스는 가장 높은 수준의 무조건적 기본소득이 이런 실질적 자유를 최대한 보장해 주는 물질적 수단이라고 보고 있는 것이다.

판 파레이스는 기본소득의 네 가지 무조건성(노동 여부, 자산 소유 여부, 누구와 사는지, 거주지가 어디냐의 여부와 상관없는 무조건성)이 실질적 자유의 축차적 최소극대화 원칙에 잘 부합한다는 점을 보여 줌으로써 무조건적 기본소득과 실질적 자유지상주의와의 연관성을 보여 주려고 한다(2장 1절). 하지만 이에 앞서 사회보험제도, 조건적인 보장소득안 같은 여타의 사회보장제도와 무조건적 기본소득 사이의 차이점을 분명히 한다. 즉 기본소득 제도는 수혜자가 수혜 자격을 얻기 위해 과거 소득으로부터 기여할 필요가 없다는 점에서 사회보험과 다르며, 자산 심사 여부나 노동 의향 및 직업 교육의 의향이 있는지의 여부와 무관하게 수급 자격이 주어진다는 점에서 조건적인 보장소득안과 다르다. 그러나 판 파레이스는 기본소득이 데모그란트나 시민 소득과 같은 현존하는 최저소득보장안과 무조건적으로 지급된다는 특징을 공유한다고 서둘러 덧붙인다. 그뿐만 아니라 기본소득이 초기에는 낮은 액수이기 때문에 현존하는 조건부 이전 제도들을 대체하지 않고 그런 제도들과 공존할 필요가 있음을 역설한다. 이런 일련의 주장들을 통해 기본소득이 모든 시민에게 지급된다는 점에서 필요한 사람에게만 지급되는 최저소득보장안과 무관하다는 비판이나, 여타의 사회보장제도의 축소를 전제로 한 신자유주의적인 정책이라는 비판이 기본소득에 대한 오해에서 비롯된 것임을 알 수 있다.

2장 2절에서 판 파레이스는 네 가지의 무조건성이 실질적 자유의 최소극대화와 어떤 연관이 있는지 본격적으로 논의한다. 먼저, 노동 훈련이나 직업 교육 등과 무관하다는 조건은 반완전주의적인 실질적 자유 개념에 근거한 것이다. 반완전주의란 좋은 삶에 대한 특정 관점을 우선시하지 않고 다양한 삶의 방식을 존중하는 입장을 의미한다. 이에 따를 때, 고소득이나 부에 우선적인 가치를 두는 삶을 사는 사람이든 저소득이지만 본인이 가치를 두는 일에 전념하는 삶을 사는 사람이든 상관없이 소비하고 싶어 할 수도 있는 재화들의 다양한 묶음들을 선택하고 시간을 통제할 기회가 동등하게 주어져야 한다. 요컨대 재화들을 소비할 자유와 시간을 통제할 자유가 부와 소득에 가치를 두는 사람에게만 주어지지 않기 위해 기본소득은 무조건적으로 지급되어야 한다고 판 파레이스는 주장한다.

　　판 파레이스는 기본소득과 음의 소득세의 대비를 통해 부자든 가난한 사람이든 누구에게나 기본소득이 지급되어야 한다는 함축을 갖는 자산 심사와 관련한 무조건성이 실질적 자유의 최소극대화 원칙과 밀접하게 연관되어 있음을 보여 준다(2장 2절). 음의 소득세는 기준 소득 이하의 사람들에게 기준 소득과 실제 소득 간 차이의 일정 비율을 지원하는 제도다. 이는 자산(부동산, 주식, 현금 등) 조사 없는 현금 급여 제도라는 점에서 기본소득과 공통점이 있다. 그러나 판 파레이스는 다음과 같은 세 가지 이유로 음의 소득세보다 기본소득이 실질적 자유의 최소극대화에 더 기여한다고 주장한다. 먼저, 기본소득은 음의 소득세와 달리 보조금을 받기까지 걸리는 심사로 인한 시간 지연의 문제도 없고, 여러 이유로 지급이 실패할 가능성도 거의 없기 때문에, 음의 소득세보다 보조금 수급 비율이 높다는 점에서 더 많은 최소수혜자들의 기회를 보장할 수 있다. 둘째, 음의 소득세에서는 소득에 따라 이전소득의 지급 여부와 그 수준이 달라지기 때문에 보조금으로 이용할 수 있는 선택지들이 늘 수도 있고 줄 수도 있는 반면, 기본소득은 선택지가 줄어들 가능성이 상대적으로 낮기 때문에 최소수혜자층에게 유리하다. 셋째, 기본소득은 음의 소득세보다 관리 비용이 훨씬 저렴하기 때문에 재원이 전용되거나 삭감될 가능성이 낮으므로 최소수혜자의 처우 개선에 더 기여할 수 있다.

가계 및 거주지 무관성은 어디서 어느 누구와 살든 상관없이 기본소득이 주어져야 한다는 것이다. 판 파레이스는 주거비나 교육비 등의 비용이 더 많이 드는 지역에 사는 사람에게 더 많은 기본소득을 주는 것은 선호 만족으로 정의되는 복지의 수준을 평등하게 하는 것이지 최소수혜자의 실질적 자유를 극대화하는 것과는 거리가 멀다고 주장한다.

판 파레이스는 계속해서 지속 가능성과 실질적 자유의 축차적 최소극대화의 원칙과의 연관성을 주장한다(2장 3절). 실질적 자유지상주의가 '모두'를 위한 실질적 자유에 주목한다면, 현재 세대의 후한 기본소득을 위해 경제적 부를 소진하는 것은 용납될 수 없다. 미래 세대 역시 '모두'에 포함되기 때문이다. 그러나 판 파레이스는 지속 가능성만으로는 모두를 위한 실질적 자유가 보장될 수 없다고 본다. 현재 세대가 70만 원의 기본소득을 받고 다음 세대가 30만 원의 기본소득을 받는다면 지속 가능하지만 최소수혜자들의 실질적 자유가 동등할 수 없기 때문이다. 따라서 판 파레이스는 세율의 구조와 수준, 생산 잠재력, 분배 효율성, 인구 증가, 생태적 효과 등을 종합적으로 고려해 최고의 평균 기본소득을 유지할 수 있는 기본소득안을 택해야 한다고 역설한다. 이렇게 지속 가능한 최고 수준의 기본소득이 정해진다면, 다음 세대는 적어도 현재 세대와 대등한 수준의 기본소득을 받을 수 있을 것이다. 판 파레이스는 이것을 세대 간 정의의 기준이라 부른다.

이렇게 기본소득 개념의 각각의 요소 및 조건들에 대한 분석을 마친 후에 판 파레이스는 기본소득과 관련된 여러 쟁점들을 소개하고 논의한다. 맨 먼저 검토의 대상이 되는 쟁점은 기본소득을 현물로 지급해야 하는가 현금으로 지급해야 하는가라는 문제다(2장 4절). 판 파레이스는 보조금을 생산수단으로 지급해야 한다는 주장을 비판함으로써 간접적으로 현물 기본소득론을 논박한다. 보조금을 현금으로 지급하는 상황 A와 보조금을 앞의 현금과 같은 가치의 생산수단들의 묶음으로 지급하는 상황 B가 있을 때 다음과 같은 이유로 전자가 후자보다 최소수혜자의 실질적 자유를 최대한 보장한다고 보기 어렵기 때문이다. 상황 B에서 생산수단들을 다른 재화나 용역으로 매매할 수 있는 경우와 매매할 수 없는 경우를 생각해 보자. 만약 전자라면, 상황 B는 상황 A의 변형에 불과하다. 만약 후자라면 보조금 용도의 제한 때문에 실질적 자유가 더 축소될 뿐만 아니라 생산수단의 운영 능력의 차이로 인해 보조금 수준의 차이가 발생하게 된다. 간략히 말해, 판 파레이스는 현금 기본소득이 급여 대상자의 소비 선택의 자유를 온전히 보전하고 역량의 차이를 적절히 감안할 수 있는 정책임을 역설하고 있다.

그러나 현금이 기본소득의 기본적인 형태라고 해서 현물 기본소득이 불가능하다거나 불필요하다는 결론이 따라 나오는 것은 아니라고 판 파레이스는 즉각 덧붙인다. 특히 경찰, 법원, 군대, 민방위 등은 형식적 자유의 보장을 위해 필요한 현물 기본소득의 범주이며, 교육, 사회 기반 시설 등은 기회에 대한 적극적인 외부 효과를 기대할 수 있기 때문에 제공되어야 하는 현물 기본소득의 두 번째 범주다. 이런 두 종류의 현물 기본소득의 범주와 함께 쾌적한 공기, 깨끗한 물과 같은 환경재environmental goods를 주요한 세 번째의 현물 기본소득의 범주에 포함시킨다.

현물 기본소득에 대한 현금 기본소득의 우월성을 입증한 후, 판 파레이스는 실질적 자유의 최소극대화라는 관점에서 죽을 때까지 정기적으로 일정액의 기본소득을 지급하는 것이 나은지 아니면 성년기에 접어드는 시기에 단 한 번 상당한 액수의 현금을 지급하는 것이 나은지 묻는다(2장 5절). 얼핏 보면 한 번에 큰 돈을 주는 것이 더 큰 구매력과 선택 기회를 가져다 줄 뿐만 아니라, 정기적으로 지급되는 기본소득의 경우 이른 나이에 사망한 사람에게 불리하기 때문에 성년기에 접어드는 시기에 목돈을 주는 것이 더 나은 방안처럼 보인다. 그러나 판 파레이스는 많은 돈을 탕진할 가능성이 있을 뿐만 아니라 큰돈으로 시작한 사업이 부침을 겪을 수 있다는 점에서 온건한 온정주의적 관점에 입각해 일생 동안 기본소득을 지급하는 것이 최소극대화의 관점에서 더 나은 방안이라고 주장한다. 다시 말해, 판 파레이스의 기본소득안은 기회의 평등을 보장하기 위해 성년기가 시작될 때 단 한 번 목돈을 지급하고 이후의 사태에 대해서는 개인이 전적으로 책임지게 하는 극단적인 방안과 기회의 평등을 보장하기 위해 매 순간 현금을 지급하는 또 다른 극단적인 방안의 절충안으로 제시된 것이라 할 수 있다. [•]

2장 6절에서 판 파레이스는 실질적 자유의 측정 기준의 문제가 무엇인지 소개하고 세 개의 가능한 측정 기준을 검토한다. 먼저, 실질적 자유의 측정 기준 문제가 발생하는 것은 시장의 가격 구조 때문인데, 판 파레이스는 이를 똑같은 기본소득만을 받고 생활하는 쾌활이와 괴짜의 예를 통해 보여 준다. 괴짜가 다이빙을 좋아해 해안의 절벽을 기본소득으로 빌리고 쾌활이는 일광욕을 좋아해 해변의 일부를 기본소득으로 빌린다고 하자. 또 어떤 이유로 가격이 변동해 해안의 절벽에 대한 지대는 떨어지지만 해변에 대한 지대는 올라간다고 가정해 보자. 이때 절벽의 일부를 빌린 괴짜는 지대의 인하로 대여료를 절약해 다른 것을 더 많이 살 수 있게 되는 반면, 해변의 일부를 빌린 쾌활이는 지대의 인상으로 더 높은

• Philippe van Parijs, "La Justice Comme Liberté Réelle Pour Tous," Jean-Yves Naudet éd., *Ethique économique: Fondements, chartes éthiques, justice*, Aix-en-Provence: Librairie de l'Université, 1996, p. 3.

대여료를 내야 하기 때문에 더 적은 물품을 살 수밖에 없게 된다. 이때 쾌활이와 괴짜는 동일한 액수의 기본소득을 받지만 그들의 실질적 자유는 동일하지 않아 보인다. 이렇게 사람들에게 서로 다른 기회집합을 제공하는 재화들의 묶음이 주어질 때, 실질적 자유를 측정하기 위한 세 개의 방법이 제시되고 하나씩 검토된다.

먼저 하나의 재화들의 묶음이 다른 하나의 재화들의 묶음의 진부분집합인 한에서만 서로 다른 기회집합들이 평등하지 않다고 말해야 한다는 입장이 검토의 대상이 된다. 이에 따르면, 어떤 사람 A의 재화들의 묶음 A = {암석, 블랙베리, 바나나}이고, 다른 사람 B의 재화들의 묶음 B = {암석, 바나나}라고 할 때, 집합 A의 원소가 집합 B의 원소를 모두 포함하기 때문에 두 사람의 기회집합이 평등하지 않다고 말할 수 있다. 그러나 이런 접근은 진부분집합 관계가 아니지만 불평등해 보이는 무수히 많은 사례들(가령 열 개의 모래사장들과 한 채의 성 대 단 하나의 블랙베리 덩굴)을 간과하는 문제가 있다고 판 파레이스는 비판한다. 두 번째로 검토 대상이 되는 것은 기회집합에 포함된 선택지들을 셈하거나 그런 선택지들에 가중치를 부여해 기회집합들을 서로 비교하는 접근이다. 판 파레이스는 기회집합들을 서로 비교하는 데 따르는 기술적 난점이 있을 뿐만 아니라, 실질적 자유의 측정에서 중요한 것은 단순한 기회집합들의 크기나 그들에 대한 가중치 부여가 아니라 좋은 삶에 대한 관점과 기회집합의 연관이라는 점을 분명히 한다. 마지막 검토 대상이 되는 것은 어떤 사람이 자신의 부존 자산을 가지고 도달할 수 있는 가장 높은 선호 만족의 수준이 모두에게 같을 때 외적 자원들이 공정하게 분배되었다고 보는 입장이다. 그러나 이런 접근은 값비싼 취향을 가진 사람에게 더 큰 양의 자원을 제공하는 복지의 평등으로 귀결되는 문제가 있다고 판 파레이스는 비판한다.

기존의 접근들에 대한 비판을 토대로 판 파레이스는 실질적 자유를 단순히 기회집합의 크기나 복지라는 결과가 아니라 기회집합과 연관된 외적 자원들의 경쟁가격으로 평가하는 관점을 도입한다(2장 7절). 즉 동일한 기본소득이 주어지고 사람들 사이에 내적인 재능의 차이가 없다는 가정에서 출발하는 완전경쟁 시장과, 그 시장에서 이루어지는 교환으로부터 생겨나는 공급과 수요의 균형을 상정해 볼 것을 판 파레이스는 제안한다. 이런 상황에서 자원 묶음들의 평등을 말하기 위해 자원 묶음들이 서로 동일한 묶음일 필요는 없다. 열대 지방에서 오리털 잠바가 필요 없듯이 북극에서는 파도타기 장비가 필요 없기 때문이다. 이런 상황에서는 동일한 자원 묶음이 아닌 등가의 자원 묶음을 갖는 것으로 충분하다. 또한 이런 상황에서는 교환의 결과 어느 누구도 자신의 자원 묶음을 타인의 것과 교환하려 하지 않을 때, 즉 타인의 자원 묶음을 선망하지 않는 선망부재의 기준이 충족될 때 자원이 평등하다고 말할 수 있다고 판 파레이스는 주장한다. 마지막으로, 각 사람에게 배분된 자원들의 묶음이 또 다른 사람에게 할당된 자원들의 묶음과 등가의 것이라고 말할 수 있기 위해 판 파레이스는 경제학의 기회비용 개념을 도입한다. 기회비용은 고등학생이 대학 진학을 위해 취업을 포기할 때처럼 하나를 선택하기 위해 다른 대안을 포기할 때의 비용이다. 이런 기회비용은 하나를 선택하기 위해 포기되는 것들의 가치로 측정된다. 가령 취업을 포기하고 대학에 진학한 학생의 경우 기회비용은 대학 교육에 소요되는 비용(명시적 비용)과 취업을 포기한 결과로 발생하는 금전적 손실(암묵적 비용)의 합으로 나타낼 수 있다. 이와 유사하게 판 파레이스는 외적 자원들(배제성, 경합성을 가진)을 누군가가 소유하고 사용하는 경우 나머지가 그 자원들을 사용할 수 없게 되기 때문에 기회비용이 발생한다고 말한다. 다시 말해, 판 파레이스는 누군가가 가지는 기회를 해당 기회를 그 사람에게 제공하기 위해 요구되는 자원들의 가치를 통해 사고하고, 다시 이런 자원들의 가치를 그 자원들의 묶음을 얻기 위해 포기한 다른 자원들의 묶음의 가치,

즉 기회비용에 입각해 측정함으로써 실질적 자유의 평등 여부를 판단할 수 있다고 본다. 요컨대 판 파레이스는 전망 부재와 기회비용을 실질적 자유의 평등 여부를 판단하는 기준으로 제시하고 있다.

마지막 절(2장 8절)에서 판 파레이스는 앞 절의 논의에 기초해 체제가 다른 경우에 실질적 자유를 평가하는 문제를 다룬다. 판 파레이스는 사회주의나 자본주의 체제처럼 서로 다른 체제에서 실질적 자유의 정도를 측정할 때 다음과 같은 세 가지 점을 고려할 것을 요청한다. 먼저 최소수혜자들에게 지속적으로 제공될 수 있는 기회집합을 평가한다. 둘째로 재화들의 기회비용을 반영하는 방식으로 재화들의 가격을 매길 필요가 있다. 마지막으로 어떤 체제에서는 단독주택에 대한 강한 취향이 일반적이라서 고층 아파트가 사라지는 경우처럼 어떤 체제에서는 다른 체제보다 더 높은 가격으로 구할 수 없거나 구할 수 있는 수요 대상과 패턴이 존재한다.

3장 ＿ 비우월적 다양성

판 파레이스는 사람들 사이에서 재능이나 능력 같은 내적인 자원이 차이가 날 때는 기본소득으로 모두의 실질적 자유를 보장할 수 없다는 문제의식에서 3장의 논의를 시작한다. 내적 자원의 차이가 큰 장애인의 경우 기본소득만으로 기회를 극대화하기 힘들기 때문이다. 그러나 이에 대한 대안을 제시할 때, 외적 자원이라는 측정 기준을 넘어서지만 동시에 개인적인 선호 만족, 곧 복지라는 기준을 채택하지 않는 접근이 필요하다고 판 파레이스는 역설한다. 가령 시각 장애인의 보고 싶은 욕망을 만족시키기 위해 최근에 개발된 의안을 장착하는 데는 고가의 비용이 든다. 이 시각 장애인의 요구를 들어주면 형평성을 위해 다른 시각 장애인뿐 아니라 청각 장애인을 포함한 여타 장애인들의 욕구도 수용해야 하며,

이런 식으로 계속 가다 보면 결국 의료 보건 재정은 바닥이 날 것이다. 따라서 판 파레이스는 장애를 가진 사람의 특수한 필요를 만족시키지만 값비싼 취향의 문제에 빠지지 않는 방안을 모색한다.

　이런 방안을 모색하기 위해 판 파레이스가 맨 먼저 검토하는 것이 재능의 경매다(3장 1절). 여타의 경매와 달리 여기서는 재능과 취향이 서로 다른 사람들의 재능이 경매된다. 각각의 사람들에게는 동일한 액수의 화폐가 주어지고 이들은 자신이나 타인의 재능에 대해 경매에 참여한다. 경매자는 모든 화폐들이 그 소유자들의 최선의 이익에 맞게 쓰일 때 최고 입찰 가격을 부른 사람에게 재능을 배분한다. 이때 경매로 처분되는 것은 재능과 동시에 자신의 시간에 대한 통제권이다. 따라서 자신의 재능에 대한 통제권을 보유하기를 원한다면, 자신의 재능을 사용하는 데 관심을 가진 사람보다 더 비싼 값에 시간을 사와야 한다. 이에 반해, 가치 있는 재능이 없는 사람은 자신의 시간을 매우 싸게 전유할 수 있다. 판 파레이스는 이런 가상적 상황을 통해 능력을 내적 자원으로 간주하는 경우, 경매가 재능을 평등하게 분배하는 적절한 방법이 될 수 없다고 주장한다. 재능이 서로 다른 경우 재능 있는 사람은 자신의 여가를 지키기 위해 재능 없는 사람보다 더 많은 외적 자원을 소비해야 하기 때문이다.

　3장 2절에서 판 파레이스는 평범한 수준의 재능과 여가에 대한 강한 취향을 공유하지만 그중 한 명은 호감을 주는 외모를 가지고 있고, 다른 한 명은 그렇지 못한 두 자매의 예를 통해 또 다른 문제를 제기한다. 호감을 주는 외모를 가진 '사랑스런 애'는 팝쇼에서 공연을 해 많은 돈을 벌지만 그 일을 지독히 싫어한다. 반면 '외로운 애'는 여가를 즐기기 위해 거의 일 하지 않고 사랑스런 애가 재원을 조달하는 보조금을 받으면서 하루하루를 살아간다. 판 파레이스는 이런 예를 통해 '외로운 애'의 보조금을 제공하기 위해 '사랑스런 애'가 여가를 즐기지 못하고 싫어하는 일을 계속 하는 예속 상태에 빠지게 된다는 문제를 지적한다('재능 있는 자의 노예 상태'). 또 이번에는 '사랑스런 애'가 외모를 통해 돈을 버는 일을 전혀 할 수 없는 경우, 외모가 수익력에 도움을 주는 것은 아니지만 호감을 주는 외모로 인해 '사랑스런 애'는 타인과의 연애와 친목을 통해 원만한 인간관계를 맺어 나가지만 '외로운 애'는 전혀 그렇지 못한 상태에 있게 된다. 판 파레이스는 이런 사례를 통해 재능의 평등을 단순히 돈벌이 능력에 영향을 끼치는 재능으로 한정해서는 안 된다는 점을 말하고 있다.

다음으로 판 파레이스는 본격적으로 드워킨의 가설적 보험제도를 소개하고 비판한다(3장 3절). 가설적 보험제도란 재능, 역량과 같은 내적 자원에서의 불평등을 보상하기 위해 드워킨이 고안한 제도적 장치다. 구체적으로, 판 파레이스는 자신이 하고 싶어 하는 게 무엇인지는 알지만 정작 자신이 어떤 재능을 가진지는 모르는 상황에서 특정 재능의 부재에 대비해 드는 두꺼운 무지의 베일하의 보험과 자기가 하고 싶은 일이 무엇인지 알고 자신의 재능도 어느 정도 알지만 그런 재능이 경제적으로 얼마나 값어치 있는지 모르는 상황에서 드는 얇은 무지의 베일하의 보험을 소개한다. 전자가 일반적인 장애에 대비한 보험이라면 후자는 재능의 수익성이 떨어지는 것에 대비한 보험이라 할 수 있다. 하지만 판 파레이스는 다음과 같은 다섯 가지 이유로 가설적 보험제도는 내적 자원의 평등을 보장하는 충분한 방안이 될 수 없다고 주장한다(3장 4절).

먼저, 보험금을 지급받아 정당한 보상을 받은 후에도 타인에 대한 선망심이 사라지지 않는다는 문제가 있다. 가령 자신이 가진 재능이 경제적으로 가치가 낮을 것이라 판단해 보험을 든 사람이 실직해 보험금을 받는다고 하더라도 그는 고소득을 얻는 대기업 노동자를 여전히 선망할 수도 있다. 누군가가 타인의 자원의 묶음에 대해 선망심을 갖는다면 그런 자원의 분배는 평등한 것이 아니라고 드워킨은 주장하기 때문에 이는 문제가 된다고 할 수 있다. 둘째, 재능의 수익성이 떨어지는 경우에만 보험을 들 수 있다면, 반감을 주는 외모로 고통 받는 사람은 방치해야 하는 가라는 문제가 발생한다. 드워킨은 자기가 선택하지 않은 요인 때문에 불평등하거나 부정의한 상황이 발생해서는 안 된다고 보기 때문에 이는 문제가 된다. 셋째, 일반적 장애에 대비해 보험을 드는 경우 자신의 취향은 알지만 자신의 재능이 무엇인지는 정확히 모르는 상황을 가정했다. 하지만 왼손 마비에 대비해 과연 보험을 들지, 그리고 얼마나 많은 보험료를 낼지는, 피아노 연주에 얼마나 재능이 있는지의 여부에 따라 달라질 수 있다. 요컨대 일반적 장애에 대비해 보험을 들기 위해 전제되는 조건들은 보험을 합리적으로 선택하기 위해 수정될 필요가 있다. 넷째, 가설적 보험제도는 재능이 동일하지만 단지 취향이 다르다는 이유로 외적 자산을 동등하지 않게 분배할 수 있다. 가령 당신과 내가 형편없는 오보에 연주 실력을 포함해 동일한 내적 자산을 갖고 있지만 나는 오보에 연주자가 되려는 야심을 고수하고 당신은 오보에 연주보다 적성이 더 맞는 축구 선수가 되려고 마음을 바꾸었다면, 나에게만 보상의 자격이 주어질 것이다. 마지막으로, 보험을 통해 자신이 선택할 수 없는 장애와 같은 악운에 어느 정도 대처할 수 있으며 그 결과에도 불평할 수 없다는 드워킨의 주장은 보험이 선택뿐만 아니라 그 결과에 대해서도 책임을 져야 하는 복권과 유사하다고 전제한 것이다. 하지만 많은 통계적인 불확실성을 수반하는 보험의 선택과 그 결과를 복권과 동일한 것으로 간주할 수는 없다고 판 파레이스는 지적한다. 이런 비판은 보험을 통해 악운을 자신이 책임질 수 있는 선택적 운으로 변화시킬 수 있다는 드워킨의 핵심 주장을 겨냥한 것이라고 할 수 있다. 판 파레이스는 내적 자원의 불평등을 판단하고 보상할 수 있는 기준으로 비우월적 다양성undominated diversity을 제시한다(3장 5절). 이는 원래 부르스 애커먼이 유전적 특징을 비교할 때 사용한 개념인데, 판 파레이스는 이것을 외적 부존 자산과 내적 부존 자산의 총합인 포괄적 부존 자산으로 확대한다. 모든 사람이 B보다 A의 포괄적 부존 자산을 갖기를 더 선호한다면 그리고 오직 그 경우에만, A의 포괄적 부존 자산은 B의 포괄적 부존 자산보다 우월하다. A가 중간 수준의 지적 능력, 시력이 좋음, 머리숱이 적음, 들창코, 소득과 부가 평균 수준임, 기타 등등과 같은 포괄적 부존 자산을 가지고 있고, B가 중간 수준의 지적 능력, 시력의 상실, 머리숱이 많음, 오똑한 코, 소득과 부가 거의 없음, 기타 등등과 같은 포괄적 자산을 가지고 있다고 하자. 사람들이 일반적으로 가장 중요하다고 여기는 부존 자산과 관련해 의견의 수렴(여기서는 '시력')을 보인다면, A의 포괄적 부존 자산이 B의 포괄적 부존 자산보다 우월하다고 간주할 것이다. 비록 한 사람의 포괄적 부존 자산이 무수히 많이 존재할 수 있고 이런 것들의 중요성에 대한 순위 매김이 일일이 이루어지지 않는다고 해도 이런 판단은 가능하다. 요컨대 비우월적 다양성 기준은 한 사람의 포괄적 부존 자산들 가운데 만장일치로 다른 모든 사람들의 포괄적 부존 자산보다 나쁘다고 평가되는 것, 이를테면 장애가 포함되어 있을 때 기본소득과 별도로 추가적인 지원을 요구한다. 그렇기 때문에 판 파레이스는 비우월적 다양성을 모두에게 동일한 기본소득을 지급하자는 자신의 주장을 시행할 때 반드시 염두에 두어야 할 제약 조건으로 간주한다.

이렇게 사람들 사이에서 내적인 자원이 큰 차이가 날 때 기본소득 이외에 추가적인 지원을 제공할지의 여부를 결정하기 위한 기준으로 비우월적 다양성을 제시한 후, 판 파레이스는 자신의 주장에 대해 제기될 법한 다양한 반론들을 검토한다. 판 파레이스가 맨 먼저 다루는 것은 만장일치로 불리한 것으로 간주되는 내적 자원에 대해서만 추가 지원을 허용하기 때문에 비우월적 다양성 기준이 충분히 많은 사람들을 포괄하지 못한다는 반론이다. 이런 반론은 다시 괴이하거나 적응적인 선호를 가진 사람에 대한 보상이 필요하다는 반론과 자산 내역과는 무관하게 차등적인 보상이 필요한 경우가 있다는 반론으로 나눌 수 있다. 먼저, 자신의 시력 상실을 축복이라 여기는 괴이한 선호를 가진 사람에 대해 판 파레이스는 이런 선호가 일반적으로 사람들이 이용할 수 있는 것이 아니라는 이유로 고려할 만한 선호의 목록에서 제외한다. 또 자신의 선호를 상황에 맞추는 적응적 선호의 경우는 그런 선호가 진실한 것이고 충분한 정보에 바탕을 둔 것일 경우에만 고려할 만한 가치가 있는 선호 명세표에 포함시킬 수 있다고 주장한다. 또 똑같은 재능, 똑같은 가치의 외적 자산, 똑같은 선호를 가지지만 연로한 부모가 있는 사람과 없는 사람의 경우 자원을 다르게 이전할 필요가 있지 않은가라는 문제 제기에 대해 판 파레이스는 이런 조건을 만장일치로 불리한 것으로 여기지 않는다면 추가적인 이전이 필요하지 않다고 답한다.

3장 7절에서 판 파레이스는 선호가 일반적으로 이용 가능하고 진실되며 충분한 정보에 바탕을 둔 것이어야 한다는 자신의 주장이 함축하는 바를 분명히 하기 위해 아네슨의 복지를 위한 기회의 평등론과 비우월적 다양성 기준을 비교·대비한다. 판 파레이스는 복지를 위한 기회의 평등론은 비우월적 다양성 기준과 마찬가지로 선호 만족을 중시하지만 다음과 같은 두 가지 점에서 비우월적 다양성 기준과 다르다고 주장한다. 먼저, 정적인 삶에 대한 취향 때문에 검소한 생활을 하는 히피들과 훨씬 더 야심이 크고 그에 어울리는 재능도 가지고 있는 여피들이 있다고 할 때, 비우월적 다양성 기준에 따르면 어느 한 집단이 다른 집단을 선망하지 않기 때문에 그 어떤 이전도 필요하지 않다. 하지만 복지를 위한 기회의 평등론에 따르면, 여피들이 선호 만족을 위해 요구되는 기회집합이 훨씬 크고 이에 따라 훨씬 더 많은 자원을 필요로 하기 때문에 히피들로부터 여피들로 이전이 이루어져야 한다. 게다가 여피들이 자신의 야심을 실현할 재능을 갖고 있다는 점에서 그와 같은 이전은 복지를 위한 기회의 평등론에서 볼 때 더욱더 정당한 것으로 간주된다. 판 파레이스는 이런 두 차이점을 통해 복지를 위한 기회의 평등론보다 비우월적 다양성이 더 직관적으로 납득할 만하고 공정한 추가 이전의 근거라는 점을 재확인시키고 있다.

마지막으로, 판 파레이스는 앞서와 반대로 비우월적 다양성 기준이 너무 많은 재분배를 정당화하지 않는가라는 반론을 소개하고 논박한다(3장 8절). 먼저 시각 장애인이나 청각 장애인의 보고 싶어 하는 욕망이나 듣고 싶어 하는 욕망에 대해 보상을 해주는 것이 비용이 많이 드는 값비싼 취향에 대한 보상이 아닌가라는 문제 제기에 대해 모두에게 불이익으로 간주되는 장애에 대한 보상은 값비싼 취향이 될 수 없다고 답한다. 또 비우월적 다양성 기준에 따라 장애인들에게 추가적인 이전을 함으로써 재원이 고갈된다면 기본소득이 지속 가능하지 않게 되지 않는가라는 문제 제기에 대해 비우월적 다양성 기준 역시 가능한 많은 최소수혜자들에게 우선적으로 적용하고 상황에 따라 유연하게 적용한다면 그런 일은 일어나지 않을 것이라 전망한다.

4장 __ 자산으로서의 일자리

4장에서 판 파레이스는 두 가지 문제를 다룬다. 첫 번째 문제는 기본소득이 놀기 좋아하는 여가 선호자에게 유리한 편향된 정책이 아닌가라는 것이고, 두 번째 문제는 기본소득의 새로운 재원인 고용 지대란 무엇이고 이런 고용 지대에 대한 과세를 통해 어떻게 실질적 자유지상주의의 정의관에 맞는 분배가 시행될 수 있는가다. 판 파레이스는 4장 1~2절까지의 논의를 통해 앞의 문제를 다루고, 그 이하의 부분에서는 뒤의 문제를 다룬다.

먼저, 4장 1절에서는 일에 미친 사람과 게으른 사람의 사례를 통해 놀기 좋아하는 사람에게 기본소득을 지급하는 것이 편향된 정책이 아닌가라는 문제를 다룬다. 즉 서로 재능이 동일하지만 노동이나 소득에 가치를 두는 삶을 사는 일에 미친 사람과 여가를 선호하는 삶에 가치를 두는 게으른 사람이 있을 때, 일에 미친 사람의 소득의 일부를 재원으로 삼는 기본소득을 게으른 사람에게 지급하는 것은 불공평한 게 아닌가라는 문제가 다루어진다. 판 파레이스는 이런 문제 제기가 평등하게 해야 할 것을 실질적 자유가 아니라 선호의 만족으로 보는 경향이 있음을 지적한다. 또 롤스가 명시적으로 언급한 것은 아니지만 롤스의 몇몇 주장들을 재구성해 롤스적인 기본소득 옹호론을 제시한다. 즉 판 파레이스가 충분히 풍족한 사회라고 칭한 "그 사회의 모든 구성원들의 자기 소유권을 침해하지 않고 그들에게 최소한 생활필수품으로 모두가 간주한 것을 포괄하기에 충분한 기본소득을 지속적으로 보장해 주는 사회"에서는 여가 선호자가 최소수혜자일 가능성이 크며 이때 기본소득은 롤스가 제시한 최소극대화의 원칙에 부합하는 정책이 될 수 있다. 그뿐만 아니라 판 파레이스는 기본소득이 잠재적 고용자와의 교섭에서 최약자들의 교섭력을 높여 주며 그들의 자존감을 훼손하지 않는 정책이라는 롤스의 논리에 의거해 롤스 자신이 명시적으로 인정하지는 않았지만 기본소득을 정당화하는 근거가 될 수 있다고 본다.

그러나 일에 미친 사람과 게으른 사람의 사례를 통한 문제 제기에 대한 롤스 자신의 명시적인 해답은 여가 선호자의 여가를 일종의 기본재로 보아 보조금 지급을 중단해야 한다는 것이었다. 따라서 판 파레이스는 드워킨적인 대안을 소개하고 검토한다(4장 2절). 판 파레이스가 도입하는 드워킨적인 대안은 이렇다. 토지와 같은 자연 자원에 대해 일에 미친 사람과 게으른 사람이 동등한 권리를 갖고 있을 때, 가장 효율적이고 공정한 분배 방법은 일에 미친 사람이 더 많은 토지를 전유하게 하는 것이며, 그 대가로 게으른 사람에게는 그 가치에 상응하는 보조금을 지급하는 것이다. 판 파레이스는 이런 주장을 통해 노동과 무관한 소득이 가능할 뿐만 아니라 바람직함을 말하고 있다. 판 파레이스는 자연 자원 이외에도 유증이나 증여를 외적 부존 자산에 포함시키고 이들에 대한 고율의 과세를 통해 원칙적으로 기본소득의 재원으로 사용할 수 있다고 주장한다. 그러나 이런 몰수적 조세제도는 그 자체로 문제가 있을 뿐만 아니라 유럽의 경우 증여세나 상속세가 총세수에서 차지하는 비율이 낮아 기본소득의 세수를 늘리는 데 별 도움을 줄 수 없다고 주장한다.

4장 3절에서는 증여와 상속 이외에 기본소득의 세수를 늘릴 만한 외적 자원의 후보들이 또 있는가를 검토한다. 수많은 작은 선물들이나 공적으로 소유되는 몇몇 재화들, 과학기술 등이 후보로 거론되지만 세원을 확인하고 감시하는 데 비용이 너무 많이 들 뿐만 아니라 실질적인 세수도 크지 않다는 이유로 더 이상 논의 대상이 되지는 않는다.

이런 상황에서 판 파레이스는 이제까지 발굴되지 않은 외적 부존 자산의 하나인 일자리를 새로운 재원으로 포착한다(4장 4절). 정확히 말하면, 새로운 기본소득의 재원은 고용 지대employment rent인데, 이는 공급이 부족한 일자리의 전유에서 발생하는 수익을 말한다. 구체적으로 말하면, 취업자가 직업으로부터 얻는 소득 및 여타의 비금전적 이점들과 수요와 공급의 법칙에 따라 노동시장에서 거래되었다면 얻었을 더 낮은 소득 간의 차이에 의해 측정된다. 판 파레이스는 안 좋은 일자리를 가진 많은 사람들이 지금의 일자리보다 재정적으로나 여타의 면에서 훨씬 더 매력적인 다른 일을 하려는 의향이 있는 한 이런 고용 지대는 광범위하게 존재할 수 있다고 주장한다.

4장 5절에서는 세 가지 종류의 실업 대책을 검토함으로써 현실 세계에서 고용 지대가 광범위하게 존재한다는 주장이 어떤 함축을 갖는지 보여 준다. 먼저, 강제적인 노동시간 단축을 통한 일자리 나누기(가령 8시간 동안 1명이 일하는 것을, 4시간 동안 2명이 일하게 한다)의 대상을 비자발적 실업자로 제한하는 것은 비차별적인 방식으로 분배되어야 할 희소 자산의 몫을 일방이 전유하게 하는 것이라고 판 파레이스는 비판한다. 자발적인 실업자가 일자리 자산의 몫을 적극적으로 요구하지 않았다고 해서 아무것도 보상받아서는 안 된다고 주장할 근거가 없기 때문이다. 두 번째로, 비자발적인 실업자에게만 실업수당을 지불하는 직원-매수 전략과 고용주가 채용하는 노동자들의 수에 따라 정부가 고용주에게 보조금을 주는 고용인-매수 전략이 검토 대상이 된다. 판 파레이스는 매수금 재원을 조달하기 위한 추가 과세는 이윤율에 부정적인 영향을 끼쳐 장기적으로 기본소득의 하락을 가져올 뿐만 아니라 어느 쪽 매수 전략이든 기본소득안보다 실질적 자유지상주의의 관점에서 더 우월할 수 없다고 평가한다. 양 전략 모두 자유 시간을 희생시키면서 돈을 벌 자유에 부당한 특권을 부여하기 때문이다. 마지막으로, 판 파레이스는 공유 경제를 통해 완전고용을 달성하는 전략을 검토한다. 판 파레이스는 이런 전략이 현실화되기 어려우며, 설사 실현된다고 하더라도 고용 지대가 사라지지는 않는다고 주장한다. 다시 말해, 판 파레이스는 비자발적인 실업은 고용 지대를 두드러지게 하는 현상일 뿐이며 완전고용이 이루어진다고 하더라도 다른 일자리에 대한 선망이 존재하는 한 고용 지대는 존재할 수 있다고 주장한다.

앞의 논의를 토대로 판 파레이스는 일자리 자산이 축차적으로 분배되어야 한다는 요구가 어떻게 시행될 수 있는지를 보여 준다(4장 6절). 원칙적으로 일자리 자산이 골고루 선망부재의 조건을 충족시키는 방식으로 분배되기 위해서는 경매가 이루어져야 한다. 그러나 여러 가지 실행상의 난점이 있기 때문에 소득의 지대 부분을 포착해 과세하는 소득세를 통해 더 대략적인 방식으로 일자리 자산의 지대에 대한 재분배가 이루어질 수 있다고 주장한다. 또 일자리 자산을 넓게 정의해 엄밀한 의미의 임금노동자뿐만 아니라 고용인으로부터 그 기업의 이윤이나 부가가치를 고정된 비율로 받는 노동자, 또는 공동소유 기업의 부가가치를 고정된 비율로 받는 노동자, 심지어 자영업자에게도 적용해 과세 범위를 확장시킨다.

4장 7절에서는 재능 있는 숙련 노동자의 고용 지대에 과세함으로써 재능의 불평등에 대해 비교적 넉넉하게 보상하는 것과 3장에서 제시된 비우월적 다양성 기준에 따라 장애인에게 좀 더 인색하게 보상하는 것 사이에 일관성이 있는지의 여부를 다룬다. 이 문제에 대해 판 파레이스는 일자리 자체는 외적 자산이기 때문에 내적 자산과 관련된 비우월적 다양성 기준이 적용될 수 없다고 답한다. 또 재능 같은 내적 자산에 고율로 과세하는 것은 '재능 있는 자의 노예 상태'를 만들 위험이 있다고 덧붙인다.

　마지막 절에서 판 파레이스는 두 가지 문제를 다룬다. 하나는 고용 지대에 과세한 재원으로 실업자들이나 여가 선호자들에게 기본소득을 지급하는 것은 결국 노동할 권리를 소득에 대한 권리로 대체한 것이 아닌가라는 문제다. 다른 하나는 희소한 자원의 독점을 바로잡기 위한 경매라는 절차가 일자리뿐만 아니라 배우자 관계로까지 확장될 수 있는지 여부다. 판 파레이스는 기본소득이 노동할 권리를 소득에 대한 권리로 대체하는 것이 아니라고 답한다. 기본소득은 자영업자에게도 지급되고 기본소득을 받으면 유급 노동에 종사할 기회가 오히려 늘어나며 기본소득 액수가 높을수록 더 마음에 드는 일자리를 선택할 협상력이 높아질 수 있기 때문이다. 또 일자리와 파트너 간의 여러 차이에도 불구하고 희소한 자원(곧 파트너)을 공정하고 효율적으로 분배하기 위한 파트너 경매를 논리적으로 배제할 근거는 없다고 주장한다. 판 파레이스의 다소 엉뚱해 보이는 이런 제안은 개인의 프라이버시를 침해하고 애정 관계에 문제를 일으키려는 의도에서 나온 것이 아니라, 실질적 자유를 동등하게 하기

● Elizabeth S. Anderson, "What is the point of equality?" *Ethics* 109 (2), 1999.

위한 조치가 친밀한 사적 영역으로까지 확장될 수 있음을 보여 주는 일종의 사유 실험이라고 할 수 있다.

5장 __ 착취 대 실질적 자유

5장에서 판 파레이스는 기본소득이 열심히 일하는 사람의 소득을 재원으로 일하기 싫어하고 놀기 좋아하는 사람들을 먹여 살리는 착취가 아닌가라는 반론에 답한다. 구체적으로 착취에 기반을 두고 기본소득을 비판하는 논리는 다음처럼 재구성될 수 있다. ① 실질적 자유지상주의가 맞다면, 놀기 좋아하는 사람에게 기본소득을 지급하는 것은 정당하다. ② 놀기 좋아하는 사람에게 기본소득을 지급하는 게 정당하다면, 실질적 자유지상주의는 착취를 정당화한다. ③ 따라서 실질적 자유지상주의가 맞는다면, 그것은 착취를 정당화한다.

판 파레이스는 착취에 근거한 기본소득 비판을 논박하기 위해 위의 논증의 전제 ②를 공격하는 전략을 취한다. 즉 기본소득의 지급이 착취가 아니라는 점을 보여 주려고 하며, 이를 위해 먼저 착취를 "다른 어떤 이의 노동으로부터 부당한 이익을 취득하는" 것으로 정의한다(5장 1절).

이렇게 착취를 정의한 후에 판 파레이스는 상대방으로부터 이익이나 편익을 얻거나 끌어내는 착취적인 방식과 비착취적인 방식이 있음을 지적하고, 다양한 방식의 착취가 기본소득과 어떤 관련이 있는지를 검토한다(5장 2절). 먼저, 선물처럼 내가 완전하게 자발적으로 나의 순생산물 가운데 일부를 남에게 이전했다면 그것은 착취가 될 수 없다고 판 파레이스는 주장한다. 이에 반해, 누군가가 상대방의 행위에 대한 보상에 영향을 줌으로써 다른 상황에서는 하지 않았을 어떤 것을 하게끔 한다면 이것은 권력에 기반을 둔 편익의 추출로서 착취의 한 형태로 간주될 수 있다고 주장한다. 또 어떤 이유로든 배우자 가운데 어느 한쪽이 집안 청소를 함으로써 청소하지 않은 쪽이 쾌적한 환경을 누린다면, 이는 무임승차에 의한 부당한 이익의 취득이라고 할 수 있다고 판 파레이스는 주장한다. 이런 논의를 토대로 판 파레이스는 기본소득이 편익 수취를 위해 일종의 권력이 개입한 경우로 볼 수도 있다고 해석한다. 그러나 누군가가 힘의 행사를 통해 상대방의 노동으로부터 편익을 수취하지만 상대방역시 나 때문에 편익을 얻는다면 이런 상호작용을 불공정하다거나 착취라고 부를 수 없는 것처럼, 모든 편익의 수취가 불공정하다고 주장할 수는 없다는 점을 지적한다. 따라서 판 파레이스는 다른 누군가의 노동으로부터 이익을 취득하는 것이 불공정한 때가 정확히 언제인지 묻는 것으로 논점을 전환한다.

다른 누군가의 노동으로부터 부당한 이익을 취득하는 때가 언제인가라는 물음에 답하기 위해 판 파레이스가 검토하는 첫 번째 입장은 로크적인 착취관이다(5장 3절). 이에 따르면, 착취는 노동 이외의 것에 힘입어 노동한 사람(들)의 순생산물 가운데 일부를 전유하거나 공동으로 통제할 때 발생한다. 판 파레이스는 노동에 근거하지 않고 노동 생산물을 자기 것으로 삼는 일체의 행위를 착취라고 본 로크의 발상에서 이 개념이 기원하기 때문에 이를 로크적인 착취관이라고 부른다. 하지만 판 파레이스는 이런 로크적 착취관이 다음과 같은 세 가지 난점에 빠진다고 지적한다. 먼저, 모든 자본가들이 소유자 겸 경영자인 기업가형 자본주의에서 이런 식의 로크적 착취가 일어날 수 있는가라고 물을 수 있다. 둘째, 누가 착취당하는가라는 물음에 대해 고려되고 있는 기업 안의 노동자들이라고 대답하는 국지적 해석이 제시될 수도 있고, 해당 기업뿐만 아니라 그 하청업체, 그 하청업체의 또 다른 하청업체 등등 상당히 넓은 범위의 기업을 포함시키는 광역적 해석이 제시될 수 있다. 그런데 전자를 택하면 착취를 충분히 포괄하지 못하고, 후자를 택하면 착취로부터 자유로운 사회경제 체제를 상상하기 어렵게 된다는 문제가 발생한다. 로크적 착취관의 세 번째 난점은 애처로울 정도로 효율성이 떨어지는 노동을 하지만 높은 임금을 받는 사람의 경우, 잉여 생산에 기여한다고 말할 수 없기 때문에 착취당한다고 보기 힘들다는 것이다. 판 파레이스는 착취되는 사람이 평균 생산성에 못 미치지 않는 사람이라고 약정함으로써 이 세 번째 난점에서 벗어날 수 있지만 이때 기여와 보수를 평가하기 위한 틀로 노동 가치를 은밀하게 도입해야 한다는 문제점이 있다고 지적한다.

이어서 판 파레이스는 로크적 착취관 밑바탕에 있는 윤리적인 원칙인 만든 자가 임자라는 원칙과 그 원칙을 활용해 노동자에게만 순생산물 전체에 대한 권리자격이 주어진다고 주장하는 강한 권리자격론을 비판한다(5장 4절). 판 파레이스가 보기에 강한 권리자격론의 논리는 다음처럼 재구성될 수 있다. ① 만든 자가 임자다. ② 노동만이 순생산물을 창조한다. 그러므로 ③ 노동의 수행자에게만 순생산물 전체에 대한 권리가 주어진다. 판 파레이스는 노동만이 아니라 여타의 자본도 생산에 기여하기 때문에 이 논증의 전제 ②는 거짓이라고 비판한다. 또 이런 비판에 맞서 만든 자가 임자라는 원칙을 고수하려는 두 전략을 소개하고 이들을 조목조목 논박한다. 먼저 검토되는 것은 자본도 생산에 기여하지만 궁극적으로 생산물을 창조하는 것은 노동이라는 전략인데, 판 파레이스는 이런 전략이 소비 절제나 투자 결정으로 인한 생산의 증가를 간과하는 문제가 있다고 지적한다. 또 다른 전략은 생산에 포함되는 자연 자원이 인류 전체 혹은 사회의 공유 자산이라는 점에 근거해 순생산물 일반에 대한 자본가의 권리요구를 부정하는 것이다. 판 파레이스는 이런 입장이 순생산물에 대한 자본가의 완전한 권리 요구뿐만 아니라 노동자의 완전한 권리 요구 역시 무너뜨리는 문제가 있음을 지적한다.

5장 5절에서는 앞서 로크적인 착취관을 다룰 때 문제가 됐던 마지막 논점, 즉 노동가치 개념에 기반한 착취 개념을 본격적으로 다룬다. 노동 가치 개념에 기반할 때 착취는 노동 가치의 순전유 혹은 잉여가치의 전유가 존재할 때 일어나게 된다. 판 파레이스는 마르크스가 이런 발상을 루터와 관련시킨다는 점에서 이를 루터적인 착취관이라고 부른다. 이런 착취관은 다른 누군가의 노동으로부터 어떤 이가 이익을 취득하는 것으로 정의되는 착취 개념과 잘 들어맞을 뿐만 아니라 타인의 노동을 활용하는 공정한 방식과 불공정한 방식을 구분할 수 있게 해준다는 점에서 앞의 정의보다 착취를 잘 해명한다는 장점이 있다고 판 파레이스는 평가한다. 그러나 루터적 착취관은 여러 개념적인 문제 이외에도 협동에 대한 기여와 협동에서 오는 편익이 불균형을 이룬다는 사실을 충분히 보여줄 수 없다는 점에서 결정적인 결함을 가진다고 판 파레이스는 지적한다. 먼저, 편익 면에서 소득의 일부가 소비되지 않고 저축되거나 투자된다면 편익의 가치를 소득을 통해 결정하는 것이 가능하지 않게 되며 또한 편익의 가치가 소비되는 재화의 종류에 따라 달라지는 문제가 발생하게 된다. 이런 문제에서 벗어나기 위해 착취자나 피착취자의 소득이 실제로 어떻게 사용되는지 여부와 무관하게, 소득으로 전유한 것보다 노동가치에 필연적으로 더 많이 기여하거나 필연적으로 더 적게 기여한다면 각각 착취와 피착취가 발생한다고 약정하는 뢰머의 정의를 도입하는 것이 대안이 될 수 있다. 이 같은 뢰머의 정의를 통해 자본가는 노동자를 고용할 수도 있고 안할 수도 있는 사람이 아니라 최적의 생산을 위해 '필연적으로' 노동을 고용해야 하는 사람으로 정의된다. 또, 피착취자는, 사회적으로 필요한 노동을 가장 많이 구현한 재화에 자신의 소득을 실제로 쓰는지 여부와 무관하게, 구매 '가능한' 상품 속에 들어 있는 노동시간이 그가 지출한 노동시간보다 적은 사람으로 정의된다. 판 파레이스는 이렇게 상품의 **현실적** 소비나 노동자의 **현실적** 고용이 아니라 가장 많은 사회적 필요노동시간을 투입한 재화의 구매 **가능성**이나 최적의 생산을 위한 노동자 고용의 **필연성**을 통해 착취를 정의하는 뢰머의 발상을 착취에 대한 양상적 정의modal definition라고 부른다. 가능성과 필연성이라는 존재

양상을 도입해 착취를 정의하고 있기 때문이다. 그러나 착취에 대한 양상적 정의를 도입함으로써 착취당하지도 않고 착취하지도 않는 상당히 넓은 중간 범위에 있는 사람들이 발생할 뿐만 아니라 노동에 대한 기여와 노동으로부터 오는 편익을 비교. 측정하기 위한 기준으로 노동 가치가 아니라 소득을 도입해야 하는 결과가 발생하게 된다.

판 파레이스는 화이트들과 레드들의 예를 통해 후자를 보여 준다. 생산적 노동을 고되게 하는 한 사회에서 레드들과 화이트들이라는 두 부류의 사람들이 있고 이들이 함께 집을 만든다고 하자. 레드(들)이 화이트(들)보다 급여를 적게 받는다는 점을 제외하면, 그들 모두 동일한 시간동안 동일한 성질의 노동을 한다. 그런데, 레드(들)은 늪지에 있는 낮은 시장결정 지대를 가진 집에 임대해 사는 데 반해, 화이트(들)은 경치가 좋아 높은 시장 결정 지대를 가진 산비탈에 있는 집에 임대해 산다. 공교롭게도, 화이트(들)과 레드(들)은 그들이 버는 소득만큼 임대료에 지출한다. 판 파레이스는 임대료가 소득만큼 지출되기 때문에 투하된 노동시간으로 측정되는 노동가치 개념을 통해서는 이런 상황의 불공정성이 드러나지 않으며, 소득을 통해 불공정성이 투명하게 드러날 수 있음을 지적한다.

또한 판 파레이스는 훨씬 더 생산적인 블랙들이 더 많이 노동 가치에 기여하지만 덜 생산적인 그린들과 동일한 소득을 얻는 또 다른 상황을 제시한다. 이를 통해 판 파레이스는 투입된 노동시간의 양을 통해 측정되는 노동 가치가 불공정한 상황을 드러내는 적절한 기준이 될 수 없다는 자신의 주장을 다시 한번 재확인시키려고 한다.

5장 6절에서 판 파레이스는 '노동에 따라 각자에게'라는 분배 원칙이 '생산 노력에 따라 각자에게'라는 의미로 분석될 수 있다면, 기본소득이 착취라는 주장에 대한 그럴 듯한 반론의 기능을 할 수 있을지의 여부를 검토한다. 이를 위해 판 파레이스는 '생산 노력에 따라 각자에게'라는 원칙을 다시 마르크스주의적 유형, 평등주의적인 적절한 보상의 원리, 응분의 몫을 주자는 원리로 세분하고 이들을 각각 검토한다.

먼저, 마르크스주의적인 유형이란, 필요에 따른 분배 원칙을 적용하기 전 단계에서 생산의 효율성을 높이기 위해 마르크스가 제안한 분배 원칙으로, 생산 노력에 비례하는 분배의 원칙을 말한다. 하지만 판 파레이스는 이런 원칙이 다음과 같은 딜레마에 빠진다고 비판한다. 소득과 노력의 무조건적 비례는 비효율성의 원천이 된다. 그렇지 않고 노동자들이 어떤 활동을 얼마나 오랫동안 해야 하는지를 정확히 관리·통제함으로써 비효율성을 방지할 수 있다면 노력에 따른 보상이 아니라 필요에 따른 분배의 원리를 곧장 적용하는 게 더 낫다. '생산 노력에 따라 각자에게'라는 원칙의 또 다른 형태인 적절한 보상의 원리는 장애인처럼 특수한 요구를 지닌 사람들이 비우월적 다양성 원칙이나 어떤 유사한 기준에 따라 추가 소득을 받고, 생산적 기여를 한 사람은 누구나 노력 수준과 상관관계에 있는 추가 소득을 얻는 경우를 제외하면, 모든 이가 동일한 소득을 받을 것을 요구하는 평등주의다. 판 파레이스는 이렇게 약한 평등주의에 기반해 노력과 소득이 상관적이어야 한다는 요구는 실질적 자유지상주의나 기본소득론과 충분히 양립 가능하다고 주장한다. 마지막으로, 응분의 몫에 대한 보상의 원리는 '마땅히 받아야 할 응분의 자격에 따라 분배하라'는 원리다. 판 파레이스는 '마땅히 받아야 할 응분의 자격'을 노력과 소득의 약한 상관관계로 해석한다면, 그런 주장은 실질적 자유지상주의와 모순되지 않는다고 주장한다. 그뿐만 아니라 기본소득이 도입되고 그 액수가 높아지면서 보상과 노력의 상관관계가 강화되기 때문에 기본소득은 오히려 노력과 소득의 상관관계를 강화할 수 있다고 판 파레이스는 답한다.

이상의 논의를 통해 판 파레이스는 생산 노력에 참여하는 기회 면에서 불평등이 존재하는 상황에서는 소득과 노력의 비례 원칙이 타당성을 상실하며 그렇기 때문에 소득과 노력의 비례 원칙은 분배 정의의 구체적인 내용으로는 불완전하다고 결론 내린다. 이런 문제를 해결하기 위해 소득과 노력의 비례 원칙은 최소의 기회를 가진 가능한 많은 사람들에게 최대의 혜택을 주는 제도를 선택하라는 축차적 최소극대화의 원칙에 의해 보충될 필요가 있다고 판 파레이스는 주장한다.

5장 7절에서는 뢰머적인 착취론을 소개·분석하고 이런 착취관이 기본소득이 착취라는 것을 보여 줄 수 있는지를 검토한다. 뢰머적인 착취관은 착취라고 부를 수 있는 모든 것을 여러 종류의 자산의 불평등한 분배에 기인한 것으로 설명한다는 점에서 재산 관계적 접근이라고 부른다. 이런 재산 관계적 접근은 착취자와 피착취자를 연합에서의 탈퇴에 의해 정의한다. 가령 하나의 연합에 농노와 봉건 영주가 있고, 이 가운데 하나(가령 농노)가 자신의 생산수단의 1인당 몫(가령 토지 일부와 연장)을 가지고 그 연합을 탈퇴한 후에 전보다 상황이 개선된다면, 상황이 개선된 연합은 피착취자이고 상황이 개악된 연합은 착취자라는 것이다. 판 파레이스는 뢰머의 착취론이 다양한 형태의 착취를 설명하는 이점이 있기 때문에 뢰머가 제안한 착취의 네 유형을 수정해 받아들이기도 한다. 하지만 뢰머적인 착취론이 다양한 종류의 착취에 대한 나름의 설명력과 윤리적 비판의 가능성을 열어 놓는다고 하더라도 다음과 같은 간접적인 이유로 기본소득이 착취라는 것을 보여 주지는 못한다고 판 파레이스는 주장한다(5장 8절). 먼저, 뢰머가 목표로 삼는 자산에 기반을 둔 불평등이 없는 상태는 실질적 자유지상주의가 목표로 삼는 외적 부존 자산이 균등화된 상태와 크게 다르지 않다. 둘째, 보편적인 기본소득의 지급은 모든 형태의 뢰머적인 착취의 근절에 기여하는 하나의 방식이 될 수 있다. 셋째, 뢰머의 강한 평등주의가 반생산주의에서 벗어나기 위해 축차적인 최소극대화 원리를 택한다면 뢰머의 접근은 기본소득론과 상당히 공명할 수 있다.

6장에서 판 파레이스는 형식적 자유의 보호를 조건으로 하는 기본소득의 최소극대화라는 요구가 가장 효율적인 사회주의(간략히 최적의 사회주의)와 가장 효율적인 자본주의(간략히 최적의 자본주의) 가운데 어느 체제에서 더 잘 기능하는가라는 질문을 던진다(6장 1절).

이 물음에 답하기 위해 판 파레이스는 먼저 최적의 사회주의가 효율성 면에서는 최적의 자본주의보다 떨어질지 모르지만 비우월적 다양성 기준에 따라 더 높은 기본소득을 제공할 수 있기 때문에 더 나은 체제라는 주장을 검토한다(6장 2절). 판 파레이스는 자본주의에서는 광고가 더 많은 소비재에 대한 욕망을 부추겨 여가에 반대하고 소득을 지지하는 편향을 체계적으로 발생시키며, 이로 인해 사회 성원들의 소비 만족을 극대화하지 못하는 방식으로 자원들이 분배된다는 주장이 이런 비판의 근거라고 파악한다. 하지만 이런 편향은 몇몇 조건만 바꾼다면 사회주의에서도 나타날 수 있으며, 더욱이 광고는 과세될 수 있는 생산물을 체계적으로 증가시켜 기본소득의 수준을 높일 수도 있기 때문에 위의 주장은 설득력이 낮다고 판 파레이스는 평가한다.

이어서 판 파레이스는 생산 자원의 배분 면에서 자본주의의 비효율성을 비판하는 친사회주의적인 세 종류의 논증들을 소개하고 하나씩 비판한다(6장 3절). 먼저 독점자본이나 과점 자본이 완전경쟁 상태에서보다 더 낮은 수준의 생산량과 더 높은 수준의 가격을 선택하며, 그 결과 자원의 비효율적인 배분이 이루어진다는 주장이 검토 대상이 된다. 판 파레이스는 독점이나 과점 기업도 완전경쟁이라는 조건하에서 경합하는 기업처럼 행동한다는 경합 가능 시장론에 따르면 매우 집중화된 시장구조조차도 원칙적으로는 정적 효율성의 달성에 이를 수 있다고 반론한다. 또 설사 생산 자원의 배분 면에서 어느 정도 비효율성이 있다고 하더라도 이것이 새로운 생산 자원들을 창출할 수 있는 동적 효율성의 원천이 될 수 있다는 슘페터의 주장에 근거해 자본주의의 정적 비효율성 주장을 논박한다. 판 파레이스가 검토하는 또 다른 반자본주의 논증은 자본주의가 사회주의보다 환경 위기에 더 잘 대처하지 못하기 때문에 비효율적이라는 주장이다. 이런 비판은 판 파레이스에 따르면 환경 파괴 같은 부정적 외부성에 대처하는 역량이 시장 사회주의가 더 뛰어나다는 가정에 기반을 둔 것이다. 하지만 외부성을 내부화하는 역량이 시장 사회주의가 더 크다고 하더라도 환경 파괴와 같은 정적 비효율성에서 벗어나는 더 강한 경향을 가진다고 결론을 내리는 것은 논리 비약이라고 판 파레이스는 평가한다. 자본주의의 정적 비효율성을 비판하는 마지막 주장은 노동 생산성에 장애가 되는 낭비 활동에 초점을 맞추는데, 이는 다시 두 종류의 논증으로 세분될 수 있다. 첫 번째 논증은 어떤 형태의 자본주의 체제에서든 소유권을 효과적으로 보호하기 위해 법원, 경찰, 법무 서비스 등과 같은 부문에 대한 사회적 공비가 필요하기 때문에 자본주의는 비효율적이라는 주장이다. 판 파레이스는 이런 주장이 사회주의사회에서도 법원, 경찰, 법무 서비스와 같은 부문에 마찬가지로 비용이 든다는 사실을 은폐하거나 최소한 자본주의사회에서보다 더 적게 든다고 부당하게 가정하는 문제점이 있다고 비판한다. 자본주의의 비효율성이 노동생산성에 지장을 준다는 두 번째의 논증은 기업들이 총수요를 차지하려는 방법의 하나인 광고가 사치스럽고 비효율적인 낭비라는 논지의 비판이다. 판 파레이스는 이런 비판이 자본주의사회에서 광고가 특정 메이커나 업체에 대한 인지적 '독점'을 깨는 혁신적 역할을 할 수 있다는 점을 간과하고 있다고 비판한다.

6장 4절에서 판 파레이스는 자본주의 체제의 대규모의 인적 자원의 낭비라고 할 수 있는 실업 문제에 근거한 반자본주의 논증을 검토한다. 판 파레이스는 자본주의가 조정 이면에서 대규모의 실업자군, 곧 산업예비군의 장기화된 위기를 발생시킨다는 주장의 두 가지 근거가 과소소비론과 이윤 압박론이라고 파악하며, 다음과 같은 이유로 이 두 이론을 비판한다. 먼저, 노동자들이 상품에 대한 불충분한 몫을 받는다는 사실에서 실업 문제의 뿌리를 찾는 과소소비론은 현실 자본주의에서 생산성 증가와 노동자의 생활수준의 향상을 제도적으로 결합시킬 수 있음을 간과하고 기본소득 최소극대화 요구나 공유 경제와 기본소득안의 결합을 통해 노동자의 구매력을 체계적으로 진작시킬 수 있는 가능성을 배제한다고 판 파레이스는 평가한다. 또 기업의 이윤율 하락으로 실업이 항시적으로 발생한다는 이윤 압박론에 대해서는 사회적 협의를 강조하는 코포라티즘이나 협동조합주의적인 대안이 존재할 수 있다고 지적한다.

판 파레이스는 실업이 앞 절에서처럼 제도적 장치들을 통해 방지되거나 최소화될 수 있는 것이 아니라 자본주의의 내재적 특징이라는 주장들을 검토한다(6장 5절). 실업 예비군이 자본가의 이익에 도움을 주거나 체제 유지에 긍정적인 기능을 하기 때문에 자본주의에 내재하는 특징이라는 주장에 대해 판 파레이스는 대규모 실업 예비군의 유지가 반드시 자본가에게 이익이 되는 것은 아니며, 자본가 개개인을 계급 이익의 대변자로서가 아니라 자기 이익의 추구자로 볼 때 산업예비군을 항상적으로 유지할 것이라는 가정은 너무 강한 것이라고 비판한다. 또 수요와 공급의 균형에 의해 노동시장이 청산되리라는 주장은 다수의 비현실적인 가정들에 근거한 것이기 때문에 허구적이라는 자본주의 비판론에 대해 판 파레이스는 노동시장의 청산이 허구적이라고 해도 최적의 자본주의의 이전 제도나 기본소득안을 통해 노동시장의 문제가 어느 정도 개선될 수 있을 것이라 전망한다. 이 논증 외에도 산업예비군이 체제 내적으로 현존하리라 주장하는 효율성 임금 접근에 근거한 비판과 노동시장의 독점적 관행에 근거한 산업예비군 불가피성 논증에 대해 효율성 임금론은 효율성을 고려한다면 사회주의 체제에서도 불가피하게 발생하며 독점적 관행의 문제를 해결하기 위해 노동자 협동조합의 의무적인 일반화나 심지어 노동조합의 권한 제한도 생각해 볼 수 있을 것이라고 주장한다.

6장 6절에서 판 파레이스는 최적의 사회주의가 새로운 생산적 자원을 창출할 수 있는 더 큰 능력이 있기에 최적의 자본주의보다 우월하다는 주장들을 검토한다. 즉 자본주의가 이윤 극대화를 위한 비밀주의 등으로 기술혁신을 방해하기 때문에 비효율적이고 생산력 발달에 족쇄로 작용한다는 주장을 비판한다. 판 파레이스는 이런 비판들이 사회주의하에서 기술혁신이 더 잘 이루어진다거나 비효율성을 탈피할 수 있다는 근거가 부족한 가정에 바탕을 둘 뿐만 아니라 자본주의에 내재하는 기술혁신과 동적 효율성의 유인들을 간과하고 있다고 재비판한다.

6장 7절에서는 자원의 산출량과 분배 방식 등에 대해 국가가 적극 개입할 수 있기 때문에 자원을 사용할 수 있는 각 개인의 재량이 자본주의보다는 사회주의에서 덜 위협받는다는 주장이 검토 대상이 된다. 판 파레이스는 이런 주장이 순전히 논리적으로는 가능하다고 하더라도 체제 이행의 과정에서 일어나는 자본의 해외 도피 문제와 넉넉한 기본소득의 수준을 유지하기 위한 세계시장에서의 경쟁력 강화라는 문제를 해결해야만 그럴듯한 주장이 될 수 있다고 평가한다.

마지막 절에서 판 파레이스는 아나톨 프랑스의 소설 『펭귄의 섬』에 나오는 부농의 대변인의 입을 빌려 축차적인 최소극대화 원칙에 따른 부의 (재)분배가 오히려 경제적 불평등을 심화시키고 정당화하지 않는가라는 문제를 제기하고 이에 답하려 한다(6장 8절). 축차적인 최소극대화 원칙에 따라 부자의 부나 소득에 과세해 최소수혜자의 상황을 개선해야 한다면 경제적 불평등을 줄이는 것이 아니라 오히려 그대로 놔두는 것이 더 좋지 않겠는가라는 물음을 던질 수 있기 때문이다. 판 파레이스는 신자유주의의 대두를 통한 복지 축소라는 상황에서 모두를 위한 실질적 자유를 단순히 지역적인 차원이 아니라 전지구적인 차원에서 사고하기 위해 초국가적인 제도적 틀의 확대와 연대론적인 정의관이 필요함을 역설하며 논의를 마무리한다.

3. 의의와 평가

이상의 간략한 정리를 통해 알 수 있듯이, 이 책에서 제시된 실질적 자유 지상주의와 이에 바탕을 둔 기본소득론은 롤스의 정의론, 드워킨의 자원의 평등론 등에 대한 비판적 수용을 통해 불평등을 정당화할 여지가 있는 노직류의 자유지상주의를 논박하기 위해 정립된 이론이라 할 수 있다. 따라서 이 책에 '자유지상주의'나 '자기 소유권' 같은 개념이 자주 나온다는 이유로 판 파레이스의 이론을 신자유주의나 노직의 자유지상주의의 아류로 간주하는 것은 속단이라 할 수 있다. 자신의 이론에 대한 이런 속단과 오해를 예상한 탓인지, 판 파레이스는 자신의 이론을 자유주의적 평등주의 내지 평등주의적 자유주의의 계보에 분명히 위치시키고 있다.

이 책의 주장에 대해 여러 종류의 비판이 가능할 것이다. 마르크스주의 진영에서는 생산관계를 바꾸지 않은 채 기본소득을 통한 재분배만을 강조한다는 이유로 위기에 빠진 자본주의를 연명시키는 '개량주의' 정책이라는 비판이 가능할 것이다. 한편 생태주의 이론가들은 환경문제 같은 시장 실패의 현상을 지나치게 시장 친화적으로 해결하려 하며 성장이나

⬤ Philippe Van Parijs, "Egalitarian Justice, Left Libertarianism and the Market," I. Carter, S. de Wijze & M. Kramer eds., *The Anatomy of Justice: Themes from the Political Philosophy of Hillel Steiner*, London: Routledge, 2009.

생산성에 지나친 강조점을 두는 것처럼 보인다는 이유로 판 파레이스의 기본소득론을 비판할 수도 있을 것이다. 여성주의 진영에서는 기본소득이 가사노동이나 돌봄 노동에 여성들이 안주하게 할 위험이 있다고 의심의 눈초리를 보낼 수도 있을 것이다.

이런 비판들은 나름의 근거를 갖고 있으며 그렇기에 일면 타당하다고 할 수 있다. 하지만 우리는 강한 생태주의적 입장과 과학적 마르크스주의의 복원을 지지했던 이 책의 저자가 동구권 사회주의의 붕괴에 대한 이론적 성찰과 지속 가능한 분배 정책에 대한 이론적 모색 속에서 이 책을 쓰게 되었다는 점을 염두에 두어야 한다. 따라서 위의 비판들에 대한 최종적 평가는 이 책에 대한 꼼꼼한 독해 이후에 해도 늦지 않을 것이다.

최근 인공지능과 같은 새로운 과학기술의 등장으로 기존의 사회복지나 최저소득보장 시스템을 대체하는 새로운 소득보장 제도로 기본소득이 자주 언급되고 있다. 또 실제로 유럽 여러 나라에서는 기본소득안이 시범적으로 실시될 예정이거나 그 실행 여부가 국민투표에 부쳐질 예정이기도 하다. 이제 단순히 기본소득이냐 아니냐가 아니라 어떤 기본소득을 실시할 것인지가 쟁점이 되고 있는 상황이라 할 수 있다. 이 책은 기본소득을 지속 가능한 체제의 문제와 결부시켜 사고하고 논의함으로써 이런 쟁점에 중요한 통찰과 시사점을 주고 있다. 또 기본소득의 개념에 대한 명확한 정의와 이론적 체계화로 기본소득에 대한 상당수의 오해를 해소시키고 있다. 따라서 기본소득안의 찬성자라면 기본소득에 대한 좀 더 명확한 이해를 위해, 또 반대자라면 왜곡된 비판을 예방하기 위해, 이 책을 일독할 필요가 있다.

이 책을 번역해야겠다고 마음먹었던 건 자유주의 정치철학의 계보를 훑어보겠다고 나름 야심찬 연구 프로젝트를 추진했던 5~6년쯤 전이다. 자유주의 정치철학을 계승하면서도 기본소득이라는 매우 급진적인 분배 정책을 제안한 저자의 철학이 무척 궁금했기 때문이다. 그러나 철학뿐만 아니라 다양한 사회과학 분야를 아우르는 저자의 박학다식함과 간결하면서도 압축적인 저자의 문체를 따라가기에는 역부족이었다. 그래서 번역은 차일피일 미루어졌고 과연 번역이 가능할 것인가에 대한 회의가 밀려오기도 했다.

그러나 다행히 서울시립대학교에서 진행한 기본소득 관련 프로젝트에 참여해 곽노완, 강남훈 선생님 이외의 여러 선생님들과 함께 이 책의 번역 초고를 읽으면서 많은 오역들을 발견하고 바로잡을 수 있었다. 특히 강남훈 선생님은 익숙하지 않은 경제학 용어에 대해 여러 가지 설명과 조언을 해주셨다. 곽노완, 강남훈 선생님을 비롯한 기본소득네트워크 팀 여러분께 깊이 감사드린다. 또 이 책의 저자인 판 파레이스 교수에게도 감사의 말을 전하고 싶다. 기본소득프로젝트팀의 유럽 연수 당시, 한국어판 출간 작업을 격려했을 뿐만 아니라 한국어판 서문을 통해 이 책의 출간이 갖는 의미를 부각시켜 주었기 때문이다. 판 파레이스 교수가 번역에 참고하라며 건네준 이 책의 일본어판은 옮긴이가 번역을 다듬는데 큰 도움을 주었다.

물론 다른 많은 분들의 도움이 없었다면 이 책은 나올 수 없었을 것이다. 후마니타스 출판사 안중철 편집장은 이 책의 번역 제안에 흔쾌히 동의해 주었을 뿐만 아니라, 이 책의 가치와 의의에 대해 끊임없이 환기시켜 줌으로써 번역에 박차를 가할 수 있도록 동기를 부여해 주었다. 후마니타스 편집진의 날카로운 지적과 수정 작업이 없었다면 이 책은 이 정도의 꼴을 갖추지 못했을 것이다. 그러나 무엇보다 이 책의 문제의식에 공감하면서도 때로는 비판적인 논평자로 끊임없이 지적 자극을 주고 오역을 지적해 주었으며 머리말과 한국어판 서문을 수정해 주었던 유정미 박사에게 감사의 말을 전하고 싶다. 유 박사가 없었다면 이 책을 끝까지 번역할 엄두도 내지 못했을 것이다. 물론 이 모든 분들의 도움에도 불구하고 혹시 있을지도 모를 이 책의 오역에 대한 책임은 온전히 옮긴이에게 있다는 점을 분명히 밝힌다.

2016년 6월
조현진

| 후주 |

1_이는 대화에 등장하는 두 인물들의 이름들에 대한 하나의 해석, 즉 덜 거만하게 Δ가 데이비드를 가리키고, ℓ가 나를 가리키지 않는다면, Δ는 대중을 시사하고, ℓ는 철학자임을 시사한다. 이 시리즈의 성실한 편집자인 데이비드 밀러는 독자들이 그 논증에 대해 좀 더 종합적으로 파악할 수 있도록 도와줄 것을 내게 요청했다. 그의 바람을 충족시키려는 노력의 일환으로, 또한 그가 기대했던 것 이상으로, 그를 (가공의 인물로) 이 책에 포함시킨 것에 대해 용서해 주길 바란다.

| 1장 |

1_그 사용이 관례적이고, 대부분 암묵적인 규칙에 의해 규제되는 한, 전통적인 공동체의 '공유재'는 소유주가 없는 것(혹은 공동으로 소유되는 것)이 아니라 특수한 의미에서 공적으로 소유되는 것 이다.

2_일반적으로, 사적 혹은 공적 소유권의 깊이는 [사적으로 소유되거나 공적으로 소유되는] 생산수 단 스톡의 비율이 다르면 달라질 것이며, 그래서 사적 혹은 공적 소유권의 범위라는 개념은 이에 의해 오히려 모호해지게 된다. 이런 일반적인 경우를 엄격히 다루기 위해 — 이언 카터의 제안을 따라 — 생산수단의 사적(혹은 공적) 소유권의 범위를 그것의 평균적인 깊이로 이해하고, 이런 평균이 어떤 문턱의 수준을 넘는 경우 항상 자본주의(혹은 사회주의)에 대해 말하자. 그러나 이런 제안의 척도에 관한 전제 — 어떻게 생산수단의 수를 세어야 하며 또한 공적인 소유권에 대한 사적인 소유권의 깊이는 각각 어떻게 측정되어야 하는가 — 들은 어떤 생산수단들이 '본질적으로' 사적으로(혹은 공적으로) 소유되는지, 또 생산수단들이 주어진 사회의 스톡의 '대부분'을 형성하는지의 여부를 말할 수 있기 위해 요구되는 것보다 훨씬 더 요구 조건이 까다롭다.

3_책 전체를 통해, '그 혹은 그녀를'과 '그의 혹은 그녀의'를 '그녀의'[그녀를]로 줄여 쓴다. '그 또는 그녀'는 '그녀'로 줄여 쓴다[판 파레이스는 젠더를 고려해 인칭대명사를 대부분 여성형으로 썼지만 한국어로 번역하는 과정에서 의미상의 혼란이 올 가능성이 있기 때문에 성을 꼭 특정해야 하는 경우가 아니라면 '그녀의 노력에 따라 각자에게'를 '자신의 노력에 따라 각자에게'로 고칠 때처럼 성중립적인 표현으로 바꾸었다].

4_나는 자기 소유권을 이루는 권리들의 묶음에 대한 완벽한 분석을 제공하려고 시도하지는 않을 것이다. 이런 묶음의 몇몇 구성 요소들만이 나의 논증에 중요한데, 나는 그런 구성 요소들에 대한 논의로 되돌아갈 것이다. 이 단계에서는, 어떤 사회가 모든 그 구성원들에게 완전한 자기 소유권을 보장하려고 한다면, 사람들이 그들 자신을 국가나 아니면 다른 사람에게 노예로 팔도록 그 사회가 허용하지 않는 식으로 자기 소유권이 정의되어야 한다는 점만을 언급해 두자. 따라서 심지어 완전한 자기 소유권(자)조차 소유할 수 없는 표준적인 소유권의 최소한 한 가지 특징이 존재한다.

5_이는 "권력의 평등이 권력의 불평등보다 과도한 강압에 대항하는 더 나은 안전장치라는 전통적 민주주의의 주장"(Norman 1982, 106)이다.

6_이와 밀접하게 연관된 것이, 모든 정치적 수사들에서 나타나는, 민주주의와 자유주의의 일반적인 융합이다. 민주주의와 자유주의의 구별의 중요성은 프리드리히 하이에크와 같은 우파 자유주의자들에 의해 정당하게 강조된다. "독재자가 자유주의적인 방식으로 통치하는 것이 가능합니다. 또 민주주의가 자유주의를 완전히 결여한 방식으로 통치하는 것 역시 가능합니다. 나는 개인적으로 자유주의가 결여된 민주주의 정부가 아니라 자유주의적 독재자를 선호합니다." Bowles & Gintis(1986, 11-12)에 인용된 1981년 인터뷰.

7_따라서 플라톤(*Laws*, 11.923)과 아리스토텔레스(*Politics* 8.1337ª) 양자는 명시적으로, 시민은 그 자신에게 속하는 것이 아니라, 정치 공동체에 속한다고 주장한다.

8_예를 들어, 롤스의 정의의 제1원칙이나 자유민주주의 국가의 헌법에서 표현되는 '기본적 자유' 혹은 '인권'과 정확히 동일한 것은 아니라고 해도, 자기 소유권은 이것들 대부분과 밀접하게 연관되어 있다. 자유주의가 이런 자유들과 그것들의 우선성에 대한 인정으로 그 특징이 규정될 수 있는 한, 자유주의에 대한 공동체주의적 비판은 자기 소유권에 대한 근대적 관념을 정확히 문제 삼는 것 — 예를 들면, A. Buchanan(1989)이 그런 것처럼 — 으로 이해될 수 있다. 자기 자신에 대한 소유권이 사물에 대한 소유권과 상당히 다르다는 것에 근거한 '자기 소유권'에 대한 반론들은 여기서 특징지어지는 자기 소유권 관념에 대한 승인과 양립할 수 있다.

9_유사한 사유 노선을, 따라서 코헨(Cohen 1985a; 1986; 1995)은 자유지상주의에 대한 좌파의 표준적인 반응의 핵심 신조 가운데 하나인 자기 소유권에 대한 단호한 거부에 도전하고, 자기 소유권의 직관적 호소력이 인정되어야 하며, 더욱이 그런 인정의 함축들이 탐구되어야 한다고 주장한다. 결국에 가서는 완전한 자기 소유권은 거부되어야 한다고 주장하고 있지만 말이다.

10_이 대답은 자기 소유권 개념이 얼마나 약한 것인지 보여 주지만 — 우리는 곧 이것으로 되돌아갈 것이다 — 그 개념을 공허한 개념으로 변형시키지는 않는다. 실로 자기 소유권은 구두를 닦는 자영업자가 그녀의 서비스를 사적으로 파는 것을 허용하기에는 충분치 못하다. 그러나 자기 소유권은 법을 준수하는 사회에서, 또 다른 사람에 의해서든 국가에 의해서든, 그런 서비스를 제공하도록 그녀가 강압받는 것[예컨대 강제 노동]으로부터 그녀를 보호하기에는 충분하다.

11_이 점이 사회주의 내부에서 때때로 비판받아 온 것만은 아니다. 사회주의의 가장 유명한 옹호자들 가운데 몇몇은 이를 인정하고 있다. 칼 카우츠키는 다음과 같이 말한다. "사회주의적인 생산은 노동의 완전한 자유, 다시 말해 노동자가 언제, 어디서, 어떻게 그가 원하는 노동을 할 자유와

조화될 수 없다." Nove(1983, 198)에서 재인용.

12_직업 선택의 자유가 이를테면 롤스의 정의의 제1원칙에 의해 포괄되는 근본적 자유에 포함되어야 하는지 여부는 논란의 여지가 있다(Barry 1989, 399; Rawls 1990, §§13.6; 15.2 참조). 그러나 자신의 직업을 선택할 (형식적) 자유가 자기 소유권과 분리될 수 없다고 보는 것이 더 그럴듯하다.

13_자유에 근거한 전형적인 평등주의 비판이 그럴듯한 것이 되려면, 이런 사유 노선에 따라 이해되어야 한다[가령 Norman(1982, 83-84)에 인용된 Joseph & Sumption(1979)을 참조. 즉 "…… 평등주의자들은 자신들의 목적을 달성하기 위해 국가의 강압적 권력에 의지한다. 인간 실존에 근본적인 선택들이 강압에 의해 결정되는 사회는 자유 사회가 아니다. 이로부터 불가항력적으로 평등주의자들은 자유와 평등 사이에서 선택해야 한다는 것이 따라 나온다"]). 그러나 이런 이해하에서도 그들[평등주의 비판가]은 "유토피아적 정치·경제에 대한 시론"에서 Carens(1981)에 의해 철저한 비판을 받는다.

14_이런 이유로 롤스는 선험적 근거에 기반해 그의 정의 이론이 '자유주의적 사회주의'를 배제하지 않는다고 주장할 수 있다. 효율성 제약 조건하에서조차, 자유주의적 사회주의는 롤스의 정의의 제1원칙에 의해 함축된 직업 선택의 자유와 완벽하게 양립할 수 있다(Rawls 1971, 270-274; 1982, 14; 1990, §51).

15_존 베이커는 이런 입장에 대한 특별히 명시적인 정식화를 제시한다. "자본주의적인 소유권에서는 자유 대 평등이 쟁점이 아니라 소수를 위한 자유 대 모두를 위한 자유가 쟁점이다. 자유에 진정으로 관심을 가진 모든 사람에게 선택은 명백하다. …… 정치학에서는 재산이 자유와 연관되어 있다는 전통이 존재한다. 즉 우리는 이제야 저 전통이 올바를 수 있는 의미를 파악할 수 있다. 왜냐하면 자유는 사회주의사회 안에서만 모든 이에게 확장되기 때문이다. 또 생산 자원들에 대한 통제가 민주적으로 행사되는 한에서만 그 사회는 진정으로 사회주의적이다"(Baker 1987, 80-81). 그러나 [이와 같은 생각] 밑바탕에 깔려 있는 자유관은 매우 광범위하게 퍼진 것이다. 따라서 노먼은 다음과 같이 주장한다. 즉 사회주의적인 생산관계는 "대부분의 사람들이 경제활동의 조직화와 방향에 관한 선택과 결정을 스스로 내리는 사회 대신, 경제활동의 조직화와 방향에 대한 선택과 결정[권한]을 모두가 평등하게 나누어 갖는 사회를 구성할 것이다. 사회주의적인 생산관계는 그만큼 자유의 평등을 이루게 될 것이다. ……"(Norman 1982, 99). 혹은 굿인은 다음처럼 주장한다. "소유권을 통해 한 개인이나 한 집단에게 보장되는 자유는 항상 또 다른 개인이나 집단의 희생을 대가로 한다. 즉 토지 소유자의 권리는 나를 무단 침입자로 만든다. 그래서 내가 그의 땅을 가로질러 갈 통행의 권리를 갖고 있다면, 그가 하고 싶어 하는 대로 그 땅을 경작할 그의 자유는 손상될 것이다. 소유권들의 분배 ― 또한 그들의 재분배 ― 는 필연적으로 제로섬 게임이다"(Goodin 1982, 156-157).

16_레오폴드 코르가 표현하듯이, "왜냐하면 어떤 사람이든 다른 모든 이들의 권리를 배제하는 권리의 한계 안에서만 자유로울 수 있기 때문이다. 만약 그가 의사 결정에 관한 한 다른 모든 이들을 배제할 수 없다면, 그는 자유로울 수 없다. …… 이 다른 인격들이 자연인이건 아니면 그 자신이 주주나 시민으로 관여할 수 있는 법인이나 공인이건 차이는 없다"(Kohr 1974, 50). 또한 Cohen(1986, §3)을 참조. 코헨은 실질적 자기 소유권 대 형식적 자기 소유권의 중요성을 다음

처럼 강조한다. "내가 타인의 동의 없이는 아무것도 할 수 없다면, 어떻게 내가 나 자신을 소유한다고 말할 수 있는가?"

17_같은 결론에 도달하는 좀 더 충분한 논증에 대해서는 Rakowski(1991, 68-69)를 참조.

18_D. Friedman(1973, xii)의 정식화를 사용.

19_현재의 목적을 위해, 우리는 소유권의 침해에서 오는 복잡한 문제들과 그 결과 정정을 위한 필요성[의 문제]을 도외시할 것이다.

20_권리자격(혹은 회고적이거나 순수하게 역사적인) 원칙 개념에 대한 좀 더 약한 해석과 좀 더 강한 해석 사이의 구분은 van der Veen & Van Parijs(1985, §1)에서 추가로 논의되고 예시된다. Rawls(1978, 65; 1990, §14) 역시 이와 유사한 구분을 제안하는데, 차등 원리가 사람들의 자발적 거래에 대한 항상적인 간섭을 수반한다는 노직의 비난에 대해 자신이 제시한 정의론의 특징을 '순수하게 조정적인(adjusted) 절차'로 규정할 때 그러하다.

21_이 같은 대비는 '자연적 권리자격론'을 믿는 사람들이 원초적 입장 논증을 일정한 원리에 근거해 거부할 때, 그런 거부 논리의 기저에 있는 것이다(가령 Nozick 1974, 226-227을 참조).

22_같은 사유 노선에서, 코헨은 [자연 자원을 전유한 결과 어느 누구도 사정이 더 나빠져서는 안 된다는] 노직의 단서가 비교를 위한 적절한 기준점의 여러 선택 사항들 가운데 하나에 불과하다는 점을 강조한다(Cohen 1985a, 95-102). Van Parijs(1991a, §8.5)에서, 나는 이 논점이 노직의 비판에 맞서 롤스를 옹호하는 데 결정적으로 중요하다는 점을 논증했다.

23_이런 상황이 원리적으로 일어날 수 있다는 것은 원초적 전유 기준의 첫 번째 변종('누구나 차지할 수 있다')에서 명백하다. 왜냐하면 이런 상황 — 혹은 그것과 가까운 어떤 것 — 이 몇몇 자유지상주의자들이 제안했던 다른 세 변형태들(노직의 단서, 브로디의 공정한 몫, 슈타이너의 평등한 소유권)하에서도 일어나기 위해서는, 추가적인 가정들, 이를테면 섬이 그 섬의 소유자가 가진 연장들을 사용함으로써만 비옥해질 수 있다 등과 같은 가정이 필요하기 때문이다. 이런 세 변형태들은 근본 결함을 제거하지 못하지만, 징후들을 완화함으로써 근본 결함이 첨예하게 드러나는 것을 어느 정도 막아 준다.

24_자유지상주의자의 표준적인 자유관에 대한 유사한 비판들은 이를테면 Lindblom(1977, 46-47)과 Sterba(1980, 17)에 의해 개략적인 형식으로 제시되고 있으며, 코헨이 쓴 일련의 글들 속에서 좀 더 체계적으로 전개되고 있다(Cohen 1979b; 1981b; 1989a). 나는 코헨으로부터 '도덕화된 자유관'이라는 표현을 빌려 왔다. 이런 관점에 대한 유용한 비판적 논의에 대해서는 Carter(1993, §1.4)를 참조.

25_이는 가령 스키너가 해석한 마키아벨리의 입장이다(Skinner 1984, 209-210).

26_Rothbard(1973, 23)에 따르면 자유지상주의자는 "징병제를 대규모의 노예제로 간주한다."

27_물론 그 관계는 훨씬 더 복잡하다. 외세에 맞서 사회의 자유를 축소하는(혹은 확대하는) 것이 결코 그 구성원들의 자유에 대한 축소(나 확대)를 자동적으로 발생시킬 필요는 없다. 하이에크가 날카롭게 강조하듯이, "국민의 자유 개념이 개인의 자유의 개념과 유사하다고 하더라도, 그것은 같은 것이 아니다. 따라서 전자를 강화하려는 노력이 항상 후자를 강화하는 것은 아니다. 전자에 대한 강화는 때로는 사람들로 하여금 다수의 외국인으로 이루어진 자유주의 정부보다는

그들의 인종으로 이루어진 폭군을 더 선호하도록 이끌었다. 그래서 국민의 자유를 위한 노력은 종종 소수 구성원들의 개인의 자유에 대한 무자비한 제한을 위한 핑곗거리를 제공해 주었다"(Hayek 1960, 15[국역본, 37쪽]).

28_사실적인 정보적 가정들은 정액세와 정액 보조금을 배제하는 반면, 사실적인 동기적 가정들(현재 조건하의)은, Carens(1981)의 흥미로운 청사진에서처럼, 세전-이전소득에 대한 사람들의 민감함에 대한 의존성을 배제한다.

29_이 구분의 중요성은 일련의 저자들에 의해 올바르게 강조되었다. 예를 들어, 토머스 홉스는 '공화국의 자유'와 '신민의 자유'를 구별한다(Hobbes 1651, 264-266). 프리드리히 하이에크는 '자유로운 국민'과 '자유인들로 이루어진 국민'을 대비한다(Hayek 1960, 13[국역본, 35쪽]). 레오폴드 코르는 '자유 사회'와 '자유 시민들로 이루어진 사회'를 대립시킨다(Kohr 1974, 56).

30_알렉시스 드 토크빌은 시민들의 '공적 업무의 관리에 대한 참여'와 그들 각자가 '그의 바람에 따라 그 자신의 운명을 결정할' 권리 간의 유사한 대비를 강조한다(Tocqueville 1856, 62). 이와 관련해, 콩스탕과 토크빌에 대한 유용한 논의에 대해서는 Aron(1965, ch.1)을 참조.

31_"우리가 정치적 자유를 포기했다면, 어디서 [사적 향유에 대한_저자] 이런 보증을 발견할 것인가? 그것을 포기하는 것은, 1층에 산다는 이유로 모래 위에 토대 없는 건물을 짓기를 원하는 사람의 광기와 유사한 광기가 될 것이다"(Constant 1819, 289).

32_다시 말해, 이 쟁점과 관련해, 나는 전적으로 존 스튜어트 밀의 편에 서있다. 인간의 실존에는 이처럼 울타리가 둘러쳐져서 권위적 침범으로부터 신성해야 할 어떤 공간이 있다는 점에 관해서는 인간의 자유나 존엄성에 조금이라도 관심을 표명하는 사람이라면 의문을 제기할 수 없을 것이다"(Mill 1848, 569[국역본, 4권, 370쪽]). 혹은 하이에크의 예를 들 수도 있다. "자유는 이처럼 개인이 어떤 보장된 사적 공간을 가진다는 것, 타인이 침해할 수 없는 일련의 환경적 조건이 존재한다는 것을 전제한다"(Hayek 1960, 13[국역본, 34쪽]).

33_가령 MacCallum(1967), Rawls(1971, 202-203), Goodin(1982, 151-152)를 참조.

34_[만족하는 노예라는] 명칭은, 이 쟁점에 대한 이사야 벌린의 고전적 논의를 참조해 붙인 것이다(Berlin 1958, 139-140). 같은 쟁점에 대한 두 개의 확장된 논의들에 대해서는 Arneson(1985)과 Flathman(1987, ch.2)을 참조. 여기서 논의되고 있는 자유의 정의에 따르면, 우리는 접근 가능한 선택지들의 집합을 확장시키지 않고서는 자유를 증가시킬 수 없으며, 확장된 집합 바깥에 있는 어떤 것에 대한 욕망을 낳는 방식으로 저 집합을 확장함으로써 자유를 축소시킬 수도 있다는 점에 주목하자. 사례와 사려 깊은 논의에 대해서는 Arneson(1985, 443)을 참조.

35_특히 Skinner(1984, 212-217; 1990, 301-308)를 참조. 스키너는 마키아벨리를 따라서 (단지 우리의 권리뿐만이 아니라) 우리의 시민적 의무를 이행하는 것이 "우리가 포기한 것처럼 보일 수도 있는 바로 그 자유를 보장하는 유일한 수단"을 제공한다는 점을 우리가 인정할 것을 요구한다. 추가적인 논의에 대해서는 Petit(1993) 역시 참조.

36_엘스터가 표현하듯이, "자유로운 인간이 된다는 것은 자신이 자율적으로 하고 싶어 하는 모든 것을 자유롭게 할 수 있게 된다는 것이다"(Elster 1982b, 228). 유용한 논의로는 M. Taylor(1982, 148-150), Levine(1984, 41-43), Arneson(1985, 432-437) 역시 참조.

37_이 명칭[적극적 자유]은 부분적으로는 이 [첫 번째와 두 번째] 전략 가운데 어느 한 쪽이나 둘 모두와 앞에서 논의된 '고대인의 자유' 사이에 때때로 주장되는 (문제가 매우 많은) 분석적 연관에서 그 형성 배경을 찾을 수 있다. 따라서 찰스 테일러는 자치 사회 밖에서는 '우리가 실제로 원하는 것'을 할 수 없다고 믿는다. "우리는 그런 사회에서만 자유로울 수 있으며, 자유로움은 이런 표준적 형식에 따라 집단적으로 우리 자신을 통치하는 것이라는 점이 따라 나온다"(C. Taylor 1979, 181).

38_이는 이사야 벌린이 자신의 초기 정식화에 대한 몇몇 비판들에 답할 때 의지하고 있는 것처럼 보이는 전략이다(Berlin 1969, xxxviii-xl). Benn & Weinstein(1971, 210) 역시 참조. "우리가 자유롭게 X를 한다(거나 하지 못한다)고 말할 때, 그 요점을 파악하기 위해서는, 우리는 그것을 하는 것이 어떤 중요성이 있는지를 알 수 있어야 한다." 또한 Flathman(1987, 29) 역시 참조. "자유는 나의 현실적 선택뿐만 아니라 잠재적 선택에 대한 장애 요인들의 부재에서 성립한다."

39_이언 카터가 내게 적절하게 지적했듯이, 오직 제정신이 아닌 사람들만이 하고 싶어 할 수많은 것들을 나는 자유롭게 할 수 있다는 말은 완벽하게 말이 된다. 그러나 우리가 이 점을 인정할 수 있지만, 사람들 가운데 어느 누구도 하고 싶어 하지 않을 수 있는 어떤 것을 사람들이 자유롭게 하는 것은 그들의 자유에 아무것도 추가하지 않는다고 여전히 주장할 수 있다(추가된 자유의 양은 0이다). 그러나 여기서 중요한 것은, "하고 싶어 할 수도 있는 일"에 수반된 온건한 제한을 수용하는 것보다 강한 제한("하고 싶어 하는 일", "하고 싶어 해야만 하는 일")을 거부하는 것이다. 이언(Carter 1993)처럼, 이런 종류의 제한을 모두 제거하는 것에 좀 더 편안함을 느끼는 사람들도 하고 싶어 할 수도 있는 것을 할 자유는, 자유 사회에 대한 우리의 이상에 관한 한, 자유의 중요한(아마도 그것을 하려는 우리의 바람의 개연성에 비례하는) 한 가지 측면이라는 점을 수긍할 수 있을 것이다.

40_그렇기 때문에 나는, 제도적 기구가 허락하지 않는 것이 무엇이든 그것이 시도되었을 때 물리적으로 방해받게 될 것이라고 극단적으로 가정하지 않는다면, 다른 사람들에 의해 야기된 행위에 대한 물리적 방해의 부재(가령 Steiner1974; 1983, Carter 1993을 참조)로 정의되는 '순수한 소극적 자유'에 관심을 두지 않는다. 나의 접근의 한 가지 함축은, 비록 재제의 위협이 한 경우에서는 순전한 (그럼에도 완벽하게 실효적인) 엄포이고, 다른 경우에는 그렇지 않다고 하더라도, 시민들을 같은 방식으로 행동하게끔 하는 두 독재정체를 동일하게 평가하리라는 것이다. 다른 한편, 순수하게 소극적인 견해의 보유자들에 따르면, 자유는 진심을 가진 독재자 아래에서보다는 엄포만 하는 독재자 아래서 훨씬 더 크게 될 것이다.

41_이런 종류의 분석에 대해서는 Carling(1987)에서 유용하게 논의되고 있는 Elster(1982a, 365; 1983, §1; 1985, 211-214)를 참조. (확실하다고 여겨지는) 어떤 위협이 억압하는 선택지는, 그 위협의 실현에 의해 부정되는 것(말하자면, 그것은 선택지로 계속 남아 있다)이 아니라, [위협자가 제안한] 요구에 대한 비순응과 위협의 비실현 사이의 결합이다. 강제에 대한 또 다른 표준적 설명에서(Nozick 1969, 127-134; M. Taylor 1982, 14-19 참조), 위협은 좀 더 넓게 정의된다. 즉 제안은, 그녀가 하도록 요청받고 있는 것을 승낙한다면 '정상적이고 예상된 사건의 진행'이 되었을 것과 관련해서, 어떤 사람의 처지를 더 낮게 하겠다고 약속하는 데서 성립한

다. 반면에 위협은 같은 기준과 관련해 그 사람의 처지를 더 나쁘게 하겠다는 약속이다. 피고용자가 더 열악한 조건에 동의하지 않는다면 노동 계약을 갱신하지 않겠다는 위협은 권리 침해(에 대한 위협)의 부재에도 불구하고 강제의 한 사례가 된다. 교환관계를 절연하겠다는 협박의 강제적 성격에 대한 Lindblom(1977, 48)의 주장을 참조.

42_ 하이에크(Hayek 1960, 20-21[국역본, 47-48쪽]) 자신의 명시적인 정의는 이런 방향으로 정확히 향하고 있지는 않지만("'강제'란, 어떤 사람의 주변 환경이나 상황이 다른 사람에 의해 통제되는 것을 의미하는데, 이때 그는 더 큰 해악을 피하기 위해 그 자신의 일관된 계획이 아니라, 다른 사람의 목적에 이바지하기 위해 행동하도록 강요된다"), 그의 구체적인 예시들은 이런 해석을 지지한다("호화롭게 살기는 하지만 군주의 부름에 응해야 하는 궁정의 신하는 [근근이 살아가지만 자기 스스로 기회를 선택할 수 있는-옮긴이] 가난한 소작농이나 장인보다 훨씬 덜 자유로울 수도 있다. [······] 우리의 용법에 따르면, 그때그때를 경우 연명해 가야 해서 항상 위태롭게 살아가는 무일푼의 방랑자는 안전이 보장되고 상대적으로 안락하게 지내는 징집된 병사보다 더 자유롭다"(Hayek 1960, 17-18[국역본, 42-43쪽]).

43_ 하이에크의 자유관에 대한 유용한 비판으로는 Norman(1982, 87-90; 1987, 38-39)을 참조.

44_ J. Buchanan(1985, 9-10), Buchanan & Lomasky(1985, 17 n.8)를 참조. 좀 더 최근의 글에서 제임스 뷰캐넌은 '적극적' 자유와 '소극적' 자유를 조화시키는 한 방식이라고 그 자신이 말했을 법한 것을 제안한다. 나의 '처분의 자유'(liberties of disposition)는 다른 자산과의 교환을 통해 내가 나의 부존 자산을 가지고 만들어 낼 수 있는 대안적인 처분의 수에 의해 측정된다고 뷰캐넌은 말한다. 그러므로 어떤 부존 자산의 소유자가 내가 [그가 소유한 어떤 부존 자산을] 구매할 자유를 거부하면, 그런 자유는 제한된다. 이를 통해, 그렇지 않았다면 나의 전반적인 예산 제약 안에서 실행 가능한 대안으로 나타났을 선택집합의 규모가 축소된다(J. Buchanan 1987, 11-12). "선택집합의 크기는 법적으로 보호되는 부존 자산과 이런 부존 자산을 사용하거나 행사할 자유 양자의 함수다. [······] 둘 다 동일한 처분의 자유를 가진다는 암묵적 가정하에서만, [100달러의 부존 자산을 가진_저자] 첫 번째 사람의 예산 집합은 [10달러의 부존 자산을 가진_저자] 두 번째 사람의 예산 집합보다 크다"(같은 책, 16). 이는 매우 그럴 듯하며, (실질적) 자유에 대한 가장 분별력 있는 해석으로 여겨지는 것이 자원의 명목적 크기가 아니라 선택집합의 현실적 크기라는 점을 확실하게 시사한다. 그러나 이는 뷰캐넌이 내리는 결론이 아니다. 왜냐하면 '자유'(간단히 말해)는 오직 처분의 자유에 다름 아닌 것으로 판명 나기 때문이다(같은 책, 12). 그리하여 "한 필의 토지에 대해 법적인 권리를 보유하고 있지만, 잠재 구매자(임차인)가 매우 제한적인 사람은, 오직 그 자신의 노동력에 대한 법적 권리만을 가지고 있지만, 자신의 노동력 사용과 관련해 완전히 무제한적인 [권리를 가진] 사람보다 명백히 더 적은 자유를 가진다"(같은 책, 강조는 저자). 이것이 그렇게 명확한가? 만약 그렇다면, (제한적인 용도라 해도) 사유지를 소유하는 것은 누군가의 자유에 아무것도 추가하지 못한다는 결론이나, 혹은 어떤 장애로 인해 (무제한적으로 소유한) 그의 노동력을 사용할 사람이 아무도 없다는 사실이 누군가의 자유에 그 어떤 차이도 만들어 내지 못한다는 결론이 따라 나올 것인가?

45_ 여태껏 암묵적으로 전제되어 왔던 이런 실질적 자유관은 아마르티아 센의 접근과 매우 가까운 것이다. Sen(1990d)에 따르면, "그 혹은 그녀가 선택했을 삶을 살 수 있어야 한다는 점이 중요

하다고 우리가 진정 생각한다면, 우리가 관심을 두어야 하는 것은 [모든 점을 고려할 때 그가 성취할 수 있는 것으로 정의되는_저자] 적극적 자유의 일반적 범주다." 자유는 "우리가 가치 있게 여기는 것을 성취해야 하는 실질적 기회"와 관련된다(Sen 1992, 31, 강조는 아마르티아 센). 나는 "역량의 범주가 자유의 관념을 성찰하기 위한 자연적 후보"라는 그의 제안을 따를 수도 있었을 것이다(Sen 1984, 316; 1985, ch.7; 1992, ch.3도 참조). 그러나 내가 기회집합의 크기에 영향을 끼치는 두 요인들의 집합으로 허가(permissions)와 능력(abilities)을 대비하고자 하기 때문에, '기회'라는 용어가 더 적합한 것처럼 보였다. 센의 역량 개념에 대한 명확한 논의를 위해서는 Cohen(1990, §3), Sen(1990b, §3.2)을 참조.

46_형식적 자유와 실질적 자유의 구분은 유사한 구분의 오래된 전통을 분명 환기시킨다. 특히 그런 구분은 자본주의에 대한 수많은 비판들이라는 연장통 안에서 중요한 위치를 차지하고 있다. 토니에 따르면, "추상적 자유와 같은 것은 존재하지 않는다. [……] 그 개념이 무엇을 함축하든, 그것은 대안들 간의 선택의 힘을 포함한다. 종이 위가 아니라 사실상 존재하는 대안들 사이의 단지 명목적이지 않은 실질적 선택이"(Tawney 1952, 90-94). 이와 비슷한 맥락에서, 노먼은 자유가 비강제 이상의 것이며, 우리가 선택하는 것을 가능하게 하는 다양한 것들 — 부, 권력, 교육 — 을 포함한다는 점을 강조한다(Norman 1982, 90-94). 또 레빈은 자유(liberty)와 역량-자유(capacity-freedom) 간의 본질적으로 매우 유사한 구분에 대한 꼼꼼한 논의를 제시한다(Levine 1984, ch.1). 자유주의 전통에서는 자유의 이런 두 차원들을 단일한 명칭 아래에서 함께 다루지 않는 데 더 큰 관심을 둔다. 이는 이미 자유(Freiheit)와 자립성(Selbständigkeit)을 구분하는 Kant(1793, §2)의 경우에 그랬다. 현대의 자유주의자들은 종종 자유 대 자유의 가치라는 관점에서 이 구분을 표현한다. 따라서 "자유의 두 개념"에서 이사야 벌린은 자신이 "개인 또는 집단이 '소극적' 자유를 어떤 정도로라도 의미 있게 행사할 수 있는 최소한의 조건을 [자유-방임] 체계가 제공하지 못한다는 점을 (말할 필요도 없이 명백하다고 [벌린이_저자] 생각해서 생략했던 것이기는 하지만) 힘주어 강조했어야만 했던 것 같다. 권리를 집행할 힘이 없다면 권리가 무슨 의미를 가지겠는가(Berlin 1969, pp. xlv-xlvi[국역본, 130쪽]). "무엇을 위해 힘이 없는 권리가 그들에게 시행되어야 하는가?" 이 수사적 질문은 그의 초기 에세이의 매우 유사한 질문을 환기시킨다. "자유의 사용을 위한 적절한 조건 없이, 자유의 가치는 무엇인가?" 그러나 여기에는 "용어의 혼란에 의해서는 아무런 이득도 생기지 않는다"는 경고가 뒤따랐다(Berlin 1958, 124-125[국역본, 348쪽]). 롤스(Rawls 1971, 204[국역본, 278쪽])는 이런 경고에 분명 주의를 기울였다. "빈곤이나 무지, 그리고 일반적으로 수단의 결여로 인해 자신의 권리나 기회를 이용할 수 없는 무능력은 때때로 자유의 특유한 제한 조건으로 간주된다. 그러나 나는 이런 식으로 이야기하지 않고 그런 것들은 제1원칙이 규정하고 있는 권리가 개인에 대해 갖는 가치, 즉 자유의 가치에 영향을 미치는 것으로 생각하고자 한다." 용어상의 쟁점이 가진 의의가 물론 폐지된 것은 아니지만, 하이에크나 뷰캐넌과 달리, '형식적' 정의(definition)에, 이렇게 정의된 자유가 타인들이 자유라고 부르고 싶어 할 만한 것으로 전환되는 조건들이 부재할 때 가치가 없다는 강한 주장을 덧붙인다면, 용어상의 쟁점이 가진 의의는 크게 줄어든다. 실질적으로 자유로운 사회의 이상과, 그 안에서 형식적 자유를 가질 가치가 있는 형식적으로 자유로운 사회 사이에 실질적인 쟁점이 존재할 필요는 없다.

47_이는 우리가 '출발 시점에서의' 기회에 관해 말하고 있는지, 아니면 어떤 임의의 주어진 시점에

서 기회에 관해 말하고 있는지 여부에 대한 질문을 의미한다. 나는 적절한 곳에서(2장 5절, 4장 2절, 5장 8절) 이 중요한 쟁점으로 되돌아갈 것이다.

48_이런 조건들 모두는 문헌에서 광범위하게 논의되어 왔다. 따라서 벌린은 부자유를 '의도적인 간섭'을 필연적으로 함축하는 것으로 규정하는 관점에서, "타인들이 그렇게 하려는 의도가 있었는지의 여부와 무관하게" 개입한다고 말할 수 있는 관점으로 이동한다(Berlin 1958, 122-123 [국역본, 346쪽]). 제임스 스터바는 자유를 구속하는 장애 요인을 "타인들이 그것에 대해 도덕적으로 책임이 있는 의도하거나 의도하지 않은 범법 행위"로 규정하는 자신의 관점을 "어떤 사람이 어떤 것을 하는 것을 방해하는 인간 능력 안의 변경 가능한 조건"으로 규정하는 맥퍼슨의 좀 더 넓은 관점과 대비시킨다(Sterba 1980, 115-116; Macpherson 1973, 95-119). 또 찰스 테일러에 따르면, 핵심이 되는 쟁점은 자유에 대한 외적인 장애 요인들이라기보다는 오히려 내적인 장애 요인들이 존재할 수 있는지의 여부다(C. Taylor 1979, 175-176).

49_물론 (그런 무능력이 물리법칙으로부터 도출되기 때문에) 폐지될 수도 없고, (그런 무능력이 모두에 의해 공유되기 때문에) 보상될 필요도 없는 몇몇 무능력들이 존재한다. 그러나 그것들을 일반적인 부자유(unfreedom) 개념하에 포섭하는 데에는 그 어떤 불편함도 없다. 왜냐하면 어쨌든 가능한 최대한 자유로운 사회에서는 그것들에 대해 그 어떤 일도 할 것으로 기대되지 않기 때문이다.

50_따라서 재산이 자유의 원천이라기보다는 오히려 구속 요인일 수 있는가라는 질문에 대한 코르의 다음과 같은 단호한 일축에 우리는 동의하지 않는다. "행복에 대한 우리의 태도가 무엇이든, 자유에 관한 한 오직 하나의 대답만이 존재할 수 있다. 우리에게 그것을 박탈하는 것, 우리를 노예로 만드는 것은 재산이 아니라 그것의 부재다"(Kohr 1974, 54). 재산, 혹은 특정한 형태의 재산을 소유하는 것이, 아무리 그녀가 노력한다고 해도 더 이상 제거할 수 없는 욕망 — 탐욕, 안락에 대한 중독 — 을 일으킬 수 있다면, 재산은 실로 자유를 증가시킬 뿐만 아니라 자유를 축소시킬 수도 있다.

51_따라서 여기서 견지된 입장은 전면적인 적극적 자유를 옹호하는 과정에서 찰스 테일러가 제시한 (성립할 수 없는 것으로 여겨진) '중도적 입장'과 가깝다(C. Taylor 1979, 184-186). 욕망이 부자유의 원천일 수 있음을 인정함에도 불구하고, 그것은 테일러의 기회-행사(opportunity-excercise) 구분 가운데 여전히 기회 편에 있다(C. Taylor 1979, 177-178). 좀 더 유용한 논의를 위해서는 Flathman(1987, ch.2) 역시 참조.

52_단순성을 위해, 나는 이후에 이런 엄격한 최소극대화 정식화를 고수할 것이다. 그러나 나는 다음과 같은 노선을 따라 최소극대화를 유연하게 정식화하는 것에 대해서는 기꺼이 받아들일 것이다. 최소수혜자의 기회에 무시 가능한 혹은 거의 눈치 챌 수 없는 향상은 훨씬 상층에 있는 많은 이들 혹은 모두의 상황에 대한 심각한 악화를 정당화하지 못한다. 이와 같은 유연한 정식화는 간략히 논의된(그리고 좀 더 쉽기는 하지만 유사한 측정 문제를 일으키는) 우선성 규칙에 대한 유연한 정식화와 유사하다. 그것은, 최소극대화가 직관적으로 불합리한 기회(혹은 복지, 혹은 일차재)의 희생을 용납한다는 반론을 처리하는 가장 만족할 만한 길을 제공해 주는 것처럼 보인다. 사실의 문제로서, 반론에서 가정되고 있는 종류의 상황이 발생하지 않는다는 발상에 근거한 대안적 반응에 대해서는 Rawls(1990, §19)를 참조.

53_온건한 제한으로 간주될 만한 것은 가령 지적이고 총명한 성인의 지위에서 모든 유관한 사실들을 볼 때 모두가 동의할 만한 제한으로 그 특징을 규정할 수도 있고(이것은 온정주의적인 제한에 적용될 수도 있다), 혹은 강제로 시행되는 보험 계약의 일부로 모두가 동의했을 제한(이는 강제 백신 접종과 강제 원조에 적용될 수도 있다. Sugden 1982, 211을 참조)으로 그 특징을 규정할 수도 있다. 그러나 강제 투표와 인구 규제의 예는 내가 이런 예들을 기꺼이 초과하리라는 것을 보여 준다.

54_이 모든 것은 명백히 기회에 대한 양적 측정이 이루어질 수 있음을 당연시한다. 이 질문은 다음 세 장에서 관심의 초점이 될 것이다.

55_가령 Rawls(1971; 1993a), Dworkin(1981b; 1990), Sen(1985; 1992), Arneson(1989; 1990a), 심지어 Cohen(1989b; 1990)을 참조. 이렇게 규정된 연대주의적 혹은 동등한 관심에 입각한 정의관은 최소극대화보다는 엄격한 평등이나 총계적 극대화를 옹호할 수도 있고, 기회보다는 오히려 결과에 초점을 맞출 수도 있으며, 형식적 자유의 보호에 우선성을 부여하지 않을 수도 있다.

56_정의를 사회제도의 유일하거나 일차적인 덕목으로 간주하는 사람에게, 이 공준은 — 국가의 팽창이나 인간의 변형과 같은 어떤 집단적인 기획의 실현에 대립해서 — 국가가 각 개인으로 하여금 자신의 목표를 추구하는 것을 가능하게 해주는 규칙의 유지와 설비의 제공 이외의 다른 목적이나 그 이상의 중요한 목적을 갖지 않는다는 견해를 필연적으로 함축한다. 오크쇼트가 제안한 용어를 사용하면 이때 사회는 (공동의 목표에 의해 정의되는 결사의 패턴에 근거한) 우니베르시타스(universitas)로서가 아니라 (국민들 간의 관계의 패턴에 근거한) 소키에타스(societas)로 파악될 수 있다(Oakeshott 1975, ch.3). 여기서 그 특징이 규정된 자유 사회는 친교 공동체임에 틀림없지만, 이런 친교 공동체가 취해야 하는 형태에 대한 많은 해석들 중 하나와 부합할 뿐이다.

57_중립성, 반완전주의, 불편부당성, 동등한 관심[배려] 기타 등등이 너무 손쉽게 똑같이 취급되어서는 안 된다는 것을 나는 알고 있다. 이와 관련된 구분에 관한 신중한 논의에 대해서는 Larmore(1987), Goodin & Reeve eds.(1989), Da Silveira(1994)를 참조. 그러나 이 책의 목적을 위해, 여기서 이미 채택된 정식으로 충분할 것이다. 나는 마지막 절(§6.8)에서 이 쟁점으로 다시 돌아갈 것이다.

58_지적된 다양한 유사점에도 불구하고, 롤스의 입장과의 중요한 차이점이 존재한다. 따라서 우선성 규칙은 약화되고, 형식적 자유는 롤스의 제1원칙의 지배를 받는 근본적 자유들에 대한 존중과 일치하지 않으며, 기회의 축차적인 최소극대화 원칙은 롤스의 제2원칙의 두 구성 요소들을 결합시킨다. 이 책은 롤스의 정의론에 대한 완전히 해결된 대안을 옹호하지 않는 것은 물론이고 그런 대안을 제시한다고 주장하지도 않는다. 제2원칙과 연관된 차이들만이 진지하게 검토되고 변론될 것이다. 이런 차이들의 정확한 본성과 의의가 무엇인지는 논의가 전개되는 과정에서 드러나게 될 것이다.

1_이 점은 van der Veen & Van Parijs(1986a)에 제시된 접근법과의 중요한 차이를 나타낸다. 이 같은 차이의 배후에 있는 이유는 4장 1~2절에서 상술된다.

2_1980년대 중반에 서유럽의 13개국의 학자들과 조직들은 기본소득유럽네트워크(BIEN, Basic Income European Network)를 결성하기 위해 모였다. 당시 벌어졌던 논의에 대한 정보는 Walter(1989)에서 볼 수 있으며, 최근의 쟁점들에 대해서는 기본소득유럽네트워크의 뉴스레터에서 볼 수 있다.

3_'기본소득'이라는 표현은 틴베르헌(Tinbergen 1953)에 의해 현재의 의미와 유사한 의미로 처음 사용되었고, 그 용어의 네덜란드어 표현은 1970년대 중반부터 네덜란드에서 널리 유통됐다. 영국에서, '기본소득'이라는 표현은 1980년대 초반부터 파커(Parker 1982)에 의해 사용되기 시작된 이후 기본소득연구그룹(Basic Income Research Group)[1984년 런던에서 설립됐고, 1992년에 '시민소득연구센터'(Citizens Income Study Centre)로 이름을 바꾸었다]과 기본소득유럽네트워크(1986년 루뱅-라-뇌브에 설립된) 양자를 명명하기 위해 선택되었다.

4_기본소득과 강한 자유 개념 — 특히 다른 누군가의 의지에 종속된 삶을 살지 않을 자유 — 간의 밀접한 연관에 대한 주장들은 기본소득의 긴 지적 역사에서 매우 일반적인 것이다. 몇몇 전형적인 정식화들에 대해서는 Johnson(1971, 184), Brittan(1973, 202-205), Fromm(1976, 218), Adler-Karlsson(1971, 61)을 참조.

5_실업 함정에 빠진 사람들과의 인터뷰에 기초해 실업 함정의 이 측면에 대해 통찰력 있게 기술하고 있는 자료를 보려면 Jordan et al.(1992)을 참조.

6_이는 그 어떤 관리도 다른 이유로 필요하지 않다는 방금 진술된 가정에서만 그러하다. 만약 이런 관리가 필요하다면(그리고 심지어 실질적 자유지상주의에 근거해 그런 관리가 필요할 만한 역사적 상황들이 존재할 수 있다. 3장 5절을 참조), 행정 비용 논증은 다른 방향으로 갈 수도 있을 것이며, 그리고 이는 [기본소득이 유리하다는] 다른 두 개의 고려 사항을 상쇄[무력화]할 수 있으며, 그리하여 자신 심사 형태의 최저소득보장제도를 정당화할 수도 있을 것이다.

7_이런 유형의 제도는 비록 실제로 제안되지는 않았지만 Salverda(1984)에 의해 논의되었다. 이만큼 극단적이지는 않지만, Meade(1989)의 부록에서 고려되는 제도들 가운데 하나는 잠정적으로는 저소득자들의 이익을 위해 저소득자들에게 고소득자들보다 더 높은 세율을 부과하는 역진세제를 포함한다(이 제도는 대부분의 중산층의 한계세율을, 근로 의욕을 꺾지 않을 정도의 것이 되게 할 수 있기 때문에, 이를 통해 세수를 지속가능하게 증가시킬 수 있다).

8_거주지 무관성의 문제는 이를 통해 생겨난 제도가 빈민 지역에서 자랐던 사람에게 너무 인색하다는 것(Arneson 1992b, 504에 의해 반론된 것처럼)이 아니다. 부에 대한 무조건적 재분배는 사람들이 훨씬 더 적은 비용으로 "그들의 친구들과 가족 및 다른 가치 있는 사회적 인맥들"과 계속해서 가까운 관계를 유지하며 살 수 있게 하는 것을 가능하게 할 것이다. 오히려 그 제도의 문제는 그 나라의 좀 더 돈이 많이 드는 지역에서 자라나게 된 사람들, 혹은 돈이 더 많이 드는 지역에 사는 사람들(가운데 가장 가난한 이들)이 더 많은 소득을 이용할 수 없게 된다는 것이다. 이는 문

제를 일으키는데, 왜냐하면 사람들이 정서적으로 유대가 있는 장소 및 사람들과 가까운 데서 계속해서 산다는 것은 중요해 보이기 때문이다. 그러나 여기서 상술된 관점[실질적 자유의 개념]에 따르면, 이런 반론은 정당하지 않다. [특히] 돈이 더 많이 드는 지역에서 자란 사람들이나, 돈이 더 많이 드는 지역에 사는 사람들에게 더 많은 것을 무조건적으로 재분배함으로써 돈이 더 적게 드는 지역에 살게 됐지만 이사하고 싶어 하는 다른 어떤 사람들이 이용할 수 있는 양이 더 줄어드는 대가를 치를 수밖에 없는 경우에 그렇다. 실질적 자유의 축차적 최소극대화를 복지의 축차적 최소극대화와 혼동해서는 안 된다. 나는 3장 6절에서 비우월적 다양성에 대한 몇몇 반론들을 논의할 때 이 같은 강경한 입장을 어느 정도 약화시킬 것이다.

9_나는 여기서 정의로운 사회에 대한 우리의 그림이 자기 이익에 기반을 둔 개인적 선택을 위한 여지를 남기며, 따라서 최소극대화 원리에 호소해 성과급을 지급해야 한다는 주장을 정당화할 여지가 있음을 당연한 것으로 간주할 것이다. 그 반대의 논증 대한 Cohen(1992)의 확장된 논의에 대해서는 Van Parijs(1993b)를 참조.

10_만약 세율과 기본소득의 수준이 — 긍정적으로든 부정적으로든 — 형식적 자유의 보호를 확보하기 위해 필요한 자원들(가령 거리를 안전하게 유지하는 것)의 양에 영향을 끼친다면, 그 기준[최소극대화 기준]은 그에 따라 조정되어야 한다. 극대화될 필요가 있는 것은 형식적 자유의 보호에 필요한 세금을 뺀 순세수다.

11_Rakowski(1991, 153-154, 166)가 제안했던, 인구통계학적인 측면을 통합하는 좀 더 급진적인 방식은 다음과 같다. 즉 아이들이 그들의 부모로부터 받는다는 의미에서, 부모가 아이에게 '기본 급료'를 제공하도록 요구하거나, 좀 더 간단하게, 국가가 급료를 아이들에게 지급하고, 부모들의 소득에 대한 과세를 통해 그것을 돌려받는 방식이다. 이는 거대한 음의 아동 수당(negative child benefits) 체계에 해당하는 것이며, 그리하여 종국에는 사회의 인구가 감소하도록 유도할 것이다.

12_또는 어쩌면 최고 수준의 종신 기본소득의 평균액일지도 모른다. (가령 노인들이 생명 연장 기술에 저렴하게 접근할 수 있도록 함으로써) 경제적으로 생산성이 낮은 세대의 평균적인 수를 증가시키는 것 이외의 다른 효과를 가지지 않을 (형식적 자유를 존중하는) 어떤 조치는 후자의 기준[종신 기본소득의 평균액]에서 보면 중립적이지만, 전자[기본소득의 평균액]에 비추어 보면 부정적일 것이다. 어느 쪽 기준이 채택되든 최적의 구조가 큰 규모의 아동 수당 아니면 큰 규모의 기초 연금의 형태를 취하는 것이 이론적으로 가능하다는 점에 주목하자.

13_후자의 견해는 Bourgeois(1902), Bouglé(1907)와 같은 저자들에 의해 19세기에서 20세기로의 전환기에 옹호된 사회연대주의(solidarisme)에 상응하는 것이다(최근의 설명에 대해서는 Tanghe 1989, 74-76를 참조), 반면 전자는 Hartwick(1977) 혹은 Barry(1979; 1983)에 의해 고안됐지만, Colins(1835)로 거슬러 올라갈 수 있다(최근의 설명에 대해서는 Cunliffe 1987을 참조).

14_나는 6장 6절에서 이 명제를 매우 상세하게 재론할 것이다.

15_이와 같은 견해의 초기 표현은 자립성(Selbständigkeit)에 대한 칸트의 강조(Kant 1793, 151; 1797, 433)에서 발견된다. 강력한 자유에 근거를 두고 생산재의 광범위한 확산을 옹호하는 입

장은 영국의 '자유지상주의적인 가톨릭신자' 힐레어 벨록(Belloc 1912)과 레오폴드 코르(Kohr 1974, 63), 그리고 그의 제자인 이반 일리치(Illich 1978, 94-95)의 저작들에서 발견할 수 있다. 사회적 자본의 몫을 가진 사람들이 사회의 생산수단들을 사용할 권리에 입찰할 수 있는 티보르 리슈커(Tibor Liska)의 '기업가 사회주의'(entrepreneurial socialism)는, "최고로 높은 수준의 인간 자유를 보장해 준다"(Szécky 1982, 94)는 이유로 비슷하게 옹호된다.

16_기본소득이 (개인의) 생산적 부의 **형태**로 제공되어야 하는가라는 쟁점은 기본소득에 대한 **권리 자격**이, 이를테면 그 사회에 존재하는 민간 기업의 주식을 균등하게 소유한 결과, 혹은 좀 더 단순하게 말해, 공적 소유의 결과로, 사람들이 사회의 생산적 부의 (공동) 소유자임에 근거해야 하는가라는 쟁점과는 명확하게 구별되어야 한다. 보조금이 생산적인 부에 근거한 배당금이라는 사실이 보조금을 생산적 부의 형태로 지급하도록 강제하지는 않는다. Cole(1929; 1944), Lange(1936), Meade(1938; 1989), Yunker(1977) 혹은 Roemer(1992; 1993)의 판본인 '사회배당금'은 일반적으로 현금으로 지급하도록 되어 있다.

17_기본소득을 옹호하는 논증의 이런 측면은 특히 Nooteboom(1986), Meade(1989)에 의해 강조된다. 그것은 2장 2절에서 묘사된 자산 심사에 기반을 둔 제도에 비해 기본소득이 갖는 두 번째 장점의 직접적인 따름정리다.

18_Goodin(1982, 151)이 최종 분배에 대한 복지국가의 전형적인 조정과 다르게, "일정한 미래 소득의 법적 보장이, 명목상으로가 아니라 실질적으로, [생산수단들에 대한 형식적인 법적 소유권의 재분배와_저자] 정확히 같은 결과를 산출할 수도 있다"고 말할 때, 그는 이 논지와 가까운 것을 말하고 있다. 또한 기본소득은 롤스의 '재산 소유 민주주의'(Rawls 1990, §51.3)의 상과도 잘 들어맞을 것이다. 이런 재산 소유 민주주의는, 이를테면 "각 시기의 말에 덜 가진 사람들에게 소득을 재분배하는" 복지국가 자본주의와 대비해, "각 시기의 **초반**에 생산적 자산과 인간 자본의 광범위한 소유권을 보장한다." 4장에서 나는 롤스의 정의론, 특히 그의 차등 원리가 기본소득을 정당한 것으로 만드는가라는 질문으로 되돌아갈 것이다.

19_형식적 자유를 효과적으로 보호하기 위해 필요한 공공 지출(가령 도심을 안전하게 유지하기 위해 필요한 경찰력)의 수준이 기본소득의 전체 수준, 조세 구조, 그리고 해당 사회경제 체제가 가지는 여타의 특징들과 독립적으로 주어진다고 가정할 수 없음을 명심할 것.

20_실질적 자유의 축차적 최소극대화를 통한 [현물 급부의] 정당화는 [현물 급부가] (생산성을 통해) 지속 가능한 보조금의 최소 수준에 긍정적인 영향을 미쳐야 할 것을 요구할 뿐만 아니라 그런 영향이 최적의 것이어야 함을 요구한다. [즉] 그렇게 할당된 자원들을 또 다른 방식으로 공적으로 사용하는 것이 [현물 급부의 방식보다] 더 유리한 영향을 끼쳐서는 안 된다. 물론 (자본주의적인 맥락에서) 다른 방식으로 자원을 사적으로 사용하는 것도 [현물 급부보다 더 유리한 영향을] 끼쳐서는 안 되는데, 이런 이유로 긍정적 외부성이 반드시 수반되어야 한다. 더욱이 관련된 외부성은 구체적으로 현금 보조금의 지속 가능한 수준(혹은 어쩌면 밑에서 고려될 세 번째 종류의 현물 공급)에 영향을 끼쳐야 하며, (고등교육 보조금이나 연구 보조금의 경우와 다르게) 선별적인 무상 공급에 의해서가 아니라 보편적인 공급에 의해 좀 더 효과적으로 생산되어야 한다는 점에 주목하자.

21_[이런 주장의] 밑바탕에는, 해당 사회 안의 사람들이 충분한 고려("올바른 정신 상태에서") 끝

에 실제로 갖고 싶어 하거나 하고 싶어 하는 다양한 것들이, 그들이 갖고 싶거나 하고 싶어 할 수도 있는 다양한 것들의 합리적인 근사치를 제공한다는 가정이 깔려 있다. 이 가정에 근거해서만, 여기서 내가 한 것처럼, 현실에서 누구나 바라는 욕망에 대한 값싼 만족으로부터 더 큰 실질적 자유에 대한 욕망을 추론할 수 있다. 이와 동일한 가정은 3장에서 [사람들이] 동일한 능력을 가지고 있다는 가정이 약화될 때 실질적 자유를 축차적인 최소극대화로 해석하는 방식에서 결정적인 역할을 한다.

22_ 거리를 '소비하기' 위해 당신이 [직접] 거리를 거닐거나 차량을 타거나 운전할 필요가 없다는 점을 명심하라. 당신은 쓰레기를 거리에 쌓아 두거나, 거리를 왕래하는 차량을 응시함으로써 거리를 '소비'할 수도 있다. 거리를 '소비하기' 위해 [직접] 공원이나 오솔길을 산책할 필요도 없다. 당신이 당신의 할머니나 손자에게 관심을 가지고 있다면, 그들이 그렇게 하는 것으로 충분하다. 물론 그렇다 해도, 어떤 특정 거리나 산책 지역에 대해, 사회 구성원 대부분이 자신들은 그것을 결코 '소비하지' 않을 것이라고 확실히 말할 수 있다. 그러므로 모두에게 주어지는 현금 보조금의 축소를 통한 거리나 산책 지역의 무상 제공은 하고 싶어 할 수도 있는 것을 할 대부분의 사람들의 자유를 축소한다고 그럴듯하게 말할 수 있다. 그러나 모든 사람은 실제로는 어떤 거리는 직접 사용하고, 다른 거리는 간접적으로 사용한다. 좀 더 정교한 분류로 구별해야 할 많은 항목들을 하나의 주제 아래 포괄하는 것은 한 논증이 성립하기 위해 필수적이다. 그러나 이때 이런 개념적 포섭을 왜 거리, 도보 구역, 혹은 다양한 장소에서 우리가 마시는 공기와 같은 그런 '자연적' 범주들로 제한해야 하는가? 어떤 장소에 있는 해변에 대한 자유로운 접근은 또 다른 지역에 있는 산에 대한 자유로운 접근을 통해 '보상'될 수 없는가? 혹은 한 장소에서의 더 나은 공기는 또 다른 장소에서의 더 좋은 거리 등, 자유로운 문화나 스포츠에 의해 '보상'될 수 없는가? 만들어질 수 있는 패키지에 선험적인 제한은 존재하지 않는다. 최소한의 제약 조건은 그 패키지 안의 각각의 재화가 그것에 접근하는 데 돈이 많이 드는 것이어야 하고, 다른 재화들과 함께 일정한 패키지로 무상 공급하는 것이 (그녀가 하고 싶어 할 수도 있는 것을 할) 그녀의 실질적 자유를 증대시키고 각 사람의 욕구를 충분히 만족시키는 것이어야 한다는 것이다.

23_ 보편적인 현물(특히 환경재)의 제공에 대한 이런 세 번째 실질적 자유지상주의적인 변론은, 정의에 근거해 현금 기본소득을 요구하는 것이 왜 오늘날 그 어느 때보다 더 그럴듯한지를 조명해 준다. [현금 기본소득을 요구하는] 한 가지 이유는 분명히 생활 설계 면에서의 이질성이 환경재에 대한 유의미한 사용의 수를 증가시켰다는 점이다. 또 다른 이유는 비용을 들이지 않고 접근해 누릴 수 있는 환경의 형태로 각자가 이용할 수 있는 현물 기본소득이 급격히 붕괴하고 있다는 점이다. 이처럼 환경보호(말하자면, 샘물의 보호)는 기본소득을 제공하는 하나의 방식인 반면, 환경 파괴는 현금 기본소득(말하자면, 광천수 병들에 대한 대금을 지불하기 위한)을 왜 지급할 필요가 있는가에 대한 하나의 이유다.

24_ Thurow(1977)는 현물 이전을 선호하는 이유를 세 가지 범주로 언급한다. 즉 ① 어떤 재화들의 평등한 분배에 대한 메타 선호, ② 소비자 주권의 실패, ③ 특수한 가치의 이전에 대한 관심. 레스터 서로가 언급하는 첫 번째와 세 번째 범주 가운데 극히 일부가 나의 첫 번째 분류에 포섭된다(형식적 자유는 모두에게 보장되어야 하며, 또 이를 수행하는 하나의 방식은 시민교육을 후원하는 것이다). 실질적 자유지상주의의 관점이 적어도 타당하다면, 서로의 두 번째 범주를 통

해 사회의 구성원들 모두에게 현금이 아닌 현물로 기본소득의 일부를 제공하는 것은 정당화될 수 없다. 비록 서로의 두 번째 범주가 자유의 행사를 위한 심리적 조건들을 결여한 사람들 일부에게 그렇게 하는 것을 정당화(즉 정신 장애가 있는 사람들과 심리적으로 정상이 아닌 사람들에게 현금보다는 오히려 음식이나 피신처를 제공하는 것은 의미가 있다)할 수 있다고 하더라도 말이다. 유사한 이유로, 앞서 언급된 외부성 논증에 추가해, 어린이들에게 무상교육을 제공하는 것은 의미가 있다. 물론 이것은 매우 강한 형태의 온정주의지만, 이는 그런 온정주의가 필요한 곳으로 제한된 온정주의다. 서로의 분류법은 나의 (나는 포함되어야만 한다고 믿지만) 두 번째와 세 번째 범주들을 간과한다. 서로의 분류법은 현물 복지 혜택(보조금이 지급되는 저품질 주택, 무료 급식소)을 정당화하기 위해 가장 자주 등장하는 논증이라고 할 만한 것 역시 무시한다. 즉 그것들[현물 복지 혜택]은, 그것들을 받는 데서 덧붙여지는 낙인 때문에, 수급 자격이 없는 사람들, 즉 진짜로 필요로 하지 않는 사람들을 더 잘 걸러 낼 것이다(가령 Lang & Weisis 1990, Besley 1990을 참조). 실질적 자유지상주의의 관점에서 볼 때, 이와 같은 런 논증은 대체로 부적절하다. 이전 제도의 목표는, 가능한 한 정확하게 '자격이 없는 자'와 '진짜 필요한 자'를 찾아내는 것이 아니라, 모든 이를 가능한 한 실질적으로 자유롭게 하는 것이기 때문이다. 그럼에도 3장 5절에서 우리가 볼 것처럼, 그것이 완전히 부적절하지는 않다.

25_ 하천 오염을 수반하는 산업 생산 활동이 현금 보조금의 가능한 수준을 상승시킨다고 가정해 보자. 그러나 그것은 하천에서 산천어를 낚는 것을 어렵게 하거나 어쩌면 불가능하게 할지도 모른다. 이때 자유에 대한 축차적인 최소극대화 원칙이 요구하는 것은 무엇인가? 그 사회에 속한 어느 누구도 오염을 일으키는 생산에 의해 늘어난 현금 급여를 산천어 낚시와 맞바꾸고 '싫어 하지 않는다'면, 공장 폐쇄나 청정 기술로의 대체를 통해 그와 같은 공해가 방지되어야 한다. 다른 한편, 일부 사람들이 산천어 낚시에 조금의 중요성도 부여하지 않는다면, 자유의 축차적 최소극대화는, 산천어 낚시꾼이 공해 방지 장치를 살 만큼 충분한 돈을 마련할 때까지 공해가 계속될 것을 요구한다. 이런 대답에 대한 완전한 정당화는 2장 6절에서 제시될 실질적 자유의 계량과 관련한 논증을 필요로 한다.

26_ 이 단계에서는 사람들이 내적 자원 면에서 큰 차이가 없다고 가정한다는 점을 명심하자. 현실에서는 물론 사람들은 내적 자원 면에서 차이가 있다. 이런 일반적 사례를 다루기 위해, 나는 (다음 장에서 제시될 이유로), 사람들이 가진 현재의 내적 자원들 위에 반사실적으로 무지의 베일을 씌움으로써 보험 접근을 미래로부터 과거로 확장하도록 제안하지는 않을 것이다. 오히려 나는 (3장에서 다시 제시되는) 부존 자산에서의 불평등을 시정하기 위한 기준이, 보험 추론이 개시되기 전에 적절하게 적용되고 있다고 가정할 것이다. 건강 문제에서의 평등화 대 반사실적 보험에 대한 통찰력 있는 더 철저한 논의에 대해서는, Rakowski(1991, 4장, 6장)을 참조.

27_ 연령에 따라 [기본소득 액수를] 조정할 수 있지만, 이는 사람들의 내적 자원 면에서의 차이를 보상하기 위해 요구되는 한에서다(가령 나이가 들면서 쇠약해지는 체력, 시장성 있는 기술이나 정치적 연관의 약화). [내적 자원 면에서의 차이는] 현 단계에서는 여전히 고려의 대상에서 배제된 가능성이다(3장을 참조).

28_ 더 오래 사는 사람들이 더 높은 보조금을 받는다고 해도(그들의 전 생애에 걸쳐 합계로), 우리는 값비싼 취향의 사례에 직면하지는 않는다. 값비싼 취향의 사례에서는 [보조금의] 순기여자

로 존재하지 않게 된 이후에도 계속해서 오래 살기 위해 자신을 돌보는 데 신경을 쓰는 사람들은, 게으르거나 장애를 가진 자녀를 낳은 사람들이 그런 것처럼, 타인들에게 부당한 짐을 지운다. 그러나 둘 중 어느 경우든, 엄격하게 개인주의적인 관점을 채택하면, 타인들의 '값비싼 취향'이 없었다면 존재하지 않았을 사람들에게 더 적은 기본소득을 줌으로써 그들을 처벌하는 것은 금지된다.

29_ 나는 반론의 이런 정식화를 힐렐 슈타이너에게 빚지고 있다.

30_ Arneson(1992b, 510)은 그러므로 "무조건적인 기본소득 보조금에 대한 요청이 온정주의의 거부가 아니라 온정주의와의 타협을 나타낸다"고 정당하게 말한다. 그러나 이런 타협이, 그가 제시하는(같은 책, 509-510) 것과는 반대로, 실질적 자유지상주의 혹은 선택 지향적인 관점으로부터 복지주의적 혹은 결과 지향적인 관점으로의 이동으로 묘사될 필요는 없다. 정의를 특징 짓는 것은 사람들이 선택지들을 가지고 만들어 내는 것[의 공정한 분배가] 아니라 선택지들의 공정한 분배로 남아 있다. 그러나 우리가 최종 성과보다 오히려 출발점에 관심을 가진다고 해서 반복적인 새로운 출발의 가능성을 보장하는 데 반대하는 것은 아니다. 물론 새로운 출발들 사이의 시간 간격이 더 짧을수록, 결과에 집중하는 것과 선택지들에 집중하는 것 사이의 차이는 더 작아진다. 그러나 그 차이는 결코 완전히 사라지지 않는다.

31_ 우리는 단일 기간 세계(single-period world)를 가정함으로써 추가적으로 단순화할 수 있다. 이 경우 기본소득은 단 한 번 주어지는 자원의 형태를 띨 것이며, 임차는 구매가 될 것이다. 그러나 가격 구조에서의 단순한 차이보다는 오히려 변화에 대해 말하는 것이 편리할 것이다. 그래서 나는 이 단순화를 포기할 것이다.

32_ 이 제안은 무인도의 자원들을 같은 수의 조개껍데기들을 가지고 있는 이주자들에게 경매하는 드워킨의 제안과 상당히 유사하다. 드워킨의 우화는 Rakowski(1991, 69-72)에 의해 추가로 논의되고 옹호된다. 드워킨의 논의는 프랑스 철학자 프랑수아 위에(Huet 1853, 258-259)에 의해 정확히 예견되었다. 사회주의와 그리스도교를 조화시키려고 시도한 책에서, 위에는 그의 독자들에게 난파된 다수의 사람들이 무인도에 상륙하는 상황을 상상해 볼 것을 요청한다. "그들은 모두 신체가 건강하고 다양한 직업에서 훈련을 받았으며 서로 협력했다." 그 섬에는 토지, 식물, 동물뿐만 아니라 지금은 섬을 떠난 주민들이 남긴 집들과 연장들도 존재한다. 이때 그 섬은 '동등한 가치의 자원 꾸러미들'로 나누어지고, 복권 추첨이 이루어진다. "복권의 실수를 정정하기 위해", 특히 연장들이 그것들을 가장 잘 쓸 수 있는 사람들의 수중에 들어가는 것을 보장하기 위해 자발적인 교환을 수반한다. 위에 및 드워킨과 마찬가지로, 나는 경쟁적 균형이 단일하지 않거나(가령 어떤 재화에 대한 수요가 그 가격의 비단조함수가 되게끔 하는 소득효과 때문에), 혹은 존재하지 않는(가령 규모에 대한 점증하는 수익 때문에) 상황들의 가능성으로 인해 지나친 곤란을 겪지 않는다. 이 가운데 전자는 아래의 논증에 영향을 끼치지 않으며 후자는 좀 더 당혹스럽지만 다행히도 거의 현실적이지 않다.

33_ 가령 M. Taylor(1982, 150-152)를 참조. 그는 순수한 소극적 자유 개념에 대한 Steiner(1974)의 분석에 의지하고 있다.

34_ 선택지를 셈하는 변형된 방법에 대한 공리론적 옹호에 대해서는 Pattanaik & Xu(1990)를 참조. 또 공간-시간적 변형태의 정교화 및 이에 대한 옹호에 대해서는 Steiner(1977; 1983;

1994), Carter(1993)를 참조.

35_이는 복지를 위한 기회의 평등에 대한 사려 깊은 옹호 속에서 Arneson(1989; 1990a)에 의해 제시되고 있다.

36_이에 기반을 둔 복지주의에 대한 일반적 비판의 고전적 정식화에 대해서는, 예를 들어 Dworkin (1981a, 8절), Rawls(1982, 4절)를 참조. 그리고 유사한 관점에서 아네슨의 접근에 대한 좀 더 포괄적인 비판적 논의에 대해서는 Rakowski(1991, 44-52)를 참조.

37_뒤에서(3장 7절), 나는 내가 선호하는 대안에 대한 다양한 반론들을 논의하는 맥락에서 이 접근으로 되돌아가, 어떻게 그 두 접근들이 몇몇 해석 아래서 수렴하는지 보여 줄 것이다.

38_좀 더 최근의 저술들에서, 드워킨은 평등의 척도로 기회비용이 핵심적인 역할을 한다는 데 큰 강조점을 둔다(Dworkin 1987; 1989).

39_드워킨은 선호의 이런 결정적이지만 '비복지주의적'인 역할을 처음부터 완벽하게 인정하고 있다(Dworkin 1981b, 289; 338). 그가 또한 강조하는 한 가지 함축은, 사람들이 자신의 취향을 표현하고 또 이를 집계할 수 있도록 하는 시장이나 시장과 유사한 메커니즘을 사용하지 않고서는 (이질적인) 자원들의 평등을 정의할 수 없다는 것이다. 이런 메커니즘 없이는, 사람들 각각의 삶에 '평등한' 양의 자원이 분배되고 있는지 여부를 말할 수 없다.

40_생산재의 경우, 다른 많은 사람들 역시 그것을 원한다는 사실은, 규모의 경제의 결과, 해당 생산재의 가격을 낮춘다. 흥미롭게도, 이런 가능성은 de Jouvenel(1952, 38-39)에 의해 소득 평등주의에 대한 반대 의견 속에서 언급되고 있다. "더 많은 개인들에게 수요가 있는 재화들과 서비스들이 소수의 개인들에게만 수요가 있고 소수의 사람들에 의해서만 공급되는 재화들과 서비스들보다 더 저렴하게 개인들에게 제공되리라는 것은 명백하다. 소수의 욕구의 충족은 다수의 욕구의 충족보다 더 값비싼 것이 될 것이다. 소수집단의 구성원들은 차별받을 것이다." 그렇다면, 적어도 여기서 논증된 대로, 공정성이 필요로 하는 것은 묶음들의 잠재적 복지에서의 평등이 아니라 묶음들의 가치에서의 평등이다.

41_몇몇 고전적 논의에 대해서는 Foley(1967, 4절), Kolm(1972, 2장), Varian(1974; 1975)을 참조. 최근의 유용한 논의에 대한 개관은 Fleurbaey(1994)와 Arnsperger(1994)를, 선망부재와 평등한 (실질적) 자유 간의 직접적인 연관에 대해서는 Kolm(1994)을 참조.

42_Dworkin(1981b, 285-287[국역본, 138-141쪽])의 최초의 논문에서는, 선망부재 테스트의 만족은, 경매 절차 — 이 절차에 의해 평등이 정의된다 — 의 결과에 의해 충족되는 매력적인 성질의 것으로 간주되었던 것으로 보인다. 그러나 그의 좀 더 최근의 저작들 가운데 몇몇(특히 Dworkin 1987, 3A)에서, 그는 오히려 선망부재 테스트의 만족을, 평등에 대한 정의를 제공하는 것으로 간주하는 듯하다. "대략적으로 말해, [자원의 평등은] 이상적인 평등주의적인 분배를 통해 '선망' 테스트의 적당하게 복잡한 판본을 만족시키는 분배로 약정된다. 즉 어느 누구도 배분된 재산 또는 다른 어떤 사람에 의해 통제되는 재산을 선망하지 않을 것이다." 평등이 경매 절차에 의해 정의된다면, 평등의 이상을 심지어 유의미하게 하기 위해서는 시장과 같은 어떤 것이 필요하다고 말하는 게 정확하다. 그러나 만약 평등이 선망부재로 정의된다면 그렇지 않다. 비록 시장과 유사한 어떤 것이 이때에도 여전히 평등을 달성하거나 평등에 접근하기 위한 수단으로

필요할 수도 있겠지만 말이다.

43_이 점을 이해하기 위해, 매우 괴짜인 사람이, 그녀의 묶음 안에 오직 해안의 절벽만 — 해변이나 블랙베리는 전혀 아니다 — 을 원한다고 가정해 보자. 다른 괴짜들은 좀 더 적당한 선에서 해안의 절벽을 좋아하며, 결국 다른 재화들 역시 선택한다. 모두에게 같은 수의 조개껍데기가 주어지고, 경쟁가격이 매겨질 때, 매우 괴짜인 사람은 말하자면 100단위의 해안의 절벽들을 얻을 수 있다. 다른 사람들에게 주어진 조개껍데기들의 두 배가 그녀에게 주어졌다면, 그녀는 훨씬 더 많은 단위의 해안 절벽을 얻을 수 있었을 것이며, 그렇게 했을 것이다. 따라서 선망부재는 그 절차를 통해 특징이 규정되는 평등성이 없이도 만족될 수 있다.

44_가령 Varian(1975)을 참조. 이는 순수 교환경제의 경우에 적용될 뿐만 아니라 선망부재[기준]이 적용되는 자원이 출발 시점에 이미 현존하는 경우에는 (완전히 예견 가능한) 생산 경제에도 적용된다. 즉 경매 참여자들은 입찰시 그들의 소비 계획뿐만 아니라 생산 계획 역시 고려한다. 초기 자원에 대한 이 같은 중요한 제한이 가진 충분한 함축들에 대해서는 4장에서 나타나게 될 것이다.

45_ Champsaur & Laroque(1981)에 의해 일반화된 Varian(1976)을 참조. 현재의 맥락에서 이 정리의 관련성은 Varian(1985, 113-114)이 지적했다.

46_이것이 어쨌든 내가 Arneson(1985, 448)의 부정적인 결론, 즉 "자유의 비교에 관한 판단이, 종종 이데올로기적인 논쟁의 문제에서 그것에 부여되는 무게를 지탱할 수 없다"는 부정적인 결론을 논박하기 위해 내가 제안하는 전략이다.

47_이것은, 그 가장 단순한 판본에서, Arneson(1992b, 503-506)에 의해 간결하게 설명된 반론이다. 그 반론의 좀 더 복잡한 판본은, 하나의 기회집합이 다른 기회집합보다 더 많은 소득과 더 적은 여가를 포함할 수도 있다는 사실, 그리하여 무조건적 최저 소득 대 노동 연계 최저 소득에 대한 선택과 구체적으로 연관된다. 나는 한참 후인 4장에서 이것으로 되돌아갈 것이다.

48_이것은, Arneson(1992b, 506)이 그 중요성을 적절히 강조한 바 있는, 외부성 — 공적인 폐해의 예방과 공공재의 공급 — 에 대한 처리가 이런 접근법 안에서 수용되는 주요한 방식이다. 그 것은 더 많은 공해가 생산의 수준을 방해하지 않는 한, 그래서 이를 통해 최고로 지속 가능한 현금 기본소득의 수준을 방해하지 않는 한, 언제나 괜찮은 것이라는 불합리한 함축을 우리가 피할 수 있게 해준다.

49_다양한 사회경제 제도들에 의해 다르게 형성된 취향이나 태도가 선택에 영향을 끼치는 또 다른 (덜 문제가 되는) 방식이 존재한다. 예를 들어, 어떤 체제의 작동으로 말미암아 널리 침투해 있는 노동 윤리나 협동의 정신 — 이것은 (자기 소유권을 침해하는) 반기생법 및 강제 노동과 구별되는 동시에 (비차별을 침해하는) 기본소득의 권리를 근로 연계 조건에 종속시키는 것과 구별된다 — 이 더 함양된다면(더 적게 약화시킨다면), 지속 가능한 최고 수준의 기본소득은, 다른 조건이 같다면, 다른 제도하에서보다는 훨씬 더 높게 될 것이다. 한편으로 성향과 심지어 의무 간에, 그리고 다른 한편으로 제도적 책무 사항들 간에 중요한 차이점이 존재한다. 그러므로 어떤 체제가 창출하는 경향이 있는 에토스 때문에 어떤 유형의 체제를 실질적 자유지상주의적인 관점에서 변론할 가능성을 생각해 볼 수 있다. 이런 가능성은 6장 2절에서 추가적으로 예시된다.

50_이 접근을 통해, 별로 평등주의적이지 않은 체제에서는 부유한 사람들이 더 크거나 더 많은 집을 구입할 여유가 있기 때문에 최저 소득이 질 낮은 주택에 대한 접근권밖에 보장할 수 없을지도 모른다는 사실이 고려될 수 있다. 그러나 이 접근은, 좀 더 평등주의적인 체제에서보다는 덜 평등주의적인 체제에서, 혹은 계급제도와 유사한 제도에서보다는 계층 간 이동성이 높은 불평등 체제에서, 동일한 실질 최저 소득으로 평가되는 것에 대해 우리가 더 좌절감이나 시기심이나 수치심이나 불행함을 느낄 수도 있다는 사실을 설명하지는 못한다[가령 Rawls(1971, 546) 또는 이 방향의 정보에 대해서는 Grey(1973, 321)를 참조]. 모두를 위한 최대의 실질적 자유가 항상 모두를 위한 최대의 행복과 일치하는 것은 아니다. 하지만 이런 논평은, 일단 비우월적 다양성이라는 제약 조건이 다음 장에서 도입된다면, 덜 냉혹하게 들릴 것이다.

| 3장 |

1_나는 이 용어들을 복지의 역량(capacities for welfare)과 기능을 할 수 있는 역량(capacities to function)[이는, 아마르티아 센의 개념으로, '기능을 할 수 있는 역량'이란 제공되는 여러 서비스를 통해 자신의 필요를 충족할 수 있는 역량을 가리킨다] 모두를 포괄하기 위해 넓은 의미에서 상호 교환 가능하게 사용한다(Cohen 1989b, 918-919를 참조). 처음부터 혹은 나중에, 의도적으로나 비의도적으로, 외적인 재화와 수익력의 형태로든 아니면 신체적이고 정신적인 특질의 형태로든, 사람들에게 '주어져' 있는 것이 제한적이라는 사실을 강조하기 위해, 다른 사람들이라면, '자원'(resources), '기회'(opportunities), '역량'(capacities)으로 쓸 수도 있을 법한 것을 '부존 자산'(endowments)이라는 용어로 기술하기를 더 선호한다.

2_값비싼 취향을 가진다는 것과 어떤 것을 어쩔 수 없이 함, 다시 말해 그것을 제거할 역량을 소유하지 못함은 적절하게 구별되어야 한다. 이 구분은 뒤에서 그 중요성이 입증될 것이다.

3_마찬가지로, 우리는 폴리폴리스 주민들 n명 각각에게, 교환 가능한 몫의 형태로, 각자의 외적인 재화와 각자의 재능이 n분의 1로 주어지는 것을 상상할 수 있다.

4_우리는 문제를 다음과 같은 방식으로 모델화할 수 있을 것이다. 즉 어떤 사람들은 자신의 모든 여가를 사는 데 신경을 쓰지 않고, 오히려 자신의 여가 가운데 일부를, 그 여가를 가장 생산적인 용도에 할당할 다른 사람에게 내어 줄 것(혹은 그렇게 하려고 하는 기업에 그것을 파는 것)인데, 왜냐하면 그들은 어쨌든 그들이 그것을 구매했다면 그것을 가지고 했을 일을 정확히 할 것이기 때문이다.

5_혹은 대등하게, 저 자산들을 보유하게 된 사람들에게 100퍼센트의 세율로 과세하는 반면, 모든 이에게 모든 부존 자산들의 1인당 가치에 상응하는 보조금을 준다. Akerlof(1978)는, '선별적' 이전 제도가 음의 소득세 제도에 대해 갖는 몇 가지 장점들을 지적하지만, 여러 가지 전체적인 균형을 생각할 때 그런 선별적인 이전 제도가 유리할 것이라고 주장하지는 않는다.

6_재능이 동일했다면, 이런 난점은 발생하지 않았을 것이다. 왜냐하면 외적인 부존 자산의 평등에서 벗어날 하등의 이유가 없을 것이기 때문이다. 취향이 동일해도 그런 난점은 발생하지 않았을

것이다. 왜냐하면 양자 모두 노래가 아니라 경주하는 데 관심을 둔다면, 양자가 모두 무차별하다
고 느끼는 지점까지 훌륭한 주자가 훌륭한 가수를 보상해야 할 것이기 때문이다. 문제의 본질과
어떻게 그 문제가 다루어질 수 있는가에 대한 고전적 논의들은 Pazner & Schmeidler(1974),
Varian(1975, 152-153)에게서 발견할 수 있다. 선망부재의 기준이 만족되는 배분이 존재하는
일반적 조건들은 오늘날 철저히 규명되고 있다. 문헌에 대한 유용한 조망을 위해서는 Thomson
(1994), Fleurbaey(1994), Arnsperger(1994)를 참조.

7_물론 사람들의 암시적(implicit) 소득을 정의하는 준거가 되는 능력이 경매에 내놓을 것으로 예
  상되는 '일반적으로 인정된' 재능과 일치한다고 가정한다면 말이다. 이것은 Dworkin(1981b)
  에 대한 Varian(1985, 111-113)의 논의에서 당연한 것으로 간주된다. 그러나 어떤 이의 여가
  의 시장가격, 다시 말해 그녀의 현재 능력과 관련된 수익력은, 그녀의 재능과 관련된 수익력, 다
  시 말해 그녀에게 '주어져' 있는 그녀의 능력의 일부 혹은 측면과 관련된 수익력과 일반적으로 일
  치하지 않는다. 언뜻 보기에, 후자[능력의 일부 혹은 측면]는 전자[현재의 능력]보다 [수익력 면
  에서] 반드시 떨어지는 것처럼 보인다. 왜냐하면 후자는 오직 능력의 하위 집합 혹은 초기 단계
  와 관련된 것처럼 보이기 때문이다. 그러나 그 반대가 참인데, 왜냐하면 경매의 맥락에서 평등하
  게 되어야 하는 반사실적인 수익력은 개발되지 않은 채로 있는 사람들의 재능과 관련된 것이 아
  니라, 가장 생산적인 방식으로 개발되고 사용되는 동일한 재능과 관련된 수익력이기 때문이다.
  그녀의 내적인 부존 자산이 주어졌을 때, 평등하게 되어야 하는 것은 최대로 개발된 각인의 잠재
  력이다.

8_'그녀'와 '그녀의'는 — 여기서 다시 한 번 언급해 두자면 — 젠더와 관련이 없는 축약형으로 사용
  된다.

9_외로운 애와 아름다운 애는 여러 면에서 드워킨의 데보라 및 어니스트와 유사하다. 두 번째 반론
  [확장된 경매는 소득에 영향을 미치지 않는 재능의 차이를 무시한다는 비판]은 드워킨이 자신의
  제안[확장된 경매를 대체하는]을 제시하게 된 동기와 관련해서는 그다지 중요한 역할을 하지 않
  는다. 비록 드워킨이 (우리가 3장 4절에서 볼 것처럼) 장애를 다루기 위한 별도의 장치를 도입할
  필요가 있음을 알아냈다는 사실 속에서 그 반론의 타당성을 암묵적으로 인정하고 있지만 말이다.

10_드워킨은 내가 설득력이 약하다고 파악한 확장된 경매를 폐기하기 위한 세 개의 추가적 논증들
  을 제안한다. 먼저, 그는 "어떤 사람이 갖고 있는 부에서, 야심[소망]의 차이가 아니라 재능의
  차이에서 유래하는 요소를 식별할 수 있는 어떤 방법을 찾을 수" 없다고 지적한다(Dworkin
  1981b, 313[국역본, 172쪽]). 그러나 외적 자원의 경우에도, 이와 유사한 문제가 발생하지만,
  이 문제는 해결되는 것으로 추정된다. 사람들의 야심은 내적 자원뿐만 아니라 외적 자원을 미개
  발 상태로 내버려 두지 않으며, 부를 산출하기 위해 그것들 모두를 결합시킨다. 이로 인해 원칙
  적으로 반사실적 경매가 외적 자원이나 내적 자원에 대한 경쟁가격을 낳지 못하는 상황은 발생
  하지 않는다. 두 번째로, 드워킨은 "재능과 야심이 서로에 대해 행사하는 상호적인 영향력"(같
  은 책)을 강조한다. 그러나 유사하게, 당신의 야심은 경매에서 당신이 어떤 외적 자원에 입찰할
  것인지를 결정하는 반면, 당신이 실제로 소유한 외적 자원은 당신의 야심에 영향을 끼칠 것이다
  (당신은 당신이 상속받은 주택의 정원에 피어 있는 많은 꽃들 때문에 식물학자가 되기를 원할
  수도 있을 것이다). 분명히 [재능과 외적 자원 사이에는] 차이가 존재한다. 외적 자원과 다르게,

당신은 당시이 실제로 갖고 있는 재능을 가지지 않을 수 없다. 그러므로 다양한 자원에 입찰할 때, 당신의 재능이 없었다면, 당신의 선호가 무엇일 수 있었겠는가라고 묻는 것은 거의 무의미하다. 반면, 당신에게 실제로 분배된 외적 자원들을 고려 대상에서 제외하는 것은 어느 정도 의미가 있다. 그러나 이로 인해 경매가 재능에 적용될 수 없는 것은 아니다. 경매가 필요로 하는 것은 입찰자들의 선호가 주어졌을 때(사람들은 이런 선호를 현실 세계 안에서 그들이 소유한 내적 자원뿐만 아니라 외적 자원 때문에 부분적으로 소유한다), 다양한 종류의 재능들을 소유하고 사용하고 발전시킬 기회를 갖기 위해 입찰자들이 얼마나 많은 돈을 지불할 것인지를 말할 수 있어야 한다는 것이다. 세 번째, 외적 자원들에 대한 경매를 기술하는 한 가지 느슨한 방법은, 그것 [외적 자원에 대한 경매]을, 사람들에게 동일한 양의 저 자원들이 배분되었다면, 그들의 소득이 어떻게 되었을까에 대한 반사실적 규정으로 간주하는 것이다. 그러나 Dworkin(1981b, 314 [국역본, 173쪽])이 지적하듯이, 각 사람에게 반사실적으로 "생산에 대한 재능이 모두 동등했다면, 그가 소득이 얼마나 됐을까"를 결정하는 것은 불가능하다. 또 "모든 이가 동등한 비중을 가지고 성적으로 매력적인 역할을 맡을 수 있는 세계, 아마도 그런 영화는 [……] 존재하지 않을 것이다"라는 드워킨의 주장에 우리가 동의하지 않는다고 하더라도, 그런 세계에서 소득의 분배가 어떻게 될 것인지를 상상하려고 시도하는 것이 가망 없는 일이라는 점을 인정해야 한다. 그러나 (외적 자원과 내적 자원 모두에 대한) 경매에서 요구되는 것은, 모든 이가 (경매 이전이든 이후든) 각 자원의 동등한 양을 소유해야 한다는 것이 아니라, 각 자원에 대한 동등한 교섭권을 가져야 한다는 것이다. 반사실적인 장치는 여전히 대담한 것이지만 무의미한 것은 아니다. 반사실적 장치는 공교롭게도 Roemer(1982b)가 (외적 자원의) 자본주의적 착취와 (내적 자원의) 사회주의적 착취의 개념을 정의할 때(5장 7절을 참조) 준거가 된 것이다.

11_이것은 존 뢰머가 면밀히 비판했던 대상으로, 나는 이를 3장 부록 1에서 논의한다.

12_이는, 생계를 유지한다는 조건하에서 여가를 최대화하는 데 관심을 가진 위험 기피적인 사람들은 생계유지 수준을 초과하는 (수익력에 입각한) 보상 수준을 선택할 것임을 함축한다는 점에 주목하자. 그렇지 않고, 풍부한 재능이 있으면 훨씬 짧은 시간 밖에 일하지 않아 좋지만, 재능이 빈약하다면 생계를 유지하기 위해 거의 전업으로 일해야 할 것이다.

13_누군가는 드워킨이 여기서 불필요한 곤경에 빠졌다는 반론을 생각해 볼 수도 있을 것이다. 왜냐하면 두꺼운 베일의 보험제도가 가진 난점으로 그가 파악한 것에서 벗어나기 위해, 수익성 있는 재능이 결여된 사람에게만 협소하게 보상을 한정할 필요는 없기 때문이다. 호박을 구매하는 데 관심이 있는 어떤 사람이 있는지 여부를 사람들에게 말하게 하지 않고서도, 그들이 호박 재배를 좋아하며, 그 일을 능숙하게 할 수 있다는 것을 알게 할 수 있는 것과 마찬가지로, 사람들이 그들의 혓바닥을 감을 수 있으며, 그런 행동을 그들이 얼마나 많이 즐기는지를 알게 할 수 있지만 어느 정도로 이것이 그들이 속한 특정 공동체에서 힘, 명예, 애착의 원천을 구성하는지는 모르게 할 수 없을까? 여기서 요점은 자신의 재능(및 자신의 취향)에 대한 인식이 그것에 덧붙여지는 금전적 이득이나 비금전적인 이점을 담을 필요는 없다는 것이다. 불행히, 이 전략은 매우 멀리 나아가게 하지는 못한다. 왜냐하면 재능이 동반하는 비금전적인 이익을 제외하면 그 어떤 의미도 없는 수많은 재능 — 아마도, 아름다움, 매력, 재치 — 이 존재하기 때문이다(어느 누구도 당신이 재미있다는 것을 알아차리지 못한다면, 당신은 재미있는 사람일 수 있는가?) 그러므로 이

경우, 재능과 관련된 이익이 아니라 재능의 현존에 대한 인식만을 가정하는 것은 의미가 없다.

14_ Dworkin(1981b)에서 정식화된 것으로, 이는 평등에 관한 드워킨의 이후 저작들에서 변형되지도, 단서가 붙지도 않는다.

15_최소한 확실성의 세계에서는 그렇다. 반면, 불확실성하의 세계에서는, 영화 스타가 선망의 대상이 되었던 것은 운이 작용한 것이며, 따라서 [영화 스타가 다른 사람을] 선망하지 않을 것이라 믿을 구조적인 이유는 없다.

16_이를 통해 Sen(1984, 323)이 드워킨의 접근에 대한 중요한 비판으로 제시한 것에 대한 적절한 재구성이 이루어질 수도 있다. "자원을 역량으로 변환할 때 [발견되는] 사람들 간의 차이를 오직 어떤 사람들의 장애에 기인한 것으로만 파악하는 것은 문제의 일반적 성격을 과소평가하는 것이다. 이미 언급된 것처럼, 자원을 여러 가지 일을 할 역량으로 변환하는 방식은 우리의 신체 크기, 물질대사, 기질, 사회적 조건, 기타 등등에 의존하기 때문에 사람마다 그리고 공동체마다 실질적으로 다르며, 따라서 이를 무시하는 것은 도덕적 관심의 중요한 일반적인 차원을 놓치는 것이다." 드워킨에게 공정하기 위해, 역량의 평등에 대한 그의 관심이 장애에 대한 보상으로 귀착되지 않는다는 점을 인정해야 한다. 그러나 그는 그런 보상을 넘어설 정도까지, 돈을 버는 능력과 일치하지 않는 (센이 염두에 두는 그런 유형의) "일을 할" 능력을 완전히 무시함으로써, 편향된 방식으로 그렇게 한다.

17_만약 이것에 이의를 제기할 수 있다면, 여하한 형태의 소득세(정액세에 대립되는) — 적어도 처음 보기에는 그리고 가장 앞선 최선의 세계에서 — 에 대해서도 그럴 수 있다는 점에 주목하자. 왜냐하면 소득세는 상이한 취향에서 유래하는 상이한 행동 때문에 동일한 재능을 가진 사람들을 다르게 대우할 수밖에 없게 하기 때문이다. 만약 이 논점이 옳다면, 그것은 이전 장에서 개진된 주장에 가장 해로운 반론이 될 것이다. 소득세에 대한 금지는 지속 가능한 최고의 기본소득을 옹호하는 것과 모순될 것이기 때문이다. 이 논점은 다음 장에서 우리가 다루게 될 핵심 쟁점들 가운데 한 형태를 구성한다.

18_ Dworkin(1981b, 302[국역본, 158쪽])은 평균적인 복지 수준 미만으로 이끄는 취향에 대비한 보험을 고려하는 입장에 대해 강력한 반론을 편다. 즉 누군가가 자신의 취향을 고려 대상에서 제외한다면, 도대체 얼마나 많은 액수의 보험을 들을지를 어떻게 결정할 수 있겠는가?

19_좀 더 형식적으로, 그 제도는 Fleurbaey(1994, 4절)가 '엄격한 짝을 이루는 보상 시험'이라고 부른 것을 통과하지 못한다. 이 시험은 두 사람의 내적 부존 자산이 동일하다면, 그들이 동등한 외적 부존 자산을 받을 것을 요구한다. 기본적으로 동일한 반론을 다르게 정식화한 것은 Rakowski(1991, 135-137)에서 발견할 수 있다.

20_예를 들어, Fleurbaey(1994, 4절)는 방금 드워킨의 제안이 침해하는 엄격한 짝을 이루는 보상이라는 조건과, 동일한 선호 명세표를 가진 두 사람이 같은 수준의 복지를 성취할 것을 요구하는 '완전한 쌍을 이루는 보상'의 조건을 동시에 충족시킬 수 있는 기준이란 없음을 보여 준다. 이것은 흥미로운 결과이지만, 우리의 단호한 비복지주의적인 접근과는 무관한 결과다.

21_여기서 내적인 부존 자산은, 이제까지 쭉 그래 왔던 것처럼, 전 생애에 걸쳐 사람들이 [갖게 되는] 유전적 자질(genetic equipment) 및 환경에 힘입은 역량(혹은 그것의 결여)과 관련된 것

으로 이해해야 한다. 건강한 청소년의 부존 자산이 죽어가는 95세 노인의 부존 자산보다 우월하다고 말할 수 있는 것은 95세 노인의 내적인 부존 자산이 모든 측면에서 건강한 청소년의 내적인 부존 자산보다 더 나쁘기 때문이 아니다. 어떤 사람의 과거와 미래의 내적인 상황과 관련해 알려지거나 예측될 수 있는 것을 고려할 때 모든 이가 그녀의 일생의 부존 자산이 또 다른 사람의 일생의 부존 자산보다 더 나쁘다는 것을 알게 되는 경우에만 우월성은 발생한다. 물론 이것은 사고로 장애를 갖게 된 사람에게 갑자기 특별한 이전의 자격이 주어질 수도 있음을 함축하지만, 또한 우월성을 없애기 위해 필요한 이전의 양이 장애를 갖게 된 사람의 나이가 젊을수록 더 높아지리라는 것을 함축한다(이는 어떤 연령을 초과해 사회의 비용으로 어떤 사람을 계속 살아 있게 하거나 건강을 유지하게 하기 위해 고가의 기술을 사용하는 게 정당한지의 문제를 직접적으로 건드린다. [이로부터] 의료 기술의 이용 가능성과 비용 및 공동체의 취향 패턴(이것은 이전에는 장애가 아니었던 어떤 것을 '장애'로 변화시킬 수도 있고, 우월성을 철폐하기 위해 필요한 이전의 수준에 영향을 끼칠 수도 있다)에서의 변화에 비추어 평가가 수정되어야 한다는 논점이 추가적으로 따라 나온다. 이런 논평들은 2장 4절에서 착수됐던 광범위한 무상(혹은 거의 무상의) 건강보험 제도에 대한 실질적 자유지상주의적인 정당화를 보충해 준다. 거기서 윤곽이 그려진 (동등한 부존 자산의 가정하에서) 무지의 베일 접근과 (상이한 부존 자산을 가로지르는) 비우월적 다양성 간의 접합은 내가 여기서 할 수 있는 것보다 훨씬 더 명백히 설명될 필요가 있다. 연관된 광범위한 논의들에 대해서는, Rakowski(1991, ch.4, ch.6)를 참조. 그는 특히 비우월적 다양성이 건강 돌봄의 문제에서 지원을 위한 유일한 척도일 수 없다고 올바로 주장한다 (Rakowski 1991, 97).

22_그리하여 Ackerman(1980, 132)이 제안한 것과 반대로, "내가 당신보다 몇몇 좋은 일들을 더 잘할 역량을 가지고 있으며, 그 반대도 성립함"을 보여 주는 것을 통해, 우월성이 없다는 결론을 내리는 것은 일반적으로 불충분하다.

23_유전공학은 "금지될 수 있는 유일한 배아 분배가, 그 집합의 최소한 한 원소[구성원]가 유전적으로 그 집합의 최소한 하나의 또 다른 원소[구성원]보다 우월하도록 만드는 배아 분배"가 되게 하기 위해 추첨을 사용해야 한다. "따라서 시각 장애를 갖게 될 배아(a blind embryo)가 완벽하게 자유로운 세계에서 생겨나는 것이 완벽하게 가능하다 — 그런 배아가 세상을 공유하게 될 동료 시민들 각각 및 모두와 비우월적 다양성의 관계를 수립할 수 있게 하는 여타의 속성들을 가지는 한에서 말이다"(같은 책, 120).

24_심지어 이런 기준에 근거해서도, 장애와 장애로 규정되지 않는 재능의 결핍 사이의 경계는 어느 정도까지 기술적으로나 문화적으로 상대적이다(근시와 낮은 IQ는 다른 사회에서는 아니지만 어떤 사회에서는 장애로 간주될 수도 있다). 그러나 그 밑바탕에 깔린 구분은, Dworkin(1981b, 299; 316[국역본, 155; 175쪽])이 '일상적인 장애' 혹은 '대부분의 사람들이 일반적인 방식으로 그것에 대비해 보험에 가입하게 될 위험'에 대해 언급할 때 염두에 둔 것을, 그리고 그런 점에서 그의 복합 설계의 중심적인 구분 배후에 있는 직관을, 좀 더 정확하게 정식화한 것이다.

25_최소한 한 사람의 선호가 역전되는 것은, 상실된 역량을 되찾기 위해 이전급부가 사용되기 때문(말하자면, 눈 수술을 통해)일 수도 있지만, 반드시 그럴 필요는 없다. 여기서 제시된 접근은 이것이 함축하게 될 좁은 의미의 역량에 초점을 맞추지 않는다. 그러나 이 접근은, 이전이 복지 부

족에 대한 보상을 위해 요구되는 것이 아니라, 다른 사람들이 할 수 없는 최소한 한 가지 것을 사람들이 (가장 넓은 의미에서) 할 수 있게끔 하기 위해 요구된다는 의미에서 역량에 초점을 맞춘다.

26_차등적인 방식으로 지속적으로 재분배될 수 있는 최대한의 금액이, 일률적인 방식으로 지속적으로 재분배될 수 있는 최고의 금액과 같은 것일 필요는 없다는 점에 주목하자. 그것은 더 높을 수도 있는데, 왜냐하면 재능이 있는 사람에게 노동할 더 강한 유인을 제공하기 때문이다(그들에게는 게으르게 있을 선택지가 주어져 있지 않다). 또한 차등적인 방식으로 지속적으로 재분배될 수 있는 최대한의 금액은 기본소득의 더 큰 단순성과 좀 더 유연한 경제에 대한 기본소득의 기여로 인해 더 낮을 수도 있다. 선별적인 이전을 지지하는 효율성 논증과 그것을 반대하는 효율성 논증에 대해서는 Akerlof(1978), Van Parijs(1990)를 참조. 그리고 이와 밀접히 연관되어 있는 중요한 질문, 즉 무조건적인 최저소득보장안이 어떻게 브라질 같은 저개발 국가에서 이루어져야 하는가에 대해서는 Suplicy ed.(1992)를 참조.

27_나는, 예를 들어 아네슨이 한 것처럼(Arneson 1989, 89-90), 사랑스런 애가 그녀 자신의(공교롭게도 값비싼) 여가에 대한 취향을 가지고 있다는 사실에 대해 책임이 있다고 간주하는 것은 불공정하다고 논증함으로써 이런 가능성을 배제하는 선택을 하지 않는다. (이 절 앞의 가정을 고려할 때) 보는 것에 대한 취향을 가진 맹인과 대조적으로, 사랑스런 애를 외로운 애의 입장에 있는 사람들보다 더 나은 처지가 될 수 있게 해줄 최소한 하나의 이용 가능한 선호 명세표가 가정 상(by assumption) 존재한다. 그녀가 재능을 가지는 것은 '그녀의 실책'이 아니지만, 사람들이 그녀에게 제공한 가능성을 사용할 취향을 그녀가 갖지 않는 것은 '그녀의 실책'이다. 비우월적 다양성 기준이 사람들의 재능 부족에 의해 더 적은 소득을 사람들이 가지는 것과 전혀 모순되지 않는 것처럼, 그 기준은 재능에 힘입어 사람들이 더 적은 여가를 가지는 것과 전혀 모순되지 않는다. 그 기준이 배제하는 것 — 실로 배제하는 것에 해당하는 것 — 은 사람들의 재능이나 재능의 부재에 의해 더 적은 복지를 반드시(선택하는 이용 가능한 선호 명세표와 무관하게) 가져야 한다는 것이다.

28_이는 나에게는 Dworkin(1981b, 321[국역본, 181쪽])의 주요한 실천적 결론에 도달하는 좀 더 직접적이고 일반적인 길처럼 보인다. "위험에 대비해 선택되는 소득수준이 더 낮을수록, 대등한 조건에서 보험에 들 기회가 주어진 대부분의 사람들이 사실상 바로 그 [낮은] 수준에서 가입하리라는 논증은 더 설득력 있는 것이 된다. 내 생각에, 그 논증은 영국이나 미국에서 실업이나 최저임금에 대한 이전 지출을 작동시키기 위해 현재에 사용되는 소득수준을 [수익력이] 훨씬 상회하는 경우에는 설득력 있게 된다." 너무나 낮아서 누구라도 그것보다 더 높은 수익력을 가지는 것을 실제로 선호하게 되는 상황이 존재한다. 이런 상황에서 우리의 제도는 낮은 수익력을 가진 사람을 겨냥한 이전 제도의 재원을 조달하기 위해 기본소득이 아마도 0으로까지 축소될 것을 요구할 것이다. 이 접근은 '일상적인 장애'에 대한 보상이 정확히 같은 방식으로 도출되기 때문에 더 일반적이다.

29_이런 조건들의 특징에 대한 좀 더 엄격한 규정에 대해서는 3장 부록 2를 참조.

30_비우월적 다양성과 연관된 개념들 간의 관계에 대한 좀 더 형식적 논의에 대해서는 3장 부록 3을 참조. 그리고 통찰력 있는 공리적 논의에 대해서는 Fleurbaey(1994)를 참조.

31_그러므로 여기서 제안된 접근은 역량 집합들의 평가와 관련해 Sen(1985, ch.7; 1992, ch.5)

이 분석한 것의 특수한 하나의 사례로 간주될 수 있다. 여기서는 포괄적인 부존 자산과 연관된 역량 집합들에 대해 [집합들 간의] 비교가 곧장 이루어지는 것으로 가정된다. 그런데 이런 비교는 하나의 역량 집합, 다시 말해 이용 가능한 기능들의 집합의 가치가 그 최상의 원소의 값으로 환원될 수 있는가라는 물음을 우회하는 것에 해당한다(Sen 1985, 67-69). 다양한 사회 안에서 이런 비교가 종종 충돌한다는 점, 그렇기 때문에 우리의 절차가 단지 부분 정렬(partial ordering)만을 낳는다는 사실은 센의 견해를 곤란하게 하는 문제가 되지 않는다. 왜냐하면 "역량 집합을 완전히 정렬해야 할 의무란 없기" 때문이다. "두 사람의 이점을 비교할 때, 어느 쪽도 분명하게 다른 사람보다 더 혜택을 받지 않는다고 말하는 것이 완벽하게 가능하다." 교차점을 넘어서면, 부분 정렬은 '약간의 자의성을 대가로 해서만'(Sen 1985, 66-67; Sen 1992, 7; 133-134 역시 참조) 가능하다. 센의 접근과 여기서 제안되고 있는 접근 간의 근사성에 대한 추가적인 참고 자료로는, 특히 롤스와 센의 최근의 논의를 참조. 이 논의에서 "관련된 포괄적 학설들 각각의 견지에서 우월성에 근거를 둘 수 있는"(Sen 1990a, 119n.22; 1992, 84n.25) 역량 집합들의 부분적인 정렬화 가능성이 결정적인 역할을 수행하며, 가장 명시적으로, 이 장의 앞선 형태에 대한 그의 반론(Sen 1990b, 460-463)에서 결정적인 역할을 수행한다.

32_이것은 Ackerman(1980, 120)과의 불일치 지점처럼 보인다. 애커먼은 "지구상에서 함께 살게 될 동료 시민들 각각 및 모두와 비우월적 다양성을" 성취하는 데 관심을 가진다. 그러나 우리 모두가 이제부터 단일한 전 지구적 공동체의 일부라는 세계동포주의적인 가정을 그에게 귀속시킨다면 더 이상 불일치 지점은 존재하지 않게 된다.

33_나는 이 예를 Arneson(1992a, 5절)으로부터 차용한다.

34_이런 이유로, 그럴듯한 사실적 가정하에서, 비우월적 다양성에 대한 존중은 상이한 지역들 간에 생계비 차이에 둔감한 기본소득과 일치한다(2장 2절).

35_그리하여 이런 전략을 택하는 것은 비우월적 다양성의 기준을 공허하게 하지 않을 것이다. Rakowski(1991, 96-97)가 그의 비우월적 다양성에 대한 (너무나) 짧고 (너무나) 비우호적인 논의 속에서 제안한 바와는 반대로 말이다.

36_적어도, 다음과 같은 전제에서 그러하다. 즉 복지에 대한 평등한 기회를 정의할 수 있게 하는 준거가 되는 선호가 '접근할 수 없는 것'으로 간주되지 않는 경우 — 때로 아네슨(특히 Arneson 1992a, 5절을 참조)이 제안하듯이 — 그것을 채택하지 않은 유일한 이유가 "[우리의] 현재의 가치관에서 볼 때 [그것을] 채택하는 것이 합당하지 않을 것이라면". 이는 값비싼 취향 반론의 강한 판본을 재도입하게 할 것이다.

37_이 논증은 복지를 위한 평등한 기회의 일차원적 척도로부터 '이익에 대한 평등한 접근'이라는 다차원적 척도로의 이동을 주장하는 Cohen(1989b, 920-921)의 입장과 일치한다.

38_이것은 드워킨에 대한 Alexander & Schwarzchild(1987, 100-102)의 핵심 반론, 즉 필요와 욕구 사이에 '중립적' 구분은 없으며, 따라서 "중립성을 심각하게 고려하는 누구에게나, 장애, 갈망, 값비싼 취향은 서로 대등한 것"(Alexander & Schwarzchild 1987, 101)이라는 반론에 대한 적절한 응수처럼 보인다. 그들이 지적하듯이, 특정한 종교적 신념을 가진 어떤 사람이 앞을 못 보게 된 자신의 상황을 (장애가 아니라) 신의 은총의 징표로 여길 수도 있는 상황이 분명

히 추상적으로는 상상될 수 있다. 그러나 우월성을 평가하기 위해 고려되는 그 사회 안에서 실제로 (그리고 진짜로) 단언되는 좋은 삶(과 그것을 위해 필요한 것)에 대한 입장을 사용하는 것은 나에게는 이치에 맞는 일로 보인다. 왜냐하면 사람들이 그것에 대해 그럴듯하게 책임이 있다고 주장할 수 있는 선택에 대한 선호의 전 범위를 고려하는 것이 그 목표이기 때문이다.

39_이는 '기본적 역량의 평등'이라는 원리를 적용하는 것이 문화 의존적일 수밖에 없다는 센의 주장(가령 Sen 1980, 368)과, 재화 척도가 능력뿐만 아니라 '특정한 풍습의 사회적 수요'에서 나타나는 차이에 대해 둔감하다는 점을 근거로 센이 제기했던 재화 척도에 대한 불만(가령 Sen 1985, 28)을 우리의 기준이 얼마나 잘 수용할 수 있는지를 보여 준다.

40_원칙적으로, 고려되고 있는 선호 명세표의 전체집합이 거기서 재분배가 고려되고 있는 범위와 일치할 필요는 없다. 문화적으로 동질적이지 않은, 혹은 그 사회를 구성하는 문화적 전통을 가로지르는 충분한 양의 정보와 사람들에 의해 결속되지 않는 사회에서, 분배 정의의 문제가 진지하게 제기되어 왔고, 제기되어 올 수 있었다는 주장에 대해 나는 의구심을 가진다.

41_연관되지만 구분되는 — 그리고 나의 현재 목적을 위해서는 중요하지 않은 — 반론은 [여기서] 상정된 보상 수준이 정치적으로 비현실적이라는 것이다. 가령 Sen(1980)에 관한 Dworkin (1981b, 300-301)의 논의를 참조.

42_이 지점에 도달할 때 무조건적 소득의 수준이 이미 0으로까지 내려간다면, 이런 잠재적인 보편적 이득은 증세에 의해 발생되는 역유인에만 기인할 수 있을 것이다. 만약 그것이 없다면, 무조건적인 방식으로(다시 말해, 기본소득으로) 분배되는 이전이 관리하기가 더 쉽고 자신의 역량을 숨길 유인(가령 비자발적으로 실업 상태에 있거나 노동하기에 부적합한 척하기 위해)을 발생시키지 않으며, 따라서 노동유연성을 촉진하고 기업가 정신을 확산함으로써 경제적 효율성을 증가시킨다는 사실에서 기인할 수 있다(그러나 이전에 후주 26에서 언급한 대로, 차등화되지 않은 방식보다는 차등화된 방식 안에서 지속적으로 재분배할 많은 것이 존재할 수도 있다). 여기서 나는 비우월적 다양성이 당연히 (기본소득의 수준보다 더 적은 수준의) 정액세를 통해서뿐만 아니라, 소득세를 통해 추진될 수 있다고 본다. 왜냐하면 나는[비우월적 다양성의] 이런 추진이, 과세 표준을 원리적으로 한정함이 없이, 지속 가능한 최고 수준의 기본소득의 재원에서 자원을 전용하는 데서 성립한다고 보기 때문이다. 후주 17에서 이미 언급한 대로, 이것은 (동일한 재능을 가진 사람들에게 동등하지 않은 대우를 하는 것과 관련한) 드워킨에 대한 마지막 반론과 얼핏 봤을 때는 일치하지 않지만, 4장 전체에 걸쳐 우리가 다룰 중요한 문제를 제기하게 한다.

43_이런 두 단서들은 너무나 많은 것을 양보해, 장애인을 희생시키는가? 선별적 이전보다 오히려 기본소득의 형태로 자원을 받는 것은 장애인에게도 유리하다는 점을 상기하자. 자신의 내적인 부존 자산이 불충분하다는 이유로 받는 이전은 낙인이나 자존감에 대한 타격, 그리고 재능과 장애에 대한 불완전한 파악에서 기인하는 '장애의 함정'(disability trap)을 수반하는 경향이 있다. 이런 '장애의 함정'은 더 높은 기본소득을 통해 몇몇 조건적인 이전을 불필요하게 함으로써 부분적으로 제거된다.

44_이런 상황에서만 비우월적 다양성에 대한 관심으로부터 이끌어져 나오는 함축들이 애커먼이 끌어낸 함축들과 일치한다(Ackerman 1980, 268 n.2). 애커먼은 음의 소득세와 같은 보편적 제도는 '건강한 무산자들'에게 너무나 호의적이라는 이유로 반대한다. "전형적인 음의 소득세 안

에서 [이루어지는] 지원 수준보다 훨씬 후한 [부조] 수준을 심각한 장애를 가진 시민들에 한정해 줄 수 있는 복잡한 전략을 설계하는 것이 최상일 것이다." 이런 상황을 벗어났을 때, 정의의 원칙은 양 유형의 제도가 결합될 것을 요구한다고 나는 주장한다.

45_기본소득의 극대화는 비우월적 다양성이라는 제약 조건하에서 작동할 필요가 있기 때문에, 그런 제약 조건이 충족되는 것을 훨씬 더 수월하게 할 만한 다양한 정책들에 특별한 관심을 기울여야 한다. 보편적인 현물 공급(예방 의학과 같은), 장애인에 대한 특수한 현물 공급(말하자면, 대중교통에 대한 접근), 혹은 장애인이 될지도 모르는 사람들에 대한 특수한 현물 공급(가령 학습 부진아에 대한 특별한 교육적 지원), 특수한 필요를 가진 사람에 대한 요령 있고 효과적인 도움 정신의 장려는 단지 몇 가지 사례에 불과하다. 이것은 실질적 자유지상주의의 관점에서 경제적 효율성이 의료 서비스와 교육제도의 형성을 인도할 유일하게 중요한 고려 사항이 아님을 함축한다.

46_예를 들어, Grey(1973, 317-320)에 의해 논의된 이 논증은 내가 보기에는 하사니(Harsanyi)와 유사한 원초적 입장 공리주의에 대항해 최소극대화 원리를 가장 잘 옹호한 것이다. 롤스 자신은 최소극대화가 위험 아래 있거나 불확실성 아래 있는 모든 상황에 적절하다고 결코 주장하지 않았다고 강변한다(Rawls 1990, §28.1). "유일한 물음은, 매우 특별하고 실로 독특한 원초적 입장의 조건들을 고려할 때, 최소극대화 규칙이 당사자들이 심사숙고한 내용을 조직화하기 위해 사용할 만한 유용한 발견적 경험칙인지의 여부이다." 사람들이 그들의 숙련도의 변화에 대비해 보험을 들기를 원하는 경우와 "주사위가 이미 던져진 후, 각인이 평생 동안 높거나 낮은 숙련도로 있게 될" 경우를 대비할 때, 뢰머는 이미 이 논점의 위력을 거의 파악했음에 틀림없다(Roemer 1985b, 165).

47_단순성을 위해, 나는 우리가 확실성의 세계 안에 있다고 가정한다. [이 세계에서] 취향들이 주어져 있고, 각각의 부존 자산은 복지의 한 수준과 연관되어 있다. 만약 불확실한 사건들로 인해 이런 단순한 연관을 방해하는 것이 가능하게 되었다면, 가장 자연스러운 확장은 가능한 최악의 상황하에서 산출되었을 복지의 수준에 의해 각 부존 자산을 평가하는 것으로 이루어지게 될 것이다.

48_ Cohen(1989b, 4절)이 꼼꼼하게 보여 주었듯이, 드워킨의 경우, 그의 핵심적 구분이 능력 대 상황, 역량 대 선호, 선택 대 (맹목적) 운인지 여부와 관련해 항상 명료한 것은 아니다. 그러나 나는 그가 말한 바가 여기서 그 윤곽이 그려진 노선에 따라 일관되게 재구성될 수 있다고 생각한다.

49_ Alexander & Schwarzchild(1987, 3C) 역시 이와 유사하게, 드워킨에 대한 뢰머의 비판을 거부하는데, 이는 그 비판의 결정론적 전제들 때문이다.

| 4장 |

1_값비싼 취향에 대한 논의는 2장 6절과 3장 7절을 참조.

2_이하에서 계속 전개되는 중요한 반론의 핵심은 Steiner(1986)와 Cohen(1987)에 의해, 회피할 수 없는 방식으로, 정식화되었다. 양자는 Elster(1986, 719)가 제시한 중요한 윤리적 비난, 즉 "대부분의 노동자들이 그 제안[무조건적 기본소득]을 게으른 사람이 성실한 사람을 착취하는 것으로 간주할 것"이라는 비난에 대한 van der Veen & Van Parijs(1986b, 726-727)의 [논의와] 연관된 반론을 제기한다.

3_물론 오직 한 명의 게으른 사람과 한 명의 일에 미친 사람만 있다면, 이것은 사실이 아니다. 일에 미친 사람의 노동은 더 이상 보조금의 재원을 조달하지 못할 것이기 때문이다. 그러나 일에 미친 사람들이 많이 있다면, 이것은 타인의 선택을 주어진 것으로 받아들이는, 미친 사람들 가운데 임의의 한 사람에 대해서도 성립한다.

4_이 전략은 van der Veen & Van Parijs(1986b)에 대한 슈타이너-코헨의 비판에 대해 판 데르 페인 자신이 제시한 답변(van der Veen 1991, 204-207) 속에서 상정되었지만 결국 폐기된 전략이다. 외부성에 기반한 다소 약한 논증을 논외로 하면, 그 절대 수준을 희생시키고, 평균 소득[에 정비례하는] 비율로 기본소득을 극대화하는 '마르크스주의적' 기준을 정당화하기 위해서는 완전주의적 전제에 대한 의존이 훨씬 더 분명히 요구된다. 이 논점은 Van Parijs(1992, 17-21)과 Van Parijs(1993a, 195-198)에서 더 충분히 논의된다.

5_관련된 형식적 논의에 대해서는 Roemer(1989a, 특히 정리8)을 참조.

6_예룬 크네이프는 1993년 8월 11일 [사적인] 대화에서 실제 소득의 최소극대화가 일반적으로 기본소득 극대화와 다르다고 너무 성급하게 인정한 것에 대해 올바르게 나를 나무랐다. 풍족한 (opulent) 사회(3장 부록 2에서 제시한 전문적인 의미에서)에서, 이것은 당연한 것이 될 수 없다. 그러나 풍족한 사회에 못 미치는 사회에서, 적절하게 설계된 몇몇 조건적인 제도들은 더 높은 최저 소득을 낳으리라고 그럴듯하게 추측할 수 있다. 그러므로 그런 사회에서는 아래 제시된 논증들은 실행 가능한 최고의 기본소득에 대한 롤스적인 정당화를 제시할 필요가 있다. 반드시 조건적인 소득 보장 제도에 대한 완벽한 대체물로 제시할 필요는 없지만 말이다. 모든 이의 잠재 소득이 최소한 최저 생계 수준에 도달할 것을 요구하는 비우월적 다양성이라는 제약 조건(3장 5절)은 소득에 대한 관심과 여타 차원의 사회경제적인 이익들에 대한 관심 사이에서 균형을 잡는 방법을 암묵적으로 제공해 준다.

7_ 이런 노선에 따라 기본소득을 명백히 롤스적으로 정당화하는 가장 개략적인 방식부터 가장 발전된 방식까지는 Brittan(1988, 301), Van Parijs(1991a, §8.7), Byrne(1993, 2장)에서 볼 수 있다.

8_Rawls(1990, §51.3)를 참조, 강조는 롤스.

9_Musgrave(1974, 630, 632)를 참조. 위에서 논의되고 거부된 리처드 아네슨의 '복지를 위한 기회의 평등'은 머스그레이브의 '잠재적 복지의 평등'에 대한 정교한 변종으로 여겨진다.

10_ Rawls(1988, 257[국역본, 224쪽 각주 9]). 더 간결한 내용으로는, Rawls(1974, 654) 역시 참조. 이런 응답에 의지해서 롤스는 누구라도 그의 틀에서 제시될 만하다고 생각할 수 있는 또 다른 가능성을 폐기하고 있다. 그의 '공정성의 원리'(principle of fairness)는 각 개인이 정의로운 기본 구조의 규칙에 의해 정의된 대로 '각자의 본분을 다해야 한다는 것을' 요구한다

(Rawls 1971, 111-112[국역본, 164-165쪽]). 그러나 그런 책무(obligation)를 노동에 대한 책무로 해석하는 것은 차등의 원리의 초기 정식화 아래서는 완전히 임시변통적인 해석이 될 것이다. 이런 이유로 롤스는 제안된 [차등 원리에 대한] 재정식화에 대해 상당한 선호를 보인다.

11_이 장의 부록을 참조.

12_Lerner(1936)와 Lange(1937b, 143-144)를 참조. 좀 더 일반적인 형식적 분석에 대해서는 Suzumura(1987) 역시 참조.

13_부분적으로는 이런 난점들에 대한 어떤 해법도 끝없는 경합에 휘말릴 수밖에 없다는 점에서, 또 부분적으로는 규범적으로 유의미한 노동 개념과 소득 간의 조화를 크게 증진시키는 제도를 합당한 비용으로(자원과 자유 모두의 견지에서) 설계하는 것이 불가능하다는 점에서, 기본소득을 재치 있게 변론하는 데이비드 퍼디의 논의(Purdy 1990, §3)를 참조. '가장 덜 과도한 사회정책'으로 기본소득을 옹호하는 부분적으로 유사한 논증에 대해서는 Goodin(1992)을 참조.

14_이와 같이 롤스의 제안은 '각자에게 자신의 노동에 따라'라는 원리의 특히 강한 형태를 함축하는 것처럼 보인다. 롤스의 제안은 (최소극대화에 근거해 더 적은 것에 만족할 것을 요구할 수도 있는 경제적 유인 효과를 고려 대상에서 제외한다면) 사회 생산물 전체가 노동에 엄격히 비례해 분배될 것을 요구하기 때문이다. ['각자에게 자신의 노동의 따라'라는 원리의] 더 약한 형태는 이를테면 더 많은 일을 한 사람은 노동을 전혀 하지 않은 사람보다 더 높은 소득을 가져야 한다거나, 혹은 노동에 대한 보상은 노동(및 그것을 위한 훈련)에 관련된 노력을 노동자에게 정확히 보상할 것을 요구한다. 추가적인 논의를 위해서는 5장 6절을 참조.

15_다음 절에서 제시되는 전략은 내가 생각하기에는 유일하게 만족스러운 전략이다. 제임스 스터바는 '열심히 일하는 노동자'와 '무임승차자' 간의 갈등을 완화하려고 할 때 같은 문제와 씨름하고 있다(Sterba 1980, 20-21; 43-44). 그는 정상적인 생활비를 딱 만족시키는 수준의 무조건적 기본소득을 정당화한다. 그러나 그의(원초적 입장류의) 논증은 어떤 노동이 그 대가로 요구될 수 있다는 도전과, 충분히 부유한 사회에서 기본소득은 이런 단순한 최저 소득보다 정당하게 더 높을 수 있다는 주장 양자에 대해 이 결론을 충분히 보호하지 못한다.

16_혹은 드워킨의 우화의 틀(Dworkin 1981b, 283-290[국역본, 136-144쪽])에서 이주민 각자가 그 섬에서 발견된 자원들에 입찰하기 위해 받는 것은 동일한 양의 조개껍데기로 제공되는 소득이다. Dworkin(1981b, 304-306[국역본, 160-164쪽])에 따르면, "자원의 동등한 몫이 각인의 삶에 배정되어야 한다. …… 그러므로 그 공동체가 [열심히 일하는 사람의] 부를 말하자면 매년 말에 재분배한다면, 자원의 평등을 위반하게 될 것이다." 그러나 이런 주장은 기본소득의 재원을 조달하기 위해 열심히 일하는 노동자에게 과세하는 것과 완전히 양립 가능한 것이다. 만약 세금이 그녀의 노고가 가해진 외적 자원에 대한 지대를 초과하지 않는다면 말이다.

17_누군가가 이 같은 균형가격 혹은 지대를 결정하기 위해서는, 현 세대의 구성원들에 의해 특정한 자산에 대해 수행된 개선(가령 그 안에 탄광은 없지만 석탄이 발견되거나 석탄을 발견할 가능성이 있는 땅)을 고려 대상에서 제외해야 한다. 그러나 이런 균형가격 혹은 지대의 결정은 인접해 있는 자산(neighbouring assets)에 대해 현 세대가 수행하는 개선마저 고려 대상에서 제외할 것을 요구하지는 않는다. 원칙적으로, 임의의 자산의 가치를 결정하는 과정에서 모든 이의 계획

488

이 고려 대상이 되어야 한다.

18_일에 미친 사람들이 땅(이나 다른 여타의 희소 자원)을 필요로 하지 않는 세계에서, 양의 (positive) 기본소득은 실제로는 일에 미친 사람이 전적으로 노동한 생산물 일부에 대한 전유를 의미하게 될 것이다. 게으른 이의 기본소득은 그의 양의 부존 자산을 구성하게 될 것이다. 그러나 이 경우 일에 미친 사람은 그 기간 동안 음의 부존 자산(negative endowment)을 받을 것이다. 게으른 이와 그녀 자신의 기본소득의 재원을 조달하기 위해 과세된 소득이 그녀가 전유한 가치와 일치하지 않기 때문이다.

19_Dworkin(1981b, 306[국역본, 163쪽])을 참조. "물론 에이드리언(Adrian)[일에 미친 사람과 동류의 인물_저자]은 그의 고된 노동을 실제로 즐길 수도 있으며, 그래서 그는 [남을 위해] 희생하는 것이 아니다. 그는 다른 어떤 것보다도 고된 노동을 더 좋아한다. 그러나 이런 사실에 근거해, 자원의 평등에 따라, 그가 고된 노동을 싫어했을 때보다 그의 노동을 통해 돈이나 여타 재화를 더 적게 얻어야 한다는 논지의 주장을 끌어낼 수는 없다. 송로버섯보다 상추를 더 좋아한다고 해서 누군가가 상추에 낮은 가격을 매기는 것에 반대할 수 없는 것처럼 말이다. 그러나 일에 미친 사람들 모두가 열렬히 좋아하는 것이 소득이라기보다는 오히려 노동이라면, 또 주변에 일에 미친 사람들이 충분히 많이 존재한다면, 토지는 장난감(도구로 남아 있으면서도)으로 변할 것이며, 토지의 전유를 위한 경쟁은 아마도 일에 미친 사람들의 소득을 게으른 사람들의 소득보다 더 낮게 만들 수도 있을 것이다."

20_이것이 사실이라면, 우리는 힐렐 슈타이너(Steiner 1994, ch.8)가 토머스 페인(Paine 1796), 헨리 조지(George 1879), 레옹 왈라스(Walras 1896) 및 여타의 사람들의 [지적] 전통에서 개진한 입장, 곧 자연 자원의 경쟁적 지대에 대한 평등한 분배를 지지하는 입장을 고찰했을 것이다. 핵심이 되는 개념이 사람들의 (소위) 자연권에 대한 존중이 아니라 실질적 자유에 대한 관심일 때, 생산된 자산과 생산되지 않은 자산을 날카롭게 구분할 근거는 없다. 그러나 Steiner (1992, 83-86)는 (증여가 아니라) 유산(bequests)을 자연 자원에 포함시킴으로써 이 두 접근 간의 틈을 좁히려고 한다는 점에 주목하자.

21_그러므로 롤스의 전략이 게으른 사람과 일에 미친 사람의 상황이라는 특수한 맥락에서, 부와 소득에 여가를 추가함으로써 사회·경제적으로 이로운 것들의 목록을 수정하는 것이라면, 드워킨의 전략은 [분배의 대상이 되는 풀에서] 소득을 빼고 오직 부만을 남기는 것으로 이루어진다.

22_이런 유형의 정당화는, 이를테면 토머스 페인(Paine 1796, 620) — 그의 주요 근거(토지 공동 소유에 입각한)와 완전히 일치하지는 않는 — 과 프랑수아 위에(Huet 1853), 케사르 데 페페 (César De Paepe)(Cunliffe 1987 참조), 에드워드 벨라미(Bellamy 1888, 1897)에서부터 G. D. H. 콜(Cole 1935, 1944)과 티보르 리슈커(Liska 1990)에 이르는 사회주의적인 사상가들의 긴 계보에 의해 제시되어 왔다.

23_이 반론은 Schokkaert(1989), Dworkin(1991)을 통해 내게 제기되었다. 이런 반론이 제기하는 쟁점은 Rakowski(1991, 155-166)에 의해 상세히 논의되지만 매우 다른 각도에서 다루어진다.

24_구분되지만 이와 연관한 한 가지 반론은 다음과 같은 것이다. 어떤 사람들에게 이익이 되는 증

여와 유증의 대부분은 사람들의 활동에 대한 여타의 보상과 마찬가지의 것으로 간주될 수 있으며, 그래서 그녀의 부존 자산은 아니지만 그녀의 야망의 산물에 포함될 수 있다는 것이다. 나는 바로 이 유비에 의지해 반대로 노동 보상의 대부분이 (자기 소유를 향한) 증여로 취급되어야 하며, 따라서 그녀의 증여에 포함될 것이라고 주장할 것이다 나는 노동에 대한 보상의 상당 부분이 (자기 이익에 기반을 둔) 증여로 처리되어야 하며, 따라서 그의 부존 자산과 동일시되어야 한다고 주장하기 위해 역으로 이 유비에 의지할 것이다. 임금의 부존 자산 부분 이상의 것이 과세될 위험이 있다는 반론을 논박하기 위해 앞에서(4장 6절) 사용된 논증은 증여세나 상속세가 더 야심 있는 사람을 부당하게 대우한다는 유사한 반론을 논박하기 위해 여기서도 사용될 수 있다. 밑바탕에 깔린 쟁점에 대한 더 철저한 논의(와 상이한 견해)를 위해서는 Rakowski(1991, 7장)를 참조.

25_나는 기준에 대한 이와 같은 정교화가, Dworkin(1981b, 331[국역본, 193쪽])의 부수적인 제안, 곧 그가 자원에 적용되는 차등의 원리와 유사한 원리를 위해 엄격한 평등을 포기할 의향이 있다는 제안과 모순되지 않는다고 생각한다.

26_Daussun(1986)의 표 71과 표 95를 참조. 소득을 적게 신고하는 것은 물론 만연해 있다고 확실히 가정할 수 있다(전체 개인 재산은 GNP의 약 세 배일 것으로 추정된다. 기대 수명이 약 75세이고 기성세대에 부의 막대한 집중이 이루어질 때, 이는 인용된 3퍼센트보다 최소한 두 배 높은 증여와 유산으로 이어질 것이다). 그러나 이[과소 신고]는 전혀 중요하지 않은 것 같다. 재산 양도에 대한 과세율이 현재 수준보다 극적으로 높아졌다면, 소득을 적게 신고하는 일은 전례 없이 최고 수준에 도달했을 것이라 훨씬 더 확실하게 가정할 수 있기 때문이다. 다른 국가들은 프랑스보다 훨씬 더 안 좋게 작동한다. 예를 들어, 영국에서는 GNP의 0.20퍼센트의 양도세율을, 미국에서는(1984, 같은 자료의 표들) GNP의 0.17퍼센트의 세율을 나타낸다.

27_부자들만 일부러 관람하러 가는 공공 미술관은 아마도 좀 더 설득력 있는 예를 제공해 줄 수 있을 것이다.

28_예를 들어, 사회적 배당금을 옹호하는 G. D. H 콜의 여러 논의들(가령 Cole 1944, 306)에서는 상속된 자본보다는 오히려 상속된 기술에 강조점이 주어진다. 동일한 윤리적 직관은 또한 기본 소득에 대한 현대적 정당화 안에서도 등장한다. 전형적인 예에 대해서는 Duboin(1988)과 Oubridge(1990)를 참조.

29_다음 절에서, 나는 우리가 공통으로 상속받은 기술의 추가적인(그리고 큰) 부분을 찾아내고 포착할 수 있는 우회적인 방법을 옹호할 것이다.

30_이하의 논의에서, 나는 자본주의적인 맥락을 가정할 것이다. 나는 훨씬 뒤(6장 1절)에서 이 논의의 결론이 어떻게 사회주의적인 맥락에도 적용되는지 고찰할 것이다.

31_나는 5장 2절 이하에서 그리고 Van Parijs(1996a, §§1-3)에서는 더 상세하게 외부성과 외부성에 기반을 둔 무임승차에 의해 제기되는 문제로 되돌아간다.

32_미시 경제학적인 균형 실업 이론 일반과 특히 효율성 임금 이론에 대해서는 각각 Lindbeck & Snower(1985; 1988), Akerlof & Yellen(1986)을 참조. 내가 이어지는 글에서 주로 염두에 두게 될 것은 바로 이런 종류의 이론이다. 내부자-외부자 모델과 효율성 임금 모델은, 현재의

맥락에서, 노동시장을 노동시장 자체의 메커니즘에 맡겨 두었다면, 이 절에서 다루려는 부존 자산의 불평등이 사라졌을 것이라는 일반적인 주장을 반박하는 큰 이점이 있다. 특히 이 문제와 관련된 특수한 사례는 비우월적 다양성 원칙에 따라 요청되는 (자산 심사와 노동 연계형의) 최저소득보장제에 의해 발생되는 **비자발적** 실업을 포괄한다. 법정 최저임금이 없을 때조차도, 그런 상황에서 실업은 발생될 것이다. 사람들이 이 보장소득보다 적게 보수를 지불하는 일자리를 잡지 않을 것이기 때문이 아니라(그들은 보장소득의 조건성으로 말미암아 [일을 할] 수밖에 없을지도 모른다), 그들의 노동 동기가 너무나 미약해 고용주들이 그들을 채용할 가치가 있다고 생각하지 않을 것이기 때문이다. 이런 효율성 임금의 메커니즘 때문에, 조건적인 최저소득보장제도로부터 발생하는 실업은 대개 비자발적이며, 이로 인해 재분배의 대상이 되는 고용 지대를 발생시킨다. 반면 자발적 실업은 이런 함축을 갖지 않는다.

33_일자리는 정력적으로 [회사에] 지원하고, 일찍 일어나며, 줄을 서고, 기타 등등을 통해 사람들이 용케 달성한 어떤 것이라기보다는 오히려 사람들에게 주어진 자산인가? 이 점 때문에 당신의 일자리가 당신의 부존 자산의 일부가 될 수 없다면, 당신이 얼마 동안 호감을 얻는 데 시간을 들였던 이모로부터 상속받은 거대한 규모의 부동산 역시 당신의 부존 자산의 일부가 아닐 것이다. 나는 밑에서(4장 6절) 일자리 자산이 재분배되어야 한다는 발상의 실천이 어떻게 증여나 일자리의 지대 요소 이상의 것에 과세하는 것을 막을 수 있는지 보여 줄 것이다. 오늘날의 세계와 관련된 사회적 계급론과 일자리 자산 사이의 중요한 연관에 대한 추가 논의를 위해서는 Van Parijs(1993a, 6장) 역시 참조.

34_이런 일자리 바우처 제도는 드워킨의 경매에 기반을 둔 평등한 자원의 개념과는 독립적으로 Hamminga(1983; 1988; 1995)의 흥미로운 논문들에서 제안된 것이다.

35_여기서 사용될 것처럼, 지대 개념은 공급 부족 상태에 있는 자산의 전유와 외연이 같다. 지대 개념은 소비자 또는 생산자 잉여 개념보다 더 좁다. 마찬가지로 Schor & Bowles(1987, 584-585)의 고용 지대 개념은 일자리 부족의 정도를 측정하기 위한 의도로 고안된 것이다. 그것은 실업의 비용, 좀 더 정확히는 현재의 소득과 퇴직 이후의 예상 소득 간의 차이를 통해 경험적으로 추산된다(미래 소득과, 예상되는 실업 기간에 의해 가중치가 주어지는, 임금을 대체하는 사회복지 수당의 평균). 데이비드 고티에(David Gauthier)가 사용하는 지대 개념과 관련해, 지대 개념에 대한 좀 더 꼼꼼한 논의는 Mack(1992), Van Parijs(1995a, §§5-6)를 참조.

36_매우 다양한 메커니즘들이 가능하다. 어떤 것들은 좀 더 우연적이고(가령 노동시간 단위가 아니라 노동자 단위로 계산되는 사회보장 적립금), 어떤 것들은 좀 더 본질적이다(고용, 훈련, 해고 비용, 병목의 위험과 연관된). 이런 메커니즘들은 그런 부정적인 영향을 설명해 줄 수도 있다. Van Parijs(1991b)에서 나는 이런 메커니즘들 가운데 가장 중요한 것이라고 생각하는 것을 논의한다.

37_이것은 비자발적인 실업자를 자발적인 실업자로 바꾸는 것과 같지는 **않다**. 즉 매수의 효과 가운데 하나는 고용된 사람들 가운데 일부가 육아 휴직이나 안식년 휴직을 하거나 조기 퇴직을 하게 유도할 수 있으며, 이를 통해 비자발적인 실업자들이 몇몇 일자리들에 접근할 수 있게 하는 것이다.

38_이 두 번째 전제는 도전을 받을 수 있다. 예를 들어, 다양한 이유들(직장 내 연수의 비용, 효율성

임금 논증 등등)이 평균 생산성에 악영향을 끼치는 새로운 일자리 창출에 기여할 수도 있다. 노동자들의 순소득이 기본소득 전략보다는 고용주 매수 전략 아래서 더 낮아지는 것과 같은 방식으로 말이다. 그러나 나는 여기서 임금 보조금과 선별적 보조금의 분배 모두 기본소득의 도입보다 완전고용에 이르는 더 '저렴한' 길이라는 내가 덜 선호할 만한 가정을 하고 있다.

39_이런 직관은 Meade(1984, 140)의 주장 밑바탕에 깔린 직관과 유사하다. 이런 직관 속에서 미드는 "구직자 모두에게 고용 기회를 제공하기 위해 실질 임금률를 필요한 정도로 낮추지만, 이것을 직·간접적으로 로봇, 컴퓨터, 테이프에서 벌어들인 이윤, 사실상 이윤 일반에 대한 공정한 몫을 모든 이가 누리도록 보장하는 재정 제도 및 여타의 제도와 결합시키는 것을 가능하게 해줄 임금 결정 제도를 고안하려고 시도한다." 이와 동일한 정당화 방식은 그가 제안하는 사회적 배당금(Meade 1989; 1993)에 대한 좀 더 최근의 논의들에도 건재해 있다.

40_다시 말해, 해고 노동자에 대한 배상 없이는 효력을 상실하게 되는 채권을 발행함으로써 사전적인 지대의 제거(이것은 사람들이 일자리에 대해 지불할 의향이 있는 가격에 반영되며, 따라서 분배 정의에 중요하다)를 사후적인 지대의 보존(이것은 허가가 되는 것으로 여겨지며 따라서 노동 노력에 영향을 끼친다)과 결합하는 것이 가능하다. 이 같은 가능성은 새뮤얼 보울스가 내게 지적한 것이다.

41_더욱이 실질적 자유의 축차적인 최소극대화에 대한 우리의 관심으로 인해 우리는 이 전체적인 제도[기본소득에 따라 고용 지대를 분배하는 제도]에 대한 거부에 이르지 않는가? 높은 가치를 인정받는 일자리에서 해고된 노동자의 외적 순부존 자산은 다른 어느 누구의 그것보다도 훨씬 더 낮을 것이다. 그것은 심지어 음의 수준일 수도 있다(일자리에 대해, 아마도 신용에 근거해, 지불되는 가격은 그 사람의 기본소득과 다른 외적 자산에서 나오는 소득수준을 쉽게 추월할 수도 있을 것이다).

42_적어도, 이윤을 극대화하는 조치들의 패키지로부터의 이탈이 재앙적 결과를 낳지 않는다는 조건하에서 그러하다. 나는 현대적인 조건에서 이윤율 제약 조건이 수행하는 결정적인 역할의 문제로 되돌아갈 것이다(6장 7절).

43_이 논증들은 Van Parijs(1990)에서 검토된다. 6장 7절 역시 참조.

44_가령 Stiglitz(1987), Bowles & Gintis(1988)을 참조.

45_이것은 드워킨이 암묵적으로 채택한 견해다(Dworkin 1981b). 드워킨은 내적 자원과 일자리에 기반을 둔 자원을 구분하지 않는다. 자신의 보상 제도를 '불완전고용 보험'(Dworkin 1981b 314)이라고 부름으로써, 드워킨은 일자리와 재능이 같은 방식으로 다루어져야 한다는 점을 강하게 암시한다. 3장에서 나는 재능을 '균등하게' 하자는 드워킨의 제안에 반대해 비우월적 다양성 기준을 지지했다. 그러나 재능을 적절히 '균등화'한다고 여겨지는 원리가 왜 일자리 자산을 '균등화'하기 위해 사용되어서는 안 되는가라는 물음은 여전히 남아 있다.

46_이 정의에 대한 논의와 정교화에 대해서는 가령 Lindbeck & Snower(1985)를 참조.

47_이것이 교육 수준과 실업률 간의 강한 실제적 상관관계에 대한 꽤 정확하고 정형화된 표상이다[몇몇 주목할 만한 수치들에 대해서는 Rees(1986)을 참조]. 물론 교육 수준은 유전적 재능을 직접 반영하지 않는다. 그러나 우리의 내적 부존 자산 개념이 어떤 사람에게 본성적으로나, 가

족적·사회적 배경을 통해 주어진 이전 불가능한 소양(equipment)의 어떤 측면을 포괄한다는 점을 잊지 말자. 분명히 교육 수준은 이런 넓은 의미에서 재능에 의해 상당히 영향을 받는다. 왜 우리가 이것이 사실이라고 기대해야 하는가에 대한 하나의 흥미로운 설명에 대해서는 Akerlof(1981)의 댐 건설 부지로서의 일자리 논증을 참조. 이 논증은, 몇몇 그럴듯한 조건들하에서, 더 많은 재능이 있는 노동을 소진시키는 반면, 높은 임금격차에도 불구하고, 몇몇 재능이 없는 노동은 사용하지 않은 채로 내버려 두는 것이 기업에 이익이 된다는 점을 보여 준다. 사실, 몇몇 더 재능 있는 노동을 이용할 수 있는 한, 능력을 덜 갖춘 노동자들 일부는, 그들의 순생산성이 양인 경우에도, 더 유능한 노동자가 조달 가능한 한, 양의 임금률에서도, 미고용 상태에 있을지도 모른다.

48_나는 이 곤혹스러운 반론을 에릭 쇼크케르트(Eric Schokkaert)에게 빚지고 있다.

49_피고용인이 자신의 고용주와 함께 작업하는 것은 고용주가 자신의 피고용인과 함께 작업하는 것과 같지 않다. 그러나 여성이 남성과 함께 사는 것은 남성이 여성과 함께 사는 것과 같은 것인가?(확실히 게이 파트너들에게 경매는 개념적으로조차 부적절해 보인다!).

50_상속된 기술이나 생산적 자본보다는 오히려 회소성이 일자리 자산의 재분배를 위한 핵심 기준을 제공해 준다는 사실은 기술 진보와 자본축적이 무관함을 의미하지는 않는다. 일자리 부족은 혁신과 축적이 그 일자리를 점점 더 많이 보상하게끔 하기 때문에 일자리의 수, 사람들의 수, 취향, 실업자들의 조건이 변하지 않는다 해도 일어날 수 있다.

| 5장 |

1_애초에 '착취'라는 용어는 강한 규범적 의미를 갖고 있었다. 따라서 우리는 영향력 있던 『생시몽의 학설』(*Dontrine de Saint-Simon*)(생시몽의 제자들에 의해 1830년에 그들의 잡지인 『조직자』(*L'Orgnisateur*)에 게재되었다)에서 다음과 같은 내용을 읽게 된다. "요즘 전체 노동력은 그 노동력을 사용하는 것을 재산으로 가지고 있는 사람들에 의해 착취받고 있다. 경영자들은 소유자들과의 관계 속에서 이 같은 착취에 종속되지만, 비교적 더 적은 정도로 그러하다. 그들은 또한 전적으로 노동자들에게만 그 무게가 전가되는 착취의 특권에 참가한다"(Ansart 1984, 34에서 재인용). 마르크스 자신이 자본주의를 도덕적으로 비난하기 위해 착취 개념을 사용했는지 여부, 또한 그가 어떤 형태의 윤리적 판단에 연루되어 있는지 여부는, 내가 개입할 의도가 전혀 없으며 다행히 개입할 필요도 없는 해석상의 쟁점들이다. 이 쟁점들에 관한 방대한 문헌들의 유용한 개관을 위해서는 Geras(1984), Lukes(1985), Peffer(1990)를 참조.

2_이 같은 방향의 논의에 대해서는, 가령 Cohen(1983c, 444-445), Reiman(1989, 299)을 참조.

3_이것은 자연 자원에 대한 과잉 착취가 사회경제적인 체제에 대한 평가와 무관하다고 말하는 것이 아니며(그것은 사실상 이미 2장 3절에서 논의되었다), 다른 종의 구성원들에 대한 우리의 대우가 중요한 윤리적 쟁점들을 제기하지 않는다고 말하는 것도 아니다. 그러나 후자는 '인간에 의한 인간의 착취'와는 거의 관련이 없고, 모든 자유주의적인 정의관에 똑같은 방식으로 적용되는 폭

넓은 쟁점들의 집합에 속하기에 여기서는 논의되지 않을 것이다.

4_Giordan(1978)이 탐구한 다양한 형태의 '소비자 착취'에서 이윤 추구 동기를 지닌 조직들이 '착취하는' 것은 '우리의 정서', 우리의 '필요와 욕구', 우리의 '불확실성' 등이다. 어떤 이를 착취한다는 것은 거의 항상 어떤 사람의 노동으로부터 파생되는 이익과 관련된다.

5_자신의 착취의 정의에 대한 일련의 반례들이 저지될 수 있으려면, 노동조건과 편익 조건이 부과되어야 한다는 점을 뢰머는 명시적으로 인정한다(Roemer 1989b, 260; 265). 뢰머는 착취에 대한 자신의 정의 안에, 착취자들이 착취당하는 이의 '노동을 통해 이익을 얻어'야 한다는 요구 조건을 포함시킨다.

6_그것이 정의될 수 있을 때, 잉여생산물의 노동 가치는 잉여가치라고 부른다. 또한 착취는 이때 잉여가치의 생산으로 정의될 수 있을 것이다. 그러나 이 단계에서 가치 개념을 도입할 필요는 없다 (5장 5절을 참조). 잉여생산물에 의거한, 착취에 대한 좀 더 일반적인 정의는, 우리가 검토하고 있는 단순한 세계에서 잉여가치 정의가 하는 역할을 모두 할 수 있다.

7_엄밀히 말해, 착취에 대한 마르크스의 가장 명시적인 정의는 착취를 잉여의 생산과 외연이 같은 것으로 만든다(Marx 1867, 230-232). '필요노동시간에 대한 잉여노동시간의 비율'은 '자본에 의한 노동의 착취 혹은 자본가에 의한 노동자의 착취 비율의 직접적이고 정밀한 표현'이라고 마르크스는 말한다. 필요노동시간은, '노동자들이 자신들의 [생존] 유지와 연속적인 재생산을 위해 요구되는 생계 수단들을 얻는' 시간으로 정의되고, 잉여노동시간은 총노동시간과 필요노동시간 사이의 차이로 정의된다. 임금이 최저 생활에 필요한 수준을 초과하지 않는 한, 이 정의는 완벽하게 의미가 있다. 그러나 일단 임금이 최저 생활에 필요한 수준을 초과하면 — 이것은 노동력 가치를 우연히 그 수준일 뿐인 실제 임금에 의해 동어반복적으로 정의하지 않는 사람이라면 누구나 생각할 수 있는 가능성이다 — 그것은 불합리한 귀결로 이끈다. 즉 노동자들은 잉여가 노동자들 자신들에 의해 완전히 소비되든 아니면 자본가들에 의해 완전히 소비되든 정확히 같은 정도로 착취당한다. 마르크스(같은 책, 556)는 다른 곳에서 잉여노동을 부불 노동이라고 부를 수 있으며, 지불 노동에 대한 부불 노동의 비율이 필요노동시간에 대한 잉여노동시간의 비율의 '통속적 표현'으로 간주될 수 있다고 주장한다. 그런데 이런 주장은 노동자가 필요로 하는 것과 그가 얻는 것이 불일치하는 경우, 그가 얻는 것만이 착취에 대한 평가와 관련된다는 점을 강하게 시사한다. 물론 이 같은 좀 더 좁은 정의[잉여노동은 곧 부불 노동이라는 정의]는 여러 문헌들에서 거의 보편적으로 등장하는 것이다.

8_이 견해는 착취율과 임금에 대한 이윤의 비율 사이에 표준적으로 확립된 밀접한 연관에서 당연한 것으로 받아들여진다. 아무리 큰 이윤의 몫이 축적되더라도, 모든 이윤은 착취율의 분자에 들어간다. 이런 연관 없이, 모리시마(Morishima 1973, 53-54)의 '기본 마르크스주의 공리'는 실패할 것이며, 착취율의 대용물로 축적률을 사용하는 것은 완전히 무의미하게 될 것이다[가령 A. Buchanan(1979, 135-136)이 제안하는 바]. 이 선택은 그러나 만장일치의 선택이 아니다. 따라서 von Weizsäcker(1973, 252-253; 261-264)와 Elster(1985, 177-179)는 자본가들의 현재의 소비를 위해서나 혹은 그들의 미래의 소비를 증진하기 위한 잉여의 사용으로 착취를 제한한다.

9_이 경우, 잉여생산물을 소비하는 사람은 단지 착취의 수혜자다. 다른 경우, 이를테면 누군가의 힘

에 종속되어 있기 때문에 내가 전유한 것 가운데 일부를 포기하는 경우(말하자면, 세금을 징수하는 폭군), 그 수익자들은 공동 착취자들(joint exploiters)이거나, 혹은 만약 그[군주]가 나에게 잉여생산물을 전혀 남겨 주지 않는다면 [그는]] 유일한 착취자다.

10_이런 의미에서, 예를 들면 Terray(1985, 20)처럼, 착취의 핵심 기준은 자본가가 어떤 사물을 소비하느냐의 여부가 아니라 잉여가 "[노동자의_저자] 의지에 따라 사용되느냐"의 여부라고 말하는 건 옳다. 그러나 만약 노동자 자신들도 적합하다고 간주하는 방식으로 자본가들이 잉여를 사용할 것이라는 점을 노동자가 알고 있기 때문에, 잉여를 어떻게 사용할지 자본가들이 결정할 수 있게 한다면 어떻게 될까? 사회민주주의를 노동자 유권자 다수가 생산물 전체를 전유할 수 있는 체제로 보는 것은 불합리하지 않을 수도 있지만, 노동자들의 미래의 소비를 위한 잠재력을 효율적으로 확장하기 위해 생산물을 사용할 것이라는 가정하에, 자본가들에게 그중 일부를 남겨 두는 것이 편리하다는 것을 발견할 수도 있다(Przeworski 1986, 5장을 참조). 나는 6장 7절에서 이 해석으로 돌아갈 것이다.

11_이런 이유로 착취는, 비록 본질적으로 분배적인 개념이라고 하더라도, 순수하게 분배적인 개념은 아니다. 즉 우리의 감자의 예에서 착취가 존재하려면, 단순하게, 노동자들과 비노동자들 사이에서 벌어지는 순생산물의 분배나 생산으로부터 이끌어 낸 편익의 분배로부터 [착취를] 읽어낼 수 없고, '추출' 메커니즘이 작동해야만 한다. 순수하게 분배적이지 않은 착취의 본성을 규정하는, 내가 보기에 덜 일반적인, 대안적 방식은 Carling(1984, 9-10)에 의해 에 의해 제안되었는데, 그는 이를 '도덕 사회학' 혹은 어떤 종류의 개인이 착취자이거나 피착취자일 수 있는지 결정하는 규범에 입각해 그러했다.

12_이런 상황들을 착취로부터 자유롭게 하기 위해 Roemer(1989b, 258-259, 265)는 소비 외부성의 부재를 요구한다. 즉 병약자는 사회의 나머지를 착취하지 않는다. "왜냐하면 병약자의 복지는 사회의 나머지의 효용 함수에 포함되기 때문이다." 그러나 이런 제안은 [소비 외부성에 포함되지 않은 사례들을 모두 배제할 만큼] 충분히 제한적이지 않다. Sen(1977, 95-97)의 고전적 구분을 사용하면, 만약 이타적인 이전이 '동정'보다는 오히려 '헌신'(commitment)으로부터 나온 것이라면, 진심 어린 선물은 어떤 소비 외부성도 수반하지 않는다. 그리고 뢰머의 제안은 또한 뢰머가 배제하고 싶어 하는 것이라고 내가 추측하는 것보다 훨씬 더 많은 것을 배제한다. 즉 무임승차라는 표제어 이하에서 논의할 것은 전형적으로 소비 외부성에 의존한다.

13_이 때문에 나는 Hospers(1971, 236)와 같은 자유지상주의자가 추천하는 용어를 일부러 피할 것이다. 그는 착취를 강제적인 경우로 국한시키고 싶어 한다. 즉 "한편으로 약탈 대상을 찾아다니는 갱(혹은 정부)에 의한 절도와 다른 한편으로 자유 시장에서의 고용조건을 포괄하기 위해 '착취'라는 동일한 단어를 사용하는 것은 의미론적 엉성함에 빠지는 것 이상의 것이다. 그것은 사실에 대한 잘못된 묘사로 사람들을 오도하는 단어를 일부러 사용하는 것이다." 반대로, 그렇지만 대칭적인 이유들로, Elster(1983, 1절)는 (강제적이지 않은) 착취를 (강제적인) 착취와 대비할 것을 제안했다. 이후에 그는 여기서 채택된 더 넓은 정의를 위해 이 제안을 폐기했다(Elster 1985, 167-168). Steiner(1984)의 '자유주의적인' 착취관은 호스퍼스와 (초기) 엘스터의 착취관의 복잡한 합성물이다. 착취적 거래 자체는 비강제적이라 해도, 그런 거래를 상호 이익이 되게 하는 상황들은 강제(전형적으로 피착취자와 제3자 간의 거래의 방지를 통해)에 의

해 영향을 받았음이 틀림없다.

14_강제에 대한 이전의 논의에서 지적했듯이(1장 6절), 봉건적 착취를 강제적인(혹은 기회집합을 제한하는) 것으로, 자본주의적 착취를 강제적이지 않은(혹은 기회집합을 확장하는) 것으로 그 특징을 규정할 때 우리는 주의해야 한다. 기회집합들의 수축과 팽창은 항상 소유권이라는 배경과 관련되어 있다. 일반적인 승진을 방해하지 않는 대가로 요청되는 (강압적인) 성적인 접대와 특별한 승진을 승인하는 대가로 요청되는 (강압적이지 않은) 성적인 접대에 대한 Elster (1982a, 365)의 검토에서조차도, Carling(1984, 18-21)이 강조하듯이, 그 구분은 특별한 승진이 아니라 일반적인 승진에 대한 권리의 선재에 달려 있다. 그러나 이것이 사실이라면, 봉건적 착취는 강압적이지 않은 것으로 간주되어야 하지 않은가? 관련된 소유권 제도에서, 부역을 수행할 의무는 땅을 경작할 권리와 분리 불가능하며, (영주와 그의 병사들에 의한) 이런 의무의 집행은 봉건적 착취를 (법원과 경찰에 의한) 자본주의적인 계약의 집행보다 더 억압적으로 만들지 않는다. 그 구분을 유효하게 하는 유일한 방법은 자기 소유권에 대한 초역사적인(trans-histor-ical) 권리를 가정하는 것이다. 이런 초역사적 권리는 농노의 토지에 대한 결박에 의해 침해되지만 일자리를 떠날 자본주의하의 노동자의 권리에 의해서는 존중받는다.

15_그러므로 나는 착취를 해를 줌으로써 이익을 취득하는 것으로 정의한 데이비드 프리드먼(Friedman 1973, 61)의 정의와, 고티에(Gauthier 1986, 11)에 의한 그 정의의 흥미로운 확장 역시 거부하며, 나의 목적을 위해 거부할 필요가 있다. 동료들에 대한 관심[배려]은, 그들에 대한 동료의식이 없었다면 비용이 많이 들었을 제도들과 관행들을 사람들이 묵인하게 한다면 착취의 원천이 된다. 페미니즘적인 사유는 이것 — 아마도 인간 착취의 핵심 형태 — 을 우리에게 분명하게 드러나게 해주었다. 추가적인 논의를 위해서는 Hampton(1991) 역시 참조. 곧 분명해지겠지만, 나는 감정이 착취의 원천일 수 있는 가능성을 배제하지 않는다. 하지만 우리가 필요로 하는 착취 개념에서 핵심적인 것은 착취당하는 이가 해를 당하는 경우로 착취가 국한되어서는 안 된다는 점이다.

16_이런 입장은 명시적으로 이를테면 Roemer(1989, 261)에 의해 공유된다. 즉 "경제적 행위자들은, 그들이 착취 관계에 대한 실행 가능한 대안을 갖는다고 하더라도, 착취당할 수 있다." 이런 의미에서, 강요[강제]를 요구하는 착취에 대한 규정은 이를테면 Glyn(1979, 335), Arneson (1981, 213), Wood(1981, 232), van der Veen(1984, 118), Smith(1985) 등등에 의해 함축되거나 제안된다.

17_실질적인 기본소득의 지지자들이, 실질적 기본소득이 정의상 착취를 폐지할 것이라는 식으로 착취를 정의하지 않고서도, 기본소득을 착취에 저항하는 투쟁의 일부로 옹호하는 것은 완벽하게 가능하다는 점에 주목하자. Jordan(1985, 13)을 참조. "모든 시민들에게 넉넉한 무조건적 보장소득을 제공하는 기본소득 제도는 현존하는 체계 안에 존재하는 주요한 착취의 형태에 저항하는 새로운 방어막이다. …… 그것은 …… 모든 종류의 착취에 저항하는 투쟁의 새로운 전진을 위한 발판을 제공해 준다."

18_가령 Arneson(1981, 224) 참조. "착취는 대략 당신에 대한 통제권을 가진 누군가에 의해 이익을 취득당함의 문제이다." 이 견해는 가령 Tucker(1963, 322), Wood(1972, 281-282), Hodgson(1980, 263-267), Reiman(1989)으로 대변되는 착취에 대한 설명과 선명하게 구

별된다. 이런 설명은 착취를, 생산과정 안에서의 지배나 통제로 이해되는 권력의 문제로 만든다. 만약 내가 당신이 재배한 감자 가운데 일부를 가진다는 조건으로 내 토지에서 당신이 일하게 내버려 둔다면, 논의되는 견해에 따르면 나는 당신을 착취한다. 비록 내가 당신이 생산하기로 택한 방식에 개입하기를 삼간다고 하더라도 말이다. 즉 당신은 어떤 기술을 사용할지, 어느 정도의 간격으로 일을 할 것인지, 당신이 다른 누군가와 일할 것인지를 결정한다. 이 견해는 마르크스 자신의 고전적인 착취율 혹은 착취의 범위에 대한 정식화와 완벽하게 일관된 것이며(Marx 1867, 232), 혹은 지대 소득자와 이자 소득자는, 단지 자본주의적인 기업가만이 아니라, 착취자라는 그의 명시적 인식과 완벽하게 일관된 것이다(가령 Marx 1894, 594; 829 참조). 그러므로 마르크스적인 착취가 제로 금리 제도로부터의 일탈일 뿐이며 작업장 안이나 밖의 소유관계나 권력관계와 무관하다는 불평은 반만 맞을 뿐이다.

19_가령 통찰력 있는 분석에 대해서는 M. Taylor(1982, 1-2절)를 참조.

20_마르크스주의 전통에서, 착취는 흔히 이런 단일한 권력 기반을 준거로 정의된다. 그래서 이를테면 Kolakowski(1978, 333)는 다음처럼 쓰고 있다. "착취는 사회가 잉여 생산의 사용에 대한 통제권을 갖지 못한다는 사실, 그리고 잉여생산물의 분배가 생산수단에 대한 사용을 결정할 배타적 권력을 가진 사람들의 수중에 있다는 사실에서 성립한다." 또한 Hodgson(1980, 268)은 다음처럼 쓴다. "수탈은 생산수단을 소유한 계급에 의한 잉여생산물의 전유이다."

21_"자본가는 노동자들에게 '수당'을 지불했다고 사람들은 말한다. 정확하게 표현하려면, 자본가는 매일 노동자들을 고용할 때마다 그날의 '일당'을 지불했다고 말해야 한다. 이것은 결코 같은 말이 아니다. 왜냐하면 노동자들의 협동과 조화, 그들 노력의 집중과 동시성에서 나오는 이 거대한 힘에 대해 자본가는 아무것도 지불하지 않기 때문이다. 2백 명의 정예병들이 몇 시간 만에 룩소르의 오벨리스크를 단단한 지반 위에 세웠다. 한 사람이 2백 시간 안에 같은 일을 해낼 수 있다고 당신은 생각하는가? 그런데도 자본가의 셈법으로는 임금의 액수가 같다는 말인가? 사막을 개간하는 일, 집을 짓는 일, 공장을 가동하는 일 따위는 오벨리스크를 세우는 일, 산을 옮기는 일과 같은 것이다"(Proudhon 1840, 215[판 파레이스의 원문에서는 두 개로 이루어진 인용 부분의 순서가 바뀌어 있다. 그래서 순서를 바꾸었고 일부 누락된 부분을 불어판과 국역본을 참조해 추가했다. 국역본, 179-180쪽].

22_나는 여기서 생산적 자산으로서의 지식에 대해 언급하고 있다. 지식은, 장비와 마찬가지로, 강제적인 방식으로 사용될 수 있다. 즉 지식은 협박에 기반한 착취의 가능성을 낳는다(Carling 1984, 22를 참조).

23_이것은 제안된 권력 개념이 얼마나 취약한가를 이해하기 쉽게 해준다. 그러나 다른 누군가의 노동으로부터 이익을 취득하는 것이 무엇을 수반하는가라는 배경 소급적인 물음에 대한 더 구체적인 대답은 이 장의 핵심 논증에 큰 영향을 미치지 않을 것이다. 이 장의 핵심 논증은 다른 누군가의 노동으로부터 부당한 이익을 취득하는 것이 무엇을 수반하는가에 관련되기 때문이다.

24_진심 어린 증여의 이 매우 협소한 가능성조차도 [다음과 같은 경우에는] 과도한 것으로 판단될지도 모른다. 당신이 파라오고 나는 당신이 신이라고 생각한다고 가정해 보자. 나는 당신이 나에게서 기대하는 것보다 훨씬 더 많은 것을 당신을 위해 기꺼이 하려고 한다. 그렇게 함으로써 내가 [당신에게] 어떤 편익을 기대하기 때문이 아니라` 당신이 내게 생명을 주고 그 외에 많은

것들을 준 것에 보답하기 위해서[잉카에 대한 갚을 수 없는 '빚'을 지었다고 생각하는 페루의 농부들에 관해서는 Godelier(1978, 179-181)를 참조]. 나의 생산물 가운데 일부를 포기하겠다는 나의 열렬한 마음은, 아무리 제한적이라고 해도, 우리가 아는 바 혹은 우리가 확신하는 바, 다시 말해 파라오인 당신이 신이라는 믿음에 달려 있기 때문에 이것[나의 생산물 중 일부를 파라오를 위해 포기하는 것]은 여전히 착취일 수 있다고 말해서는 안 되는가? 유사하게, 내가 당신의 감자를 재배하고 당신의 양말을 꿰매는 이유가 그런 행동이 나의 계급이나 젠더에 할당된 자연적 역할의 일부라는 신실하고 확고한 믿음 때문이라면, 그 임무를 수행하지 못했다고 해서 [내가] 어떤 처벌에 의해 제재를 받(을 것으로 예상되)지 않으며, 심지어 당신의 불쾌감이나 내 또래 집단의 반감에 의해 제재를 받지 않는다고 하더라도, 나는 착취당하고 있다고 말해야 하지 않는가? 이런 예들에 의해 시사되는 변화로 인해 [우리는] 착취 개념을, 뜻하지 않게, 참인 믿음 그리고 진정한 의무와 관련한 몇몇 객관적 기준들에 의존해 [적용해야] 할 것이다(논란의 여지가 없는 진리와 의무만이 허용된다면, 진심 어린 증여를 위한 여지는 사라지게 될 것이다). 그러므로 나는 권력을 착취의 필요조건으로 만드는 착취의 정의를 고수하기를 더 선호한다.

25_ Carling(1987; 1991, 11장)은 유사한 사례들에 대한 유쾌하면서도 통찰력 있는 형식적 분석을 제공한다. Elster(1983, 1절), Van Parijs(1995a, 1절) 역시 참조.

26_ Gauthier(1986, 96)의 용어로, "무임승차자는 편익의 비용 전부나 일부를 지불하지 않고 편익을 얻는다." 반면 "편익에 기생하는 사람은 그 비용의 일부나 전부를 다른 어떤 사람에게로 이전한다." 등대와 산업공해는 각각 무임승차와 기생의 전형적인 예로 제시된다. 나는 기생이 무임승차의 하위 사례로 이해되어야 한다고 제안하고 있다. 그 경우[무임승차의 하위 사례로서의 기생] 편익은 무임승차자가 그 편익의 생산자에게 짊어지게 하는 비용에서 최소한 부분적으로 성립한다. 그러므로 다른 사람들이 자비로 (그리고 그들의 이익에 따라) 오염된 공기를 정화하기 위해 취하는 행동 없이는 준비될 수 없을 청정 공기를 오염자가 필요로 하는 경우에만 대기오염은 [기생의] 한 사례라고 할 수 있다.

27_그러나 후자의 상황은 당신의 노동으로부터 이익을 얻는 나의 능력이 제3자에 의해 당신에게 가해진 제재에 힘입은 경우로 이해될 수 있을 것이라는 점에 주목하자. 즉 잘 정돈된 방에 대한 당신의 관심이, 단순히 그 집이 잘 정돈되지 않았을 때 당신을 비난할 사람들(당신의 동료와 집과 관련된 친척들)에 의해 탐탁치 않게 여겨질까 봐 두려워하기 때문인 경우. 그러므로 자본가가 그의 모든 이윤을 그의 노모에게 거저 주었다면 일어났을 경우와 상당히 다른 경우이긴 하지만(5장 1절을 참조), 이런 사례는 수혜자(나)가 착취자(당신의 동료 집단)와 일치하지 않는 잠정적인 착취의 한 사례로 이해될 수 있을까?

28_나는 이로써 외부성에 기반을 둔 (단순히 권력에 기반을 둔 것이 아니라) 착취의 가능성을 열어 놓는다. [이런 주장이 가져오는] 하나의 반직관적인 함축은 과거 세대를 착취하는 것이 가능하게 된다는 것이다. 즉 나는 당신뿐만 아니라 당신의 증조부가 심은 꽃의 경치를 즐길 수 있다(과거 세대에 대한 권력에 기반을 둔 착취는 불가능하다. 왜냐하면 우리가 통제하는 제재는 주변에 있지 않은 누군가의 행동에 영향을 끼칠 수 없기 때문이다). 이것이 당황스럽게 여겨진다면, 아마도 착취가 착취자와 피착취자 간에 어느 정도의 항구적인 관계를 가리킨다고 약정할 수도 있을 것이다. 예를 들어, Reiman(1989, 302), Hampton(1991, 4절)이 요구하는 것처럼. 또한

외부성에 기반을 둔 착취를 고려하는 것은 내가 당신의 노동으로부터 얻고 있는 유일한 편익이 당신이 그것으로부터 얻는 쾌락에 대해 아는 것에서 오는 순수하게 이타적인 쾌락이라고 하더라도, 나는 당신을 착취하고 있다고 할 수도 있다. 이런 결론을 피하기 위해, 추출된 편익에 임의적인 제한을 부과하려고 할 수도 있고, 혹은 더 현명하게, 하나의 특별한 사례로 이 문제를 해결하기 위해 '부당함'의 기준을 마련해 둘 수도 있다.

29_노동 기여는 당기에 수행된 노동과 관련되어야 한다. 더 앞선 노동에 힘입어 축적된 자본 수익은 자신의 노동 기여에 의한 전유로 간주되지 않는다. 다른 한편 무이자 저축은 순생산물 일부에 대한 전유로 간주되지 않는다. 비록 그런 저축이 저축한 사람으로 하여금 순생산물의 일부를 소비할 수 있게 한다고 하더라도 말이다. 오히려 이것은 등가의 묶음들 간의 순수 교환으로 간주된다(그러므로 연금 수령자는 착취자일 필요가 없다).

30_착취에 기반을 둔 접근에 대한 비판에서 노동 가치에 대한 의존이 수행하는 역할을 고려할 때 이 점은 어느 정도 중요한 이점이다. 가령 Nozick(1974, 253)을 참조. "노동 가치 이론의 붕괴와 함께, [마르크스주의 경제학의_저자] 특정한 착취 이론의 기반은 해체된다."

31_예를 들어, 공간 혹은 토지는 최소한 노동만큼이나 생산에 필수불가결하다. 또, 음식은 노동력을 재생산하기 위해 필요하기 때문에, 노동만큼이나 근본적인 것임에 틀림없다. 노동 가치의 선택에 반대하는 이 논증의 많은 유형들은 Wicksteed(1884, 711-714)로부터 Wolff(1981, 102-103)에 이르기까지 현존하는 문헌에서 발견할 수 있다. Morishima(1973, 53-54)의 '기본 마르크스주의 공리'는 착취율(노동 가치에 입각해 표현되는)이 양인 한에서 오직 그 경우에만 이윤율이 양이라고 확언한다. 그러므로 이 공리는 여타의 다른 기본적 재화를 가치척도로 사용해 정식화될 수 있다. Gintis & Bowles(1981), Wolff(1981, 94-101), Roemer(1982a, 186-188)와 여타의 연구자들이 명확히 설명하듯이, 근본적인 조건은 경제가 노동력을 포함해 그 생산수단들을 돌려주고도 남을 산출량을 낳을 만큼 충분히 생산적이라는 가정이다.

32_가령 Armstrong & Glyn & Harrison(1978, 23)과 Glyn(1979, 335)이 때때로 주장하는 것과는 반대로.

33_Crocker(1972, 205)의 정식화는 이렇다. "착취의 필요충분조건은 저 잉여의 생산자들 모두를 포함하지 않는 한 집단의 수중에 잉여생산물이 있는 것이라고 나는 제안한다." 같은 입장이 이를테면 영국석탄공사에 대한 E. F. 슈마허(Ernst Friedrich Schumacher)의 감정에 대해 보고하는 과정에서 B. Wood(1985, 270)에 의해 무심코 사용되고 있다. "소유권을 국가에 맡기는 국유화는 개인의 탐욕에 의해 자행되는 착취와 여타의 과도함이 가진 위험을 제거했고, 노동자들이 개인의 부에 기여하는 것이 아니라 그들이 그 일부를 이루는 하나의 전체로서의 국가에 기여하게 했다"(강조는 저자). 나의 정식화는 다음의 난점을 수용하기 위해 크로커의 정식화의 끝에 '그리고 오직 그들만을'이라고 덧붙인다는 점에서 이런 입장들과 다를 뿐이다. 즉 내가 유일한 노동자이고 나를 전면적으로 통제하는 19명의 사람들이 소유한 잉여생산물 전부를 [내가] 단독으로 생산할 때 내가 착취당한다고 여겨진다면, [크로커의 정의를 그대로 사용하면] 유일한 노동자인 내가 잉여생산물 전부를 생산하고 [나를 포함한] 20명 모두가 공동으로 어떻게 사용할지를 결정하는 경우에도 나는 착취당한다고 [여겨진다].

34_다음과 같이 가능성이 희박한 사례를 예외로 하면 그렇다. 즉 농부들로 이루어진 하나의 공동체

를 고려해 보자. 생산물의 일부는 임금으로 지불되는 반면, 나머지는 모든 노동자들에 의해 집단적으로 전유된다. 이 경우 크로커의 정의에 따르면 착취란 존재하지 않는다. 하지만 비노동자의 자격으로 전유하는 일은 일어날 수도 있다. 즉 생산물에 기여하는 것이 아니라 모든 노동자들이 잉여생산물의 통제에 참여하는 지역사회를 구성함으로써 비노동자의 자격으로 생산물을 전유하는 일이 일어날 수도 있다. 그런데 노동자들의 노동에 힘입었을 때만 잉여생산물에 대한 통제가 허용된다고 해도, 노동자들이 잉여 생산을 하는 만큼 통제할 수 있는 것이 노동에만 근거한다고 말할 수는 없다. 유사한 노동에 비슷한 임금을 버는 노동자들의 또 다른 공동체들은 그들이 노력을 쏟는 자연 자원의 열악한 성격 때문에 잉여생산물을 남기지 못할 수도 있다(이 사실은 이 전체 접근에 반대하는 결정적인 논증과 밀접하게 연관된다. 5장 4절의 끝을 참조).

35_5장 2절에서 소묘된 딜레마와의 연관이 더 명확해진다. 다시 말해, 비노동자 자격을 가진 이의 전유(Appropriation qua non-worker)는 비노동자에 의한 전유(appropriation by non-worker)보다 훨씬 더 약하다. 그러나 비노동자에 의한 전유 — 이로 인해 이 접근은 자본주의를 공격하는 어느 정도의 근거가 된다 — 는 단순한 전유보다는 훨씬 더 강하다. 이것은 최소한 잠재적으로 사회주의(의 형식적 부문)를 손상되지 않은 채로 남겨 둔다. 우리는 이후에 착취로부터 자유로운 체제를 위한 여지가 매우 좁다는 것을 보게 될 것이다.

36_가령 Nove(1983, 207, 212)에 따르면, 그의 '실현 가능한 사회주의'의 개인 중소기업 안에 있는 사용자-경영인에게 배분되는 소득은 '일하지 않고 얻은 소득'이 아니다. 즉 "노동하는 사용자-경영인이 그의 피고용인으로부터 추가 소득을 얻는 한에서가 아니라면 착취란 존재하지 않을 것이다(그러나 이때 나는 이 페이지를 타이핑하는 비서를 착취한다)." Carver(1987, 3절) 역시, 착취가 '소유자임을 통해 노동자의 노동으로부터 이익을 얻는 데서 성립한다는 연관된 견해에 대해 소유자-경영인이 제시하는 난점을 강조한다.

37_Nozick(1974, 253)은 이것을 마르크스주의적 착취 개념의 주요 결함으로 간주한다.

38_가령 오스트로고르스키의 역설에 대해서는 Rae & Daudt(1976)을 참조. 좀 더 일반적으로, 인민주권의 정치적 제한에 대해서는 Przeworski & Wallerstein(1986)을 참조.

39_이런 노선을 따라, 가령 Arneson(1981, 226)과 A. Buchanan(1987, 99)을 참조. Crocker(1972, 212)는 다음처럼 답한다. 민주적 사회주의하에서 "사회를 통한 결정은 합의나 투표로 이루어질 것이다. 그러나 다수결 원칙은 소수에 대한 지배로서의 성격을 상실하게 될 것이다. 왜냐하면 더 이상 차이는 사회적 지위의 근본적인 적대를 반영하지 않을 것이기 때문이다." 그러나 자본과 노동 사이의 갈등에 뿌리를 두고 있는 것이 아니라면 이런 '근본적 적대'를 특징짓는 것은 무엇인가? 그들이 어떤 기술을 가지고 있고, 그들이 어떤 지위를 차지하며, 그들이 해당 국가의 어느 지역에 사는지, 그들이 좋은 삶에 대한 어떤 입장을 가지는지에 의존해, 상이한 노동자들의 범주들은 '근본적으로 대립되는' 이해관계를 가질 수도 있다.

40_부당하게 이익을 취득 당하는 것이 무엇을 의미하는가에 대한 우리의 정의를 고려할 때 그 노동자는 착취당하지 않을 뿐만 아니라 심지어 이익을 얻지도 못할 것이다(5장 1절을 참조). 왜냐하면 착취자는 그녀의 노동으로부터 이익을 수취하지 못할 것이기 때문이다.

41_예를 들어, 생산성을 훨씬 초과하는 임금 — 말하자면 높은 급여에 아늑한 사무실에서 시가를

태우는 것 — 은 젊은 시절에 생산성을 최적으로 향상시키도록 구축된 경력에서 최종적인 동경의 대상이 되는 단계에 해당할지도 모른다[가령 Lazear(1979)와 Malcomson(1984)을 참조].

42_정형화된 정의의 원칙과 권리자격론적 원칙 간의 구분은 노직으로 거슬러 올라간다(Nozick 1974, 150-160). 권리자격의 강한 의미와 약한 의미 사이의 구분은 앞의 1장 3절에서 도입되었다.

43_리카르도적 사회주의에 대한 논의를 위해서는 가령 Dobb(1973, 137-138)과 Reeve(1987)를 참조. 또한 Proudhon(1840, 152)을 참조. 즉 "내가 제안하는 것은 이것이다. 노동자는 그의 임금을 받은 이후에도 그가 생산했던 것에 대한 자연적인 소유권을 유지한다."

44_따라서 가령 Proudhon(1846, 107-108)은 다음처럼 주장한다. "부의 모든 요소들을 생산하는 것, 그리고 그 요소들을 그 요소들의 최종 단위들까지 결합시켜 주는 것은 노동이며, 노동뿐이다."

45_프루동은 생산에 대한 자본의 기여를 명백하게 인정한다(Proudhon 1840, 200). "사실은 대지도, 노동도, 자본도 생산적이지 않다. 생산은 이런 세 요소들의 결과다. 셋 모두 필요하지만, [셋이] 떨어져 있을 때 생산은 불가능하다." 마르크스는 자신의 가장 명시적인 구절에서 약간 애매한 입장을 보인다(Marx 1880, 359). 그가 경영자로서의 자본가(그러므로 노동자로서)를 언급하고 있는 것인지 자본 소유주로서의 자본가("나는 자본주의적인 생산의 필수적인 직원으로 자본가를 제시하며, 또한 그가 잉여가치의 생산을 '공제'하거나 '강탈'할 뿐만 아니라 그것을 강제하며, 따라서 공제될 수 있는 것의 창조를 돕는다는 점을 상세히 보여 줄 것이다")를 언급하고 있는 것인지 완전히 명백하게 드러나지 않기 때문이다. 그러나 다른 곳에서, Marx(1875)는 "노동이 모든 부와 문화의 원천"이라는 고타 강령의 주장을 분명히 거부하고 "자연은 노동만큼이나 사용가치의 원천"이라고 단언한다[광범위한 주석에 대한 논의를 위해서는 Young(1978)을 참조]. 노동이 생산의 유일한 창조자가 아니라는 것은 일반적으로 현대 마르크스주의자들에 의해 인정되고 있다. 가령 Yunker(1977, 97), Cohen(1979a, 152), Arneson(1981, 214), Levine(1984, 87), A. Buchanan(1985, 13) 등등을 참조. 이런 주장은 노동만이 생산물의 가치를 결정한다는 주장과 뚜렷이 구별되어야 한다. 코헨이 명백히 설명했듯이(Cohen 1979a, 153-7; 1983b, 313-314; 1985c, 4절), 후자의 주장은 현재의 논의와 완전히 무관하다.

46_가령 Elster(1978a, 10-11; 1978b, 105)를 참조. 그러나 이 논증은 착취의 윤리에 대한 엘스터의 논의(Elster 1985, 4.3절)에서 폐기된다.

47_패트와 샘이 금년에 같은 양의 곡물을 생산했다고 가정하자. 패트는 빵과 케이크를 만들고, 그것을 모두 먹는다. 샘은 빵을 만들고 나머지 곡물을 내년을 위한 종자로 남겨 둔다. 중요한 것은 케이크를 먹는 대신 같은 곡물을 종자로 사용하기로 한 샘의 결정이 내년의 생산물에 특별하게 기여한다는 점이다.

48_같은 사유 노선을 따라, Arnold(1985, 101-102) 참조. ARnold(1985, 100)가 또한 지적하듯이, 불확실한 세계에서, 자본 소유주는 소비자(와 중간 소비자)가 원하는 것에 관해 추측함으로써 (유용한) 생산에 추가로 기여한다. 자본 소유주가 스스로 투자 결정을 내리든 아니면 다른

누군가에게 그 결정을 위임 하든, 자본 소유주가 골똘히 생각을 해야 했든 아니면 운이 좋았든, 성공적인 기업에 투자하는 사람은 또한 이런 근거로 그 생산물의 공동 생산자 가운데 하나라고 주장할 수 있다.

49_ Cohen(1983b, 316-317; 1983c, 443-445; 1985a, 98-99; 1986a, 87-90)을 참조. 다른 곳에서, Cohen(1979a, 151-152; 1983b, 314)은 또 다른 전략을 제안한다. 이 전략은 어떤 것의 생산에 기여함과 그것에 **참여**함의 구분이다. 자본가가 생산에 기여한다고 하더라도, 그는 그것에 참여지는 않는다(어쨌든 기업가로서가 아니라 저축가로서). 노동만이 적극적인 개인의 참여를 포함하며 이 점이 중요하다. 그러나 왜 그런가? 아마도 적극적인 참여만이 유인 효과를 필요로 하고, 혹은 적극적인 참여만이 공로를 인정받을 만한 노력을 수반하기 때문이다. 이런 두 주장이 참이라고 가정한다고 해도, 그 주장들이 우리가 필요로 하는 것을 제공해 주지는 못한다. 왜냐하면 두 주장 모두 여기서 우리가 착취 개념의 가능한 윤리적 기초로 탐구하고 있는 권리자격 원칙의 영역을 벗어나 결과론적 원리(어떤 사회적 목표의 효율적인 추구)나 정형화된 원칙(가령 "그녀의 노력에 따라 각자에게")의 방향으로 이동하게 하기 때문이다. 어쨌든, 코헨이 제안하고 주요 문헌에서 논의된 다른 전략의 성공이 이 점을 무의미하게 할 것이다(자본가에게 어쨌든 그것에 대한 권리자격이 주어지지 않는다면 올바른 의미에서 자본이 생산적인지 아닌지의 여부를 왜 성가시게 논의해야 하는가?).

50_동등한 (혹은 최소극대화 형태의) 상대적 이익이란 견지에서 분배 정의를 해석하는 Gauthier(1986)의 입장은 이 절에서 고려된 접근을 정교하게 확장한 것으로 간주할 수 있으며 따라서 이 절에서 고려된 접근이 가진 결정적인 결함을 공유한다. 나는 그것을 Van Parijs(1995a)에서 상세히 논의했다.

51_이 정의는 착취율을 자신이 잉여가치율이라고 부른 것과 동일시하는 마르크스에 의해 암시되었다. 암시만 됐을 뿐 논리적으로 도출된 것은 아니었는데, 왜냐하면 마르크스는 저축하지 않는 노동자들과 일하지 않는 자본가로 양분된 세계를 가정하기 때문이다. 이 정의에 대한 명시적이고 엄격한 정식화에 대해서는, 가령 von Weizsäcker(1973, 247)와 Roemer(1985a, 30)를 참조. 때로(가령 Steiner 1987, 135에 의해) 착취에 대한 어떤 입장이든 모종의 가치의 부등가교환 개념에 의존하며, 이때 채택된 가치 개념들 간의 차이에서 기인하는 차이가 생기게 된다고 주장들을 한다. 이런 주장은 불공정이라는 핵심 개념이 앞서 탐구된 로크적 접근에서처럼 권리자격론에 입각해 이해되거나 뒤에 탐구된 뢰머적 접근에서처럼 기회에 입각해 이해될 때가 아니라 (루터적인) 접근에서처럼 부등가교환에 입각해 이해될 때 성립한다.

52_후자는 이를테면 Morishima(1973, 184-186)와 von Weizsäcker(1973, 265-267)가 택한 것이다. 마르크스는 분명히 한 상품의 노동 가치가 실제로 그 상품의 생산에 들어간 노동의 양을 나타내는 것은 아님을 시사하고 있지만, 평균적 해석과 최소 해석 사이에서 분명히 선택하지는 않았다.

53_ Armstrong, Glyn & Harrison(1978, 4-6)을 참조. [그 주장의] 또 다른 이점은 특정 기간에 생산된 총 가치가 그 기간에 수행된 노동의 총량과 일치한다는 것을 필연적 진리로 만든다는 것이다(최소정의하에서, 총 가치는 일반적으로 총 노동보다 적다).

54_반대의 선택이 이를테면 De Vroey(1982)와 Gouverneur(1983, 2장)에 의해 이루어진다.

55_가령 Folbre(1982, 317-318)와 Reiman(1989, 311-312))은 이 견해를 강력히 옹호한다.

56_문제의 제시와 가능한 해법들에 대한 논의를 위해서는 가령 Steedman(1977, 150-183)과 Armstrong, Glyn & Harrison(1978, 6-11)을 참조.

57_때로 착취 개념이 한 국가의 노동인구 전체에만 적용되어야 한다고 약정함으로써 이런 난점에서 벗어날 수 있을 것이라는 제안이 이루어진다(가령 Glyn 1979, 339-340; 혹은 Hodgson 1980, 257). 그러나 국가가 바깥 세계와 교역한다면, 한 개인이나 한 기업의 수준에서 발생한 문제는 다시 국가의 수준에서 발생한다. 더욱이 적절히 넓은 노동 개념이 주어졌을 때, 그 국가 안에서 노동인구에 속하지 않는 사람은 거의 없다고 할 수 있으며, 따라서 그 국가가 전유하는 총 노동 가치는 노동인구가 기여하는 총 노동과 같아지는 경향이 있게 될 것이다.

58_힐퍼딩의 제안(Hilferding 1904)에 대한 모리시마(Morishima 1973, 190-193)의 훌륭한 정식화를 참조. 또, 추가 논의를 위해서는 Rowthorn(1973)을 참조.

59_논의에 대한 명료화를 위해서는 Holländer(1982)와 Steedman(1985)을 참조.

60_로크적인 입장과의 중요한 차이점은 순수 노동자의 경우 임금률과 생산성 수준의 차이 때문에 착취당할 뿐만 아니라 착취하기도 한다는 것이다. 후자의 함축은 때로는 착취관에서 주요한 골칫거리로 간주된다. 그래서 Bettelheim(1969, 327, 331-332)은 에마뉘엘의 착취관이 이런 함축을 가진다는 이유로 부등가교환이라고 비판한다. Emmanuel(1975, 412-415)이 암묵적으로 인정하는 이런 함축은 당혹스러운 것이지만 세계 가치(그는 이것이 적절한 기준을 제공해준다고 올바로 생각하는데)보다는 오히려 국가 가치라는 개념의 그릇된 사용 탓으로 잘못 여겨진다. 또 다른 예에 대해서는, 로크적인 유형의 착취관에 대한 Glyn(1979, 338-340)의 대안을 참조. 로크적인 유형의 착취관에서는 부자 나라의 노동자들이 착취자로 전환될 수 없다. 착취가 사회적 갈등에 대한 분석에 타당하기 위해서는 계급과 착취 간의 밀접한 관련성이 중요하다고 하더라도, 그것[계급과 착취 간의 밀접한 관련성]은 우리의 규범적인 목적을 위해 필수적인 것은 아니며, 따라서 적절한 착취의 개념을 위한 요건으로 도입할 필요가 없는 것은 말할 것도 없고 [적절한 착취의 개념을 위해] 필요한 것으로 도입할 이유도 없다. 사실, 어떤 사람들(von Weizsäcker 1973, 279-280 같은)은 이런 정의의 장점이 물리적인 노동 유인에 대한 필요성으로부터 나오는 노동자에 의한 노동자의 (양적으로 더 큰) 착취를 포착할 수 있게 해준다는 것이라고 주장한다. 노동을 고용하는 계급과 노동을 판매하는 계급의 구분이 착취자와 피착취자의 구분과 일치하게 되는 (좁은) 조건들에 대한 엄밀한 분석에 대해서는 Roemer(1982a, 268-270)를 참조.

61_물론 이것은 형식적인 경제 영역과 관련될 뿐이며 바로 그 사실 때문에, 이를테면 사적인 영역에서 사랑에 기반을 둔 착취를 폐지할 수 없을 것이다. 더욱이 모든 노동자들에 의해 집단적으로 (그리고 민주적으로) 전유되는 잉여생산물이 각 노동자의 노동 가치 대차계정(balance)에서 어떻게 다루어져야 하는가라는 난문을 피할 수 없다.

62_이 학설에서 원래 루터적인 것은 없다. 원래의 루터의 학설은 스콜라철학적(그리고 특히 토미즘적) 전통에 강하게 뿌리를 두고 있다. "계약과 고리대금업에 관한 논고"에서 정당한 자본 수익을 위한 여지를 마련하려는 최초의 시도들 중 하나를 하고 있는 프랑스의 법률가 카롤루스 몰리

네는 그 학설을 다음처럼 요약한다. "교환적 정의 때문에 어떤 사람이든 가치 면에서 그가 또 다른 사람에게 준 것보다 더 많은 것을 그에게 받아서는 안 된다"(Comble & Norton eds. 1991, 51).

63_기저에 있는 윤리적 원칙의 명료한 정식화를 위해서는 Morishima & Catephores(1978, 41-42)를 참조. 노동자들은 t 시간의 노동을 t보다 작은 노동량에 상응하는 상품 꾸러미의 가치와 교환하기 때문에, "실제 계약은 항상 불공정하며 자본가와 노동자의 관계는 대등하지 않다. [...]" 같은 윤리적 원칙은, 이를테면 Russell(1932, 28)에 의해서도 명시적으로 도입된다. "모든 인간존재는 필연적으로 그가 살아 있는 동안 일정량의 인간 노동의 산물을 소비한다. 노동이 대체로 유쾌하지 못하다는 점을 가정할 때, 어떤 사람이 그가 생산한 것보다 더 많은 것을 소비하는 것은 정의롭지 못하다."

64_이것이 지금 논의 되고 있는 입장을, [착취를] 완전경쟁하에서 실질임금으로부터의 (하향적) 일탈로 보는 Pigou(1920, 511-519)의 '신고전파적' 착취관과 구별하게 해준다. 이 두 입장 간의 대비를 이를테면 Robinson(1942, 21-22), Bronfenbrenner(1971, 196-197), Persky & Tsang(1974), Elster(1978a, 8-11)가 강조한다. 좀 더 피구적인 태도로는 Lolm(1969)의 국제적 착취 개념을 참조. 이 개념은 사기업 독점(private monopolies)이나 구매자 독점(monopsonies)을 통해서나 아니면 관세나 보조금을 통해 착취국이 가격을 조작하도록 요구한다.

65_같은 논점이 Marx(1863, 106)가 간략히 암시한 "빈국들에 대한 상업적 착취"에 대해, 또한 Emmanuel(1969)이 주장한 국가들 간의 '부등가교환'에 대해 성립한다. 국가들 간의 '부등가교환'은 특히 리카도적인 비교 우위론에 대한 그의 논의를 통해 명확히 나타난다(Emmanuel 1969, 137-139).

66_Glyn(1979, 342-343)과 Cohen(1983b, 324)은 전자의 난점을 강조한다. Elster(1985, 174)는 후자의 난점을 강조한다.

67_어떤 사람이 자신의 소득으로 전유할 수 있는 유일한 재화 꾸러미가 자신의 기여 분을 밑도는 노동 가치만 포함하거나, 또는 생존을 유지시킬 수 없는 것인 경우라면((자신이 가질 만한 여유가 있는 더 많은 노동 가치를 가진 유일한 상품의 묶음이 이를테면 음식이 아니라 이발과 마사지다) 그 사람은 착취당한다고 약정함으로써 중간 영역의 규모를 축소하려고 시도할 수 있다. 그러나 중간 영역이 그 결과 많이 축소될 가능성은 거의 없다.

68_그러나 그것이 구매력을 정확히 표현한다면, 소득이 착취를 산정하는 데 유일하게 적절한 기준이라는 점에 주목하자. 착취당하는 사람은, 가령 그에 대한 가격차별이나 체계적으로 열악한 정보 때문에, 그가 가진 여하한 소득을 가장 '쓸모 있게' 이용하는 것을 체계적으로 방해받을 수 있다. 이때 부정확한 소득 자료는 착취의 존재 및 범위를 평가하기에는 불충분하다.

69_다시 말해, (루터적인) 부등가교환 접근이 여기서 제안된 대로 불공정한 협업 개념으로 발전하기보다 오히려 '자신의 노동력의 산물에 대한 (로크적인) 권리' 접근의 변형으로 퇴행하지만 않는다면, 착취 개념 기저에 있는 윤리적 직관이 이해될 수 있는 두 가지 방향은 Mill(1848, 253-254)에 의해 잘 표현되고 있다. "산업협동조합에서, 재능이나 기술이 더 나은 보수에 대한 자격

을 준다는 것은 정의로운가 정의롭지 않은가? 물음에 부정적으로 답하는 측에서는 그가 할 수 있는 최선의 것을 한 사람이라면 누구에게나 동등하게 잘 대우받을 자격이 있다는 주장이 제시된다. …… 반대편에서는 사회가 효율적인 노동자로부터 더 많은 것을 얻으며, …… 공동의 결과의 더 큰 몫은 실제로 그의 노동이며, 따라서 공동의 결과에 대한 그의 권리를 인정하는 것은 일종의 도둑질이라는 주장이 제시된다."

70_ 에마뉘엘의 책에 대한 부록에서 Bettelheim(1969, 297-298)은 국가들 간의 부등가교환을 더 적은 노동 가치와 더 많은 노동 가치의 교환으로 규정한다. 그러나 Emmanuel(1975, 351; 407) 자신은 이런 해석을 강력히 거부한다. 일단 이를 둘러싼 상당한 혼란으로부터 자유로워진다면, 발전 단계론(development theory)에서 '부등가교환' 접근의 암묵적인 윤리적 기반 역시 수행된 노동과 지급된 소득 간의 불일치를 규탄한다. 생산성의 차이(심지어 완전경쟁'이 이루어지는 세계에서조차)에서 기인한 것이든 노동과 자본 유동성에 대한 장애(이는 동등하게 생산적인 노동이 동등하지 않게 보상되는 것을 가능하게 한다)에서 기인한 것이든 말이다. 국가들 간의 부등가교환의 윤리학과 경제학에 관해서는 Barry(1979, 64-67), Roemer(1983a), Van Parijs(1993a, 143-146)을 참조.

71_ 덧붙여 말하자면, 우리가 보았던(4장 2절) 것과 매우 유사한 원리는 일에 미친 사람-게으른 사람의 문제에 대한 롤스의 해법에 함축되어 있다. 그런 해법이 실질적 자유지상주의적인 접근의 적절한 한 표현으로 자리매김될 수 없다고 하더라도, 이로부터, 물론 그것이 실질적 자유지상주의적인 접근에 대한 윤리적 도전을 서술하는 하나의 방식으로 거부되어야 한다고 추론할 수는 없다.

72_ Barry(1979, 74-76)와 Arneson(1981, 211)은 매우 유사한 주장을 한다. "노동에 따라 각자에게"라는 원칙에 따라 부당한 대우를 받는 것은 (본문에서 예시된 것처럼) 부당하게 특혜 받은 사람들의 노동으로부터 이익을 끌어내는 것과 양립 가능할 뿐만 아니라 부당함이 억제됐다면 (새로운 상황에 대한 적응 후에) 벌어들였을 것보다 더 많이 버는 것과도 양립 가능하다. 예를 들어, 직급 사다리의 꼭대기에 있는 사람들에게 [노동 노력과의] 균형에 어긋날 정도로 고임금을 지급하는 것은, 사다리의 최하위에 있는 사람들조차 [노동 노력과 보수의] 균형이 엄밀히 고수되었을 경우보다 많은 돈을 벌 정도로, [직급 사다리에 참가하는 사람들의] 노동성과를 높일 수도 있다.

73_ "노동 기여에 따라 각자에게"라는 마르크스주의적인 원칙에 대한 흥미로운 해석에서, van der Veen(1978, 458-461)은 노동의 길이와 노동의 질 역시 결합시킨다. 그런데 이것들은 최소한 대략적으로 노동의 비효율성에 반비례한다. 그러나 그는 그 두 차원[노동의 질과 길이의 차원과 비효율성의 차원]을 분리시키고 노동이 그 길이에 따라 보상되어야 하는 반면, 노동의 질은 가장 안 좋은 일자리의 질을 극대화하기 위해 최소극대화의 방식으로 분배되어야 한다는 주장을 편다. 그러나 나는 길이와 비효용 간에 상충 관계가 존재할 여지를 인정하지 않는 타당한 이유를 알 수 없으며, 최소극대화 기준을 인용된 원칙의 해석으로 제시한 타당한 이유도 모르겠다. 일관된 대안 원칙으로 노동 기여의 최대극소화(minimaxing)를 요구할 수 있을 것이다(몇몇 생계를 제약하는 조건, 다시 말해 길이와 질 양자에 의해 그 특징이 규정되는 가장 안 좋은 일자리와 연관된 비효용성의 최소화에 따르는). 이 원칙은 (후주 80에서) 내가 재론하려는 상대적 기

본소득 극대화라는 '마르크스주의적' 기준과 밀접하게 연관된다.

74_더 일반화해 표현하면 이렇다. 한계비효용성이 그럴듯하게 증가한다면, 말하자면 (매일) 노동의 n번째 시간은 (n-1)번째 시간에서 같은 사람이 버는 소득을 초과하는 보상을 정당하게 요구할 수 있다. 현재의 맥락에서, 정당한 시간당 보수의 결정과 관련된 것은 한계비효용성이 아니라 평균(이나 총) 비효용성이다. 창문을 닦는 데 하루를 보내는 데서 우리 모두 같은 비효용성을 발생시킨다고 가정하자. 비록 우리가 매우 다른 시간 패턴에 따라 그런 비효용성을 발생시킨다고 하더라도 말이다. 당신은 이른 아침에 그 일이 꽤 성가시다고 여길 수 있고, 나는 그 날 대부분 [그 일을] 즐기지만 다음날 오후에 몹시 불쾌하게 여길 수 있다. 그러나 이런 이유로 당신보다 훨씬 더 많은 것을 나에게 지급하는 것은 명백히 부당할 것이다.

75_Olson(1965, 29)은 이런 더 일반적인 원칙에 대한 호소가 착취 개념 기저에 있다고 주장한다. 올슨은 "서로 다른 사람들의 이익과 희생 간의 불균형이 있는 상황을 기술하기 위해 일반적으로 그 용어가 사용된다는 점을 지적하면서 '다수에 대한 소수의 착취'를 언급하기 위해 그 용어의 사용을 정당화한다(5장 2절을 참조).

76_Kolm(1975)은, 예상치 못한 인플레이션으로 인해 소수의 저축가들이 그들로부터 돈을 빌린 자본가들에 의해 실질금리 마이너스의 이자를 받는 경우 인플레이션을 통한 노동자 착취가 일어난다고 말한다. 그러나 사용되고 있는 공정함의 암묵적 기준이 무엇이든, 이것은 최소한 5장 1~2절에서 그 특징이 규정된 착취를 구성한다고 볼 수 없다. 왜냐하면 실질금리 마이너스의 이자를 받은 수령인들은 노동자가 아니라 저축가로서 부당하게 대우받고 있기 때문이다.

77_"물질적 자원의 향유를 위한 기다림과 관련된 희생의 대가"로 이자를 해석하는 고전적 진술은 알프레드 마샬의 것이다(Marshall 1890, 191-194). 이 해석을 명시적으로 변론조로 사용하는 논의에 대해서는, D. Friedman(1973, 83)을 참조. "자본가 자신은 비용을 부담한다. 왜냐하면 돈을 묶어 두고 일정 시간의 기간 동안 서서히 방출하는 대신 그 역시 그가 원하는 대로 사용할 돈을 가질 것이기 때문이다. 그가 그의 기여로부터 어떤 것을 받아야 한다는 것은 완전히 합당하다." 루터적인 배경에 근거해 자본가의 권리를 지지하는 이런 희생에 기반을 둔 논증은 앞에서 로크적인 틀로 검토된 기여에 기반을 둔 논증(5장 4절)과는 결정적으로 구분된다.

78_다음과 같이 가정해 보자. 나는 1년에 약간의 ECUs[에큐 : 유럽 공동 화폐 단위]를 저축하는데, 그것은 내게는 이자율[이 가져다주는 복지 증가]을 넘지 않는 수준의 복지 비용으로 포기할 수 있는 소비에 상당하는 액수다. 다른 한편, 당신은 1년에 100만 ECUs를 투자할 수 있는 재산을 갖고 있다. 기대되는 이자에 의한 복지 증가를 상회할 정도의 악영향이 당신의 복지에 생기지 않는 한, 당신이 현재의 소비수준을 떨어뜨리는 일은 있을 수 없으며, 당신의 이 ECU에 대한 투자는 그 수준에까지는 이르지 않는다고 하자. 당신과 나의 자본은 우리의 한계 비효용과 동등한 단위당 보수[이자]를 얻게 된다. 그러나 당신은 훨씬 많은 ECU를 저축할 수 있으며, 또 그 대부분은 당신에게 아주 미약한 복지 비용밖에는 생겨나게 하지 않기 때문에, 당신이 저축으로부터 생긴 평균비효용은 나에 비해 대체로 무시할 수 있을 정도로 적다. 그 때문에 당신이 저축으로부터 얻는 보수는 당신이 입은 희생과 거의 비례하지 않는다.

79_나는 여기서 사회주의하의 권력관계의 동학이 이런 가능성이 현실화되는 것을 체계적으로 방해하리라는 논증을 제쳐둔다. 우리가 곧 보게 되겠지만, 이 논증이 옳은지 그른지의 여부는 우리

의 현재의 목적을 위해서는 중요하지 않다.

80_이 기준은 van der Veen & Van Parijs(1986a)이 제안한 '공산주의로 가는 자본주의적인 길'의 가장 강력한 형태에 상응한다. 실질적 자유지상주의의 기준에 따른 절대적 기본소득 극대화를 위해 이런 입장을 거부하는 나의 이유는 4장 1절에서 소묘되고, Van Parijs(1992, 17-21; 1993a, 196-197)에서 더 충분하게 설명된다.

81_또한 Carling(1991, 139-144, 359)을 참조. 그는 복지 평등주의를 마르크스의 필요-기여 결합 원칙에 대한 최상의 근거로 간주한다.

82_이런 평등주의(각각에 대한 획일적 평가에 근거한 노동 기여의 보상을 포함해)는 Baker(1987; 1992)에 의해 전개된다. 이 접근에 대한 비판적 논의에 대해서는 Carens(1985), Barry(1992), Van Parijs(1993b)를 참조.

83_사회심리적 접근의 정식화와 유용한 개관을 위해서는 Homans(1961, 특히 72-78, 232-264)와 Deutsch(1985)를 참조. 서베이 데이터에 대한 유익한 분석을 위해서는 Shepelak & Alwin (1986), Schokkaert & Overlaet(1989), D. Miller(1992)를 참조.

84_응분의 보상과 처벌에 기반을 둔 시장사회주의에 대한 옹호는 D. Miller(1989)를 참조.

85_노력'에 따르는' 분배 원칙의 더 강한 형태와 더 약한 형태 간의 구분을 모호하게 하는 것은 매우 일반적인 것이다. Homans(1961, 75)의 다음과 같은 진술을 하나의 예로 들 수 있다. "또 다른 사람과의 교환 속에서 모든 사람은 각 사람의 보상이 그의 비용에 비례하리라고 — 보상이 **더 클수록**, 비용이 **더 크다** — 그리고 각 사람의 순보상이나 이윤은 그의 투자액에 비례한다 — 투자액이 **더 클수록**, 이윤은 **더 크다** — 고 기대할 것이다(강조는 저자).

86_효율성 이외의 이유로 위험하에서 이렇게 노력과 보상 [간의 비례를] 중단하는 것은 정당화되어야 하는가? 이런 물음은 Dworkin(1981b, 293[국역본, 147-148쪽])이 선택적 운(맹목적 운과 대립되는)이라고 부른 것, 이를테면 사람들이 그것을 하지 않을 자유를 완전히 가지고 있는 도박(위의 3장 5절을 참조)의 지위 문제를 제기하게 한다. 드워킨에 따르면, 선택적 운은, 맹목적 운과 다르게, 바로 잡을 필요가 없다. 그러나 그 모험을 하는 것과 관련된 노력(그런 게 있다면)은 이기든 지든 같으며, 따라서 선택적 운은 최소극대화의 요구가 없을 때조차도 노력과 보상 간의 불일치를 발생시킬 것이다. 물론 선택적 운은 명시적인 복권으로 한정되지 않는다. 그것은 수고를 아끼지 않고 여자 친구를 방문한 결과로 내가 얻은 상속재산이나 [구인]광고에 반응하기 위해 애쓴 결과 구한 일자리에 의해 또한 예시된다. 분명히 패배자는 그의 선택의 비용을 부담해야 한다(헛되이 노력을 펼친). 그러나 승자가 얻은 것은 그가 받은 선물과 동일시되어서는 안 되는가? 그래서 모두에게 동등하게 분배되어야 할 자원의 풀을 확대해서는 안 되는가?(4장 2절을 참조). 실질적 자유지상주의 접근(그리고 4장 6절의 자본 소득에 대한 나의 처리와 일관되게)에 대한 나의 이해에 따르면, 그것[선택적 운의 좋은 결과]은 선물과 동등하게 다루어져야 한다. 모든 이가 그것을 얻을 (동등한) 기회가 있는 것은 아니기 때문이다. 사람들은 도박을 할 수 있고 맹목적 운에 의해 이익을 얻을 수 있다. 그러나 이를 통해 얻은 이익에 몽땅 과세하는 것은 정당하다(평상시처럼 기회비용에 입각해 평가되는). 비록 최소극대화에 대한 고려가 부재할 때 그렇게 하는 것만이 시의적절하다고 하더라도 말이다. 그러므로 선택적 운은

오직 최소극대화에 대한 고려를 통해 도박과 결부된 차등적인 보상을 가능하게 하기 때문에 노력과 소득 간의 정당한 불일치를 낳는다.

87_노력과 편익의 쌍에 관한 나 자신의 도덕적 직관은 매우 이분법적이며, 맥락이 특정한 협동적 상호작용인지(가령 아이들의 학교 파티의 조직에 대한 참여) 아니면 사람들의 권리와 실질적 기회, 특히 그런 상호작용에 참여할 실질적 기회를 규정하는 기본 구조인지에 달려 있다. 무임 승차는 전자의 맥락에서 — '노력에 따라 각자에게' 혹은 아마도 고티에의 '동등한 상대적 편익'이나 공정의 기저에 있는 규준으로서의 다른 어떤 것에 따라서 — 아마도 착취적일 것이다. 비록 기본소득 수혜자의 무임승차는 착취적이지 않지만 말이다(5장 2절을 참조). 현재의 탐구는 거시적인 사회정의에 전적으로 초점을 맞춘다.

88_이 질문에 답할 때, 모두를 위한 실질적 자유에 수반되는 기회의 평등이 특히 상당히 넓은 범위를 포괄하는 것이라는 점을 명심하는 게 중요하다. 그것은 '정의를 출발문으로 보는 입장'이나 롤스의 공정한 기회의 평등의 원칙에서처럼 '특정한 재능'으로 국한되지 않을 뿐 아니라 일자리나 여타의 지대들을 사람들의 부존 자산의 일부로 만듦으로써(그리하여 재분배의 대상이 되게 함으로써) 기회보다는 오히려 결과의 편에 있다고 일반적으로 여겨지는 많은 것을 포함하게 된다.

89_나는 6장 8절에서 이런 유형의 논증을 위한 공간이 얼마나 많이 남아 있는가라는 물음으로 되돌아갈 것이다.

90_뢰머가 반복해서 강조하는 또 다른 장점은 그런 접근이 노동 가치의 개념을 더 이상 필요로 하지 않는다는 점이다.

91_가령 Marx(1867, 249)를 참조. "사회의 일부가 생산수단들을 독점적으로 소유할 때는 언제나, 노동자는, 자유롭든 자유롭지 않든, 생산수단의 소유자를 위한 생계 수단을 생산하기 위해 그 자신의 생계유지를 위해 필요한 노동시간에 추가 노동시간을 덧붙여야 한다." 뢰머 전에, van der Veen(1978, 438)이 착취를 "희소 요인들에 대한 재산권의 부정의한 — 종종 불평등한 — 분배에 기반을 둔 일종의 사회 부정의"로 규정할 때 이 접근을 시사했다.

92_이 난점은 Roemer(1982a, 219; 1982c, 392; 1982d, 285)가 인정한 것이다. 그는 이것을 밑에서 고려될 동등한 분배 정식화를 선호하기 위한 하나의 핵심 이유로 언급한다(Roemer 1989b, 262).

93_이 난점 역시 Roemer(같은 곳)가 지금은 인정한 것이다. 그는 이 난점을 퇴장정의보다 평등한 분배 정의를 선호해야 할 하나의 이유로 간주한다.

94_유사하게, 현재에 받고 있는 [실업] 수당의 상실로 인해 실업자들이 생산수단의 1인당 몫을 가지고 탈퇴한 결과 더 사정이 안 좋아지게 된다면(반면 사회의 나머지는 사정이 더 나아지게 된다면), 제안된 정의에 따르면 그들은 자본주의적인 착취자들이다. 비록 그들이 자본을 전혀 가지고 있지 않다고 하더라도 말이다. 물론 실업자들이 이런 탈퇴의 결과로 더 사정이 좋아질 수 있다 — 또 사회의 나머지가 더 사정이 안 좋아질 수도 있다 — 고 생각할 수도 있다. 사실, Roemer(1982d, 297)는 이런 가능성을 당연한 것으로 간주한다. 그는 이때 실업자들이 착취된다고 규정할 수 있다는 점을 그의 정의가 가진 하나의 장점으로 간주한다. 실업자들이 더 이상 생산수단에 대한 접근권을 거부당하지 않을 것이기 때문이다. 여기서 나의 요점은 유사하게

만약 실업 노동자가 자신의(매우 낮은 액수의) 동등한 생산수단의 몫보다는 (매우 높은 액수의) [실업] 수당에 의해 처지가 더 개선된다면, 그 실업 노동자는-이상하게도-자본을 소유하지 않았음에도 불구하고 제안된 정의에 따라 한 명의 자본주의적인 착취자가 될 것이라는 점이다.

95_예를 들어, Roemer(1982a, 219-226)는 '취약한 개인'과 '전형적으로 착취당하는 연합'의 개념을 도입함으로써 수익체증의 경우를 포괄하기 위한 정교한 시도를 했다.

96_언급된 사례들은 퇴장 정의에 의해 발생되는 이례적인 상황들을 망라한 것이 아니다. Elster (1982a, 367-369)는 퇴장으로 인해 하나의 연합이 또 다른 연합의 단순한 현존으로부터 얻었던 긍정적인 외부성을 사라지게 하는 다소 무리한 사례를 제시한다. 이런 종류의 반례 역시 이를테면 Roemer(1989b, 258)가 제안하듯이 소비 외부성을 무시할 것을 요구함으로써 임시변통적인 방식으로 처리될 수 있다. 그러나 반사실적인 정의의 퇴장 측면을 제거하는 것이 훨씬 더 효과적인 전략이다.

97_유사한 정식화는 van der Veen(1982, 41-43)에게서 발견할 수 있다. Roemer(1986b, 262-263)는 최근에 그의 처음 정의보다 이 정의가 장점이 있다는 점을 강조했다.

98_그러나 자신의 퇴장 기준을 실행하는 [조건을 검토하는] 과정에서 뢰머는 (우리가 보겠지만, 정확히) 이런 역동적 고려 사항들을 간과한다. Roemer(1982a, 196-197)에서, 관련된 게임의 특성 함수의 정의를 참조.

99_이 난점은 Roemer(1989b, 263)에 의해 암시된다. 바실리 레온티에프에 의해 1936년에 처음 증명되었고 '이전의 역설'(transfer paradox)이라고 명명된 이 가능성은 관련된 행위자의 편에서 표준적인 선호를 가정하고, 경제가 움직일 것이라고 예측되는 균형이 불안정한 경우에 ― 그래서 사실상 도달 불가능해야만 ― 발생할 수 있다. Kolm(1969, 870-872)은 완전경쟁의 가정이 '재분배의 피해자'에 의한 교역조건의 어느 정도의(불완전한) 통제를 허용하기 위해 느슨해지는 순간 성립하지 않음을 보여 주었다. 더 최근에는 Donsimoni & Polemarchakis(1985)가 이전의 역설과 관련된 유리한 재배분과 불리한 재배분 현상(Guesnerie & Laffont 1978 참조) ― 이것은 재분배에 의해 '수혜자'와 '피해자'가 각각 더 사정이 좋아지거나 더 사정이 안 좋아질 때 발생하는 것이다 ― 이 완전경쟁의 맥락에서 정적 균형에도 영향을 끼칠 수 있음을 보여 주었다. 이런 요점은 물론 원조를 통해 이전되는 자원이 비최적 상태로 사용될 수 있기 때문에 원조를 받는 국가에 해롭다는 더 명백한 논점과는 완전히 구분되는 것이다. 이전의 역설은 이전되는 자원이 가능한 최상으로 사용된다고 가정하더라도 성립한다.

100_예시를 위해, 먼저 내가 속눈썹을 예쁘게 색칠하는 드문 기술을 가지고 있고 부의 균등화 정책 덕분에 소득이 늘어난 모든 사람들이 그들의 추가 소득을 나의 서비스에 쓴다고 상상해 보자. 내 소득은 올라갈 가능성이 있다. 비록 균등화가 일어나기 전에 평균적인 부보다 많았던 나의 부를 상당히 포기해야 한다고 하더라도. 평등한 분배 정의에 따르면, 평균적인 부보다 더 많은 부를 내가 소유하고 있음에도 불구하고, 나는-이상하게도-처음 상황에서는 자본주의적으로 착취당한다. 다음으로 방금 언급한 드문 기술이 내가 가진 유일한 기술이고, 균등화가 부의 피라미드의 최상층을 대폭 감소시키자마자 나의 모든 고객들이 사라질 것이라고 상상해 보자. 나의 소득은 그 결과 당연히 떨어질 것이다. 비록 내가 처음에 부를 가지고 있지 않았고, 따라서 부의 균등화로부터 상당한 직접적 이익을 얻었을 지라도 말이다. 이 경우에, 평등한 분배 정

의에 따르면, 나는 나의 빈곤에도 불구하고 최초의 상황에서 자본주의적인 착취자다.

101_존 뢰머가 나에게 지적했듯이, 이 난점(이전의 역설과 함께)은 반사실적 상황이 가격 의존적 특성을 가질 때는 항상 존재하는 것이다. 그러므로 이 난점 때문에 뢰머는 가격에 의존하지 않는 퇴장 기준을 제시하려고 했다. 비록 그 기준이 셰플리 값(Shapley values)을 사용하는 기준처럼 또 다른 가격에 의존하는 기준을 마련할 동기를 부여해 주는 것도 나쁘지 않겠지만 말이다. 물론 가격에 의존하는 절차만이 부가 시장경제에서 균등화되었다면 무슨 일이 일어날까라는 물음에 대한 답을 낳게 할 수 있다. 그러나 가격의 변화를 도외시하는 것이 ─ 우리가 셰플리 값을 택했다면 그랬을 것처럼 ─ 어쩔 수 없이 우리가 인과적 개념을 포착하려는 시도를 포기하게 하지는 않는다. 우리가 해야만 하는 것 ─ 그리고 하려고 하는 것 ─ 은 부의 재분배의 특수한 소득효과에 초점을 맞추는 것이다.

102_Elster(1982a, 2절)는 더 급진적으로 인과적인 착취 개념이 반사실적 조건문으로 적절하게 표현될 수 없다고 주장한다. 그러나 그의 구체적 논증(이것은 각주 96에서 언급된 외부성 사례를 사용해 반사실적 조건문의 만족이 착취를 위해 충분하지 않다는 주장만을 입증한다)은 인과적 주장과 반사실적 주장 간의 일반적 불일치가 아니라, 반사실적 주장의 특정한 (탈퇴) 정식화에 의존한다. 엘스터에 대한 답변에서, Roemer(1982c, 391)는 적절하게 양보하지만 잘못된 근거에 기반해 그렇게 한다. "[엘스터의_저자] 일반적인 요점은 퇴장 기준의 반사실적 기술이 우리가 생각하기에 착취의 진단에 필요한 그런 종류의 인과성을 결코 완벽하게 포착할 수 없다는 것이다. 나는 동의한다. 즉 완벽하게 일반적이고 만족할 만한 정의로서의 게임이론적 접근은 불확실하다." 게임이론적 접근은 엘스터가 포착한 이유 때문에 진짜로 불확실하지만, 그러나 그 이유는 반사실적 정식화의 일반적 불충분함이 아니라 게임이론적 접근의 퇴장 형태의 특수한 불충분성에 불과하다.

103_이것이 Yunker(1977, 104-113)가 "사회 배당의 형태로 자본 수익의 균형을 분배하는 편이, 사회주의하에서 현재 행해지고 있는 자본 수익의 불균형 분배보다 ─ 재정적 의미에서 ─ 바람직하다는 것을 국민 가운데 어느 정도 비율의 사람들에게 확정한다고 했을 때에 그가 몰두한 종류의 문제다. 그는 나중에 저축에 대한 효과(효율성 효과의 한 측면)를 고려하려고 시도하고 다음처럼 결론 내린다. "인구의 대다수에게, 사회 배당금 형태로 재산을 분배하는 것은 가장 온건한 ─ 그러나 주목할 만한 직접적인 ─ 재정적 향상을 이루게 할 것이다"(Yunker 1977 129).

104_엄밀히 말해, 이 간략한 표현은 부정확하다. 만약 부가 여타의 소득분배의 결정 요인들(가령 기술)과 반비례관계라면, 부의 불균등한 분배는 실제로 소득의 분배에 대한 균등화 효과를 가진다. 그 대신 주요한 결정 요인들 간에 독립성 혹은 양의 상관관계가 존재한다면, '부에 기반을 둔 불평등'은 지나치게 오해의 소지가 큰 표현은 아니다.

105_이 경우에, 게임이론적(혹은 퇴장) 정식화는 봉건적 착취와, 신고전파적 혹은 피구적인 착취 개념 간의 흥미로운 연관성을 눈에 띄게 하는 장점이 있다(5장 5절을 참조). 행위자의 수가 증가할수록, 그것에 입각해 봉건적 착취가 정의되는 한 경제의 '드브레 코어'(다시 말해, 연합이 퇴장을 통해 그 몫을 향상시킬 수 없는 모든 배분들의 집합)와 그 '오스트로이 코어'(다시 말해, 어떤 연합도 철회를 통해 그 전체 수량의 몫을 악화시킬 수 없는 그런 모든 배분들의 집합)

간의 수렴이 존재한다. 그런데 오스트로이 코어는 한계 생산물 개념을 포착한다. 다시 말해, 완전경쟁하에서, 노동자가 신고전파적으로 착취당하는 한 그리고 오직 그 경우에만 그녀는 봉건적으로 착취당한다. 간략한 논의를 위해서는 Roemer(1982a, 207-208)를 참조.

106_이 모든 것은 농노들이 그들의 토지와 도구를 어느 정도 명확한 의미로 '소유하고 있었다'고 가정한다. 그러나 Roemer(가령 1982b, 93)가 잘 의식하고 있듯이, 생산수단(과 자기 자신)에 대한 농노의 소유권의 성격은 오히려 복잡한 문제다.

107_Roemer(1982a, 215-216; 1982b, 98)와 Roemer(1982a, 279-281)를 각각 보라. 첫 번째 명칭은, 마르크스의 시나리오에 따라 공산주의 사회의 첫 번째 혹은 '사회주의적' 단계에서 기술이 여전히 고액의 임금을 정당하게 요구하는 것으로 간주되고 있다는 사실에 의해 정당화된다(5장 6절을 참조).

108_봉건적 착취는, 예외적인 우연의 일치를 통해 봉건적 예속이 소득에 미치는 영향이 부의 불평등이 [소득에 끼치는] 영향에 의해 정확히 상쇄될 때, 자본주의적 착취를 함축하지 못한다(언급된 기타 함의에 대해서도 마찬가지로). 이것은 누군가가 자본주의적 혹은 사회주의적 혹은 필요 착취자가 되지 않고서도 봉건적 착취자가 되는 것이 (잠재적으로) 불가능함을 의미하지 않는다. . 여기서 지적된 달갑지 않은 함축들은 뢰머의 논의에서는 드러나 있지 않다. 왜냐하면 그는 모두를 위한 형식적 자유라는 배경하에서, 즉 사회주의적인 착취는 자본이 집단적으로 소유된다는 맥락에서, 필요 착취는 모든 생산적 자산이 균등화된다는(혹은 그들의 효과들이 무력화된다는) 맥락에서, 각각의 착취를 분석하기 때문이다.

109_수정된 유형 분류 체계(typology)는 또한 Roemer(1982a, 283; 1982b, 98-100; 1982c, 382-383)의 역사 유물론적 주장, 곧 "역사는 일정한 질서 안에서 다양한 형태의 재산에 대한 개인들의 권리를 끊임없이 제거함으로써 진보한다"는 주장을 더 우아하게 표현할 수 있게 해준다. 즉 생산양식들이 연이어 출현하기에 점점 더 많은 수의 착취들, 즉 먼저 봉건적 착취(자본주의)에, 이어서 부의 착취(사회주의)에, 마지막으로 기술과 건강 착취(공산주의)에 대해 금지령이 내려진다.

110_일자리에 기반을 둔 착취와 시민권에 기반을 둔 착취의 관련성에 대해서는 Van Parijs(1993a, 123-128, 142-148)를 각각 보라. Wright(1985a; 1985b)는 유사하게 사회주의사회에서 조직에 기반을 둔 착취의 핵심적인 중요성에 대해 논증한다.

111_이렇게 열려 있는 착취 개념은 Ackerman(1980, 241-245)에 의해 그 윤곽이 제시된다. 그는 — 마치 "착취받는 자와 착취자가 모든 인류를 포함하는 두 개의 거대한 부류로 깔끔하게 나누어질 수 있는 것처럼 전형적으로 말하는 급진적인 사람들"에 반대해 — 부, 권력, 교육에 대한 접근권이 중첩되지 않는 방식으로 장애인인지 정상인인지, 백인인지 흑인인지, 여성인지 남성인지 기타 등등과 같은 여러 요인들에 의해 영향을 받는다고 주장한다.

112_뢰머의 접근과 일반적인 접근 간의 이런 불일치는 놀라운 것처럼 보일 수도 있다. Roemer(1982a, 201-206; 1982b, 94-96)가 반사실적인 조건문으로 정의되는 '자본주의적 착취'와 노동 가치의 부등가교환으로 이해되는 '마르크스적 착취' 간의 등가성에 중요성을 부여한다는 점을 고려하면 말이다. 즉 행위자가 노동을 통해 생산에 기여한 것보다 더 많은 노동 가치를 그

녀의 소득을 통해 요구한다면 그리고 오직 그 경우에만 부의 균등화의 결과로 더 사정이 나아질 것이다. 앞서 지적되었듯이(5장 5절), 조금이라도 노동 가치를 얻는 비노동자는 부등가교환의 수혜자일 수밖에 없으며, 따라서 이런 의미에서 마르크스주의적인 착취자다. 방금 진술된 등가성을 고려할 때, 왜 그녀는 또한 뢰머가 말한 의미의 자본주의적 착취자가 반드시 되지는 않는 것일까? 설명은 이렇다. 등가성 진술이 성립하기 위해서는, 시장균형이 성립한다(강제가 없고, 기업 이윤이 없고, 기타 등등)고 가정할 필요가 있을 뿐만 아니라 모든 행위자가 기술과 선호 면에서 동일하다고 가정할 필요가 있다. 모든 시장이 청산된다는 가정은 우리의 가난한 금리 소득자(rentier)가 비자발적인 실업 상태에 있을 가능성을 제거한다. 또, 그녀가 자발적인 실업 상태에 있을 가능성은 모든 노동자가 동일하다는 가정에 의해 제거된다. 즉 어느 누구도 노동하지 않을 것이기에, 우리의 금리 소득자가 이익을 끌어낼 노동이란 존재하지 않을 것이다. 그렇지 않으면 모두가 노동할 것이기에 게으른 금리 소득자는 존재하지 않을 것이다. 일단 이런 가정들이 해제되면, 등가 관계는 붕괴되며, 우리의 금리 소득자 같은 순가치의 전유자가 뢰머의 정의에 따라 자본주의적으로 착취당하는 일이 일어날 수 있다.

113_Roemer(1982d, 299-300)는 가장 명시적으로 이 구분을 하고 있다. 편익 측면을 포착하기 위해, 그는 착취자가 피착취자에게 '의존하는' 조건을 추가할 것을 제안했다(Roemer 1982d, 285). 권력 측면을 포착하기 위해, 그는 착취자가 피착취자의 '노동에 힘입어 얻게 된다"(Roemer 1989b, 260) 조건을 추가할 것을 제안했다. 이런 보충이 없을 때조차, 뢰머의 착취 개념은 **자신의 우월한 지위**를 '부당하게 이용하는'(exploiting) — 혹은 자신의 우월한 지위로부터 이익을 취득하는 — 다양한 방식들을 규정한다고 정당하게 주장할 수 있었다. 이런 착취 개념은 물론 직관적으로는 납득하기 어려우며, 그래서 자본주의에 대한 사회주의적 비판의 핵심이자 이 장의 핵심이 되는 '인간에 의한 인간의 착취'라는 구분되는 개념과 충돌한다.

114_이 명제는 건강 착취의 특수한 사례와 관련해 약화되어야(qualified) 한다. 뢰머가 언급한 다른 유형의 착취와 달리, 건강 착취는 소득의 분배에 영향을 끼쳐서는 안 되는 요인들을 가리키는 것이 아니라, 오히려 소득의 분배에 의해 상쇄되어야 하는 물질적 복지에 영향을 끼치는 요인(필요의 불평등)을 가리킨다. 이는 후자에 대한 어느 정도의 정형화(patterning)를 함축한다. 그러나 물질적 복지의 분배는, 건강 착취를 폐지하라는 요구가 수용될 때조차 완전히 정형화되지 않는다.

115_이 논점에 대한 더 정확한 진술과 정의론의 일반적인 유형 분류에 대한 함축의 분석을 위해서는 van der Veen & Van Parijs(1985)를 참조.

116_가령 Yunker(1977, 133)를 참조. "사회주의로부터 올 수 있는 가장 분명하고 직접적이면서 가장 명백한 사회적 개선은 자본주의 아래서 일하지 않고 벌어들이는 재산 수익의 병적일 정도로 불평등한 분배를 폐지하는 일일 것이다. 많은 사회주의자들이 사회주의의 '장점'으로 제시한 여타의 대부분의 장점들은 반드시 사회주의와 연관된 것은 아니다. 그 문제가 사회주의 없이 해결될 수 있거나 혹은 사회주의가 그 문제를 반드시 해결하지는 않을 것이라는 점에서." 우리가 민주주의적인 부의 착취를 고려한다면 후자의 규정은 제한되어야 한다(5장 3절을 참조).

117_Roemer(1983c, 381-383)를 참조. 이런 깨끗한 길의 가능성이 마땅히 고려되어야 한다는 점은 이미 Cohen(1981a)과 Arneson(1981, 204)이 강조하고 있다.

118_더 충분한 설명에 대해서는 Elster(1985, 226-229)와 Roemer(1989a, 159-163)를 참조.

119_ Roemer(1989a)가 사적인 소유권의 평등한 분할보다 공적 소유권이 장점을 가진다는 점을 논의하는 과정에서 강조했듯이, 평등한 출발점을 가진 사적 소유권을 통해 정의를 실현하려는 시도는 '사적 소유권 외부성'에 의해 방해받을 수 있다. 그러나 이로부터 이끌어 낼 수 있는 교훈은 단순히 "시장의 사용으로부터 발생하는 사적인 재산 외부성을 조정하기 위한 빈번한 혹은 연속적인 재분배가 있어야 한다는 것"(Roemer 1989a, 178)이다. 물론 이런 연속적 재분배는 일단 부존 자산의 평등의 함축들이 일관되게 이루어진다면 곧장 환기될 이유들 때문에 정당한 것으로 판명이 난다.

120_ Roemer(1982a, 241) 자신은, 내가 다른 데서 논의한 것처럼(Van Parijs 1991a, 3장 6절), '사회적으로 필요한' 착취 개념을 통해 이런 방향을 시사한다.

121_최근 저작에서, 뢰머는 이런 결론으로 경도되고 있다. 비록 논의 내내 그런 것은 아니지만 말이다. 그는 자신의 접근에 따를 때 노동하지 않고 공적으로 소유되는 경제[에서 발생한] 이윤 가운데 자신들의 동등한 몫만을 소비하기로 선택한 사람들이 착취자가 아니라는 점을 인정한다. "[그의_저자] 통찰이 선호가 다른 경우에는 확고하게 적용되지 않는다"고 덧붙인 후에, 그는 "행위자의 선호가 다를 때의 착취를 정의하기 위한 대안적 접근"을 제안한다. 그런 대안적 접근에서 착취는 소득과 소비된 노동 간의 불비례성에서 성립하는 것으로 판명된다(5장 6절에서처럼). 그러나 그는 다음처럼 강조한다. "나는 착취에 대한 이런 규정들 가운데 하나를 유일하게 '올바른' 것으로 채택하기 위한 설득력 있는 논증을 찾을 수 없다"(Roemer 1989b, 264-265). 그 자신의 관점에서 벗어나기보다는(그가 이런 루터적인 퇴행을 선택했다면 그랬을 것처럼) 오히려, 그는 이제 부의 착취에 대한 자신의 접근이 기본소득의 정당화와 상당한 친화성이 있다는 발상을 받아들이려고 애쓰는 듯하다. 그는 바람직하고 실행 가능한 시장 사회주의에 대한 가장 최근의 청사진에서 무조건적 사회 배당금을 제안한다. "사회 배당금은 보장소득의 한 형태이거나, 몇몇 유럽의 저술가들이 보편적인 보조금이라고 부른 것이 될 것이다. 나는 그것을 보조금이라고 부르지 않으려고 하는데, 왜냐하면 그것은 '보조금'이 암시하듯이 '공짜로 주는 것'(gift)이 아니기 때문이다. 다시 말해, 사회적 배당금은 임금이나 이자로 분배되지 않고 있지만 생산수단의 소유자인 민중에게 속하는 국민소득의 일부다. 물론 내가 기술하고 있는 것과 같은 사회에서는 민중이 소비한 노동의 가치에 비례하는 방식으로 민중에게 이윤을 분배하려고 결정할 수도 있다. 하지만 나는 개인적으로 이런 제안에 반대할 것이다"(Roemer 1992, 453-454).

| 6장 |

1_밀접하게 연관되긴 하지만 더 일반적인 이유로, 우리는 자본주의와 사회주의의 서로 다른 과세 표준의 성격에 대해 우려할 필요가 없다. 우리의 주장이 정당한 과세 표준을 양도된 외적인 부로 제한했다면(4장 3절에서 우려했던 것처럼), 사회주의하에서는 사회의 부의 대부분이 한 개인으

로부터 또 다른 개인에게로 결코 이전될 수 없다는 사실에 의해 우리는 당황할 수밖에 없었을 것이다. 그러나 사회적 부를 기본소득과 열등 다양성을 축소하는 이전에 지속적으로 투입함으로써 형식적 자유를 존중하는 모든 방식들은 자본주의경제에서 정당하기 때문에(4.6절), 사회주의경제에서, 형식적 자유와 예측 가능성이라는 제약 조건에 따라, 과세적 수단이 아닌 국가 소유 기업에 의해 지급되는 임금의 직접적인 축소라는 방식을 통해 지속 가능한 최고 수준의 기본소득의 재원을 조달하지 못하게 하는 요인은 없다. [이런 주장의] 부수적인 하나의 함축은, 원래 공적으로 소유되는 자본의 이윤 가운데 분배되는 일부를 가리키기 위해 사용된 '사회적 배당금'이라는 용어의 의미(가령 Cole 1929; Lange 1936; Yunker 1977, Meade 1989, Van Trier 1989 참조)를 기본소득(가령 Collard 1980; A. Miller 1983; Standing 1989)과 외연을 같게 하기 위해 확장하는 것이 매우 적절하다는 것이다.

2_이것은 가령 Hayek(1960, 137), Okun(1975, 38-39), A. Buchanan(1985, 78)과 Levine (1984, 44-46)에 의해 논의된다.

3_가령 자본주의하의 '욕망의 왜곡'에 대한 논의는 A. Buchanan(1982, 21-35)을 참조.

4_나는 여기서 이 설명의 타당성을 문제 삼고 있지는 않다. 더 긴 주당 노동시간[을 요구하는] 자본주의의 편향은 노동자들의 복종을 얻기 위해 그들에게 지급되는 지대를 절약하려는 자본가의 노력의 결과로 해석될 수도 있다(Bowles & Gintis 1990을 참조).

5_이 반론은 Cohen(1978, 317-320) 자신에 의해 제기되고 논의된다.

6_가령 A. Buchanan(1985, 28)에 의해 논증된 대로

7_독점적 경쟁의 동학에 대한 그의 생생한 설명에서, Weitzman(1984, 33-36)은 추가적으로 "이 형태들과 여타의 비가격적 경쟁의 형태들이 바람직하지 않은 극단의 형태를 띨 수 있지만, 그런 형태들은 부의 상당 부분, 발전 과정(dynamism), 자본주의하의 경제적 삶의 질을 해명해 준다"고 지적한다. 여기서 와이츠먼이 강조하는 다양한 소비재 상품의 긍정적 영향은, 고려 중인 주장에서 강조된, 여가와 소득 간의 상충 관계에 대한 다양한 태도에 끼치는 부정적인 영향과 일관 ─ 실로 그것에 도움이 ─ 된다.

8_이는 3장 6절에 비추어 어느 정도 제한될 필요가 있다. 즉 소수의 선호는, 적절한 의미에서, 타인이 '이용 가능한' 것이어야 한다.

9_상이한 맥락에서 Arneson(1990b, 53)에 의해 시사되듯이, 경제적으로 실행할 수 있는 넉넉한 재분배의 증가는 정치적으로 실행할 수 있는 후한 재분배의 감소와 병행할 수도 있다. 여가와 소득 간의 완화된 상충 관계 때문에, 기본소득이 어떤 수준이든 노동을 하고 싶어 하는 사람은 일단 증가하지만 기본소득을 지지하는 데 표를 던지는 사람은 더 적어지게 된다. 그러나 자기 이익의 구조로부터 정치적인 실행 가능성으로의 직접적인 추론이 가능하기에는 정치적 지지가 '이데올로기' ─ 특히 공평함의 기준 ─ 에 의해 너무나 크게 매개되며 또한 정치적 성공은 제도적인 요인들에 의해 매우 강하게 영향 받는다. 나는 곧 이 중요한 질문으로(6장 8절) 되돌아갈 것이다.

10_유사한 과제는 Przeworski(1991, 3장)에 의해 여기서 제시된 견해와 크게 공명하는 노선을 따라 훌륭하게 수행된다.

11_자본주의에 대한 마르크스주의적 비판의 일부로서의 이 논점에 대한 고전적 서술에 대해서는

Sweezy(1942, 54-55; 270-272)와 Robinson(1942, 78-80)을 참조.

12_단 하나의 기업만 있을 때는 훨씬 더 약한 결과(차선의 효율성의 추정)만이 입증될 수 있다. 표준적인 참고문헌은 Baumol & Panzar & Willig(1982)다. 더 간략한 유용한 설명을 위해서는 Baumol(1982)과 Spence(1983) 역시 참조.

13_같은 노선을 따르는, Brus(1966, 21-20)와 Kornai(1981, 132-133), 그리고, 더 투박한 형식으로는, Weston ed.(1986, 5; 29)를 참조. "환경보호 정책 지지자들이 제기하는 문제의 핵심에 위치해 있는 것은 산업주의 자체라기보다는 자본주의라는 점을 그들이 인정할 시간이 왔다."

14_ Przeworski(1991, 3장)가 주장하듯이. "자본주의는 사회적 수익률이 사적인 수익률로부터 이탈하는 모든 상황을 사회주의보다 더 유능하게 다룰 수 있는 것도 아니고 덜 유능하게 다룰 수 있는 것도 아니다." 에릭 올린 라이트(1989년 9월 사적인 대화에서)는 다음과 같이 반론한다. "모든 생산수단을 실제로 전면적으로 소유했다면 가능했을 법한 모든 낭비 축소 계획을 실질적으로 모방하는 능력을 자본주의사회가 가졌다면, 물론 사회주의는 계획과 관련한 이점을 갖지 못했을 것이다. 그러나 자본주의는 그런 조건들 아래서는 매우 약한 유형의 사적 소유권이 된다." 나는 사기업의 행태를 환경 입법에 따르게 하는 것이 중간 영역으로 우리를 향하게 한다는 데 동의한다(1장 1절을 참조). 그러나 그것은 재산권 보호를 목표로 하는 입법보다 훨씬 더 침해적일 필요는 없으며, 그러므로 그 자체로 취해졌을 때 여전히 우리를 중간 영역으로부터 멀어지게 하는 적당한 단계를 구성한다.

15_ Mckeen(1975, 101-106) 참조.

16_이것은 때로는 유통 활동(생산과 대립되는)과 일치하는 것으로 이해되는 소위 비생산적 활동을 둘러싼 (종종 다소 혼란스러운) 논쟁의 일부와 관련된다(Gouverneur 1983, 109-110을 참조). 이 논쟁에 영향을 끼치는 혼란의 일부는 비생산적 활동이 또한 이따금씩 비시장적 본성 때문에 '가치를 생산하지 못하는' 활동으로 이해된다는 사실에서 기인한다. 이 표현의 용법에 대한 유용한 개관을 위해서는 De Vroey(1982, 51-56)를 참조.

17_나는 하버마스의 자본주의 위기론과 연관해서 이런 종류의 논증으로 되돌아갈 것이다(6장 4절). 이 논박은, 노동이 노동력[인구에서] 확실히 추출되려면 자본가가 노동과 기계를 통제할 필요가 있다는 주장의 흥미로운 변형태에 대해서도 성립한다(가령 Bowles & Gintis 1990을 참조). 나는 기술 진보와 관련해 이 변형된 논증으로부터 도출되는 따름정리로 되돌아갈 것이다(6장 6절)

18_SSchumpeter(1943, 197-199[국역본, 368쪽])가 "사회주의적 계획의 변호를 위해서 제기될 수 있는 우월성에 대한 가장 중요한 자격 가운데 하나로" 본 것에 유사한 결론이 적용된다. 즉 자본주의사회에서 집단적 목표는 오직 국가 공무원들과 이윤에 의해 추동되는 개인들 및 기업들 간의 투쟁을 통해, 가장 눈에 띄게는 조세의 영역에서 추구될 수 있다. 이것은 몇몇 노동이 조세의 징수 및 규제의 시행에 할애될 필요가 있을 뿐만 아니라, 개인들과 기업들이 그들의 자원을 비최적의 방식으로 배분하도록[조세에서 오는 자중손실(deadweight loss from taxation)은 이의 한 측면일 뿐이다], 그래서 다양한 로비와 보호 활동(법률 서비스를 생각해 보라)을 전개함을 함축한다. 지대 추구의 경제학에 대해서는 Krueger(1974)를 참조. 일단 국가

의 개입이 필수불가결한 것으로 — 최적의 자본주의하에서 확실히 그런 것처럼 — 인정되면, 물론 자본주의의 정적 효율성을 평가하는 데 있어 이런 종류의 현상을 고려하는 것이 중요하다. 그러나 여기서 다시 어떻게 이것이 사회주의에 대한 변론의 자양분이 될 수 있는지는 알기 어렵다. 즉 더 낮은 임금 총액을 통한 묵시적 과세는 명시적 과세와 유사한 경제적 효과를 발생시키며, 그래서 적절한 유인을 제공하기 위해 손익이 분산되자마자(6장 6절), 공적으로 소유되는 기업들과 국가기관들은 자본주의하에서와 같은 종류의 게임을 하도록 내몰리며, 자기 보호적인 활동과 로비 활동에 따른 낭비의 정도는 소유 체제보다는 법적이고 정치적인 제도들의 설계와 상관관계에 있다(경제 입법의 정교화, 해석, 구현이 어느 정도로 로비에 의해 영향을 받을 수 있는가? 어느 정도로 법은 변호사를 고용해 최대한 활용하는 것이 이득이 될 만큼 법의 허점과 기회를 제공해 주는가?).

19_이 점을 나에게 설득력 있게 지적한 사람은 힐렐 슈타이너다. 광고에 대한 표준적인 비용-편익 분석은 이 전체적인 차원을 무시하는 경향이 있다.

20_비록 '자본주의적 생산의 무정부성'이 자본주의에 대한 사회주의적인 비판에 두드러지게 나타났다고 하더라도, 그 역할은 자본주의에 대한 사회주의적 비판의 가장 명확한 주창자들에 의해 대단치 않은 것으로 여겨졌다. 가령 Robinson(1942, 44-46), Mandel(1962, 15-28), 그리고 Morishima(1973, 126-128)를 참조.

21_가령 Sweezy(1942, 75-79; 163-164) 혹은 Morishima(1973, 105-28)에 의해 재구성된 Marx(1885, 391-518)의 경기순환 이론을 참조.

22_더욱이 계획 경제 역시 이런 종류의 대상이 된다. 자본주의적인 생산이 '교환을 위한' 것인 반면, 사회주의적인 생산은 '직접적인 사용을 위한' 것이라고 말하는 것은 오해의 여지가 있다. 광범위한 노동 분업에 의지하는 어떤 체제에서도 자원과 필요 사이에 어떤 형태의 매개가 요구된다. 따라서 사회주의적인 매개는 공급과 수요 간의 불일치를 발생시키고, 모든 게 제대로 된다면, 일시적인 불완전고용을 수반하는 노동의 배분을 발생시킨다. 그런데 이런 노동의 배분은 비록 덜 가시적이긴 하지만 자본주의를 특징짓는 노동의 배분에 비견할 수 있다. [이에 대한] 통찰력 있는 분석을 위해서는 Roland(1989)를 참조.

23_급진적 위기 이론에 대한 유용한 역사적 개관을 위해서는 가령 Alcaly(1978), Shaikh(1978), Weisskopf(1978) 그리고 Elster(1985, 3.4절)를 참조. 나는 여기서 치명적인 결함이 있는 '이윤율 저하 위기론'을 완전히 논외로 할 것이다. Van Parijs(1993a, 3-4장)에서 나는 그 이론을 구출하려 했던, 수많은 실패한 시도들에 대해 광범위하게 논했다.

24_이런 주장은 자본주의에 대한 다수의 친마르크스주의적인 비판들로 거슬러 올라간다(Bleaney 1976; 좀 더 간략한 논의로는 Shaikh 1978, 222-224를 참조). 마르크스 자신은 이와 관련해 양면적 태도를 취한다. 한편으로, 그는 자본주의 위기의 '궁극적 원인'으로 대중들의 과소소비를 기술한다(Marx 1894, 568). 다른 한편으로, 그는 위기를 '순수한 동어반복'으로서 유효수요의 부족으로 설명하는 관점을 일축한다(Marx 1885, 409-410). 이 논증의 현대적인 주창자로는 Sweezy(1942)와 Mandel(1962)이 있다.

25_이 접근의 한 변형은 과소소비 위기로의 경향을 독점 자본주의의 발전과 밀접하게 연관된 것으

로 파악한다. 그 변형된 접근은 독점기업들이 생산한 잉여를 마지못해 사용한다고 주장한다. 왜 냐하면 그들의 산업에 생산량을 증가시키기 위해 그것[잉여]을 사용하는 것은 '시장을 교란시킬' 것이고 더 경쟁적인 부문에 투자하는 것은 이윤율을 훨씬 더 하락시킬 것이기 때문이다. [가령 Sweezy(1942, 275-277), Mandel(1962, 229-235)를 참조]. 그러나 이렇게 논증을 비트는 것은 그 논증을 강화하는 데 어떤 역할도 하지 못한다. 먼저, 독점 부문에 대한 투자, 시장 교란의 위험을 무릅쓴 자본의 확장이 아니라 자본의 심화 혹은 새로운 상품의 개발에서 성립할 수 있다. 두 번째로, 더 경쟁적인 산업에 대한 투자는 이윤율이 양인 한에서 매력적인 것으로 남아 있을 것이다.

26_이런 특징들은 '조절학파'가 포디즘이라고 부른 체제와 연관되어 있다(Aglietta 1976, Lipietz 1979, De Vroey 1984, Boyer 1987 등등). 이 특징들은 이따금씩 '기능주의적'으로, 정확히 주요 위기의 위험성을 축소시키는 그 체제의 능력을 통해 설명된다. 그러나 이 분석의 타당성은 어떤 '기능적 필연성'의 작동에 의존하지 않는다.

27_기본소득이 부재할 때, 노동자들은 고용주와 암묵적인 계약을 체결함으로써 체제의 작동을 뒤 엎으려는 강한 유인을 가질 수도 있다. 즉 노동자들의 순종과 협동은 경기 하강 국면의 충격을 기업의 소유자가 상당 부분 감내하고, 이를 통해 공유 시스템(아마도 법적으로 강제되는)처럼 보이는 것을 최소한 부분적으로, 기업의 고용정책에 부정적인 영향을 끼치는, 사실상의 임금 체계로 전환하는 것을 대가로 이루어진다. 다른 한편 기본소득이 지급되는 경우, 공유 경제 제도의 외부성에 기반을 두지 않은 이점들(특히 노동자들이 잔여 재산 분배 청구권자가 됨으로써 그들의 생산성에 미치는 영향)은 임금 체계의 위험을 공유하는 이점들을 상쇄하며 그래서 전자를 채택하는 것은 많은 기업들의 수준에서 후자를 채택하는 것보다 파레토 우위일 것(다시 말해, 많은 기업들의 노동자들과 자본 소유자들은 그것을 선호할 것이다)이며 더욱이 그것을 장려하거나 부과하기 위해 어떤 법적 장치도 필요로 하지 않을 것이다.

28_이윤 압박 접근의 초기 형태는 Bauer(1913), Sweezy(1942, 9장), Kalecki(1943) 그리고 심지어 Marx(1867, 641-649, 661; 1894, 529-530)에서 발견할 수 있다. 비록 마르크스는 또한 이런 접근처럼 "그렇게 어리석은 것은 없다"고 말하고 있지만 말이다. 더 최근의 변형된 접근들은 Goodin(1967), Glyn & Sutcliffe(1971; 1972), Bell(1972), Boddy & Crotty (1975), Wowthorn(1976), Itoh(1980), Bowles(1983), Bowles & Gordon & Weisskopf(1985), Boyer(1991), 기타 등등을 포함한다. 서로 다른 변형론들은 서로 다른 요인들을 강조하고 서로 다른 시기와 국가에 초점을 맞춘다. 방금 제시한 간략한 설명은 물론 그들 모두에게 공통된 핵심 시나리오에 대한 간소화된 표현일 뿐이다.

29_이 주장은 이를테면 시장의 독점 정도와 국제경쟁의 강도에 맞게 조정될 필요가 있다. 여기서 다시 나는 '재정 위기'(가령 O'Connor 1973, 특히 205-211) 혹은 '인플레이션 위기'(가령 Rowthorn 1977)에 대한 몇몇 마르크스주의적인 분석의 핵심을 재구성하고 단순화한다. [그들의 논의는] Brittan(1975) 혹은 Bacon & Eltis(1976)의 분석과 같은 몇몇 '부르주아적인' 분석들과 표피적인 유사성 이상의 것이 존재한다.

30_'자본주의의 동적 비효율성'에 대한 그의 증명에서 Lancaster(1973)가 상술한 것들과 매우 유사한 이유들로(이 책의 6장 6절을 참조).

31_Przeworski(1987, 22)에 의해 해석된 Garrett & Lange(1986)를 참조. 자제력을 발휘하려는 노동자들의 의지에 대한 경험적 증거를 위해서는 가령 Visser & Pellikaan(1985)을 참조.

32_이것이 클라우스 오페(Offer 1972, 특히 100-101)와 위르겐 하버마스(특히 Habermas 1973, 58-59; 76-77; 98; 113; 1985, 6-8)가 제시한 '정당성 위기'의 핵심 논제다. 이 논제의 변형은, 이를테면 O'Connor(1973, 49-50)에게서도 발견할 수 있다. 하버마스(특히 Habermas 1973, 68-71; 89-96; 106-109)는 추가로 이런 정당성 위기가 성장 친화적인 국가의 적극적 개입을 통해 크게 감소될 수 있는 방법이 없다고 주장한다. 먼저 경제 부문의 이익에 대한 압력에 정부가 취약하다는 데서 주로 기인하는, 그래서 정부의 생산성 증가 효과를 억제하는 '합리성 위기'가 있기 때문이고, 두 번째로 성과 위주의 직업 에토스, 소비 위주의 소유적 개인주의, 그리고 성과 지향적인 전문적 에토스, 소비 지향적인 소유적 개인주의, 그리고 능동적 참여를 필요로 하지 않는 시민적 개인중심주의에 대한 사람들의 헌신을 약화시키는 '동기 위기' 때문이다. 정당성 위기 논제 배후에 있는 핵심 직관은 1970년대에 광범위한 저자들, 즉 프레드 허쉬(특히 Hirsch 1977, 174를 참조)로부터 브리탄(특히 Brittan 1975, 258-261; 267-272 참조)에 이르기까지의 저자들에 의해 공유되었다.

33_물론, 실질적인 기본소득의 정당성에 대한 조직화된 노동계급의 승인(4장 6절을 참조)은, 최적의 사회주의의 경우에 전제될 필요가 있었던 것처럼, 최적의 자본주의의 경우에서도 전제된다.

34_'시장 사회주의'의 이 표준적 난점은 가령 Vanek(1970), Fehr(1988), Drèze(1989)에 의해 유용하게 논의된다.

35_3장 부록 1의 의미에서. 더 강한 풍족함의 조건은 상당한 기본소득이 실행 가능하기 위해, 그러므로 다음의 고려 사항들이 실행 가능하기 위해 충족될 필요는 없다.

36_자본가의 곤경에 대한 통찰력 있는 게임이론적인 분석은 Elster(1982c, 470-471)를 참조.

37_노동에 대한 수요가 임금이 떨어지는 만큼 충분히 빠르게 증가한다면, 노동에 대한 수요는 물론 (완만하게) 증가하는 공급조차 따라 잡을 수 있을지도 모른다. 그러나 이런 가능성을 인정한다고 해서, 임금이 하락하는 만큼 노동 공급이 단조롭게 감소한다고 추정할 경우 발휘될 수 있었을 노동시장의 장점에 대해 안이하게 신뢰를 보낼 수는 없다. 이 논증이 의지하는 '후방 굴절' 공급곡선(the 'backward bend' of the supply curve)은 발전 경제학에서 일반적으로 얘기되는 것과는 구분된다. 여기서 [논의되는 주제와 밀접하게] 관련된 것은 사람들이 임금률의 문턱을 넘어서는 만큼 사람들이 점점 덜 일하고 싶어 한다는 것이 아니라(그 결과 노동 공급이 여하한 임금의 노동 수요에 못 미칠 수 있다), 임금률이 어떤 문턱 아래로 내려가는 한 사람들이 점점 더 많이 일하기를 원한다는 것(그 결과 노동 공급이 여하한 임금의 노동 수요보다 더 크다)이다. 그러나 두 경우 모두에서, 소득 효과는 어떤 지점에서 대체 효과를 상쇄하기 시작하는 것으로 추정된다.

38_물론 지속 가능한 최고의 기본소득은 가장 생산적인 직장에서 신체 건강한 모든 시민들의 심각한 전업 노동 부족을 야기할 것으로 보이며, 따라서 어떤 대안적인 제도 아래서 달성될 수 있는 것보다 더 낮은 수준의 생산량을 수반할 것으로 보인다. 그러나 이것이 체제의 정적 효율성(현존하는 자원에 대한 체제의 동원에 미치는 부정적 효과를 통해)에 대한 부정적 영향으로 그럴듯

하게 해석될 수 있다고 하더라도, 이것이 그런 기본소득을 구현한 체제에 대한 반론으로 사용될 수는 없다. 왜냐하면 정적 효율성은 현재의 맥락에서 기본소득이 지속 가능하게 인상될 수 있는 수준에 영향을 주는 한에서만 우리의 논의와 관련이 있기 때문이다.

39_앞에서 간략히 제시된(4장 4절) '홉스적인' 형태 — 이것은 효율성 임금을 더 고통스런 제재를 거부하는 하나의 방식으로 간주한다 — 및 '모스적인' 형태 — 이것은 효율성 임금을 맞선물을 유발하는 선물로 간주한다 — 에 추가해, 효율성 임금을 노동자에게 더 나은 건강을 확보하게 하기 위한 하나의 방식으로 간주하는 '맬서스적인' 형태가 존재한다(전형적인 예시를 위해서는 각각 Bowles 1985, Akerlof 1982, Leibenstein 1963을 참조).

40_다른 한편, 그것[효율성 임금 접근을 존중하는 것]은 노무관리를 지지하는 사례를 강화할 수 있으며, 이를 통해 앞 절에서 논의된 자본주의의 협동조합적인 변형이나 공적 소유 체제와 어느 정도 가까운 체제를 지지하는 사례를 강화시킬 수도 있다. 이런 취지의 흥미로운 논증에 대해서는 Bowles & Gintis(1993) 참조.

41_경쟁 조건하의 균형 비자발적 실업에 대한 여타의 미시 경제학적 이론들은 마찬가지로 유망하지 못하다. 예를 들어, 앞에서(4장 4절) 마찬가지로 간략히 언급된 내부자-외부자 접근은 노동자들이 자신들의 노동력의 소유자이고 소유자로 남아 있는 어떤 사회에도 적용되며, 따라서 형식적 자유를 존중하는 자본주의와 꼭 마찬가지로 형식적 자유를 존중하는 사회주의의(집단주의가 아니라)에도 적용된다.

42_최소수혜자의 상황이 무시해도 될 정도로 악화된다고 하더라도 형편이 더 나은 사람들 일부의 상황이 극적으로 개선된다면 정당화될 수도 있다는 일상적인 단서를 달고(1장 8절을 참조).

43_성장 잠재력이 환경적 외부성과 자연 자원의 고갈을 적절하게 고려한다는 의미로 이해되어야 한다는 것은 굳이 말할 필요가 없을 것이다(2장 3절을 참조).

44_예를 들어, 헨리 월리치는 그의 책 제목을 통해 '자유의 비용'에 대해 말한다(Wallich 1960). 왜냐하면 그는 더 낮은 경제성장이 자본주의가 자유를 보존하기 위해 지불해야 할 대가였다고 믿기 때문이다.

45_이 이론과 그것이 불러일으킨 논쟁으로부터 끌어낸 교훈에 대한 확장된 논의를 위해서는 Van Parijs(1993a, 37-85)를 참조.

46_실로 대다수의 자본주의적인 기술 진보가 이루어지고 있는 대기업의 기능은 시장의 규율에 직접 종속된 독립 생산자의 기능보다는 사회주의적인 관료제의 기능과 더 많은 공통점을 갖는다. 그러나 '자본의 공무원들'이 위계의 정점에서 가장 밑바닥까지 효과적으로 관성과 맞서 싸울 수 있게 하는 것은 자기 이익에 근거한 에너지와 수사적인 무기를 계속 제공해 주는 시장의 재제에 대한 궁극적인 종속이다.

47_동적 효율성의 이런 선택 차원은 가령 Arnold(1985, 98)에 의해 강조된다. 오스카르 랑게가 이미 지적했듯이, 이 장점은 독점 자본주의 아래서는 축소된다(Lange 1937a, 131). 자본가 혹은 경영자의 로비 활동의 자질이 검약자로서의 그들의 자질만큼이나 중요한 것이 되기 때문이다.

48_이 믿음은 Brus(1987, 346-347)에 인용된 레닌의 1919년 연설에 영감을 주었다. "노동생산성은 가장 중요한 것이고 새로운 사회질서의 승리를 위해 결정적인 것이다. 자본주의는 전례 없

는 농노 조건의 노동생산성 수준을 발생시켰다. [사회주의는] 자본주의를 궁극적으로 물리칠 수 있고 물리칠 것이다. 왜냐하면 사회주의는 새롭고 훨씬 더 높은 노동생산성을 낳을 수 있기 때문이다."

49_von Weizsäcker & Samuelson(1971), Samuelson(1982), Roemer(1983b), Elster(1985, §§3.22; 5.1.3)를 참조. 그리고 이 논증에 대한 좀 더 확장된 비판적 논의를 위해서는 Van Parijs(1993a, 158-160)를 참조.

50_이 논증의 변형태들은 곧 자본주의에 대한 비판의 상투적 요소의 일부가 되었다. 가령 Sweezy (1942, 276-277) 혹은 Mandel(1962, 107-114)을 참조.

51_슘페터는 좀 더 집중된 시장구조가 더 낫다고 말하는 게 아니다. "모든 분야에 확산된 카르텔 체제가 완전경쟁에 의해 실현될 것으로 예상되는 모든 것을 더 적은 사회적 비용과 더 적은 사적 비용으로도 실현할 수 있다는 것도 분명히 생각할 수 있다"(Schumpeter 1943, 91[국역본, 196쪽]). 그러나 그는 집중 자체가 기술 진보에 반드시 나쁜 것은 아니라는 점을 설득력 있게 논증한다.

52_같은 논증에 대한 간략한 진술을 위해서는 가령 Brus(1966, 21-22), Robinson(1956, 87), Okun(1975, 57-58), Elster & Moene eds.(1989, §1) 참조.

53_추가적인 논의를 위해서는, 가령 Gordon(1976, 22-26), Drago(1986, 76-86), Bowles & Gintis(1990) 참조. 나는 노동자들이 노동을 수행하고 있는 체제의 정당성에 관해 느끼는 것들이 그들이 태만하게 행동하려는 성향에 크게 영향을 줄 수도 있다는 점을 부정하고 싶지는 않다. 그러나 이것이 결정적인 전제라면, 우리는 여기서 다시(치안 유지 활동에 관한 §6.3과 정당성 위기에 관련한 §6.4를 참조) 논점 선취의 오류를 범하고 있다. 논증 과정에서 결론이 입증하려는 것, 즉 자본주의에 대한 사회주의의 윤리적 우월성을 당연한 것으로 가정하고 있기 때문이다.

54_가령 Brus(1966), Kornai(1981), Roland(1989)를 참조.

55_대략 유사한 논평은 노동자의 협동조합 경제에 적용된다. 노동자 소유의 기업에서와 마찬가지로, [협동조합 경제에서] 노동자의 운명은 기업의 성공에 상당히 의존하기 때문에, 위험한 사업에 대한 강한 편견과 이로 인해 혁신에 대한 강한 편견이 존재하게 될 것이다. 이런 편견을 경감시키기 위해, 가령 Meade(1989)가 제안한 것처럼 소유권 구조를 표준적인 자본주의의 변형태와 유사하게 만들 수 있다.

56_이것은 개략적으로 Przeworski & Wallerstein(1986)의 통찰력 있는 분석에서 제안된 정의다.

57_이를 근거로 한 사회주의의 강한 우월성 진술이 이렇다. "생산수단의 사적 소유권이 목표를 선택하는 자유 면에서 심각하게 제한적이라는 점을 인정하는 게 필요하다. 왜냐하면 생산수단의 사적 소유권은 이윤을 추구할 수밖에 없으며, 그래서 사물들에 대한 협소하고 이기주의적인 관점을 취하는 경향이 있기 때문이다. 공적인 소유는 목표의 선택에서 완전한 자유를 주며 그러므로 선택될 수 있는 그 어떤 목표를 위해서도 사용될 수 있다. 사적인 소유가 그 자체로 그것이 이용될 수 있는 목표를 결정하고 있는 도구라면, 공적인 소유는 그 목표가 완벽하게 결정되지 않은 도구다."(Schumacher 1959; Ward 1985, 271-272에서 재인용) 또한 Przeworski(1991, 3장)가 제시한 자본주의의 청사진(기술적으로 실행 가능한 복지의 분배가 사적 소유자들이 자

산을 생산적으로 사용하지 않을 권리에 의해 달성될 수 없기 때문에 근본적으로 불합리한)과 사회주의, 혹은 나의 용어로, 집단주의의 청사진(이는 모든 자원을 완벽하게 통제하며 따라서 외부효용가능성한계에 도달할 수 있다) 사이의 날카로운 대비를 참조.

58_이것은 자본주의적 조건에서 인민주권에 대한 위험이 나타나는 가장 일반적인 형태이다. 더 구체적인 (그러나 무시할 만한 것은 결코 아닌) 형태는 미디어의 사적인 소유에 뿌리를 둔다(가령 Dunn 1984, 15-16을 참조). 미디어가 선거 결과에 끼치는 영향은 민주주의적 자본주의사회가 그 구성원들 다수가 하고 싶어 하는 것을 하는 데 지장을 줄 수도 있다. 이것은 정당성 위기 논의(6장 4절을 참조)와 연관되어 이를테면 때때로 자본주의와 민주주의 간의 모순으로 명명되는 것의 또 다른 예시다. 그러나 인민주권에 대한 또 다른 위험은 콩도르세 역설이나 오스트로고르스키 역설과 같은 민주주의 정치과정에 내재한 난점으로부터 도출될 수도 있다(5장 3절을 참조). [이에 대한] 포괄적인 개관을 위해서는 Przeworski & Wallerstein(1986)을 참조.

59_이 논증의 한 형태는 Wright(1986)와 Roland(1988)의 기본소득 자본주의의 실행 가능성에 대한 비판의 핵심에 있다. 또한 또 다른 논증은 Bowles(1992)의 통찰력 있는 형식적 분석으로부터 구성될 수 있다.

60_앞에서(4장 6절) 간략히 언급된 이 논증의 상이한 변형태들은 Standing(1986; 1989), Nooteboom(1986), Meade(1989, 3절)에 의해 발전되었다. 또 다른 더 사변적인 논증(새뮤얼 보울스가 제안한)은 물질적 재화가 아니라 정보의 형태로, 그리하여 정의하고 집행하기 매우 어려운 재산권의 형태로 보유되는 부와 환경적 외부성의 점증하는 중요성의 결과로 우리의 경제에서 점점 더 많이 발생되는 [해결하기 위해서는] 비용이 많이 드는 갈등을 강조한다. 시장은 이익의 첨예한 대립을 처리할 수 있지만, 합법적인 청구권(legitimate claims)을 둘러싼 불확실성이 제한적인 한에서만 그렇다. 언급된 두 흐름[환경문제와 정보화]이 지속되는 경향이 있는 한, 부의 파괴(창조)에 책임이 있는 사람이 실제로 일으킨 손해(이익)에 대해 확실히 대가를 지불하게 하기가 점점 더 어려워질 것이다. 경제적으로 피해를 주는 혼란을 미연에 방지하기 위해, 시장의 게임에 그 성패가 달려 있는 것을 극적으로 축소해야 할 것이다. 다시 말해, 사람들의 물질적 복지 중 개인의 기여에 의존하는 부분이 아니라 사회의 전반적인 생산성에 의존하는 부분을 점점 늘려 가야 할 것이다. 기본소득은 이 해법을 제도화하는 자연스러운 하나의 방법이다. 경제적 논증의 타당성에 대한 추가적 논의를 위해서는 Van Parijs(1990)를 참조.

61_개인의 자유와 사회의 자유(1장 4절)간의 구분에 대한 나의 앞선 강조와 일관되게, 이 논의 안에 어떤 것도 인민주권이 그 자체로 가치 있는 것이라는 주장에 의존하지 않는다. 아마도 인민주권의 결정적인 중요성은 모두를 위한 개인의 실질적 자유에 복무한다는 순수하게 도구적인 성격에 있다고 할 수 있을 것이다.

62_물론 당사자에게도 떠나는 게 계약전의 상황보다 더 나쁠 수도 있을 것이다. 그러나 떠나는 선택지를 갖고 있지 못한 다른 편에게 훨씬 더 큰 비용이 들게 될 것이다. 그러므로 후자[떠나는 선택지를 갖고 있지 못한 편]는 억제할 수 없을 정도로 부당하다는 느낌에 의해 그들이 '비합리적으로' 이윤을 추구하는 투자자를 떠나고 싶게 하지 않는 한 — 이는 '최후통첩' 협상에 관한 실험이 적절히 예시하듯이 어떤 맥락에서는 무시되어서는 안 되는 가능성이다(가령 Güth 1988을 참조) — 계약(이윤에 해를 끼치고, 기본소득을 증가시키는)을 맺지 않는 데 동의할 것이다.

521

63_이 제약 조건의 명확함은 더 나은 일자리를 이용할 수 있는 국가들의 지리적·언어적 근접성이나 숙련된 이주 노동자들을 맞이할 그들의 준비 상태, 그리고 무엇보다 해당 국가의 인적 자본의 보유자들이 순소득 극대화의 동기에 의해 배타적으로 움직이는 정도와 같은 요인들에 달려 있다. 나는 다음 절에서 이 마지막 요인으로 되돌아갈 것이다.

64_수전 스트레인지(Susan Strange)와의 대담을 통해 나는 오늘날의 세계에서 인민주권에 기반을 둔 사회주의 지지 논증의 협소한 한계를 납득했다.

65_'기껏해야'라고 말한 것은 모든 질서 정연한 사회가 자유주의적인 정의론을 채택할 필요는 없기 때문이다. 어떤 사회는 완전주의적 정의론을 채택할 수도 있는데, 이런 완전주의적 정의론은 근본적 자유들의 목록(과 그들의 우선성)을 구체화할 필요가 없으며 차등의 원리와 같은 어떤 것을 구체화할 필요도 없다. 이런 쟁점들과 관련한 가장 명시적인 진술은 롤스의 진술이다(Rawls 1993b). Beitz(1979), Pogge(1989; 1994), Barry(1989; 1994)와 같은 다른 여러 저자들은 차등의 원리의 몇몇 변형태들에 관여하면서, 그 대신 여기서 옹호되는 것에 가까운 전 지구적인 해석을 옹호한다.

66_나는 아직은 설익은 우파-롤스주의의 이 전형적인 표현에 대해 내가 주의를 환기할 수 있게 해준 데 대해 세르주 크리스토프 콜름(Serge-Christophe Kolm)에게 감사한다.

67_이로 인해 모든 사람이 그 [세계적인 재분배 시스템]을 옹호하는]것을 옹호하지 못했던 것은 아니다. 예를 들어, 네덜란드의 예술가인 피터르 코이스트라(Pieter Kooistra)는 수년 동안 '모든 사람들을 위한 UN 소득'을 요구했다(Kooistra 1983)). 군나르 아들러-칼손은 (주로 생산요소 이동성에 근거해) 세계적인 기본소득이 유일한 현실적 가능성이라고 주장하지만, 제3세계 국가들의 인구 성장률의 현실적인 제한을 그에 대한 대가로 요구한다(Adler-Karlsson 1990). 또, 부유한 국가들에 의해 그 재원이 조달되는 세계 기본 연금의 발상은 제3세계의 빈곤과 과도한 인구 성장과 동시에 싸우는 하나의 방법으로 이따금씩 환기된다.

68_나는 Van Parijs(1996b)에서 이 논증의 여러 측면들을 추가로 발전시키고 예시했다.

69_국가 간 정의를 추구하기 위한 대안 전략은 사람들의 이동에 의존한다는 것이다. 그런데 이런 이동은 자본의 이동 및 기술의 확산과 함께 부유한 국가 안의 그다지 부유하지 않은 사람들로부터 가난한 국가 안의 훨씬 덜 부유한 많은 사람들에게로 아래 방향으로 서서히 그러나 강력하게 기회를 재분배할 것이다. 그러나 여러 가지 확실한 이유로, 경제적 동기를 가진 대규모의 이동은 대규모의 개인 간 재분배보다 기회를 균등하게 하는 (혹은 축차적으로 최소극대화하는) 하나의 방법으로서는 훨씬 덜 적절한 방법이다. 즉 경제적 동기를 가진 대규모의 이동은 빈곤한 국가 안의 최빈자들의 상황을 개선하지 않고 아마도 악화시킬 것이다. 그것은 각 국가 안의 '책임 있는' 인구정책을 추진할 압력을 덜어 줄 것인 반면, 떠나는 나라와 도착하는 나라 양자의 지역공동체의 파괴를 통한 더 큰 부정적 외부성을 발생시킬 것이다. 경제적 동기를 가진 대규모의 이동은 국내에서 일어나는 재분배에 대한 추가적인 제약 조건을 창출할 것이다. 그래서 그것은, 곧 검토될 간접적인 이유들로, 실질적 자유를 축차적으로 최소극대화하는 데 중요한, 사회적 응집을 훼손할 것이다. 이 영역에 대한 사유를 위한 매우 유용한 자료로는 특히 Barry & Goodin eds.(1992)와 Carens(근간)를 참조.

70_이는 대략 지난 20년간 대부분의 선진 자본주의국가들에서 점점 사실로 드러났다. 가령 관련된 자료를 위해서는 Atkinson(1993)을 참조. Kaus(1992)는 이런 추세와 그 비가역성을, 더 큰 평등을 달성하려는 시도('화폐 자유주의')를 삶의 몇몇 영역들을 소득 불평등의 침입으로부터 보호하려는 시도('시민적 자유주의')로 대체하자는 그의 호소의 출발점으로 삼는다. 나는 후자의 어떤 형태가 전자를 구하는 데 중요하다고 주장할 것이다.

71_물론 단어의 선택은 1장 8절에서 소개된 연대주의적 혹은 동등한 관심[배려]에 기반을 둔 정의 관의 개념과의 밀접한 연관을 담으려고 의도된 것이다.

72_나는 Van Parijs(1993b)의 마지막 두 절에서 이 물음을 상세히 논의한다.

73_이런 한에서, 나는 실질적인 기본소득의 성공적인 도입을 위해서는 그에 병행하는 모종의 공적 서비스의 도입이 필요할지도 모른다는 Gorz(1985; 1988; 1992)의 의견에 동의할 것이다. 그러나 그 논증은 경제적 실행 가능성(상당한 기간의 의무적인 공적 서비스는 실질적인 기본소득의 재원을 조달하기 위한 경제 잠재력을 축소시킬 것이라는)과 관련된 것이 아니며 윤리적 정당성(3장과 4장은 3장 8절에서 상술된 적절한 상황 아래서 사회의 각 구성원에게 기여와 무관하게 실질적 기본소득의 자격이 주어져야 함을 정의의 원리가 요구한다는 점을 보여 주기 위해 수고를 아끼지 않았다)과 관련된 것도 아니다. 오히려 그 논증은 연대적 정의관에 대한 광범위한 헌신을 위한 사회적 조건과 관련된 것이다.

74_자유를 위한 자유의 제한과 관련해 다른 예들이 훨씬 더 앞에서(1장 4절) 제시되었다.

75_내가 좌파적인 롤스주의 세 번째 핵심 주장으로 제시한 이 주장은 롤스 자신이 명시적으로 인정한 주장이 아니다. 실로, 그 주장에 대한 롤스의 명시적인 이견은 앞에서(4장 2절) 상세히 논의되었다. 그럼에도, 앞의 두 핵심 주장과 함께 그것은 결코 롤스의 접근에 완전히 낯선 것이 아니라고 나는 생각한다. 이런 견해에 대한 지지 근거는 가령 롤스 자신이 가장 선호하는 체제이면서, 사전적인 부존 자산 대 사후적인 교정이라는 관점에 입각해 (확고하게 비판하는) 복지국가 자본주의와 대비하고 있는, 재산 소유 민주주의에 대한 그의 가장 충분한 서술 안에서 발견할 수 있다. 하지만 (내가 보기에 현재의 조건에서는 지나치게 낙관적으로) 유증과 인간 자본에 대한 적절한 분배가 최대 다수의 사람들에게 버젓한 생활수준을 충분히 보장해 주리라고 가정한다(Rawls 1990, 51절을 참조). 더욱이 롤스가 특별히 재산 소유 민주주의라는 개념을 차용했던(Meade 1964를 참조) 롤스의 '경제적 스승'인 제임스 미드(Barry 1989, 394)는 최근에 경제학계에서 기본소득의 가장 영향력 있는 옹호자 중 한 사람이 되었다(Meade 1989; 1990; 1993 참조). 마지막으로, 내가 이 책 4장의 전신이 되는 것을 하버드 대학의 강의에서 발표한 후에, 롤스는 항구적으로 주변에 충분한 일자리가 없다면, 그는 나의 결론을 따를 수도 있을 것이라고 논평했다. 처음의 두 핵심 주장과 마찬가지로, 롤스가 암묵적으로 가정하고 있는 세계에 우리가 살았다면 세 번째 주장은 물론 훨씬 덜 중요했을 것이다. 즉 국제적인 경쟁에 의해 거의 제약을 받지 않고 모두 신체 건강한 사람이 어느 정도 감당할 수 있는 훈련 이후에 가족을 부양하기에 충분한 급여를 받는 노동을 발견할 것이라고 합당하게 기대할 수 있는 국가들로 이루어진 세계에 우리가 산다면 말이다. 나는 세계경제에서 일어나고 있는 변화들이 완벽하게 실현될 때 롤스가 완전한 좌파적 롤스주의자로 바뀔 것이라고 당연히 확신한다.

Ackerman, Bruce A. 1980. *Social Justice in the Liberal State*. New Haven, Conn., Yale University Press.

Adler-Karlsson, Gunnar. 1979. "Probleme des Wirtschaftswachstums und der Wirtschaftsgesinnung: Utopie einesbesseren Lebens." *Mitteilungsdienst der Verbraucherzentrale NRW* 23.

_____. 1990. "Towards a World Citizen Income." *paper presented at the Third European Conference on Basic Income*. Florence: European University Institute.

Aglietta, Michel. 1976. *Régulation et crises du capitalisme: L'Exemple des États-Unis*. Paris: Calmann-Levy[『자본주의 조절이론』, 성낙선 옮김, 한길사, 1994].

Akerlof, George A. 1978. "The Economics of "Tagging" as Applied to the Optimal Income Tax, Welfare Programs, and Manpower Planning." G. A. Akerlof. *An Economic Theorist's Book of Tales*. Cambridge: Cambridge University Press(1984).

_____. 1981. "Jobs as Dam Sites." G. A. Akerlof. *An Economic Theorist's Book of Tales*. Cambridge: Cambridge University Press(1984).

_____. 1982. "Labor Contracts as Partial Gift Exchange." G. A. Akerlof. *An Economic Theorist's Book of Tales*. Cambridge: Cambridge University Press(1984).

Akerlof, George A. & Janet L. Yellen. 1986. "Introduction." *Efficiency Wage Models of the Labor Market*. Cambridge: Cambridge University Press.

Alcaly, R. E. 1978. "An Introduction to Marxian Crisis Theory." *Radical Perspectives on the Economic Crisis of Monopoly Capitalism*. New York: Union for Radical Political Economics.

Alexander, Larry & Maimon Schwarzschild. 1987. "Liberalism, Neutrality, and Equality of Welfare vs. Equality of Resources." *Philosophy and Public Affairs* 16.

Ansart, Pierre ed. 1984. *Proudhon: Textes et débats*. Paris: Livre de Poche.

Aristotle. *Politics*. H. Rackam ed. London: Heinemann[『정치학』, 천병희 옮김, 숲, 2009].

Armstrong, Phillip & Andrew Glyn & John Harrison. 1978. "In Defence of Value: A Reply to Ian Steedman." *Capital and Class* 5.

Arneson, Richard J. 1981. "What's Wrong with Exploitation?" *Ethics* 91.

_____. 1985. "Freedom and Desire." *Canadian Journal of Philosophy* 15.

_____. 1989. "Equality and Equal Opportunity for Welfare." *Philosophical Studies* 56.

_____. 1990a. "Liberalism, Distributive Subjectivism, and Equal Opportunity for Welfare." *Philosophy and Public Affairs* 19.

_____. 1990b. "Is Work Special? Justice and the Distribution of Employment." *American Political Science Review* 84.

_____. 1991. "A Defense of Equal Opportunity for Welfare." *Philosophical Studies* 62.

_____. 1992a. "Property Rights in Persons." *Social Philosophy and Policy* 9.

_____. 1992b. "Is Socialism Dead? A Comment on Market Socialism and Basic Income Capitalism." *Ethics* 102.

Arnold, N. Scott. 1985. "Capitalists and the Ethics of Contribution." *Canadian Journal of Philosophy* 15.

Arnsperger, Christian. 1994. "Envy-Freeness and Distributive Justice." *Journal of Economic Surveys* 8.

Aron, Raymond. 1965. *Essai sur les libertés*. Paris: Librairie Générale Française(1976).

Atkinson, Anthony B. 1993. "What is Happening to the Distribution of Income in the UK?" STICERD Working Paper WSP/87.

Bacon, Robert & Walter Eltis. 1976. *Britain's Economic Problem: Too Few Producers*. London: Macmillan(1978).

Baker, John. 1987. *Arguing for Equality*. London: Verso Books.

_____. 1992. "An Egalitarian Case for Basic Income." P. Van Parijs ed. *Arguing for Basic Income: Ethical Foundations for a Radical Reform*. London: Verso.

Barry, Brian. 1979. "Justice as Reciprocity." E. Kamenka & A. E. S. Tay eds. *Justice*. London: Edward Arnold.

_____. 1983. "Intergenerational Justice in Energy Policy." D. MacLean & P. G. Brown eds. *Energy and the Future*. Totowa, NJ: Rowman & Littlefield.

_____. 1989. *Theories of Justice*. Hemel-Hampstead: Harvester-Wheatsheaf.

_____. 1992. "Equality Yes, Basic Income No." P. Van Parijs ed. *Arguing for Basic Income: Ethical Foundations for a Radical Reform*. London: Verso.

_____. 1994. "Dirty Work in the Original Position." paper presented at the conference. "The Ethics of Nationalism." The University of Illinois at Urbana-Champaign(Apr.1994).

Barry, Brian & Robert Goodin eds. 1992. *Free Movement: Ethical Issues in the Transnational Migration of People and Money*. Hemel-Hempstead: Harvester-Wheatsheaf; University Park: Pennsylvania State University Press.

Bauer, Otto. 1913. "Die Akkumulation des Kapitals." *Die Neue Zeit* 31. pp. 831-838; 862-874.

Baumol, William J. 1982. "Contestable Markets: An Uprising in the Theory of Industry Structure." *American Economic Review* 72.

Baumol, William J. & J. C. Panzar & R. D. Willig. 1982. *Contestable Markets and the Theory of Industry Structure*. New York: Harcourt, Brace, Jovanovitch.

Becker, Gary. 1981. *A Treatise on the Family*. Cambridge. Mass.: Harvard University Press[『가족경제학』, 생활경제연구모임, 한터, 1994].

Beitz, Charles. 1979. *Political Theory and International Relations*. Princeton, NJ: Princeton University Press.

Bellamy, Edward. 1888. *Looking Backward*. Boston: Houghton Mifflin(1966).

_____. 1897. *Equality*. New York: Appleton & Co.

Belloc, Hilaire. 1912. *The Servile State*. Indianapolis: Liberty Press(1977).

Benn, Stanley I. & William Weinstein. 1971. "Being Free to Act and Being a Free Man." *Mind* 80.

Berlin, Isaiah. 1958. "Two Concepts of Liberty." I. Berlin. *Four Essays on Liberty*. Oxford: Oxford University Press(1979)["자유의 두 개념," 『(이사야 벌린의) 자유론』, 박동천 옮김, 아카넷, 2014(개정판)].

_____. 1969. "Introduction." I. Berlin. *Four Essays on Liberty*. Oxford: Oxford University Press(1979).

Besley, Timothy. 1990. "Means Testing versus Universal Provision in Poverty Alleviation Programmes." *Economica* 57.

Bettelheim, Charles. 1969. "Remarques théoriques." appendix to A. Emmanuel. *L'Échange inégal*. Paris: Maspero(1975).

Bleaney, Michael. 1976. *Underconsumption Theories: A History and Critical Analysis*. New York: International Publishers.

Boddy, R. & J. Crotty. 1975. "Class Conflict and Macro-Policy: The Political Business Cycle." *Review of Radical Political Economics* 7.

Bouglé, Célestin. 1907. *Le Solidarisme*. Paris: Giard & Brère.

Bourgeois, Léon. 1902. *Solidarité*. Paris: Armand Colin.

Bowles, Samuel. 1983. "The Post-Keynesian Capital-Labor Stalemate." *Socialist Review* 65.

_____. 1985. "The Production Process in a Competitive Economy: Walrasian, Neo-Hobbesian and Marxian Models." *American Economic Review* 75.

_____. 1992. "Is Income Security Possible in a Capitalist Economy: A Micro-Economic Analysis of the Basic Income Grant." *European Journal of Political Economy* 8.

_____. 1988. "Contested Exchange: Political Economy and Modern Economic Theory." *American Economic Review* 78.

_____. 1990. "Contested Exchange: New Microfoundations for the Political Economy of Capitalism." *Politics and Society* 18.

_____. 1993. "The Democratic Firm: An Agency-Theoretic Evaluation." S. Bowles & H. Gintis & B. Gustafson eds. *Markets and Democracy*. Cambridge: Cambridge University Press.

Bowles, Samuel & Herbert Gintis. 1986. *Democracy and Capitalism*. London: Routledge [『민주주의와 자본주의』, 차성수·권기돈 옮김, 백산서당, 1994].

Bowles, Samuel & David M. Gordon & Thomas E. Weisskopf. 1985. *Beyond the Waste Land: A Democratic Alternative to Economic Decline*. New York: Anchor Press.

Boyer, Robert. 1987. *La Théorie de la régulation*. Paris: La Découverte.

_____. 1991. *Justice sociale et performances économiques: De l'alliance cachée au conflit ouvert?* Paris: CEPREMAP, Working paper 9135.

Brittan, Samuel. 1973. *Capitalism and the Permissive Society*. London: Macmillan. (Abridged in *A Restatement of Economic Liberalism*. London: Macmillan(1988)).

_____. 1975. "The Politics of Excessive Expectations." S. Brittan. *The Economic Consequences of Democracy*. London: Temple Smith(1977).

_____. 1988. *A Restatement of Economic Liberalism*. London: Macmillan.

Brody, Baruch. 1983. "Redistribution without Egalitarianism." *Social Philosophy and Policy* 1.

Bronfenbrenner, M. 1971. *Income Distribution Theory*. London: Macmillan.

Brus, Wlodimierz. 1966. "Economic Incentives, Technical Progress and the Evolution of the Socialist Economic System." W. Brus. *The Economics and Politics of Socialism*. London: Routledge & Kegan Paul(1973).

_____. 1987. "A Note on Socialism's Claim to Economic Rationality." G. Fink & G. Pöll & M. Riese eds. *Economic Theory, Political Power and Social Justice: Festschrift Kazimierz Laski*. Vienna: Springer.

Buchanan, Allen E. 1979. "Exploitation, Alienation and Injustice." *Canadian Journal of Philosophy* 9.

_____. 1982. *Marx and Justice: The Radical Critique of Liberalism*. Totowa, NJ: Rowman & Littlefield.

_____. 1985. *Ethics, Efficiency and the Market*. Totowa, NJ: Rowman & Allanheld.

_____. 1989. "Assessing the Communitarian Critique of Liberalism." *Ethics* 99.

Buchanan, James M. 1985. *The Limits of Liberty*. Chicago: University of Chicago Press.

_____. 1987. "Towards the Simple Economics of Natural Liberty: An Exploratory Analysis." *Kyklos* 40.

—————— and Lomasky, Loren E. 1985. "The Matrix of Contractarian Justice." E. F. Paul & F. D. Miller & J. Paul eds. *Liberty and Equality*. Oxford: Blackwell.

Byrne, Steven E. 1993. *A Rawlsian Argument for Basic Income*. University College Dublin: Department of Politics, MA thesis.

Carens, Joseph H. 1981. *Equality. Moral Incentives and the Market: An Essay in Utopian Politico-Economic Theory*. Chicago, Ill.: University of Chicago Press.

_____. 1985. "Compensatory Justice and Social Institutions." *Economics and Philosophy* 1.

_____. (forthcoming). *Immigration and Political Community*.

Carling, Alan. 1984. "Exploitation: A Calculus of Dissent?" University of Bradford: School of Interdisciplinary Human Studies.

_____. 1987. "Exploitation, Extortion and Oppression." *Political Studies* 35.

_____. 1991. *Social Division*. London: Verso.

Carter, Ian. 1993. *The Measurement of Freedom*. Florence: European University Institute, Ph.D. thesis.

Carver, Terrell. 1987. "Marx's Political Theory of Exploitation." A. Reeve ed. *Modern Theories of Exploitation*. London: Sage.

Champsaur, Paul & Guy Laroque. 1981. "Fair Allocations in Large Economies." *Journal of Economic Theory* 25.

Cohen, G. A. 1978. *Karl Marx's Theory of History*. Oxford: Oxford University Press[『카를 마르크스의 역사이론』, 박형신·정헌주 옮김, 한길사, 2011].

_____. 1979a. "The Labour Theory of Value and the Concept of Exploitation." M. Cohen & T. Nagel & T. Scanlon eds. *Marx, Justice and History*. Princeton, NJ: Princeton University Press(1980).

_____. 1979b. "Capitalism, Freedom and the Proletariat." A. Ryan ed. *The Idea of*

Freedom: Essays in Honour of Isaiah Berlin. Oxford: Oxford University Press.

_____. 1981a. "Freedom, Justice and Capitalism." *New Left Review* 126.

_____. 1981b. "Illusions about Private Property and Freedom." J. Mepham & D. Ruben eds. *Issues in Marxist Philosophy*. Hassocks, Harvester Press.

_____. 1983a. "The Structure of Proletarian Unfreedom." *Philosophy and Public Affairs* 12.

_____. 1983b. "More on Exploitation and the Labour Theory of Value." *Inquiry* 26.

_____. 1983c. Review of Wood(1981). *Mind* 92.

_____. 1985a. "Nozick on Appropriation." *New Left Review* 150.

_____. 1985b. "Marx and Locke on Land and Labour." *Proceedings of the British Academy* 71.

_____. 1986. "Self-Ownership, World-Ownership and Equality, Part II." *Social Philosophy and Policy* 3.

_____. 1987. "Comments on the Universal Grant Proposal." Oxford: All Souls College, unpublished note.

_____. 1989a. "Are Freedom and Equality Compatible?" J. Elster & K. O. Moene eds. *Alternatives to Capitalism*. Cambridge: Cambridge University Press.

_____. 1989b. "On the Currency of Egalitarian Justice." *Ethics* 99.

_____. 1990. "Equality of What? On Welfare, Goods and Capabilities." *Recherches Économiques de Louvain* 56.

_____. 1992. "Incentives, Inequality and Community." *The Tanner Lectures on Human Values*. Salt Lake City: University of Utah Press.

_____. 1995. *Self-Ownership, Freedom and Equality*. Cambridge: Cambridge University Press.

Cole, George D. H. 1929. *The Next Ten Years in British Social and Economic Policy*. London: Macmillan.

_____. 1935. *Principles of Economic Planning*. London: Macmillan.

_____. 1944. *Money: its Present and Future*. London: Cassel & Co.

Colins, Henri. 1835. *Du Pacte social et de la liberté politique considérés comme complément moral de l'homme*. Paris: Montardier.

Collard, David. 1980. "Social Dividend and Negative Income Tax." C. Sandford & C. Pond & R. Walker eds. *Taxation and Social Policy*. London: Heinemann.

Comble, Jerry & Edgar Norton eds. 1991. *Economic Justice in Perspective*. Englewood Cliffs: Prentice-Hall.

Constant, Benjamin. 1819. "De la liberté des anciens comparée à celle des modernes." B. Constant. *De l'esprit deconquête et de l'usurpation*. Paris: Flammarion (1986).

Crocker, Lawrence. 1972. "Marx's Concept of Exploitation." *Social Theory and Practice* 1.

Cunliffe, John. 1987. "A Mutualist Theory of Exploitation?" A. Reeve ed. *Modern Theories of Exploitation*. London: Sage.

Da Silveira, Pablo. 1994. *Neutralité et enseignement dans une société pluraliste: Arguments pour un perfectionnisme modeste*. Université catholique de Louvain: Institut supérieur de philosophie, Ph.D. thesis.

Daussun, Robert. 1986. "Le Rapport du Conseil des impôts relatif à l'imposition du capital." *Les Notes Bleues du Ministères de l'Economie, des Finances et de la Privatisation* 307.

Deutsch, Morton. 1985. *Distributive Justice*. New Haven, Conn.: Yale University Press.

De Vroey, Michel. 1982. "On the Obsolescence of the Marxian Theory of Value: A Critical Review." *Capital and Class* 17.

_____. 1984. "A Regulation Approach Interpretation of the Contemporary Crisis." *Capital and Class* 23.

de Jouvenel, Bertrand. 1952. *The Ethics of Redistribution*. Indianapolis: Liberty Press(1990).

Dobb, Maurice. 1973. *Theories of Value and Distribution since Adam Smith*. Cambridge: Cambridge University Press(1981).

Dolan, E. G. 1971. "Alienation, Freedom and Economic Organization." *Journal of Political Economy* 79.

Donsimoni, M. P. & H. M. Polemarchakis. 1985. "Variations in Endowments and Utilities." Louvain-la-Neuve: CORE Discussion Paper 8530.

Drago, R. 1986. "Capitalism and Efficiency: A Review and Appraisal of the Recent Discussion." *Review of Radical Political Economics* 18.

Drèze, Jacques. 1989. *Labour Management, Contracts and Capital Markets*. Oxford: Blackwell.

Duboin, Marie-Louise. 1988. "Guaranteed Income as an Inheritance." A. G. Miller ed. *Proceedings of the First International Conference on Basic Income*. London: BIRG; Antwerp: BIEN.

Dunn, John. 1984. *The Politics of Socialism*. Cambridge: Cambridge University Press.

Dworkin, Ronald. 1981a. "What is Equality? Part I. Equality of Welfare." *Philosophy and Public Affairs* 10["복지의 평등," 『자유주의적 평등』, 염수균 옮김, 한길사, 2005].

_____. 1981b. "What is Equality? Part II. Equality of Resources." *Philosophy and Public Affairs* 100["자원의 평등," 『자유주의적 평등』, 염수균 옮김, 한길사, 2005].

_____. 1987. "What is Equality? Part 3: The Place of Liberty." *Iowa Law Review* 733 ["자유의 지위," 『자유주의적 평등』, 염수균 옮김, 한길사, 2005].

_____. 1989. "What is Equality? Part 4: Political Equality." *University of San Francisco Law Review* 222["정치적 평등," 『자유주의적 평등』, 염수균 옮김, 한길사, 2005].

_____. 1990. "Foundations of Liberal Equality." G. B. Peterson ed. *The Tanner Lectures on Human Values*. Salt Lake City: University of Utah Press.

Ellerman, D. P. 1983. "Marxian Exploitation Theory: A Brief Exposition, Analysis, and Critique." *The Philosophical Forum* 14.

Elster, Jon. 1978a. "Exploring Exploitation." *Journal of Peace Research* 15.

_____. 1978b. *Logic and Society: Contradictions and Possible Worlds*. Chichester: Wiley & Sons.

_____. 1982a. "Roemer versus Roemer." *Politics and Society* 11.

_____. 1982b. "Sour Grapes: Utilitarianism and the Genesis of Wants." A. K. Sen & B. Williams eds. *Utilitarianism and Beyond*. Cambridge: Cambridge University

Press.

_____. 1982c. "Marxism, Functionalism and Game Theory." *Theory and Society* 11.

_____. 1983. "Exploitation, Freedom and Justice." *Nomos* 26.

_____. 1985. *Making Sense of Marx*. Cambridge: Cambridge University Press.

_____. 1986. "Comment on van der Veen and Van Parijs." *Theory & Society* 15.

_____. 1989. *Solomonic Judgements*. Cambridge: Cambridge University Press.

Elster, Jon & Karl Ove Moene eds. 1989. *Alternatives to Capitalism*. Cambridge: Cambridge University Press.

Emmanuel, Arghiri. 1969. *L'Échange inégal: Essai sur les antagonismes dans les rapports internationaux*. Paris: Maspero(1975).

_____. 1975. "Réponse à Charles Bettelheim." appendix to A. Emmanuel. *L'Échange inégal*. Paris: Maspero.

Engels, Friedrich. 1873. *Zur Wohnungsfrage*. K. Marx & F. Engels. *Werke*. Berlin: Dietz(1959).

Fehr, Ernst. 1988. *Ökonomische Theorie der Selbstverwaltung und Gewinnbeteiligung*. Frankfurt: Campus.

Flathman, R. E. 1987. *The Philosophy and Politics of Freedom*. Chicago: University of Chicago Press.

Fleurbaey, Marc. 1991. "On Fair Compensation." University of California(Davis): Department of Economics.

_____. 1994. "L'Absence d'envie dans une problématique post-welfariste." *Recherches économiques de Louvain* 60.

Folbre, Nancy. 1982. "Exploitation Comes Home: A Critique of the Marxian Theory of Family Labour." *Cambridge Journal of Economics* 6.

Foley, Duncan K. 1967. "Resource Allocation and the Public Sector." *Yale Economic Essays* 7.

France, Anatole. 1907. *L'Île des Pingouins*. Paris: Calmann-Lévy, 1980[『펭귄의 섬』, 김우영 옮김, 다른우리, 2008].

Fried, Charles. 1983. "Distributive Justice." *Social Philosophy and Policy* 1.

Friedman, David. 1973. *The Machinery of Freedom: Guide to Radical Capitalism*. New Rochelle, (NY): Arlington House(1978).

Friedman, Milton. 1962. *Capitalism and Freedom*. Chicago: University of Chicago Press[『자본주의와 자유』, 변동열·심준보 옮김, 청어람미디어, 2007].

Fromm, Erich. 1976. *To Be or To Have?* New York: Harper[『소유냐 존재냐』, 차경아 옮김, 까치, 1996].

Garrett G. & P. Lange. 1986. "Economic Growth in Capitalist Democracies 1974-1982." *World Politics* 38.

Gauthier, David. 1986. *Morals by Agreement*. Oxford: Oxford University Press.

George, Henry. 1879. *Progress and Poverty*. London: Hogarth Press(1953)[『진보와 빈곤』, 김윤상·박창수 옮김, 살림, 2007].

Geras, Norman. 1984. "The Controversy about Marx and Justice." *Philosophica* 33(repr. in *New Left Review* 150, 1985).

Gintis, Herbert & Samuel Bowles. 1981. "Structure and Practice in the Labor Theory of

Value." *Review of Radical Political Economics* 12.

Giordan, M. 1978. *How to be Exploited ⋯⋯ and How to Avoid It.* London: Temple Smith.

Glyn, Andrew. 1979. "The Rate of Exploitation and Contemporary Capitalism." *Hitotsubashi Economic Review* 10.

Glyn, Andrew & Bob Sutcliffe. 1971. "The Critical Condition of British Capitalism." *New Left Review* 66.

_____. 1972. *British Capitalism, Workers and the Profit Squeeze.* London: Penguin.

Godelier, Maurice. 1978. "La Part idéale du réel: Essai sur l'idéologique." *L'Homme* 18.

Goodin, Robert E. 1982. "Freedom and the Welfare State." *Journal of Social Policy* 11.

_____. 1992. "Toward a Minimally Presumptuous Social Policy." P. Van Parijs ed. *Arguing for Basic Income: Ethical foundations for a Radical Reform.* London: Verso.

Goodin, Robert E. & A. Reeve eds. 1989. *Liberal Neutrality.* London: Routledge.

Goodwin, Richard M. 1967. "A Growth Cycle." E. K. Hunt & J. G. Schwartz eds. *A Critique of Economic Theory.* Harmondsworth: Penguin(1972).

Gordon, David M. 1976. "Capitalist Efficiency and Socialist Efficiency." *Monthly Review* 28.

Gorz, André. 1985. "L'Allocation universelle: Version de droite et version de gauche." *La Revue Nouvelle* 81.

_____. 1988. *Métamorphoses du Travail: Quête du sens.* Paris: Galilée.

_____. 1992. "On the Difference between Society and Community, and Why Basic Income Cannot by Itself Confer Full Membership of Either." P. Van Parijs ed. *Arguing for Basic Income.* London: Verso.

Gouverneur, Jacques. 1983. *Contemporary Capitalism and Market Economics.* Oxford: Martin Robertson.

Grey, Thomas C. 1973. "The First Virtue." *Stanford Law Review* 25.

Guesnerie, Robert & Jean-Jacques Laffont. 1978. "Advantageous Reallocation of Initial Endowments." *Econometrica* 46.

Güth, Werner. 1988. "Ultimatum Bargaining for a Shrinking Cake: An Experimental Analysis." *Lecture Notes in Economics and Mathematical Systems* 314.

Habermas, Jürgen. 1973. *Legitimationsprobleme im Spatkapitalismus.* Frankfurt: Suhrkamp.

_____. 1985. "Die neue Unübersichtlichkeit: Die Krise des Wohlfahrtsstaates und die Erschöpfung utopischer Energien." *Merkur* 39.

Hamminga, Bert. 1983. "Opstaan voor iemand misstaat niemand." *Maandschrift Economie* 47.

_____. 1988. "Arbeid en moraal in de spiegel van een utopie." W. G oddijn et al. *Aftellen tot 2000.* Tilburg: Tilburg University Press.

_____. 1995. "Could Jobs be like Cars and Concerts?" *Journal of Political Philosophy* 3.

Hampton, Jean. 1991. "Varieties of the Social Contract." paper presented at a Conference on Contractarianism, European University Institute, Florence(Apr.1991).

Hartwick, John. 1977. "Intergenerational Equity and the Investing of Rents from Exhaustible Resources." *American Economic Review* 66.

Hayek, Friedrich A. 1960. *The Constitution of Liberty*. London: Routledge & Kegan Paul[『자유헌정론』, 김균 옮김, 자유기업센터, 1997].

Hilferding, Rudolf. 1904. *Boehm-Bawerks Marx-Kritik*. Vienna: Ignaz Brand.

Hirsch, Fred. 1977. *Social Limits to Growth*. London: Routledge & Kegan Paul[『경제성장의 사회적 한계』, 박영일 옮김, 문우사, 1982].

Hobbes, Thomas. 1651. *Leviathan*. Harmondsworth: Penguin(1968)[『리바이어던』, 진석용 옮김, 나남출판, 2008].

Hodgskin, Thomas. 1825. *Labour Defended against Capital, or the Unproductiveness of Capital Proved*. London.

Hodgson, Geoffrey. 1980. "A Theory of Exploitation without the Labour Theory of Value." *Science and Society* 44.

Holländer, Heinz. 1982. "Class Antagonism, Exploitation and the Labour Theory of Value." *Economic Journal* 92.

Homans, George C. 1961. *Social Behaviour: Its Elementary Forms*. London: Routledge & Kegan Paul(1973).

Hospers, John. 1971. *Libertarianism: A Political Philosophy whose Time has Come*. Santa Barbara, Calif.: Reason Press.

Huet, Francois. 1853. *Le Règne social du christianisme*. Paris: Firmin Didot; Brussels: Decq.

Illich, Ivan. 1978. *The Right to Useful Unemployment*. London: Marion Boyars[『누가 나를 쓸모없게 만드는가』, 허택 옮김, 느린걸음, 2014].

_____. 1981. *Shadow Work*. London: Marion Boyars[『그림자 노동』, 노승영 옮김, 사월의책, 2015].

Itoh, Makoto. 1980. *Value and Crisis*. London: Pluto Press.

Iturbe, I. & J. Nieto. 1992. "On Fair Allocations and Monetary Compensations." Universitat Autonoma de Barcelona: Department of Economics.

Jay, Peter. 1977. "The Workers' Co-operative Economy." A. Clayre ed. *The Political Economy of Co-operation and Participation*. Oxford: Oxford University Press(1980).

Johnson, Warren A. 1971. "The Guaranteed Income as an Environmental Measure." H. E. Daly ed. *Toward a Steady-State Economy*. San Francisco: Freeman(1973).

Jordan, Bill. 1985. "Exploitation and Basic Incomes." *BIRG Bulletin* 4.

Jordan, Bill, Simon James & Helen Kay & Marcus Redley. 1992. *Trapped in Poverty? Labour-Market Decisions in Low-Income Households*. London: Routledge.

Joseph, Keith & Jonathan Sumption. 1979. *Equality*. London: John Murray.

Kalecki, Michael. 1943. "Political Aspects of Full Employment." M. Kalecki. *Selected Essays on the Dynamics of the Capitalist Economy*. Cambridge: Cambridge University Press.

Kant, Immanuel. 1793. "Über den Gemeinspruch: Das mag in der Theorie richtig sein, taugt aber nicht für die Praxis." W. Weischedel ed. *Werkausgabe*. Frankfurt: Suhrkamp(1977)[『속설에 대하여: 그것은 이론에서 옳을지 모르지만, 실천에 대해서는 쓸모 없다는』, 오진석 옮김, 도서출판b, 2011].

_____. 1797. *Die Metaphysik der Sitten*. W. Weischedel ed. *Werkausgabe*. Frankfurt:

Suhrkamp(1977)[『윤리형이상학』, 백종현 옮김, 아카넷, 2012].

Kaus, Mickey. 1992. *The End of Equality.* New York: Basic Books.

Kirzner, Israel M. 1978. "Entrepreneurship, Entitlement and Economic Justice." J. Paul ed. *Reading Nozick.* Totowa NJ: Rowman & Littlefield(1981).

Kohr, Leopold. 1974. "Property and Freedom." S. L. Blumenfeld ed. *Property in a Humane Economy.* La Salle, Ill.: Open Court.

Kolakowski, Leszek. 1978. *Main Currents of Marxism* i. Oxford: Oxford University Press[『마르크스주의의 주요 흐름』, 변상출 옮김, 유로, 2007].

Kolm, Serge-Christophe. 1969. "L'Exploitation des nations par les nations." *Revue économique* 20.

_____. 1972. *Justice et equité,* Paris: CNRS.

_____. 1975. "L'Exploitation par l'inflation." *Les Temps modernes* 351.

_____. 1994. "L'Égalité de la liberté." *Recherches économiques de Louvain* 60.

Kooistra, Pieter. 1983. *Voor.* Amsterdam: Stichting UNO-inkomen voor alle mensen.

Kornai, Janos. 1981. "Efficiency and the Principles of Socialist Ethics." J. Kornai. *Contradictions and Dilemmas: Studies in the Socialist Economy and Society.* Cambridge, Mass.: MIT Press(1986).

Krueger, Ann O. 1974. "The Political Economy of the Rent-seeking Society." *American Economic Review* 64.

Lancaster, Kurt. 1973. "The Dynamic Inefficiency of Capitalism." *Journal of Political Economy* 81.

Lang, Kevin and Weiss, Andrew. 1990. "Tagging, Stigma and Basic Income Guarantees." paper presented at the Conference "Basic Income Guarantees: a New Welfare Strategy?" University of Wisconsin, Madison(Apr.1990).

Lange, Oskar. 1936. "On the Economic Theory of Socialism. Part I." *Review of Economic Studies* 4.

_____. 1937a. "On the Economic Theory of Socialism. Part II." *Review of Economic Studies* 5.

_____. 1937b. "Mr Lerner's Note on Socialist Economics." *Review of Economic Studies* 5.

Larmore, Charles. 1987. *Patterns of Moral Complexity.* Cambridge: Cambridge University Press.

Lazear, E. P. 1979. "Why is there Mandatory Retirement?" *Journal of Political Economy* 87.

Leibenstein, Harvey. 1963. "The Theory of Underemployment in Densely Populated Backward Areas." G. A Akerlof and Janet L. Yellen eds. *Efficiency Wage Models of the Labor Market.* Cambridge: Cambridge University Press(1986).

Lerner, Abba. 1936. "A Note on Socialist Economics." *Review of Economic Studies* 4.

Levine, Andrew. 1984. *Arguing for Socialism: Theoretical Considerations.* London: Routledge & Kegan Paul.

Lindbeck, Assar and Snower, Dennis J. 1985. "Explanations of Unemployment." *Oxford Review of Economic Policy* 1.

_____. 1988. *The Insider-Outsider Theory of Employment and Unemployment.* Cambridge, Mass.: MIT Press.

Lindblom, Charles E. 1977. *Politics and Markets*. New York: Basic Books[『정치와 시장』, 주성수 옮김, 인간사랑, 1992]

Lipietz, Alain. 1979. *Crise et Inflation: Pourquoi?* Paris: Maspero.

Liska, Tibor. 1990. "The Reform of Property Relations: A Proposal for Entrepreneurial Socialism Based on Personal-Social Property Relations." paper presented at the Third International Conference on Basic Income, Florence(Sept. 1990).

Locke, John. 1690. *Of Civil Government*. London: Dent & Sons(1924)[『통치론』, 강정인, 문지영 옮김, 까치, 1996].

Lukes, Steven. 1985. *Marxism and Morality*. Oxford: Oxford University Press[『마르크스주의와 도덕』, 황경식·강대진 옮김, 서광사, 1994].

MacCallum, Gerald C. 1967. "Negative and Positive Freedom." *Philosophical Review* 74.

Mack, Eric. 1992. "Gauthier on Rights and Economic Rents." *Social Philosophy and Policy* 9.

McKean, R. N. 1975. "Property Rights, Pollution and Power." R. T. Selden ed. *Capitalism and Freedom: Problems and Prospects*. Charlottesville: University Press of Virginia.

Macpherson, Crawford B. 1973. *Democratic Theory*. Oxford: Oxford University Press.

Malcomson, James M. 1984. "Work Incentives, Hierarchy, and Internal Labor Markets." *Journal of Political Economy* 92.

Mandel, Ernest. 1962. *Traité d'économie marxiste* iii. Paris: Union Generale d'Édition(1969).

Marshall, Alfred. 1890. *Principles of Economics*. London: Macmillan(1961)[『경제학원리』, 백영현 옮김, 한길사, 2010].

Marx, Karl. 1863. *Theorien über den Mehrwert* iii. Berlin: Dietz(1960).

_____. 1867. *Das Kapital* i. Berlin: Dietz(1962)[『자본』 I-1, 2, 강신준 옮김, 길, 2008].

_____. 1875. "Randglossen zum Programm der deutschen Arbeiterpartei." K. Marx & F. Engels. *Werke* xix. Berlin: Dietz(1962).

_____. 1880. "Randglossen zu Adolf Wagners 'Lehrbuch der politischen Oekonomie'." K. Marx & F. Engels. *Werke* xix. Berlin, Dietz(1962).

_____. 1885. *Das Kapital* ii. Berlin: Dietz(1963)[『자본』 II, 강신준 옮김, 길, 2010].

_____. 1894. *Das Kapital* iii. Berlin: Dietz(1964).[『자본』 III-1, 2, 강신준 옮김, 길, 2010].

Meade, James E. 1938. *Consumers' Credits and Unemployment*. Oxford: Oxford University Press.

_____. 1964. *Efficiency, Equality and the Ownership of Property*. London: Allen & Unwin.

_____. 1984. "Full Employment, New Technologies and the Distribution of Income." *Journal of Social Policy* 13.

_____. 1989. *Agathotopia: The Economics of Partnership*. Aberdeen: Aberdeen University Press.

_____. 1990. "Can we Learn a "Third Way" from the Agathotopians?" A. B. Atkinson ed. *Alternatives to Capitalism: The Economics of Partnership*. Basingstoke: Macmillan(1993).

_____. 1993. *Liberty, Equality and Efficiency*. London: Macmillan.

Mill, John Stuart. 1848. *Principles of Political Economy*. London: Longmans, Green & Co. (1904)[『정치경제학 원리』(총 4권), 박동천 옮김, 나남출판, 2010].

_____. 1859. *On Liberty*, Harmondsworth: Penguin(1974)[『자유론』, 서병훈 옮김, 책세상, 2005].

Miller, Anne G. 1983. *In Praise of Social Dividends*. Heriot-Watt University (Edinburgh): Department of Economics. Working Paper 83.1.

Miller, David. 1989. *Market, State and Community: Theoretical Foundations of Market Socialism*. Oxford: Oxford University Press.

_____. 1992. "Distributive Justice: What the People Think." *Ethics* 102.

More, Thomas. 1516. *Utopia*. Harmondsworth: Penguin(1978)[『유토피아』, 주경철 옮김, 을유문화사, 2007]

Morishima, Michio. 1973. *Marx's Economics: A Dual Theory of Value and Growth*. Cambridge: Cambridge University Press.

Morishima, Michio & George Catephores. 1978. *Value, Exploitation and Growth: Marx in the Light of Modern Economic Theory*. London: McGraw-Hill.

Musgrave, Richard A. 1974. "Maximin, Uncertainty, and the Leisure Trade-off ." *Quarterly Journal of Economics* 88.

Nell, Edward J. 1972. "Profit Erosion in the United States: An Introductory Essay." A. Glyn & B. Sutcliffe. *Capitalism in Crisis*. New York: Random House(1972).

Nooteboom, Bart. 1986. "Basic Income as a Basis for Small Business." *International Small Business Journal* 5-3.

Norman, Richard. 1982. "Does Equality Destroy Liberty?" Keith Graham ed. *Contemporary Political Philosophy: Radical Studies*. Cambridge: Cambridge University Press.

_____. 1987. *Free and Equal*. Oxford: Oxford University Press.

Nove, Alec. 1983. *The Economics of Feasible Socialism*. London: George Allen & Unwin[『실현가능한 사회주의의 미래』, 대안체제연구회 옮김, 백의, 2001].

Nozick, Robert. 1969. "Coercion." P. Laslett & W. G. Runciman, & Q. Skinner eds. *Philosophy, Politics and Society*. Oxford: Blackwell.

_____. 1974. *Anarchy, State and Utopia*. Oxford: Blackwell[『아나키에서 유토피아로』, 남경희 옮김, 문학과지성사, 1983].

Oakeshott, Michael. 1975. *On Human Conduct*. Oxford: Oxford University Press.

O'Connor, James. 1973. *The Fiscal Crisis of the State*. New York: St Martin's Press.

Offe, Claus. 1972. *Strukturprobleme des kapitalistischen Staats*. Frankfurt am Main: Suhrkamp(1975).

Okun, Arthur M. 1975. *Equality and Efficiency: The Big Tradeoff*. Washington, DC: The Brookings Institution[『평등과 효율』, 정용덕 옮김, 성균관대학교출판부, 1995].

Olson, Mancur. 1965. *The Logic of Collective Action: Public Goods and the Theory of Groups*. Cambridge, Mass.: Harvard University Press[『집합행동의 논리』, 최광·이성규 옮김, 한국문화사, 2013].

Orwell, George. 1945. *Animal Farm*. London: Secker & Warburg[『동물농장』, 도정일 옮김, 민음사, 1998].

Oubridge, Victor. 1990. "Basic Income and Industrial Development: An Employer's

Viewpoint." *BIRG Bulletin* 11.

Paine, Thomas. 1796. "Agrarian Justice." P. F. Foner ed. *The Life and Major Writings of Thomas Paine*. Secaucus, NJ: Citadel Press(1974).

Parker, Hermione. 1982. "Basic Income Guarantee Scheme: Synopsis." *The Structure of Personal Income Taxation and Income Support* (House of Commons, Treasury and Civil Service Committee). London: HMSO(21 July 1982).

Pattanaik, Prasanta and Xu, Yongsheng. 1990. "On Ranking Opportunity Sets in Terms of Freedom of Choice." *Recherches economiques de Louvain* 56.

Pazner, E. A. & D. Schmeidler. 1974. "A Difficulty in the Concept of Fairness." *Review of Economic Studies* 41.

Peffer, R. G. 1990. *Marxism, Morality and Social Justice*. Princeton NJ: Princeton University Press.

Persky, J. & H. Tsang. 1974. "Pigouvian Exploitation of Labor." *Review of Economics and Statistics* 56.

Pettit, Philip. 1993. "Negative Liberty, Liberal and Republican." *European Journal of Philosophy* 1.

Pigou, A. C. 1920. *The Economics of Welfare*. London: Macmillan.

Plato. *Laws*. R. G. Bury ed. London: Heinemann[『법률』, 박종현 옮김, 서광사, 2009].

Pogge, Thomas W. 1989. *Realizing Rawls*. Ithaca, NY: Cornell University Press.

_____. 1994. "An Egalitarian Law of Peoples." paper presented at the conference "The Ethics of Nationalism." University of Illinois at Urbana-Champaign(Apr.1994).

Proudhon, Pierre-Jean-Joseph. 1840. *Qu'est-ce que la propriété?* Paris: Riviere.

_____. 1846. *Systeme des contradictions economiques, ou Philosophie de la misere* i. Paris: Rivière.

Przeworski, Adam. 1985. *Capitalism and Social Democracy*. Cambridge: Cambridge University Press[『자본주의와 사회민주주의』, 최형익 옮김, 백산서당, 1995].

_____. 1987. *Capitalism, Democracy, Pacts*. University of Chicago: Department of Political Science.

_____. 1991. *Democracy and Markets*. Cambridge: Cambridge University Press[『민주주의와 시장』, 임혁백·윤성학 옮김, 한울, 2010].

_____. 1986. "Popular Sovereignty, State Autonomy and Private Property." *Archives européennes de sociologie* 27.

Przeworski, Adam & Michael Wallerstein. 1982. "The Structure of Class Conflict in Democratic Capitalist Countries." *American Political Science Review* 76.

Purdy, David. 1990. "Work, Ethics and Social Policy: A Moral Tale." paper presented at the Third International Conference on Basic Income, Florence(Sept.1990).

Rae, Douglas W. & Hans Daudt. 1976. "The Ostrogorski Paradox: A Peculiarity of Compound Majority Decision." *European Journal of Political Research* 4.

Rakowski, Eric. 1991. *Equal Justice*. Oxford: Oxford University Press.

Rawls, John. 1971. *A Theory of Justice*. Oxford: Oxford University Press(1972)[『정의론』, 황경식 옮김, 이학사, 2003].

_____. 1974. "Reply to Alexander and Musgrave." *Quarterly Journal of Economics* 88.

_____. 1978. "The Basic Structure as Subject." A. I. Goldman & J. Kim eds. *Values and Morals*. Dordrecht: Reidel.

_____. 1982. "Social Unity and Primary Goods." A. Sen & B. Williams eds. *Utilitarianism and Beyond*. Cambridge: Cambridge University Press(1982).

_____. 1987. "The Idea of an Overlapping Consensus." *Oxford Journal for Legal Studies* 7.

_____. 1988. "The Priority of Right and Ideas of the Good." *Philosophy and Public Affairs* 17["강의 V., 옮음의 우선성과 좋음의 개념들," 『정치적 자유주의』, 장동진 옮김, 1999[1998], 동명사].

_____. 1990. "Justice as Fairness: A Restatement." Harvard University: Department of Philosophy, unpublished lecture notes.

_____. 1993a. *Political Liberalism*. New York: Columbia University Press[『정치적 자유주의』, 장동진 옮김, 1999[1998], 동명사].

_____. 1993b. "The Law of Peoples." S.Shu te & S.Hurley eds. *On Human Rights*. New York: Basic Books.

Rees, Albert. 1986. "An Essay on Youth Unemployment." *Journal of Economic Literature* 24.

Reeve, Andrew. 1987. "Thomas Hodgskin and John Bray: Free Exchange and Equal Exchange." A. Reeve ed. *Modern Theories of Exploitation*. London: Sage.

Reiman, Jeffrey. 1989. "An Alternative to 'Distributive' Marxism: Further Thoughts on Cohen, Roemer and Exploitation." *Canadian Journal of Philosophy* suppl.15.

Robinson, Joan. 1942. *An Essay on Marxian Economics*. New York: St Martin's Press (1976)[『마르크스주의 경제학』, 이정환·김종원 옮김, 집문당, 1961].

_____. 1956. *The Accumulation of Capital*. London: Macmillan.

Roemer, John E. 1982a. *A General Theory of Exploitation and Class*. Cambridge, Mass.: Harvard University Press.

_____. 1982b. "Exploitation, Alternatives and Socialism." *Economic Journal* 92.

_____. 1982c. "Reply." *Politics and Society* 11.

_____. 1982d. "Property Relations vs. Sur plus Value in Marxian Exploitation." *Philosophy and Public Affairs* 11.

_____. 1983a. "Unequal Exchange, Labor Migrations and International Capital Flows: A Theoretical Synthesis." P. Desai ed. *Marxism, the Soviet Economy and Central Planning*. Cambridge, Mass.: MIT Press.

_____. 1983b. *Choice of Technique under Capitalism, Socialism and Nirvana: Reply to Samuelson*. University of California (Davis): Department of Economics, Working Paper 213.

_____. 1983c. "Are Socialist Ethics Consistent with Efficiency?" *Philosophical Forum* 14.

_____. 1985a. "Why should Marxists be Interested in Exploitation?" B. Chavance ed. *Marx en perspective*. Paris: Éditions de l'École des Hautes Études en Sciences Sociales.

_____. 1985b. "Equality of Talent." *Economics and Philosophy* 1.

_____. 1986. "Equality of Resources Implies Equality of Welfare." *Quarterly Journal of Economics* 100.

_____. 1988. *Free to Lose*. London: Radius Books.

_____. 1989a. "Public Ownership and Private Property Externalities." J. Elster & K. O. Moene eds. *Alternatives to Capitalism*. Cambridge: Cambridge University Press.

_____. 1989b. "Second Thoughts on Property Relations and Exploitation." *Canadian Journal of Philosophy* suppl.15.

_____. 1992. "The Morality and Efficiency of Market Socialism." *Ethics* 102.

_____. 1993. *A Future for Socialism*. Cambridge, Mass.: Harvard University Press; London: Verso[『새로운 사회주의의 미래』, 고현욱·강문구 옮김, 한울, 1996].

Roland, Gérard. 1988. "Why Socialism Needs Basic Income, why Basic Income Needs Socialism." Anne G. Miller ed. *Proceedings of the First International Conference on Basic Income*. London: BIRG; Antwerp: BIEN.

_____. 1989. *Économie politique du système soviétique*. Paris: L'Harmattan.

Rothbard, Murray N. 1973. *For a New Liberty: The Libertarian Manifesto*. New York: Collier(1978).

Rousseau, Jean-Jacques. 1762. *Du contrat social*. Paris: Garnier-Flammarion(1966) [『사회계약론』, 김중현 옮김, 펭귄클래식코리아, 2010].

Rowthorn, Robert B. 1973. "Skilled Labour in the Marxist System." R. B. Rowthorn. *Capitalism, Conflict and Inflation:Essays in Political Economy*. London: Lawrence & Wishart(1980).

_____. 1976. "Mandel's "Late Capitalism"." *New Left Review* 98.

_____. 1977. "Conflict, Inflation and Money." R. B. Rowthorn. *Capitalism, Conflict and Inflation*. London: Lawrence & Wishart(1980).

Russell, Bertrand. 1932. "In Praise of Idleness." V. Richards ed. *Why Work?* London: Freedom Press(1983)[『게으름에 대한 찬양』, 송은경 옮김, 사회평론, 2005].

Salverda, Wim. 1984. "Basisinkomen en inkomensverdeling: De financiële uitvoerbaarheid van een basisinkomen." *Tijdschrift voor Politieke Ekonomie* 8.

Samuelson, Paul A. 1982. "The Normative and Positivistic Inferiority of Marx's Value Paradigm." *Southern Economic Journal* 49.

Schokkaert, Erik & B. Overlaet. 1989. "Moral Intuitions and Economic Models of Distributive Justice." *Social Choice and Welfare* 6.

Schor, Juliet B. & Samuel Bowles. 1987. "Employment Rents and the Incidence of Strikes." *Review of Economics and Statistics* 69.

Schumacher, E. F. 1959. "Is the Ownership Debate Closed?" *Socialist Commentary* (Feb.1959).

Schumpeter, Joseph A. 1943. *Capitalism, Socialism and Democracy*. London: Allen & Unwin. 1976)[『자본주의, 사회주의, 민주주의』, 변상진 옮김, 한길사, 2011].

Sen, Amartya. 1977. "Rational Fools: A Critique of the Behavioural Foundations of Economic Theory." A. Sen. *Choice, Welfare and Measurement*. Oxford: Blackwell(1982).

_____. 1980. "Equality of What?" S. M. McMurrin ed. *Liberty, Equality and Law*. Salt Lake City: University of Utah Press(1987)(Also in A. Sen. *Choice, Welfare and Measurement*. Oxford: Blackwell(1982)).

_____. 1984. "Rights and Capabilities." A. Sen. *Resources, Values and Development*.

Oxford: Oxford University Press(1984).

_____. 1985. *Commodities and Capabilities*. Amsterdam: North-Holland.

_____. 1990a. "Justice: Means versus Freedoms." *Philosophy and Public Affairs* 19.

_____. 1990b. "Welfare, Freedom and Social Choice: A Reply." *Recherches Economiques de Louvain* 56.

_____. 1990d. "Individual Freedom as Social Commitment." *New York Review of Books(14* June 1990).

_____. 1992. *Inequality Reexamined*. Oxford: Oxford University Press[『불평등의 재검토』, 이상호·이덕재 옮김, 한울, 1999].

Shaikh, Anwar. 1978. "An Introduction to the History of Crisis Theories." *Radical Perspectives on the Economic Crisis of Monopoly Capitalism*. New York: Union for Radical Political Economics.

Shepelak, N. J. & D. F. Alwin. 1986. "Beliefs about Inequality and Perceptions of Distributive Justice." *American Sociological Review* 51.

Skinner, Quentin. 1984. "The Idea of Negative Liberty: Philosophical and Historical Perspectives." R. Rorty & J. B. Schneewind & Q. Skinner eds. *Philosophy in History*. Cambridge: Cambridge University Press.

_____. 1990. "The Republican Ideal of Political Liberty." G. Bock & Q. Skinner & M. Viroli eds. *Machiavelli and Republicanism*. Cambridge: Cambridge University Press.

Smith, Geoffrey W. 1985. "Marxian Exploitation as Coercive Justice." University of Lancaster: Department of Politics, unpublished.

Spence, M. 1983. "Contestable Markets and the Theory of Industry Structure: A Review Article." *Journal of Economic Literature* 21.

Standing, Guy. 1986. "Meshing Labour Flexibility with Security: An Answer to Mass Unemployment?" *International Labour Reviews* 125.

_____. 1989. *European Unemployment, Insecurity and Flexibility: A Social Dividend Solution*. Geneva: International Labour Office, Working Paper.

Steedman, Ian. 1977. *Marx after Sraffa*. London: New Left Books.

_____. 1985. "Heterogeneous Labour, Money Wages and Marx's Theory." B. Chavance ed. *Marx en perspective*. Paris: Editions de l'Ecole des Hautes Etudes en Sciences Sociales.

Steiner, Hillel. 1974. "Individual Liberty." *Proceedings of the Aristotelian Society* 75.

_____. 1977. "The Structure of a Set of Compossible Rights." *Journal of Philosophy* 74.

_____. 1981. "Liberty and Equality." *Political Studies* 29.

_____. 1983. "How Free: Computing Personal Liberty." A. Phill ips-Griffiths ed. *Of Liberty*. Cambridge: Cambridge University Press.

_____. 1984. "A Liberal Theory of Exploitation." *Ethics* 94.

_____. 1986. "Comment on van der Veen and Van Parijs's Reply." University of Manchester: Department of Government, unpublished note(Sept.1986).

_____. 1987. "Exploitation: A Liberal Theory Amended, Defended and Extended." A. Reeve ed. *Modern Theories of Exploitation*. London: Sage.

_____. 1988. "Capitalism and Equal Starts." J. Paul *et al*. eds. *Equal Opportunity*.

Oxford: Blackwell.

_____. 1992. "Three Just Taxes." P. Van Parijs ed. *Arguing for Basic Income*. London: Verso.

_____. 1994. *An Essay on Rights*. Oxford: Blackwell.

Sterba, James P. 1980. *The Demands of Justice*. Notre Dame, Ind.: University of Indiana Press.

Stiglitz, Joseph. 1987. "The Causes and Consequences of the Dependence of Quality on Price." *Journal of Economic Literature* 25.

Sugden, Robert. 1982. "Hard Luck Stories: The Problem of the Uninsured in a Laissez-faire Society." *Journal of Social Policy* 11.

Suplicy, Eduardo ed. 1992. *Programa de garantia de renda minima*. Brasilia: Senado Federal.

Suzumura, K. 1987. "Equity and Incentives: Homans' Theory of Distributive Justice Reconsidered." Hitotsubashi University, Institute of Economic Research, Working Paper.

Sweezy, Paul M. 1942. *The Theory of Capitalist Development*. New York: Monthly Review Press, 1970[『자본주의 발전의 이론』, 이주명 옮김, 필맥, 2009].

Szécky, Janos. 1982. "Entrepreneurial Socialism at the Experimental Stage." *The New Hungarian Quarterly* 87.

Tanghe, Fernand. 1989. *Le Droit au travail entre histoire et utopie: De la répression de la mendicité à l'allocation universelle*. Brussels: Publications des Facultés Universitaires Saint-Louis; Florence: Publications de l'Institut Universitaire Européen.

Tawney, Richard H. 1952. *Equality*. London: Allen & Unwin(1964)[『평등』, 김종철 옮김, 한길사, 1982].

Taylor, Charles. 1979. "What's Wrong with Negative Liberty?" A. Ryan ed. *The Idea of Freedom*. Oxford: Oxford University Press.

Taylor, Charles. 1988. "Le Juste et le bien." *Revue de Métaphysique et de Morale* 83.

Taylor, Michael. 1982. *Community, Anarchy and Liberty*. Cambridge: Cambridge University Press.

Terray, Emmanuel. 1985. "Exploitation et domination dans la pensée de Marx." B. Chavance ed. *Marx en perspective*. Paris: Éditions de l'École des Hautes Études en Sciences Sociales.

Thomson, William. 1994. "L'Absence d'envie: une introduction." *Recherches économiques de Louvain* 60.

Thurow, Lester C. 1977. "Government Expenditures: Cash or In-Kind Aid?" G. Dworkin & G. Bermant & P. G. Brown eds. *Market and Morals*. New York: Wiley.

Tinbergen, Jan. 1946. *Redelijke Inkomensverdeling*. Haarlem: De Gulden Pers.

_____. 1953. *Economic Policy: Principles and Design*. Amsterdam: North-Holland.

Tocqueville, Alexis de. 1856. *L'Ancien Regime et la Revolution* ii. Paris: Gallimard (1953) [『앙시앙레짐과 프랑스혁명』, 이용재 옮김, 지식을만드는지식, 2013].

Tucker, R. C. 1963. "Marx and Distributive Justice." C.Frie drich & J. W. Chapman eds. *Nomos VI: Justice*.

van der Veen, Robert J. 1978. "Property, Exploitation, Justice: an Inquiry into their Relationship in the Work of Nozick, Rawls and Marx." *Acta Politica* 13(repr. in van der Veen(1991)).

_____. 1982. "A Critique of John Roemer's General Theory of Exploitation." Universiteit van Amsterdam: Economisch Seminarium, unpublished manuscript.

_____. 1984. "The Marxian Ideal of Freedom and the Problem of Justice." *Philosophica* 34(repr. in van der Veen(1991)).

_____. 1991. *Between Exploitation and Communism. Explorations in the Marxian Theory of Justice and Freedom*. Groningen: Wolters-Noordhoff.

_____. 1986a. "A Capitalist Road to Communism." *Theory and Society* 15(Rev. as ch. 8 of Van Parijs(1993a).

_____. 1986b. "Universal Grants versus Socialism: Reply to Six Critics." *Theory and Society* 15(Rev. as ch. 9 of Van Parijs(1993a)).

van der Veen, Robert J. & Philippe Van Parijs. 1985. "Entitlement Theories of Justice: From Nozick to Roemer and Beyond." *Economics and Philosophy* 1.

Vanek, Jaroslav. 1970. *The General Theory of Self-Managed Market Economies*. Ithaca: Cornell University Press.

Van Parijs, Philippe. 1990. "The Second Marriage of Justice and Efficiency." *Journal of Social Policy* 19(Also in P. Van Parijs ed. *Arguing for Basic Income*. London: Verso(1992)).

_____. 1991a. *Qu'est-ce qu'une société juste?* Paris: Le Seuil.

_____. 1991b. "Basic Income: A Green Strategy for the New Europe." S. Parkin ed. *Green Light on Europe*. London: Heretic Books.

_____. 1992. "Competing Justifications of Basic Income." P. Van Parijs ed. *Arguing for Basic Income*. London: Verso.

_____. 1993a. *Marxism Recycled*. Cambridge: Cambridge University Press.

_____. 1993b. "Rawlsians, Christians and Patriots. Maximin Justice and Individual Ethics." *European Journal of Philosophy* 1.

_____. 1996a. "Free Riding versus Rent Sharing. Why Even David Gauthier should Support a Basic Income." F. Farina & F. Hahn & S. Vanucci eds. *Ethics, Rationality and Economic Behaviour*. Oxford: Oxford University Press.

_____. 1996b. "Justice and Democracy: Are they Incompatible?" *Journal of Political Philosophy* 4.

Van Trier, Walter. 1989. *Who Framed Social Dividend? A Tale of the Unexpected*. Universitaire Faculteiten Sint-Ignatius Antwerpen: SESO, rapport 89/230.

Varian, Hal. 1974. "Equity, Envy and Efficiency." *Journal of Economic Theory* 9.

_____. 1975. "Distributive Justice, Welfare Economics and the Theory of Fairness." F. Hahn & M. Hollis eds. *Philosophy and Economic Theory*. Oxford: Oxford University Press(1979).

_____. 1976. "Two Problems in the Theory of Fairness." *Journal of Public Economics* 5.

_____. 1985. "Dworkin on Equality of Resources." *Economics and Philosophy* 1.

Visser, Patrice E. & Huub Pellikaan. 1985. "Overlegeconomie en speltheorie." *Beleid en*

Maatschappij 12.

Voltaire. 1766. "Le Philosophe ignorant." Voltaire. *Mélanges*. Paris: Gallimard(1961).

von Weizsäcker, Christian C. 1973. "Modern Capital Theory and the Concept of Exploitation." *Kyklos* 26.

—————— and Samuelson, Paul A. 1971. "A New Labour Theory of Value for Rational Planning through Use of the Bourgeois Profit Rate." *Proceedings of the National Academy of Sciences* 68.

Wallich, Henry. 1960. *The Cost of Freedom: A New Look at Capitalism*. New York: Harper & Brothers.

Walras, Leon. 1896. *Études d'économie sociale*. Lausanne: Rouge; Paris: Pichon & Durand-Auzias(1936).

Walter, Tony. 1989. *Basic Income: Freedom from Poverty, Freedom from Work*. London: Marion Boyars.

Weisskopf, Thomas E. 1978. "Marxist Perspectives on Cyclical Crises." *Radical Perspectives on the Economic Crisis of Monopoly Capitalism*. New York: Union for Radical Political Economics.

Weitzman, Martin L. 1984. *The Share Economy: Conquering Stagflation*. Cambridge, Mass.: Harvard University Press.

Weston, Joe ed. 1986. *Red and Green: The New Politics of the Environment*. London: Pluto Press.

Wicksteed, P. H. 1884. "The Marxian Theory of Value." P. H. Wicksteed. *The Common Sense of Political Economy*. London: George Routledge and Sons. 1933.

Wolff, Robert Paul. 1981. "A Critique and Reinterpretation of Marx's Labor Theory of Value." *Philosophy and Public Affairs* 10.

Wood, Allen W. 1972. "The Marxian Critique of Justice." M. Cohen & T. Nagel & T. Scanlon eds. *Marx, Justice and History*. Princeton: Princeton University Press(1980).

————————. 1981. *Karl Marx*. London: Routlege & Kegan Paul.

Wood, Barbara. 1985. Alias Papa. *A Biography of Fritz Schumacher*. Oxford: Oxford University Press.

Wright, Erik O. 1985a. "A General Framework for Class Analysis." *Politics and Society* 13.

————————. 1985b. *Classes*. London: New Left Books.

————————. 1986. "Why Something like Socialism Is Necessary for the Transition to Communism." *Theory and Society* 15.

Young, Gary. 1978. "Justice and Capitalist Production: Marx and Bourgeois Ideology." *Canadian Journal of Philosophy* 8.

Yunker, James A. 1977. "The Social Dividend under Market Socialism." *Annals of Public and Co-operative Economy* 48.

————————. 1986. "A Market Socialist Critique of Capitalism's Dynamic Performance." *Journal of Economic Issues* 20.

| 찾아보기 |

ㄱ

가사노동 457

가설적 경매 250

가설적(반사실적) 보험제도 121, 122, 134-137, 144, 149, 170, 436, 437, 474

가치 기준재 279

가치법칙 279

값비싼 취향 106-108, 122, 125, 130, 133, 140-142, 145, 160, 163, 169, 170, 187, 188, 194, 216, 245, 310, 432, 435, 440, 474, 475, 478, 484, 487

강제 노동 76, 184, 311, 314, 421, 461, 477

강제적(인) 착취 268, 269

개인 기업 92, 115

거출 연금 278

건강보험 96, 97, 278, 482

게임이론 317, 318, 510, 518

결정론 169, 486

결합 생산물 272, 292, 293

경기 부양 378, 401

경기변동 347, 348, 374

경매 109, 125-129, 131-133, 135-137, 143, 144, 148, 149, 164, 167, 168, 183, 199, 200, 208, 209, 223-225, 232, 235-239, 242, 245-250, 435, 443, 444, 475-477, 479, 480, 491, 493

경쟁 임금 129, 194

경제적 유인 394, 398, 488

고용 지대 183, 184, 214-216, 221-226, 228, 229, 232, 233, 238, 239, 242-244, 356, 387, 440, 442-444, 491, 492

고티에, 데이비드(David Gauthier) 491, 496, 508

공동체주의 416, 461

공리주의 486

공산주의 25, 26, 303, 308, 418, 507, 511

공유 경제 220, 221, 229, 347, 375, 376, 383, 384, 443, 454, 517

공유권 30, 44

공유재산 59, 289

공유지의 비극 189, 195

공정성 129, 142, 220, 300, 301, 449, 476, 488

과세 표준 202-206, 209, 211, 226, 485,

513

과소소비론 373-377, 454

광고 346, 361-364, 366, 371, 372, 399, 452, 453, 507, 516

구매력 28, 61, 72, 76, 91, 92, 111, 120, 126, 374, 401, 411, 430, 454, 504

권리 보장 55-57, 59, 62, 64, 65, 77, 425, 426

권리자격 42-44, 55, 57, 61, 74, 85, 133, 201, 214, 280, 286, 287, 289, 290, 295, 296, 333, 422, 447, 463, 472, 501, 502

규모의 경제 115, 271, 319, 321, 377, 476

균등 과세 249

균형 실업 348, 490

근무 태만 224

기능주의 348, 385, 386, 517

기대 수명 101, 490

기본적 필요 72, 80

기생 생활 275

기술 진보 89, 90, 116, 350, 392, 394, 493, 515, 519

기회비용 75, 107, 114, 145, 208, 209, 211, 433, 434, 476, 507

기회의 균등화 315-317

기회의 축차적 최소극대화 28, 62-64

ㄴ

낙인 474, 485

내부자-외부자 접근 213, 519

내재적 가치 156, 316

내적 부존 자산 111, 119, 120, 122, 125, 126, 128, 129, 132, 133, 138-140, 142-150, 153, 157, 161, 162, 201, 232, 233, 235, 314, 358, 437, 481, 482, 493

노동 노력 87, 194, 223, 224, 302, 306, 387, 492, 505

노동 의향 151, 427

노동조합 212, 213, 296, 347, 356, 386, 388, 455

노브, 알렉(Alec Nove) 172

노직, 로버트(Robert Nozick) 21, 27, 289, 422, 426, 456, 463, 501

ㄷ

다원주의 180, 317

데모그란트 79, 427

도덕화된 자유관 46, 47, 463

돌봄 노동 457

동등한 관심[배려] 68, 413, 417, 469, 523

동적 효율성 349, 350, 365, 367, 390-392, 394, 452, 455, 519

드워킨, 로널드(Ronald Dworkin) 120, 121, 126, 127, 132-145, 152, 155, 163, 167, 168, 192, 197, 198, 203, 227, 235, 436, 437, 441, 456, 475, 476, 479-481, 484-486, 488, 489, 491, 492, 507

ㄹ

라이트, 에릭 올린(Eric Olin Wright) 18, 515

랑게, 오스카르(Oskar Lange) 194, 368, 393, 396, 519

래칫 효과 378

랭커스터, 커트(Kurt Lancaster) 393

러너, 아바(Abba Lerner) 194

로스바드, 머레이(Murray N. Rothbard) 289

로크, 존(John Locke) 43, 257, 278, 280, 281, 289, 295, 306, 317, 330, 333, 335, 446, 447, 502-504, 506

로크적 착취 279, 444

롤스, 존(John Rawls) 28, 68, 92, 93, 180, 181, 190-197, 251-253, 409, 410, 415, 417, 441, 456, 461-463, 467, 469, 472, 484, 486-489, 505, 508, 522, 523

뢰머, 존(John E. Roemer) 15, 18, 133, 167-169, 259, 260, 297, 317, 318, 320, 323-327, 329-340, 448, 451, 480, 486, 494, 495, 502, 508-513

루소, 장 자크(Jean-Jacques Rousseau) 52, 424

루터, 마틴(Martin Luther) 258, 290, 296, 302, 317, 330, 332, 333, 335, 448, 502-504, 506, 513

루터적 착취 300, 446

리슈커, 티보르(Tibor Liska) 472, 489

ㅁ

마르크스, 칼(Karl Marx) 32, 112, 258, 279, 287, 292, 294, 296, 303, 304, 308, 317, 349, 394, 395, 397, 448, 450, 493, 494, 497, 501, 502, 507, 511, 516, 517

마키아벨리, 니콜로(Niccolò Machiavelli) 52, 463, 464

만족하는 노예 52, 54, 464

머스그레이브, 리처드(Richard A. Musgrave) 193, 197, 487

모두를 위한 실질적 자유 12, 22, 27, 29, 65, 71, 72, 74-77, 81, 86, 90, 93, 102, 103, 119, 120, 131, 150, 151, 179, 180, 183, 185, 255-258, 260, 261, 341, 343, 351, 355, 356, 366, 380, 387-389, 400, 408, 410, 413, 420, 429, 455, 508

모루아, 피에르(Pierre Mauroy) 401

모어, 토머스(Thomas More) 98

무임승차 257, 267, 272-276, 292, 446, 488, 490, 495, 498, 508

무조건성 72, 80, 81, 86, 240, 427, 428

무지의 베일 13, 120, 121, 123, 132, 135, 137, 139-141, 436, 474, 482

묵시적 소득 129

미드, 제임스(James E. Meade) 93, 221, 229, 347, 376, 492, 523

미숙련 노동 252, 292, 386

민주주의 26, 35, 50, 93, 228, 283, 352, 389, 412, 413, 415, 417, 461, 472, 512, 521, 523

밀, 존 스튜어트(John Stuart Mill) 50, 464

ㅂ

반기생법 477

반사실적 경매 479

벌린, 이사야(Isaiah Berlin) 423, 464, 465, 467, 468

범경제적 소득정책 388

법정 최저임금 212, 491

베리, 브라이언(Brian Barry) 19

베리언, 할(Hal Varian) 152

베이커, 존(John Baker) 18, 462

베커, 게리(Gary Becker) 247

벨라미, 에드워드(Edward Bellamy) 489

벨록, 힐레어(Hilaire Belloc) 472

보상적 이전 152, 339

보울스, 새뮤얼(Samuel Bowles) 18, 397, 492, 521

보편적 아동 수당 87, 88

보편적 연금 87

보편적인 현물 102, 205, 473, 486

보호주의 414

복지 평등주의 154, 169, 309

복지국가 72, 93, 192, 227, 329, 351, 409, 410, 412, 413, 415, 417, 472, 523

볼테르, 프랑수아 마리(François Marie Voltaire) 51

부등가교환 258, 296, 297, 303, 330, 502-505, 511, 512

부유한 사회 171, 215, 488

부자유 46, 55, 468

부존 자산 17, 74, 91, 97, 105-112, 119, 120, 122, 124, 125-129, 132, 133, 135, 138-140, 466, 474, 478, 479

분석적 진리 37

불비례(성) 258, 303, 373, 513

불확실성 83, 437, 481, 486, 494, 521

뷰캐넌, 제임스(James M. Buchanan) 55, 58, 59, 76, 466, 467

브레너, 로버트(Robert Brenner) 18

브로디, 바루흐(Baruch Brody) 463

브리탄, 새뮤얼(Samuel Brittan) 518

비소비 288

비우월적 다양성 12, 17, 122-124, 148-150, 152, 154-166, 171, 174-176, 179, 185, 203, 210, 211, 228, 233-235, 237, 240, 241, 250, 309, 310, 340, 341, 345, 350, 356-361, 363-365, 374, 400, 404, 408, 410, 434, 437-440, 444, 450, 452, 471, 478, 482-487, 491, 492

비포화성 144

비효용 304-312, 314, 505, 506

빈곤의 함정 82

ㅅ

사용자-경영인 500

사유재산권 43, 63

사적 소유권 21, 26, 30-33, 38-40, 44, 45, 346, 422, 513, 515, 520

사회 요금제 414

사회민주주의 14, 77, 379, 495

사회보험제도 78, 427

사회의 자유 48-50, 463, 521

사회적 공비 369, 453

사회적 필요노동 258, 291, 301, 302, 448

사회적 할인율 393

사회주의 14, 22, 23, 25-27, 30-34, 36-40, 42, 44, 47, 49, 50, 51, 55, 66, 77, 90, 112-116, 194, 256, 261, 262, 282, 283, 286, 295, 307, 311, 313, 324-327, 333, 340, 341, 343-346, 348-351, 353-359, 361, 363-365, 367-372, 378, 379, 381-383, 387-402, 404, 406-408, 418, 420-422, 434, 452-455, 457, 460-462, 472, 475, 480, 489, 490, 500, 501, 506, 510-516, 518-522

산업예비군 348, 373, 384-387, 390, 453, 454

산업주의 515

상충 관계 66, 126, 199, 505, 514

생산 잠재력 88, 90, 355, 390, 397, 404, 408, 429

생산수단 25, 30-33, 36-38, 42, 44, 91-93, 115, 222, 230, 248, 257, 265, 266, 270, 271, 289, 290, 294, 307, 317-321, 323, 324, 326, 333, 344, 346, 350, 353, 356-360, 371, 373, 378, 383, 400, 401, 405, 406, 408, 430, 451, 460, 472, 497, 499, 508, 509, 511, 513, 515, 520

생시몽, 루이 드 루브루아(Louis de Rouvroy Saint-Simon) 493

선망부재 107, 109-112, 128, 129, 152, 157, 162, 163, 174-176, 200, 201, 234, 235, 241, 433, 443, 476, 477, 479

선별적 이전 123, 183, 233, 400, 485

선불금 82, 83

선택적 운 121, 142, 437, 507, 508

선형적인 음의 소득세 84

선호 명세표 152-154, 157, 159, 160, 164, 175, 439, 481, 483, 485

설비 가동률 377

세계시민주의 352

세대 간 정의 88, 89, 429

세전 이전소득 117

세전 임금 401

센, 아마르티아(Amartya Sen) 153, 466, 467, 478

셰보르스키, 애덤(Adam Przeworski) 18, 393

셰플리 값 510

소극적 자유 27, 48, 50, 51, 54, 58, 59, 423, 465, 475

소득 공정성 129

소득정책 347, 379-381, 388

소비 외부성 495, 509

소수에 의한 다수의 착취 273

소외 78

소유 재산 42

소유권 21, 26-28, 30-33, 35-40, 44, 45, 56, 57, 59, 60, 62-65, 67, 68, 77, 93, 94, 101, 102, 131-133, 148, 151, 171, 192, 246, 268, 270, 279, 289, 290, 320, 324, 327, 333, 336, 337, 339, 346, 353, 359, 360, 369, 370, 421, 422, 424, 425, 426, 441, 453, 456, 460-463, 472, 477, 496, 499, 501, 511, 513, 515, 520

수요관리 347, 377, 378

숙련(도) 213, 214, 222, 486

순기여자 474

순비용 88, 218, 328

순소비자 220

순축적 88

순효과 94, 364, 382

슈마허, 에른스트 프리드리히(Ernst Friedrich Schumacher) 499

슈타이너, 힐렐(Hillel Steiner) 17, 18, 289, 463, 475, 487, 489, 516

슘페터, 조지프(Joseph A. Schumpeter) 366, 367, 396, 397, 453, 520

스키너, 퀜틴(Quentin Skinner) 463, 464

스터바, 제임스(James Sterba) 468, 488

스트레인지, 수전(Susan Strange) 19, 522

시간 선호율 393, 396

시민 소득 79, 410, 427

시민 임금 79

시장 수익 233

시장 실패 345, 346, 366, 369, 372, 373, 456

시장 청산 108, 213, 214, 221-223, 229, 244, 245, 348, 387, 388

시장 청산 임금 213, 223, 348, 387

시장 청산 임금률 387

신자유주의 14, 16, 25, 26, 411, 418, 427, 455, 456

실업 16, 82, 83, 182, 183, 212-222, 227, 234, 236, 243, 278, 316, 328, 346-348, 357, 366, 373-376, 378, 379, 382, 384-388, 393, 442-444, 453, 454, 470, 483, 485, 490-493, 508, 509, 512, 519

실업 수당 218, 374, 386, 443

실업 함정 82, 83, 470

실질적 자유 11-13, 22, 23, 27-29, 57, 59-62, 65-69, 71-78, 80-82, 84-87, 90-107, 109-116, 119, 120, 125, 126, 130-132, 142, 150, 151, 158, 164, 165, 171, 179-181, 183, 185-189, 190, 196, 197, 201-203, 207, 209, 210, 212, 214-217, 219-222, 242-248, 250, 255-258, 260-262, 304, 309, 311-317, 331, 333, 336-341, 343, 351, 353, 355-361, 363-366, 368, 370, 373, 380, 387-392, 399, 400, 402-405, 407-413, 415-421, 425-432, 434, 440, 441, 443-445, 450, 451, 455, 456, 466, 467, 470-475, 477, 478, 482, 486, 489, 492, 505, 507, 508, 521, 522

ㅇ

아가토토피아(agathotopia) 376

아네슨, 리처드(Richard J. Arneson) 18, 159, 166, 439, 476, 483, 484, 487

아들러-칼손, 군나르(Gunnar Adler-Karlsson) 522

아리스토텔레스(Aristotle) 312, 461

아옌데, 살바도르(Allende, Salvador) 401

애커먼, 브루스(Bruce A. Ackerman) 118, 122, 144-148, 437, 484, 486

양의 세율 190, 203

에마뉘엘, 아기리(Arghiri Emmanuel)

503, 505

엘스터, 욘(Jon Elster) 18, 464, 495, 501, 510

엥겔스, 프리드리히(Friedrich Engels) 261

여가 120, 126, 129, 131-133, 135, 136, 149, 180, 193, 195, 196, 199, 200, 217, 251-253, 270, 318, 325, 360-363, 435, 440, 441, 444, 452, 477-480, 483, 489, 514

역량 12, 60, 121, 125, 126, 156, 160, 201, 326, 355, 368, 369, 384, 402, 407, 430, 453, 467, 478, 481-486

연대성 272, 352, 411, 414-416, 418

연대적 정의관 523

연대주의적 애국주의 352

열등 다양성 145, 157, 161, 514

오웰, 조지(George Orwell) 369

오페, 클라우스(Claus Offe) 518

온정주의 64, 73, 97, 101, 431, 469, 474, 475

올슨, 맨슈어(Mancur Olson) 273, 274, 506

와이츠먼, 마틴(Martin L. Weitzman) 221, 229, 347, 363, 375-378, 382-384, 399, 514

완전 소득 318

완전경쟁 균형가격 104

완전주의 68, 78, 189, 196, 426, 487, 522

왈라스, 레옹(Leon Walras) 212, 489

왈러스타인, 마이클(Michael Wallerstein) 393

외부성 190, 219, 257, 272, 273, 275, 292, 331, 346, 366, 368, 376, 453, 472, 474, 477, 487, 490, 495, 498, 499, 509, 510, 513, 517, 519, 521, 522

외적 부존 자산 105, 107, 110, 111, 122, 125-127, 129, 135, 140, 142-145, 148, 149, 152, 156, 157, 159, 166, 181, 185, 197, 201, 203, 210, 236, 239, 240, 336-338, 437, 442, 451, 481

외적 재화 125, 129

우선성 65, 66, 165, 461, 468, 469, 522

원천 세금 징수 83

원초적 입장 463, 486, 488

월리치, 헨리(Henry Wallich) 519

위에, 프랑수아(Francois Huet) 475

유동성 갭 83

유보 가격 208

유전공학 145-147, 482

융커, 제임스(James A. Yunker) 393

음의 소득세 72, 81, 82, 83, 117, 118, 128, 428, 429, 478, 486

음의 지대 226, 231, 238

응분의 몫 312, 313, 316, 450

의료 서비스 12, 73, 96, 97, 153, 329, 486

이윤 압박 378-381, 383, 388, 393, 399, 454, 517

이윤 압박론 377, 454

이윤율 저하 390, 392, 394, 516

이전 지출 83, 483

이타주의 202, 273

이해관계 68, 193, 500

익명성 371

인구정책 522

인민주권 350, 399, 401, 404, 407, 408, 500, 521, 522

인플레이션 232, 378, 506, 517

일리치, 이반(Ivan Illich) 360, 472

일자리 자산 216, 217, 218, 233-236, 242, 337, 338, 443, 491-493

임금 유연성 220, 221

임금격차 37, 493

임금률 151, 294, 386, 387, 492, 493, 503, 518

임금세 184

임금재 373

잉여 생산물 265

잉여가치 291, 292, 295, 300, 447, 494, 501, 502

잉여노동 265, 291, 494

ㅈ

자기 소유권 28, 32, 35-38, 45, 56, 57, 59, 60, 62-65, 67, 68, 77, 93, 94, 101, 102, 131-133, 148, 151, 171, 246, 268, 333, 421, 422, 424-426, 441, 456, 461, 462, 477, 496

자본 자산 334

자본 투입 279, 281

자본재 373, 374, 377

자본주의 15, 16, 21-23, 25-27, 30-34, 36, 39-44, 47, 49, 54, 55, 58, 66, 69, 77, 90, 112-116, 192, 210, 228, 256, 259, 261, 262, 270, 281, 283, 287, 291, 295, 302, 304, 307-309, 313, 317, 318, 319, 320, 322-326, 331, 333, 334, 339-341, 343-351, 353-409, 418, 420-422, 434, 446, 452-456, 460, 467, 472, 480, 490, 493, 496, 497, 500, 501, 507-521, 523

자산심사 428

자연권 57, 489

자유주의 14, 16, 17, 68, 77, 146, 192, 195, 216, 261, 417, 456, 458, 461-463, 467, 494, 522, 523

자유지상주의 16, 21, 22, 26, 27, 29, 40-47, 57, 67, 68, 77, 89, 96, 128, 164, 187, 261, 277, 286, 333, 338, 422, 426, 456, 461, 463, 472, 495

자율성 38, 39, 50, 53, 363, 412

잔여 청구권자 281

잔여 취득자 382

잠재 가격 211

잠재 소득 135, 137, 191, 487

잠재적 소득 139, 189

잠재적인 선망부재 152, 163, 174, 175, 234, 241

장애 12, 13, 28, 32, 49, 51, 60, 79, 119, 120, 123-125, 129, 137-139, 146-148, 150, 151, 154, 155, 156, 163-166, 212, 233, 268, 310, 330, 359, 364, 367, 369, 397, 434-438, 440, 444, 450, 453, 465, 466, 468, 474, 475, 479, 481-486, 505, 511

재난 보험 168

재능 37, 46, 56, 61, 119-122, 125-131, 133-143, 145-152, 156, 157, 160-163, 167, 168, 170, 179, 180, 185, 186, 188, 189, 197, 200, 209-211, 230-241, 247, 249, 252, 253, 260, 294, 339, 356, 361, 420, 433-437, 439, 440, 444, 478-483, 485, 492, 493, 505, 508

재산 관계 317, 451

재산 소유 민주주의 93, 472, 523

재산 양도세 219

재산권 28, 41-44, 46, 55, 63, 189, 272, 273, 329, 371, 399, 422, 425, 426, 508, 515, 521

저소득 72, 83, 84, 428, 470

적극적 자유 48, 51, 54, 58, 59, 423, 465, 467, 468

적응적 선호 154, 155, 158, 439

전면 몰수 84

전환 비율 294

접근 가능한 75, 129, 160, 242, 356, 464

정당화된 현물 96

정액 보조금 128, 131, 135, 136, 464

정액세 120, 128-131, 135, 136, 148, 150, 151, 193, 464, 481, 485

정적 효율성 349, 365, 367, 390, 399, 452, 516, 518, 519

정적인 낭비 372

정치체 27, 413, 414

제이, 피터(Peter Jay) 381-384

조지, 헨리(Henry George) 489

좌파 자유지상주의 67

주권 47, 50, 51, 54, 422, 473

주기적 실업 347, 376, 384

주택 보조금 92

중독 61, 64, 106, 161, 162, 468

중립성 68, 183, 202, 469, 484

증여 108, 143, 181, 201-205, 210, 223, 230, 231, 236, 245, 250, 267, 268, 270, 272, 275, 442, 490, 491, 497, 498

지대 32, 103, 108, 135, 183, 184, 200, 214-216, 220-233, 236-239, 242-244, 249, 250, 272, 300, 356, 357, 383, 387, 431, 440, 442-444, 449, 488, 489, 491, 492, 497, 508, 514, 516

지속 가능성 72, 86, 165, 172, 173, 184, 231, 240, 351, 429

지속 가능한 최대의 세수 189

지위를 통한 착취 327, 328

직업 사회 211

ㅊ

차등 원리 180, 190-194, 252, 463, 472, 488

차별 31, 85, 86, 97, 180, 183, 187, 196, 197, 202, 203, 207, 215-220, 233, 244, 316, 328, 339, 357-359, 442, 476, 477, 479, 504

착취 15, 22, 256-260, 262-270, 273, 274, 276-286, 290-299, 301-304, 306, 309, 313, 317-340, 420, 445-449, 451, 480, 487, 493-504, 506, 508-513

착취에 대한 양상적 정의 448, 449

총 노동인구 293

최고의 세수 84, 87

최대극소화 135, 505

최소극대화 12, 28, 62-65, 468

최저 생계 소득 135

최저 생활 172, 202, 309, 494

최저 소득 제도 13

최저가 보험 증서 168

최저소득보장제도 78, 80, 151, 243,
　　386, 470, 491

최저임금 212, 386, 403, 483, 491

축차적인 최소극대화 28, 82, 87, 94,
　　99, 108, 110, 113-115, 142, 186,
　　201, 202, 204, 210, 211, 215, 222,
　　223, 227, 231, 238, 239, 243, 244,
　　249, 250, 261, 338, 341, 357, 361,
　　363, 368, 404, 451, 455, 469, 473,
　　474, 492

ㅋ

카우츠키, 칼(Karl Kautsky) 461

카터, 이언(Ian Carter) 18, 460, 465

칸트, 임마누엘(Immanuel Kant) 471

커즈너, 이스라엘(Israel M. Kirzner) 43,
　　289

코르, 레오폴드(Leopold Kohr) 462, 464,
　　468, 472

코이스트라, 피터르(Pieter Kooistra) 522

코포라티즘 347, 381, 383, 394, 405,
　　454

코헨, G. A.(G. A. Cohen) 18, 288, 289,
　　360, 361, 461-463, 487, 501, 502

콜, D. H. 조지(George D. H. Cole) 489,
　　490

콩도르세, 마리 장(Marie Jean Condorcet)
　　158, 521

콩스탕, 벵자맹(Benjamin Constant) 50,
　　464

크네이프, 예룬(Jeroen Knijff) 18, 487

크로커, 로렌스(Lawrence Crocker)
　　279-281, 499, 500

ㅌ

탈퇴 정의 318, 320-324

토니, 리처드(Richard H. Tawney) 467

토크빌, 알렉시스 드(Alexis de
　　Tocqueville) 464

트로츠키, 레온(Leon Trotsky) 358

특수 요구 310, 333

특수 위험 96

틴베르헌, 얀(Jan Tinbergen) 470

ㅍ

파레토 비최적 194

파레토 열위 312

파레토 최적 111, 165, 194, 201

파커, 허미온(Hermione Parker) 470

판 데르 페인, 로베르트(Robert van der
　　Veen) 17, 18, 487

퍼디, 데이비드(David Purdy) 488

페미니즘 496

페인, 토머스(Thomas Paine) 98, 489

편익 추출 271, 275, 277

평등주의 37, 63, 67, 68, 69, 110, 115,
130, 132, 133, 145, 166, 169, 185,
203, 308-311, 313, 338, 351, 401,
450, 451, 456, 462, 476, 478, 507

풍부함 172

풍족한 사회 171, 172, 191, 441, 487

풍족함 172, 518

프루동, 피에르 장(Pierre Joseph
Proudhon) 270, 497, 501

프리드먼, 데이비드(David Friedman)
287, 496

플라톤(Plato) 461

플뢰르배이, 마르크(Marc Fleurbaey) 176

피구, 아더 세실(Arthur Cecil Pigou) 368

ㅎ

하버마스, 위르겐(Jürgen Habermas) 515,
518

하이에크, 프리드리히(Friedrich A.
Hayek) 14, 55, 58, 59, 76, 461, 463,
464, 466, 467

하향 평준화 415

한계 생산량 279, 362

한계 세율 227, 402, 470

행정 비용 83, 205, 470

허쉬, 프레드(Fred Hirsch) 518

현금 보조금 91, 97, 102, 103, 112,
472-474

현금 부존 자산 108, 110

현금 소득 12, 112, 297

현물 73, 80, 91, 93-97, 102, 123, 124,
205, 207, 264, 324, 429, 430,
472-474, 486

현물 기본소득 207, 430, 473

현물 보조금 91

협동조합 31, 33, 92, 229, 231, 313, 347,
381-384, 388, 394, 398, 403, 454,
505, 519, 520

형식적 자유 12, 22, 27-29, 57, 59, 65,
67, 72, 76, 80, 86, 87, 93, 94, 101,
102, 114, 124, 165, 166, 186, 250,
324, 326, 327, 339, 341, 343, 344,
348, 350, 351, 353, 356, 358, 378,
388, 389, 400, 404, 406, 408, 410,
424, 425, 427, 430, 452, 467, 469,
471-473, 511, 514, 519

형평성 109, 129, 312, 434

호스퍼스, 존(John Hospers) 495

호지스킨, 토머스(Thomas Hodgskin)
286

홉스, 토머스(Thomas Hobbes) 464

확장된 경매 125, 132, 133, 135-137,
143, 144, 148, 149, 164, 167, 168,
479

환경적 외부성 346, 519, 521

환수금 84

효율성 개선 371

효율성 임금 모델 224, 491

효율성 효과 321, 322, 323, 337, 510

희소성 64, 208, 246, 493

힐퍼딩, 루돌프(Rudolf Hilferding) 503

후마니타스의 책 | 발간순

러시아 문화사 | 슐긴·꼬쉬만·제지나 지음, 김정훈·남석주·민경현 옮김

북한 경제개혁연구 | 김연철·박순성 외 지음

선거는 민주적인가 | 버나드 마넹 지음, 곽준혁 옮김

미국 헌법과 민주주의(개정판) | 로버트 달 지음, 박상훈·박수형 옮김

한국 노동자의 임금실태와 임금정책 | 김유선 지음

위기의 노동 | 최장집 엮음

다보스, 포르투 알레그레 그리고 서울 | 이강국 지음

과격하고 서툰 사랑고백 | 손석춘 지음

그래도 희망은 노동운동 | 하종강 지음

민주주의의 민주화 | 최장집 지음

민주화 이후의 민주주의(개정2판) | 최장집 지음

침묵과 열광 | 강양구·김범수·한재각 지음

미국 예외주의 | 세미무어 마틴 립셋 지음, 문지영·강정인·하상복·이지윤 옮김

조봉암과 진보당 | 정태영 지음

현대 노동시장의 정치사회학 | 정이환 지음

일본 전후 정치사 | 이시가와 마스미 지음, 박정진 옮김

환멸의 문학, 배반의 민주주의 | 김명인 지음

어느 저널리스트의 죽음 | 손석춘 지음

전태일 통신 | 전태일기념사업회 엮음

정열의 수난 | 문광훈 지음

비판적 실재론과 해방의 사회과학 | 로이 바스카 지음, 이기홍 옮김

아파트 공화국 | 발레리 줄레조 지음, 길혜연 옮김

민주화 20년의 열망과 절망 | 경향신문 특별취재팀 지음

비판적 평화연구와 한반도 | 구갑우 지음

미완의 귀향과 그 이후 | 송두율 지음

한국의 국가 형성과 민주주의 | 박찬표 지음

소금꽃나무 | 김진숙 지음

인권의 문법 | 조효제 지음

디지털 시대의 민주주의 | 피파 노리스 지음, 이원태 외 옮김

길에서 만난 사람들 | 하종강 지음

전노협 청산과 한국노동운동 | 김창우 지음

기로에 선 시민입법 | 홍일표 지음

시민사회의 다원적 적대들과 민주주의 | 정태석 지음

한국 사회민주주의 정당의 역사적 기원 | 정태영 지음

지역, 지방자치, 그리고 민주주의 | 하승수 지음

금융세계화와 한국 경제의 진로 | 조영철 지음

도시의 창, 고급호텔 | 발레리 줄레조 외 지음, 양지은 옮김

정치적인 것의 귀환 | 샹탈 무페 지음, 이보경 옮김

정치와 비전 1 | 셸던 월린 지음, 강정인·공진성·이지윤 옮김

정치와 비전 2 | 셸던 월린 지음, 강정인·이지윤 옮김

정치와 비전 3 | 셸던 월린 지음, 강정인·김용찬·박동천·이지윤·장동진·홍태영 옮김

사회 국가, 한국 사회 재설계도 | 진보정치연구소 지음

법률사무소 김앤장 | 임종인·장화식 지음

여성·노동·가족 | 루이스 틸리·조앤 스콧 지음, 김영·박기남·장경선 옮김

민주 노조 운동 20년 | 조돈문·이수봉 지음

소수자와 한국 사회 | 박경태 지음

평등해야 건강하다 | 리처드 윌킨슨 지음, 김홍수영 옮김

재벌개혁의 현실과 대안 찾기 | 송원근 지음

민주화 20년, 지식인의 죽음 | 경향신문 특별취재팀 지음

한국의 노동체제와 사회적 합의 | 노중기 지음

한국 사회, 삼성을 묻는다 | 조돈문·이병천·송원근 엮음

국민국가의 정치학 | 홍태영 지음

아시아로 간 삼성 | 장대업 엮음, 강은지·손민정·문연진 옮김

우리의 소박한 꿈을 응원해 줘 | 권성현·김순천·진재연 엮음

국제관계학 비판 | 구갑우 지음

부동산 계급사회 | 손낙구 지음

부동산 신화는 없다 | 전강수·남기업·이태경·김수현 지음, 토지+자유연구소 기획

양극화 시대의 한국경제 | 유태환·박종현·김성희·이상호 지음

절반의 인민주권 | E. E. 샤츠슈나이더 지음, 현재호·박수형 옮김

민주주의와 법의 지배 | 아담 쉐보르스키·호세 마리아 마리발 외 지음, 안규남·송호창 외 옮김

박정희 정부의 선택 | 기미야 다다시 지음

의자를 뒤로 빼지마 | 손낙구 지음, 신한카드 노동조합 기획

와이키키 브라더스를 위하여 | 이대근 지음

존 메이너드 케인스 | 로버트 스키델스키 지음, 고세훈 옮김

시장체제 | 찰스 린드블롬 지음, 한상석 옮김

권력의 병리학 | 폴 파머 지음, 김주연·리병도 옮김

팔레스타인 현대사 | 일란 파페 지음, 유강은 옮김

자본주의 이해하기 | 새뮤얼 보울스·리처드 에드워즈·프랭크 루스벨트 지음,
        최정규·최민식·이강국 옮김

한국정치의 이념과 사상 | 강정인·김수자·문지영·정승현·하상복 지음

위기의 부동산 | 이정전·김윤상·이정우 외 지음

산업과 도시 | 조형제 지음

암흑의 대륙 ǀ 마크 마조워 지음, 김준형 옮김

부러진 화살(개정판) ǀ 서형 지음

냉전의 추억 ǀ 김연철 지음

현대 일본의 생활보장체계 ǀ 오사와 마리 지음, 김영 옮김

복지한국, 미래는 있는가(개정판) ǀ 고세훈 지음

분노한 대중의 사회 ǀ 김헌태 지음

워킹 푸어, 빈곤의 경계에서 말하다 ǀ 데이비드 K. 쉬플러 지음, 나일등 옮김

거부권 행사자 ǀ 조지 체벨리스트 지음, 문우진 옮김

초국적 기업에 의한 법의 지배 ǀ 수전 K. 셀 지음, 남희섭 옮김

한국 진보정당 운동사 ǀ 조현연 지음

근대성의 역설 ǀ 헨리 임·곽준혁 엮음

브라질에서 진보의 길을 묻는다 ǀ 조돈문 지음

동원된 근대화 ǀ 조희연 지음

의료 사유화의 불편한 진실 ǀ 김명희·김철웅·박형근·윤태로·임준·정백근·정혜주 지음

대한민국 정치사회 지도(수도권편) ǀ 손낙구 지음

대한민국 정치사회 지도(집약본) ǀ 손낙구 지음

인권을 생각하는 개발 지침서 ǀ 보르 안드레아센·스티븐 마크스 지음, 양영미·김신 옮김

불평등의 경제학 ǀ 이정우 지음

왜 그리스인가? ǀ 자클린 드 로미이 지음, 이명훈 옮김

민주주의의 모델들 ǀ 데이비드 헬드 지음, 박찬표 옮김

노동조합 민주주의 ǀ 조효래 지음

유럽 민주화의 이념과 역사 ǀ 강정인·오향미·이화용·홍태영 지음

우리, 유럽의 시민들? ǀ 에티엔 발리바르 지음, 진태원 옮김

지금, 여기의 인문학 ǀ 신승환 지음

비판적 실재론 ǀ 앤드류 콜리어 지음, 이기홍·최대용 옮김

누가 금융 세계화를 만들었나 ǀ 에릭 헬라이너 지음, 정재환 옮김

정치적 평등에 관하여 ǀ 로버트 달 지음, 김순영 옮김

한낮의 어둠 ǀ 아서 쾨슬러 지음, 문광훈 옮김

모두스 비벤디 ǀ 지그문트 바우만 지음, 한상석 옮김

진보와 보수의 12가지 이념 ǀ 폴 슈메이커 지음, 조효제 옮김

한국의 48년 체제 ǀ 박찬표 지음

너는 나다 ǀ 손아람·이창현·유희·조성주·임승수·하종강 지음

(레디앙, 삶이보이는창, 철수와영희, 후마니타스 공동 출판)

정치가 우선한다 ǀ 셰리 버먼 지음, 김유진 옮김

대출 권하는 사회 ǀ 김순영 지음

인간의 꿈 ǀ 김순천 지음

복지국가 스웨덴 ǀ 신필균 지음

대학 주식회사 ǀ 제니퍼 워시번 지음, 김주연 옮김

국민과 서사 ǀ 호미 바바 편저, 류승구 옮김

통일 독일의 사회정책과 복지국가 | 황규성 지음

아담의 오류 | 던컨 폴리 지음, 김덕민·김민수 옮김

기생충, 우리들의 오래된 동반자 | 정준호 지음

깔깔깔 희망의 버스 | 깔깔깔 기획단 엮음

정치 에너지 2.0 | 정세균 지음

노동계급 형성과 민주노조운동의 사회학 | 조돈문 지음

시간의 목소리 | 에두아르도 갈레아노 지음, 김현균 옮김

법과 싸우는 사람들 | 서형 지음

작은 것들의 정치 | 제프리 골드파브 지음, 이충훈 옮김

경제 민주주의에 관하여 | 로버트 달 지음, 배관표 옮김

정치체에 대한 권리 | 에티엔 발리바르 지음, 진태원 옮김

작가의 망명 | 안드레 블첵·로시 인디라 지음, 여운경 옮김

지배와 저항 | 문지영 지음

한국인의 투표 행태 | 이갑윤

그들은 어떻게 최고의 정치학자가 되었나 1·2·3 | 헤라르도 뭉크·리처드 스나이더 지음,
　　　　정치학 강독 모임 옮김

이주, 그 먼 길 | 이세기 지음

법률가의 탄생 | 이국운 지음

헤게모니와 사회주의 전략 | 에르네스토 라클라우·샹탈 무페 지음, 이승원 옮김

갈등과 제도 | 최태욱 엮음

자연의 인간, 인간의 자연 | 박호성 지음

마녀의 연쇄 독서 | 김이경 지음

평화는 어떻게 만들어지는가 | 존 폴 레더라크 지음, 김동진 옮김

스웨덴을 가다 | 박선민 지음

노동 없는 민주주의의 인간적 상처들 | 최장집 지음

광주, 여성 | 광주전남여성단체연합 기획, 이정우 편집

한국 경제론의 충돌 | 이병천 지음

고진로 사회권 | 이주희 지음

스웨덴이 사랑한 정치인, 올로프 팔메 | 하수정 지음

세계노동운동사 1·2·3 | 김금수 지음

다운사이징 데모크라시 | 매튜 A. 크렌슨·벤저민 긴스버그 지음, 서복경 옮김

만들어진 현실(개정판) | 박상훈 지음

민주주의의 재발견 | 박상훈 지음

정치의 발견(개정3판) | 박상훈 지음

세 번째 개똥은 네가 먹어야 한다[자유인 인터뷰 1] | 김경미 엮음

골을 못 넣어 속상하다[자유인 인터뷰 2] | 김경미 엮음

한국 사회 불평등 연구 | 신광영 지음

논쟁으로서의 민주주의 | 최장집·박찬표·박상훈·서복경·박수형 지음

어떤 민주주의인가(개정판) | 최장집·박찬표·박상훈 지음

베네수엘라의 실험 | 조돈문 지음

거리로 나온 넷우익 | 야스다 고이치 지음, 김현욱 옮김

건강할 권리 | 김창엽 지음

복지 자본주의 정치경제의 형성과 재편 | 안재홍 지음

복지 한국 만들기 | 최태욱 엮음

넘나듦(通涉)의 정치사상 | 강정인 지음

막스 베버, 소명으로서의 정치 | 막스 베버 지음, 최장집 엮음, 박상훈 옮김

한국 고용체제론 | 정이환 지음

이것을 민주주의라고 말할 수 있을까? | 셸던 월린 지음, 우석영 옮김

경제 이론으로 본 민주주의 | 앤서니 다운스 지음, 박상훈·이기훈·김은덕 옮김

철도의 눈물 | 박흥수 지음

의료 접근성 | 로라 J. 프로스트·마이클 R. 라이히 지음, 서울대학교이종욱글로벌의학센터 옮김

광신 | 알베르토 토스카노 지음, 문강형준 옮김

뚱뚱해서 죄송합니까? | 한국여성민우회 지음

배 만들기, 나라 만들기 | 남화숙 지음, 남관숙·남화숙 옮김

저주받으리라, 너희 법률가들이여! | 프레드 로델 지음, 이승훈 옮김

케인스 혁명 다시 읽기 | 하이먼 민스키 지음, 신희영 옮김

기업가의 방문 | 노영수 지음

니콜로 마키아벨리, 군주론 | 니콜로 마키아벨리 지음, 박상훈 옮김

그의 슬픔과 기쁨 | 정혜윤 지음

신자유주의와 권력 | 사토 요시유키 지음, 김상운 옮김

코끼리 쉽게 옮기기 | 김영순 지음

사람들은 어떻게 광장에 모이는 것일까? | 마이클 S. 최 지음, 허석재 옮김

감시사회로의 유혹 | 데이비드 라이언 지음, 이광조 옮김

신자유주의의 위기 | 제라르 뒤메닐·도미니크 레비 지음, 김덕민 옮김

젠더와 발전의 정치경제 | 시린 M. 라이 지음, 이진옥 옮김

나는 라말라를 보았다 | 무리드 바르구티 지음, 구정은 옮김

가면권력 | 한성훈 지음

반성된 미래 | 참여연대 기획, 김균 엮음

선택이라는 이데올로기 | 레나타 살레츨 지음, 박광호 옮김

세계화 시대의 역행? 자유주의에서 사회협약의 정치로 | 권형기 지음

위기의 삼성과 한국 사회의 선택 | 조돈문·이병천·송원근·이창곤 엮음

말라리아의 씨앗 | 로버트 데소비츠 지음, 정준호 옮김

허위 자백과 오판 | 리처드 A. 레오 지음, 조용환 옮김

민주 정부 10년, 무엇을 남겼나 | 참여사회연구소 기획, 이병천·신진욱 엮음

민주주의의 수수께끼 | 존 던 지음, 강철웅·문지영 옮김

왜 사회에는 이견이 필요한가(개정판) | 카스 R. 선스타인 지음, 박지우·송호창 옮김

관저의 100시간 | 기무라 히데아키 지음, 정문주 옮김

우리 균도 | 이진섭 지음

판문점 체제의 기원 | 김학재 지음

불안들 | 레나타 살레츨 지음, 박광호 옮김

스물다섯 청춘의 워킹홀리데이 분투기 | 정진아 지음, 정인선 그림

민중 만들기 | 이남희 지음, 유리·이경희 옮김

불평등 한국, 복지국가를 꿈꾸다 | 이정우·이창곤 외 지음

알린스키, 변화의 정치학 | 조성주 지음

유월의 아버지 | 송기역 지음

정당의 발견 | 박상훈 지음

비정규 사회 | 김혜진 지음

출산, 그 놀라운 역사 | 티나 캐시디 지음, 최세문·정윤선·주지수·최영은·가문희 옮김

내가 살 집은 어디에 있을까? | 한국여성민우회 지음

브라질 사람들 | 호베르뚜 다마따 지음, 임두빈 옮김

달리는 기차에서 본 세계 | 박흥수 지음

GDP의 정치학 | 로렌조 피오라몬티 지음, 김현우 옮김

미래의 나라, 브라질 | 슈테판 츠바이크 지음, 김창민 옮김

정치의 귀환 | 유창오 지음

인권의 지평 | 조효제 지음

설득과 비판 | 강철웅 지음

현대조선 잔혹사 | 허환주 지음

일본 전후 정치와 사회민주주의 | 신카와 도시미쓰 지음, 임영일 옮김

모두에게 실질적 자유를 | 필리페 반 파레이스, 조현진 옮김